编 委 会

王重鸣 浙江大学管理学院
廖泉文 厦门大学管理学院
李燕萍 武汉大学经济与管理学院
张一弛 北京大学光华管理学院
张志学 北京大学光华管理学院
谢晋宇 复旦大学管理学院

人力资源管理精选教材译丛

FUNDAMENTALS OF ORGANIZATIONAL BEHAVIOR

组织行为学

[第11版]

〔美〕达恩·海瑞格尔（Don Hellriegel）
约翰·W. 斯洛柯姆（John W. Slocum, Jr.） 著

邱伟年 译

北京市版权局著作权合同登记　图字：01-2007-6145
图书在版编目(CIP)数据

组织行为学：第11版/(美)海瑞格尔(Don Hellriegel)等著；邱伟年译.—北京：北京大学出版社，2010.1
(人力资源管理精选教材译丛)
ISBN 978-7-301-15982-8

Ⅰ.组…　Ⅱ.①海…②邱…　Ⅲ.组织行为学-教材　Ⅳ.C936

中国版本图书馆 CIP 数据核字(2009)第 206956 号

Don Hellriegel, John W. Slocum, Jr.
Fundamentals of Organizational Behavior, 11th edition
ISBN: 0-324-42256-3
Copyright © 2007 by South-Western, a part of Cengage Learning.
Original edition published by Cengage Learning. All Rights Reserved.
本书原版由圣智学习出版公司出版。版权所有，盗印必究。
Peking University Press is authorized by Cengage Learning to publish and distribute exclusively this simplified Chinese edition. This edition is authorized for sale in the People's Republic of China only (excluding Hong Kong, Macao SARs and Taiwan). Unauthorized export of this edition is a violation of the Copyright Act. No part of this publication may be reproduced or distributed by any means, or stored in a database or retrieval system, without the prior written permission of the publisher.
本书中文简体字翻译版由圣智学习出版公司授权北京大学出版社独家出版发行。此版本仅限在中华人民共和国境内(不包括中国香港、澳门特别行政区及中国台湾地区)销售。未经授权的本书出口将被视为违反版权法的行为。未经出版者预先书面许可，不得以任何方式复制或发行本书的任何部分。

本书封面贴有 Cengage Learning 防伪标签，无标签者不得销售。
(Thomson Learning 现更名为 Cengage Learning)

书　　　　名：	组织行为学(第11版)
著作责任者：	〔美〕达恩·海瑞格尔　约翰·W.斯洛柯姆　著　邱伟年　译
责 任 编 辑：	赵　菁　张静波
标 准 书 号：	ISBN 978-7-301-15982-8/F·2331
出 版 发 行：	北京大学出版社
地　　　　址：	北京市海淀区成府路 205 号　100871
网　　　　址：	http://www.pup.cn　电子邮箱：em@pup.pku.edu.cn
电　　　　话：	邮购部 62752015　发行部 62750672　编辑部 62752926　出版部 62754962
印 刷 者：	北京飞达印刷有限责任公司
经 销 者：	新华书店
	850 毫米×1168 毫米　16 开本　31.25 印张　798 千字
	2010 年 1 月第 1 版　2010 年 1 月第 1 次印刷
印　　　　数：	0001—4000 册
定　　　　价：	56.00 元

未经许可，不得以任何方式复制或抄袭本书之部分或全部内容。
版权所有，侵权必究
举报电话：010-62752024　电子邮箱：fd@pup.pku.edu.cn

丛书序

20世纪90年代以来,顺应我国经济体制改革与组织发展的迫切需要,我国各类院校的管理学院或商学院纷纷试点开展MBA教育和相关的管理培训活动,并且十多年来取得了令人注目的进展。与此同时,与我国数百万家企业组织对于造就优秀管理者的需求相比,MBA教育的规模与质量都还远远不够。从工商管理教育的质量提升而言,我们在课程设计、师资队伍、教学模式和教材与案例建设等方面打下了坚实的基础。我们看到,在师资队伍方面,各校的师资力量在聘请和引进海外著名大学教师与毕业博士生回国从事MBA教学工作的基础上得到显著加强。在MBA的教材开发方面,近年来在国内多家出版社的努力下,已经翻译或者直接引进了一大批国外经典的工商管理教科书,这对我国工商管理教育水平的提高起到了很大的促进作用。但是,需要指出的是,迄今为止,我国各类出版社引进的教科书大多属于基础性或常规教材,例如,已有多种版本的《组织行为学》和《人力资源管理》等。在若干重要领域,还急需相对聚焦和整合性的教材系列。为了进一步提高我国工商管理专业教科书的水平,我们需要更加关注组织行为和人力资源管理的关键领域,例如,经理人员如何提高综合管理技能、如何与下属进行有效沟通、如何在组织中协调好团队关系,以及如何应对全球化与信息化的挑战等。这些问题无疑都是组织管理和领导力培养中的重要课题,同时也是导论性的组织行为学和人力资源管理教材无法系统介绍和深入讨论的。为此,北京大学出版社组织出版了这套《人力资源管理精选教材》,在专题系列教材和创新教材方面迈出了重要的一步,可谓高瞻远瞩。

自从霍桑实验发现企业组织不仅是一个技术经济系统,同时也是一个社会经济系统以来,组织中的人际与群体关系对工作绩效和员工工作生活质量的重要影响受到了广泛的重视,一系列新的概念不断产生,成为工商管理教育中的重要内容。因此,在学习中除了掌握和理解员工一般工作态度、价值观、个性特征、人际关系和工作行为以外,心理契约、组织公民行为、公司社会责任、决策技能、创业特质、团队引领能力、职业生涯管理能力、组织的变革能力和自我创新能力等新的要素,成为组织行为学和人力资源管理中的关键概念。同时,需要掌握和理解团队建设与管理的技能,需要具有制定团队决策的能力和激励团队成员的能力,需要具有有效的管理沟通能力,需要具有进行组织设计与组织变革实施的人力资源管理政策等。更重要的是,MBA课程日益强调学习技能、整合框架和应用策略。这也要求在MBA教学活动中将学生对概念和技术的掌握、对这些基础知识的应用和技能的提高等内化到校园内外的教学活动和工作活动中去。《人力资源管理精选教材》正是这样的教科书。该系列教材的特色主要包括以下几个方面:

第一,这些教材都是在国外MBA教学中应用多年,不断修订和不断改进的高阶版本,其价值和有效性已经在多年教学实践中得到了验证,因此对我国工商管理教育具有重要的参考价值。

第二，与很多其他教科书相比，这些教材的最突出特点在于其内容的选取以具有大量而丰富的最新管理研究成果作为基础，而不是以一般观点为基础的普通教材。

第三，这些教材通过提供和编排大量高质量的练习、案例、自我评估工具，以及视频教学辅助材料的使用，使前后各个章节内容相互联系，将概念、方法的应用和实际技能的切实提高紧密地结合在一起。这样，在学完这些课程的内容之后，学生对管理能力的掌握将不仅局限在概念和框架层次上，而是可以深入到能够直接应用的水平。

近年来的管理教育讨论，日益提倡管理教育要接近实际、服务实际和能够学以致用。除了对教学案例的重视外，体验式的课堂练习与应用也取得了改进管理教育质量的实质性效果。这套系列教材通过加强学生在教学过程中的练习与应用来提高学生将课堂经历直接应用于实践的能力，为我们开拓了一种更符合我国现阶段工商管理教学为实践服务要求的新视角。我们期待着这套新专题教材在各类高校的工商管理课程教学中成为教师和学生喜爱的精品教材。

浙江大学管理学院　王重鸣

2006 年 1 月

译 者 序

达恩·海瑞格尔和约翰·W.斯洛柯姆教授的《组织行为学》自1976年发行首版以来,至今历时近30年,已经延伸至第11版。

翻开第11版,许多读者会惊讶地发现,两位作者作为当今组织行为学和人力资源领域杰出的理论家和学术研究者,敏锐地察觉到组织行为学理论对当今管理实践影响越来越大,越来越直接,他们把当今学术的研究成果和具体的管理实践充分地结合起来。在序言中,两位作者对第11版的特色和修订内容进行了详细说明。

本书的最大特色在于,作者在深刻把握组织行为学基本概念和原理的基础上,一改以往组织行为学晦涩难懂、令人望而生畏的印象,展现的是生动的心理活动描述和鲜活的工作、生活体验,由此上升到规律性的认识和对现实的融会贯通。同时,通过课前案例、课中讨论案例和课后总结案例的精心安排,并配以相关的问卷测试,不但加深了读者对知识的理解,还使他们获得了理论的启示,并掌握实践运用的管理技能。这种三合一的安排,体现了知识性、理论性、实践性的完美结合,满足了读者,特别是职业经理人"学以致用"的现实需求,这是本书最大的亮点之一。

如今,我们面临的环境越来越体现出政治多极化、经济全球化、区域一体化和文化多元化的特点。这也是本书的一个关注点。跨国利益、文化冲突无处不在;行为不同,但不变的是人文的关怀和人性的力量。本书中的案例不仅介绍了北美、南美的公司,还涵盖了欧洲、大洋洲、非洲,以及中国、日本等亚洲的组织和企业。随着中国在国际经济发展中的地位和作用不断提升,有关中国的案例和相关论述增加了很多。当然,文中的案例还是以美国企业居多,因此,如何将美国企业先进的管理理念和管理方法融入中国企业的管理实践中去,对中国的管理者而言,无疑是一个挑战。不同的文化、视角和体验,让我们真正明白人的价值和管理的魅力就在于情景管理的复杂性和有效性,尤其体现在对不同人际关系情境的处理上。

从某种意义上来说,企业的产品和服务实际上就是知识的载体,而知识管理的关键还在于人。关注企业绩效,首先要关注员工的行为,因为员工行为决定企业绩效。本书从内容到形式都进行了调整,内容更加实际,技能更偏重于操作性。这些调整,无疑有助于我们更好地了解员工行为及其动机,增强管理的针对性和有效性;有助于提升企业绩效,促使管理者关注人的全面发展,注重人文关怀,强调工作和生活的有机协调,真正实现人与自然、人与社会、人与人、人与自己内心的和谐。

非常感谢北京大学出版社张静波编辑对本书翻译工作一如既往的支持、信任和谅解,他的专业、耐心和宽容给我留下了深刻的印象,同时感谢北京大学出版社林君秀主任及其他各位同

■■■■■ **组织行为学**

仁的辛勤劳动,正是在他们的帮助下,本书才得以顺利出版。参与本书翻译工作的人员还有康蕾、陈国海、邓靖松、林家荣、贺文坤、谭妮娜、傅琨、廖耀华等,在此一并致谢。

在本书的翻译过程中,我们同许多中外学者进行了广泛的交流和探讨,这无疑有助于提升本书的翻译质量。为了便于读者理解,我们尽可能保留作者的原意和风格,但毕竟学识有限,翻译不当之处在所难免,敬请各位读者不吝赐教。

邱伟年
2009 年 12 月于广州

前　言

在历时四十多年的时间里,我们不断地撰写、编辑和修订本书。在回顾本书第 1 版时,我们发现虽然现在的版本同第 1 版有着许多类似的章节主题,但我们对这些章节中所涉及的内容已经做了实质性的修改和替换。例如,在 20 世纪 70 年代的第 1 版中有许多章节讨论关于学习、领导力、团队和组织设计的内容,但那时,另一些诸如自我效能、变革和诚信领导力、虚拟和类同(亲和)团队以及网络型组织等概念尚未出现。如今,许多这样的概念和其他主题已经作为探讨有效管理人力资源的基础而被广为接受。因此,对于那些曾经使用过本书之前版本的读者而言,虽然觉得其中部分主题似曾相识,但本书的新版绝不是"换汤不换药",而是进行了重要的修改。尽管我们会自我安慰说没有必要进行如此大的变动,但还是不由自主地进行了改动,期望在内容和形式上获得更好的改进和提升。

那么,本书在哪些方面进行了大幅修改呢?第一,所有的课前案例都被更新了。第二,关于能力特点的内容是全新的。第三,我们还增加了一个新的特色内容,即**成功领导者语录**,展示领导们如何运用书中所探讨的相关概念对组织进行更加有效的管理。第四,在每章的结尾处,我们都至少增加了一个体验式练习或案例分析。

此外,还有哪些特色得以保留呢?首先,同之前的所有版本一样,我们一直追寻这样一个目标,那就是阐述组织行为学的基本概念。这些概念通过许多案例、事件及管理实践加以阐述。其次,为了使读者成为积极的学习者,并帮助他们提高管理能力,书中提供了大量的问卷。这些问卷的目的是帮助读者准确地评估自己的行为,进而培养他们作为一名出色员工、经理甚至领导者所需的能力。本书的第三个目标是提供具有时效性的真实案例以激励、支持读者去学习。

要对组织实施有效的管理和领导,需要全面运用与人的工作行为相关的能力。当一个组织面临严峻挑战的时候,只有很好地理解人(包括自己和他人)的行为,才能有效地应对挑战。员工和管理者的工作激情和责任感对于组织的成功至关重要,组织的兴衰成败取决于组织中的人在日常工作中的工作行为。有效的组织行为是提高组织效能的基础,组织内的员工、管理者以及领导者是否具备多样化的个人能力和团队能力,是组织能否保持持续竞争优势的关键。

学习之旅导航图

学习导航从第 1 章开始。在第 1 章中,我们详细列出了所有员工、管理者及领导者提高效能而必备的七项基本能力。经过教学、研究和咨询等多方面考察,我们发现掌握这七项能力有利于提高绩效。头脑聪明、行动敏捷的你会赢得参加电视节目 *Jeopardy* 的机会;善于社交闲谈的你会收到参加聚会的邀请;成为工作狂的你则能得到同事的赞扬。然而所有这些却无法帮助你成为高绩效的人。高绩效的人在工作方式上不同于绩效平庸之辈,优秀的表现取决于你如何将本书中的概念和理论付诸实践。那么,究竟是哪七项能力呢?以下是对它们的简要描述。

自我管理能力是评价个人自身优劣势,确立个人目标,平衡工作与生活及促使自己学习新事物的能力总和。

基本能力

管理沟通能力涉及个人通过各种方式传递、理解和接受思想、观点和感情的能力。我们大多数人都深切地期望他人能够理解并尊重真实的我们,而准确地传递、交换信息和情感是实现这一期望的关键。

多元化管理能力涉及如何衡量组织内部个体独特性和组织特性的能力。员工的日益多元化使得不同特质、性格的人聚集到一起,作为管理者,需要明白不同的人应该如何相互理解、彼此依存,将不同的特性看做组织潜在能力的来源,并欣赏每个人的独特个性。

道德管理能力涉及在决策与采取行动时,能够区分是非的价值观和坚持原则的能力。通过鼓励员工讨论各自的道德信仰,促进员工进一步欣赏彼此的才华。

跨文化管理能力是指能够意识并接受各国不同文化差异的能力。全球化加剧了现代职业文化的多元性。文化的差异导致了一个悖论:一方面,文化的多元性促进革新力与创造力的产生;但另一方面,也播下了冲突的种子,导致对团队与组织目标承诺的缺失。文化的差异性既是当今组织生活中的现实,也是管理者面临的一个挑战,即如何使员工进行有效的合作而避免不利的冲突。

团队管理能力是指推动、支持、协助和领导团队实现组织目标的能力。组织内的团队合作对于许多管理者而言是难以实现的,因为他们无法辨别哪些行为能够使组织内的成员发展成为凝聚力强、运作顺畅的团队。

变革管理能力涉及如何在员工、任务、结构或文化等方面指出并推行必要变革的能力。许多人和组织都会抵触变革,因此你需要具备展示变革带来的好处的能力,并克服变革过程中可能遭遇的阻碍。

书中会提供大量实践性的学习机会来帮助你发展这七项能力,这些机会包括自评工具、体验式练习、案例分析和问题讨论。如每章后面所附的自评工具,为你提供了独立评估自己能力的标准,你还可以将你的能力水平与其他的读者甚至现任管理者相比。

全新而鲜明的特色

课前案例

本书每章都有一个以某人、某团队或某个组织为焦点的课前案例,目的在于帮助读者了解该章的主题。我们选择的组织是大多数读者熟悉的,如谷歌、星巴克、UPS、泰科以及美国银行。这些案例通常用来表明七项基本能力中的一种或几种是如何被有效或无效运用的。在各章节里,有多处会提到这个案例是如何体现某些特定的概念或管理实践的。本版的 16 个课前案例都是全新的。

成功领导者语录

本版的新颖之处在于推出了成功领导者语录这一特色内容。这一特色内容旨在揭示管理者如何将某一管理理念与管理实践相结合的心得体会。领导者的建议和评论出现在文中相关内容的下面。书中一些知名的领导者有梅格·惠特曼,eBay 总裁;加里·里奇,WD-40 总裁;卡罗尔·巴茨,Autodesk 总裁;亨伯托·古铁雷斯-奥尔维拉,CompUSA 电子商务总监;科伦·巴雷特,西南航空公司首席运营官,等等。

章节内的能力专栏

每个章节通常包括四个专栏,各专栏分别与七项能力中的某项能力有关。这些专栏为本书内容增添了真实感和实操性,不仅强化了章节内容,同时也有利于教学。我们选择的 66 个能力专栏是为了帮助读者提高能力而额外提供的例子,其中 95% 的内容都是本版新增的,而其他保留下来的内容也进行了更新和修改。在许多情况下,读者需要具备分析和评价所讨论内容的能力。以下我们简单列举了在这些能力专栏中涉及的一些知名组织。

自我管理——在 12 个专栏里,有 10 个都是新内容,包括来自奥美国际、JetBlue、棒约翰、州立农业保险公司、李维·斯特劳斯的管理者。

沟通管理——在 14 个专栏里,有 13 个是本版最新编写的,其中的示范组织包括丽嘉酒店、柯达、维珍航空、丰田、沃尔格林。

多元化管理——一共有 4 个专栏与该项能力有关,而且全部都是新内容,包括来自 IBM、家得宝、佐治亚电力以及一项性骚扰政策的启示。

道德管理——6 个专栏都是新内容,包括雷神、盖普、BET、州立农业保险公司等案例。

跨文化管理——所有 11 个专栏都是新内容,所涉及的全球性组织包括弗里托·莱、卡特彼勒、Grupo Carso 等。

团队管理——10 个专栏里有 9 个是新的,读者会了解到关于 Rowe 家具、DreamWorks、SKG、拜耳、NASCAR 等组织的团队工作情况。

变革管理——9个专栏里有8个采用的是新内容,涉及Safeco、圣文森特医院、7-11、哈雷戴维森等组织是如何进行变革管理的。

关键术语和概念

关键术语和概念以黑色粗体字出现在书中,便于读者自我检查对其的理解程度。

讨论题

每章都有讨论问题部分,要求读者对所学章节的概念和相关能力进行思考、运用、分析和进一步探索。150多个问题中的大多数都是本版新增的,通过对这些问题进行缜密而明确的解答来培养读者的沟通能力。

体验练习和案例

每章至少包括一个体验练习和案例。这些章节的专栏为读者提供了额外的途径来积极参与学习的过程,进而培养读者的各项能力。有些体验练习包括规划未来、人际沟通风格、个人能力以及团队评估,涉及的组织有西南航空公司、CompUSA、SAS Institute 和 eBay 等。每个体验练习和案例都曾被教师使用过,并被证明能够有效地促进学生积极自主学习。

本章小结

每章结尾处都有一个小结,用以概括该章要点。这些小结都是围绕该章的学习目标而构成的,学生可以很方便地检测对每个学习目标的掌握程度。

自测工具

整本书提供了30多个自测工具,主要涉及第1章提到的一项或几项基本能力,目的是帮助读者学习概念,学会自我审视,发掘自己的优缺点,以及有效地领导他人。选择这些工具是因为这些工具已被证明能够增强读者的学习和能力培养,并促进课堂讨论。

本书学习框架

在第1部分第1章我们介绍了组织行为研究和能力开发的学习框架,为了使个人、团队和组织效能的学习框架得以充分体现,我们为读者展示了从个体层面到群体层面,再到组织层面的过程。

在第2部分,我们探讨了组织行为中涉及整个宏观层面的问题。第2章我们会关注管理和道德决策,以及管理者面临的道德困境。我们通过圣文森特医院、世纪潜水、海洋用品公司以及其他组织的案例具体地阐述了管理者决策的依据。第3章侧重讨论组织的战略如何影响组织的设计,同时也揭示了构成组织的基本要素及管理者如何运用这些要素来创建有效的组织,这些要素包括:劳动分工、规章与程序、命令链、管理跨度、责任和权威。此外,该章加入了一个新的内容,是关于网络设计的,主要探讨在实际管理中如何对远程员工和供应商进行管理。我们使用了诸如梦工厂、伊莱克斯、7-11便利店等组织案例来展示各种不同的设计。第4章涉及组织文化的相关概念。我们侧重讨论理解组织文化的重要性,以及在组织文化的形成、维持以及变革过程中管理者所担当的角色。我们也探讨了不同类型的文化和这些文化是如何影响谷歌、哈雷戴维森等组织的员工的。在这一章还增加了一个关于道德行为和有效文化多元化的新内容。该部分的最后一章即第5章介绍了关于组织变革的现代观点。由于当前对组织的不同需求,变革是组织必须遵从的。我们用诸如丰田、惠普、3M、壳牌等组织是如何应对变革的案例,有力地印证了变革管理过程的必要性和复杂性。

本书的第3部分转而探讨影响组织效能的人际间的行为过程。我们将领导力分成两章:第6章讲述基本理论,第7章探讨当代的领导力概念。第6章从历史的角度探讨领导学领域关于权力、政治行为、领导特质与行为、情景领导力和领导决策模型等理论。我们在权力与政治行为部分增添了新内容,因为我们认为领导是一个复杂的影响过程。第7章侧重讨论交易型、魅力型、诚信型和变革型的领导行为。关于诚信型领导的讨论也是本章的新增内容,目的在于更全面地揭示领导行为的类型。第8章讨论团队如何在组织中运作。我们通过从梅奥诊所到拜耳公司的不同案例,展示了群体与团队的区别、团队的优势与成本,以及团队进行有效运作的步骤。因其重要性,我们增加了关于国际化组织中虚拟团队的内容。第9章我们关注组织中的不同冲突,包括积极冲突和消极冲突,以及组织如何有效运用解决冲突的手段来提高组织效能。我们在关于类同(亲和)团队和如何同中国人谈判的讨论方面也增加了新内容。该部分的最后一章即第10章探讨了关于加强组织内部人际沟通的一系列相关概念、主题和过程,诸如语言和非语言沟通、网络沟通等,这部分的讨论强调了培养符合道德的人际沟通的重要性。

本书的第4部分重点探讨影响组织效能的个体行为过程,如劳动力的多元化及文化价值观、人的心理本质、人格要素、情感对员工行为的影响、态度的形成、知觉和归因过程以及学习的过程等。第4部分的六章全部采用当前的领导者和组织如何运用上述概念进行管理的实例。例如,在第11章,通过容器商店(Container Store)的案例展示了商店的经理如何运用不同的手段提高员工的工作满意度和组织承诺;美国运通的案例则说明了公司总裁肯尼斯·切诺尔特如何在"9·11"事件后疏导员工情绪以提高效能和组织承诺。这一章中我们新增了一项讨论:为何管理者需要了解情感作用,以及员工的情感是如何随着时间的推移而发生变化的,从而影响团队、部门、公司的效能。在第12章,我们论述了不同文化造成的知觉和归因的差异,以及在塑造这些个体层面的行为过程中,管理者所起到的作用。此外,我们还增加了关于家得宝公司开展文化多元化项目的案例。第13章描述了管理者如何运用不同的强化体系来加强员工在工作中的学习。由于管理者面临着各种挑战,所以他们必须有能力为公司量身定制一套奖励机制来提高员工的效能。第14章和第15章讨论了星巴克、棒约翰、丽嘉酒店和盖普等公司的具体激励策略以及这些策略是如何影响个人绩效的。第4部分的最后一章即第16章以对工作压力、性骚扰和新增的关于职场攻击行为的讨论作为结束,阐述了组织应如何关注员工的需求以及如何尽力实现员工的工作与生活之间的平衡。

目录

第1部分 了解组织行为

第1章 组织行为及其基本概念 (3)
    课前案例：兰奥莱克斯公司的杰克·戈蒂 (3)
    自我管理能力 (6)
    沟通管理能力 (8)
    多元化管理能力 (10)
    道德管理能力 (16)
    跨文化管理能力 (19)
    团队管理能力 (23)
    变革管理能力 (25)
    个体、团队和组织效能的学习框架 (28)
    本章小结 (30)
    关键术语和概念 (31)
    讨论题 (31)
    体验练习和案例 (32)

第2部分 组　　织

第2章 管理决策与道德决策 (37)
    课前案例：杰西潘尼的行为黄金法则 (37)
    道德决策 (39)
    管理决策模型 (49)

1

激发组织创造力 …………………………………………………………… (57)

　　　本章小结 ………………………………………………………………… (61)
　　　关键术语和概念 ………………………………………………………… (62)
　　　讨论题 …………………………………………………………………… (62)
　　　体验练习和案例 ………………………………………………………… (63)

第3章　组织设计 …………………………………………………………… (66)

　　课前案例：家乐氏公司 ……………………………………………………… (66)
　　组织设计中的关键因素 ……………………………………………………… (69)
　　机械组织和有机组织 ………………………………………………………… (76)
　　传统的组织设计 ……………………………………………………………… (81)
　　现代组织设计 ………………………………………………………………… (85)

　　　本章小结 ………………………………………………………………… (91)
　　　关键术语和概念 ………………………………………………………… (92)
　　　讨论题 …………………………………………………………………… (92)
　　　体验练习和案例 ………………………………………………………… (93)

第4章　培育组织文化 ……………………………………………………… (97)

　　课前案例：谷歌公司 ………………………………………………………… (97)
　　组织文化的活力 ……………………………………………………………… (98)
　　组织文化的类型 ……………………………………………………………… (109)
　　道德行为和组织文化 ………………………………………………………… (113)
　　培养文化多样性 ……………………………………………………………… (116)
　　新员工的社会化 ……………………………………………………………… (118)

　　　本章小结 ………………………………………………………………… (121)
　　　关键术语和概念 ………………………………………………………… (122)
　　　讨论题 …………………………………………………………………… (122)
　　　体验练习和案例 ………………………………………………………… (123)

第5章　引导组织变革 ……………………………………………………… (127)

　　课前案例：惠普公司 ………………………………………………………… (127)
　　变革的挑战 …………………………………………………………………… (129)
　　变革的阻力 …………………………………………………………………… (138)
　　推动变革 ……………………………………………………………………… (146)
　　组织变革的道德问题 ………………………………………………………… (152)

本章小结 ··· (153)
关键术语和概念 ··· (153)
讨论题 ··· (154)
体验练习和案例 ··· (154)

第3部分　领导力和团队行为

第6章　有效领导的基础 ··· (161)

课前案例:美国银行的埃米·布林克利 ······································· (161)
权力和政治行为 ··· (163)
传统的领导模式 ··· (169)
情境领导模式 ··· (174)
弗罗姆-加哥领导模式 ·· (178)
本章小结 ··· (183)
关键术语和概念 ··· (183)
讨论题 ··· (184)
体验练习和案例 ··· (185)

第7章　有效领导的现代发展 ··· (190)

课前案例:泰科国际有限公司的埃德·布林 ···································· (190)
交易型领导 ··· (192)
魅力型领导 ··· (194)
诚信型领导 ··· (197)
变革型领导 ··· (201)
本章小结 ··· (206)
关键术语和概念 ··· (206)
讨论题 ··· (206)
体验练习和案例 ··· (207)

第8章　团队管理 ·· (212)

课前案例:梅奥诊所及其团队 ··· (212)
群体的特征 ··· (213)
工作团队类型 ··· (216)
团队的发展阶段 ··· (225)

影响团队效能的关键因素 …………………………………………………………… (229)
　　激发团队创造力 …………………………………………………………………… (239)
　　本章小结 …………………………………………………………………………… (242)
　　关键术语和概念 …………………………………………………………………… (243)
　　讨论题 ……………………………………………………………………………… (244)
　　体验练习和案例 …………………………………………………………………… (244)

第9章　有效管理冲突和谈判 ………………………………………………………………… (250)
　　课前案例：KLA-Tencor …………………………………………………………… (250)
　　冲突的层次 ………………………………………………………………………… (252)
　　人际冲突的处理方式 ……………………………………………………………… (257)
　　冲突管理中的谈判 ………………………………………………………………… (263)
　　跨文化谈判 ………………………………………………………………………… (269)
　　本章小结 …………………………………………………………………………… (274)
　　关键术语和概念 …………………………………………………………………… (275)
　　讨论题 ……………………………………………………………………………… (275)
　　体验练习 …………………………………………………………………………… (276)

第10章　沟通管理 ……………………………………………………………………………… (280)
　　课前案例：豪格·罗宾逊有限公司的戴维·拉德克利夫 ……………………… (280)
　　人际沟通的要素 …………………………………………………………………… (281)
　　促进道德的人际沟通 ……………………………………………………………… (289)
　　非语言沟通 ………………………………………………………………………… (296)
　　人际沟通网络 ……………………………………………………………………… (301)
　　本章小结 …………………………………………………………………………… (305)
　　关键术语和概念 …………………………………………………………………… (306)
　　讨论题 ……………………………………………………………………………… (306)
　　体验练习和案例 …………………………………………………………………… (307)

第4部分　组织中的个体

第11章　理解个体差异 ………………………………………………………………………… (315)
　　课前案例：扬-鲁比卡姆公司的CEO安·富奇 …………………………………… (315)
　　人格的决定因素 …………………………………………………………………… (316)

人格和行为 ……………………………………………………………………… (320)
态度和行为 ……………………………………………………………………… (327)
情感和绩效 ……………………………………………………………………… (333)
本章小结 ………………………………………………………………………… (337)
关键术语和概念 ………………………………………………………………… (337)
讨论题 …………………………………………………………………………… (338)
体验练习 ………………………………………………………………………… (338)

第12章　知觉与归因 …………………………………………………………… (343)

课前案例：QuikTrip公司CEO切特·卡迪厄 ………………………………… (343)
知觉的过程 ……………………………………………………………………… (344)
知觉的选择 ……………………………………………………………………… (347)
人际知觉 ………………………………………………………………………… (351)
知觉偏差 ………………………………………………………………………… (353)
归因：为什么人们会有如此举动 ……………………………………………… (358)
本章小结 ………………………………………………………………………… (363)
关键术语和概念 ………………………………………………………………… (364)
讨论题 …………………………………………………………………………… (364)
体验练习和案例 ………………………………………………………………… (364)

第13章　学习与强化 …………………………………………………………… (369)

课前案例：迷你家政服务公司 ………………………………………………… (369)
在奖惩中学习 …………………………………………………………………… (371)
强化权变 ………………………………………………………………………… (373)
强化的程序 ……………………………………………………………………… (383)
社会学习理论 …………………………………………………………………… (386)
本章小结 ………………………………………………………………………… (390)
关键术语和概念 ………………………………………………………………… (391)
讨论题 …………………………………………………………………………… (392)
体验练习和案例 ………………………………………………………………… (392)

第14章　激励的基本理论及应用 ……………………………………………… (395)

课前案例：关注员工的需要——星巴克 ……………………………………… (395)
激励的基本过程 ………………………………………………………………… (397)
通过满足人的需要来激励员工 ………………………………………………… (400)

通过工作设计来激励员工 ·· (406)
　　通过绩效期望激励员工 ·· (410)
　　通过公平激励员工 ··· (415)
　　本章小结 ··· (420)
　　关键术语和概念 ··· (421)
　　讨论题 ··· (421)
　　体验练习和案例 ··· (422)

第 15 章　运用目标设置和奖励制度进行激励 ····································· (427)

　　课前案例：UPS 快递公司 ·· (427)
　　目标设置与绩效的关系模型 ·· (428)
　　目标设置对激励与绩效的作用 ·· (436)
　　高绩效的奖励制度 ··· (439)
　　本章小结 ··· (446)
　　关键术语和概念 ··· (447)
　　讨论题 ··· (447)
　　体验练习和案例 ··· (448)

第 16 章　压力与攻击行为的管理 ··· (450)

　　课前案例：不能承受之重——埃丽卡·本森的个人压力管理 ············· (450)
　　压力的概念 ·· (451)
　　个性与压力 ·· (454)
　　压力的主要来源 ·· (456)
　　压力的影响 ·· (461)
　　管理压力 ··· (465)
　　职场攻击 ··· (469)
　　本章小结 ··· (477)
　　关键术语和概念 ··· (478)
　　讨论题 ··· (479)
　　体验练习和案例 ··· (479)

第1部分
了解组织行为

■ 第1章　组织行为及其基本概念

Chapter One

第1章
组织行为及其基本概念

学习目标

学完本章后，你应该能够：
1. 描述自我管理能力及其对组织效能的作用。
2. 描述沟通管理能力及其对组织效能的作用。
3. 描述多元化管理能力及其对组织效能的作用。
4. 描述道德管理能力及其对组织效能的作用。
5. 描述跨文化管理能力及其对组织效能的作用。
6. 描述团队管理能力及其对组织效能的作用。
7. 描述变革管理能力及其对组织效能的作用。
8. 解释旨在提高个体、团队和组织效能的组织行为学的学习框架。

课前案例

兰奥莱克斯公司的杰克·戈蒂

杰克·戈蒂是兰奥莱克斯公司（Land O'Lakes）的前任总裁和首席执行官，目前是全国农民合作理事会的董事长。兰奥莱克斯公司的总部位于明尼苏达州的阿登米尔斯，这是一家生产食品和农产品的农民合作企业，在全球50多个国家、全美50个州的销售额达到60亿美元。我们将在本章的课前案例中一起分享对戈蒂的采访内容节选。

我如何向管理层与员工传达我对他们工作的责任心和绩效的要求呢？那就是尽我所能诚实而坦率地表达出我的要求。当我们的组织规模越变越大时，成败也就越来越取决于我们如何从客户的角度去经营，如何以团队的方式来运作，我们的企业文化是否适合经济环境，我们的薪酬制度是否得当，以及我们的决策是否合理。我们的理念是"成为全球最佳的食品和农产品公司之一"，因此我们会扪心自问："我们公司是员工工作的首选吗？"人们更愿意加入可以提升自我能力的组织，所以创立企业文化对我们而言是非常重要的，因为只有这样我们才能成为一个持续发展的组织。

组织的领导者是企业文化最重要、最有力的决定因素。如果领导者能够将企业文化的真谛融入自己的日常言行中,那么该组织的企业文化就会更具影响力。但这不是一夜、一月或是一年就能够实现的,而需要经历一段漫长的时间。可是一旦实现的话,组织就会变得十分强大。最有效的领导者就是那些能够创立一种适合公司文化并组建最优秀团队的人。我所说的组建最优秀团队是指在这样的团队中,领导者是否在场并不重要,因为领导者所创建的团队的智慧、能力已经超越其本人,变得更加强大。

　　人们可能会把我定义为情境型领导者。这种类型的领导风格有利有弊,其长处是很灵活或有很强的适应性,可以在不同的情境中采用不同的风格。我曾经听到过一些反馈,说员工们有时会因为面对像我这样的情境型领导风格而觉得很有压力,从而感到困惑。为了回应这样的反馈,我在一次管理层会议上提到这点,并花了一个半小时来与大家讨论我的管理风格。我之所以这样做,是想向大家传递这样的信息:"如果我们能够直率地进行沟通,相互理解,那么我们将会是一个更加强大的组织。"

　　世界正在飞速地发生变化。回顾当年,在我们的事业刚刚起步时,人们可以有充裕的时间制定战略、实施规划。如果你能够有效地实施那些基本的规划,你就可以成功。而在今天,这种做法行不通了。我们不仅要制定和实施战略规划,还要在三个月内灵活地将计划进行调整,并能迅速实施,从而适应飞速变化的现实。对最优秀的组织而言,抱怨不断变化的现实并不是最大的挑战,如何适应这种对组织运作产生影响的不断变化的外部大环境才是关键。要想成为最优秀的组织,我们必须具备这样的能力。

　　几年前,我曾经在公司的年度大会上提出一句口号:"攻城容易守城难。"这其中蕴涵的道理是,如果你所做的一切仅仅是为了维持现状即"守城",那是守不住的,也是远远不够的,你必须不断提高绩效,为客户创造更多价值。

　　注:关于兰奥莱克斯公司的更多信息,请访问公司主页 http://www.landolakes.com。

　　杰克·戈蒂从对兰奥莱克斯公司管理的成功中意识到员工、领导力、变革管理以及服务客户的重要性。兰奥莱克斯公司的领导力原理和实践,不仅体现在杰克·戈蒂身上,更代表着组织行为学的最新理念。戈蒂运用了一系列开发和维系组织文化的能力,同时也建议有效的领导者需要在组织各级层面上培养和发展员工的各项能力。

　　所谓**能力(或胜任力)(competency)** 指的是个人为有效地完成相关的专业和管理工作而必须具备的一系列互相关联的天赋、才干、技能、行为、态度及知识的总和。许多能力对于组织来说都是很重要的,这其中,我们选出七项最能影响组织行为的核心能力。这七项能力日趋重要,这种重要性不仅是针对专业管理人士和领导者而言。本书的主题之一就是定义、描述和阐述这七项能力在组织中是如何得到运用的,同时,我们将这些观点融入全书关于组织行为和效能的讨论中。

　　我们的目的就是要帮助你发展如图1.1所示的这些能力,双箭头表示这些能力是相互联系的,因此不能在它们之间划上严格的界限。在接下来的章节里,我们会对这些能力进行深入探讨,如第10章的大部分篇幅都将集中讨论如何发展管理沟通能力。在其他章节里,我们主要探讨的是建立在基础能力之上的才能,并将它们与具体问题联系起来,如在第6章和第7章中,我们将探讨如何将其他才能与怎样成为一个成功的领导者联系起来。

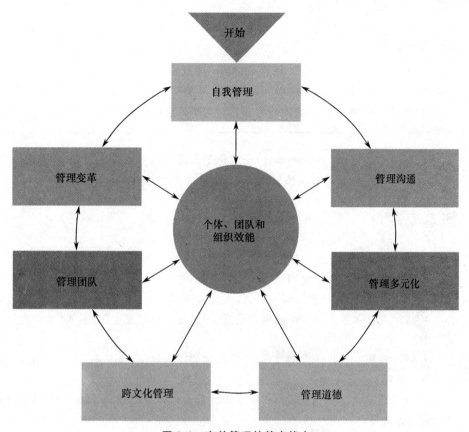

图1.1 有效管理的基本能力

本书的第二个主题是人和组织成功或失败的原因是复杂的。因此,本书的另一个目的就是培养学习者观察、理解组织成员行为的能力,以帮助他们找出组织和行为方面的问题并获得解决的办法。**组织行为学(organizational behavior)**是一门在组织情境中研究个体和群体的学科,是一门研究关于人际交往的过程和实践如何影响个体、群体和组织效能的学科。

本书的第三个主题着重研究组织行为学对个人的重要性。现在或将来,你可能是某个组织中的一名员工,甚至可以说,在你的职业生涯中,你会先后在不同的组织中担任不同的职务。最后,你可能会成为一位团队领导、经理或行政主管。学习组织行为学,能够帮助你获得成为一名出色的员工、团队领导、经理或行政主管所需具备的能力。学习这门课程所获得的能力,可以帮助你诊断、理解和解释工作中遇到的情况并做出正确的反应。

自我管理能力

> **学习目标** 1. 描述自我管理能力及其对组织效能的作用。

自我管理能力(self competency)是评价个人自身优劣势,确立个人目标,平衡工作与生活以及促使自己学习新事物(包括更新的知识、技能、行为和态度)的能力总和。

基本能力

自我管理能力包括以下几个方面:
- 理解你和他人的个性和态度(参见第 11 章理解个体差异)。
- 正确地感知、评价和理解自己、他人和身边的环境(参见第 12 章知觉与归因)。
- 理解自己和他人的工作动机和情感,并做出相应的反应(参见第 14 章激励的基本理论及应用)。
- 评定和建立自身的发展目标、生活目标和工作目标(参见第 15 章运用目标设置和奖励制度进行激励)。
- 在时间的流逝和充满压力的环境中管理自己以及自己的职业生涯(参见第 16 章压力与攻击行为的管理)。

我们认为,自我管理能力是这七项能力的基础,只有获得了这项能力,你才能较好地开发其他六项能力。例如,如果不能感知、评价和解释你自身的个体差异和态度,你就无法发展沟通管理能力。就兰奥莱克斯公司的领导者杰克·戈蒂而言,自我管理能力是其开展工作的一块基石。自我管理能力不但包括**情商**(emotional intelligence)——一种分辨他人和自己情绪的能力,还包括自我认识、自我激励、移情和社会交往技巧。戈蒂建议我们保持对情商的关注。

> 当我回顾往事时,我觉得自己之所以能领先,是因为我一直在帮助别人取得成功。这样做让我感觉很好,而且这一切在潜移默化中促成了我今天的成就。所以,当我反思这一切时,我觉得成功不仅仅在于个人的天赋,而是由于发生的许多事情不断磨炼、造就了今天的我,并使我逐渐具备了一些领导者的重要特质。

职业发展

> ▶▶▶ **成功领导者语录**
>
> 真诚地对待自己,这是美好生活的基础……选择为这样的组织和上司工作:你可以毫无拘束地展示自我。
>
> 埃德娜·莫里斯,女子食品服务论坛负责人

职业(career)是在人的一生中与工作相关的一系列职位,它涵盖了与工作相关的所有任务和经验。现行对于职业的普遍看法,通常局限于认为它代表了在一个组织中往上升迁的过程。然而,现在这种升迁的机会对于许多人来说已经非常渺茫了。在企业规模不断缩小、企业间合并以及赋予员工更大职责以发展他们能力的管理趋势下,有些人可能只需停留在原职位,不断获取和发展新的能力,不需升迁便可获得事业的成功;有些人可能通过在不同的领域转换工作而获得发展,如在会计、管理信息系统、市场营销领域;有些人可能通过为不同的组织服务而获得发展,如在兰奥莱克斯、戴尔或耐克公司。因此,职业不再像传统观点认为的那样,仅仅意味着工作经验,它还包括职业转换机会、个人选择和个人经历。让我们从以下五个方面来简要地了解什么是职业:

- 职业本质上并不代表成功或失败、前进步伐的快或慢,事业是否成功最终是由自己而非他人决定的。
- 在评价一份工作时,没有绝对的标准。事业成败与一个人的观念、目标和能力联系在一起。所以,人们的职业目标和成就与个人满足感是密不可分的。
- 个人在考察一份职业时,应该将客观与主观因素相结合。职业的主观因素包括价值、态度、个性和动机,这些因素可能随着时间而发生改变。客观因素则包括职业选择、所在职位和具体能力的发展。
- **职业发展**(career development)与多种因素有关,包括决定从事何种职业和参与什么活动来达到职业目标。时间的阶段性是职业发展过程中的核心问题。一个人的职业在很长的一段时间内,其发展方向和状态会受多方面因素的影响,如经济环境、职业机会、技能发展、个人性格、家庭状况和个人职业经历等。
- 文化因素也在职业发展中扮演着重要的角色。在有些国家如日本、菲律宾、墨西哥,文化习惯也能影响个人职业的方向。如果按照美国的标准,在上述这些国家的文化中,妇女容易受到歧视而难以担任经理工作。在印度和韩国,社会地位和教育背景在很大程度上决定着个人的职业发展前景。

因此,爱默生在其经典之作《自立》中,为人们的职业生涯提供了很好的建议:"相信自己。"为了成功,人们需要终身学习,包括做好职业发展规划。**职业规划**(career plan)就是个人对于职业、组织和职业道路的选择的过程。

谢利·拉扎勒斯是奥美国际公司的首席执行官。这家广告公司在全球100个国家设立了400多家分公司,其总部在纽约。在下面的专栏介绍里,拉扎勒斯的个人管理能力在她关于员

工发展的谈话中将被充分体现出来。

自我管理能力

奥美国际公司的谢利·拉扎勒斯

……当我得知我将出任这家公司的首席执行官时,我与该公司的传奇式创始人戴维·奥格尔维,在他位于法国的乡间别墅共处了三天。当时是三月份,天气十分湿冷,我们每天在室内谈论工作。有一次,我冒昧地问了他一个问题:"戴维,如果你必须对我讲一件事情,那会是什么?"他毫不犹豫地回答:"无论你花多少时间去思考、担忧、关注和质疑对人的价值评估,都不以为过。"他接着说:"选人是唯一重要的事情,也是唯一值得你不断思考的事情,因为一旦用对了人,其他一切问题都会迎刃而解了。"

现在,我每天都会抽时间来重温戴维的这个建议。我花了大量的时间自问:我做得够吗?我应该为公司的哪些人担忧?哪些人需要更多的挑战?哪些人看起来有些厌倦了?谁需要改变生活观念或是去一个新的国家?戴维的建议不仅让我不断思考和指导周边的人,更有助于我形成商业战略,制定关键决策。

譬如说,如果在奥美没有开设分公司的某个城市里汇集了大量的广告人才,而这些人不愿意离开这座城市去纽约或其他地方为我们工作的话,这对于我而言就意味着,有必要增开一个新公司。然而对许多管理者而言,他们会首先考虑成本或新城市里潜在客户的问题,其实,这些问题同如何吸引和留住公司人才的需求相比,最终会被逐渐淡化。

注:关于奥美国际公司的更多信息,请访问公司主页 http://www.ogilvy.com。

沟通管理能力

> **学习目标** 2. 描述沟通管理能力及其对组织效能的作用。

沟通管理能力(communication competency)反映个人通过各种方式,包括言语、肢体、书面、电子邮件等方式传递、理解和接受意见、想法和感情的能力。这种能力通常被认为是一个培养其他能力的循环系统,就像动、静脉为人类的活动提供血液一样,沟通也能促进信息、想法、创意和感情的交流。

谢利·拉扎勒斯,我们前一个专栏的主题人物,通过下面的对话表现出有效的沟通管理能力。

……当我召开一次气氛相当紧张的会议,办公室里的每个人都觉得天要塌下来的时候,我就会缓和一下气氛。我会说:"请你们弄清楚一点,不管我们决定做或不做,会有人因此而死吗?奥美会因此而破产吗?有人会失去孩子吗?如果真的会这样,请告诉我,我马上就会变得异常焦虑,极度恐慌,晚上恐怕也会彻夜难眠!"伴着夸张的语态,这些话令大家捧腹大笑,笑过之后,我再对他们说:"现在让我们集中精力,解决问题。"

基本能力

沟通管理能力包括的基本能力如下:

- 将信息、想法和感情按照表达者的初衷或通过一种令人觉得乐于接受的方式传递给他人。这项能力在很大程度上受到**表达技能(describing skill)**——明确举例、具体行为及其效果的影响。这项技能还包括发现人们通常没有意识到的问题,即人们在沟通时由于太笼统或急于下定论而导致表述不清和不正确(具体可见第10章沟通管理)。
- 为别人提供建设性的反馈意见(具体可见第10章沟通管理)。
- **积极倾听(active listening)** 是在倾听时结合信息和情感交流以寻求共同点的过程。积极倾听需要运用**提问技巧(questioning skill)**,这也是一种获取信息和意见的能力,目的是获得坦诚而恰如其分的回答。这项技巧还能帮助人们把相关的信息和情感带入谈话中,减少误会并忽略意见的相异之处(具体可见第9章有效管理冲突和谈判以及第10章沟通管理)。
- 运用**非语言沟通(nonverbal communication)**,如运用面部表情、肢体动作和身体接触来传递信息。**移情技能(empathizing skill)** 指的是察觉并理解他人的价值观、动机和情感。这项技能在非语言沟通和积极倾听方面显得尤为重要。移情技能能够帮助交流者减少紧张、增进信任和彼此分享(具体见第12章知觉与归因以及第10章沟通管理)。
- 有效地使用**语言沟通(verbal communication)**,无论是一对一的交流或群体交流,都要向他人表达自己的观点、信息和感情。回顾课前案例中杰克·戈蒂用了一个半小时来同管理层讨论他的管理风格,有人认为戈蒂的情境型领导风格会令人感到胆怯和困惑,那次会议就是针对这样一些反馈做出的回应,这说明他具备有效的语言沟通能力。在许多章节的体验练习和案例部分,我们为你提供了运用这种技能的机会。
- 有效地使用**书面沟通(written communication)** 技巧,这是一种通过报告、书信、备忘录、笔记、电子邮件及其他类似方式来传递数据、信息、创意和情感的能力。
- 使用多种计算机(电子)资源,如电子邮件和因特网。**因特网(internet)** 是一种全球性的互联网络集合,通过运用以计算机为基础的信息技术,真正地实现了将各种组织及其员工与客户、供应商、信息来源、公众和遍布全球的数以百万计的个人计算机直接联系在一起。我们将为你提供许多网址并鼓励你学习更多的关于各种组织、出版物和公众话题的知识。

李·科伦斯杰出的事业成就表现在他曾经担任过许多知名公司的重要领导职务,如美林证券、太平洋证券交易所、证券交易委员会等。在下面的专栏里,他回顾了沟通管理能力对于管理者的重要性。

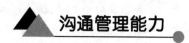 沟通管理能力

李·科伦斯对沟通的评论

许多经理人都没有足够的时间与员工进行沟通。他们聘请员工、面试员工,然后大约每星期和员工面谈一次。他们并没有真正关注员工们所做的工作。我发现许多员工非常希望他们的经理能够对他们的工作进程以及取得的工作成果表现出真正的兴趣。如果说有哪种综合能力是我认为十分重要的话,那就是与为你工作的人进行沟通——与他们谈话,倾听他们的言论,哪怕是他们的抱怨。其实在多数情况下,这些抱怨是很有意义的,因为它可以为你提供变革的契机。

如果你很少与员工沟通,你就不会留意到正在发生的种种变化。有一天,当你突然醒悟时,你会发现你已经损失了许多优秀且敬业的员工。如果你调查一下多数大公司员工的离职谈话,你会发现许多人离开公司的原因是"没有人关注我在这儿做的一切"。我认为成功的管理,第一条秘诀就是用大量时间和员工交谈。作为管理者,你的职责就是规划和引导。

所有努力工作的人都希望上级感受到他们工作的重要性,因此管理者应该通过某种方式让他们感觉到这一点。表扬是一种方法,当然,还有许多其他方法。

多元化管理能力

> **学习目标** 3. 描述多元化管理能力及其对组织效能的作用。

多元化管理能力(diversity competency)是指注重独特的个体和群体特征,接受这些特征,并把它们看做组织成长的潜在资源,以及欣赏个体独特性的综合能力。这种能力还包括在人们各自利益和背景存在很大差异的情况下,帮助他们更有效地进行合作和共同工作的能力。

基本能力

多元化管理能力包括的基本能力如下:

- 创造一个包容的环境,接纳那些与你不同性格的人(参见第11章理解个体差异和第12章知觉与归因)。

- 向那些拥有不同性格、经历、观点和背景的人学习,思维和行为的多元化是促进创新和变革的关键因素(参见第2章管理决策与道德决策和第5章引导组织变革)。

第1章 组织行为及其基本概念

- 接纳并发展某些个人倾向,如开阔思维和鼓励人们持一种尊重的态度去支持不同种族的人,包括他们的文化,以便支持工作场所及其他地方的多元化发展(参见第11章理解个体差异)。
- 将沟通及共同工作的基础建立在才智及贡献的基础上,忽略其他个人属性(参见第8章团队管理)。
- 正确地领导,到员工身边去交流,反对明显的偏袒,鼓励包容,在因多样性而发生权力斗争和冲突时,寻求双赢或折中的解决方案(参见第7章有效领导的现代发展和第9章有效管理冲突和谈判)。
- 当多元化涉及一个人的职位问题时,可以援引相关的政府法律和法规、公司规定来做决定。

关于多元化管理能力的案例,国家多元文化研究所的伊丽莎白·P.赛律特有精辟的阐述,她是这样评论的:

> 多文化主义认可美国是一个多元化的国家,在这个国家没有哪种文化传统更为理想或是完美。多文化主义需要整个社会每个个体的平等参与。它假定我们的国家既可以统一又可以多元,假定我们既可以以历史传统为荣,也可以以每个群体特性为荣,同时我们也为了共同的目标而一起工作。这是一个在民主原则和共同的价值体系上建立起来的互惠过程。

多元化的类别

图1.2显示了多元化的许多类别和特性,甚至身体素质都包含了多方面的特性,这些特性可能会影响个人或团队的行为。这给管理者带来了一个挑战,就是要确定:① 这些影响是否会拒绝机会,浪费资源,降低效率;② 是仅仅容忍差异还是接纳多元化,并把它变成促使公司增值的宝贵资源。给管理者带来的另一个挑战是,他们还要为个人、团队和公司的能力成长提供帮助,帮助员工学习新知识、新技术,端正态度和改进参与的方法,从而使员工彼此尊重和接纳差异,并把它当做创造力和优势的来源。

图1.2是组织中较常见的一些差异。首先是先天类别,指的是影响人的自我形象及社会性的先天特征;其次是后天类别,包括一些通过生活获得并改善的习惯特征。箭头显示,这些差异并不是独立存在的。例如,一个有孩子(亲子状况)的女人(性别)会直接受到对家庭持有利或不利政策和态度的组织的影响。不利于家庭的组织态度可能是"如果你想在组织里脱颖而出,你就必须把工作放在第一位"。

以下是对多元化的先天类别的简要说明,这些特征往往是个人无法改变的。

- **年龄** 一个人存活的年数和时代(如在美国有萧条时期、婴儿潮时期、出生于1965—1977年的X代人,以及出生于1978—1998年的Y代人之分)。
- **人种** 人类中不同生理条件的族群,反映在身体外形的差异上,如眼睛形状、皮肤颜色等。但是在人类的遗传基因中,人种之间只有不到1%的差别。
- **族裔** 拥有不同文化的族群。同一民族的人有相同的传统和遗产,包括民族起源、语

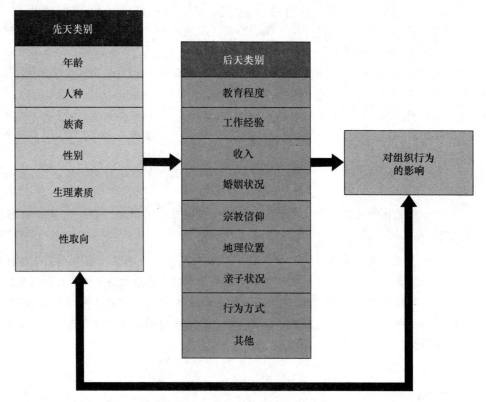

图 1.2 多元化的选择性类别

资料来源：Bradford, S., Fourteen Dimensions of Diversity: Understanding and Appreciating Differences in the Work Place, in J. W. Pfeiffer(ed.), 1996 Annual: Volume 2, Consulting, Pfeiffer and Associates, 1996, 9—17。

言、宗教、食物和风俗。一些人对这些文化根源非常认同,而另一些人则反之。

- 性别　由 XX(女性)和 XY(男性)染色体决定的生理性别特征。
- 生理素质　一系列特征,包括体型、体格大小、面部特征、特长或缺陷,还有一些有形或无形的体能和智商的优点或缺点。
- 性取向　对同性或异性的性吸引程度,如异性恋者、同性恋者或是双性恋者。

以下是对一些多元化的后天类别的简单解释。个人可以通过生活中的抉择来对这些多元化类别加以影响。

- 教育程度　个人所接受的正式或非正式的学习、训练的时间和水平。
- 工作经验　个人担任过的职位(包括受雇的和志愿的)及其服务过的各种组织的经历。
- 收入　一个人成长过程中所处的经济状况和现在的经济地位。
- 婚姻状况　一个人的婚姻状况,包括未婚、已婚、丧偶或是离异。
- 宗教信仰　一个人接受的对神的认识的基本教育和通过正式或非正式的宗教活动获得的价值观。
- 地理位置　一个人成长所处的地理位置,或是其度过生命中一段重要时光的地方,包括社区类型、乡村或者城市。
- **亲子状况** 是否有孩子以及在何种环境下抚养孩子,如单亲家庭或是双亲家庭。
- **行为方式** 个人以某种特定的方式进行思考、感知和行为的倾向。

在本书中,我们对多元化的类别进行了许多讨论。除此以外,许多章节都有关于多元化管理的专题内容,将以上提到的一种或是几种多元化类别同某个具体的组织管理联系起来。在本章最后,对部分多元化的先天类别与组织关系进行了简单的回顾。思考的时候,请注意把它们与你的职业生涯联系起来。

变化中的劳动力

在未来的日子里,美国、加拿大和其他许多国家的劳动力构成仍会迅速地发生变化。新员工的主体将会是女性、非白人和来自各个民族的人(事实上,美国人口与劳动力由来自不同国家的代表组成)。另外,越来越多的跨国公司如可口可乐和IBM,在世界各地都拥有为数众多的员工、顾客和供应商。劳动力组成在亚洲、西欧、拉美和北美也变得越来越复杂和多元化。因此,管理者和员工都需要认识并且接受多元化带来的分歧,特别是在"员工想要从工作中得到什么"这个问题上,公司面临着由多元化劳动力组成带来的三大挑战:语言障碍、族裔构成和态度与文化差异。

语言障碍 除非员工能够互相理解对方,否则沟通就只是空谈。而如果不能沟通,员工将无法互相培训,也难以在一起工作。虽然可以通过雇用翻译来解燃眉之急,但却少了通过日常沟通而培养出来的友好、轻松和有效率的工作环境。语言障碍会造成这种实际而又棘手的问题,这种问题又可能带来对工作绩效、工作目标方法、安全措施和其他必需工作条件的误解。

族裔构成 公司内部的先天族裔构成是一个需要以建设性的眼光来小心对待的问题,尤其母语不是英语的那些员工,他们倾向于向同族群同事寻求支持。在位于得克萨斯州的万豪酒店,很多来自越南的房间侍应生的母语不是英语,这些侍应生因为英语不够好,害怕在与主管的交流中遭遇尴尬,所以宁可向其他越南同事求助也不去找主管。虽然这些员工也有一定的凝聚力,但他们同与其语言不同、文化不同的种族的同事一起工作时,却不够积极主动。杰西潘尼公司(J. C. Penney)位于得克萨斯州的总部每月会有一次这样的活动:自助餐厅的员工们会准备其公司业务范围内某个国家的食物,并在旁边挂该国国旗,展示来自该国的物品。这样做可以让员工体会到在不同文化的国家中生活和工作的感觉,同时也能让来自不同文化背景的员工产生归属感。

态度与文化差异 大多数人在开始找工作时就已经建立了与人相处的态度和信念,有些态度和信念会使他们对别人产生挫败感、愤怒和嫉妒。因此,管理者和所有想要培养员工宽容心的人必须明白,产生这种态度和信念的员工必须做出重大改变。在一些公司,每当做出重大而正式的决定时,女性和少数族裔就会被排除在外;而且,在非正式场合如午餐时,他们也会被排挤,但正是在这些非正式的场合里,老员工可以将如何处理问题的经验传授给新员工,那些被排挤的员工将无法分享这种机会带来的好处。

性别

在美国的劳动力中,女性现在几乎占了一半(47%)。女性占了全美所有学士学位获得者的57%,所有硕士学位获得者的58%,以及博士学位获得者的45%。她们也占据着大公司里约16%的管理职位,以及8%的首席执行官职位。女性管理者的人数虽然在不断增加,但依然有限,其中一个原因就是"玻璃天花板"效应。

玻璃天花板(glass ceiling)是透明的,但很微妙,它有力地把女性和少数族裔阻隔在了管理层之外。造成"玻璃天花板"现象的原因主要有三个:首先,许多行政领导和管理者并不完全赞同提供平等的雇用机会;其次,女性和少数族裔不被鼓励申请高级职位空缺,或者甚至不知道有这样的职位空缺,因为填补这些空缺的决定往往是在高尔夫球场、牌桌上或是其他不邀请女性和少数族裔参加的场合做出的;最后,女性和少数族裔也缺乏有助于他们升迁的深造机会。

让我们来看一下安泰(Aetna)公司的例子。这个在全球范围内提供健康、退休及金融服务的公司,创建了一个名为"安泰新兴领导人"的项目,其目的就在于突破玻璃天花板的局限。该项目力求经过几年的努力,通过对参与者进行合理引导而将其打造成新一代的领导人。该项目的目标之一就是使公司的人才多元化。候选人必须在本公司或其他地方有5—7年的工作经验,这个项目将会在12—24个月内,引导这些参与者在不同的业务领域完成任务。项目总监韦兰介绍说,这个项目与众不同的地方就在于它是高度个性化的,并且很早就与个人的职业生涯挂钩了,每位候选人都会接受一系列的培训、教育、指导和职业发展咨询等。在安泰,女性占了管理层56%的职位,其他族裔占了管理层9%的职位。

许多生育后的女性在完成全职工作的同时,还得承担照顾家庭的大部分责任。据估计,75%的职业女性都处在生育的年龄。有些公司,如杜邦、礼来制药和万豪国际酒店已经执行了有利于职员照顾家庭的政策方针。这些公司通常都会为有紧急家庭需要的员工提供小孩看护服务、灵活的工作时间(允许上下班的时间变动)、工作分担(两个愿意做兼职工作的人分担一个职位的工作量,多为女性)、远程工作(为某种特定群体的员工提供不同程度的在家工作的机会),以及其他满足员工紧急家庭需要的灵活政策。

人种与族裔

美国现有劳动力约1.5亿人,每年有1/3新增的劳动力都是少数族裔。现有的劳动力组成中,大约有近1 600万美籍非洲裔人士,1 500万西班牙语族裔,以及1 000万亚洲裔和其他少数族裔。到2012年,非西班牙裔的白种人预计将达到劳动力总量的66%。除了存在"玻璃天花板"现象以外,这些少数族裔还面临着**种族主义(racism)**的威胁,即把基因决定的种族看得高于任何其他品质的心态。图1.3表明,种族主义有三种相互关联的形式:① 个人种族主义,指一个人所持的态度、价值观、感情和行为都在宣扬自己的种族比其他族裔高人一等;② 文化种族主义,即将本族的文化成就夜郎自大地看做是最优秀的,有意忽视或贬低其他种族的文化成果;③ 制度种族主义,指一些社会组织内部的规章制度、法律、政策以及风俗,其目的在于维护某种优势族裔的统治地位和控制权。以上三种种族主义的形式都在公开或暗中、有意或无意地存在着。

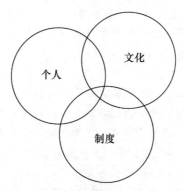

图1.3 种族主义相互关联的形式

年龄

随着生育高峰期出生的那一代人逐渐老去,美国和加拿大的劳动力有老龄化趋势。预计2012年以后,美国55岁及以上老人的增长率每年将达到4%,几乎是总劳动力增长率的4倍。中年员工人数的增加与许多公司致力于减少中层管理人员的数量,以保持竞争力的努力形成了抵触,这些公司包括柯达、三洋电机和英国石油,因此,裁员就变得在所难免了。随着岁月的流逝,很多员工只获得了对本公司有价值的能力,年龄偏大的被裁员工即使能找到新的工作,其薪水和职位也很难与过去相比。此外,年龄偏大的员工也不如年轻人那样容易转岗或是经过再培训后做新的工作。

IBM获得过许多多元化管理的奖项,它是世界顶级的电脑硬件供应商并拥有一支强大的服务队伍。IBM总部位于纽约的阿蒙克,目前有员工255 000人,业务遍布世界各地。小特德·查尔兹是负责IBM全球多元化管理的副总裁,以下的多元化管理能力专栏中谈到了他对IBM多元化管理的一些看法,如对多元化的倡导和注重成效是正确且十分必要的。

多元化管理能力

IBM的特德·查尔兹

查尔兹认为,多元化对于全球企业和员工而言越来越重要了。在IBM,与多元化相关的所有问题都必须从全球的视角出发来解决,即从职场扩展到市场。这就是为何IBM创立了一种全球战略模式来解决新世纪的多元化问题,这种模式帮助我们解决在与我们有业务往来的160个国家和地区中不断出现的多元化问题。我们对劳动力多元化的长期承诺,包括平等的机会、明确的行动、文化的意识以及工作与生活的平衡，已经演变成一种精神财富，正是这种财富使得IBM成为引领社会变革和发展趋势的先导。为了解决劳动力多元化问题，IBM经历过多次激烈的变革，其中一次成立了八个多元化任务执行组，这一做法是为了从市场的角度来探讨人才问题以及如何为不同的工种配备最佳员工。这些任务组成员包括亚裔、非洲裔、西班牙裔、美国本土人、同性恋者、残疾人。这些小组的组织者和成员均来自上述群体的管理人员。

每个任务组要从他们的视角审视IBM，并回答以下问题：在IBM，如何让你所代表的群体感觉受到欢迎和重视？IBM同你所属的群体建立伙伴关系后，怎样才能最大限度地提高你的工作效率？IBM怎样才能影响你所在群体的购买决策？每个任务组的使命是通过重视不同群体中的客户来提高IBM的市场占有率。此外，每个任务组的组长要确保多元化培训内容的新颖性，保证其是公司的当务之急且受到大家欢迎。

多元化及职场包容度是帮助我们确定如何在市场中开展业务的关键，是帮助我们争取最佳人才、增强赢利能力、留住员工、赢得客户以及保持市场领先地位的关键。

注：关于IBM的更多信息，请访问公司主页 http://www.IBM.com。

道德管理能力

> **学习目标** 4. 描述道德管理能力及其对组织效能的作用。

道德管理能力(ethics competency)是指在做出决策和采取行动时，是否具备区分是非的价值观和坚持原则的能力。**道德**(ethics)是指用以判断是非的价值观和原则。

基本能力

道德管理能力包括以下基本能力：

- 识别并描述与伦理有关的决策和行动(参见第2章管理决策与道德决策)。
- 在选择行动方案时，评估道德问题的重要性。例如，对大多数人而言，决定在西尔斯(Sears)还是塔吉特(Target)购物，就与道德问题无关。
- 在做出与个人职责和权力有关的决定或采取行动时，要遵守政府的法律、法规和雇主的规定。总而言之，一个人的职权越大，他就会面临越多的复杂而含糊的道德问题，从而越容易陷入进退两难的境地。例如，在塔吉特公司的零售店里，店长面临的道德要求和重要性问题比店员多很多(参见第6章有效领导的基础)。
- 在工作关系中，要注意尊重他人的尊严。例如，个人职位决定了他能够采取的反歧视行动范围的大小。西尔斯商场的经理就比收银员有更多的权力来阻止员工歧视少数族裔的行为(参见第7章有效领导的现代发展)。

• 在沟通中保持诚实与公开,只有在涉及法律隐私和商业竞争时才可以有所保留(如言行一致)(参见第9章有效管理冲突和谈判以及第10章沟通管理)。

> ▶▶▶ **成功领导者语录**
>
> 道德很重要,我们的资本市场体系有赖于符合道德的行为。你们作为未来的商界领袖,有责任为自己的组织定好道德基准。
>
> 埃迪·芒森,KPMG 大学关系总监

道德困境

近年来,在公众对企业经营高度关注的推动下,管理者与员工面临的道德问题日益突出。我们在本书中将以道德管理能力专栏的方式进一步阐述这一观点。道德行为在某些时候的确难以界定,特别是在今天充斥着不同的信仰和习俗的全球化经济中。在商业社会中,道德行为不仅包含法律因素,还包含了更多其他的内容,而且一个国家的金科玉律在另一个国家可能并不适用。

管理者和员工同样会遇到无法明确断定对与错的情形,这时个体就承受了做出道德决策的压力。当个人或团队必须做出一个与多重价值观有关的决定时,有关**道德困境**(ethical dilemma)的问题就出现了。因为几种互相冲突的价值观可能会同时出现,所以道德困境不仅仅在于当事人选择正确还是错误的做法。有些两难局面是由于竞争和时间的压力造成的,以下是三个有关的例子:

• 今天,一位客户向我询问公司的一件产品,我报价以后,他说他买不起。而我知道我们的竞争对手能够提供比较便宜的产品。那么,我应该告诉客户吗?或者,干脆就别管他了?我该怎样做呢?

• 一位同事告诉我,他打算两个月后辞去现在的工作,接受另一份承诺留给他的新工作。同时,我的上司告诉我,她会马上提升那位同事而不是我。这时,我该怎么做呢?

• 上司告诉我,我的一位下属很快就要被辞退了,同时告诫我现在还不能告诉这位下属,因为担心他可能会告诉全公司的人从而引起很大的震动。同时,那位下属告诉我,他打算给女儿做个牙箍治疗,再给家里添一张新地毯。这时,我又该怎么做呢?

高层管理者的领导力、方针和法规,以及核心的组织文化能够有效地指导个人面对和解决这些道德的困难抉择。表1.1是一个简单的问卷,你可以通过填写它,为你工作过的公司或上司在各种道德、行为、实践和方针方面的绩效打分。

表1.1　道德实践问卷

说明：想想你曾经工作过的或是现在工作的某个组织，对照以下10道题，按照该组织的行为特征与题目的符合程度回答。以下是一个10分的量表，从最高10分（完全符合描述）到最低1分（完全不符合描述），5表示中立或是不确定。

```
完全不同                    中立                         很相似
  1    2    3    4    5    6    7    8    9    10
```

将数字记录在每道题的旁边。
____ 1. 如果我将其他人的不当行为上报，我不害怕高层管理者的报复。
____ 2. 我和其他员工相信管理者会做正确的事情。
____ 3. 在做出重大决定时，管理者和其他员工会从道德的角度考虑备选方案。
____ 4. 为了能与顾客以诚相待，高层管理者制定了完备的方针、政策和行为准则。
____ 5. 道德管理的核心能力对于高层管理者来说很重要，并且一直被付诸实践。
____ 6. 我和同事在做一些可疑的、不道德的事情时，从不觉得有压力。
____ 7. 我所在的组织有个惯例，那就是要做正确的事情，而非仅做那些快速获利的事情。
____ 8. 组织在制定道德方针和行为准则时都会与所有员工进行沟通。
____ 9. 对于任何违反、背离道德行为的处罚结果，组织都有明确的规定，并将其付诸实践。
____ 10. 决不宽容通过违反或歪曲组织道德准则而取得个人成就的行为。

结果与解释　把得分加起来，总分80—100分，表明该组织是一个具有高度道德感的组织；总分61—79分，表明该组织的道德准则还需改进；总分40—60分，表明该组织的道德及行为准则混乱且矛盾重重；总分10—40分，表明该组织是不道德的，需要大刀阔斧地进行改革。

　　雷神公司（Raytheon）的总部位于马萨诸塞州的沃尔瑟姆，拥有78 000名员工。该公司主要从事国防军工产品的生产，同时也制造其他用途的通信和电子产品。威廉·斯旺森是雷神公司的首席执行官，他曾经这样评述："在今天的商界，道德和诚信是每个成功企业的护身符，但遗憾的是并不是每个人都懂得这个道理……"雷神公司有一套全面的有关道德和公司治理的规定，其中包括一份商业道德及操守准则，这份准则用来指导员工、供应商、合伙人和团队做出正确而恰当的决策。以下的道德管理能力专栏可以让我们了解雷神公司对员工的行为和决策做出的相关规定和指导。

道德管理能力

雷 神 公 司

　　雷神公司的商业道德及操守准则不仅涉及那些必须符合相关法律或规章制度的行为规范，同时也包括建立一系列职责、政策和指导原则来帮助员工做出正确的事情。这套准则并非将所有员工需要遵守的规章制度和政策进行细化，而是一份概括性的指导，以帮助员工在一些法律法规或政策尚未涉及或是有关规定过于宽泛的"灰色地带"进行决策。主要内容可以从业务主管、人力资源经理、商业道德管理办公室、法律事务部或雷神公司的企业内部网主页

(http://www.ray.com)等地方获得。

当你遇到一个道德困境时,你有责任采取必要的行动。这个行动决策模型能够帮助你判断某一行为是否正确。请记住,不采取行动(决策模型)本身就是一种可能造成严重后果的行为。

负责地采取行动——有人对此负责吗?你获得所有需要的信息了吗?这些信息是否阐述得清晰明确?

考虑我们的道德原则——这一行为是否可以增进尊重和信任?是否诚实正直?是否有利于团队建设?是否体现了优秀、创新和组织公民感?

相信你的判断——这一判断是否公平?是否让你觉得舒服?这种决策是正确的吗?是否可以让大家知道?

明确对利益相关者的影响——这种行为是否对员工、团队、供应商、客户、公司、股东以及公众有积极的影响?

遵守规章——这一行为是否符合法律、公司政策、监管机构的相关要求以及客户的要求?

通知相关人员——沟通是否开诚布公?是否揭示了潜在的问题?

注:关于雷神公司的更多信息,请访问公司主页 http://www.raytheon.com。

尽管像雷神这样的大型公司既有良好的初衷也有正式的规定,但是道德问题仍然屡见不鲜。例如,陪审团判给一名妇女 50 万美元,她指控雷神公司没有处理她提出的经理对她实施性骚扰的投诉,只因为这位经理是公司前任首席执行官的侄子。雷神公司正考虑提出新的申诉或撤诉。

跨文化管理能力

学习目标 5. 描述跨文化管理能力及其对组织效能的作用。

跨文化管理能力(across cultures competency)是指认识、接受各国各民族文化上的异同点,以及在处理相关组织和战略问题时采取开放和求知态度的能力。**文化**(culture)是占主导的生活、思考和信念方式,人们有意无意地代代相传。文化要流传,必须具备以下条件:

- 被一个群体或社会的绝大多数人共有、共享、共用;
- 代代相传;
- 规范和影响人的行为、决策和对世界的认识。

文化的首要特征是**文化价值观**(cultural values),它有意无意地规范着人们的日常选择与行为,并定义是非观,是深深根植于人们心中的一种信念。文化价值观反映了一个社会的道德风俗和现有的惯例。

基本能力

跨文化管理能力包括以下基本能力：
- 理解、欣赏和利用文化的独特性，并且认识到这些特性也会影响个人的行为。
- 认识和理解那些与工作有关的价值观，如个人主义和集体主义。
- 理解和激励那些有着不同价值观和态度的员工。所谓不同价值观和态度，包括更为个性化的风格、西方式的工作风格以及非西方的家长式风格，乃至"国家包办一切"的极端集体主义思维定式。
- 用工作所在国的语言进行沟通。这种能力对于母语不同而又必须进行沟通的员工来说至关重要。
- 赴国外任职或与外国同事有效地合作，即使他们的国外工作任务是短期的或者他们本身就在总部承担跨国工作，这项能力都十分有用。
- 通过**全球化思维定式**(global mind-set)来思考和解决管理以及其他方面的问题，即用世界性的眼光来看待周围的环境，寻找可能造成威胁或提供机会的意料之外的趋势。有些人把这种能力叫做"全球化的思维，本土化的行动"。

与工作相关的文化价值观

对于文化价值观，有许多不同的定义。我们将对其中的一部分进行简要介绍，这有助于理解个体和社会在五种与工作相关的价值观上的差异。从图 1.4 可知，文化价值观全面影响着员工的行为和决策。

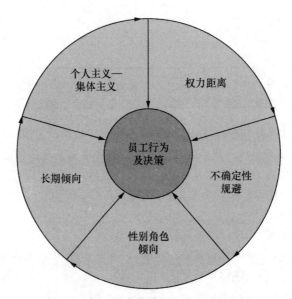

图 1.4 与工作有关的文化价值观的影响

个人主义—集体主义(individualism-collectivism) 个人主义和集体主义是与工作相关的文化价值观的基础部分,我们需要对其进行充分理解并加以运用,以此来发展跨文化管理能力。**个人主义(individualism)** 指的是人们倾向于维护自己和家庭,这种文化强调个人主动性、个人决策和个人成就,对组织没有情感的依赖,认为每个人都有个人隐私权以及自由表达自己想法的权利。强调个人主义的国家有美国、加拿大、新西兰、英国和澳大利亚。

与个人主义相对应,**集体主义(collectivism)** 指的是人们看重他们所属的集体,相互关照以维持彼此之间的忠诚,由此带来的社会框架是紧密的,相关的群体(包括亲戚、社区和组织)看重的是他们共同的福利并清楚地把非本群体的人排斥在外。集体主义通常也可以解释为个人对团体、组织以及机构的感情依赖。归属感以及人际关系中"我们"而非"我"的概念是集体主义的基本内涵。个人的私人生活对所属的团体、组织是开放的,群体目标总是比个人目标更加重要,因此,当冲突出现时,大家都会认为群体目标和决策应当凌驾于个人之上。注重集体主义的国家有日本、中国、委内瑞拉和印度尼西亚。

和谐是集体主义的另一大特色,同一团体里的人们认为他们具有共同的命运。在中国、日本和韩国,个人关心的是他们的行为是否会被团体以内的人耻笑,他们也避免在公众场合指出别人的错误,以免伤及他人的面子。在这种文化的影响下,"给面子"是很重要的,这样才能够维持人们的尊严和地位。

相反,在注重个人主义的国家里,如加拿大、美国和英国,人们通常并不会组成联系紧密的团体。他们也不相信大家会有相同的命运,因为他们都认为自己是独立的、独一无二的。他们一般不会屈从于别人的看法,当集体目标与个人目标发生冲突时,个人总会坚持自己的目标。此外,在强调个人主义的文化里,个性是极受重视的,与同一团体的其他人发生冲突也是可以接受的。总而言之,个人的成就、乐趣和竞争都是备受尊重的。

权力距离 权力距离(power distance)就是一个社会对地位和权力差异的容忍程度。高权力距离的国家普遍接受地位和权力造成的不平等,这些国家主要包括阿根廷、印度、马来西亚、墨西哥、菲律宾和波多黎各;反之,则是低权力距离国家,最极端的例子包括芬兰、以色列、挪威和瑞典(美国属于中等权力距离国家)。

在高权力距离国家长大的人们更倾向于顺从管理人员,避免意见不合,他们接受任务并且一举一动都遵从管理人员的指示。在这些国家里,下属不请示上级被认为是忽视或反抗上级。而在低权力距离国家,员工为了完成工作,可以不请示管理人员。在高权力距离国家,每当谈判的时候,公司会发现派遣一些与对手头衔相当甚至更高的代表是有必要的;而在低权力距离国家,头衔、地位和礼节远没有那么重要。

不确定性规避 不确定性规避(uncertainty avoidance)是指人们在多大程度上依赖于社会规范、程序和组织(包括政府)来避免不确定性、模糊以及风险的出现。如果这项指数较高,表明个人会寻求秩序、一致性、结构、正式的程序以及法律来应对生活中遇到的不确定性。如果一个社会的该项指数较高,如日本、瑞典和德国,就会相当重视秩序和一致性、结构分明的生活方式、明确的社会期望值以及许多规定和法律;反之,美国、加拿大等,则对这种模糊和不确定性相当宽容。在高不确定性规避指数国家,雇佣关系更为长久稳定;相反,在低不确定性规避指数国家,工作的流动以及解雇更为普遍。

性别角色倾向 性别角色倾向(gender role orientation)是指社会是否强化传统意义上的

阳刚或阴柔的特质以及强化的程度。男性表现出果断、坚强、关注物质成就的特质,而女性则表现出谦恭、温柔、关注生活质量的特质。当一个社会的性别角色十分清晰时,我们称之为男性社会。在男性角色倾向主导的社会里,性别角色是清晰可辨的。日本、奥地利、意大利、墨西哥和爱尔兰等国都是男性指数较高的国家,其主导的价值观是实质的成就、进步、金钱和物质。当一个社会的性别角色交叉重叠,男性和女性都表现出谦恭、温柔以及关注生活质量的话,我们就称之为女性社会。在女性角色倾向主导的社会里,不同性别之间的角色相互融合或交叉。一些国家在女性特质方面排名很高,如丹麦、哥斯达黎加、芬兰和葡萄牙。这些国家主导的价值观包括人与人之间相互关爱、强调人与关系的重要性,强调工作生活的质量,以及利用妥协和协商的方式来解决冲突。

长期倾向　长期倾向(long-term orientation)是指社会是否愿意培养以未来收益为导向的价值观以及愿意的程度。长期倾向表明一个社会倡导持续的承诺、坚毅和节俭的价值观。这种倾向是对很强的工作道德的最好诠释,即未来的收益源自今天的辛勤工作。具有长期倾向的国家有中国、日本、印度和荷兰等。这些国家的特点包括调整传统习惯以适应时代发展的要求、有限度地尊重传统和责任、节俭、调整自己的目标以服从共同的目标以及对美德的关注。

短期倾向倡导对传统的尊重,给别人留面子,关注社会地位和责任,并且希望付出的努力有快速的收效。有短期倾向的国家包括加拿大、捷克、巴基斯坦、西班牙和美国。从商业的角度来看,明显的短期倾向具有如下特点:

- 主要的工作价值观包括自由、个人权利、成就感、自我倾向;
- 关注的焦点是当年利润;
- 管理者和员工认为自己属于截然不同的群体;
- 个人的忠诚度随着组织需求的变化而变化。

避免刻板印象(avoiding stereotypes)　在本章和以后的章节里,我们介绍的这五项跨文化价值观,对于初步解释、预测和理解不同价值观的个体和群体都是很有用的。然而,值得注意的是,哪怕在同一个社会里,还是会有许多非常特别的行为和价值观出现在各式各样的个体和群体中。

你需要提防将某一社会中的个体和群体简单化,从而忽视了一些细微的个体差别以及复杂性。此外,结合一些具体的情形如工作、家庭、朋友和娱乐,也能很好地帮助你理解不同的文化价值观对个人行为的影响。例如,日本商人总爱把合同写得模糊一些,这样做主要体现的是集体主义(文化价值观),它反映了一种思想,那就是加入协议的人们已经组成了一个小团体,他们分享一些共同的东西,因此需要依赖和彼此信任。在这种背景(日本文化价值观)下,集体主义就比高不确定性规避指数更为重要了,但不确定性规避这种文化价值观并没有消失。在订立合同时,不确定性规避体现在仔细挑选并深入了解商业伙伴以及通过第三方来签订合约。另外还需要考虑到,许多日本人更喜欢灵活的合同,因为他们对合同的局限性、对偶然事件的难以预料性有更清楚的认识(商业运作的文化历史背景),即使是对不确定性高度宽容的美国人(低不确定性规避),也重视实用主义而不愿承担不必要的风险(市场经济的背景)。如果一项交易失败了,他们就会依靠法律手段来解决遗留问题(制度的文化历史背景)。

张朝阳博士是搜狐公司的创始人、董事会主席以及CEO。该公司是中国因特网行业的领军企业,也是世界上首家开发出中文搜索引擎的公司。在以下的跨文化管理能力专栏中,我们看看张先生对中国文化的一些观点。

跨文化管理能力

张朝阳论中国文化

我从1995年回国至今,中国已经发生了巨大的变化。现在的中国与1995年的中国相比,已经有了天壤之别。因特网使得整个中国社会变得更加智慧和强大。

有人问我,中国在过去25年里取得的成就是否仅仅是个泡沫。在我看来绝对不是。中国发生的变革是基础性的,中国政府越来越看重权力的下放,中国取得的成就不仅是经济上的奇迹。当整个社会已经变得富裕时,几乎所有的中国人还会说自己不够好,还要进行终生的学习,这样中国才能重新确立在国际舞台上的地位。产生这种态度的原因是人们希望中国不要再次陷入几个世纪以来盲目自大的状态,这种盲目自大曾使国家不思进取并导致了第一次鸦片战争的失败。

中国人现在强调的教育和学习是儒家文化的一部分。儒家思想也强调勤勉、努力劳作、光宗耀祖和自我牺牲。在衡量一个人的毕生成就时,中国文化更强调个人对于家庭、社区和国家应尽的责任,而不是自己的安逸享乐。一个人的成就是由父母、领导和社会决定的,因此达到或超越这些人的期望就成为个人努力奋斗的巨大驱动力。所以说,中国人可能是世界上内心驱动力最强的人群了。此外,中国的父母是世界上最无私奉献的父母,所以人们自孩提时代起,就被父母灌输自我牺牲的观念。

另外一个古老的中国哲学观是道家思想,它强调从宏观角度出发解决问题。这种思想认为使用非对抗的方式是解决冲突的最好途径,而且要达到阴阳平衡的状态。所以人们认为存在多种思维方式,而且不同的思想学派都有其卓越之处,西方的价值观和行事方式并不是唯一的。

注:关于搜狐公司的更多信息,请访问公司主页 http://www.sohu.com/about/English。

团队管理能力

> 学习目标　6. 描述团队管理能力及其对组织效能的作用。

团队管理能力(teams competency)是指推动、支持、促进和领导团队完成组织目标的能力。在以后的几章,特别是第8章团队管理以及第9章有效管理冲突和谈判,我们会进一步阐述这项能力的几个组成部分。另外,本章回顾的其他能力也与一个话题有关,那就是如何成为一位称职的员工或领导(见图1.1)。

基本能力

团队管理能力包括以下基本能力:
- 正确判断形势,了解组建团队的必要性,选择适合的团队类型;
- 在设定清晰的团队目标时,积极参与或领导这一过程;
- 在确定职责范围和工作任务时,加入或领导团队及个人,使之成为一个整体;
- 在实现集体目标而非仅仅个人目标时,应当体现出个人的责任感,即当困难来临时,个人不要有事不关己的思维定式;
- 在团队实现目标、解决问题、完成任务的过程中,运用正确的决策方法和技术;
- 在个人矛盾和因工作产生的冲突变得白热化以前就彻底解决它;
- 评估个人及团队与目标相关的工作绩效,包括在需要的时候对其行为进行矫正和调整的能力。

团队和个人主义

在有些国家如美国、英国、加拿大,人们崇尚以个人为中心的思想,因此许多教育机构、政府机构以及商业机构都宣称它们为实现个人目标而服务。是否成功地在组织中建立团队受到个人主义和集体主义这两大文化价值观的强烈影响。

崇尚个人主义会给组织中的团队带来不安,因为在人们心目中,崇尚个人主义的员工会以个人目标和个人利益为先;而在以集体主义为主的国家,如中国和韩国,在组织中组建团队的做法与他们的民族文化价值观是一致的,因此在团队中个性太强会令大家不安。因此,我们可以将两者的基本差异概括为适应团队或是独立于团队之外。即使是在以个人主义为主的国家,团队在许多大公司也有着举足轻重的作用,如福特、通用电气以及家得宝等。

个人目标与团队目标确实存在潜在的矛盾,但这两种目标并不总是相悖的;相反,在很多时候,它们是可协调的。这种冲突与共同点并存的特性可以用以下几点来概括:
- 团队确实存在,所以员工应该把团队放在重要位置上;
- 团队所调动起来的强大力量为个人提供了发挥作用的舞台;
- 团队发挥作用的结果既可能是好的,也可能是不好的;
- 通过管理,团队可以增加收益。

我们将对以下两种情形继续进行评估,那就是利用团队发挥作用还是将全部重心放在某个人身上,即由一名员工或管理人员负责主要事务,如完成工作、解决困难或问题。

西郊健康护理中心管理着一家西郊医院,这是一家非营利性组织,主要为芝加哥的西区以及西部郊区这两个竞争激烈的市场提供不分科室的综合医疗护理服务。这家医院的患者构成比较复杂,大部分是自费以及部分享受医疗补助的病人。在加入西郊健康护理中心之前,它每个月亏损100万美元。以下的团队管理能力专栏将向我们介绍这家医院如何成功地通过组建团队来增加收益。

第 1 章 组织行为及其基本概念

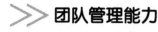
团队管理能力

西郊医院的团队

当时西郊医院聘请了一家咨询公司来对医院状况进行初步分析,试图找出其成本居高不下的原因。经初步诊断后,找到了几个焦点问题。其他医院的成本节约可以集中通过一个部门体现,但西郊医院的成本节约涉及许多部门,因此其节约过程是渐进的。在初步了解的基础之上,高层管理者和咨询专家着手制订具体的行动计划,他们采用团队的方式来制订解决方案。团队的成员包括一位来自咨询公司的项目专家、一位负责纪律监督的管理层领导、一位资深的医院领导以及其他适合的人选,每支队伍由 5—10 位成员组成。

团队成员集思广益,通过数据采集和分析以及对政策、程序的分析来寻求改进的机会。如果团队有推荐的项目,则需要附上实施计划和具体的执行时间表,以确保其有效性。各团队每个月向一个监督小组汇报工作进度,该监督小组由 CEO 亲自主管。各个团队通常都会使用柱状图来表示进度。

医院亟待改进的一个问题是如何确定收入周期。由咨询公司的成员、医院财务部门人员和负责应收账款的人员组成的团队做了广泛的调查工作,发现需要改进的地方涉及方方面面,如时间流程制定、保险的核准、财务票据、挂号登记、财务咨询等。其他团队则提出比较概括性的方案,讨论诸如效率、供应、看病及住院政策以及实施的问题。

医院的财务状况得到了明显的改善,两年内节约成本近 1 700 万美元。回顾医院过去的改革进程,管理层对他们采取的团队方案十分满意,认为这是医院实现扭亏为盈的关键。调动医院上下全体员工的积极性,使之与咨询公司密切合作、共同解决问题是行之有效的,这样可以确保方案得以实施,而不仅仅是纸上谈兵。

注:关于西郊健康护理中心的更多信息,请访问该组织的主页 http://www.westsub.com。

变革管理能力

> **学习目标** 7. 描述变革管理能力及其对组织效能的作用。

变革管理能力(change competency)是指人们在其职权范围内,确认并推行在人员、任务、战略、组织结构或技术方面所需的变动或全新变革的能力。

基本能力

变革管理能力包括以下基本能力：

- 能够运用以前学过的六种能力来识别并推动某项变革。
- 准备和执行变革时需要体现的领导力（参见第6章有效领导的基础和第7章有效领导的现代发展）。在这些章节里，我们讨论在不同的危急时刻和需要做出重大改变的时候，各种领导风格与方法应该随之调整的问题。我们可以参考通用电气前任CEO杰克·韦尔奇的做法。因为独裁式的领导风格，他曾经一度被称为"中子弹韦尔奇"。迫于重振通用电气的需要，他做了不少重大而艰难的变革与决策，包括上万人的大裁员，其范围波及整个管理层和多家子公司。在完成了这项大工程以后，韦尔奇转变了他的领导风格，并让大家知道，通用电气不再适合采取独裁式的领导了。事实上，没有多少领导者能像韦尔奇那样，对自己的行为进行如此戏剧性的改变。许多案例表明，当危机结束时，独裁的领导就应被更民主或指导型的领导所取代。
- 能够诊断出在特定情况下要求变革的压力和实施变革的阻力。这些压力可能来自内部，如公司文化；也可能来自外部，如新技术或市场竞争（参见第4章培育组织文化和第5章引导组织变革）。
- 运用系统的变革模式和其他手段来促使和推动组织的变革。如果具有这种能力，那么个人就能看清关键问题，并通过了解何人、何事、何时、何地、为何和如何进行等基本因素来做出关键的判断。在本书的许多章节里，我们都提供了相关内容，帮助读者培养这项能力。
- 在追求持续的进步、创新和全新的方法或目标时，要寻找、获取、分享和运用新知识。而这些都需要承担一定的风险，即愿意合理地识别和利用机会，同时也认清潜在的危害，并通过对过程的监控来实现目标。

技术力量

技术力量，特别是以计算机为基础的信息技术和因特网技术的应用，在不断地改变客户服务工作的内容和方式。员工能够在网上进行交流，而外部的利益相关者，如客户、供应商、竞争对手和政府部门等也能在网上沟通。通过网络，能够有效开展工作、经营活动及管理人力资源等。因此，网络的作用不容忽视。

技术变革能带来积极的影响，包括高质量和低成本。然而，它也可能带来一些负面影响，包括个人隐私的丧失、更大的工作压力和健康问题（如眼睛疲劳、腕管综合症和有毒物质带来的伤害）。

不断发展的新技术需要人们进行长期的学习，以适应个人、团队的创新以及整个组织的创新。技术革命为主动地进行变革管理提供了动力。在本书中，我们有许多探讨技术使用以及技术是如何影响员工行为的主题。

在美国，因特网的广泛使用是强调技术经济和文化的最突出体现。因特网是一种能够把整个世界瞬间集中到某一台式电脑、笔记本电脑和个人数字助手（PDA）上的技术，它还能迅速解答人们的疑问并满足其好奇心。在过去几十年间,运营商、客户和其他人更紧密地联系在一起,不断扩张的因特网就是这种趋势的最好证明。从个人电脑、电视机到自动提款机,从电脑相片处理到移动电话,各种技术进步已经改变了我们对时间的观念,满足了我们对尽快得到结果的愿望。

以下的变革管理能力专栏介绍了阿拉斯加室内体育器材经销有限公司是如何利用 Groove 这种新一代因特网协作应用软件的。Groove Networks 公司的总部设在马萨诸塞州的贝弗利,它提供的协作软件可以使用户直接使用保存在同事电脑中的文档,并进行实时沟通,这样就实现了文档分享、及时传递信息、及时对话交流、日期安排以及联手设计产品等功能。

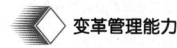

变革管理能力

阿拉斯加室内体育器材经销有限公司

道格拉斯·麦克布赖德是阿拉斯加室内体育器材经销有限公司(AISD)的老板,他的生活已经变成了传真和电子邮件的闪电战。该公司经销宾果机、六合彩类型的游戏机等产品,总部设在阿拉斯加的凯奇坎。麦克布赖德的供应商每周会传真给他 20—30 种新产品的样品信息,他的销售员也会发给他相当数量的符合公司要求的每日进度报表和销售报告。有时,他会收到 100 多份传真文件,并且需要以不同的方式来处理。

对于麦克布赖德而言,最复杂的莫过于他有 20 位员工分布在辽阔的阿拉斯加州的五个不同地方。他的两个仓库相距 750 英里,一个在凯奇坎,另一个在安克雷奇,仅仅是为了收发传真,每个仓库就必须配备一名全职员工。同事间面对面的沟通几乎是不可能的,甚至相互间通个电话都很麻烦。

麦克布赖德的生意越做越大,与此同时,因沟通产生的问题也给公司造成了很大的损失。不时有传真和电子邮件丢失,导致新的订单无法及时得到处理。麦克布赖德无意间发现了 Groove,一种既便宜又容易安装的新型协作工具。Groove 提供了一种虚拟的工作空间,使麦克布赖德能够① 收发文件、电子表格和图片;② 征求员工的建议;③ 做注释和修改。该软件还能自动跟踪各种修改痕迹。一夜之间,那些单调的工作如每天的销售报告,即收齐四个销售区域代表和三个电话销售员发来的传真并将七个报告整合在一起的工作,现在可以用 Groove 提供的电子表格轻松完成,而且该软件还会在每次销售数字更新后,立即发给麦克布赖德一个提示信息。

作为一种新技术,Groove 已经使阿拉斯加室内体育器材经销有限公司焕然一新。当供应商发来新产品信息时,这些信息会被自动存放在 Groove 的一个工作空间,然后自动向所有销售人员发布通知。库存的更新也是这样操作的。

公司的沟通成本下降了近 70%(安克雷奇和凯奇坎之间的传真费用是每分钟 14 美分)。麦克布赖德认为,Groove 软件提供的虚拟工作空间为他的员工每周节省了 2—8 小时的协调时间,使他们能够更加高效地工作,最终使公司获利更多。从定性的标准来看,麦克布赖德认为 Groove 技术"为分散的业务带来了一种向心力和一条联系的纽带"。

个体、团队和组织效能的学习框架

> **学习目标** 8. 解释旨在提高个体、团队和组织效能的组织行为学的学习框架。

对于一个组织而言,能否预测、管理变革并对此做出反应决定了该组织能否长期立于不败之地。股东、工会、员工、金融机构、政府等都会给公司提出要求和期望,并施加巨大且不断变化的压力。我们描述这些基本能力,是为了通过它们将环境因素的影响同管理者和员工的行为联系起来。因此,我们对不同能力之间的关系以及它们同组织行为之间关系的讨论将贯穿全书。

学习组织行为学和改进员工、团队和组织效能的框架中包括四个基本的构成部分:① 组织本身;② 团队行为与领导力;③ 组织中的个体;④ 构成并整合前三个部分的基本能力。图1.5 说明了这些构成部分之间的紧密关系以及每个部分中的基本要素。这些关系的类型和变化如此活跃以至于无法将它们定义为法则或规律。当我们讨论其中的不同要素时,组织行为的动态性与复杂性就变得更为清晰。

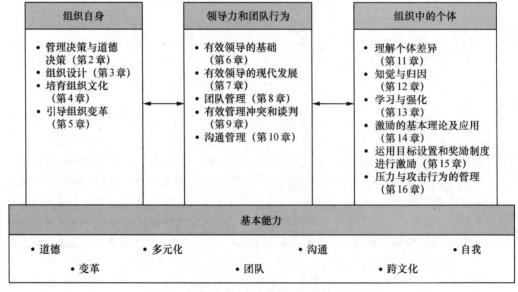

图 1.5 提高个体、团队和组织效能的学习框架

组织自身

在本书第 2 部分第 2—5 章,我们把内在和外在的影响个人、团队和组织效能的因素都考

虑进去了。组织的决策并非是有条不紊地进行，或是完全受到决策者的控制的，我们指出并探讨决策的各个阶段，以及决策过程中涉及的核心道德概念和道德困境。

员工只有在明白自己工作的职责和组织设计以后，才能顺利完成工作。我们归纳了影响组织设计的因素，提出了一些典型的组织设计方案。

个人在组织中获得一份工作，维持生计，进而追求职业理想。接下来，我们要讨论的就是他们应该做些什么。通常，他们也会受到组织文化的影响。组织文化就是组织中所共有的对于工作的设想和理解，包括方针、实践和标准，它们可能支持也可能削弱个体、团队或组织的效能。

变革管理就是要使组织适应环境的要求，改变员工的实际行为。我们将研究组织变革的动态性，提出几个基本的应对策略以提高组织效能。

领导力和团队行为

由于人天生具有社会性，所以一般不会选择独居。人们大部分的时间都要在与别人的互动中度过：人生来就有一个家庭，崇拜他人，在团队里工作，并且结伴玩耍。个人定位大部分建立在其他个体及团体对待自己的态度和看法之上。由于许多管理人员会与员工一起度过大量的时间，进行互动交流，所以，对于组织中的个体来说，沟通能力、人际交往能力就显得非常重要。

组织需要能够把客户、员工和组织目标融合在一起的领导者。一个组织实现目标的能力取决于该组织领导者的领导能力和领导风格能够在多大程度上使管理层和团队带头人有效地控制、实施影响和采取行动。在本书第 3 部分第 6—10 章，我们将关注领导者怎样改变他人，以及个人如何培养领导能力。有效的领导力涉及对各方面的冲突进行管理的能力。作为一名员工，与上司、同事、下属和其他人沟通顺畅，可以帮助其更加有效地开展工作。相反，如果沟通不顺畅，则会导致士气低落，缺乏承诺，组织效能减弱。正因为如此，管理者和专业人员的大部分时间都在与他人沟通，我们在这部分强调的就是人际沟通。

组织中的个体

人们总是喜欢揣测与他们一起工作或生活的人。从某种程度上说，这些揣测会影响一个人对他人的行为。高效的员工会在影响他人的行为之前弄清楚自己的行为会造成什么影响。在第 4 部分第 11—16 章，我们会集中介绍个体，特别是在组织中的个体行为及其有效性。

个体行为是组织成功的基础，因此，理解个体行为对于实现有效管理来说至关重要。每个人都是由生理系统和心理系统等子系统组成的，生理的各种子系统包括消化、神经、循环和生殖系统，心理的各种子系统包括态度、感知、学习能力、个性、需要、感情和价值观等。在第 4 部分，我们将以个人的心理系统为中心来进行阐述。一个人在工作岗位上的绩效是由外在和内在因素共同决定的。内在因素包括学习能力、激励、知觉、态度、个性和价值观，而外在因素包括影响个人行为的奖励机制、组织政治、群体行为、管理和领导风格以及组织设计。我们将在第 3 部分和第 4 部分讨论这些因素。

本章小结

1. 描述自我管理能力及其对组织效能的作用。

   自我管理能力是评价个人自身优劣势,确立个人目标,平衡工作与生活以及促使自己学习新事物(包括更新的知识、技能、行为和态度)的能力总和。需要注意的是,这种能力是其他六种能力的基础。发展这项能力需要不断地学习,把它当成一项事业来经营。

2. 描述沟通管理能力及其对组织效能的作用。

   沟通管理能力反映个人通过各种方式,包括言语、肢体、书面、电子邮件等方式传递、理解和接受意见、想法和感情的能力,其核心能力包括表达能力、积极倾听能力、提问能力、非语言沟通能力、理解别人感受的能力、语言沟通能力和书面沟通能力。这项能力类似于人体的循环系统,有助于其他能力的开发。

3. 描述多元化管理能力及其对组织效能的作用。

   多元化管理能力要求注重独特的个体和群体特征,接受这些特征,并把它们看做组织成长的潜在资源,并且学会欣赏个体独特性。其核心能力不仅与六大先天差异因素有关,即年龄、人种、族裔、性别、生理素质和性取向;还与八大后天差异因素有关,即教育程度、工作经验和宗教信仰等。某些差异,包括不断变化的劳动力、客户、性别、人种、族裔和年龄,都会在一定程度上影响员工、管理者、团队、部门乃至整个组织。这些差异并非无关紧要,它们往往反映了知觉、生活方式、态度、价值观和行为等方面的不同。管理人员和员工如何面对这些差异,对组织效率有着巨大影响。

4. 描述道德管理能力及其对组织效能的作用。

   道德管理能力反映在做出决策和采取行动时,是否具备区分是非的价值观和坚持原则的能力。道德是指判断是非的价值观和原则,管理人员和员工都会碰到道德的两难选择,即面对多重价值观时,个人或团体必须做出选择的情形。

5. 描述跨文化管理能力及其对组织效能的作用。

   跨文化管理能力反映认识、接受各国各民族文化上的异同点,以及在处理相关组织和战略问题时采取开放和求知态度的能力。要培养这项能力,个体需要理解几种与工作有关的基础价值观,包括个人主义、集体主义、不确定性规避指数和权力距离等,所有这些价值观都会影响人们的知觉、沟通、决策和行为。

6. 描述团队管理能力及其对组织效能的作用。

   团队管理能力是指推动、支持、促进和领导团队完成组织目标的能力。了解个体潜力、团队差异以及共同目标也是非常重要的。

7. 描述变革管理能力及其对组织效能的作用。

   变革管理能力是指人们在其职权范围内,确认并推行在人员、任务、战略、组织结构或技术方面所需的变动或全新变革的能力。技术是推动变革的首要源泉,因特网是推动组织效能的主要动力之一。

8. 解释旨在提高个体、团队和组织效能的组织行为学的学习框架。

组织行为学涉及个体与组织间的互动、团队与领导行为之间的相互作用以及组织自身。以上七种基本能力就是在人们互动时发展起来的,它们贯穿本书的始终。

关键术语和概念

跨文化管理能力(across cultures competency)
积极倾听(active listening)
职业(career)
职业发展(career development)
职业规划(career plan)
变革管理能力(change competency)
集体主义(collectivism)
沟通管理能力(communication competency)
能力(competency)
文化价值观(cultural values)
文化(culture)
表达技能(describing skill)
多元化管理能力(diversity competency)
情商(emotional intelligence)
移情技能(empathizing skill)
道德困境(ethical dilemma)
道德(ethics)
道德管理能力(ethics competency)

性别角色倾向(gender role orientation)
玻璃天花板(glass ceiling)
全球化思维定式(global mind-set)
个人主义(individualism)
因特网(Internet)
长期倾向(long-term orientation)
非语言沟通(nonverbal communication)
组织行为学(organizational behavior)
权力距离(power distance)
提问技能(questioning skill)
种族主义(racism)
冒险(risk taking)
自我管理能力(self competency)
团队管理能力(teams competency)
不确定性规避(uncertainty avoidance)
语言沟通(verbal communication)
书面沟通(written communication)

讨论题

1. 回想你现在或以前参加过的一个团队,以团队管理的核心能力为对照,你会如何评价这个团队里的其他成员?关于这项能力,有没有哪一方面是该团队的突出优势或致命弱点?请简要描述其特性。

2. 你会如何描述自己的文化价值观?它们对你的教育背景有怎样的影响?

3. 回想你现在或曾经负责的最具挑战性的一份工作,列出你为完成这项工作使用过或现在正在使用的某些技能。如果缺乏其中的两种技能,你当时的工作绩效会受到影响吗?

4. 对照七项能力,分别找出自己的两项优势和劣势。在接下来的两年间,你打算采用什么步骤来改变这种劣势?

5. 找出你所在组织或团队中最显著的三种差异。该组织或团队是怎样解决这些问题的?

6. 优秀的组织能够识别挑战和机会,并接纳不同的员工。什么问题阻碍你所在的组织达成这一目标呢?

7. 课前案例中的杰克·戈蒂展现了什么能力?
8. 列出过去你曾遇到的两个道德困境。你是怎么解决的?
9. 在你心目中,占主导地位的是哪一种价值取向?个人主义还是集体主义?你回答的依据又是什么?

体验练习和案例

体验练习:多元化管理能力

对待多元化的态度

对下列陈述做出回答。使用1—5分的刻度表示你在多大程度上同意这些陈述。

SA = 非常同意(5)
A = 同意(4)
N = 中立(3)
D = 不同意(2)
SD = 非常不同意(1)

	SA	A	N	D	SD
1. 我有意避免自己的思维受到刻板印象的影响。	5	4	3	2	1
2. 尽管别人和我的想法不一致,但我还是带着兴趣去听他们的观点。	5	4	3	2	1
3. 尽管我不同意,但我还是尊重别人的观点。	5	4	3	2	1
4. 如果我有机会与不同族裔的人一起活动,我会尽量同他们交谈。	5	4	3	2	1
5. 我有许多不同年龄、人种、性别或者经济收入、接受教育程度不同的朋友。	5	4	3	2	1
6. 我知道自己的成长经历对价值观和信仰的影响,也知道我的想法并不是唯一的。	5	4	3	2	1
7. 我喜欢先听取双方的意见,然后再做决定。	5	4	3	2	1
8. 我不关心工作是如何完成的,只要它符合道德而且能有结果就可以。	5	4	3	2	1
9. 当我对周围的一些事情不明白、不理解时,我并不会感到紧张。	5	4	3	2	1
10. 我能很好地适应新环境。	5	4	3	2	1
11. 我喜欢旅游,看看新地方,品尝不同的食物,体验不同的文化。	5	4	3	2	1
12. 我喜欢观察人,试图理解人与人之间交往的推动力。	5	4	3	2	1

13. 我从自己的错误中学习。	5	4	3	2	1
14. 当我不熟悉周围的环境时,我通常会多看、多听之后再行动。	5	4	3	2	1
15. 当我迷路时,我不会尝试自己找路,而是询问别人。	5	4	3	2	1
16. 当我不理解别人的意思时,我会询问对方。	5	4	3	2	1
17. 我尽量不冒犯或伤害任何人。	5	4	3	2	1
18. 人们总体来说是好的,我认可他们。	5	4	3	2	1
19. 当我与他人交谈时,我很留意对方的反应。	5	4	3	2	1
20. 我尽量不对任何事情进行假设。	5	4	3	2	1

得分

将你的答案得分相加,如果你的分数在80分或以上,你可能十分重视多元化,很容易适应多元文化的工作环境,请继续针对不足的方面进行改进。如果你的分数在50分以下,你可能需要努力了解并重视多元化的必要性。

案例:沟通管理能力

CompUSA 的詹姆斯·哈尔平

CompUSA 是美国最大的提供个人电脑相关产品和服务的零售商。公司的宗旨是推广优质产品和服务,以帮助客户更好地掌握信息,从而提高个人生活质量和组织经营管理水平。目前,CompUSA 在全美的主要大城市中拥有 200 多家电脑超市,为零售业、公司、政府以及教育部门提供服务,现有员工 2 万多人。詹姆斯·哈尔平于 1993 年加入该公司,任总裁和首席运营官,并在同年晚些时候成为公司首席执行官。下面的摘录节选自近期对哈尔平的一次深入访谈,主要探讨的是公司内部的沟通问题,包括对员工价值观和道德标准方面的一些期望。

我们很少写信,如果你浏览我的文档,你唯一能够看到的信件就是我收到客户的表扬信之后,发给员工的贺信之类的文件。我们是一家非常注重语言沟通的公司,更喜欢用口头沟通的方式快速处理事情。如果你有一个想法,你可能会走进某人的办公室,然后说:"怎样?你觉得这个想法如何?"我们一般采用头脑风暴法而不是写信来解决问题。有很多公司特别注重书面的东西,曾经就有一名来自其他公司的员工,在一次讲演中居然准备了上百张的幻灯片。我们的员工提醒他:"我们的 CEO,吉姆,可没有那么多耐性,挑两张出来就行了。""我没法只用两张进行陈述啊!"那名员工说。"那就只能取消讲演了。"我的手下告诉他,"因为,等你讲到第五张幻灯片时,吉姆就会坐立不安了。"这个故事突出地说明我们通常采取口头沟通的方式快速解决问题。

我们也用电子邮件,但是我们更愿意径直走到某人的办公室里与其交流,相比而言,语言比电子邮件更有效。我们也有电视会议,这个也不错,但是通过电视表达出来的情绪,其强度总是比不上面对面的交谈。在周五的上午,我习惯和我的团队成员在办公室或公司的店铺喝咖啡、吃甜圈。起初,员工们还会觉得拘束,但是不久之后大家就开始随意地畅谈。因为大家经常在视频上看到我们,所以他们觉得自己都很了解我们。每个季度,我们都会邀请员工来到公司总部，谈谈他们所取得的成果，无论好坏。我们把业绩成果传递给每一家分店，任何人都可以提出疑问并得到我们的答复。通过这种方法，我了解了许多通过其他途径无法了解到的问题。例如，我以前没有意识到我们是按月支付工资的。我以为我按月拿工资是因为我是管理者，后来我才发现我们给钟点工支付的工资居然也是按月发放的。如果不是员工告诉我，我又怎么会知道这件事呢？所以，通过这种方式，你就可以了解诸如此类的事情，然后你才能够很好地解决这些问题。

如果公司对员工充耳不闻，那么，员工就会去找工会。例如，有一位员工申请为休息室提供一台微波炉，管理者说："好的，没问题。"但是却不去落实。也许突然之间，工会的人会问道："微波炉？我给你一个。"接下来的情况你也会猜到，那位员工会得到工会提供的微波炉，而公司则将面临工会的问责。所以我们要不断地聆听员工的声音，尽量到公司底层去与员工沟通。如果有权术的争斗，公司就会陷入困境，因为权术斗争会导致谎言。大家都知道，在CompUSA只能讲真话，如果你撒谎，那就是你的末日了——你一定会被开除。这样一来，员工们就不用担忧是否有人在糊弄他们。例如，有一次一位商业客户和我们的首席运营官发生争执，他说："我想同吉姆谈谈这件事，你介意吗？"那位首席运营官回答说："你能讲真话吗？"客户说他可以，于是他就得到了来见我的机会。只要你讲真话，一切就都变得简单了。

在这种事情上没有过渡地带，你要么诚实，要么不诚实。你可以是一个愚蠢的人，这并不会受到惩罚，因为智商是天生的。但是，如果你说谎，则是因为你想去说谎。在我们公司，一切交谈都非常直率。我们不相信谎言，好的事请，我们会直说，不妥之处，我们也会实话实说。

更多关于CompUSA的信息，请访问公司网址：www.compusa.com。

问题

1. 你所在的组织内部的高层管理人员在沟通的过程和具体操作中，同CompUSA有什么相同和不同之处？
2. 对于哈尔平的沟通风格和方式，你最欣赏的是什么？
3. 回顾沟通管理能力中的那些基本能力，你在哈尔平的论述中可以找出哪些？
4. CompUSA潜在的道德困境是如何解决的？你是否同意哈尔平的观点？为什么？

第 2 部分
组　　织

- 第 2 章　管理决策与道德决策
- 第 3 章　组织设计
- 第 4 章　培育组织文化
- 第 5 章　引导组织变革

Chapter Two

第 2 章
管理决策与道德决策

学习目标

学完本章后,你应该能够:
1. 解释道德决策的基本概念和原则。
2. 描述管理决策三个模型的特点。
3. 解释激发组织创造力的两种方法。

课前案例

杰西潘尼的行为黄金法则

杰西潘尼是全美最大的百货公司,从事普通商品零售业务以及电子商务零售业务,目前拥有15.1万名员工,年销售额超过180亿美元。加里·戴维斯是杰西潘尼的执行副总裁兼首席人力资源和行政管理长官。在本章的课前案例中,我们节选了他对杰西潘尼的道德决策和行为的一些论述:杰西潘尼是如何致力于执行公司所奉行的商业行为黄金法则的。

有高度道德感的领导者会致力于构建价值观和道德意识,他们定期地沟通,并讨论组织价值观、操作原则以及道德标准,这些并不是单靠某次特别的会议就能够解决的,而应该成为日常管理风格的一部分。作为公司的领导者,我们要对公司的财产负责,而组织的声誉就是最宝贵的财产之一。公司的创始人詹姆斯·卡什·潘尼深知资本主义社会是建立在信任的基础上的——信任对方所做的事情是正确的;信任商家出售的产品和服务的质量;相信如果客户不满意、不信任的话,公司必须努力改正。

我们当中的许多人选择来杰西潘尼工作,主要原因是被公司强大的企业文化、高度的道德标准以及受人尊敬的信誉所吸引。那些几十年来经久不衰的公司如杰西潘尼,有一个共同点,即公司的核心价值观得到了公司高层的支持。他们明白,如果为客户提供了优质的服务,其他的利益相关者(员工和股东)也会从中受益。杰西潘尼的核心价值观是荣誉、信心、服务和合作。这四个价值观构成我们的企业文化的一部分,并且决定了我们与同事和商业伙伴合作的方式。

正如诚实是每个人应该具备的基本素质一样,信任是构成组织内部企业文化不可或缺的一部分。在现今的公司中,领导要承担最终的经济责任,然而却无法拥有对每个决策的最终控制权,这充分说明了对同事的信任至关重要。我用一句话来总结这一观点,即"狼的力量在于狼群,而狼群的力量却来自每一只狼,只有强大的个体才能构成打不败的群体"。

如今,我们的商业道德委员会的成员就是从公司的高级管理团队中产生的。作为公司的首席人力资源和行政管理长官,我担任该委员会的主席,既感到责任在身,也感到无上光荣。商业道德委员会的职能之一,就是要定期地更新和发布杰西潘尼的商业道德白皮书,使其能够满足不断发展变化的法律和商务环境的要求。

商业道德白皮书对我们意义重大,因为它明确了我们为公司工作所肩负的道德责任。白皮书中包括了以下三个重要原则:

● 遵守法律。不允许任何员工代表公司采取任何其本人明知或理应知道会违反法律、规章的行为。

● 利益冲突。公司的每个员工都应该避免同非本公司的人员或组织建立和发展任何可能导致或使他人认为与公司利益冲突的活动和关系。

● 保护公司财产。任何员工不得将公司的财产挪为己用,购买、出售或其他对公司财产的使用行为,必须按照规定的程序进行。

杰西潘尼要求所有的管理人员和普通员工阅读该份白皮书,并在一份承诺书上进行电子签名。但是,如你所知,安然公司也有自己的商业道德白皮书。我们也深知,仅仅要求大家遵守一份白皮书是远远不够的,真正要实现的是每个员工切实采取行动,承担责任,按照道德准则来理解和规范他们的日常行为。在今天的商业社会,不可能再有人说:"我当时不知道……""我没有意识到……"或者"他们没有告诉我……"

我们当然不可能知晓任何事情,但是我们能够确保为每份工作找到最佳人选,即那些你相信能够正确做事的人,或者在问题出现时能够提醒你的人。

注:关于杰西潘尼的更多信息,请访问公司主页 http://www.jcpenney.net。

对于许多著名的组织如杰西潘尼和强生,有关道德的概念和事件已经越来越成为组织决策的重要组成部分。在课前案例中,加里·戴维斯的论述揭示了杰西潘尼是如何努力地通过领导力来培养公司全体员工的道德责任感的。戴维斯特别强调:高层领导者应该在决策和行为中,成为建立组织核心价值观和道德原则的典范。

在前一章,我们介绍了管理、团队和个人决策的有关概念和主题。本章我们将进一步研究:① 道德决策和道德行为的几个基本问题,如基本概念和原则;② 三个主要决策模型的特征;③ 激发组织创造力的两种方法。

第 2 章 管理决策与道德决策

道德决策

> **学习目标** 1. 解释道德决策的基本概念和原则。

道德的观念、原则和规范是组织决策和行为的基础。管理中的道德问题非常重要,希望通过学习本书中的道德管理能力专栏以及其他相关主题,如领导力和组织变革,我们能够充分认识其重要性。在第 1 章中,我们已经知道道德管理能力是指能够将区别是非的道德观和原则融入决策和行为之中的综合能力。**道德(ethics)** 是指用以区别是非的价值观和原则。从广义上讲,道德是指对道德价值观、原则和规范的讨论,包括对个人和组织行为与责任标准的判定。组织的道德问题十分普遍和复杂。事实上,道德问题对员工的日常决策都会产生影响。有些道德问题所涉及的一些因素没有明确的是非标准,从而使员工在道德问题上陷入进退两难的境地。

> ▶▶▶ **成功领导者语录**
>
> 如果领导者不设法逾越来自语言、地域和以各种手段掩盖事实的障碍,他们以牺牲公众利益而换来的繁荣是无法长久的。在这个联系的世界里,只有具备道德感的领导者和公司才能够生存。
>
> 迈克尔·L. 哈克沃思,Cirrus Logic 公司董事长、前总裁和首席执行官

总部设在华盛顿的道德资源中心机构,专门对美国的员工进行道德调查。最近的调查发现了一些令人振奋的结果。其中一项结果是:员工观察到的组织不当行为比例有所下降,从 31% 降至 22%,这是十年来该比例首次出现下降。员工对不当行为的报告比例从 48% 上升到 65%,呈现出持续上升的趋势。此外,认为高层管理者信守诺言和承诺的比例,在三年的时间里从 77% 上升到 82%。员工中曾经感到压力而放弃组织道德标准的人数比例也在三年的时间内从 13% 降到 10%。调查显示,欺骗员工、客户、经销商和公众的行为从 25% 降到 18%,针对种族、肤色、性别和年龄的歧视从 17% 下降到 13%。当然,这些调查结果本身也存在一些令人置疑的地方,但是调查所揭示的发展趋势是毋庸置疑的。

在某种情况下,道德决策是没有什么简单的规则可以遵循的。本章的目标是帮助你进一步培养在决策时运用道德观念的能力。通过评估道德决策的五个基础要素:道德强度、决策原则和规范、对受影响个体的关注、收益和成本以及权利的决定因素,你对备选方案的评估水平肯定会大大提高。如图 2.1 所示,这五个要素是相互联系的,并且在进行道德决策时,需要作为一个整体来考虑。

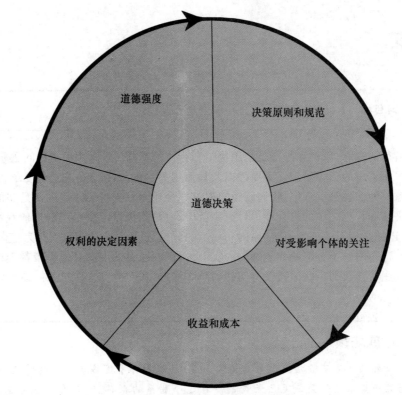

图 2.1 道德决策基础的组成部分

道德强度

道德强度（ethical intensity）是指考虑问题时有关道德的重要程度，它是由图 2.2 所示的六个因素综合影响决定的。

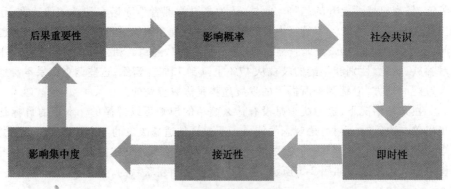

图 2.2 道德强度的决定因素

- **后果重要性**（magnitude of consequences）是指决策或行为对个体带来的危害或利益。

第 2 章 管理决策与道德决策

一种导致 1 000 人受到某种伤害的行为和一种导致 10 人受到同样伤害的行为比较而言,前者的后果更严重。一个能够导致人员伤亡的决策比一个导致扭伤脚踝的决策后果更严重。

- **影响概率(probability of effect)** 是指一种决策执行的可能性和该决策导致预期危害或利益的可能性。生产在常速行驶条件下都会对驾驶员造成危险的汽车与生产只在高速转弯时才会有危险的 NASCAR 赛车比较而言,前者产生危害的概率更高。把枪卖给一个持械劫匪和卖给一个遵纪守法的猎人比较而言,前者产生危害的概率更高。

- **社会共识(social consensus)** 是指公众对所提议决策的好或坏达成一致意见的程度。强烈歧视少数族裔的候选人和不积极排除少数族裔的候选人比较而言,前者的候选结果会更糟。一些国家如菲律宾,将贿赂海关人员的行为视为一种做生意的方式,比较而言,这种贿赂行为在加拿大则会受到强烈的舆论谴责。如果没有适当的社会共识的引导,管理者和员工很难判断什么是道德的,什么是不道德的。

- **即时性(temporal immediacy)** 是指从做完决策到决策产生后果所需的时间,所需时间越短,即时性就越强。一种药物如果使 1% 的服用者在用药后一个月内有快速剧烈的反应的话,其即时性就比另一种使 1% 的服用者在 30 天后才出现剧烈反应的药物的即时性强。减少现有退休员工退休福利的即时性比减少目前才 22 岁的员工将来的退休福利的即时性要强。

- **接近性(proximity)** 是指决策者对该决策的受害者或者获益者的接近程度(社会的、文化的、心理的或生理的)。由于埃克森美孚石油公司的合并,美孚的唐·里特下岗了,他的下岗对他所在工作团队的影响要大得多,因为相对于美孚其他部门的下岗人员来说,该团队的成员更加了解并且喜欢他。对于北美的居民来说,他们对在加拿大、美国和墨西哥市场销售危险的杀虫剂,比在俄罗斯销售这些杀虫剂有更强的道德接近性(社会的、文化的和生理的)。

- **影响集中度(concentration of effect)** 是指受决策影响的人们反过来所起的作用。改变担保政策,导致拒付 20 人每人 20 000 美元担保费的后果影响集中度,要比一项导致拒付 2 000 人每人 200 美元担保费的影响集中度强。从一个人或者一小群人当中骗取超过 5 000 美元的影响集中度,比从一个组织如美国国税局(IRS)骗取相同金额的影响集中度更强。

在组织中的具体应用 道德强度的六个要素还同时受要决策事件本身特征的影响。如果其他的情况不变,道德强度随着其中一个或几个要素强度的增加而增加,或是减少而减少。但是,不同的个体可能对同一个决策的道德强度有不同的评价,那是因为在决策过程中,他们在道德原则和规范上表现出不同的价值观。表 2.1 提供了一个调查问卷来评价 10 种不同行为的道德强度。

表 2.1　行为的道德强度

说明：从道德强度方面评价下列调查问卷中的 10 种行为。道德强度的范围为 -5—5，-5 表示极不道德的行为，5 则表示被高度认可的道德行为。写下表示相应道德强度的数字来表明你对该行为的观点。当你评价每项行为的道德强度时，哪些要素最重要？

行为	道德强度
	不道德的/消极的　　　　中性的　　　　道德的/积极的
1. 掩盖同事所犯的错误。	-5 ———————— 0 ———————— +5
2. 出于友谊而照顾一些客户。	-5 ———————— 0 ———————— +5
3. 因为接受了贿赂而对某些客户特别照顾。	-5 ———————— 0 ———————— +5
4. 因为种族的关系而歧视某些员工。	-5 ———————— 0 ———————— +5
5. 为客户提供误导性的信息。	-5 ———————— 0 ———————— +5
6. 只把公司产品好的方面告诉顾客。	-5 ———————— 0 ———————— +5
7. 伪造绩效数据和指标来制造达标的假象。	-5 ———————— 0 ———————— +5
8. 根据员工不同的绩效给予不同的奖励。	-5 ———————— 0 ———————— +5
9. 调整组织规则来迎合组织的需要。	-5 ———————— 0 ———————— +5
10. 用办公室电脑做私事。	-5 ———————— 0 ———————— +5

决策原则和规范

在复杂的决策情形中，没有大家普遍认可的原则和规范来解决所有的道德问题。此外，个体和团队对什么会影响道德行为和决策，什么会影响不道德的行为和决策持有不同意见。要证明个人的决策和行为是否符合道德，就要考虑许多原则和规范。这些原则和规范包括从自利的决策到认真考虑别人的效益和成本的决策。在列出所有这些原则和规范前，必须说明：个人不可以使用以下原则来为任何明显不合法的行为或决策进行辩解。

自利原则(self-serving principles) 下面三个道德原则可以用来解释自利的决策和行为。

- **享乐主义原则(hedonist principles)** 做任何事情都是从自身的利益出发。
- **强权即公理原则(might-equals-right principle)** 仗自己的强势去影响他人,想做什么便做什么,不尊重社会普遍认可的行为。
- **组织利益原则(organization interests principle)** 行为是否建立在对组织有利的基础上。

一些反映自利原则的语句和观点如下:①"这种做法不会伤害任何人。"②"做这件事令我感到不舒服,但是如果一定要这样做才能出人头地的话(在金钱、工作、晋升、名声等方面),我可能还是会做的。"③"每个人都这样做,我为什么不可以?"④"因为某某是我的老板,是他要我这样做的,我除了遵命别无选择。"⑤"对大多数人而言,这是件微不足道的小事,而且还能对公司有利,谁会留意到呢?"

平衡利益原则(balancing interests principles) 下面的三个原则用来解释旨在平衡个体和团队利益的决策。

- **手段—目的原则(means—end principle)** 你的行为基础是决策只要大体上是好的,即使有小部分的不道德行为也是情有可原的。
- **功利主义原则(utilitarian principle)** 你的行为基础是决策所带来的效益是否比带来的危害更大,即为尽可能多的人提供最大的效益。
- **专业标准原则(professional standards principle)** 你的行为基础是决策是否能够在你的专业同行、同事面前解释清楚。

这些原则为许多的组织决策提供了道德基础,也有助于解决道德困境问题,如美国航空、惠普、通用汽车等公司能够说出让职工下岗的正当理由,即使是为了公司的利益,也能认识到公司有责任为那些下岗职工提供职业咨询和解雇福利。

随着因特网的发展,新的监控技术、隐私问题、美国等一些国家政府中关于国内安全和恐怖主义的立法及相关机构,已经成为在平衡个体、组织和大部分公众利益时要考虑的主要问题。公众越来越认为,他们作为员工和消费者,在他们的雇主、销售商和政府机构面前丧失了太多的隐私。尽管美国已经出台了各种法律来确保公民的隐私权,但是对于雇员在工作场所的隐私权保护却是十分有限的。

工作场所的隐私权问题面临道德困境,主要体现在以下四个方面:① 发布和使用计算机人力资源信息系统中的员工资料;② 由于使用测谎仪在很多情况下都被视为是不合法的,因此纸笔测验被越来越多地用来测试人的诚信度;③ 检测酗酒、嗜烟等物质滥用和艾滋病的程序和依据;④ 基因检测。以上每个领域的道德困境都涉及如何平衡个体的权利、雇主的需要和权利以及广大群体的利益这三者之间的关系。

许多雇主都在尽量确保员工的隐私权,尽管在法律上从某种程度来讲,雇主并没有这种义务。这样的观点主要是基于平衡利益的道德原则。人们普遍的共识是:雇主必须制止员工下载黄色录像、有版权保护的音乐、发送骚扰性的电子邮件、泄露公司秘密、透露个人资料、贩卖毒品,或者由于浏览因特网而在工作中偷懒等。新科技使得雇主可以监控员工工作的方方面面,特别是对于电话、电脑、电子邮件、语音信箱以及因特网的使用。这种雇主对雇员的监控在现实中尚未得到政府的管制,因此,除非公司内部的政策明文规定,否则雇主们可以任意地聆听、观看以及阅读员工在工作中的所有沟通信息。

关注他人原则(concern for others principles) 下面三个道德原则侧重从被影响者和公众整体角度的需要来考虑决策和行为。

- **披露原则**(disclosure principle) 你的行为基础是当与决策有关的原则和事实被披露时,公众会做出什么样的反应。
- **公平分配原则**(distributive justice principle) 你的行为基础是公平对待个人和团队,而不是偏向某些任意的特征(如性别、种族、年龄)。
- **黄金准则原则**(golden rule principle) 你的行为基础是把自己放在受到决策影响者的位置上,设身处地去感受被影响者的感觉。

这三个道德原则通常通过法律、规章制度和法院裁决的方式来影响不同类型的决策和行为。事实上,政府施加影响让组织在特定的情况下遵循必要的道德原则和规则。例如,美国《民权法》禁止组织在招聘、雇用、晋升和解雇员工决策时考虑个人特征,如种族、性别、宗教、出生国或国籍等。这些法律建立在公平分配的道德原则的基础上,该原则要求员工不论年龄、种族、性别等都应该受到平等对待。例如,各方面条件类似的员工应该受到相似的对待,各方面条件不相同的员工,应该根据他们的差别给予相应的不同待遇。在这个基础上,1963年的美国《薪酬平等法案》声明,当男女员工在组织内的工作需要同等的技能、努力、责任和工作条件的时候,付给女性与男性不同的报酬是不合法的。这一法案适用于所有雇用15名或以上员工的组织,但是如果符合以下条件,雇主可以破例而支付不同水平的薪酬:

- 差异性是由于职位的高低或评价体系造成的;
- 差异性是由于员工的教育、培养和经历不同而造成的。

表2.2可以让你根据刚才描述的九个道德原则评估一下你过去的相关行为。

表2.2 决策的道德评估

事件
　　将一些材料交给上司后,玛丽回到了办公室,发现她的一名同事鲍勃,正在从她的电脑中下载一个文字处理程序,而全公司只有一个使用该程序的地址许可证。鲍勃解释说,他这样做是因为他家里的电脑没有文字处理软件,而他儿子杰夫是一名高中生,需要写一篇关于第二次世界大战的长篇报告。鲍勃还进一步解释说,如果杰夫的历史总分不够高的话,他的总评分数将不利于大学申请。鲍勃请玛丽允许他下载完这个软件。

问题
1. 玛丽应该怎么办?为什么?
2. 请你联系下面的道德原则评估一下自己决策的道德程度。

(续表)

道德原则	高程度		不确定/未定		低程度（完全没有）
	5	4	3	2	1
你的决策在多大程度上基于以下道德原则：					
1. 享乐主义	5	4	3	2	1
2. 强权即公理	5	4	3	2	1
3. 组织利益	5	4	3	2	1
4. 手段—目的	5	4	3	2	1
5. 功利主义	5	4	3	2	1
6. 专业标准	5	4	3	2	1
7. 披露	5	4	3	2	1
8. 公平分配	5	4	3	2	1
9. 黄金准则	5	4	3	2	1

资料来源：Duran, G. J., Gomar, E. E., Stiles, M., Vele, C. A., and Vogt, J. F., Living ethics: Meeting challenges in decision making. In *The 1997 Annual: Volume 1, Training.* Copyright 1997 by Pfeiffer, San Francisco: Jossey-Bass, 1997, 127—135。

在组织中的具体应用 如前面所述，没有哪个单一的因素能够影响决策和行为的道德性或者不道德性。如何将道德决策行为融入组织的日常生活中去，有以下一些行动建议：

- 高层管理者必须在其他的管理者和员工面前证明他们对道德的行为和决策的承诺。回想课前案例中杰西潘尼高层管理人员加里·戴维斯说过的话："有高度道德感的领导者致力于构建价值观和道德意识，他们定期地沟通，并讨论组织价值观、操作原则以及道德标准——这些并不是某次特别的会议能够解决的，而是他们日常管理风格的一部分。"
- 组织应该形成并执行一个明确清晰的道德准则。请回顾课前案例中杰西潘尼公司的商业道德白皮书，这份声明就表明了组织的道德准则，"确定了公司进行商务运作时应该负有的道德责任。"
- 应该建立并积极执行一个有助于揭发内幕和关注道德的程序。
- 有相似经历的管理者和员工应该首先就有关道德的问题达成共识，并积极解决这些道德问题。
- 员工的绩效评估过程应该包括对员工道德问题的关注。
- 组织采取的解决道德问题的各种努力和工作重点应该对外公开、透明化。回顾课前案例中戴维斯曾经说过："每个人都应该有责任，按照组织的道德准则采取行动，理解和约束他们的日常行为。今后这样的说法再也不会被接受了，如'我当时不知道'、'我没有意识到'或'他们没有告诉我'。"

对受影响个体的关注

最高形式的道德决策需要考虑谁会因为决策的结果而获益或者付出代价。对于一些主要的决策,这种估计还应该包括多个利益相关者——股东、顾客、银行、供应商、员工和政府机构等。在某个决策中,相关个体或团队如果能具体了解到谁是获益者或者谁要付出代价,关于道德方面的考虑就会越全面。正如课前案例中讨论的,加里·戴维斯描述在他和公司的决策过程时,表现出了对利益相关者的关注。他曾经说:"那些几十年来经久不衰的公司,如杰西潘尼,有一个共同点,即公司的核心价值观得到了公司高层的支持。他们明白,如果为客户提供了很好的服务,其他的利益相关者(员工和股东)也会从中受益。"

具体的决策对具体的个体或团队产生影响,而这些影响在道德方面的阐述会随着时间而改变。例如,**任意雇用**(employment at will)表示雇用双方有平等的讨价还价能力,都可以中止雇佣关系,而且如果没有明确的合同条款来监督雇佣关系的话,这种任意雇用不必承担法律责任,可中止不用。尽管任意雇用允许员工在没有任何理由的情况下辞职,但是它也使得雇主可以任意地解雇员工。任意雇用是美国法律的一个创举。

美国的50个州都认为报复性解雇是任意雇用的一种例外。在报复性解雇这种例外情况下,如果解聘违反本州的公共政策或国家法律,雇主是不可以任意解雇员工的,如某员工将公司的某种违法行为上报给政府部门。许多州认为隐性合同也是任意雇用的一种例外。隐性雇用合同是指在雇主的人事政策或管理手册中表明,除非有足够的理由或有具体的解聘程序说明,否则雇主不可以解雇员工。如果雇主违反隐性合同而解雇了员工,雇主将承担违反合同的责任。

因为在法庭上受到越来越多不正当解雇案件的挑战,任意雇用这一提法渐渐地失去了说服力。这些挑战建立在公平分配原则和黄金准则原则的基础上。1980年以前,美国的公司可以"任意"地解雇非工会员工,员工可能因为任何理由而被解雇并且无须给出任何解释,他们也极少去法庭对这类解雇提出起诉,即使是起诉,大多数人也不会胜诉,最终还是被解雇。但是,法院最近引用"例外情况"条款来阻止任意雇用,尤其在合同终止程序有问题的情况下,这些条款就更可以派上用场。

收益和成本

要衡量决策所带来的收益和付出的成本,首先要求确定受影响人的利益和价值观。在一次全球范围的道德调查中,被调查者要求回答下列问题:"请认真阅读下面的15种价值观,选出在你的日常生活中最重要的5种价值观。"人数最多的选项是真实,接下来分别是同情心、责任感、自由和对生命的尊重。五个人数最少的选项为(从最少的开始):敬老、奉献、信誉、社会和谐和谦虚。

然而,如果你认为别人和你同样看重这些价值观,或者认为来自不同文化环境的人持有相同的价值观的话,那就有可能犯错了。不一致的价值观可能引起对道德责任的不同理解,如绿色和平组织和其他的环保组织把"保护大自然"视为它们重要的价值观之一。而在上述的调查中,其重要性程度只排到第八位,只有2%的被调查者把它列为最重要的价值观。积极支持环保的绿色和平组织成员声称,大多数的管理者都很不负责任,对空气污染和水污染、滥用土地、保护濒临灭绝的动物种类等方面极少表示关注,表现得极不道德。

在组织中的具体应用 功利主义原则是用来评估组织收益和成本的最普遍的方法。功利主义在判断决策的道德性时,强调让尽可能多的人获得尽可能多的好处。受功利主义指导的管理者会考虑各种可供选用的行为对受影响者的潜在影响,然后选择一种可以令最多人获益的行为。管理者同时也承认这项决策行为可能会伤害到其他人,但是只要潜在的正面影响大于潜在的负面影响,那么管理者就会认为这个决策是好的,并且是符合道德的。

一些评论家认为,功利主义已经被美国的一些公司或组织误用了。他们指出,现在越来越强调在短期内取得个人优势和收益最大化,而忽略了无视道德所要付出的长期代价。这种代价包括贫富差距的急剧扩大、下层阶级摆脱社会底层命运的挣扎以及对环境的危害。这些评论家认为太多的人和机构获得财富的目的都是为了个人消费和个人权力,而为了达到目的,各种获取财富的手段也变得理所应当了。因此,不论公共还是私人机构的领导和组织,其可信度都会降低。

权利的决定因素

权利的概念非常复杂,而且在不断变化。权利的其中一个层面是强调谁有资格参与改变收益和成本构成的决策。工会和管理层在谈判时,常常会在雇用、晋升、解雇和工会会员工作安排,以及外包等方面发生冲突或陷入困境。人们常常会用这些基本权利构成的价值观,来挑战奴隶制度、种族主义、性别歧视、年龄歧视和侵犯隐私等现象。

在组织中的具体应用 工作场所涉及的责任和权利问题各种各样,如不公平和差别待遇、性骚扰、员工继续被雇用的权利、雇主任意终止雇佣关系的权利、员工和公司的自由言论权、正当程序、物质滥用和艾滋病测试权。一些专家认为,员工工作场所的权利以及构建员工信任度是组织目前面临的至关重要的两个问题。

以下的道德管理能力专栏描述了诺姆·布罗德斯基在考虑实施一项毒品检测政策时所经历的道德困境。布罗德斯基是一位经验丰富的创业者,拥有六家小公司,其中一家公司三次入选 INC. 杂志评选的 500 强企业。布罗德斯基同 B. 伯林厄姆一起为 INC. 杂志撰写一个关于经营小企业的专栏。他于 1990 年创立了 Citistorage 公司,主要提供档案储存和回收服务。公司总部设在纽约布鲁克林,现有员工 400 多人。下面的能力专栏是关于他作为 Citistorage 公司创立者和首席执行官的经历。

 道德管理能力

诺姆·布罗德斯基的毒品检测困境

我发现,当我们出于某种目的经商的时候,通常会在事后发现,当初的决定所导致的后果已经远远超出我们的预想,走运的话,就有些好结果。这就是我在毒品检测方面的经验。六年前,我非常不情愿地开展这项工作。

我听说目前我们的仓库中存在毒品问题,甚至谣传我们的厂房里有人在买卖大麻。我们也注意到了小偷小摸之类的事情频繁发生,我怀疑这可能与吸毒有关。开叉车的工人在厂房中工作时竟然会把车撞到墙上,货箱散落了一地;我们为顾客存放在仓库的一些货物会不翼而飞。我不能把一切事故都归咎于滥用毒品,但是我深信这一定与毒品有关。

尽管如此,我还是在是否提出毒品检测一事上有些犹豫,其中部分原因在于潜意识中对虚伪的恐惧。与许多同龄人一样,我在年轻的时候也吸食过大麻。如果我否认曾经吸食过,那么就是撒谎了。当提出毒品检测一事时,我不太情愿惩罚那些犯事的员工,因为他们只不过做了我年轻时也曾做过的事。此外,我知道一旦实行毒品检测措施的话,会导致一些员工甚至包括一些工作多年的好员工被解雇。最终,我还是决定坚持实施毒品检测。事故不断发生,虽然没有人在事故中严重受伤,但下次或许就没那么好运了,后果谁也不敢预料。

所以,咨询过请来的几名专家后,我们宣布了新的政策。此后,我们要检测所有的求职者是否非法滥用毒品,只有检验结果为阴性的人才有资格被聘用。至于现有的员工,我们希望给那些吸食毒品的人一次改过自新的机会。我们认为,大麻至少要在吸食后一个月才会在尿样中被检测出来,而其他的毒品在体内循环的速度则较快。因此,我们开始检测时,预留了45—60天。此后,我们开始检测公司内的所有人,包括我本人、妻子、女儿和其他管理人员。

检测是随机进行的,不会事先通知。那些非大麻类毒品检测呈阳性的人,马上会被解聘;而仅仅对大麻检测呈阳性的员工则可以再获得一次检测机会。经过45天的等待期后,我们再进行一轮检测,两次都不过关的人只能选择离开公司。

尽管我们已经提醒、警告了员工,但检测结果还是令人震惊。在检测刚刚开始的几天内,现任员工的一半样本都呈阳性。你可以想象当我们面临可能要解雇50%的员工时的那种心情是多么的糟糕。当时我们共有130名员工,而现在已经超过400人。我们当即决定放慢检测的速度,这样就可以有足够的时间去招聘那些需要替换的人选。我对那些第一次检测没有过关的员工还是抱有希望的,在第二次检测开始时,我问一些员工:你们准备好了吗?每个人都说:哦,是的,我已经戒除毒品了。可是结果呢,他们当中只有一个人通过了第二次检测。尽管我们为他们提供了毒品戒疗的帮助,以及重新申请工作的机会,却没有人接受这些帮助。总之,我们最后失去了近25%的员工,虽然比我们所担心的数量少,但这毕竟是一个不小的数字。

无论如何,毒品检测的手段奏效了,事故发生率下降了,小偷小摸的现象也减少了。而且留下来的员工的反应令我们感到欣慰:他们对我们表示了谢意。他们说现在感觉安全多了。至此,我才意识到身处一个不受毒品侵扰的公司是多么重要。这样做不仅是为了减少管理层的责任,也是为了确保大家不受到伤害,更是为了给其他员工创造一个优良的工作环境。这些人才,正是我们所深深依赖的,值得我们想方设法挽留的。

注:关于 Citistorage 公司的更多信息,请访问公司主页 http://www.citistorage.com。

管理决策模型

> **学习目标** 2. 描述管理决策三个模型的特点。

在第1章中,我们介绍了许多重要的概念和模型,这些概念和模型对了解个人决策、团队决策和管理决策行为起着很重要的作用。在本节中,我们将描述以下三个管理决策模型的主要特征:理性决策模型、有限理性决策模型和政治决策模型。同时,我们还将介绍对管理决策的几种不同看法。每种模型都能够帮助我们了解组织在做出某种管理决策时所处的复杂情境。

理性模型

理性模型(rational model)是一个选择最佳方案使组织收益最大化的过程,它包括完整而全面的问题定义、详尽的资料收集和分析,以及对备选方案的认真评估。评估备选方案的标准是众所周知的,也是大家都认同的。人与人之间信息的获得和交换被假定为公正而精确的,个人的倾向和组织选择是整个组织最佳方案的作用结果。因此,理性决策模型必须建立在以下的假设基础上:

1. 获得了关于备选方案的一切可以获取信息;
2. 这些备选方案可以根据明确的标准来排序;
3. 被选择的方案可以让组织(或决策人)获得最大可能的收益。

还有一个隐含的假设,那就是在决策过程中,不会出现在道德问题上进退两难的情况。一旦真的涉及道德问题,手段—目的原则和功利主义原则将作为解决问题的主要准则。

施乐公司的六步骤过程 施乐公司开发了一套指导理性决策的程序,分为六个步骤。表2.3中的第一列给出了六个步骤,第二列给出了每步中要回答的核心问题,第三列则指出怎样才能进入下一个阶段。管理者和员工在决策工具的使用方面接受了广泛的培训,这些培训帮助他们一步步完成这些程序。

表2.3 施乐公司理性决策过程的一部分

步骤	核心问题	进入下一步前应该
1. 确认和选择问题	我们想要改变什么?	确定差距,用明确的语言描述出"目标状态"
2. 分析问题	是什么阻碍我们达到"目标状态"?	列出关键原因,并进行排序
3. 提出可能的解决方案	我们如何进行改变?	列出解决方案
4. 选择和制订解决方案	执行的最佳方式是什么?	制订执行和监督改变的计划;制订衡量方案效果的评估标准

(续表)

步骤	核心问题	进入下一步前应该
5. 执行解决方案	我们是否在遵循计划？	实施解决方案
6. 评估解决方案	方案执行的效果如何？	确认问题已经被解决，或对后续问题的处理达成一致意见

资料来源：Xerox consensus matrix. Available at http://www.xbrg.com（accessed June 2005）。

从个人角度来说，理性模型有利于个人的逻辑思维。帕姆·洛克是QAD公司的创始人、董事长以及总裁。该公司位于加利福尼亚的卡平特里亚，是为不同行业的公司提供企业资源计划（ERP）和供应链软件的知名企业。帕姆明确地指出了使用如施乐公司的六步决策过程这样的理性决策模型的利弊，她这样讲道：

> 我时常会做出一些错误决定。但是，我之所以成功是因为我有一套程序能够快速地发现并纠正那些错误决定。我在评析每个决策时，都会刻意关注该决策的长期后果。尽管在如此快节奏的商务环境中，使用这种方法来评估决策是很难的，但是我要求公司的员工从决策的过程中吸取这样的经验：每件事都是妥协的结果，没有任何事物是完全符合逻辑的，但是我们可以通过一个合乎逻辑的决策过程来解决问题。

很明显，理性决策模型的特点是：避免人们对问题的本质和将要采取的行动做出不成熟的结论。该模型鼓励更多地思考，其中包括对关键信息的搜索。然而，该模型是无法保证决策绝对成功的，正如施乐公司依然会做出一些失败的技术和营销策略。

在组织中的具体应用 理性模型最大的一个局限是完全按照该模型来运作需要相当长的时间。使用该模型所要动用的资源可能会超出其带来的好处。这种方法需要大量的资料和信息，这些资料和信息有可能很难得到。此外，如果情况不断地发生改变，拟好的方案和做好的决策可能很快就变得毫无用处。另一个局限是管理者可能会在目标尚不明确或不一致的情况下采取行动，那么即使运用了理性模型，如果没有形成一个大家认可的方案，决策者也可能会改变预定的目标、标准或权重。简单来说，我们建议在可行的时候运用理性模型，但是不要把它当做进行管理决策的主要甚至唯一指导方针。

下面的变革管理能力专栏告诉我们，位于亚拉巴马州伯明翰的圣文森特医院是如何运用理性决策模型来消除医疗失误并提高工作效率的。这家医院是Ascension医疗集团的成员之一，是一家非营利性的医院。

 变革管理能力

圣文森特医院的理性动议

在圣文森特医院，所有的医疗数据都要进行所谓的"空中传递"，即X光透视、CAT扫描和实验室检验结果等可以马上通过医院的无线网络调出，从而节省医生的时间。圣文森特医院的 Wi-Fi 网络还有一个更加重要的作用——消除医疗事故。"我们的目的是完全消除那些可以避免的失误。"医院的首席信息官蒂莫西·斯特海默如是说。

这是一个比较难实现的目标。有一项研究表明,每 5 家医院中就有 1 家开错药。医疗事故包括手术和其他治疗过程中出现的错误,每年可导致 98 000 人死亡。因此,大幅度减少医疗事故可以拯救的人数远远多于对糖尿病病人的治疗结果。

正如理性决策模型所描述的,圣文森特医院采用了最新技术来预防医疗事故。机械手臂可以精确地进行外科手术,机器按照剂量配药,外科手术工具都配有条形码,以便追踪。这样可以确保手术工具得到妥善保管和维护,而且不会遗放在病人体内。护士使用扫描仪检查病人臂带上的条形码,保证按照医生的处方配药。要推行这个新制度,必须得到医生的支持。"如果这项措施不能使工作更便捷的话,"首席信息官斯特海默说,"我就不想推行它了。"Wi-Fi 技术正好能满足医院的需求。"这是不可分割的。"马克·梅迪尔说。他是圣文森特医院的一名内科医生。在其他医院工作的时候,为了拿到一个 X 光透视结果,他要花上一个钟头的时间跑上跑下。而现在,他只需要几分钟就可以下载检查结果。实验室的检验结果也是一出来就可以拿到,而不用等上几个小时。通过他的电脑,梅迪尔可以让病人看到骨折和肿瘤状况,他还可以将新的病情图像同以往的进行对比。梅迪尔是圣文森特医院首批使用电脑开处方的医生之一。他的结论是"真是太省时间了"。

药品信息系统包括电子处方、先进的门诊筛查以及诊治过程复制。圣文森特医院还配置了自动派给箱,那是一些密封的药袋,防止临床医师获取按照药品系统中发出的订药信息而开出的非处方药。

在圣文森特医院,医务人员可以通过电脑中的电子检测工具查看每位病人的检验结果、药方以及处理过程。在医院 6 幢大楼的每间病房和护士站中装有 1 500 台电脑。在病房里,医疗设备如血压检测仪,直接同病床边的电脑相连,这样一来,有重要迹象的信息就不必重新输入了。通过设在护士站的双重监控电脑,医生可以查看数字放射图像以及其他临床数据,如药方、过敏史、检验结果和其他临床观察结果。

注:关于圣文森特医院的更多信息,请访问医院主页 http://www.stv.org。

有限理性模型

有限理性模型(bounded rationality model) 描述了理性的局限性,强调有限理性模型个人和团队经常使用的决策过程。该模型可以帮助解释为什么不同的个人或团队在拥有完全相同的信息资料的情况下,会做出不同的决策。这个模型同时也让我们认清了一个现实:在考虑完成任务所需时间和资源的情况下,个人和团队不可能得到完整的信息,如获得所有备选方案或者某些行为导致的结果。如图 2.3 所示,有限理性模型反映了个人和团队在以下几个方面的倾向:

1. 选择比最优目标或选择方案略差的方案(即令人满意就可以了);
2. 对选择方案只做有限的调查;

3. 充分利用不全面的信息，控制影响决策结果的内部和外部因素。

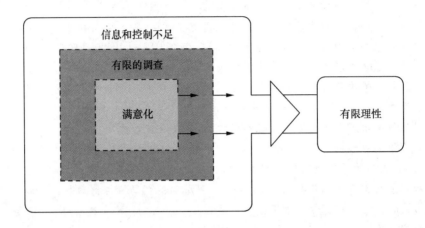

图 2.3　有限理性模型

> ▶▶▶ **成功领导者语录**
>
> 　　对自己职位的重要性保持谦逊的态度，对你所知道的和不知道的答案（后者往往多过你的想象）保持谦逊的态度，对同周围人交往和学习的需求保持谦逊的态度，对客户保持谦逊的态度，对学习保持谦逊的态度。
>
> 　　　　　　　　　　　　　　　　　　　斯科特·库克，Intuit 公司创始人和董事长

满意化　满意化（satisficing）是指选择一个可以接受但并非最佳的目标和决策的倾向。在这种情况下，可以接受意味着比最佳方案更容易找到和实现，其争议小，或者更安全。例如，利润目标通常都是用百分比来表达的，如投资回报率为 10%、利润比去年同期增长 5%。这些目标可能不是能够达到的最佳目标，而是高层管理者眼中既富有挑战性又可以达到的合理目标。有限理性模型的提出者赫伯特·西蒙说：

　　满意化并不一定意味着管理者必须对在他们头脑中或电脑中首先出现的方案满意，并且马上实施它。满意化的程度是可以提高的——通过个人决心，通过制定更高的个人或组织标准，还可以通过运用日趋成熟的管理科学和建立在信息技术基础上的决策和问题解决技巧。

随着时间的推移，你会得到更多的信息，告诉你什么是可行的，什么是可以设为奋斗目标的。你不仅会得到更多信息，而且很多公司都有目标制定程序，包括旨在提高个人积极性/目标的程序，这是高层管理者的一项主要责任。

有限的调查　个人和团队经常为了一个可能的目标或问题的解决办法而做有限的调查。他们会考虑几个备选方案，直到他们认为满意的方案出现。例如，在选择"最佳"工作时，你不可能把某个特定领域的所有工作都评价一番，否则还没等你搜集齐所有的信息，你就快要退休

第 2 章　管理决策与道德决策

了!即使理性决策模型也承认确定和评估备选方案将花费很多时间、精力和金钱,而在有限理性模型里,个人或团队只要一发现可以接受的目标和解决办法,就不再继续寻找备选方案。

有限调查的一种形式是**承诺升级**(escalating commitment)——即使大量反馈表明所做的决策是错误的,还是不断增加对过去决策的投入。对承诺升级的一种解释是,当个体认为他们要对自己的失败负责时,他们就会尽力证明之前的决策是正确的。此外,有些人会对某种决策坚持不懈,仅仅是因为他们认为做事要前后一致。几年前,丹佛国际机场的所有航线都坚持使用单线一体化行李处理系统。尽管进行了多次昂贵的改进,但是屡改屡失败,这种一体化系统仍然有很多缺陷。而主要决策人依然花了一年多的时间来继续使用该系统,他们拒绝承认系统本身有问题。最后,由于各方投资者要求建设一个新机场的压力日益升级,一体化行李处理系统才被废除。

信息和控制不足　决策者经常无法全面地了解问题或者遇到他们无法控制的外部环境影响力。这些情况都会给决策过程和结果造成意料之外的影响。导致常见的两种决策偏差——风险倾向和处境定性的部分原因是由于信息和控制不足。

风险倾向(risk propensity)是个体或团队做出或避免做出预期结果不明确的决策的倾向。一个反对冒险的个体或团队把重点放在可能产生的消极结果上,他们会估计产生损失的可能性比产生收益的可能性高。因此,这类决策者需要有较高的收益几率,以弥补失败风险。相反,一个敢冒风险的决策者或团队看重的是可能产生的积极结果,他们会估计产生收益的可能性比产生损失的可能性高。因此,即使是获益的几率很小,冒险者也愿意承担失败的风险。管理者有时候做出的某些决策是用来避免某个不成功的决策带来的不良后果。决策可以对个体构成威胁,因为决策造成的不良后果会削弱决策者的专业判断力,为组织带来麻烦,甚至会导致决策者本人被降级或解雇。大多数的个体都不太喜欢冒险,他们通过购买各种形式的保险来避免大风险,即使有时候某些风险是不可能发生的。他们把钱分散投资在储蓄、CDs、货币市场基金等工具上,以避免股票和债券的剧烈波动所带来的风险。总的来说,他们喜欢导致令人满意结果的决策,而不喜欢那些虽然能够带来相同或者更好的结果,但却有风险的决策。

处境定性(problem framing)是指以积极或消极的方式解释各种问题和各项选择的倾向。在有利的环境中,个人或团队不太愿意冒险,因为他们认为冒险会让他们损失很大。相反地,在不利的环境中,个人和团队认为他们可能损失的东西很少,因此更愿意冒风险。注重潜在的损失会增加对风险的重视;相反,注重可能的收益会削弱对风险的重视。因此,对处境进行积极的定性,让管理者把注意力放在机遇上而不是失败的可能性上,则会鼓励冒险。一个例子能够说明积极定性和消极定性之间的对比:在一定能赢得 6 000 美元和只有 80% 的可能性赢得 10 000 美元两种情况下,大多数人都倾向于有保证的获益,而不愿选择尽管更多但却没有保证的获益。你会选择哪个?尽管大多数的决策都普遍地倾向于避免冒险,但是也有些例外的情况。当在一定会有损失和有损失的风险这两种情况中选择时,人们更愿意选择冒险。

在组织中的具体应用　决策规则是有限理性模型的一部分,它们使得管理者不用做详细分析和调查就能够较快、较容易地做出决策。决策规则是用文字的形式记录下来的,也易于执行。组织和个人最普遍使用的规则是**字典规则**(dictionary rule),即按照词典的排序方法来排列各个项目:一次一个标准(类似一个字母)。字典规则中第一个标准是最重要的,并且只有

53

当第一个标准被认为是最重要的时候,字典规则在决策过程中才是有效的。

试想一下,当管理层太轻率地使用字典规则的时候会发生什么事?俄亥俄州诉讼部的主任和员工收到的社会福利上诉案越来越多,于是他们在案件处理程序上做了一些改革。他们对案件经过简单分析后得出一致结论,然后把相似的诉讼案放在一起集中处理。但是,他们却没有把重点放在分析诉讼案增多的原因上,诉讼案还是越来越多。当案件的数量增加到需要一年的时间来处理的时候,部门主任才发现法律上有个漏洞,这个漏洞无形中放宽了对构成诉讼的要求。该主任提醒立法机关注意这个疏忽,最终漏洞被弥补了。但与此同时,诉讼部却因办理业务缓慢、诉讼管理容易出错而不断受到批评,甚至是法律诉讼。正如上述事件所示,管理者通常都想迅速发现并解决问题,结果通常导致找不准问题或者选择的标准具有误导性。管理者虽然是在仔细分析问题原因,但与此同时却忽略了一些更重要的细节。

回忆一下前面所引用的赫伯特·西蒙的评论:"满意化的程度是可以提高的——通过个人决心,通过制定更高的个人或组织标准,还可以通过运用日趋成熟的管理科学和建立在信息技术基础上的决策和问题解决技巧。"为了做到这一点,知识管理也就应运而生。

知识管理(knowledge management) 是指通过系统地将组织内外的技能知识、经验和判断等知识转化为资本的过程,来增加或创造价值的一种艺术。知识管理是一种提高满意化程度的手段。知识与数据、信息不同。数据代表没有任何背景,也没有任何直接用处的观察资料和事实。把数据放到一些有意义的背景中产生的结果则是信息,它通常以消息的形式出现。知识是指一个人将通过经验、沟通和推论所得来的信息进行系统的组织和积累,逐渐对其产生认同并赋予其价值。知识既可以看做一件用以保存和操控的物品,也可以看做专业技术的一个应用过程。

知识可以是隐性的,也可以是显性的。**隐性知识(tacit knowledge)** 来自于直接的经历,通常通过谈话和讲故事的形式表现出来。例如,华盛顿大学的校内餐饮部主任告诉一位新经理怎样对付那些出言不逊的学生,或者四季旅馆的一位销售经理告诉一位餐饮服务员某个顾客的偏好,都是传达隐性知识的例子。相反,**显性知识(explicit knowledge)** 则更为精确,表达也比较正式,如一个用来创建信息并分析顾客购买习惯的电脑数据库和软件程序,或者是一本描述如何做成一笔生意的培训手册。

下面的沟通管理能力专栏讲述的是朱莉·罗德里格斯作为世纪潜水与海洋用品公司的总裁和首席执行官,是如何运用知识管理来提高其工作角色的满意化程度的。她正是通过高超的沟通管理能力来实现这一点的。世纪潜水与海洋用品公司的总部位于路易斯安那州的新奥尔良郊区,主要经营:① 水下商用潜水服务;② 海岸潜水辅助设施,包括设施的生产和搭建。

第 2 章　管理决策与道德决策

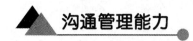沟通管理能力

世纪潜水与海洋用品公司的朱莉·罗德里格斯

朱莉·罗德里格斯并不是一名潜水员,她甚至都没有穿过潜水衣。尽管如此,她用1991年从父亲那里得到的一套潜水设备开创了世纪潜水与海洋用品公司,并实现了2 400万美元的营业额。之前,罗德里格斯对公司赖以生存的沿岸管道和平台维修毫不了解。当她在父亲的办公室里工作的时候,她只会处理求职申请或者打电话给公司的潜水员,了解公司是否有能力承接某项任务。然而,她通过听取公司财务人员的报告,迅速了解了公司,并很快接管了公司的账务工作。

正式接管工作后,罗德里格斯积极地听取员工的意见,向潜水员咨询应该如何拓展业务,如何开发新客户。她的聆听技能在1994年充分体现出了重要性。当时一名潜水员被一条松了的水下管道卡住而不幸溺死,这个事件令她震惊。罗德里格斯后来回忆:"我觉得整个人都垮掉了。我一直问自己所做的一切是否值得。"她也清楚地知道,这个事件令公司很难接到新的合同。

下定决心重振旗鼓后,罗德里格斯开始着手改造公司的文化,营造以安全为核心的文化。她开始同每位潜水员仔细核对潜水中的每项工作,以确保潜水过程中的每件工具和每个步骤都是安全的。这种做法逐渐形成了一套公司至今仍执行的全面安全程序,该程序强调连续的沟通以确保员工时刻保持联系。当某项工作确实出了问题后,罗德里格斯便会用这次的失误来提醒其他潜水员。罗德里格斯说:"将自己的错误同他人分享是非常重要的。这些将作为经验记入我们的工作手册,变成今后培训的内容。"如今,世纪潜水与海洋用品公司在安全方面得到了所有客户的最高评价,其中包括一些行业巨头,如雪佛龙德士古公司和埃克森美孚公司。

罗德里格斯最近谈到:

> 我们实现每个目标的前提是世纪公司的安全数据。这一要求本身就是一个难以实现的目标,因为我们一直不满足于现状。我们的DIVE 5行为安全和质量项目告诉我们,要不断地寻找更好、更安全的方式。我们会实现这个目标吗?现在还不得而知。我们会就此罢休吗?绝对不会!在最近一次每两周召开一次的安全会议上,我向与会者包括潜水员、护卫、队长、行政人员、工程师、销售人员和经理们提出了一个问题:"确保世纪公司执行安全程序的最有效的手段是什么?"大家异口同声地说:"双周安全会议!"大家认为其他事情也很重要,但是双周安全会议为大家提供了一个最有效的沟通、协助和教育平台。该会议使得员工在决策者面前自由地探讨对安全的关注。这些决策者包括潜水业务运营副总裁、海洋业务运营副总裁、首席运营管以及我本人。同时,这种会议也为决策者们提供了机会,充分了解同管理者共创企业成就的基层员工以及他们的工作状况。

注:关于世纪潜水与海洋用品公司的更多信息,请访问公司主页http://www.epiccompnies.com。

政治模型

政治模型（political model）描述了个体和群体出于不同的利益、目标以及价值观而做出的决策模型。在该模型中，我们认识到建立在个人自我利益目标上的喜好，一般不会随着新信息的增加而改变。问题的定义、数据的查询和搜集、信息的交换和评价标准的设定都只是决策者用来获得对其有利的决策结果的各种手段。

组织内权力分配以及管理者和员工所采用策略的有效性决定了决策的影响力。政治模型没有明确地承认道德困境。但是，它经常用到前面讨论过的两个自利的道德原则：① 享乐主义原则——只要对自己有利的事就去做；② 强权即公理原则——只要你有足够强大的权力就可以不用考虑一般的社会传统和惯例。

政治模型在全世界的组织内部都很流行，如法国文化相对来说看重比较大的权力距离，即上级和下级的不平等关系是由地位和特权的不同决定的。例如，Altedia、Societe Allen SA 和 Group Ares 等法国组织内的政治模型建立在不同的基本假设和行为预期上，包括以下三种：

- 权力一旦获得，除了同内部的高层管理者以外，不应该同其他人共享。有些人天生就是领导者，而有些人生来就是被人领导的。人很难改变自己：秘书就是那些遵循指令的人；中层管理者则要在做决策之前，咨询他们的老板和组织中的其他人。
- 假如个人被认定是做管理高层的料，那么即使他们被派到一个从未工作过的岗位上也没有关系。因为拥有出众的能力，他们应该可以从经验中学会怎样做好现在的工作。
- 透露一些没必要透露的信息是有害的。如果这样做，决策过程就不能受到很好的控制。何时、何地以及如何与别人交流信息是一个很微妙的问题，通常只有高层管理者才能决定。

在组织中的具体应用 政治模型在组织内部通过不同的影响方法而形象地表现出来。**影响方法（influence methods）**是指个体和群体试图实施权力或影响他人的行为。表 2.4 中列出的几种影响方法——合理的劝说、鼓舞性的启发和咨询，通常在很多工作情形中都是最有效的影响手段。而最没有效果的方法是联合、引用法规和施压。但是，假设某些方法会永远成功，或者某些方法会永远失败都是不对的。从上至下的影响和从下至上的影响效果是不同的，各种方法综合使用的效果同单独使用某种方法的效果也是不一样的。这个过程很复杂，要完全了解不同影响策略的效果，就需要了解权力来源、影响的方向（如从下至上、从上至下，或横向）、要实现的目标以及组织的文化价值观。

表 2.4 影响策略

影响策略	表现
合理的劝说	运用合理的论点和事实证据
鼓舞性的启发	通过对价值观、理想和渴望的启发来唤醒积极性
咨询	寻求参与策略制定、活动或变革
迎合	在提出要求之前试图营造一个良好的氛围

（续表）

影响策略	表现
交换	提出相互帮助、利益共享或为将来的回报做出承诺
个人感召	唤起他人的忠诚感和友谊
联合	寻求他人的帮助和支持
引用法规	通过强调权力，或者要求与政策、惯例及传统保持一致性的手段来建立某种要求的合法性
施压	使用要求、恐吓或者不断的提醒等手段

资料来源：Yukl, G., Guinan, P. J., and Sottolano, D. Influence tactics used for different objectives with subordinates, peers, and superiors. *Group & Organization Management*, 1995, 20, 275; Buchanan, D., and Badham, R. *Power, Politics and Organizational Change*. London: Sage, 1999, 64。

有影响他人行为的能力（权力）和是否能有效地运用能力是两回事。有些管理者认为可以利用权力来命令周围的人，从而有效地影响他们的行为，通常这样的管理都达不到预期的效果。对权力的无效使用，不管对个人还是对组织，都会产生负面影响。例如，过多地依赖施压的方法所导致的后果通常是负面的。那些咄咄逼人、要求他人坚持不懈的管理者——从来不接受别人说不，不断重复地提醒，经常和他人面对面地对质等——通常都不会有好的管理效果。同其他的管理者相比，过分依赖施压策略的管理者通常都：① 得到最低的绩效评价；② 钱赚得少；③ 有最大的工作紧张度和压力。

激发组织创造力

> **学习目标** 3. 解释激发组织创造力的两种方法。

组织创造力（organizational creativity）是指组织内个人或团队产生出独特而实用的想法的能力。创新是建立在这些独特而实用的想法基础之上的。创造力可以帮助员工发现问题、识别机遇，也可以帮助他们在解决问题的时候做出全新的选择。在第8章，我们将给出两种激发组织内部创造力的方法，即名义群体法和头脑风暴法。此外，我们还会讨论几种方法，用以消除在培养创造力和革新力过程中所遇到的障碍。如图2.4所示，三种主要的障碍包括知觉性障碍、文化障碍和情感障碍。

1. **知觉性障碍**（perceptual blocks）包括在观察的过程中无法运用所有的感官，无法调查明显的证据，无法辨明微妙的关系以及无法辨别因果关系。

2. **文化障碍**（cultural blocks）包括希望遵守已经建立起来的规范，过度强调竞争，过度强调避免或消除冲突，要求以具体实用、经济实惠为上，认为沉湎于幻想或其他没有明确目标的探索是浪费时间。

3. **情感障碍**（emotional blocks）包括害怕犯错误，对他人的恐惧和不信任，坚持首先想到的方法等。对于很多组织来说，培养创造力和革新力对它们是否能够提高产品和服务质量非常重要。尤其以下这两种方法对培养任何个人或团体的创造力都有效,即横向思维方式和魔鬼代言人法。

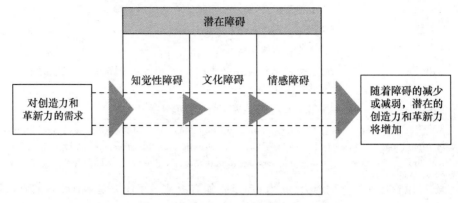

图 2.4　创造力和革新力的潜在障碍

横向思维方式

横向思维方式(lateral thinking method)是一个有意进行的过程,是一套通过改变个人和团队对信息的感知和解释方式来激发新思路的技巧。我们可以通过比较它与纵向思维方式的区别,从而更好地解释横向思维。**纵向思维方式**(vertical thinking method)是一个逻辑渐进的思维发展过程,不断地从上一点信息推理到下一点信息的过程。表 2.5 向我们展示了横向思维方式与纵向思维方式的区别。爱德华·德·博诺是英国著名的内科医生和心理学家,也是横向思维方式的始创者,指出这两种方法并不矛盾,而是互补的。

表 2.5　横向思维特征与纵向思维特征

横向思维	纵向思维
1. 试着找出考虑问题的新方式;与变革、行动联系在一起	1. 试着找出判断关系的确定方法;同稳定性联系在一起
2. 避免寻找什么是"正确的"或是"错误的",而寻找什么是"不同的"	2. 每一步都要证明"是"或"不是",想找出什么是"正确的"
3. 分析各种想法以确定它们怎样才可以生成新的想法	3. 分析想法以确定为什么它们不奏效,为何被否决
4. 从上一步到下一步的发展没有逻辑可言(自由联想)	4. 通过一步步的逻辑推理,寻求思维发展的联系性
5. 喜欢能够产生新想法的偶然信息,考虑一些不相关的事物	5. 有选择性地挑选用来产生新想法的资源;排除不相关的信息
6. 通过避免运用显而易见的知识或方法来取得进步	6. 通过运用已建立的模式取得进步;考虑那些显而易见的知识或方法

资料来源:de Bono, E. *Lateral Thinking*: *Creativity Step by Step.* New York: Harper & Row, 1970; de Bono, E. Six Thinking Hats. Boston: Little, Brown, 1985。

横向思维方式可以促进独特的思路和方法产生，而纵向思维方式可以用来评估这些思路和方法。横向思维方式通过提供更多的选择来加强纵向思维方式的效果，而纵向思维方式通过充分利用产生的思路来增强横向思维方式的影响。我们在多数情况下用的可能都是纵向思维，但是当我们需要用横向思维的时候，纵向思维的能力就不足以解决问题了。

横向思维方式包括几个方面的技巧：① 明确现有的思路和该思路的实践活动；② 激发其他思考问题的方式；③ 协助新思路的形成。这里，我们只考虑促进新思路形成的三个技巧：倒置、类比和相互交流。

倒置技巧　倒置技巧（reversal technique）是指通过完全反转过来的方式来思考问题，里外倒置，上下倒转。康诺克石油公司（Conoco）的工程师曾这样问自己："有毒废料有什么好处？"通过这样做，他们在提炼废料时发现了一种物质，这种物质现在被用来制造一种人造润滑剂，并由此形成一个有潜力的新市场。罗纳德·巴巴罗是保诚保险的董事长，在认真考虑"你在死前已死"这句话后，悟出了"生活保险"这项人寿保险项目，让晚期疾病患者在死亡之前可以享受到死亡福利。保诚保险因此而卖出了超过100万份的保单。

类比技巧　类比技巧（analogy technique）是指开发一个关于事物、人和情境之间相似性的陈述，如"这个组织像个蜂窝一样运行得一塌糊涂"，或者"这个组织像一块优质瑞士表一样运行得井然有序"。这种技巧首先要求把问题转化成一个类比，然后不断改进和发展这个类比，最后再将问题转化为类比，并判断类比是否合适。假如类比和问题太相似了，就达不到效果。我们在做类比的时候应尽量使类比具体明确，避免模糊。组织内部某个具体的、众所周知的问题或者过程就可以用类比来描述，如对于一个忽视环境迅速变化的组织，可以用这样的类比："我们就像一群将头埋入沙子的鸵鸟。"

相互交流技巧　相互交流技巧（cross-fertilization technique）是指要求其他领域的专家来审核问题，并且从他们的专业角度提出问题的解决方法。为了使这个技巧有效，这些外请的专家应该来自与这个问题完全没联系的领域，这样就可以尝试用全新的方法来解决问题。每年，霍尔马克卡片公司（Hallmark Cards）都会将50多个演讲人请到公司设在堪萨斯城（Kansas City）的总部，为公司700多名艺术家、设计家、作家、编辑和摄影师提供新点子。此外，霍尔马克卡片公司的员工经常离开总部去市中心的一个公司寓所，在那里作家和艺术家们远离电话的烦扰，为了交流想法而聚在一起。他们也会花几天的时间待在密苏里州卡尼附近的一个农场，参加一些有趣的运动，如搭建鸟舍等。

下面的团队管理能力专栏描述了横向思维的重要性。该专栏表明了建筑设计公司（Architect Works Inc.）的创始人唐娜·凯克马尔看待横向思维的观点。该公司位于得克萨斯州休斯敦，为居民和小型商业项目提供建筑设计等。

自我管理能力

建筑设计公司的唐娜·凯克马尔

我的创造力体现在总是试图对那些别人看来无法解决的问题找到新的出路。我们都认为自己知道如何建造办公大楼或是一栋住宅,或是诸如此类的常规建筑。但是,我们真的知道吗?让我们来质疑一下我们所持的各种假设,看看是否能发现一些可以尝试的新事物。我乐于接受所承担项目中的各种风险,但是我不会冒那些荒诞的风险。

我一直认为自己是一个问题解决者,同时,我也在休斯敦大学教授建筑学课程。有一次,我的一个学生说我的建筑作品很无趣。的确如此,它们的风格都十分直白,但是它们在整个体系构成的表现方式上却是复杂的。我所工作的世界是有局限性的,而且我也很清楚这一点。例如,我现在正在进行的一个项目是在蒙特索里高中,在那里,他们要求学生参与教学楼的维护工作。他们不是清洁教学楼,而是维护教学楼。这对于建筑而言意味着什么?而且它能够意味着什么呢?这意味着既要满足常规做法,又要赋予它一种新意。你如何理解那些习惯和规矩并把它们融入建筑中去呢?

我所做的就是帮助人们从不同的角度看待事物。我想这是因为我能够比较开放地看待事物,找到事物与事物之间并不太明显的联系,然后从这种联系中创造出一些东西。我对创造力的诠释是一种对理解的探求。

注:关于建筑设计公司的更多信息,请访问公司主页 http://www.architectworks.com。

魔鬼代言人法

在**魔鬼代言人法**(devil's advocate method)中,一个人或者一个团队作为魔鬼的代言人,对推荐的行为方案提出一系列的批评。这些批评的目的是指出提案假设的不足之处、假设之间的冲突以及提案执行后可能导致失败的种种问题。魔鬼代言人的做法就像一个优秀的辩护律师,提出与大多数人立场相反的论点,并尽可能地令人信服。图2.5表明了运用这种方法的基本决策过程。担任魔鬼代言人角色的个人应该经常轮换,以免某个人或者团队被认为对所有问题都吹毛求疵。但只要有人扮演这个角色,即使只扮演一小段时间,对个人或者组织都很有利。

休斯食品集团(Huse Food Group)的董事长兼CEO史蒂夫·休斯指出,魔鬼代言人这个角色给了员工一个表现演讲和辩论技巧的好机会。当员工能够批评某个问题时,他对该问题的理解和调查程度就显而易见了。组织通过听取指出其潜在缺陷的观点来避免一些代价惨重的错误。此外,用魔鬼代言人法可以使问题的解决方案更有创意,减少群体思维的可能性。我们将会了解到决策过程中出现的群体思维是由于团队意见过分地统一和相似而导致的,这是一种完全扼杀组织创造力的思维方式(见第 8 章)。

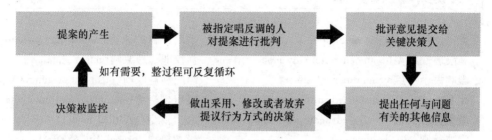

图 2.5　使用魔鬼代言人法进行决策

资料来源：Cosier, R. A., and Schrivenk, C. R. Agreement and thinking alike: Ingredients for poor decisions. *Academy of Management*, February 1991, 71。

魔鬼代言人法对以下两种情况非常有效：① 使问题浮出水面；② 挑战所提方案得以立足的各种假设，这是培养创造力的一个基本要素。但是，魔鬼代言人法不能滥用，它最适合处理非常重要且复杂的问题，同时，大家必须对扮演魔鬼代言人角色的人所起到的作用充分了解。比如，那些不习惯采用这种讨论方式的人会觉得受到攻击，从而不能进入最佳思考状态。

本章小结

1. 解释道德决策的基本概念和原则。	人们在做决策的时候经常会陷入道德困境。我们提出了五个重要问题，这五个问题在道德决策行为过程中以提问的形式表达出来：什么是道德强度？有哪些原则和规则？谁是受影响者？收益和成本是什么？谁拥有权力？
2. 描述管理决策三个模型的特点。	理性模型、有限理性模型和政治模型这三个模型是解释管理决策行为时最常用的模型。每种模型都解释了管理决策情景和过程的某些方面。要掌握决策的复杂性和所涉及的范围，三个模型缺一不可。
3. 解释激发组织创造力的两种方法。	创造力在不断变化的、复杂的以及不确定的环境中显得非常重要。这种环境通常会使所要达到的目标以及为了达标所采取的最佳行为方式显得不明确或不一致。组织创造力和革新力对发现和执行那些独特而实用的思路是至关重要的。两种激发组织创造力的方法分别是横向思维方式和魔鬼代言人法。

关键术语和概念

类比技巧(analogy technique)
有限理性模型(bounded rationality model)
影响集中度(concentration of effect)
相互交流技巧(cross-fertilization technique)
魔鬼代言人法(devil's advocate method)
字典规则(dictionary rule)
披露原则(disclosure principle)
公平分配原则(distributive justice principle)
任意雇用(employment at will)
承诺升级(escalating commitment)
道德强度(ethical intensity)
道德(ethics)
显性知识(explicit knowledge)
黄金准则原则(golden rule principle)
享乐主义原则(hedonist principle)
影响方法(influence methods)
知识管理(knowledge management)
横向思维方式(lateral thinking method)
后果重要性(magnitude of consequences)

手段—目的原则(means-end principle)
强权即公理原则(might-equals-right principle)
组织利益原则(organization interests principle)
组织创造力(organizational creativity)
政治模型(political model)
影响概率(probability of effect)
处境定性(problem framing)
专业标准原则(professional standards principle)
接近性(proximity)
理性模型(rational model)
倒置技巧(reversal technique)
风险倾向(risk propensity)
满意化(satisficing)
社会共识(social consensus)
隐性知识(tacit knowledge)
即时性(temporal immediacy)
功利主义原则(utilitarian principle)
纵向思维方式(vertical thinking method)

讨论题

1. 回忆一个组织或者团队,而你是该组织或团队中积极的一员。描述你曾经基于政治决策模型而做出的一个选择。你为什么觉得你的选择是基于政治模型的?

2. 描述一个你经历过的、受到处境定性偏见影响的具体问题。

3. 参见表2.5,在本章自我管理能力专栏中,建筑设计公司的唐娜·凯克马尔所提出的横向思维方法包括哪些特征?

4. 请评价你所完成的某门课程评分体系的道德强度和任课老师在执行评分体系时表现出来的道德强度。你需要对道德强度的六个组成部分进行逐一的评价。

5. 回顾一下在课前案例中杰西潘尼公司的行为黄金准则中,表现出了怎样的平衡利益原则和关注他人原则?你需要将具体的准则联系到具体的道德原则上。

6. 在沟通管理能力专栏中,来自世纪潜水与海洋用品公司的朱莉·罗德里格斯怎样通过具体决策和评论来展示理性决策模型中的具体特征?

7. 组织利益原则和功利主义原则有什么区别?

8. 专业标准原则和公平分配原则有什么区别?

9. 在道德管理能力专栏中探讨的诺姆·布罗德斯所经历的毒品检测困境中,表现出了何种道德原则?

10. 把表2.2所列的道德原则按照你的取舍顺序进行排列。当你陷入道德困境时,这个排列顺序将如何帮助你理解所处的道德困境呢?

体验练习和案例

体验练习:道德管理能力

生存的道德

苏珊·约翰逊的处境

苏珊·约翰逊是一名基层经理。她的一名员工梅格·奥布赖恩已经在她所工作的部门待了8个月。虽然约翰逊对她进行反复培训和指导,奥布赖恩的表现还是不能达到工作要求的水平,但在评估中,其他三个部门的主管却把她评为"中等水平"。约翰逊和这些主管谈过,发现他们这样做的原因是为了避免员工对评估不满而带来的麻烦。他们解释说奥布赖恩定期把她的不满和对公司执行平等就业机会(EEO)的投诉整理归档。约翰逊的上司芭芭拉·洛佩斯建议她给奥布赖恩评为优,并给她写一封热情洋溢的推荐信,把她推荐到其他部门的空缺职位上去,那样就可以摆脱她了。

1. 约翰逊面临的是怎样的道德冲突?
2. 除了约翰逊、奥布赖恩和洛佩斯以外,还有谁会受到约翰逊决定的影响?
3. 约翰逊可以采取什么样的行动?
4. 这些行动中哪一项可以最好地达到道德要求,同时又能尽量积极地为所涉及的各方解决问题?你所采取的行动是基于哪些道德原则的?
5. 你怎样评价这种情形下的道德强度?

弗兰克·埃普斯的处境

弗兰克·埃普斯是负责审阅求职申请的部门经理。公司招聘的标准程序中有一项是背景核查。埃普斯的朋友迈克尔·基是其中一位申请者,而且绝对有资格胜任这项工作。迈克尔最近告诉埃普斯说12年前他曾挪用过4 000美元公款,雇主对他进行了起诉,他最后被判了一年的劳教。根据公司政策,迈克尔已经失去了竞争这个职位的资格。迈克尔试图说服埃普斯,说他那次挪用公款只是一时的判断失误,永远都不会发生第二次。他请求埃普斯不要对他进行正式的背景调查。

1. 埃普斯面临怎样的道德冲突?
2. 除了埃普斯和迈克尔之外,还有谁会受到埃普斯决定的影响?
3. 埃普斯可以采取哪些行动?
4. 这些行动中哪一项可以最好地达到道德要求,同时又能尽量积极地为所涉及的各方解决问题?你所采取的行动是基于哪些道德原则的?
5. 你怎样评价这种处境下的道德强度?

案例：变革管理能力

机遇是否降临？

当我亲眼看到这位传奇式足球明星时，我激动极了。我从没想过把简历投到他的公司会有回复，然而我的确收到了回复。现在，我接听他的电话，还要去他那矗立在高大围墙后的豪宅同他见面。那栋楼可是当地的地标性建筑啊！人们用他的名字来命名一个足球馆，还有一条高速公路和一家医院大楼的西翼。而他居然要亲自同我会谈，看看我是否能够到他的一家新餐厅任职。而我，只不过是刚刚大学毕业的一名人力资源专业的学生而已。

我行驶在那条通向山顶大厦的长长的道路上，情不自禁地留意到路边的草坪需要打理了，篱笆也需要修剪了，花丛中的杂草比花还多。楼前的喷泉内锈迹斑斑，表明早已废弃多时。但这一切都不重要，因为我看见了休·埃姆斯沃思，他在宽敞的门廊处等候着我！他紧紧地握了一下我的手，表示问候，接着说：“真高兴你能来。”他优雅地将我请进他的家中，指着一间有个石头壁炉的昏暗大屋子，让我随便坐。每张沙发和椅子上都堆满了书、杂志或报纸。在房间的一角是一个电视托盘，里面装着吃剩的饭菜。埃姆斯沃思先生进来了，递给我一杯咖啡，"我喜欢用咖啡开始一天的工作。"他说。当时已经是中午了，他的话不禁让我有些吃惊。然后，他环顾了一下房间，又说：“我们还是去另一个房间坐一会儿吧。”

我跟着他走进一个大前厅，经过一个旋转楼梯时，他冲着楼上大叫：“伯莎·梅，我们有客人来了，亲爱的，你能下来吗？”"我没穿衣服！"从二楼的某个地方传来一声尖叫，旋即"砰"地一声，门被狠狠地关上。接着我们走过厨房。脏碗碟堆得到处都是！所有的洗碗池里装满了油腻的污水，像小码头一样散发着恶臭。餐台上趴着一只猫，正在舔它的猫碗。难怪有一股鱼腥味儿！

我们经过厨房来到了书房。一台大电视和许多足球奖杯几乎占满了整个房间。埃姆斯沃思先生把安乐椅上的报纸拿开，并示意我坐下。

我们自然地谈到他最喜欢的话题——足球。然后他说："我们去湖边走走吧，去看看维多利亚时期的庄园……我们住了很久了，景观相当不错。如果有个像你这样聪明自信的年轻人经营的话，一定会是个很好的餐厅。"我已经得到一份工作了吗？我不禁怀疑。他边说边递给我一些残破的规划书，关于那个可以追溯到1890年的维多利亚庄园。"你可能需要它们。"他补充说。

那一天真是太棒了，我充分享受了开出市区10英里的车程。到了下一个路口，水泥路没有了，然后是石子铺成的路。"快到了！"埃姆斯沃思先生说着，拐进了灰尘飞扬的马路，然后开始大声地跟着CD唱起歌来。"我用自己的方式唱。"他试图跟上西纳特拉的调子。我想，如果西纳特拉听到的话，一定很难过。

5分钟之后，庄园渐渐映入眼帘。真美啊！它屹立在山顶，像是电影中的画面。但是随着我们越开越近，它年久失修的痕迹也越来越明显。首先，我发现它急需粉刷，换个新房顶，需要一个全职木匠换掉所有木制品，还必须改建一个新门廊。我一边小心翼翼地在已经损坏了的地板上行走，一边在脑海中做着记录。墙纸也剥落了，失去了光泽。"上好的硬木地板，可惜几个白痴把它涂上了颜料。"埃姆斯沃思先生说，"我跟你讲过这栋房子被列入了国家历史文

第 2 章 管理决策与道德决策

物名录吗?"此时我的注意力集中在房子需要什么样的窗户,如何在墙上铺埋电线,现在这些电线歪歪斜斜,就像蜘蛛在结网一样。最令人失望的是厨房,甚至看不出那就是厨房。埃姆斯沃思先生继续说:"我爷爷总喜欢在餐厅搞热闹的聚会,后来被拆掉了。在 40 年代,我们曾把房子出租过一段时间,所以就建了这个小厨房。"

我们穿过了几扇落地门来到宽敞的门廊,那里的景致实在太棒了。为了能够看得更多,我向前靠在栏杆上,然后,我就从上面掉了下去。"一直到湖边,都是属于我的地盘。你见过这么美丽的景色吗?""没有,埃姆斯沃思先生,确实没有。"我老实地回答。

埃姆斯沃思先生慢慢地走向湖边,我也跟上了。他看起来满腹心事。到了湖边,他转过身对我说:"那么,你觉得如何? 我觉得这里适合改造成一间法式或意大利式餐厅。想想我们可能在这里举行的各种聚会吧。如果我想任命你为这里的经理的话,你要先给我列出一个单子,说明要做哪些事情,要执行这个计划需要些什么?"

在返回他家的路上,他说:"找张纸写一下,如果要帮我实现最后的梦想,你需要做些什么? 有什么问题尽管提。如果我喜欢你的想法,你就是我的经理了。"我们决定下次见面的时间是两周后的中午。埃姆斯沃思先生把我送到我的车前,说:"同一时间,同一地点。"

问题

一位独特的先生以独特的方式给了你争取获得第一份工作的机会。将维多利亚式的庄园改建成一个受欢迎的餐厅的想法令你十分激动。但是,你知道要花费自己大量的时间、工作精力以及对方大量的资金来实现他的梦想。你也知道,两周后你必须准备:

1. 询问埃姆斯沃思先生的问题清单(会有哪些问题)。
2. 一个将维多利亚式庄园改建成餐厅的构思(你要做些什么才能形成一个构思)。
3. 使餐厅开张并运作起来所需的大概时间和资金(你如何才能得出一个哪怕是比较粗略的估算呢)。
4. 关于埃姆斯沃思先生的背景和财政状况的更详细资料(你如何完成这项内容呢)。

Chapter Three

第 3 章
组织设计

学习目标

学完本章后,你应该能够:
1. 解释环境、战略和技术因素对组织设计的影响。
2. 指出机械组织和有机组织的差异。
3. 描述四种传统的组织设计:职能设计、区域设计、产品设计和事业部设计。
4. 描述两种现代组织设计:跨国设计和网络设计。

课前案例

家乐氏公司

作为美国最著名的企业之一,家乐氏公司已经开始转移其战略重点,即逐渐改变其全国最大的即食麦片及久负盛名的早餐食品生产商的形象。虽然家乐氏公司依然保持高额利润,但是公司必须积极面对许多来自战略方面的挑战。

最近,家乐氏的销售额已经超过了 90 亿美元。尽管公司已经拥有一批高知名度的品牌产品,如家乐氏玉米片、糖霜麦片、提子麦片、米花脆片以及营养谷条,但公司依然面临来自其他包装类食品厂商,如通用磨坊、百事可乐、卡夫食品以及 Ralcorp 控股公司等日益增强的竞争压力。在过去的十年里,家乐氏眼睁睁地看着自己公司的收入增长速度放缓,其麦片食品的市场份额也从 37% 降至 31%。

家乐氏所面临的许多挑战,均源自不断变化的早餐发展趋势。家乐氏每次推出新产品,都会伴有费用庞大的市场推广活动,以此来强调该产品的新颖之处。与其他竞争对手不同的是,家乐氏通常不采取价格竞争策略。尽管消费者有时十分追捧家乐氏推出的某款新麦片产品,如提子麦片脆条,但是他们通常更加关注产品的价格,而非制造商。这使得家乐氏在策略上不得不以变制变。

于是在 1999 年,家乐氏收购了沃辛顿食品公司。这是一家著名的以豆制品和素食产品为主的天然食品公司,主要经营素食汉堡包、豆制品热狗和玉米热狗等。沃辛顿公司最有名的品牌是晨星(Morningstar Farms),其在美国超市的素食品和非肉类食品市场中占有超过 50% 的份额。收购了沃辛顿之后,家乐氏便有能力进入到快速增长的有机及天然食品的市场中去,该市场最近几年的增长率为20%—25%。

2000年,家乐氏收购了奇宝(Keebler)食品公司,该公司是美国最大的休闲食品公司之一,生产一些非常有名的产品,如芝士饼干、棒棒饼干以及一系列的曲奇饼(如Chips Deluxe、Fudge Shoppe)。奇宝食品公司之所以为大众熟悉源于它有个著名的电视广告——一群奇宝小精灵在制作和派送新鲜出炉的曲奇饼。收购奇宝之后,家乐氏转型为一家拥有90亿美元资产的早餐和休闲食品公司。随着奇宝公司产品线的加入,家乐氏早餐类麦片产品占公司销售额的比例从几年前的75%降至目前的40%左右。更重要的是,除了给家乐氏带来收入增加的潜力外,奇宝还带来了可以帮助公司持续发展的一套崭新的产品开发与经销技能。

家乐氏已经投入新的力量来加速新产品的研发及生产。20世纪90年代,除了营养谷条和提子麦脆以外,家乐氏推出的新产品相对较少。如今,公司约有100名科学家在位于密歇根州巴特尔克里克的现代化研发中心工作,不断开发新的食品配方。该中心的实验室拥有一个占地面积9 000平方英尺的实验厨房和一间小型工厂。家乐氏今年推出了100多种新产品,而在几年前公司还只能推出68种。家乐氏的科学家们还在致力于研究新的方法以提高包装盒内原料的新鲜度,特别是水果和其他天然食品的新鲜度。家乐氏致力于产品开发也给奇宝的产品带来了好处。芝士扭条就是使用新技术,将面团拉松并扭转,从而做成的一种轻脆的小吃。奇宝在加入家乐氏之前,是没有这种技术的,家乐氏最初使用这种技术来改进它的水果麦圈产品。为了增加品牌价值,家乐氏已经开展了一系列的营销计划来加强公众对其知名品牌的认知度。例如,家乐氏正在同一位世界顶级时装设计师联手,基于其产品Special K的消费者来开发一系列女士服饰。此外,家乐氏也开始寻找新的途径将公司的托尼虎以及其他家乐氏形象授权给玩具公司,以供其开发一系列新玩具使用。

注:关于家乐氏公司的更多信息,请访问公司主页http://www.kellogg.com。

所有企业成功的基础在于:让员工通力合作并了解各自工作的关联性,从而促进企业战略的实施。即使那些管理工作做得很好的公司,也会尽量让有才华的员工理解他们的工作是如何帮助企业发展的。分清管理者和员工不同的角色,把组织凝聚起来,对一个组织的设计来说是极为重要的。**组织设计(organization design)** 是组织内部确定任务、职责及职权关系如何构成的过程。不同职能部门的关系可以从组织结构图中得以体现。**组织结构图(organization chart)** 描述了不同任务和职能在组织内部结构中的相互关系。家乐氏是如何组织设计公司结构来增强其在国际食品行业中的竞争力的呢?图3.1是一份修订过的家乐氏公司的组织结构图,每个小格代表一个具体的工作,连线则表示承担这些工作的个体之间的关系。

组织设计的决策涉及对诸多要素的诊断,其中包括组织文化、权力和政治行为及工作设计等方面。组织设计代表某一决策制定过程所产生的结果,包括环境因素、技术因素和战略选择。具体来说,组织设计应当:

1. 促进信息流动,加快决策过程,以满足顾客、供应商以及监管部门的需求;
2. 明确工作、团队、部门和事业部之间的职权和职责;

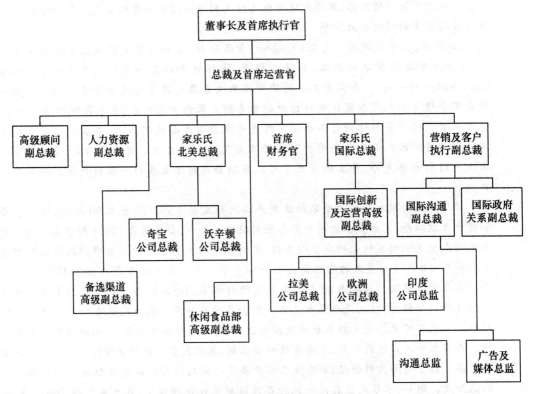

图3.1 家乐氏公司的组织结构图

资料来源：www.hoovers.com，January，2005。

3. 优化工作、团队、部门和事业部之间的协调合作,建立内部机制来快速适应外部环境的变化。

我们谈到组织设计的时候经常提起部门和事业部。"部门"一词通常用于辨别一个组织中的具体职能,如人力资源部、生产部、财务部和采购部。相比而言,"事业部"则是指组织中范围更广的,通常实行自治的构成部分,它在某种产品方面或在某个较大的地理区域内可以实行很多(如果不是全部)总公司的职能。正如图3.1所示,在家乐氏总公司下,奇宝食品公司负责所有休闲食品的开发、生产和营销,奇宝公司的总裁向家乐氏北美总公司的总裁汇报工作。同样,晨星公司负责开发有竞争力的有机和天然食品。

在本章,我们首先说明环境因素、战略选择和技术因素是如何影响一个组织的设计的。然后,我们介绍机械组织和有机组织的概念并对两者进行比较,分别说明这两种不同的组织类型如何体现组织的基本设计决策,以及高层管理者所做的战略选择如何影响组织的结构。接着,我们描述以职能、地域、产品和事业部为基础的组织设计,以及综合运用这些要素的必要性。最后,我们介绍跨国设计和网络设计这两种组织设计的方法。运用这些设计方法的目的在于克服复杂多变的环境、技术和战略选择所带来的局限性。

组织设计中的关键因素

> **学习目标** 1. 解释环境、战略和技术因素对组织设计的影响。

每个组织设计的决策(如更大程度地分权和对员工授权)都会解决一系列问题,但同时也会引发一些新的问题。每种组织设计都有一定的缺点,所以关键是尽量选择一种缺点较少的组织设计。图 3.2 分别就环境、战略和技术这三个主要因素列出了影响组织实际决策的变量。其他因素如供应商、顾客和新的竞争对手等也会影响组织的设计,但是我们的讨论重点放在三个主要因素上。

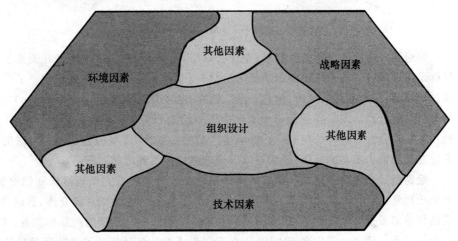

图 3.2 组织设计中的关键因素

环境因素

管理者和员工需要评估的环境因素包括:① 目前和将来可能出现的环境特征;② 这些环境特征是怎样影响组织有效运作的。一些竞争过度的行业,如电子消费品、航空和个人电脑行业,要求管理者使用新的思维方式来衡量他们所处的环境。随着市场的全球化和竞争力度的增强,对高生产率、高质量和高速度的追求衍生了许多新的组织设计。尽管如此,很多管理者仍然为其能力不足而感到沮丧,觉得无法快速对组织重新进行设计以超越竞争对手。

或许,了解环境因素对组织设计的影响的最好方法是分析组成环境的不同要素。每个组织都处于环境之中,尽管不同行业具体的环境组成要素各不相同,但大部分组织的战略选择还是受到几个共同要素的影响。图 3.3 列出了我们认为最重要的四个要素:供应商、经销商、竞争对手和顾客。

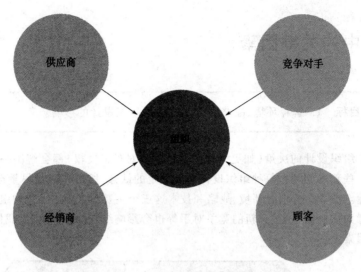

图 3.3　组织环境中的要素

供应商　为了取得所需原材料,企业必须与其供应商建立并保持良好关系。奇宝公司的目标是保证以合理的价格得到高质量的原材料。因此,它与许多供应商建立了长期的合约关系,承诺购买一定数量的面粉、糖和奶酪。同样,麦当劳跟辛普劳(J. R. Simplot)公司签有长期的土豆供应合约。而辛普劳公司为了供应土豆给麦当劳,又与世界各地的 1 000 多个土豆种植户签立了合约。这种长期的合约保证了产品的一致性、成本的稳定性和运送的可靠性。顾客愿意选择他们熟悉的品牌,因为可以以合理的价格买到可靠的产品。

经销商　企业必须建立与顾客交流的渠道。经销商就是为企业运送和销售货物的组织。家乐氏通常不会将产品直接卖给客户,而是将产品运送到连锁的货品仓库,然后再按照各个商店的订单来派送。在其他公司,商店经理为了提供给顾客高质量的产品和服务,还会同顾客建立个人联系。比尔·海内克于 1980 年在泰国以 5 000 美元获得了必胜客的特许经营权。当时泰国还没有售卖比萨饼的餐馆,而奶酪也没成为大众食品。但经过一轮猛烈的广告攻势,海内克成功地将必胜客的快餐推进了泰国市场。时至今日,成为百万富翁的他已拥有 114 家餐馆。

竞争对手　由于竞争对手会推动组织提高效率,因此它们也会影响组织的设计。在课前案例中我们曾提到,家乐氏在所在的市场中面临着很多竞争对手,如 Ralcorp 控股公司通过低价竞争,专门为沃尔玛和塔吉特供应自有品牌的麦片;通用磨坊也在价格方面与家乐氏进行激烈竞争。要在成本上具有竞争力,组织的设计就必须简单,易管理。在管理过程中,从人手安排、原料采购、土地并购、物流到人力资源管理的每个环节都要节省成本。

顾客　与顾客建立良好关系是至关重要的。顾客很容易知道产品的成本,也很容易改变消费行为。家乐氏采取了很多方法来管理客户关系,从全球层面看,公司在多个国家发起大规模的广告宣传攻势来培养客户对产品的认知度。如图 3.1 所示,家乐氏专门成立了一个负责国际事务的机构关注以下三个区域的业务:拉丁美洲、欧洲和印度。在这三个区域的经理可以根据当地的竞争状况,适当地微调各自的销售、生产和物流方案。

战略选择

战略选择会影响与组织设计相关的决策。在本书中,我们主要引用哈佛大学迈克尔·波特建立的竞争战略体系。按照波特的理论,企业要建立并维持竞争优势,就必须突出自身与竞争对手的差异。实现竞争优势可以从很多方面着手,如图3.4所示,低成本、差异化和集中化是最基本的三种战略。

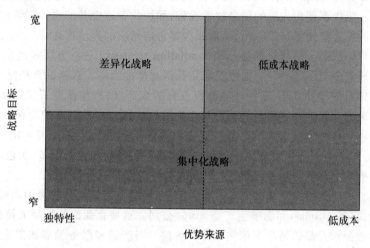

图 3.4 战略模型

资料来源:Adapted with the permission of The Free Press, a division of Simon and Schuster, from *Competitive Strategy*:*Techniques for Analyzing Industries and Competitors*(p.39)by Michael E. Porter. Copyright © 1980 by The Free Press。

> ▶▶▶ **成功领导者语录**
>
> 我们现在是一家大型公司,拥有许多进行战略投资的能力。虽然我们在日本失败了,但是我们已经做好准备,要不惜一切代价获取在中国的竞争优势。我们同上海易趣公司的关系使我们获得了中国消费者购买总量的70%。
>
> 梅格·惠特曼,eBay首席执行官

低成本战略 低成本战略(low-cost strategy)建立在企业是否有能力提供比竞争对手更为便宜的产品或服务的基础上。企业选择低成本战略的目的在于在价格上比竞争对手更有优势,让顾客受惠从而获取市场份额。这一战略旨在把标准化的产品卖给广大市场中的普通顾客。因为环境因素比较稳定,企业很少以改进产品的方式去满足顾客的要求,所以企业必须在主要的商业活动(如采购和物流)中取得显著的规模经济。在这种战略下,组织设计采用的是职能设计,对每个职能部门的职责和责任的范围都有明确规定。

一美元店(Dollar General)、圆珠笔行业的 BIC 和零售业的沃尔玛都是有效运用低成本战略的成功企业,但运用这个战略也要承担风险:① 容易被"困"在技术和组织设计的樊篱中,若要变革,则需付出昂贵的代价;② 竞争对手容易模仿同样的战略(如塔吉特效仿沃尔玛);③ 更重要的是难以随环境的改变而及时调整管理策略(如凯马特因不能满足顾客对不同产品和服务的需求而丢失市场份额)。

低成本战略就是要在企业所有活动中寻求并利用机会来发展价格优势。一美元店一直以来为低端市场提供优质产品。该公司所有的商店都设在小城镇及城市的低收入区。该公司之所以称为"一美元店"是因为它所出售的许多产品均标价一美元。它精心挑选的商品带有明显的食品标签,方便顾客辨识。为了降低成本,一美元店不接受信用卡付款方式。此外,所有的一美元店内都使用先进的信息技术设施,加快收款速度并加强库存管理。最近,该公司将物流中心的库存空间增加了一倍,从而减少零售店司机的奔波次数。

差异化战略　差异化战略(differentiation strategy)是指为顾客提供独特的产品或服务,以突出同竞争对手的差异。这也是家乐氏所选择的战略。选择这个战略的组织通常采用以产品为主的组织设计方式,每种产品都有各自的生产、销售和研究开发(R&D)部门。采取这个战略的关键前提是顾客愿意为获得与众不同的产品而支付更高的价格。组织通过高质量、先进技术和一些特别吸引人的产品特点来获取超额利润。丰田公司对雷克萨斯采取的策略就是,突出其卓越的产品质量、使用原木做镶板材料、高档的音响设备、出色的发动机性能和相对其他高档车的低耗油量等优点。

其他成功运用差异化战略的公司有宝洁、经营信用卡业务的美国运通、经营百货公司的诺德斯特龙(Nordstrom)和咖啡生产商 Krups 公司。这些企业面临的最大挑战是如何在顾客已经十分熟悉公司产品的情况下依然维持高价位。当产品和服务发展成熟后,价格就成为一项很重要的指标。有些企业的产品过度实行差异化,结果给 R&D 部门带来过重的负担,也会耗尽公司的财力和人力。

7-11 是一家成功实施差异化战略的公司,但它的发展也并非一帆风顺。20 世纪 80 年代中期,7-11 向不同行业扩张,包括奶制品、石油提炼和办公室出租,甚至还在达拉斯建了一座高 42 层的办公楼以租给当地的公司。遗憾的是,在 1989—1990 年的经济下滑期,很多像壳牌、埃克森和雪佛龙德士古这些原本并不经营便利店的公司也纷纷进军便利店业,再加上达拉斯的房地产市场不景气,一时间 7-11 面临破产的危机。伊藤洋华堂于 1990 年买下该公司后,立即卖掉与便利店无直接联系的所有业务,并采取了低成本的经营策略。到 2005 年,7-11 在北美拥有 5 700 家商店,全球则有 27 000 家商店,营业额超过 121 亿美元。以下的变革管理能力专栏向我们展示了 7-11 是如何运用时间和快速反应机制来实施差异化战略的。

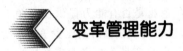

7-11 便利店

7-11 利用一套精密的计算机系统来维持日常运营。这套系统运用了先进的追踪技术,能够快速地进行库存管理,增强了 7-11 的竞争力。每一家便利店配备了个人计算机网络,从而可以记录下每一笔收入。这些数据直接从收款机录入商店的电脑,因此商店经理可以根据所有便利店的汇总信息来决定哪些货品需要增加进货量、哪些需要减少进货量、何时需要追加订单、不同产品的库存量应该保持多少等。这个系统能够直接而快速地向百事可乐、可口可乐和弗里托-莱食品公司等供应商续订所需采购的商品,这样也可以让生产厂商更好地预测其产品的销量。

为了加强其快速反应战略,7-11把不同区域市场的送货部门合并成几个超级运输中心。比如,公司设在得克萨斯州的刘易斯维尔运输中心为整个北得克萨斯地区的所有7-11便利店提供服务。奶制品、杂货、面点、休闲食品和饮料的供应商将货物直接运送到这个集散地,而不用分别送到每一间便利店。7-11随后按照每家便利店所需货物的数量,每天统一发货一次。这个系统使得该公司可以提供各式各样的新鲜食品,如肉类三明治和新鲜水果,并降低了运输费用。而这些肉类三明治是在别的地方做好的,保鲜期只有18个小时。

7-11使用一家广告代理商负责公司的推广和营销活动。这种独家代理的合同简化了协调、设计和实施全国性广告宣传的过程。它的广告反映的是物有所值的公平价格、快捷便利的新鲜食物和有质量保证的品牌。

7-11便利店通常设在交通繁忙的地段,如大城市的露天购物中心或繁忙街道的拐角,那里每平方英尺的租金比大型购物中心便宜很多。这些地段也便于顾客直接驾车或步行前往,再加上这些便利店比一般的杂货店小,顾客可以很容易找到想买的物品(通常每位顾客不会购买多于5件物品)。大部分的7-11是每天24小时营业的,将经营成本分摊在24个小时上。最后,员工的工资比最低工资略微高出。在7-11,每年的人员流动率是120%,新进员工要接受培训,熟悉如何使用便利店的管理系统,不过培训时间都比较短。

7-11计划于2008年奥运会在中国北京举办时,在这座奥运会举办城市开设500多家便利店。为了让人均年收入不高的北京市民买得起店内的商品,7-11计划启用波频识别和电子产品代码技术,这样就可以将大量小额采购整合在一起,从而满足订单数量的要求。这项技术的实施将提高每家便利店热销商品的销量,停止出售陈旧过时的商品,并坚持严格的库存管理。

注:关于7-11便利店的更多信息,请访问公司主页 http://www.7-eleven.com。

集中化战略　　与瞄准整个行业市场的低成本和差异化战略不同,采取**集中化战略(focused strategy)**的目的是帮助组织瞄准行业中某个具体的市场空缺。选择采取集中化战略的组织可以运用各种组织设计——从职能设计到网络设计,以满足顾客的喜好。组织设计的选择反映了某个特定的消费群体、某个区域市场或者那些有特殊偏好和要求的顾客的利基市场。其基本思想是要求组织在某些方面做到专门化,使竞争对手难以与之抗衡。

成功运用集中化战略的企业有卡斯滕(Karsten)制造公司、美国西南航空公司和查帕拉尔钢公司(Chaparral Steel)。卡斯滕实施集中化战略,用Ping这个商标设计生产一系列高尔夫球杆,用极为精密的生产设备和合成材料对球杆进行几乎是量身订制的生产,从而在竞争激烈的高尔夫球装备行业中开拓出一个稳固的利基市场。西南航空是同行中最赚钱的公司之一,它的成功源于集中发展短途航班,安排飞机在城市之间或附近的机场降落,航班不提供餐饮、行李转运和订座服务。

组织在运用集中化战略时,面临的最大风险是利基市场有可能逐渐转变为更广阔的市场,原本具有独特性的顾客喜好随着时间的推移而变得模糊,从而降低了利基市场的防御性。例如,卡拉威(Calloway)推出一套新的高尔夫球装备时,它所选择的目标市场跟卡斯滕是一样的。为了区分 Ping 和 Calloway 的差异,卡斯滕随即推出了一套选择更多的球杆装备,以吸引更多的高尔夫球迷购买其产品,但与此同时,也失去了它原本在市场上占据的独特利基市场。采取集中化战略的另外一种风险是公司过于追求扩充产品种类(如卡拉威高尔夫)或是增加经销渠道(如 Krispy Kreme)。当 Krispy Kreme 的甜面圈不断地出现在加油站、大型连锁超市,甚至是塔吉特的商店里时,产品的独特性开始降低,其品牌的形象也大打折扣。甜面圈渐渐失去了其特有的吸引力,顾客不再愿意出高价购买它了。

技术因素

技术(technology)是指组织把投入转化为产出的过程。技术有很多种,我们着重讨论影响组织设计的技术。团队和部门间的协调、权力与责任的委派以及对正式的全面管理机制的需求,都会受到组织各个构成部分能否相互交流并完成工作目标的影响。一个公司对信息的沟通和分享方式,直接影响它是否能够有效地设计出客户所需的产品。同时,与客户需求相关的信息也直接进入组织的信息体系中,这一体系将所有相关职能协调起来,提供客户所需的产品。

任务的相互依存性　任务的相互依存性(task interdependence)是指某个人或部门的工作表现对其他人工作表现的影响程度。图 3.5 列出了任务相互依存性的三种形式:共享式、相继式和互惠式。

- 共享式的相互依存通常出现在部门或团队能够相对独立,并且各自对组织的贡献比较清晰明确的情况下。例如,美国农业保险公司的诸多销售与服务部门并不会参与日常决策的制定、相互协调和沟通。各个地方的农业保险代理商之间没有太多的相互联系,而是由地区办事处的管理者负责所辖地区内所有代理商间的协调、政策制定和问题处理。代理商和地区办事处各自的业绩好坏很容易辨别出来。共享式的相互依存,适用于个人的工作表现不会直接影响其他人业绩的情况。高尔夫球队或网球队的相互依存就是建立在共享方式的基础上的。每队在比赛结束时,将各自队员的得分加起来就是全队的总分,而在比赛过程中,队员间彼此见面或说话的机会可能都没有。

在布林克尔国际集团公司,每个国际事务部都是一个利润中心,负责各自休闲餐厅的经营以及研发、人力资源和市场营销。当布林克尔这样的公司需要采用共享的方式在技术上实现相互依存时,对不同产品进行协调的责任就落在产品经理的身上,产品经理需要协调不同职能部门的工作以满足客户的需求。

- 相继式的相互依存是指必须等一个团队或部门先完成某些任务之后,其他团队或部门才可以开展工作。橄榄球队用的就是相继式的相互依存,前锋进攻时,后卫就休息,等待出场的时机。英国石油公司利用相继式的相互依存方式运送石油和其他产品给顾客。在这个过程中,公司先是勘探(寻找石油和天然气),然后生产(钻井,开采石油和天然气)、供给(用轮船或管道将原材料运送到炼油厂)、提炼(分解碳氢化合物,加工成不同副产品)、经销(用管道、卡

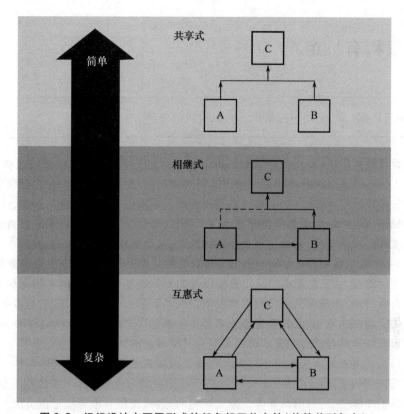

图 3.5 组织设计中不同形式的任务相互依存性（从简单到复杂）

车或火车将产品运送到各地），最后销售（把产品卖给顾客）。材料的运送流程是不变的，预定的顺序或活动的流程决定了部门之间的相互依存性属于相继式的。

- 互惠式的相互依存是指一个团队或部门的产出成为另一个团队或部门的投入，反之亦然。篮球、足球、曲棍球和排球队都采取互惠式的相互依存。实质上，当组织内各个部门需要相互支持与配合来完成一个项目时，互惠式的相互依存方式就发生了。正如图3.5所示，在所有的相互依存性中，互惠式的相互依存是最复杂的类型，共享式的相互依存则是最简单的。团队或部门的相互依存性越大，则需要越多的协调。将采取互惠式的相互依存的所有团队或部门置于同一个监督者的管理下，常常可以改善整合效果并减少信息处理的成本。例如在鲜辣店，市场调研部、广告部和销售部都要向负责该餐厅事务的营销副总裁汇报工作。这些部门的员工必须在内部进行更多的沟通协调，而不是同地处闹市的糕点屋等其他业务部的员工进行沟通协调。

机械组织和有机组织

> **学习目标** 2. 指出机械组织和有机组织的差异。

设计**机械组织**（mechanistic organization）是为了使个人和职能部门能够按照预定的方式开展工作。机械组织的特征是依赖正式的规章制度、决策制定集中化、工作职责的规定具体以及职权等级固定，其重点在于遵循规则和程序。如果你曾在麦当劳工作过，就应该知道在最基本的操作过程中每个步骤都是标准化的。例如，每盒炸薯条都按照规定以离墙壁两寸、每盒间隔一寸的标准来摆放，无论在东京还是达拉斯，这种操作都是一样的。

相反，**有机组织**（organic organization）的特征则是较少或适度使用规章制度、分配和共享制定决策的权力、工作职责的规定模糊以及职权等级较少。工作的专门化程度较低，要求员工进行自我约束，并强调员工之间的技术依存性是互惠式的。最近，越来越多的公司已经开始向有机的管理模式发展，以提高管理效率和员工满意度。Adobe Systems、Electronic Arts 以及惠普等公司的许多参与研究开发的员工都享有决策制定的自主权。

高层管理者负责决定组织在多大程度上采取机械式或是有机式的运作。布林克尔国际集团的五大休闲餐厅在世界各地的经营都享有相对的自主权（共享式的相互依存）。在百胜集团经营的品牌中，所有的品牌都是独立经营的，直到高层管理者决定在美国主要的自助式加油站内将一些业务（如肯德基、必胜客、塔克钟）合为一体。这一做法促使几家餐厅在同一地点营业，于是需要这些品牌之间进行更多的业务协调。

机械组织实质上是一种官僚组织。20 世纪初期，德国社会学家和经济学家马克斯·韦伯将官僚组织定义为一种具有以下特征的组织：

- 组织按照某一规则或法律体系的规定运作，目的是严格控制员工的行为。
- 在决策过程中，全体员工必须小心遵循非人格化的规则和程序。
- 每位员工都参与一个特定的专业领域，该领域具有严格定义的职责、职权和强制执行的权力。
- 组织遵循等级原则，即每个下级都处于其上级的严格控制和指导下。
- 职位候选人是在"技术"资格的基础上甄选出来的。他们是被任命的，而不是被选举出来的。
- 组织有职业阶梯设计。晋升取决于上级的意见，按照资历或已取得的成就来决定。

官僚体制（bureaucracy）是为了加强组织效率而设计的一套规章制度体系。这个词常常与思想僵化、无能、文牍主义、效率低下和荒谬的制度等联系在一起。尽管如此，大体上来说，机械组织的基本特征还是可以使官僚式的组织设计在某些情况下行得通，甚至是合乎组织需要的。但是，我们必须注意任何对机械组织的讨论都要明确一点，那就是这种理想化的运作形式和一些大规模组织的实际运作形式是有差异的。

如图 3.6 所示，组织是倾向于机械组织还是有机组织存在较大差异。就某些层面而言，组织 B 如 Radio Shack 和塔吉特代表相对机械的组织；而组织 A 如艺电公司（Electronic Arts）、德勤咨询公司和北卡罗来纳州的一家软件设计公司 SAS，则代表有机组织。有机组织强调以员工的能力而非员工在等级层次中的正式职位作为奖励和晋升的基础。这种组织有灵活的等级层次，并授予员工决策权。

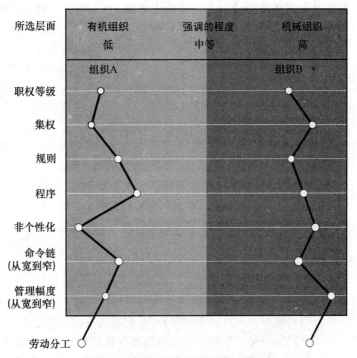

图 3.6　有机设计和机械设计的特征

职权等级

职权等级（hierarchy of authority）是指谁向谁汇报，谁对谁负责。例如，家乐氏的组织结构图（见图 3.1）显示财务总监向总裁和首席运营官汇报工作。在机械组织中，上级部门为下级部门制定目标和详细的预算，并下达任务。机械组织为了实现严格控制设立了许多职权层次，而有机组织只有少数的层次，可以简化沟通和协调并激励创新。

职权等级与集权程度有很大关系。集权意味着所有重大的决策甚至许多日常的小决策都只能由组织高层做出。**集权**（centralization）通常出现在机械组织中，分权和各级共同决策往往出现在有机组织里。在捷飞络润滑油（Jiffy Lube）、温迪和 Pier 1 Imports，公司高层管理者几乎制定了影响分店经营的全部决策，包括工作时间、员工着装要求、薪金起点、广告促销、店铺选点等。总部向每家分店下达各种规章制度，而各家分店则要向总部提供详细的报告（如营业额、员工出勤率等）。

劳动分工

劳动分工（division of labor）是指分配工作任务和劳动力以实现组织目标的各种方式。机械组织通常有很明显的劳动分工。理论上来说，个人的分工越细，其工作效率就越高。但是，劳动分工的程度过高最终可能导致生产率降低。那些简单又不断重复的工作只要求有限的技能，因此员工容易产生厌倦和挫折感，其结果会降低产品质量和生产率，导致人员流动率和缺勤率的增加。美国的许多行业都出现了这种情况，如汽车、电子产品和钢铁行业，过度的劳动分工再加上严格的工作规则，最终会削弱公司对新技术、顾客需求的应变能力。此外，用来协调高度专业化的各职能部门的管理成本（更多报告、更多经理、对行政人员更多的控制）也会很高。快餐业中的许多公司，包括麦当劳、温迪和汉堡王，每年都有150%的人员流动率。要解决这么高的流动率所带来的问题，就要求大部分的生产过程实行自动化，并且员工一学就会。

相反，有机组织则倾向于通过授予下级更多决策制定权，来降低人员流动率过高所造成的高成本，授权鼓励员工和团队承担完成任务以及主动同公司其他成员沟通的责任。有机组织得益于劳动分工的同时，也会受到过度劳动分工所带来的不良影响。

规则和程序

规则（rules）是指以正式成文的形式具体列出员工的哪些行为和决策是可以或不可以接受的。规则的目的是减少个人各自为政的行为，但在这方面的难题之一是，人们还必须决定哪些规则适用于哪些特殊情况。规则是机械组织和有机组织不可缺少的部分。机械组织倾向于制定详细统一的规则去处理各种可能情况下的任务和决策。联合包裹服务（UPS）公司制定的规则涉及快递员运送包裹给顾客时的每个细节，包括规定左手拿包裹，右手拿给顾客签名的登记本。机械组织还有一种情况是倾向于遵守广泛的规则，并根据新形势制定新规则。而有机组织倾向于只在必要时才制定规则（如保护生命财产的安全守则）。

程序（procedures）是管理者和员工在执行任务和处理问题时必须遵循的预先设定的步骤次序。程序常常包括在某一具体过程中所涉及的规则。例如，在大多数组织中，员工报销差旅费必须按照特定的程序进行，如上交单据。程序具有许多同规则相同的积极特征和消极特征，并且这些特征常常体现在机械组织中。有机组织的管理者通常认为规则和程序会使组织太过僵化，从而降低员工的工作热情和创新精神。这种组织会邀请员工参与修改现行的规则和程序或提出必要的规则和程序。为了促进协调和沟通，各级员工都可以对提议进行质疑、做出评价和提出建议。在机械组织中，规则和程序是由高层制定的，并以备忘录的形式发布下去。这些备忘录将会传达高层要求员工严格执行某些任务的期望，以及不遵守规则所产生的严重后果。

非个性化

非个性化（impersonality）是指组织按照客观、独立和严格的原则去对待员工、顾客和其他人的程度。在制定雇用、薪酬和升职的决策时,高度机械化的组织很可能强调一些实际的指标,如受教育程度、获得的证书、测试成绩、完成培训的项目以及服务年限等。虽然有机组织的管理者也会考虑这些因素,但相比僵化的数量指标,这些管理者更强调个人的工作绩效和专业能力。

德勤咨询是一家业内领先的咨询公司。到德勤求职的大学毕业生要经历一次全面的面试过程,参与这一过程的有经理、许多将与之共事的同事。负责为空缺职位选拔人才的经理,要征求这些员工的意见后才能做出决定。在许多情况下,经理要召集参加过面试的所有员工和其他经理,共同讨论是否录用某个求职者。

命令链

组织设计的早期研究者强调两个基本思想:一是谁向谁汇报,二是谁拥有何种职权和职责。首先,在**命令链**(chain of command)中,职权和职责是按等级安排的,清晰、不间断地从最高层的管理人员延展到最低层的员工,方向的明确性是命令链的根本要求。其次,**统一指挥**(unity of command)要求下级只接受一个主管的命令。尽管一些组织在设计时并没有严格遵照统一指挥原则,但是重复交错的职权和职责会给管理工作造成一定困难。没有统一指挥,由谁指示哪些人来做什么就会变得不明确,从而令人困惑。家乐氏的拉美公司总裁有权就该地区的广告和营销做出决策,拉美和欧洲公司的总裁以及印度公司的总监要向家乐氏的国际总裁汇报。任何组织设计都必须解决命令链和统一指挥的问题。

管理幅度

管理幅度(span of control)是指向某个管理者直接汇报工作的员工数量。当管理幅度比较宽时,组织的顶层和底层之间存在的层次就会相对较少,许多研发机构就是如此。在家乐氏,总裁和首席运营官的管理幅度是8人(见图3.1)。相反,军队的管理幅度比较窄,因为军官需要对下属实施严格的管理,要求士兵快速准确地完成任务。尽管我们不能"确切"计算出一个管理者能够有效地管理多少人,但管理者和员工的能力、管理任务的相似性以及规则与经营标准都会影响管理者的管理幅度。

在未来全球化的大环境里,许多公司会发现,要保持竞争优势就必须改变它们的管理模式。AT&T、柯达和福特公司出现的管理失误就是由于缺乏应变能力,甚至有些公司在进行大规模高科技投资后,企业重组所需的变革管理才刚刚起步。

当来自美国的经理到达拉丁美洲后,他们马上发现穿越的不仅仅是一个国家的边界。促使美国商业成功的因素同促使拉丁美洲繁荣的因素显然是不同的,这是因为不同国家的价值观、传统和期望不同,即存在文化差异。正如我们多次在本书中提到的那样,文化丰富了管理者看待世界的视野。以下的跨文化管理专栏运用本章讨论过的组织设计概念,指出了传统的拉美公司和美国公司在组织设计方面的不同之处。

跨文化管理能力

拉丁美洲与美国管理实践的差异

在本书的第1章,我们提供了思考国家文化如何影响员工行为的一个理论框架。在这个跨文化管理能力的专栏中,我们主要讨论三个文化层面对组织设计的影响。回忆一下,所谓权力的不公平性指的是,在一个社会中缺少权力的人可以多大程度地接受权力分配的不平等。在拉丁美洲,员工接受权力的不公平,而在美国,员工相信精英管理观念。因此,美国的员工认为公司应该咨询他们如何工作,人们广泛接受参与式管理,扁平(有机)型组织比瘦高(机械)型组织更为普遍。

不确定性的规避是指情境(环境)的不明确性,在多大程度上会令人感到不适。相比拉丁美洲的管理者,美国的经理们更愿意接受不确定性,他们喜欢接受新观点、新思路。但在拉丁美洲,尝试新方法的努力通常会受到限制,因为员工更加看重职业的稳定性,并受到严格的规章制度的保护,人们更注重保住现有的职位而不是晋升。美国的管理者认为程序和政策仅仅起到指导的作用,而拉丁美洲的管理者认为应该严格遵守这些一成不变的规章制度。

最后,个人—集体的层面是指某种文化更加强调个人的角色还是群体的角色。与拉丁美洲的管理者相比,美国的管理者对雇主、同事都不是很忠诚,决策时涉及的人数也相对较少。对于美国的管理者而言,快速决策以应对不断变化的外部环境,对于保持创造力而言是非常重要的;而在拉丁美洲,社会关系更加重要,对和谐的需求、同他人和睦相处的能力,以及按照关系亲疏来雇用员工等,都是非常重要的。在这里,雇佣关系是建立在相互承担道德责任的基础上的。

表3.1总结了这些不同的文化层面是如何影响管理实践的。我们要提醒读者注意,在试图将许多知识压缩在一个表格中时,难免有过度概括的风险。尽管如此,表3.1还是为读者提供了管理来自不同文化背景的员工时应该注意的事项。

表3.1 拉丁美洲与美国管理实践的差异

管理实践	拉丁美洲	美国
等级的作用	确定权力	确定问题和主要关系
组织结构图	反映主要家族成员间的权力关系	反映信息如何流动
等级中的职位	展示不同的能力	展示不同的角色
职责	员工期望得到密切的、家长式的监督	员工希望自我管理
规划过程	短期,冲动,不严谨的演绎	长期,正式,有意识,归纳
决策制定	集中式或由上至下	分权至组织最低层,参与式的
聘用标准	家族或个人关系	被认可的表现

资料来源:Becker, T. H. *Doing Business in the New Latin America*. Westport, CT: Praeger, 2004, 135—136。

传统的组织设计

> **学习目标** 3. 描述四种传统的组织设计：职能设计、区域设计、产品设计和事业部设计。

我们已经讨论过影响管理者进行组织设计的各种因素，现在看看有哪些组织设计的方案是可行的——我们的讨论也考虑到这些影响选择的因素。

组织设计的不同选择

图 3.7 介绍了六种常用的组织设计方法。这些方法及其产生作用的条件是与组织设计中的关键因素相对应的。环境因素在纵轴上由简单到复杂形成了一个连续体，横轴则表示从共享到互惠的技术相互依存性。连续体的一端是一组选择，反映了以阿维斯租车公司、好事达保险公司和 6 号汽车旅馆（Motel 6）为代表的客户统一性、技术统一性和地域市场统一性。另一端是一组不同的组织设计选择，反映了以宝洁、杜邦和通用电气为代表的客户多样性、技术多样性和地域市场多样性。

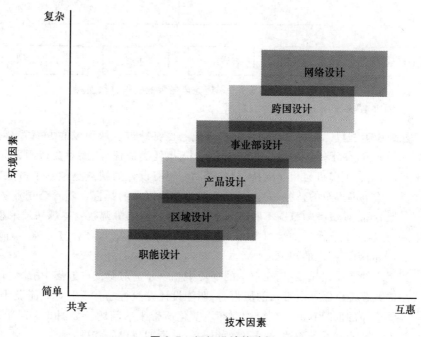

图 3.7 组织设计的选择

这一框架充分说明，组织设计是如何受到环境因素和技术因素的影响而发生变化的。最简单的环境（左下方）意味着一些不同形式的职能性组织设计可能适用。最复杂的环境（右上方)意味着某些网络组织设计可能适用。一般来说,组织设计从职能设计到网络设计会变得越来越复杂,而且在趋向复杂的过程中,组织设计需要考虑协调更多的人和事。

职能设计

职能设计(functional design)是指在专业化活动的基础上创建职位、团队和部门的过程。按照职能将员工组成工作团队是最常用的部门化形式。尽管不同组织的职能范围是不同的,像联合卫理公会和富国银行是没有生产部门的,但是按照职能来分配任务和组织员工还是既有效又经济的。

职能设计的主要特点 一个只有一条主产品线的传统制造企业,通常按职能组建部门,如工程部、人力资源部、生产部、货运部、采购部、销售部和财务部。工作任务也按工作流程的不同功能进行分配,如回收、冲压、电镀、装配、油漆和检验。图3.8 说明了卡迈克(Carmike)电影院是如何使用这一组织设计方式的。卡迈克在美国35个州的中型社区内开设了超过2 000家电影院。职能设计的一个共同特征,是尽量实现重复性任务的标准化和自动化。这种设计方法可以减少错误并降低成本,这样管理者就可以集中精力处理工作空白和工作重叠以外的事务。

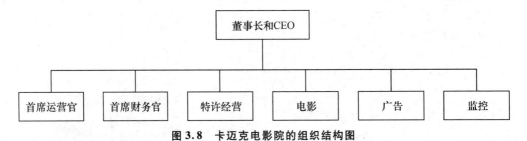

图3.8 卡迈克电影院的组织结构图

资料来源:www.hoovers.com, January, 2005。

在组织中的具体应用 职能设计既有优点也有缺点。从积极的方面看,它能清楚地辨别和分配任务,也便于员工理解。在职能设计中,担任类似任务、面对类似问题的员工通常在一起工作,他们有更多机会相互支持、相互帮助。职能设计的缺点是限制了员工的视野,让他们只注重一些范围很窄的任务,失去了对公司的整体概念的把握。随着公司业务扩展到更多的地理区域,产品或服务的范围不断扩大,跨职能部门间的协调就变得越来越困难。除了销售部门以外,在运用职能设计的组织中,大部分员工都不能直接与顾客打交道,不能了解顾客的期望,也就不能满足顾客的需求。

当组织的产品线比较窄,在单一的环境中竞争并追求低成本或集中战略,且不必面对为不同类型的顾客提供服务所带来的压力时,职能设计可能行之有效。对职能设计来说,增设诸如质量监管这样的部门有助于组织处理环境变化所带来的问题。如图3.7所示,职能设计是组织设计中一种最基本的方法,也是其他组织设计类型形成的基础。

第 3 章　组织设计

> ▶▶▶ **成功领导者语录**
>
> 　　知道何时采用哪种组织设计比起知道如何准确地执行这些设计而言,是一种更为强大的竞争优势。
>
> 　　　　　　　　　　　　　　　　　　安德鲁·科尔伯格,Kisco Senior Living 负责人

区域设计

　　区域设计(place design) 在保留职能设计某些重要方面的同时,按照地理区域来建立组织的基本单位,在同一地理范围内的职能部门全部都安排在同一地点。州立农业保险公司(State Farm Insurance Company)使用的就是区域设计,各区域的副总裁负责所在地区代理机构的运作和利润盈亏。许多市场集中的公司通常都使用区域设计,这样能使公司针对当地市场环境或顾客需求的变化做出快速调整。

　　区域设计的主要特点　某个地理范围内所需的职能通常由一个管理者负责,而不是由不同的管理者负责,也不是把大部分职能划归一个办公室统一执行。许多跨国企业使用区域设计来解决不同国家的文化和法律差异,以及在不同地域市场中消费者群体缺少一致性的问题。例如,可口可乐公司对软饮料进行包装并配送到世界各地,它在美国 46 个州、加拿大和欧洲销售软饮料并将业务划为四个区域,即美洲中北部、美洲东北部、美洲西北部和欧洲。北美占了所有可口可乐销售量的 75%,欧洲占了 25%。区域设计使得可口可乐公司能在各地销售符合当地消费者口味的饮料。例如,可口可乐在欧洲销售的 15 种饮料,包括 Appletise、Buxton 以及 Five-Alive 等,并没有在美国本土上市。

　　在组织中的具体应用　区域设计有几个潜在的优点。快速反应是区域设计的一个主要优点,如果每个部门或分公司能在市场中直接同顾客接触,就能根据顾客的需求更快更好地做出调整。区域设计的另一个优势是可以通过拉近客户与独特资源的距离从而降低成本。可口可乐深知,在比利时建立罐装厂远比在英格兰将可乐装罐,然后运送到英吉利海峡对面去更经济。塞拉尼斯化学公司在新加坡建立新工厂来满足远东日益增长的需求,并节省了数百万美元的运费(从美国到新加坡)。从营销的角度看,贴近顾客意味着可以降低成本,提供优质的服务。销售人员出差的时间少了,做销售工作的时间自然就多了,加上更贴近顾客,他们能更好地运用营销策略,从而在该地区取得成功。

　　然而,由于采取职能复制,区域设计也明显增加了控制和协调的问题。如果每个区域在营销、人事、生产、经销策略和管理上都有自己的一套方法,就难以实现协调。特别是当部门之间远隔千里,而部门经理又疏于沟通,那么部门间的协调就会更加困难,导致更高的成本。进一步而言,地区经理可能想通过控制公司的内部活动去满足当地的顾客。比起组织整体的目标和需求而言,员工更加强调本区域内的部门目标。为了确保组织的统一性和协调性,美国国税局(IRS)、喜来登酒店和美国邮政总局都制定了所有地区广泛适用的规则。

产品设计

产品设计（product design）是建立能够进行自主开发、生产、营销和销售产品或服务的自我维持运作组织。课前案例中提到的家乐氏就是运用这种设计来管理它的产品线的（奇宝、沃辛顿食品、家乐氏）。图3.9是美国联合技术公司（United Technologies）的产品组织结构图。这是一家向全世界航空业、建筑业、汽车业销售高科技产品的公司。

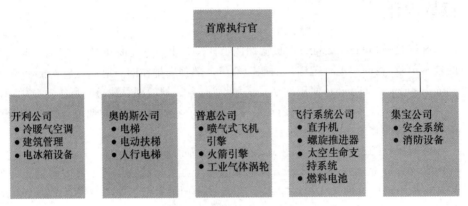

图3.9　美国联合技术公司

资料来源：www.hoovers.com, January, 2005。

产品设计的主要特点　于1853年发明升降电梯的伊莱沙·格雷夫斯·奥的斯是联合技术公司的创始人。从建立至今，该公司一直拥有许多不同的产品线，并根据其收益情况不断地增减一些产品。如图3.9所示，现在它已成为价值300亿美元、拥有五条不同产品线的大企业。请注意，尽管这五条生产线都与技术有关，但从顾客、销售渠道和技术的角度看，它们并没有重叠。例如，波音购买普惠公司的喷气式飞机引擎，但它同主营安全系统、消防设备的集宝（Chubb）公司却没有任何业务联系。每个产品线都有各自的竞争对手，并在各自的市场环境中运用各自的经营策略，如普惠公司推行的是集中化的经营策略，其飞行系统产品线中Sikorsky直升机的客户是一些大型的石油公司（运送工人往返海边的石油钻井平台）、医院（运送发生意外的伤者或重症病人）和美国军队（武装部队采取军事行动），负责该产品线的管理者与奥的斯电梯公司主营的电梯业务几乎没有任何关系。

在组织中的具体应用　大部分组织不止生产一种产品、提供一种服务，如通用电气、联合技术公司和波音公司等，通常都采用产品设计方式。这种设计可以缓解管理者接受信息过量的问题，而该问题是仅采用职能设计的组织经常面对的。这种设计使联合技术公司的营销副总裁能够营销各类产品，认识不同行业的竞争对手，重点制定一种经营策略应付所在行业的竞争。当顾客的类型、产品或服务的多样性达到某一程度时，处理这种复杂性最有效的方法就是设立多位营销副总裁，由一位管理者负责一条产品线，每家分公司的工作表现是评估的基础。在联合技术公司，开利（Carrier）占收入总额的29%，奥的斯占25%，普惠占24%，飞行系统占18%，集宝占4%。

运用产品设计的组织通常都由职能设计开始，随后在开拓新的区域市场时开始使用一些区域设计的方法。最后，不同顾客的需求导致职能设计和区域设计都无法解决面临的一些管理问题,再加上新产品线的增加、顾客的多样性、技术的进步都增加了组织所在商业环境的复杂性和不确定性,这时组织发展为产品设计的结构。最近,联合技术公司卖掉了它的汽车事业部而收购了总部设在伦敦的集宝公司。集宝公司主营安全系统设备,并收购了一家英国的消防设备生产商 Kidde PLC。当组织采用产品设计的结构时,它并没有完全摒弃职能设计和区域设计,而是将职能和区域设计的特点融入每个产品分部。例如,奥的斯在俄罗斯、日本和韩国的分公司都有各自的职能部门,涵盖了广告、财务、生产和销售等业务。

事业部设计

事业部设计(multidivisional design)是产品设计的一种衍生形式,有时可以称为 M 型设计。在事业部设计中,是按照产品或所在市场划分的事业部来安排工作任务的。事业部的经理主要负责所在部门的日常决策,而事业部高层管理者则摆脱了日常经营的责任,可以集中精力去研究战略问题,诸如为各事业部分配资源、评估需要并购的新事业部或将要出售的事业部、与股东和相关人士沟通等。会计部门、质量控制系统和专门的管理人员通常会协助高层管理者,高层也会授权各产品事业部推行各自的战略计划。

事业部的主要特点 事业部设计通过为具体的产品和服务提供具体的专业知识和技能来解决内部的协调问题,充分了解某条产品线及其顾客群体从而更好地管理该产品线。这种组织设计方式显然满足了家乐氏公司以及其他类似家乐氏这种在全球范围内为不同的客户提供不同产品的公司的需要。

事业部设计的一个缺点是公司必须具备大批的管理人员来监督所有的产品线。另一个缺点是由于不同的事业部都会重复设立各种职能部门,从而导致成本增加。请参看图 3.1 家乐氏公司的组织结构。

在组织中的具体应用 采用事业部设计可以降低所有团队、部门或事业部所面临的环境复杂性。在以产品为基础的部门里,员工可以集中精力于一条产品线,而不必承担多条产品线的责任。如同职能设计一样,运用事业部设计的组织可以通过联络人、任务团队、综合角色和跨职能团队这些横向机制去解决环境的复杂性问题。

现代组织设计

> **学习目标 4.** 描述两种现代组织设计:跨国设计和网络设计。

为了保证组织的正常运作,组织设计必须是动态的,要根据环境因素中的挑战、威胁和机遇做出适当的调整。最好的组织设计在于能否把握好环境的本质、高层领导战略的选择以及组织不同部门所需的技术相互依赖程度。在过去的十年里,组织采用了一些新的组织设计方法,特别是跨国设计和网络设计,它们可以解决传统组织设计方法中的弊端,同时对环境的变化做出快速反应。

跨国设计

跨国设计(multinational design)的目的是维护产品、职能和地域三者之间的协调和平衡。满足这三方面协调发展的需求是非常困难的,因为不同的事业部会受不同的时间和空间的影响,而管理者也经常受到语言和文化的阻碍。如果可能的话,要取得"完美的"平衡就要求采用一种复杂的设计,因此,大部分的跨国设计都相对强调区域设计和产品设计。

像联合利华、雀巢和英国石油这样的大型跨国企业在不同的国家经营业务时,必须面对不同的消费群体,而且面对的政府官员也不一样。一方面,当地的管理者要承受成为"当地人"的压力,组织的设计要遵守当地人制定的法律法规;另一方面,管理者又要面对成为"公司人"的压力,组织的设计要能够减少在其他国家运作的部门协调问题,便于管理不同的消费群体,还要严格遵守公司总部认为适用的规则和要求。对管理者来说,在不同的国家经营业务确实是极大的挑战。

跨国设计的主要特点　这些大公司之所以被称为**跨国企业**(multinational organizations),是因为它们在两个或两个以上的国家生产、销售其产品或服务。公司想要实现全球化并不一定要跨国经营。例如,波音公司只在美国生产飞机,但它与世界各地的供应商和承包商合作,向世界各地出售飞机,在其他国家建立分公司,与当地人合作创办合资公司,或收购外国公司等都可以让公司成为跨国企业。IBM 在很多国家成立独资公司,建立起世界性的分公司网络。为了完全进入美国的汽车市场,丰田与通用汽车在加利福尼亚州创办了一家合资公司。三年后丰田在美国成立了完全独资的分公司,发展到现在,它已经在美国几个不同的地方生产轿车和卡车。

在组织中的具体应用　在产业中促进全球一体化的因素包括:① 全球性的竞争对手和客户不断涌现,并变得越来越重要;② 全球对产品的市场需求有所上升;③ 新信息技术;④ 能为世界各地的客户生产各类产品的高效工厂。企业中,在全球范围内处理这些因素的事业部通常可以操控决策,比区域性的事业部更有权力。跨国企业面对很多压力,因为当地政府和市场经常要求跨国公司在该地经营全部产品线。同时,市场的机遇不会向未与当地政府协商好的公司开放。因此,进入新市场时,全球性的产品事业部的效率不如按地理区域组建的事业部高,这是因为运用区域设计的事业部更了解政府的想法,能与政府尽力保持友好关系,投资销售渠道,推广品牌认知度,增强竞争力,而这是拥有单一产品线的事业部所做不到的。因此,国家或区域性的组织(欧洲、北美、拉丁美洲、中亚、环太平洋地区和中东)仍然有其区域设计的优点。

以下的沟通管理能力专栏描述了伊莱克斯是怎样运用跨国设计实现全球化经营的。该案例也揭示了当高层管理者想均衡地考虑地域、职能和产品线的协调发展时,跨国设计所体现出的一些固有缺陷。自 20 世纪 70 年代起,伊莱克斯兼并了欧洲的 40 多家公司,成为世界最大的家用电器制造商。

第 3 章 组织设计

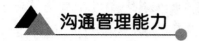

伊 莱 克 斯

20世纪70年代前,因各国消费者的偏好和收入水平、销售渠道、运输成本、政府的管制和关税不同,欧洲的电器业被划分成不同的国家市场,这样可以保证由当地生产厂商占据当地的市场。到了70年代末,一些欧洲国家建立了共同市场,电器业也开始向国外发展。为了适应这种趋势,伊莱克斯决定实施组织重构,把公司定位为跨国企业,从而需要做出一些重大变革。

首先,公司集中规划整个产品服务流程,以便产品在不同国家的生产和推广能同步进行。公司协调当地的工厂共享资源,并朝着同一目标努力。其次,整合管理理念。伊莱克斯在并购意大利电器生产商金章(Zanussi)时,对金章由上至下、等级分明的机械组织结构进行了变革,使之成为更接近伊莱克斯以团队为基础的有机组织。在伊莱克斯,公司上下都直呼管理者的名字,但是在金章,员工都以职位称呼管理者。最后,避免无效性。由于西班牙、意大利和法国这些市场对于电器有特定规格的要求,因此伊莱克斯的欧洲产品开发中心不能有效运作。一方面,即使市场研究表明,目前公司对发动机的需求量少于10台,这些中心还是会为吸尘器和电冰箱生产出上百款不同的发动机。工厂的生产率很低,雇用的员工人数又非常多,这就导致每位员工的生产率低得让人难以接受。同样,金章的后勤人员数量超过生产工人,因此裁员势在必行。

为了向跨国企业发展和提高效率,伊莱克斯尽量使销售量同员工数量、工作量挂钩,定量生产全球销售的发动机。规范化生产让伊莱克斯可以实施全球化的产品战略,在允许因不同市场的偏好稍加改变的同时,也保留了产品的主要特色。例如,在推出"喷射式系统"新款洗衣机时,伊莱克斯可以在全欧洲推广这种节省洗涤剂和1/3用水量的洗衣机。由于从外部供应商购入的原材料和零部件占了公司生产成本的70%,于是伊莱克斯就所有的产品线跟多家供应商协商价格,不仅极大地规范了供应来源,还使成本降低了17%。它还要求供应商保证质量,运用准时制(JIT)运送系统管理库存。最近,伊莱克斯以它的所有产品线为中心开展经营活动,这些产品线(如吸尘器)有相似的销售渠道、技术、顾客、竞争对手和区域性市场,因此管理者需要负责各自产品线的全部职能,包括生产、广告宣传和销售。

注:关于伊莱克斯的更多信息,请访问公司主页 http://www.electrolux.com。

网络设计

网络设计(network design) 是指将组织的一些甚至许多业务分包给其他公司,并协调这些公司的运作以实现某一既定目标。网络设计有时又被称为虚拟组织,管理者需要联系并协调来自不同组织的人在不同的地方开展业务。网络组织中的联络和工作关系是通过电子及面谈等方式来实现的。管理者可以运用电脑技术及时、同步地协调供应商、设计师、生产商、经销商等方面的工作。通常，采用网络设计方式的管理者可以如同内部员工沟通那样，与供应商和客户建立密切的工作联系。

网络设计的主要特点 所有的组织都希望能够将组织设计中现有的稳定高效与应对竞争对手的快速反应能力结合起来，但是仅仅依靠职能、产品或区域设计来实现这种平衡是很难的。为了满足高效与快速反应并存的需求，许多组织越来越侧重于专营某些核心业务，于是，许多以前属于组织经营范围内的某些业务现在都交给别的公司去做。最近，越来越多的组织开始采用这种网络设计的结构。

使用这种结构设计方式的组织具有以下主要特点：

- 独特的能力。组织以创新的方式把资源整合起来进行创新和调整，以此保持其行业领先地位。这些资源通常来自组织内的不同部门或其他组织。
- 责任。必须合作完成工作任务的人需要共同承担责任。这种组织设计包括对跨职能团队、专项任务团队和自我管理团队的广泛运用。
- 目标制定。制定共同目标以满足一个或多个外部利益相关者的需求，如顾客、供应商、股东、债权人和政府等。工作绩效很少由组织内部因素推动，更多的是由满足顾客或加速产品更新换代的需要来推动的。
- 沟通。重点在于横向沟通并非纵向沟通。制定决策所需的信息是广泛共享和流动的，公开的沟通是一种常态。
- 信息技术。许多信息技术（包括群件）的网络内部化（在同一组织里，但地理上相隔很远的员工）或外部化（与顾客、供应商、管制机构等）都有助于员工完成其任务。典型的信息技术和相关的软件技术，包括电子邮件、特殊的计算机软件决策工具、语音邮件、移动电话、传真机、电话会议、计算机局域网或广域网等。
- 组织设计。这种设计倾向于使用有机组织，组织层级越少越好。网络设计既支持个人单独工作的主动性，又支持个人与其他团队成员合作的积极性。
- 平衡的观点。个人、团队、部门或事业部不会把自己看做有各自目标和处事方式的孤岛，而是把他人的目标和利益同自己的联系起来。合作和信任是在过去工作的基础上逐渐形成的。信任的基本假定是每个人、团队或部门的工作要依靠其他人控制的资源，共同利益要通过资源汇聚和双赢的方法来取得。

网络设计组织可以将大家联系在一起而不必拘泥于员工的所在地，从而促进了相互间的沟通与合作。时装、玩具、出版、软件设计和电影等行业中的许多组织都采用这种组织设计。在网络的基础上设计的组织能够提高转换知识的速度和能力。

长期以来，电影制作行业体现出了网络设计的许多特点。来自不同组织和机构的摄影师、导演、制片人、演员、经纪人、化妆师、服装设计师、特技造型师、技师以及律师等聚集在一起拍摄一部电影。每个人都是独立的，但是制片人和导演又需要同大家进行密切的协调和沟通，按照非常详尽的要求来拍摄电影。在电影上映之后，这些工作人员就会解散，然后再重新组合，同另外一些演员、制片人、导演等拍摄另外一部电影。因此，电影制造业是由许多不同的专业组织构成的,这些组织依赖彼此的人员、知识和技能,以此来创造出单独组织凭借其能力和手段无法完成的产品。

在组织中的具体应用　网络设计为组织提供了许多优势。首先,组织通过将不同人的专业知识和技能整合在一起来创造价值,而不是雇用员工来完成任务。网络设计使管理者关注某一系列具体的活动,并依赖他人的贡献来完成任务。例如,达拉斯市的医疗中心聘用来自不同专业领域的医生,如放射科、肿瘤科以及整形外科等,为病人提供治疗服务。其次,网络设计的优势体现在,可以将不同的思路带入团队用于解决某个具体的问题。因此,网络设计增强了对新思路、新方案的探求。当然,这也要求相关人员具有高度的自我管理能力、团队合作能力、沟通能力以及规划和执行能力。当某一具体项目完成后,这些团队就会解散。最后,选择网络设计的组织可以同许多不同的供应商、客户以及其他组织合作,这使得管理者在应对不同情况时,具有很高的灵活性。

由于许多不同工作地点的人需要依靠电子手段保持联系,这种组织设计有时也会导致一些问题。首先,某些组织有时可能无法在规定期限内完成任务。网络设计要求所有组织同时运作,因此整个过程中的任意一个环节出现了延误都会影响整个系统的运作。试想,你曾有过多少次等候医生诊断的经历呢?当时间非常重要时,延误的代价就非常高昂了,因为整个系统必须等候决策的制定。因此,对其他组织的依赖性也会导致运作上的风险。通常,需要额外的资源或协调就会增加消费者的成本。其次,由于网络设计无法使管理者依靠单独的力量完成工作,他们必须不断地监控由其他组织提供的工作的质量。知识储存在人们的大脑中,因此网络组织的竞争力取决于其他组织对项目投入的质量和资源。如果工作分派给一些沟通能力、规划和执行能力较差的员工,就会导致整个项目的失败。再次,外包组织的员工同网络组织内部的员工相比,在价值观和时间观的认同程度上存在差别。因此,确保网络组织内外所有员工了解工作任务的实质是至关重要的。最后,由于网络组织中管理者的工作范围涉及不同的组织,这样容易导致职权和职责范围划分不清,因此,时常会发生项目延误以及成本过高的问题。

以下的沟通管理能力专栏讲述的是梦工场 SKG 是如何使用网络设计结构来制作电影的。该案例既表明了网络设计的优点,也揭示了其存在的缺陷。

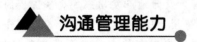

梦工场 SKG

这家由史蒂文·斯皮尔伯格、杰弗里·卡曾伯格和戴维·格芬于 1994 年投资几十亿美元打造的公司已经创造出许多票房巨作,如《马达加斯加》、《鲨鱼传说》、《怪物史瑞克 2》以及《美丽心灵》。除此之外,梦工厂还制造了许多电视节目,并为许多流行歌手发行唱片。在梦工厂,这三位创始人各司其职:斯皮尔伯格主要负责监督电影的制作,卡曾伯格负责动画部,而格芬负责音效以及其他音乐制作。由于公司总的协调职能不在加州好莱坞寰宇电影公司的总部所在地,所以如图3.10所示,他们必须依靠网络设计的方式来制作影片。

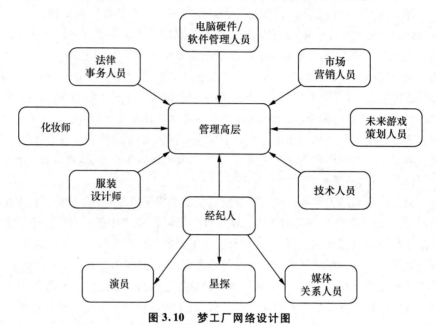

图3.10 梦工厂网络设计图

资料来源:www.hoovers.com,January,2005。

梦工厂十分依赖由其他组织提供的关键资源、人力以及技能来制作电影。如图3.10所示,化妆师、服装师、演员以及经纪人都不是梦工厂的全职员工,而是按照需要临时雇用的。同样,梦工厂同其他专业化的组织合作,开发新技术,用于创作电脑制作的动画电影。对于斯皮尔伯格、卡曾伯格以及格芬而言,他们的主要管理任务就是同具有不同背景、专业和技能的人员进行沟通,以制作经典大片。

随着梦工厂在过去十年中的不断发展,它与其他公司的关系也得以不断巩固。梦工厂同电脑巨子惠普公司签订了一份共同开发用于制作新型动画的先进技术的协议。惠普为梦工厂位于加州格伦代尔的新一代数字摄影棚提供所有的电脑资源,这些设施帮助梦工厂比以往更快捷、更经济地进行动画创作。惠普为梦工厂提供的电脑硬件以及其他技术能够使该公司制作出更加逼真的动画,而这是仅靠梦工厂自身所无法有效及时地开发出来的。梦工厂的电视节目部同NBC签订了合约,由NBC支付梦工厂的制作费用,但获得首家收看梦工厂制作的所有电视节目的权利。然后,NBC决定选择某个项目,以主要股东的身份来资助该项目发展。梦工厂还同日本的媒体公司角川控股公司签署了协议,授予该公司在日本独家发行梦工厂的电影、视频、DVD以及其他产品的权利。

许多梦工厂的畅销电影都被改编为最新的电脑游戏,但是,梦工厂目前并不打算单独投资这个领域。20世纪90年代,公司的这类产品遭遇了失败,这使梦工厂意识到公司没有能力或资源在电脑游戏行业中投资竞争,但这个行业又是一个可以激发梦工厂目前和未来电影兴趣的新途径。于是,梦工厂同美国动视有限公司(Activision)签订协议,发行三部以梦工厂的电影为蓝本的电脑游戏:《鲨鱼传说》、《马达加斯加》以及《篱笆墙外》。在这样的合作关系中,由美国动视帮助梦工厂开发互动娱乐业中的特许经营电脑游戏,而梦工厂自己并不需要开发这些游戏。

注:关于梦工厂的更多信息,请访问公司主页 http://www.dreamworks.com。

目前,组织设计战略的主导思想是:① 环境因素如何影响组织对稀缺资源的竞争方式;② 选择战略以赢得行业竞争优势的重要性;③ 技术的相互依存性将如何影响组织设计方案的选择。然而,在组织设计方面没有所谓的"唯一最佳方案",管理者必须综合考虑多项因素,以此选择相应的组织设计。

本章小结

1. 解释环境、战略和技术因素对组织设计的影响。

   组织面对的环境由外部的利益相关者组成。我们特别指出了影响组织运作的四种利益群体——供应商、经销商、竞争对手和顾客。战略选择,包括低成本、集中化和差异化战略对组织的设计有直接影响。选择低成本战略的组织通常强调职能部门,如会计、财务和销售部等。集中化战略是指组织选择某行业中具体的利基市场,通常是产品决定组织。选择产品差异化战略的前提是组织能为顾客提供独特的产品或服务,这类组织的核心由产品线构成。集中化战略旨在为组织在行业中找到一个具体的市场空缺。个人、团队和部门为实现共同目标所需的协调程度取决于技术因素。我们还分别讨论了共享式、相继式和互惠式三种相互依存模式。

2. 指出机械组织和有机组织的差异。

   如果高层管理者倾向于严谨、集中的日常决策,则组织更倾向于采用机械组织。当环境相对稳定时,官僚主义的机械组织可以有效运作。有机组织的规章制度较少,能在急剧变化的环境和不明朗的情况下有效运作。人们通过利用这些方法解决问题,提高自己的影响力。

3. 描述四种传统的组织设计:职能设计、区域设计、产品设计和事业部设计。

   职能设计是指把负责不同职能的部门分开,如销售部、财务部和人力资源部,而且高层管理者可以在必要时合并某些部门。在地域部门化过程中,组织在不同地理区域所面临的环境不同,每个地方通常都实施全部职能。产品部门化设计强调组织的产品或服务本身的性质。每种产品都是独特的,并且需要高层管理者的特别关注。事业部是一种有效的组织设计,适用于产品种类繁多且市场分散的组织。

4. 描述两种现代组织设计：跨国设计和网络设计。

跨国设计要维持产品、职能和地理区域三方面的组织能力。在多个国家进行生产必将带来极大的协调问题，因为管理者既要遵循总部的政策，又要符合当地的惯例。网络设计强调对于复杂任务中相互依赖性的管理应该侧重横向协调。这种组织设计的另一特色是组织可以运用各种信息技术来提高处理大量数据的能力。它主要适用于高科技或电影制作公司，如果没有足够的电子技术支持，网络设计是无法有效实施的。

关键术语和概念

官僚体制（bureaucracy）
集权（centralization）
命令链（chain of command）
差异化战略（differentiation strategy）
劳动分工（differentiation strategy）
集中化战略（focused strategy）
职能设计（functional design）
权力等级（hierarchy of authority）
非个性化（impersonality）
低成本战略（low-cost strategy）
机械组织（mechanistic organization）
事业部设计（multidivisional design）
跨国设计（multinational design）

跨国组织（multinational organization）
网络设计（network design）
有机组织（organic organization）
组织结构图（organization chart）
组织设计（organization design）
区域设计（place design）
程序（procedures）
产品设计（product design）
规则（rules）
管理幅度（span of control）
任务的相互依存性（task interdependence）
技术（technology）
统一指挥（unity of command）

讨论题

1. 全球性的管理者必须平衡提高本地应变能力和提高全球效率之间的矛盾。如果金考决定在拉丁美洲开设一家商店，公司管理者应该考虑哪些问题？百胜集团的领导者保持和增加全球快餐业的市场份额所需的三种最重要的管理能力是什么？

2. ARAMARK 公司是一家提供全球性食品服务和项目管理服务的企业，包括校园餐饮、商务餐饮、制服租赁、监狱配餐服务及体育和娱乐（管理不同体育场所的特许权）。ARAMARK 的总裁乔·纽鲍尔有可能遇到什么样的组织设计问题？肯德基运用的经营战略和 7-11 的相似吗？请解释。

3. 下面是组织低效的一些原因：
- 目标不清晰——战略目标不清晰或没有把战略目标和组织设计的特定方面联系起来。
- 缺乏内部联系——组织的设计内部不协调。
- 与客户缺乏有效联系——组织设计没有充分考虑和结合顾客的需求。

- 不适应外部环境——组织设计无法适应环境的要求。

以一个组织为例,如凯马特、Krispy Kreme 等,简要描述你认为该组织是如何因为上述原因而导致管理低效的。

4. 为了保持并提高家乐氏公司在休闲食品行业的国际市场份额,你认为家乐氏的领导应该具备哪三项最重要的管理能力?

5. 家乐氏的商业战略是什么?请解释。

6. 当高层管理者选择网络设计时,需要改变职能设计中已建立的哪些做法?

7. 7-11 的高层管理者所做的战略决策对于该组织的设计有什么影响?

8. 技术的相互依存性是如何影响梦工场的组织设计的?

9. 你认为伊莱克斯所采取的组织设计有什么主要的优势和弱点?

体验练习和案例

体验练习:沟通管理能力

你的组织是为高绩效的目标而设计的吗

说明

下面是对有效组织设计的描述,就你目前所在的或过去曾经工作过的组织,指出你表示赞成或反对的程度范围,并在每句描述的旁边写下相应的分数。

1. 强烈反对
2. 反对
3. 有点反对
4. 不确定
5. 有点同意
6. 同意
7. 非常同意

_____ 1. 那些试图改变某些事情的员工通常能得到别人的理解和支持。
_____ 2. 组织很容易获得进步所需的技能。
_____ 3. 不论好坏,员工总是知道其工作的结果。
_____ 4. 员工可以灵活调整工作的进度。
_____ 5. 管理者推动会议的讨论,并鼓励下属参与讨论。
_____ 6. 该组织很少制定限制创新的政策、规则和程序。
_____ 7. 团队、部门和事业部之间的界限很少妨碍解决共同的问题。
_____ 8. 该组织中权力的等级层次很少。
_____ 9. 每个人都知道他们的工作如何影响下一个人或团队的工作,以及最终产品或服务的质量。
_____ 10. 组织能获得与其工作流程、商品或服务的技术进步相关的信息。

_____ 11. 组织一直力求找出顾客的需求和怎样满足他们的需求。
_____ 12. 组织的政策、设计和员工工作具有灵活性,能适应基本的变化。
_____ 13. 组织里不同专业领域的人一起工作,当发生冲突时,往往会带来建设性的结果。
_____ 14. 所有员工都能陈述组织的价值观和他们是怎样利用这些价值观去做决策的。
_____ 15. 在适当的时候,大量信息是公开、共享的。

计分和解释

计算出 1—15 题的总分。75—105 分表示一种有效的组织设计;70—89 分表示组织设计一般,组织的具体工作是如何促进或妨碍设计的有效性可能存在较大差异;50—69 分表示组织的运作模糊不清;15—49 分表示组织设计会引发一些严重的问题。

问题

1. 你所在组织的设计有哪些具体特点,导致你对它做出上述评述?
2. 你所在组织中最重要的三种管理能力是什么?
3. 你所在组织是一个成功的组织吗?请解释。

案例:变革管理能力

所罗门公司

所罗门是一家生产户外体育运动用品的法国公司,1998 年的营业收入超过 50 亿法郎(8.4 亿美元)。这家全球化公司的销售分布在亚洲、北美和欧洲,是世界上提供冬季运动项目装备公司中的领头羊,占有全球 24% 的市场份额。所罗门不仅在下降(高山)型滑雪鞋固定装置和越野滑雪装置销量上位居全球第一,分别占有 43% 和 59% 的市场份额,而且其下降(高山)型滑雪板和下降(高山)型滑雪鞋的销量位列全球第二,分别占有 21% 和 23% 的市场份额。所罗门也涉足高尔夫(Taylor Made)、自行车(Mavic)以及徒步旅行靴市场,每项产品由于其杰出的技术创新而获得了巨大的市场份额。对于所罗门而言,技术是获取市场份额的途径,公司并不做基本的市场调研,而是依靠对高级材料的知识和了解来开发新产品。对于生产滑雪鞋固定装置和自行车而言,掌握机械技术是至关重要的;对于生产以装饰为主的滑雪板和高尔夫装备而言,了解合成材料则是至关重要的。

所罗门公司的历史可以追溯到 1947 年,当时所罗门在法国上萨瓦省阿讷西开了一家作坊,制作锯子和滑雪刀刃。1967 年,所罗门设计并卖出了第一套使用绳索的滑雪鞋固定装置,这是一项革命性的技术变革。1979 年,它又靠一款由后侧穿入的滑雪鞋打入了滑雪鞋市场。由于产品数量有限,所罗门在三年之内迅速成为世界主要的滑雪鞋制造商之一。1980 年,所罗门的一支团队与一名主要客户在斯堪的纳维亚共同开发出适合越野滑雪的新鞋和固定装置。1984 年,所罗门收购了一家高尔夫装置生产商 Taylor Made,主要是为了弥补其在冬季运动产品上存在的季节性缺陷。1994 年,在收购 Mavic 之后,所罗门进入了自行车市场(旅游以及山地自行车)。如同之前收购的 Taylor Made 一样,Mavic 具有良好的声誉,不仅技术精良,而且富有创新性。在所罗门的发展历程中,公司历经了几次组织设计。为了实现不同产品的多元化经营,公司从职能结构转变为事业部结构,如图 3.11 所示。CEO、不同的职能人员、三个职能理事会、三个运营部门(滑雪鞋固定装置、滑雪鞋和高尔夫),以及一个负责管理所罗门品牌的部门构成了整个组织框架。行业理事会有三个使命:支持技术创新并提高行业技能,创新、开发和生产产品,负责价格、总投资和成本构成。项目理事会有七个使命:协调行业理事会和市场理事会之间的关系,制定和执行产品策略,引领项目发展,推出新产品,保证产品线的总体利润,管理长期规划,支持"时尚"产品或那些通过技术创新而改变行业结构的产品的开发。市场理事会有四项使命:管理子公司,保证子公司的利润空间,开发销售和经销渠道,预测销售的增长。

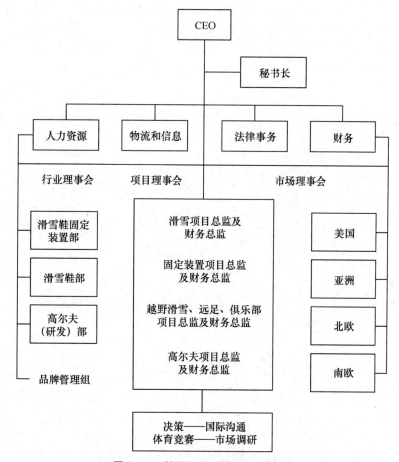

图 3.11　所罗门公司的组织结构图

正如所罗门公司的组织结构图所示,项目理事会被放在核心位置,这些理事会在目标各不相同的市场理事会和行业理事会之间起到了沟通作用。他们极度依赖行业部门中的市场开发专业人员、市场理事会中的市场经销专才以及品牌管理部门(负责测试产品雏形)。这一角色要求项目理事会在产品开发过程中搜集大量的信息。所有的项目经理都在总部办公,目的就是为了促进面对面的沟通。同时,他们也要与财务总监保持密切联系,确保同项目的财务目标一致。对于一家公司而言,创新和发展的活动是其成功的关键,这些活动激励员工积极参与各种项目。因此,在制定和执行理念、遵循公司高层设立的总体方向这些方面,公司的项目理事会起到了关键性作用。

问题

1. 你认为所罗门公司的运营环境具有哪些特点?
2. 所罗门公司高层管理者采取了何种商业战略?
3. 所罗门公司的组织设计中有哪两种潜在的优势和局限?
4. 为了在所罗门公司取得成功,你需要具备哪些管理能力?

Chapter **Four**

第4章
培育组织文化

学习目标

学完本章后,你应该能够:
1. 解释组织文化是如何形成、维持和变革的。
2. 描述四种类型的组织文化。
3. 讨论组织文化如何影响管理者和员工的道德行为。
4. 解释培养文化多样性的重要性。
5. 描述组织社会化过程及其对文化的影响。

课前案例

谷歌公司

1999年当奥米德·柯德斯塔尼开始执掌谷歌时,公司创始人谢尔盖·布林和拉里·佩奇还挤在一个狭窄的办公室里工作,他们的商业计划仅限于白板上那乱七八糟的一团笔记。虽然公司的12名员工大都具有工程学或电脑专业的博士学位,但却没有一个人知道如何使用他们正在研究的这个尖端搜索引擎技术来赚钱。而现在,谷歌是世界上最大的搜索引擎公司,可以解答因特网上超过48%的问题,销售额超过10亿美元。这一切是怎样发生的呢?

谷歌与其他创业公司的不同之处,并不在于谷歌"是什么"的远大愿景,而在于它能够清晰地描述它"不是什么"。布林和佩奇始终坚持不模仿其他的公司,对待客户从不表现出怠慢、想当然的态度。他们创建的关于五种"智慧经验"的课程,为谷歌文化的形成奠定了坚实的基础。

1. 不因价高而出卖自己的灵魂。谷歌采用正规的方式做广告,拒绝使用跳出的广告和标语。布林不喜欢像雅虎那样使用搜索引擎,讨厌等待那些彩色广告穿过屏幕。在谷歌,所有的广告都依托于用户输入的具体搜索字眼。因此,谷歌的搜索广告是找到客户最有效的方式之一。

2. 创建一种敢于冒险的文化。按照传统的逻辑,搜索引擎的页面上必然伴随着大量新奇的广告宣传。但是,谷歌把它的搜索引擎简化为一个标志和一个位于几近空白的页面中央的搜索键——没有天气预报、新闻或是星座运程。这种方式吸引了崇尚自由的布林和佩奇。在谷歌,所有的工程师可以拥有20%的时间做自己的项目。谷歌新闻就是一位工程师自我研发项目的产物。这样做的目的是让员工可以进行独立而创新的思考。在谷歌,你会看到员工四处骑着赛格威(Segway)踏板摩托或是在悠闲地喂养他们的宠物。

3. 一切为了产品。在谷歌1900名员工中,工程师占了近30%,而营销人员只占少数。布林和佩奇相信只要创造出好产品,自然就会有收益。所以,他们工作的两个关注点就是:让搜索结果更加贴切,让搜索过程更加快速。

4. 不要贪婪。谷歌牺牲短期利益以换取公司的长远发展。一旦点击率过低,谷歌就会建议客户停止继续刊登广告。一家小型汽车配件商有一天惊讶地发现,它居然收到谷歌的邮件,建议它不要再浪费钱在谷歌登广告了。

5. 不断激励员工,保持工作满意度。谷歌为员工聘请了专职厨师、按摩师和医生。员工可以请亲子假,享受工作头两周的免费家庭送餐服务。谷歌以自己倡导的平等主义为荣。高层管理人员每天和员工一起在公司的餐厅就餐。每周管理人员还会与员工进行沟通,公布公司的最新消息,回答员工的问题。公司每年的员工流失率一直保持在个位数,这与整个行业的高流失率相比而言是非常难得的。90%以上的人对谷歌的工作邀请都会欣然接受。

注:关于谷歌的更多信息,请访问公司主页http://www.google.com。

员工和管理者的能力及价值观对组织的运营效率和成功起着关键的作用。正如课前案例中所述,组织风格、特征以及行为方式都会对员工和管理者的行为产生很强的指导作用。要了解一个组织的精髓,就要深入了解它的组织结构、财务数据、机制、办公场所等背后的东西,进而对组织文化进行研究。

本章将介绍组织文化的概念,组织文化是如何形成、维持和变革的;探索组织文化和绩效之间的内在联系,组织文化和道德行为之间的关系,如何管理来自不同文化背景的劳动力以及组织是怎样使不同个体社会化并融入某种特殊的文化中的。首先,我们探讨什么是组织文化,组织文化是如何形成、维持和变革的。

组织文化的活力

> **学习目标** 1. 解释组织文化是如何形成、维持和变革的。

组织文化(organizational culture)反映的是组织成员的价值观、信仰和态度,它会随着时间的推移而发生演变。虽然组织文化不像使命和愿景的陈述那样具有书面形式,但它却是组织的灵魂。文化是在一天24小时工作和生活中,组织所有涉及的未被表达出来的规则和传统,其对于组织运营质量有着重要的影响。一些管理者试图仿效西南航空公司、玫琳凯化妆品公司、百胜集团(肯德基、必胜客、塔可钟)等成功企业的组织文化,另一些则试图坚守自己的文化,以期提高员工忠诚度、工作效率和利润。文化植根于组织生活中的无数细节之中,对员工的行为有着深远的影响。组织的文化影响着员工的晋升、职业生涯前景的好坏以及资源如何分配。组织的每项决策都反映了组织文化的某一方面。当管理者只是意识到组织文化的存在时,他们并不确定该如何影响它。如果文化强大到影响员工的行为时,那么就必须创建和管理组织文化。具体来说,组织文化包括以下几个方面:

- 日常交流的方式,如一些组织典礼和仪式,以及在这些典礼和仪式中普遍使用的语言;
- 组织中个体和团队共同遵守的规范,如没有预先保留的停车位;
- 组织认同的主要价值观,如产品是质量导向还是价格导向;
- 指导公司政策和经营决策的哲学理念,包括决定哪些群体影响决策的制定;
- 组织成员相处的游戏规则,或者说是新员工要得到组织其他成员认同所必须遵循的准则;
- 组织通过工作场所设计以及管理者与员工、顾客、供应商及其他人的相互交流方式所传达出来的感受和氛围。

以上这些方面都不能单独用来代表一个组织的文化,它们必须结合在一起才能反映一种组织文化的理念。如何使用这六个特征来描述谷歌的文化呢?通过一些描述可以让我们深刻理解为何谷歌能够被《财富》杂志评为世界最佳雇主之一。

如图4.1所示,按照观察程度以及变革阻力的不同,组织文化可分为几个不同的级别。就像剥洋葱一样,最难观察到的或者说最深层的组织文化是组织共同的使命和哲学理念,这些使命和哲学理念代表了对现实、人性、行为方式的基本信仰。举个例子,在谷歌,员工应该关注的是产品的技术特点而非营销。经理和员工都要坚持信任的理念,充分认识到听取别人的想法和观点的重要性。

图4.1 组织文化的不同层次

接下来的一层就是文化价值观。**文化价值观（cultural values）**是用以判断什么是好的、正常的、合理的和有价值的信仰、使命和情感的综合体系。不同组织的文化价值观差异很大。在一些组织里，员工可能对金钱问题比较关心，但在其他组织里，员工可能对技术创新和员工福利比较感兴趣。这些价值观会长期存在，即使组织成员发生变化，它们也不会随之改变。

再接下来的一层就是**共同行为（shared behaviors）**，主要包括规范。与价值观相比，规范的可见度比较高，要改变起来也容易得多。谷歌公司的五种"智慧经验"就是倡导共同行为的例子。

组织文化的最表层由公司的文化象征构成。**文化象征（cultural symbols）**是指文字（行话、俚语）、手势、图片以及其他一些传达某种特殊文化含义的物品。进入纽约市警察局的人会看到一些很权威的标志并感受到非常刚毅的工作环境，包括隔开警员和公民的栏杆、当班警员的警服、象征权威的标志（如美国国旗、印章、证书）、各个城市领导的照片和阻止某些行为的标记符号，以及结实的直背椅子、自动售货机和各种指令。相反，进入丽嘉酒店的人会觉得很温暖，这种温暖来自于舒适的椅子和柔软的沙发、大厅装饰画、各种植物花朵和供人们阅读的杂志资料。比尔·阿诺德是位于田纳西州纳什维尔的世纪医疗中心董事长，为了表示愿意敞开大门和下属进行交流，他特意把门从门轴中取下并挂在天花板上，以便所有人都可以看到。

麦当劳餐厅的文化标志也传递了一种统一的意义。麦当劳餐厅通常都开设在矩形建筑里，每家餐厅都有很大的窗户，阳光透过窗户直射进来，整个餐厅的布局非常整洁优美。餐厅的停车场很大，并且地面都被清洁过，几乎见不到一丁点儿的垃圾。免下车窗口清楚地标明为顾客提供快速服务处的标志。最显著的标志是经当地法律允许的、耸立在建筑物上的金色拱门标记。在餐厅内部，明亮的颜色和植物营造出一种家的氛围。柜台后闪亮的不锈钢器具体现了一种现代、高效、注重卫生的风格。最重要的是，所有的一切都是干干净净。这种干净来自于对地板不停的打扫和拖洗，对垃圾的快速处理，对脏盘子和桌上残物的不断清理，对窗户上的污迹和指印的不断清洗以及对备用桌子和柜台的不断擦拭。不管外观还是内在布局，都代表着麦当劳的可预见性、高效率、高速度、谦恭、友好和整洁的文化。

组织文化无论对管理者还是员工都非常重要。要把组织价值观和员工价值观恰当地匹配起来，首先需要员工清楚该组织的价值观是什么，然后再确定组织价值观和他（她）的个人价值观是否一致。要解决第一个任务，可以在表4.1中列出的54种价值观中分别挑出8种对你理想中的工作场所描述最贴切和最不贴切的价值观，然后回顾课前案例中对谷歌公司的价值观的介绍。你是否愿意为这个组织工作？

表 4.1　你在工作中最看重什么？

下列 54 项价值观包括了你可能会在组织中遇到的所有价值观。请把它们分成两组，27 项最接近你理想工作场所的价值观，27 项最远离你理想工作场所的价值观。在排序之前，保持这两组的区别，然后分别填入你最前 8 位和最后 8 位的选项。确保你所选的 8 个选项中，有 4 个是从“你的价值观”列表中选出来的，另外 4 个是从“组织的价值观”列表中选出来的。通过检验你的前后 8 项价值观是否与公司的前后 8 项价值观匹配来检测你是否适合在该公司工作。

前 8 个选项

最后 8 个选项

选项菜单

你的价值观：① 灵活变通　② 适应能力强　③ 创新　④ 善于抓住机遇　⑤ 愿意尝试　⑥ 愿冒风险　⑦ 细心　⑧ 寻求自治　⑨ 乐于遵守规则　⑩ 善于分析　⑪ 注重细节　⑫ 精确　⑬ 团队合作　⑭ 资源共享　⑮ 以人为本　⑯ 随和　⑰ 冷静　⑱ 乐于支持他人　⑲ 有闯劲　⑳ 果断　㉑ 乐于行动　㉒ 主动　㉓ 擅长反思　㉔ 注重成就感　㉕ 有较高要求
㉖ 勇于承担个人责任　㉗ 敢于面对冲突　㉘ 有竞争力　㉙ 高度组织性　㉚ 看重结果
㉛ 在工作中乐于结交朋友　㉜ 有合作精神　㉝ 急切想融入同事中　㉞ 对工作充满热情

组织的价值观：㉟ 稳定　㊱ 可预见性　㊲ 对业绩期望较高　㊳ 专业成长机会　㊴ 对高绩效支付高薪水　㊵ 工作安全性　㊶ 鼓励高绩效　㊷ 清晰的指导理念　㊸ 低水平冲突　㊹ 强调质量　㊺ 享有良好声誉　㊻ 尊重个人权利　㊼ 宽容　㊽ 随和大方　㊾ 公平　㊿ 组织文化的统一性
(51) 社会责任感　(52) 长时间工作　(53) 规则外的相对自由　(54) 可以有与众不同的机遇

资料来源：Adapted from Siegel, M. The perils of cultural conflict. *Fortune*, November 9, 1998, 259; Chatman, J. A. and Jehn, K. A. Assessing the relationship between industry characteristics and organizational culture: How different can they be? *Academy of Management Journal*, 1994, 37, 522—533。

文化的形成

组织文化的形成是对组织所面临的两个主要挑战的回应：① 外部环境适应和生存；② 内部整合。

外部环境适应和生存（external adaptation and survival）需要考虑的是组织如何找到一个生存发展的空间，怎样应对不断变化的外部环境。主要解决以下问题：

- 使命和战略　确认组织最根本的目的，选择战略，完成组织使命。
- 目标　设立具体要达到的目的。
- 方式　确定如何达到目标，包括选择组织结构和薪酬体系。
- 测量　建立标准来衡量个体、团队和部门是否很好地实现了目标。

内部整合（internal integration）主要是指在组织成员之间建立和维持高效的工作关系。主要解决以下问题：

- 语言和观念　确定沟通的方式，对重要观念的理解要统一。
- 小组和团队界线　制定小组和团队成员资格的标准。

- **权力和地位** 确定获得、保持和失去权力和地位的规则。
- **奖惩** 建立相应体系来鼓励期望行为的发生,阻止不期望行为的发生。

组织成员在共同解决适应外界环境和应付内部整合过程中出现的问题时,如果形成了共同的知识和认识,那么组织文化就形成了。图 4.2 向我们展示了组织文化出现的基本模式。在相对新兴的组织中,如戴尔电脑、eBay 和谷歌,其公司的创立者或少数几个关键个人对组织文化的产生有极大的影响。在组织以后的发展中,其文化发展为将公司创立者和其他一些早期管理者的使命、价值观和理念与管理者和员工随后的各种经验混合在一起的综合体。

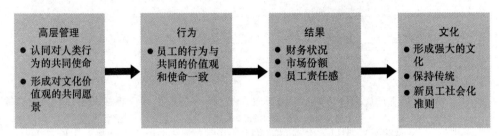

图 4.2 文化是如何形成的

一个国家的文化、习俗和社会准则对该国组织文化的形成也有重大影响。国家对组织的约束可以反映出一个国家文化的主导价值观。例如,一个国家的政府形式会对组织的运营方式产生深刻的影响。另外,在某个特定社会下成长的组织成员会把该社会的主导价值观带进组织。例如,在美国,人们从国家文化中学会了言论自由、尊重个人隐私等价值观。因此,在整个大社会环境下一些价值观的存在与否将对该社会中的组织行为产生影响。最后,逐渐增长的全球化趋势使人们意识到国与国之间的文化差异对组织效能有着不可忽视的影响。跨国公司发现在有些国家很有效的组织结构和文化在另外一些国家却毫无用处。下面的跨文化管理能力专栏解释了美国和墨西哥两个国家的不同文化对卡苏集团收购 CompUSA 的影响。这是拉美最大的并购案例之一。

CompUSA 由埃罗尔·雅各布森于 1975 年创立,他当时的愿望是让每个美国家庭都拥有个人电脑。公司从一家店发展为 230 家 CompUSA 电脑超市,并实现销售额超过 45 亿美元。为了获取更多的市场份额,CompUSA 从 Radio Shack 那里收购了 Computer City。不幸的是,随着个人电脑销售量的稳步增长,电脑的单价也在不断下滑。再加上个人电脑供大于求、不断更新的技术以及一些费用高昂的营销手段,CompUSA 的利润急剧下滑。与此同时,戴尔和 Gateway 逐渐崛起并成为市场上的主要力量。通过利用因特网销售电脑这种非传统的零售方式,戴尔和 Gateway 超过 CompUSA 而占有更多的市场份额。最终,卡苏集团 2000 年轻而易举地收购了股票市值已缩水 90% 的 CompUSA。

第4章 培育组织文化

跨文化管理能力

卡 苏 集 团

卡洛斯·斯利姆和他的家族成员是卡苏集团的控股方。在重组 CompUSA 的过程中,为了降低 CompUSA 的运营成本,让公司集中力量发展核心产品,斯利姆卖掉了 CompUSA 的个人电脑生产工厂和呼叫中心。为了快速提高公司的利润,他希望 CompUSA 能够用更少的资源创造更大的价值。经销商起诉该公司,指控它没有按照协议履行承诺,最终得克萨斯州法庭受理了此案,这体现了拉丁美洲与美国商业文化的不同之处。

墨西哥的司法制度使得人们很难因为合同纠纷而起诉对方。当案件需要通过法庭审理时,通常要经历各种繁文缛节且过程冗长,因此许多人不愿意诉诸法律。斯利姆认为美国的法律制度使得人们在起诉某个公司后经常有利可图,因此人们会把诉讼看做一种经济收益的来源。

斯利姆指派了一名来自墨西哥的高层管理人员执掌 CompUSA。虽然此人既懂西班牙语又懂英语,但在文化方面却不是很精通。很快,问题就出现了。首先是语言问题。该公司的规章制度全部是西班牙文,而且许多管理人员说西班牙语。这样,在同美国同事沟通时,容易产生困惑和误解。墨西哥的管理人员认为美国同事应该听得懂,甚至可以讲西班牙语,美国同事对双语技能的缺乏被认为是一种缺少尊重的表现。此外,墨西哥人在接听电话时,会表明自己的职位和姓名,名片上也会印有职位和姓名。事实上,管理人员拥有一些特权,如预留车位、午餐时间加长等;而在美国,管理者必须通过努力,获得认可,才能享有一些特权。

其次,在墨西哥,刚刚发生的事情远远比不上未来某些事件重要,人们会有充分的理由解释为什么工作没有完成。员工虽然有工作计划,但是这些计划会因交通或个人事务的影响而进行调整。按时上班并不是什么重要的事情,下班后许多员工一直工作到晚上 6:30 或 7:00。而在美国,员工的工作计划却不那么灵活,大多数员工上午 8:00 开始工作,下午 5:00 准时下班。因此,对于那些需要直接同墨西哥同事沟通的美国员工而言,这是一件比较烦恼的事情。

再次,在墨西哥,午餐时间大约从下午两点开始,这是有其社会原因的。像美国的晚餐那样,午餐是墨西哥人一天中最轻松愉快的一顿饭。墨西哥的管理者认为午餐的时候喝酒是社会普遍可以接受的行为,但是美国的管理者就不那么认为了。这就意味着,墨西哥的管理者有时希望能够利用午餐的时间同美国的同事讨论某些工作。

最后是沟通的不同之处。沟通是按照组织的等级层次来进行的。在墨西哥,员工认为他们的经理就是为他们提供指导并制定决策的,员工与经理讨论事情必须事先约定。而在 CompUSA,美国经理采取更加开放和直接的沟通方式,通常会忽略命令链的某些环节。此外,在美国人的办公室里一般不存在着装要求,而在墨西哥却存在一种潜在而正式的商业规则,其中包括对经理的着装要求。

注:关于卡苏集团的更多信息,请访问公司主页 http://www.gcarso.com.mx。

一些人认为是社会层面的文化差异导致了 CompUSA 内部的冲突,但一些新的组织员工认为不同的管理理念和价值观才是问题的根源。每种解释都有它的道理,或许最终 CompUSA 将形成自己独特的文化,即一种兼具美国和墨西哥经营方式的文化。这一文化越早形成,就越有利于组织所有员工尽早地实现高效合作。

文化的维持

维持和改变组织文化会有意无意地影响组织的运作和管理方式。图 4.3 展示了维持组织文化的基本方法:① 雇用适合该组织文化的个人;② 通过解雇那些不断违反组织认可的行为或活动的员工来维持组织文化。

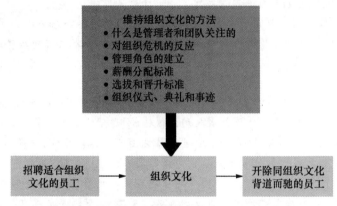

图 4.3　维持组织文化的方法

当然,维持组织文化的具体方法要复杂得多,不仅仅是雇用适合的人和解雇不适合的人。组织文化最有效的指标是:① 什么是管理者和团队关注、衡量和控制的;② 管理者尤其是高层管理者是如何应对重要事件和组织危机的;③ 管理和团队角色的建立、指导和训练;④ 薪酬和职位的分配标准;⑤ 招聘、选拔、晋升和免职的标准;⑥ 组织仪式、典礼和事迹。

什么是管理者和团队关注的　维持组织文化最有效的方法之一是关注那些管理者、员工和团队所注重的过程和行为,也就是那些备受关注和评论的事件。有条不紊地对事情进行处理可以很明确地暗示员工什么事情是重要的,以及组织对他们的要求。例如,电子商务咨询公司 Go-e-biz.com 的总裁汤姆·萨洛尼克每天都会在早上 7 点 25 分,同他的销售人员召开一个 15 分钟左右的会议,销售人员在路上用手机打电话的方式来参与这个会议。会议里,他们分享前一天的工作挑战和成绩。萨洛尼克也通过这种方式来密切监控他们进行的销售洽谈的次数。如果销售人员能够完成他们每日销售洽谈的次数要求,就会获得 20 美元的奖金。

如何应对事件和危机　当组织面临危机的时候,如"9·11"恐怖主义袭击或主要顾客的大量流失,管理者和员工如何处理危机在很大程度上反映了该组织的文化。危机的处理方式可以加强组织现有的文化,也可以产生一种新的价值观和规范,从而在某方面改变组织现有的文化。比如说,当产品需求大量减少的时候,组织可能会相应地解雇一部分员工,也可能会以减少员工工作时间或削减工资的方式来避免裁员。选择不同的方案揭示了组织如何看待员工的价值,一种方案的选择可以加强或保持现有的文化,也可以带来一场巨大的文化变革。这种情况曾经在林肯电气公司发生过。林肯电气于1958年正式出台了一项保证长期持续雇用的政策,确保每位在公司工作三年以上的员工每个星期可以工作30个小时以上,每年工作49周以上。由于20世纪80年代经济出现衰退,公司弧形焊接产品和电子马达的需求量减少,公司把所有员工的工时由每周40个小时减少到30个小时,很多员工都被重新分配工作。通过实施正常的退休制度,并对新员工的雇用进行限制,总劳动力只是略有减少,年终奖金还是照常发放。

角色的建立、指导和训练 组织文化的各个方面通过管理者传递给员工,管理者对待员工的方式传递着组织文化。在丽嘉酒店,所有新员工都要观看强调客户服务的影像资料。经理们通过与客户的交往,身体力行地为新员工展示如何提供优质的客户服务。例如,有一个故事讲述的是一名海滩护卫的事迹。一天,这名护卫正在忙着为晚上的活动摆放椅子,这时,一位客人走过来询问是否可以留下两张椅子,因为他准备今晚同女友重返沙滩,并向女友求婚。尽管那位海滩护卫当时已经下班了,但是他不仅为客人准备了椅子,还穿上了燕尾服,带来了鲜花、香槟酒和蜡烛。他当晚在沙滩上等候期时那对情侣,陪送他们就座,送上鲜花,点燃蜡烛,并为他们斟满香槟。丽嘉酒店不断强调维系良好的客户关系不仅在于培训,还在于日常的行为,以此来建立和保持公司所倡导的以客户为导向的文化。

薪酬和职位的分配 员工也可以从薪酬体系中了解组织的文化。与各种行为联系在一起的奖惩措施向员工传递了管理者个人和组织对事件轻重缓急的判断与价值观。在主营机械、电力的 TD 工业公司,员工在90天之后就有资格参与401(k)计划,而且他们每向公司成功推荐一名新员工,就会有7 000美元的特别收入。为了缩小管道安装、电力、机械等行业相互之间的生产瓶颈和地位差别,所有员工的培训都是跨行业进行的,以便他们能够完成各个领域的任务。其中的基本原则是,管理者必须保证公司整体运作时的财务状况良好。

同样,许多组织中的职位体系也反映了组织文化的某方面特征。津贴福利、坐落在顶层角落的办公室、行政餐厅、地毯、私人秘书或私人停车位的分配,向人们展示了哪些角色和行为是组织所看重的。在纽约市的大通曼哈顿银行,吉姆·唐纳森被提拔为负责全球信托基金的副总裁,他的办公室也随之重新布置,摆放了许多象征地位的标志。但是在上任之前,他的老板命令物业部把地毯沿着四周剪去了12英寸。因为在大通曼哈顿,整个地板铺满地毯是高级副总裁及以上职位的地位象征。

不过,某些组织也可能会不恰当地运用薪酬和职位体系。如果真的如此,该组织就丧失了影响组织文化的大好机会。因为在组织成员的心目中,组织薪酬制度的运行是与它的组织文化紧密联系在一起的。事实上,一些权威人士认为,通过薪酬制度影响组织文化是最有效的方式。在 NASA,人们认为导致"哥伦比亚号"失事的原因是薪酬制度发生了变化,即从以往奖励安全和技术创新,变为关注效率和对航天飞机的重新使用。NASA 的口号是"更快、更好、更经济",从而导致员工强调追赶工作计划,避免成本超标。这句口号就标志着组织的奖励将如何分配。

招聘、选拔、晋升和免职 图 4.3 说明,通过招聘来保持组织文化是组织维持其文化最基本的方法之一。此外,决定谁将做哪项工作、担任哪个职位,谁获得加薪晋升、为什么加薪晋升,谁将被免职、解雇或退休的一系列标准,也会揭示和加强组织文化。这些标准在组织里众所周知,因此既能够用来维持现有文化,又可以用来改变现有的文化。

仪式和典礼 组织的仪式和典礼(organizational rites and ceremonies)是指那些计划好的、有着重大文化意义的活动和惯例。一些成为惯例的管理层活动和员工活动被看做组织文化的一部分。维持组织文化的仪式和典礼包括通过仪式、退出仪式、加强仪式和融合仪式。表4.2分别列举了这四种礼仪的例子,也相应地给出了这些仪式想要达到的效果。

表 4.2 组织仪式和典礼

类型	例子	可能的效果
通过仪式	美国军队基本的训练	尽量缩小不同人做同样事的差异
退出仪式	解雇一位经理	削弱权力和身份,重申合适的行为
加强仪式	玫琳凯公司典礼	加强权力和身份,强调合适行为的重要性
融合仪式	办公室派对	激励大家同舟共济的感觉

资料来源:Trice, H. M., and Beyer, J. M. The Cultures of Work Organizations. Englewood Cliffs, N.J.: Prentice-Hall, 1993, 111。

玫琳凯公司的典礼提供了一个很好的加强仪式的例子。在精心准备的颁奖典礼上,金别针、钻石别针、毛披肩、粉红色凯迪拉克汽车作为奖品颁给达到销售指标的销售人员。音乐唤起和表达了在场人员的情感,所有参加典礼的人都知道这首属于玫琳凯的歌——《我汲取了玫琳凯的热情》。这首歌是玫琳凯的一名员工根据一首赞美诗《我汲取了古老的信仰》的曲调填写成的,它就是玫琳凯文化最直接的表达。在颁奖典礼上,玫琳凯的员工们充满激情地歌唱,很容易让我们联想起美国小姐的庆典。典礼上每个人都穿着迷人的晚礼服,背景设计是典型的礼堂式的,宽大而洋溢着热情,喝彩的观众席前面是一个大大的舞台。这个典礼的目的非常明确,就是要提高那些业绩突出员工的身份和地位,强调公司对表现优秀者的奖励。

组织事迹 组织文化的很多潜在信仰和价值观都是通过公司"民间传说"中的一些故事表达出来的。这些故事把组织现有的文化,尤其是那些组织中长期存在的文化从侧面通过老员工传递给新员工。玫琳凯当初为何取出5 000美元的所有积蓄,如何在1963年创办自己的公司等往事,被一次又一次地讲述给所有美容顾问。她很快意识到,如果认同员工的成就,就可以很好地激励员工。玫琳凯也相信每个人都应该平等地享有成功的机会。经理们反复讲述着雪莉·赫顿在1979年仅仅赚取11 000美元的情况下,而在1996年就可以安心退休的故事。在这17年中,雪莉卖出了足够多的化妆品,以至于她在退休后的15年间可以享有65万美元的收入。为什么会这样?主要是保持积极的人生观,将顾客视为朋友,给客户打电话仅仅出于真心的问候,给客户寄送生日贺卡,设立目标并且每天为实现该目标而不断努力。这些正是玫琳凯在1963年创立公司时表达的核心价值观。

文化变革

用来维持组织文化的基本方法,同时也可以用来改变组织文化。换句话说,文化变革可以致力于改变:① 什么是管理者和团队关注的;② 管理者如何应对组织危机;③ 招聘新员工的标准;④ 组织内部晋升的标准;⑤ 薪酬的分配标准;⑥ 组织仪式和典礼。

> ▶▶▶ **成功领导者语录**
>
> 文化变革不是在真空状态下发生的,所有员工都应该拥护变革,高层管理者应该表彰那些强化和促进组织文化的行为。
>
> 戴维·诺瓦克,百胜集团总裁

改变组织文化是不容易的,因为精确评价组织文化本身就是一件很棘手的事情。大多数复杂的大型组织实际上都不只拥有一种文化。例如,在佛罗里达州盖恩斯维尔警察局,局里的文化会根据轮换的警官以及他们级别的不同有很大的区别。有时候这种多重文化被称为**亚文化(subcultures)**。如果一个组织存在亚文化,那么至少应具备以下三种文化类型:① 操作文化(直线员工);② 工程文化(技术人员和专业人士);③ 管理层文化(高层管理)。每种文化都来自于三种群体对事物的不同观念。面临多种亚文化,管理会遇到以下难题:① 如何精确评价这些亚文化;② 当亚文化出现在不同地点、不同部门时,如何有效实施必要的变革。

尽管有亚文化的存在,改变组织文化仍然是切实可行的。特别是在组织遭遇失败或组织外部环境发生剧烈变化的时候,文化的变革更有必要。成功的组织文化变革要求:

- 充分了解原有的文化,因为管理者和员工必须了解新文化从何而来,否则新文化就成了无源之水,无从发展;
- 为那些提出完善组织文化建议并且愿意付诸行动的员工和团队提供支持;
- 找出组织内最显著的亚文化,并且把它作为一个可供员工学习的范例;
- 不要正面攻击亚文化,而要寻求帮助员工和团队更有效工作的途径;
- 把新文化的愿景看做变革的一个指导方针,而不是一种能创造奇迹的管理手段;
- 认识到组织范围内的重大文化变革需要5—10年的时间。
- 让新文化自由发展,因为事实胜于雄辩。

哈雷戴维森公司的改革就是一个讲述公司如何变革文化的例子。下面的变革管理能力专栏介绍了这个案例。为了改变公司的文化,组织必须制定相应的薪酬制度、领导行为以及组织结构来支持文化的变革。

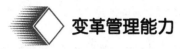

变革管理能力

哈雷戴维森公司

1987年,当理查德·蒂林克接手哈雷戴维森公司董事长一职的时候,公司产品与竞争者产品之间的质量差别是非常显著的。例如,本田汽车公司的摩托车在产品检测时的不合格率仅为5%,而哈雷的不合格率却高达50%。本田的员工为公司创造的价值是哈雷的三倍。哈雷和经销商的关系很差,因为经销商常常为了哈雷公司的产品生产缺陷而被迫为客户提供免费服务。面对这种情况,蒂林克是怎么做的呢?他开始着手改变哈雷戴维森公司的文化,这个目标在他1999年退休之前得以实现。

首先,他开始强调虽然哈雷是一家摩托车制造商,但是身处"体验式经营"的模式中。他认为真正的产品不是一部机器,而是一种生活情调,一种生活态度和生活方式,一种早在比尔·哈雷和阿瑟·戴维斯于1901年制造出第一辆摩托车之前就已经存在的生活观念的再现,那就是从个人主义中衍生出来的力量和勇气。因此,驾驶一辆哈雷摩托车,就意味着冒险与传奇。

其次,他通过一个领导力协会来强调整个组织和所有个人学习各种新知识的必要性。这个协会的目的是向新员工介绍哈雷的企业目标和文化,同时让现有员工更好地了解组织设计和竞争对公司绩效的影响。管理者准备了一系列通俗的课程来阐述现金流和灵活生产是怎样影响财务收入的。生产线上的工人会被告知产品、销售和生产率是怎样影响利润率的。为了增强工作丰富化和员工授权,员工的工作说明书、职责和生产流程都发生了实质性的改变。这些努力都是通过交叉培训和工作扩大化来实现的。蒂林克废除了营销副总裁和运营副总裁的职位,因为这些职位不会为产品增值。员工团队如负责生产产品的"需求创造团队"和"产品支持小组"可以自主做出各种决定。员工们组成了多个质量圈,为产品质量的提高提供来自基层的意见。此外,创立了一种同事评估体系来评估彼此的表现,而不再单纯依靠基层主管的评估,这些评估可以帮助公司确定员工的报酬。

最后,为了恢复哈雷的魅力,蒂林克重新整合了"Harley Hogs"团队——一个致力于让人们更积极地参与摩托车行业的客户小组。为了吸引女性用户,公司成立了哈雷女士小组以提高年轻女性驾车者的人数和兴趣。蒂林克和他的员工会定期地参加公路拉力赛,帮助摩托车俱乐部赞助公众慈善活动。同时,哈雷对成千上万的驾车者发行了一种信用卡,鼓励他们用卡购买摩托车、服务和配件。哈雷也向顾客出售各种商品,包括衣服、珠宝、小皮制品等,这使得顾客对公司产生了认同感。就像蒂林克所说:"难得有一些产品会让人如此着迷,以至于人们要把公司的标志文在他们身上。"

自从蒂林克退休之后,新任CEO杰夫·布鲁斯坦恩致力于保持哈雷的文化。最近,哈雷的销售额超过了50亿美元,并且员工总数超过了8 800人。这一切说明他的领导力是胜任的,并延续了蒂林克创下的组织文化。

注:关于哈雷戴维森公司的更多信息,请访问公司主页 http://www.harley-davidson.com。

我们将在第 5 章全面介绍有计划的组织变革,其中谈到的很多改变组织行为的具体技巧和方法都可以用来改变组织文化。从某种意义上说,任何一项全面的组织变革项目其实都在尝试改变组织文化。

虽然我们不能过分强调改变组织文化有多么困难,但事实上,我们不得不承认这确实不容易。如卡苏集团案例所描述的,不同组织文化之间的不兼容性和对变革的阻力是成功实现组织合并所遇到的最大障碍之一。要使组织合并变得有效,合并的组织中至少有一方(有时候甚至是双方)需要改变其文化。

组织文化的类型

> **学习目标** 2. 描述四种类型的组织文化。

文化组成要素和它们之间的关系为每个组织创造了截然不同的文化类型,如谷歌公司和卡苏集团公司就具有不同的文化。不过,组织文化又确实有一些共同的特征。图 4.4 向我们展示了一种文化类型框架模型:纵轴表示组织的相对控制程度,从稳定到灵活;横轴表示组织的相对关注程度,从内部行使职责的方式到外部行使职责的方式。四个象限分别表示四种单一的组织文化:官僚型、宗族型、创新型和市场型。在像玫琳凯那样文化单一的公司里,这几种基本文化类型中只有一种会成为公司的主导文化。但在达拉斯警察局、美国银行、微软公司和

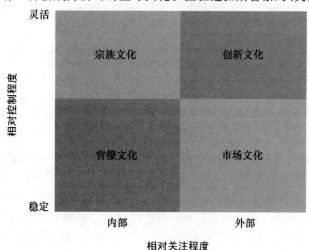

图 4.4 文化类型框架模型

资料来源:Hooijberg, R., and Petrock, F. On cultural change: Using the competing values framework to help leaders execute a transformational strategy. *Human Resource Management*, 1993, 32, 29—50; Quinn, R. E., *Beyond Rational Management: Mastering the Paradoxes and Competing Demands of High Performance*. San Francisco: Jossey-Bass, 1988。

一些其他有多种亚文化的组织里,就不仅存在各种文化之间如何共存的问题,还有可能面临各种文化互相争夺优先地位的问题。

与组织设计一样,不同的组织文化适合于不同的场合,没有一种文化是万能的。不过,有些员工可能对某些文化比较偏爱。在学习每种文化的时候,请你思考一下哪种是你所偏爱的。当组织文化和员工心目中理想的组织文化相吻合的时候,员工就会对组织比较忠诚,对组织的发展前景比较乐观。

官僚文化

一个重视程序、规则、标准操作流程和等级间协调的组织,表现出的就是典型的**官僚文化**(bureaucratic culture)。回顾第3章的内容,官僚主义所关心的是可预见性、效率和稳定性,它的成员高度重视标准化的产品和客户服务,行为准则要求重视程序。管理者们把自己看做书面规则条例的协调者、组织者和实施者。组织的许多规章和程序都在厚厚的组织手册中有详细说明,所有员工的任务、职责和职权都有明确的规定。员工认为他们的职责就是"按照书面要求去做",遵循法定的程序。

很多地方政府、州政府和联邦政府都属于官僚文化,这种文化严重妨碍了它们的工作效率。在联邦政府的员工手册中,仅仅关于雇用和解雇的规则就解释了上千页;说明怎样填写一些表格也要用上百页的内容;订购一台电脑的审批程序要花上几个月的时间,往往在安装订购的电脑时,新一代的电脑已经产生了。

宗族文化

传统、忠诚、个人承诺、广泛社会化、团队工作、自我管理和社会影响都是**宗族文化**(clan culture)的特性。组织员工认识到,除了用以交换工资的那部分劳动外,他们还要承担其他的义务。员工知道他们对组织的贡献(如每周工作多少小时)不应仅局限在合同协议范围内。个人对组织的长期承诺(忠诚)会换来组织对个人的长期承诺(工作保障)。因为大家都相信,组织会在加薪、晋升和其他的认可形式方面公平地对待他们,所以他们的任何行为都要对组织负责。百胜集团、州立农业保险公司和西南航空公司都具有浓厚的宗族文化。

宗族文化通过长期和彻底的社会化过程来达到团结的目的。宗族的老成员在新成员面前扮演着导师的角色并发挥着典范的作用。宗族通常都有其独特的历史,用纪实性的文字描述它的起源,举办各种仪式庆祝其传统。员工们对组织风格和行为方式都有统一的看法。公开声明和公众事件使组织价值观得以强化。在百胜集团(如肯德基、必胜客、塔可钟)的餐饮支持中心悬挂着一个大牌匾,上面写着"打造真理"、"合作原则"。那些写着"卓越的运营和营销推动销售"、"不要指手画脚"、"餐厅经理才是头儿,而不是那些高管"的牌匾表达了百胜的文化。

在宗族文化中,员工们为成为宗族中的一员而感到骄傲,他们有强烈的认同感,知道自己与组织有着共同的命运。由下而上、层层通过的按职位排序的形式,令行业有所交叉、经历有所相似的同事之间形成了广泛的网络系统。共同的目标、观念和行为倾向促进了成员之间的交流、协调和融合。宗族文化会令人产生某一项业务、产品或者创意完全属于个人的感觉。此外,同事间的压力也会督促大家遵守组织的重要规范。文化的丰富性所创造的氛围使任何东西都难免受到文化规范的影响。在不同的规范指导下,文化可能会也可能不会导致冒险行为或创新。成功在本质上取决于对顾客的敏感度和对员工的关心,因此,团队工作、参与和一致的群体决策被认为是组织通向成功的必要条件。

创新文化

高度冒险和高度创造性是**创新文化**(entrepreneurial culture)的特征。该文化倡导试验、创新和走在行业的前沿。这种文化不仅可以对环境变化做出快速反应,而且更加注重创造变革。如今的许多高科技公司,如苹果、梦工厂 SKG 和 Get Digital 等都在培养创新型的文化。在这种文化中,有效性意味着提供新颖而独特的产品和快速的发展。个人能动性、灵活性和自由能够促进组织成长,因而得到组织的提倡、鼓励和奖赏。2000—2001年,很多网络公司宣布破产,一个重要的原因是他们的领导人缺乏创建公司的能力,缺乏管理、协调与外部商业投资者关系的能力。

创新文化通常与由创建者管理的中小型公司联系在一起。创新和创业精神是公司创业者通常都具有的价值观。杰夫·贝索斯在西雅图仅两居室大的家中创立了亚马逊公司。随后,他和朋友把车库改装成办公室,从一个个接线口和三台电脑开始拓展生意。为了省钱,贝索斯到家得宝公司买木制的门,再利用托架,把每扇 2×4 平方米的门改造成书桌,这样每张书桌的成本大约为 60 美元。直至今天,公司的办公桌仍然是这样做成的。对每个新建公司来说,公司成立之初的资金都是比较紧张的,而创业者是否能够筹到启动资金对于企业的生存至关重要。

市场文化

完成可衡量和高难度的目标,尤其是那些与财务和市场相关(如销售量的增长、利润率和市场份额)的目标,就构成了**市场文化**(market culture)的特征。百事可乐、美国银行和 AIG 等公司都具有市场文化的特征,这些组织的重心都放在不断提高竞争力和赢利水平上。E*Trade 公司首席执行官克里斯托斯·科萨科斯是这样描述该公司的市场文化的:"在 E*Trade,我们是攻击者,是掠夺者,我们相信上帝赋予我们权力让我们争夺市场份额。"

在市场文化里,个人和组织的关系是契约式的,也就是说,每一方的义务都是预先规定好的。在这个意义上,管理倾向于采取非常规范而稳定的监控。员工个人有责任达到某种程度的绩效,组织也承诺会给予员工预先约定的具体奖励。按照双方的约定,超额的绩效会有超额的奖励。任何一方都没有权力要求另一方履行合同以外的义务,组织不会对员工承诺(或暗示)工作保障,而员工也不会承诺(或暗示)对组织的忠诚。如果双方都很好地履行了他们的义务并且达到了对方想要的效果,那么这种功利性的合同就会每年续约和更新,因为双方都想利用对方来实现自己更进一步的目标。市场文化不鼓励一种社会归属感,而是注重独立和个性,鼓励成员追求自己的财务目标。

市场文化通常都不会对组织成员施加很大的社会压力,但是一旦它真正施压,员工就一定要做到。在安然公司,从理论上来说员工可以根据自己的意愿选择任何一家旅游公司来安排商务旅行,但是董事长肯尼思·莱的姐姐经营的一家休斯敦旅游公司莎伦·莱,每年可以从安然收到 680 万美元的代理费。员工一旦没有选择这家旅游代理公司,肯尼思·莱的便函就会马上到来,提醒他们应该做出什么样的选择。

在市场文化的组织里,上司和下属的互动主要包括对绩效—报酬协议进行谈判和对资源配置要求进行评估。对管理者的评估也不仅仅基于他们作为典范和导师的成效。在市场文化中,双方缺乏长期承诺,导致社会化过程的影响力很弱;同事之间的社会关系也被忽略,几乎没有什么经济奖励是与同事合作直接挂钩的。管理者只有为了完成目标,才会与其他部门的管理者共同合作。因此,他们无法在组织内形成一个全面的同事网。市场文化通常在利润的基础上同月度绩效、季度绩效以及年度绩效目标联系在一起。在百事可乐公司,管理者们追求的是数字(销售额),因此他们的工作重点是快速解决问题,不断得到晋升。

文化—绩效的关系

组织文化可以提高组织绩效、个人满意度以及问题如何解决的确定性等。但是,组织文化的步伐一旦与内外部利益相关者不断变化的要求脱节,组织的有效性就会降低。组织文化和绩效是明显联系在一起的,这种联系有利有弊。有研究显示,随着时间的推移,很多在大众媒体中被认为对绩效至关重要的文化要素和高绩效并没有固定的关联。基于对文化—绩效关系的这一了解,权变的方法对管理者和组织而言似乎是个不错的选择。即使对文化—绩效关系这个问题做进一步的研究,不管在强度还是类型方面,都无法发现"最好"的组织文化。

文化和绩效的关系有以下一些特点:
- 组织文化对企业的长期经济表现有重大的影响。
- 组织文化可能成为决定企业未来 10 年成败与否的重要因素。
- 阻碍企业长期财务表现的组织文化并不罕见,即使在人才济济的公司里,这种文化发展起来也很容易。
- 组织文化虽然很难改变,但是只要管理者明白维持一种文化需要什么,组织文化就可以用来提升绩效。

我们可以把组织文化对员工行为和绩效的影响归纳为以下四点:首先,了解组织文化可以使员工了解公司的历史和现在的运营方式,这种了解有助于指导员工未来的行为。其次,组织文化可以促进员工对公司理念和价值观的认同。这种认同可以使大家产生为共同的目标而奋斗的感觉。再次,通过规范,组织文化可以作为一种控制机制来引导组织期望行为的发生,阻止不期望行为的发生。最后,某些类型的组织文化会比其他类型的组织文化更直接地提高效能和效率。

组织应该时刻意识到哪些组织文化的要素应该保持,哪些应该改变。在 20 世纪 80 年代的美国,为了能够更好地满足顾客对产品质量和服务方面的需求,很多组织开始改变它们的文化。20 世纪末,许多组织又开始重新评估它们的文化,看其是否符合员工的需求。第二次世界大战以后,美国的劳动力在人口结构上发生了重大的变化,日益呈现多元化的趋势,越来越多的员工开始感觉到几十年前形成的公司文化已经同当今的价值观脱节了。在本章接下来的内容里,我们将讲述如何调整现有组织文化来适应劳动力多元化要求的挑战。

道德行为和组织文化

> **学习目标** 3. 讨论组织文化如何影响管理者和员工的道德行为。

组织中的道德问题一直备受管理者和员工的关注。安然公司的破产和财务丑闻就是一个在组织管理者、员工和承包商之间缺乏道德行为的显著例子。德勤会计师事务所已经为其在全球150个国家的员工开设了一门商业道德的网络课程。在2002年《萨班斯-奥克斯利法案》的要求下,德勤开通了近1800条用于匿名举报的电话热线。同时,公司也根据不同国家的文化,设计了不同的道德培训方案,毕竟开通1800条电话热线这种做法不是所有国家的文化都能够接受的。

文化的影响

管理者和研究者开始着手研究组织文化对道德行为的潜在影响。组织文化涉及组织中正式和非正式体系之间复杂的相互作用,有利于支持道德或非道德的行为。正式的体系包括领导、组织结构、政策、奖赏体系、指导和培训项目以及决策过程;非正式体系包括规范、杰出人物、仪式、语言、神话传说、英雄传奇和故事。

组织文化会在几个方面影响道德行为。例如,一种强调道德规范的文化会支持道德行为。此外,高层管理在提倡道德行为的时候,自身行为是否端正也起着关键作用。假如基层管理者看到高层管理者对其他人进行性骚扰、伪造开支报告、把装运的货物转给某些优先的顾客、谎报组织财务状况以及一些其他形式的不道德行为,那么他们就会认为这些行为是可取的,并且还会得到回报。因此,管理活动中是否倡导道德行为不仅影响同时也反映了文化。组织文化可能会促使组织成员承担行为后果,从而增加个体道德行为发生的可能性。相反,组织文化也可能会漠视不道德行为产生的后果,从而增加不道德行为发生的可能性。简单地说,道德的商业操守是从道德的组织文化中衍生出来的。

员工可以使用各种策略来尝试改变不道德的行为,包括:
- 秘密或公开地把不道德行为报告给组织内的上级领导;
- 秘密或公开地把不道德行为报告给组织外的个人或机构;
- 以揭发不道德行为为由,秘密或公开地威胁犯规者或负责的管理者;
- 暗中或公开地拒绝执行不道德的命令或政策。

揭发内幕

揭发内幕(whistle-blowing)是指现有或原有的员工向组织外的个人或机构揭发个人或组织的一些非法、不道德、不合理的行为,希望能阻止或改变这类行为。揭发内幕者缺乏直接改变不当行为的力量,所以需要向组织内或组织外的人求助。

2002年,《时代周刊》评选了三位揭发内幕者作为该刊物的年度人物,分别是世通公司的辛西娅·库珀、FBI的科利恩·罗利以及安然公司的莎朗·沃特金斯。在世通公司的案件中,库珀向审计委员会揭发了公司上交伪造财务报表的事件。审计委员会将首席财务官开除,随后这名首席财务官受到起诉,指控他与公司的非法财务操作有关。罗利则是给FBI的主管发了一份备忘录,指出在调查"9·11"恐怖事件中该组织高层的管理失误。安然公司的瓦解则源于2001年8月14日那天,当莎朗·沃特金斯在电脑前坐下,输入一连串疑问,也就是现在著名的"安然备忘录"给她的老板肯尼思·莱的时候,"安然事件"就开始了。她写道,"我对我们即将掀起一桩会计丑闻的轩然大波而感到非常紧张。"沃特金斯长达7页的备忘录,成为调查安然和安达信联手进行非法虚假交易行为的导火索。沃特金斯和库珀发现他们置身于非法的造假行为中,而且这种行为牵涉到具体的个人。罗利投诉的则是FBI机构内存在的信息管理失误和领导失效的问题。当有充分的证据显示组织存在某一重大错误行为时,他们都选择了揭发内幕。当然,他们也担心可能遭到报复。

你是如何看待揭发内幕这一行为的?接下来的沟通管理能力专栏要求你指出哪些是错误行为,你是否会选择揭发有错误行为的人?我们也会让你指出,如果你将内幕汇报给组织高层或主管道德事务的领导,是否会在你身上发生下列的报复行为?为了更好地进行判断,我们假设错误行为的平均代价是3.5万美元,而且你经常看到这种错误行为的发生。我们也知道有些错误行为的代价是很难用金钱去衡量的。做完选择后,可以参看附在本章最后的答案部分,将你的答案和那些在实际工作中揭发这些内幕的员工做出的答案比较一下。

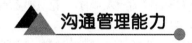

你会怎样做

我们意识到下列八种错误行为在很大程度上受到行为所付出的代价的影响。代价、证据的质量、错误行为发生的频率等都会影响是否采取揭发内幕的行动或只是口头威胁一下。报复行为也会受到错误行为的类型和代价的影响。请指出内幕揭发者最容易受到的报复类型。

错误行为类型	你是否会向管理层汇报	
偷窃	是	否
浪费	是	否
管理失误	是	否
安全问题	是	否
性骚扰	是	否
不公平歧视	是	否
违反法规	是	否
财务报表问题	是	否

报复行为类型	你会遇到这种报复吗	
同事不合作	是	否
同事要求停止投诉的压力	是	否
隐瞒开展工作需要的信息	是	否
绩效评估结果差	是	否
言语骚扰或威胁	是	否
对日常工作更严格的审查	是	否
重新安排工作	是	否
重新安排责任较轻的工作	是	否
晋升受阻	是	否

下列行为有助于建立鼓励道德行为的组织文化：

- 在雇佣关系方面设定现实的价值观和目标，不要承诺组织提供不了的东西。
- 在整个组织范围内鼓励有利于贯彻文化的价值观和行为，选择既代表管理者又代表员工想法的价值观。
- 建立一种鼓励多元化和原则性分歧的组织文化，如建立员工投诉机制或其他内部审查程序。
- 为促使管理者和团队采纳和执行组织文化而提供培训项目，这些项目应该强调基本的道德和法律准则，并涉及执行这些指导方针时的具体操作。

一种有效的组织文化应该鼓励道德行为，阻止不道德行为。不可否认，道德行为可能会使组织和个人付出一些"代价"。一个全球性的企业如果在某些国家拒绝使用贿赂的手段来保障业务的话，它的销售量可能会下降。一个人也会因为拒收回扣而在财务上有所损失。同样，一个组织或个人也可以从不道德行为中获得一些利益。某个组织可以藐视美国法律，为了进入一个新的市场而暗地里贿赂政府官员；大公司的采购代理商从特定的供应商那里购买所需办公用品从而得到回扣。但是，这种获利只是短期的。

长远来看，如果组织的主要文化和价值观与社会的文化和价值观不相符的话，该组织就不可能成功运作。事实也确实如此，从长远来说，除非一个组织可以提供社会需要的高质量产品和服务,否则它就无法生存。一种促进道德行为的组织文化不仅是与美国的主流文化价值观相协调的,而且还具有重要的商业意义。

培养文化多样性

> **学习目标**　4.解释培养文化多样性的重要性。

在第1章中,我们强调过组织在性别、人种、族裔和国籍方面越来越趋向多样性。美国有超过一半的劳动力是由女性、少数族裔和近年来的移民所组成的。在很多组织里,员工的多样性可以带来巨大的收益,如可以针对不同类型的顾客制定更加成功的市场战略,可以改进决策,还可以带来更多的创新和改革。美国劳工部预计,2000—2010年将有60%的新增劳动力由女性和有色人种构成。无论受到经济需求的刺激还是自行选择的激励,组织终将为抢夺人才而进行激烈的市场竞争。最近,杜邦公司一群非洲裔的美国员工为公司开拓了一个颇有前景的新市场,而这个新市场的目标客户群则是黑人农民;另一个跨国团队则通过改变杜邦公司装饰材料的设计和推广手段来吸引更多的海外顾客,从而为公司赚取了4 500万美元的利润。

挑战

文化多样性为组织带来了很多好处,但同时也需要付出代价并产生新的忧虑,包括沟通上的困难、组织内部的冲突和人员的流失。有效地培养文化多样性是组织长期面临的一个巨大挑战。要获取成功,组织就必须努力致力于解决这些问题。在接下来的自我管理能力专栏中,琳达·格利克作为李维·斯特劳斯公司(Levi Strauss)的首席信息官,描述了具有文化多元性的劳动力的组织所面临的机遇和挑战。

自我管理能力

李维·斯特劳斯公司的琳达·格利克

琳达·格利克刚加盟李维·斯特劳斯公司时,只是一名程序员。但是不久之后,公司的管理者就意识到她具备良好的跨文化沟通技能和团队管理能力。格利克通晓两国语言,这种能力在一家全球性的公司里是一项很大的优势。她调到国际小组后承担的第一份工作就非常有意义,因为在这个团队里,头衔和其他李维·斯特劳斯公司的文化都不重要。成员们常常因为某些贸易问题而互相争吵甚至歇斯底里地大吼大叫,但是过后却依然一起出去喝酒。这份工作给了格利克一个机会,让她可以全面了解所有产品线以及整个公司如何运作。通过早期的这份工作,她明白了一个道理:要在李维·斯特劳斯成为一位高效的领导者,就必须倾听他人的思想,了解他人的思想,利用创造性思维来解决问题,并且让他人做决策。

后来,作为一位在海外工作的经理,她也遇到了一些特殊的挑战。当她去日本的时候,她不会讲日语。在与一个拉链供应商的第一次面谈时,她受到了性别歧视。起初,那位日本经理以为她是一个翻译,所以用对待一个翻译的态度来对待她。他们认为她应该静静地坐在那里,不问任何问题,当男人们离开的时候应该起身送别,从事端茶倒水之类的工作。会议的全过程都是用日语进行的,当她用英语问问题的时候,日本供应商却用日语回答。虽然日本人认为她为人不错,但却很难接受她是身负重任的业务主管经理。不过,因为她深刻了解李维·斯特劳斯的运作,并且把全部精力投入到业务经营中去,如认真谈判、按时召开会议、有组织地安排会议,最终,她还是被日本客户接受了。

墨西哥的经历则要求她有不同的做法。在那里,会议非常混乱,领导者无法控制谈话,本应该上午9点钟开始的会议通常要拖到很晚才开始。她费了很大劲才明白墨西哥人对女人有大男子主义看法。她的个性原本不具有攻击性,也不是那种为了让人家听自己的而据理力争的人。但是她发现,在这里,如果她不大声地表达自己的想法,她就会被忽略和轻视。

格利克的理念是:"改变是非常痛苦和艰难的。我们都被舒适、熟悉和温馨的环境所吸引,从而不知道我们是否有足够的耐力和适应力来承受改变,最终成功地完成改变。"要在像李维·斯特劳斯这样的跨国公司做一名出色的经理,就必须专注,并相信自己的能力,同时也相信别人可以做出好的决策。

注:关于李维·斯特劳斯公司的更多信息,请访问公司主页 http://www.levistrauss.com。

有效的多样性管理项目

要培养具有文化多元性的劳动力不是一件简单的事,但是研究显示,多样性管理行之有效的组织之间有一些共同特征,这些特征总结如下:
- 管理者和员工必须了解,多样性的劳动力在工作中会产生不同的观点和工作方法,必须真正重视组织存在不同观点和想法的价值。
- 管理者必须认识到,允许表达不同的看法会给组织同时带来机遇和挑战。
- 组织文化必须对每位员工都有高绩效和高道德标准的预期。
- 组织文化必须能够激励个人发展。
- 组织文化必须鼓励开放。
- 组织文化必须让员工感觉到自身存在的价值。
- 组织的使命必须有清楚的表述,并且获得广大员工的理解。

表4.3是一个问卷调查,可以用它来检查你对于多样性问题的认识。现在花点时间来完成它,你可以从自己身上了解到什么呢?

表 4.3　多样性问卷调查

说明

在下面 9 个句子后用 T(正确)或 F(错误)来表明你的观点。
1. 我了解几种不同文化的规则和惯例。
2. 我知道我对其他群体有一成不变的看法。
3. 我和不同背景的人相处,感到很舒服。
4. 我和与我不同类型的人交往。
5. 我发现在一个跨文化团队工作令人非常满意。
6. 我发现变革有激励作用并且令人兴奋。
7. 我非常喜欢了解其他类型的文化。
8. 同英语水平有限的人打交道时,我表现得非常耐心。
9. 我发现花时间建立人际关系非常有意义,因为这样做更有效率。

解释

你的答案中 T 越多,表明你对多样性的接受能力和适应能力越强。假如你的答案中有 5 个或 5 个以上的 T,那表示你可能非常看重跨文化经历带来的价值。

假如你的答案中 T 少于 5 个,你可能会拒绝与和你不太相同的人交往。如果真是这样的话,你会发现有时你和别人的交往会有些障碍。

资料来源:Gardenswartz, L. and Rowe, A. What's your diversity quotient? *Managing Diversity Newsletter*, Jamestown, New York (undated)。

新员工的社会化

> **学习目标**　5. 描述组织社会化过程及其对文化的影响。

社会化(socialization) 是指社会中的老成员向新成员传递社会有效运行所需的社会技能和相关知识的过程。同样地,**组织社会化(organizational socialization)** 是指组织有系统地帮助新员工融入其文化的过程。换句话说,它是指管理者和有资历的员工向新员工传递组织文化的过程,为新员工成功扮演组织角色和执行组织任务提供必需的知识和技能。

组织社会化为新员工提供了学习组织规则的方法,包括了解工作小组、部门和组织的价值观、规则、程序和规范,发展社会和工作关系,培养工作所需的技能。有趣的是,组织社会化过程中员工要经历的各个阶段,在很多方面都与第 8 章中谈到的团队发展的五个阶段很相似。

组织社会化过程

图 4.5 是组织社会化过程的一个例子。虽然它并不能代表所有组织的社会化过程,但是很多有强大文化的公司如迪士尼、TD 工业和州际电池公司,在新员工社会化的过程中往往会遵循下面的某些步骤。

第4章 培育组织文化

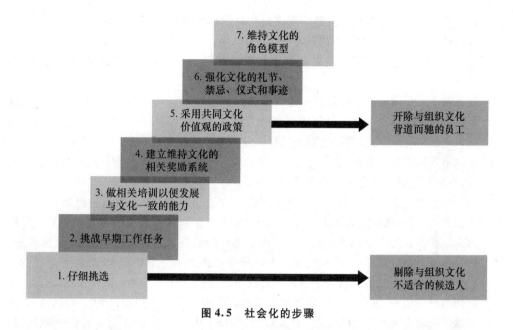

图 4.5 社会化的步骤

第一步 认真挑选进入组织的候选人,经过训练的招聘者用标准化的程序寻找企业所需的人才。

>>> **成功领导者语录**

我们的企业文化由来已久,我的目标之一就是要保持和维护它。正是这种独特的企业文化使得我们在所有航空公司中与众不同。而这种文化正是员工为公司创造的一种竞争优势,这一优势无法复制。

科琳·巴雷特,西南航空公司总裁、首席运营官

第二步 入职后的头几个月开展培养谦虚品行的体验课程,使员工对他们以前的行为、信仰和价值观进行反思。在美国海军军官学校,这种教育包括向所有学长敬礼、接受学长问话时保持立正姿势、记住与学校有关的一些细小事情(如成立的时间、建筑的数目和名称、去年同西点军校橄榄球赛的比分等)。自我反思促进员工对组织规范和价值观的接受。

第三步 严格的在职培训能够让员工很好地掌握行业的核心知识。员工的晋升则会与业绩紧紧挂钩。例如,肯德基的餐厅经理们都曾经担任过服务员、盘子清洁工、礼宾员和厨师等工作。

第四步 在衡量结果和奖励业绩时要非常细心。奖酬体系能够真实地反映组织文化的基本价值观。肯德基的 CEO 戴维·诺瓦克会将柔软的橡胶小鸡玩具(所有小鸡都有编号,还有个人签名手迹)作为奖品送给员工,以表彰他们对肯德基的突出贡献。

第五步 强调遵守组织文化。对共同价值观的认同使员工能够为自己身为组织成员而做出的个人牺牲找到正当的理由。

第六步　强化那些对构建组织文化和目标有作用的重要历史事件和民间传说。民间传说可以强化"我们在这里是如何做事"的行为准则。

第七步　那些获得快速提升和取得成功的员工,作为公司典范必须具有一致的特点和品质。

迪士尼乐园的社会化过程非常有效,它用了这七个步骤中的几个来保证每天数以万计的游客都能尽情玩乐。迪士尼每年雇用的人数超过2 000名,整个迪士尼世界的员工数量超过27 500名,那些无力负担住房费用的员工被安置在一个独立的迪士尼社区里。迪士尼非常仔细地筛选所有的求职员工(第一步)。当求职者填完申请表后,他们还会被调查是否有犯罪记录,有犯罪记录的就会被排除在考虑范围之外。

每个在迪士尼世界的员工都必须严格遵守迪士尼的规定(如不能留胡子、不能有看得见的文身、不可以戴很夸张的人体穿刺首饰、头发不能染成正常发色以外的颜色)和标准(如努力保证客人在迪士尼玩得开心),言行举止都有特别要求。要符合这些规定、标准和言行举止的要求,新挑选的员工需要在迪士尼大学接受正式培训。培训以45个人为一组,按照一个严格的方案进行。在传统培训项目第一阶段中,培训要持续一天半,新员工要学会迪士尼语言和它的四种价值观:安全、礼貌、表演或娱乐和高效率。他们还要被训练如何回答顾客的问题,不管这些问题很简单还是很复杂(第五步)。新员工中大约有40%会完成传统项目第一阶段的培训,而其他很多员工在了解他们的工作内容和规则要求后会选择退出。

新员工完成传统项目第一阶段的培训后,会继续社会化的过程,即在一些他们可能工作的游览区(冒险天地、神秘世界等)内进行下一步的社会化过程。这一过程要持续一天半,包括各景区的规则培训。最后一个重要的阶段是由一些在这些景区工作过的有经验的老员工带领的在职培训。这个社会化阶段可能会持续两个半星期。在这段时间内,新员工要穿上适合特定场合的衣服,学习唱歌,开始与其他员工或客人建立有效的沟通(第三步)。

社会化的困境

所有的组织和团队都用特定的方法使他们的新成员适应新环境,其过程可能因清晰度、复杂度和长度不同而有很大差别。总体来说,快速的社会化过程是比较有利的。对于个人来说,它迅速减少了对新工作的不确定性和焦虑。对于组织来说,它能帮助新员工快速地提高生产率。拥有强大文化的组织更容易促进个人社会化进程。如果组织文化是有效的,那么社会化有利于组织获得成功。但是,如果组织文化需要变革,强有力的社会化就会为文化变革带来阻力。

像通用电气、施乐、迪士尼等组织那样,通过管理人员培训方案对新员工进行社会化,会带来一些困惑:社会化的程度如何把握?组织希望其员工想法一致吗?或者说至少在逻辑分析和智力分析上相似吗?需要他们有相同的商业价值观和职业风格吗?从某种意义上说,这些问题的答案是肯定的。然而,过度社会化可能导致公司的男女员工变得固执死板、思维狭隘。组织社会化过程的目标是发展那些有主见的思考者,让他们坚持自己认为正确的东西,同时也帮助他们成为具有良好人际沟通能力和合作精神的团队成员。这个目标向社会化提出了一个难题,因为社会化想要变得有效,就必须平衡这两方面的需要。

社会化过程从很多方面影响员工和组织的成功。表 4.4 列举了一些社会化结果。这些结果并不是由组织的社会化过程单方面决定的,像工作满意度就是很多方面共同作用的结果,包括任务的性质、个人的性格和需求、监督的性质、成功的机遇和受奖励的机会等(见第 11 章)。成功的社会化会提高工作满意度,而不成功的社会化则可能导致对工作不满意。

表 4.4 社会化可能导致的结果

成功的社会化	不成功的社会化
• 工作满意	• 工作不满意
• 角色明确	• 角色模糊、矛盾
• 较高的工作积极性	• 较低的工作积极性
• 了解文化,感觉受到控制	• 误解,紧张,感觉缺乏控制
• 高度参与工作	• 低度参与工作
• 对组织有责任感	• 对组织缺乏责任感
• 任期	• 旷工,人才流失
• 高绩效	• 低绩效
• 内化的价值观	• 对价值观的排斥

本章小结

1. 解释组织文化是如何形成、维持和变革的。

    组织文化是组织成员共有的信仰和期望模式,它包括一种普遍存在的理念、规范和价值观。换句话说,它表达了一种为人处世、与外界(如供应商和顾客)交流的"游戏规则"。组织文化包括文化标志、英雄人物、仪式和庆典等内容。组织文化随着适应外部环境、寻求生存的需求和内部融合的需求而发展,它的形成同时受到组织外部社会环境的文化影响。

    维持和改变组织文化的基本方法是:① 确认什么是管理者和团队关注、衡量和控制的;② 认识管理者和员工是如何应对重要事件和组织危机的;③ 管理和团队角色的建立、指导和训练;④ 开发实施公平的薪酬和职位分配标准;⑤ 在招聘、选拔、晋升和免职时使用统一的标准;⑥ 强调组织仪式、典礼和事迹。

2. 描述四种类型的组织文化。

    虽然每种组织文化都各有特点,但还是可以归纳为四种主要的形式:官僚型、宗族型、创新型和市场型。它们的区别体现在正式控制程度的不同和受重视程度的不同。

3. 讨论组织文化如何影响管理者和员工的道德行为。

    组织文化对管理者和员工的道德行为有很深刻的影响。把文化和道德行为联系在一起的概念之一是原则性组织分歧。鼓励分歧和允许揭发内幕的文化为道德行为的产生提供了有效的指导准则。

4. 解释培养文化多样性的重要性。	培养文化多样性被认为是组织在未来几年里所面临的主要挑战之一。组织怎样应对这个挑战决定了跨文化团队的有效性、组织的沟通过程和员工的个人发展。
5. 描述组织社会化过程及其对文化的影响。	社会化是新员工融入组织文化的阶段。在拥有强大文化的组织里,社会化的步骤很完善,也会引起大家的重视。所有的组织都会对他们的新员工展开社会化进程,但是根据实施方式的不同,反映在工作绩效、工作满意度、对组织的责任感等方面,结果有好有坏。新员工社会化包括七个步骤。

关键术语和概念

官僚文化(bureaucratic culture)
宗族文化(clan culture)
文化象征(cultural symbols)
文化价值观(cultural values)
创新文化(entrepreneurial culture)
外派人员(expatriate)
外部环境适应和生存(external adaptation and survival)
内部整合(internal integration)

市场文化(market culture)
组织文化(organizational culture)
组织的仪式和典礼(organizational rites and ceremonies)
组织社会化(organizational socialization)
共同行为(shared behavior)
社会化(socialization)
亚文化(subcultures)
揭发内幕(whistle-blowing)

讨论题

1. 用表4.1中的词汇来描述星巴克(网站 http://www.starbucks.com)、戴尔电脑(网站 www.dell.com)或者另外一个你熟悉的组织文化。组织文化是怎样影响组织挑选所需员工类型的?
2. 奖赏体系对于谷歌公司维持其组织文化起到了什么作用?
3. 描述谷歌的文化。什么样的组织行为导致你如此描述它的文化?
4. 描述一个你所熟悉的组织新员工社会化的步骤。这个过程是否成功?
5. 你想在一个什么样的文化类型的组织里工作?为什么?表4.1可以帮助你了解自己的价值观。
6. 组织应该怎样运用它的文化来增加管理者和员工的道德行为及减少不道德行为?
7. 理查德·蒂林克改变哈雷戴维森文化的方法可以用于其他组织吗?
8. 理查德·蒂林克用以改变哈雷戴维森文化的基本方法是什么?
9. 举两个例子,说明你所在学院或大学是如何表述组织文化的。
10. 描述你所在学院或大学的组织文化是怎样影响你的行为的。

体验练习和案例

体验练习：道德管理能力

评估一种文化的道德行为

说明：找一个你正在工作或者曾经工作过的组织，谈谈你对该组织成员行为的看法。运用下面的量表，在每种行为的后面用数字表示你的看法。没有正确和错误的答案。

1. 完全接受
2. 接受
3. 从某种程度上接受
4. 不确定
5. 从某种程度上不接受
6. 不接受
7. 完全不接受

____ 1. 把一些东西带回家（如夹子、铅笔和钢笔）。
____ 2. 有私事的时候请病假（如打高尔夫球、看电影）。
____ 3. 用公司的电话、传真或者电脑做私事。
____ 4. 用公司的复印机复印私人东西。
____ 5. 开公司的车去办私事。
____ 6. 出差时，选择在昂贵的餐馆就餐。
____ 7. 出差时，除了要公司支付食物外，还要公司支付葡萄酒和鸡尾酒的费用。
____ 8. 公费出差时，顺便带上对自己重要的其他人。
____ 9. 出差时，选择在豪华的宾馆住宿。
____ 10. 出差时，即使选择了步行，也要向公司索报7美元的出租车费。

对结果的解释

超过200名经理做过这个调查，把你的答案与他们的比较一下。

1. 50%的人认为带一些小东西回家是可以接受的。
2. 70%的人认为因私事请病假是不可以接受的。
3. 74.7%的人认为打私人电话、用公司的传真和电脑做私事是不可以接受的。
4. 54.6%的人认为用公司的复印机复印私人东西是可以接受的。
5. 70.6%的人认为用公司的车办私事是不可以接受的。
6. 59.1%的人认为在很昂贵的餐厅就餐是可以接受的。
7. 50%的人认为报销葡萄酒和鸡尾酒的费用是可以接受的。
8. 85%的人认为公费出差时带上对自己重要的其他人是不可以接受的。
9. 55%的人认为出差时在豪华的宾馆住宿是可以接受的。
10. 41%的人认为在选择步行时，依然向公司报销7美元的出租车费是不可以接受的。

问题

1. 你觉得这些结果会因文化类型的不同而有所不同吗？如官僚、宗族、创新或者市场文化?

2. 选择几个你与这些经理意见不同的项目。他们的行为和你的价值观有什么差别?(参见表 4.1)你会建议他们改变他们的行为吗?你所提的建议是如何反映你自己的价值观的?

案例:团队管理能力

西南航空公司的文化

1966 年,在圣安东尼奥的一间酒吧里,律师赫布·凯莱赫和他的一位客户罗林·金决定创立西南航空公司。金说想开辟一条低价航线,凯莱赫觉得这个主意不错,于是他们就随手将策划写在一张鸡尾酒纸巾上。当时,凯莱赫拿了 1 万美元用来启动公司业务,而现在他在西南航空的股份价值超过了 2 亿美元。

为了启动这条航线,凯莱赫在法庭上和法国外籍军团这样的竞争者频繁交火。德州国际、布拉尼夫航空公司以及大陆航空都想阻止凯莱赫开辟这条航线,但是他却下定决心要让西南航空公司变成现实并且进入营运。1971 年 6 月 18 日,凯莱赫告诉当时的首席执行官拉马尔·缪斯,不管法庭做出什么样的决定,按原计划如期飞行。拉马尔说:"老天,如果州执行法官出面阻止我们飞行,我该怎么办?""那又怎么样!"他说,"从他身上碾过去,在他衬衫上留下轮胎的印子。不管前面是刀山还是火海,我们都干定了。"这种精神后来不止一次地帮助西南航空公司在与其他航空公司进行残酷的商战中取得胜利。有一回,布拉尼夫公司的人来到休斯敦机场的楼顶,想在西南航空公司的广告之上悬挂横幅宣传他们到达拉斯的航线。西南航空公司的机场部门经理冲了上去,想把他们的横幅用刀割下来。最后他和布拉尼夫的人在楼顶上打得不可开交。

凯莱赫认为,人是航空公司最重要的资产,只有他们可以提供有口碑的服务。他强调员工才是公司的上帝,乘客排在第二。当他发现晚班的机师们无法参加公司的野餐活动时,他居然举办了一场凌晨 2 点的烧烤晚会,并亲自为几个驾驶员当厨师。西南航空公司希望带给每位乘客独特而轻松的经历。同时也认为你应该让员工知道你是多么看重他们,不会为了短期的赢利而损害他们的利益。裁员会导致严重的信任危机,员工感觉工作无保障,从而缺少忠诚度。西南航空公司从 1971 年成立至今,几乎没有出现过罢工事件,这是因为尽管 85% 的驾驶员都是工会成员,但是他们更加认同公司并非工会。

西南航空公司可以雇到并留住最优秀的人才。为何该公司的员工愿意比从事同一份工作的其他公司的员工工作更长时间呢?西南航空公司的驾驶员每个月的飞行时间是 80 个小时,相比之下,其他公司只有 50 个小时,这的确是个有趣的现象。西南航空公司是按照飞行的次数,而不是飞行的时间来支付薪酬的。因此,驾驶员们都想尽量减少登机口停留的时间,因为那段时间是没有酬劳的。西南航空公司的客服人员每个月要飞 150 个小时,而其他公司只要 80 个小时。但是,西南航空公司将税前收入的 15% 放到所有员工的利润分享计划中。客服人员还要在航班之间的空闲时间清扫机舱,令人惊讶的是,有些航班的客服人员居然有办法说服乘客帮忙一起整理卫生。

在西南航空公司,人力资源部被称为人事部,这个部门对公司的成功至关重要。部门的使命就是:"认识到人才是我们的竞争优势,我们用资源和服务来武装我们的人才,让他们成为胜利者,从而支持公司的成长和收益,同时也维护西南航空公司的价值观和独特的组织文化。"人事部的行政副总裁伊丽莎白·萨廷说,西南航空可以通过培训来改变人的技能,但是却无法改变人的态度,所以公司是由人的态度而非技能来决定是否雇用一名员工。事实上,西南航空公司一年有10万个求职者被拒之门外,人才流失率不到其他航空公司的一半(大概7%)。因为公司的组织文化要求培养出色的人才,所以一名新员工在加盟西南航空公司的前6个月里都处在接受灌输和培训的阶段。这段时间也送走了那些不适合该组织文化的新员工。

每位新员工都要去西南航空大学接受人事方面的教育和培训。上课的时候,每个人都会被告知他们有自我提高和接受培训的责任。全体员工包括高层管理者在内,每年都要参加一次为强化共有价值观而进行的项目培训。除了飞行培训是由联邦航空局执行之外,其他所有的培训都是在员工自定的时间内进行。大学一个星期上七天课。西南航空公司的快乐和灵感很早就在毕业生身上体现出来了。

创造力、幽默和服务精神是该公司文化的重要方面。公司允许员工某一天在办公室里身着睡衣工作。此外,公司随处可见摇摇椅,这是为了员工临时开会而准备的,也可以帮助员工减轻工作压力。员工们被告知,如果要让顾客感到快乐,他们就得首先创造令顾客感到快乐的氛围。这也意味着员工们必须非常自信,认为他们能够影响他人,并且让他人分享他们的幽默和乐趣。他们必须不遗余力地为顾客创造快乐。例如,西南航空的"极致的周到服务"强调友好、关爱、温暖和公司精神。登机口接待员也要学会如何和顾客玩游戏,如在飞机晚点的时候,为了打发时间猜猜某个地勤人员的体重,说出要在塔尔萨做的三件事,以及谁袜子上的洞最多等。每个游戏都很有创意和品位,公司会给胜出者提供免费午餐或者赠送西南航空的"滑稽"帽子。最近,为了取乐,西南航空公司的CEO加里·凯利穿着万圣节晚会的服装,打扮成Kiss摇滚乐队掌门人吉恩·西蒙斯的模样。赫布当年的风采似乎被传承了下来。

强大文化的另一个特征是员工责任感和积极性,这是建立员工团队合作关系的重要因素。它主要是指大部分的员工都有共同的目标,并且在达成目标的手段上达成了共识。例如,地勤服务人员、航班人员和维护部的成员一起清扫飞机,每个人都想着要在15分钟的停航时间内把飞机清扫干净,或者争取只用竞争者1/3的时间把飞机清扫好。因为有这样的团队价值观,西南航空并不像其他公司那样有严格的工作规定。在西南航空,每个人都会努力投入工作,不受具体任务的局限。为了加强团队观念,西南航空公司的考核评估基于团队表现而不是个人绩效。考核使用的团队数据是准时起飞的百分比,这个数据衡量的是机场所有员工的共同努力。来自各个部门的员工必须协同合作才能提高准时起飞的百分比,于是光说不做、指手画脚的现象不存在了。共同的知识和目标是至关重要的。在凯莱赫退休之前,他写了一封信要求员工每天从削减非燃料支出中节省5美元的开支,结果员工们把开支减少了5.6%,甚至每天节省超过10美元。虽然西南航空的飞行员中有85%都是工会成员,但是他们却更认同航空公司。自1971年以来,西南航空几乎没有发生过什么罢工事件。自从几年前被诊断出前列腺癌之后,凯莱赫就有了退休的打算。对于他来说,癌症从来就不是问题,既然是必须经历的事情,那么就尽量微笑着面对。一天,他叼着一支烟走过一间体检室,医生急疯了,要他把烟熄灭。他幽默地说:"我可不知道怎么熄灭它,如果你要一个抽烟的人把烟熄灭的话,你就得提供烟灰缸啊。"

2001年,他已经70岁了,决定退休。他最关心的问题是如何找到一个合适的接班人,不仅尊重西南航空的文化,而且能够天生为他人着想。1986年加入公司的总监加里·凯利声称自己可以将赫布1971创立公司时形成的独立自主精神传承下去。

问题

1. 用表4.1的词来描述西南航空公司的组织文化。
2. 为什么其他的组织,包括其他的航空公司都不能照搬西南航空公司的文化?
3. 在西南航空公司,社会化起了什么作用?
4. 浏览西南航空公司的网页 http://www.iflyswa.com,公司在网页上放了什么标志来传递公司文化?

沟通管理能力练习答案

你会怎样做

错误行为类型	会向管理层汇报的人数比例
偷窃	25%
浪费	17%
管理失误	42%
安全问题	23%
性骚扰	40%
不公平歧视	27%
违反法规	53%
财务报表问题	52%

报复行为类型	经历过报复行为的人数比例
同事不合作	12%
同事要求停止投诉的压力	5%
隐瞒开展工作需要的信息	10%
绩效评估结果差	15%
言语骚扰或威胁	12%
对日常工作更严格的审查	14%
重新安排工作	8%
重新安排责任较轻的工作	7%
晋升受阻	7%

Chapter Five

第 5 章
引导组织变革

学习目标

学完本章后,你应该能够:
1. 识别组织变革的压力,掌握两种变革方法以及如何进行组织诊断。
2. 诊断抵制变革的个体原因和组织原因,掌握克服变革阻力的方法。
3. 探讨推动变革的三种方法。
4. 揭示组织变革中产生的道德问题。

课前案例

惠普公司

卡尔顿·菲奥莉娜从硅谷崭露头角至今,经历了五年风云变幻的商界洗礼,直到1998年,她被《财富》杂志评为最具影响力的女性,并由此名声大振。作为为数不多的几位能以名字而非姓氏被大众所熟知的商界人士之一,卡莉一夜之间成了名人。

1998年,她宣布了自己重振惠普公司(HP)的计划,但同时也会继续维持公司创始人戴维·帕卡德创立的企业文化。自从1939年成立帕洛阿尔托汽车修理厂以来,惠普公司一直保持其创新主义特色。帕卡德创立的文化注重技术和团队合作,鼓励新思维和技术创新。菲奥莉娜意识到,惠普公司所在的行业正处在变革的状态中,公司必须具备高速、灵活、合作的生存能力。数字时代导致了信息民主化,因为时间、空间和财富所造成的传统障碍都被消除了。惠普公司开始同梦工厂合作,帮助杰弗里·卡曾伯格制作最新技术的娱乐产品。她认为惠普公司通过《鲨鱼传说》、《怪物史瑞克2》、《极地特快》等电影给观众带来了全新的视觉感受,就是惠普公司进入数字时代的愿景。她也相信惠普公司应该同Orca等公司合作,以新颖、强大、移动的方式为消费者提供数字产品。

2005年2月9日,惠普公司董事会解聘了卡莉。许多人认为,在卡莉的领导下,惠普公司试图要做的东西太多,但是可以同各个领域中的精英企业去竞争的资源和能力又太少。有人指出,2001年以240亿美元收购康柏时,卡莉的问题就已经出现了。董事会批评她太过注重规模而忽视技术,以至于惠普公司陷入利润下跌、发展迟缓的时期。她构建了一个庞大的公司,却没有制定良好的战略来对付占领低端电脑市场的戴尔或是拥有高端技术的IBM。她对惠普公司80个相对独立的事业部实施领导力控制,形成一种更为集权的组织结构,并导致公司采取精简措施,裁掉了上千名员工。惠普公司董事会成员之一罗伯特·诺林指出:"并购并没有达到董事会或管理层的预期效果。"尽管近期惠普公司的利润有所上升,但公司的股价仍比收购康柏之前低13%。卡莉被解雇后,惠普公司内部流传的一封电子邮件这样写道:"叮咚,巫婆终于死掉了。"

高科技公司的发展历程表明,那些在自己的领域雄霸一方的公司都是赢利大户,如英特尔、微软和戴尔。遗憾的是,惠普公司没有在任何领域占据首位。在个人电脑方面,惠普公司的市场份额不比戴尔高,利润率也比其低1%;而在全球企业电脑方面,惠普公司又排在IBM之后,屈居第二。在个人电脑业务中,惠普公司有两条不同的经销渠道,每一条都有各自的目标。直销,这种按需定制的模式面临着来自毫无库存负担的戴尔的竞争;另一种经销渠道是惠普公司传统的高库存经销模式,需要通过经销商进行销售。如果惠普公司试图抗衡戴尔的直销模式,它缺乏效率和订单数目来保证赢利。这种方法还有可能惹恼惠普公司大量传统客户(如Costco),因为他们为惠普公司销售打印机和墨水。价值240亿美元的图像和打印事业部是唯一一个赢利的事业部,该事业部为惠普公司创造的利润超过公司总利润的75%。但惠普公司在这个领域的主要对手——利盟和戴尔也在飞速发展。

注:关于惠普公司的更多信息,请访问公司主页http://www.HewlettPackard.com。

理解并管理组织变革意味着必须面临和应对复杂的挑战。有时我们会发现,原来设想的变革计划并没有发挥应有的作用,或者与预期的效果相差甚远。在大多数情况下,组织都必须具备迅速而有效的适应能力才能生存。组织变革的速度和复杂性对管理者和员工的快速应变能力提出了严峻的挑战和要求。一旦变革失败,代价是相当高的。所以,管理者和员工都必须了解变革的本质以及不同变革方法可能带来的影响。

由于组织生存的环境是时刻变化的,所以官僚形式的组织更加显得效率低下。如果一个组织有着严格的等级制度、高度专业化的职能、狭窄而有限的工作分工、缺乏弹性的规章和程序、非人性化的专制管理,它就不可能对变革做出必要且适当的反应。正如我们在第3章提出的,组织需要具有弹性和适应性的组织设计。组织也需要允许员工和管理者有更多机会参与决策的奖赏制度和文化。

本章将考察组织变革的压力、不同种类的变革以及正确进行组织问题诊断的重要性。同时,将在个人层次以及组织层次上探讨变革的阻力,并研究应对这些不可避免的阻力所能采取的各种方法。此外,还将阐述三种进行组织和行为变革的方法。最后,探讨与组织变革相关的道德问题。

变革的挑战

> **学习目标** 1. 识别组织变革的压力,掌握两种变革方法以及如何进行组织诊断。

组织变革是艰难且费时的。尽管存在众多挑战,很多组织仍成功进行了必要的变革,当然,失败也是司空见惯的。大量证据表明,适应性强、有弹性的组织比严格而死板的组织更有竞争优势。因此,管理变革已经成为有效组织的一个中心问题。

变革的压力

在过去 20 年里,全球大部分组织都尝试过对自身进行变革,有的甚至不只一次。在每次成功实现变革的同时,失败的例子也层出不穷。沃尔玛的显著进步跟凯马特所经历的一连串失败形成鲜明的对比。塔吉特和柯尔逐渐成长为零售业的全球领导者,也凸显出凯马特公司面对其市场占有率逐渐下降却无力扭转的局面。

那些在变革中能够正确自我定位的组织将得以繁荣发展,而漠视变革重要性的组织则将最终消亡。举个例子,Sun 公司因为无法研制出可以运行新一代 Windows 操作系统的服务器,而一直致力于开发自己的软件 Solaris,从而导致其原有的市场份额被竞争对手惠普、IBM 和戴尔吞噬得所剩无几。为了重新赢回市场份额,Sun 公司的 CEO 斯科特·麦克尼利正致力于他所宣称的"破坏性创新"。当其他竞争对手都在生产常规的电脑并进行价格战时,他却计划改变游戏规则,研发可以同时处理几十个任务的"超能计算"芯片。这一计划听起来令人激动,但是新的战略需要 Sun 公司同时兼顾两个方面:制造准系统服务器和投资最先进的技术。结果,Sun 公司 17% 的预算将用于研发,而戴尔只要 2%。

变革的压力种类繁多。在这一章中,主要探讨三种最重要的压力:① 市场全球化;② 信息技术和计算机网络的普及;③ 劳动力的实质性变化。

全球化 组织面临史无前例的全球竞争。**全球化(globalization)** 指的是目前世界经济的领导者越来越多地由跨国公司或多国公司来主导的一种趋势。这些公司的出现给国内企业造成巨大的压力,促使它们也跟着实现全球化并重新设计运作方式。现在大部分产品的市场都是全球性的,要想在这种市场环境下更加有效地取得竞争优势,企业必须经常对自身的文化、组织结构和运营流程进行变革。

从历史上看,全球化的主要推动力包括:
- 第二次世界大战中战败的德国和日本实现经济复苏。
- 新兴工业国家的出现,如韩国、中国和西班牙。
- 东欧、俄罗斯和前苏联其他加盟共和国,发生了从计划经济向市场经济的剧烈转变。中国经济也在一定程度上发生了转变。
- 因欧洲经济一体化而产生的国际贸易"力量集团",以及日本与其太平洋周边贸易伙伴形成的"日元集团"。

强大的全球化力量推动各国的国内企业纷纷摒弃"商业依旧"的陈旧观念以保持竞争力。在某些行业里,全球战略正逐渐取代单一国家战略。尽管全球化战略不易实施,但是许多组织仍成功地迈向了国外市场。福特、默克和IBM公司在欧洲经营得有声有色,利润颇丰;麦当劳、百胜(肯德基、必胜客、塔可钟)以及玫琳凯化妆品公司都在亚洲成功运营。玫琳凯在中国的销售额每年超过5亿美元,肯德基和必胜客在中国的顾客数量和利润额比世界其他任何地方都多。宝洁和吉列联手,合并为一个600亿美元的消费品公司后,希望能够共同发展彼此的目标——占领中国和东欧不断成长的市场,更快地将全球化产品推向市场,增强与沃尔玛和Costco抗衡的能力,节省付给媒体公司的庞大的广告费用。

信息技术 在应对国际竞争时要求各组织具有良好的适应性,而这正是很多组织缺乏的。幸运的是,信息技术革命为组织适应未来的发展提供了机会和技术。**信息技术(information technology, IT)** 是由计算机网络、通信系统和远程控制装置组成的。正如本书所说,信息技术对员工个人、团队和组织有着意义深远的影响。例如,研究信息技术对组织影响的专家发现,信息技术:

- 几乎改变了公司的所有方面——公司的组织结构、产品、市场和流程;
- 增加了无形资产的价值,如知识、能力和培训等;
- 使公司更加民主,因为员工获得了更多的信息,在公司范围内能够相互进行交流;
- 增加了工作的弹性,允许更多的员工在家里工作、在路途中工作或者在适合他们的任何时间和地点工作;
- 使协调公司全球的运作成为可能,并使公司业务可以在世界范围内24小时不停运转。

然而,信息技术的潜在影响并不都是积极的。依靠尖端信息技术的组织易遭到破坏、打击、间谍刺探和蓄意捣乱。此外,信息技术尽管在一定程度上让人们聚到了一起,但也可能带来新的社会分层,如计算机用户和非计算机用户、受教育者和未受教育者。要想充分利用信息技术的作用,员工就必须接受比以往更好的教育、培训和激励。智慧和直觉仍然是良好管理的核心,更多更快的信息并不能取代理性的判断和丰富的经验。

尽管如此,信息技术还是有着巨大的影响。因特网可以让一种设计、一种时尚以及一种观念瞬间在世界范围内为人所知。一家纽约的制衣公司将他们的春装产品展示在网络上,结果短短几个小时之内就收到了来自中国北京的五张订单。信息技术使得IBM的工程师在遇到难题时可以向任何一个国家的同事求援。通用电气建立了自己的全球电话网,在世界任何地方的公司员工只要拨七个数字就可以直接沟通。信息技术使得大型建筑公司CRSS可以同它最大的客户3M即时交流制图计划。

全球化和信息技术在互动中融合。高度分散的组织,由于其运作机构散布于全世界,协调和合作面临着巨大考验。在过去,通过先进的计算机和通信技术将员工彼此连接起来还只是人们的幻想而已,如今,很多跨国公司都通过虚拟团队来完成他们的工作。如第3章所述,虚拟团队指的是一些在地理或是组织上分散的工作团队成员,通过信息技术而聚集到一起,共同完成组织的任务。这些团队很少有见面或一起工作的机会。虚拟团队有可能是为了完成一项特殊任务而临时组建起来的,也有可能是相对持久地进行一些战略计划工作。虚拟团队的成员流动性大,通常根据工作的需要而调整成员,就算那些持久性工作的团队也不例外。

劳动力的实质性变化　除了应对全球化和信息技术的飞速变化所带来的挑战,组织还必须从不断变化的劳动力市场吸纳新员工。因此,本书探讨了管理多元文化所带来的各种挑战。

正如第 1 章中所提到的,劳动力市场在性别和种族上越来越趋向于多元化。因此,雇用、升迁和裁员方面的公平机会压力也会持续一段时间,其他的趋势也增加了组织面临的挑战。例如,在大多数工业社会,双职工家庭已成为普遍现象。此外,临时工在工人总数中所占的比例越来越高。**临时工(contingent workforce)** 包括非全日制员工、自由择业者、分包商和公司雇来处理意外或暂时性问题的独立专业人士。据统计,美国现约有 30% 的工人属于这种类型的员工,而且这一比例仍将持续增长。许多公司意识到,拥有一小部分永久性员工再加上部分可以调整的临时工能够保证公司有效运作的同时减少费用(员工福利)。美国劳工统计局预测在未来三年内,临时工的数量将增加 11%。临时工代理机构如 Manpower、Kelly Services 都是美国成长最快的组织之一。最大的代理机构——Manpower 甚至拥有比通用电气或 IBM 更多的员工。这种现象导致组织所面临的困难之一就是如何激励和奖励临时工或非全日制员工,因为他们的士气和忠诚度与那些终身雇用的员工相比,有很大程度的不同。

劳动力受教育的程度越来越高,加入工会的员工数量却越来越少,他们的价值观和人生观不断发生变化也使其更具个性化。尽管这些变化不会削弱其工作动力,但却不断影响人们在工作中所追求的奖赏或成就,以及在工作和生活等其他方面之间寻求的平衡。**工作生活质量(quality of work life)** 代表了人们通过工作所能满足个人需求的程度。获取高水平的工作生活质量是众多员工追求的一个重要目标。一般来说,员工渴望一个舒服的工作环境,更多参与跟他们工作相关的决策,以及一些有价值的支持性设施,如可以照顾孩子的儿童日托中心。诸如此类的员工期望给了组织额外的压力,以至于影响它们在劳动力市场的有效竞争力。

当然,全球化、信息技术和劳动力的变化也给一些组织带来了机遇。当查尔斯·福特决定在 1995 年收购西联汇款公司(Western Union)时,许多人质疑这项决策的正确性。当时西联汇款公司刚走出破产危机,面临来自广泛使用的自动柜员机、信用卡和其他电子支付方式的激烈竞争。但是,福特看中的是不断涌入美国的大量移民,他相信自己可以通过为外裔劳工提供货币汇兑业务而扭转西联汇款的命运。下面的跨文化管理能力专栏讲述了他是如何实现变革的。

跨文化管理能力

西联汇款公司

2004 年,西联汇款公司(以下简称西联)通过跨国现金转账业务实现的交易费用高达 36 亿美元,并赚取了超过 10 亿美元的利润。它为 180 多个国家和地区处理超过 8 100 万笔现金转账业务。随着全球流动劳动力的不断增加,西联收入增加两倍的同时利润也增加了 150%。查尔斯·福特和他的管理层是如何令公司面貌焕然一新的呢?

西联当年由于破产而被出售时,福特因为公司品牌的知名度而决定买下它。西联早在 1851 年就已经成立了。福特认为改造西联的关键在于大量扩展西联的客户基础,包括移民在内。他的目标是让汇款人轻松方便地汇款,而收款人能够方便地提取汇款。与越多的汇款代理商建立业务联系，就意味着越多的汇款者可以从美国将现金寄回他们居住在其他国家的家人和朋友。

西联没有采取建造或租赁办公楼的做法，而是同银行和邮局建立合作伙伴关系，只需支付给这些银行和邮局一小笔租金即可从他们那里得到一席之地来经营业务。获得认证许可的西联代理商可以从交易费用中提取1—3个百分点。高级代理商可以向下发展自己的汇款代理，并自行管理自己的所有代理商。与安利、玫琳凯、雅芳等公司一样，西联的高级代理商可以提取额外的佣金。西联进入中国时，同中国国家邮政局签订了代理协议，迅速在中国拓展了上千个业务点，它在印度和牙买加也使用同样的战略开拓市场。在牙买加，1990年西联还仅有8家代理业务点，如今已经有130个，每年创造10亿美元的收入。目前，西联在印度有超过170个代理处，这比麦当劳、星巴克和沃尔玛在印度的分店总数还多。

由于西联强调公司的业务侧重于美国以外的国家，所以公司的客户市场是按照收款人的需求而非汇款人的需求来发展的。当竞争者如美国运通出现在沃尔玛超市时，西联马上采取降价的策略。公司推出"忠诚卡"来促进回头客的业务，同时还提供网络服务，使客户可以通过电脑直接汇款，交易费用则从客户的信用卡中扣取。

注：关于西联汇款公司的更多信息，请访问公司主页 http://www.westernunion.com。

变革方法的类型

变革有两种，一种是所有组织都不可避免的变革，另一种是组织成员有目的设计的变革，区分这两种不同的变革是非常重要的。我们的重点主要放在有计划、有目标导向的组织变革。**有计划的组织变革**（planned organizational change）指的是由管理者和员工有计划地通过某些重要途径来增强团队、部门、分公司或整个组织的职能和能力。

从根本上说，推行组织变革有两种方法：经济利益和组织发展。每种方法对变革目的和途径都有一套不同的做法，我们在表5.1中详细分析了这两种方法的差异。

表 5.1 变革的方法

方法	经济利益	组织发展
目标	赢利	发展员工的能力
领导方法	自上而下	参与性
变革重点	结构和战略	文化
激励	动机决定绩效	绩效决定动机

经济利益法 经济利益法（economic approach）指的是以创造公司股东价值为目的而进行的变革。通常这种变革由公司高层发起，员工们受到经济利益的激励而努力表现。这种变革经过规划而且重点突出。通过这种方式实施变革的管理者按照对公司财务状况的预期来设立目标，他们并不需要所有管理成员或员工参与讨论实现财务目标的各种途径，他们关注的是影响组织战略、结构和体系的各种决策。经济利益法主要适用于旨在扭转组织不利局面的管

理者,组织在创建阶段一般不采用此方法。

> ▶▶▶ **成功领导者语录**
>
> 各位,我们每个人都要为这个变革歃血为盟!任何不看好金考公司前景的人,我给你们 30 天的时间来决定。我希望你们用脚来投票:离开还是留下。如果选择离开,我个人保证会给你们安排其他工作。但是,到了第 31 天,如果留下的人当中还有人不与我保持完全一致,我就会立刻把你揪出来,清理出去!
>
> 加里·库辛,金考公司总裁

阿尔·邓拉普成为斯科特纸业公司(Scott Paper)的首席执行官时,该公司正面临严重的财务危机。邓拉普一接手就马上决定裁员 11 000 人,他的目标是增加公司的财务收入。邓拉普说:"我的目标是今年取得 1.76 亿美元的收入,我没有时间做其他事情。"他相信这个单一的目标会吸引所有员工的注意力。他并没有让其他的经理参与到决策中来,而是明确表示自己才是总指挥。同时,他解雇了高层管理团队中的许多成员,并重新招聘了一些认同他重拾股东价值这个目标的人。邓拉普向这些人保证,一旦公司获得赢利,则会给予他们货币激励(主要为股票期权),而这些人要做的就是听从他的命令。在采取这些措施不久之后,邓拉普又卖掉了部分公司业务,仅留下一些核心的消费品业务。他把斯科特纸业的造纸事业部卖给了老对手金佰利公司(Kimberly-Clark),并把公司的总部从费城迁到了临近他在佛罗里达的家乡的一个小地方。15 个月内,邓拉普成功地将斯科特恢复到赢利状态,让自己和公司的高层领导者都变成了富翁。实际上,邓拉普所有变革的重点都在改变公司的战略和结构上。获得分红后,他马上提出了辞职,让斯科特纸业在没有他领导的情况下继续完成他未完成的事业。

组织发展法 组织发展法(organizational development approach)的目标是通过让员工认同并积极投入组织绩效的改进过程,从而发展员工解决问题的能力。在组织发展法下,员工完成工作的效率和效能受到重视,领导者明白构建合作关系、信任和员工承诺是至关重要的。如果培养了员工承诺,那么就没有必要广泛地使用规章制度。仅仅改变组织的结构和体系并不会改变人们的行为,组织发展法要求管理层致力于使员工从情感上发自内心地关注为何现有的结构体系不能应对组织面临的挑战。

价值 36 亿美元的韦格曼连锁超市坐落在纽约的罗切斯特,它运用组织发展法来授权员工进行变革。公司的工作氛围是无须任何规章制度,一切以大家的贡献为主。韦格曼知道,一位对商店有感情的顾客比没有感情的顾客愿意多花 46% 的钱来消费。因此,每位员工的任务就是改变韦格曼传统的经营方式,建立同购物者之间的感情。韦格曼从员工中挑选出一些对客户服务十分热衷或是对食物特别有兴趣的人,并赋予他们决策权。当凯莉·肖恩内克完成竞争对手客户忠诚度调查分析之后,她把结果交给上司。她的上司却建议她直接将结果报告给公司的 CEO 罗伯特·韦格曼。当玛丽亚·本杰明发明了制作巧克力肉丸曲奇饼的方法时,她说服首席运营官杰克·德彼得斯允许出售她的产品。结果,她的曲奇饼在纽约韦格曼的皮茨福德店成为畅销食品。为了灌输韦格曼的变革方法,所有的管理人员需要参加一个商店经理人的培训项目,学习如何向顾客打招呼、打扫地板、清理鱼内脏、烤面包、将顾客带到他们的车旁等。所有韦格曼公司的员工都参加过类似的培训项目。

两种方法的结合 通用电气公司(GE)首席执行官杰夫·伊梅尔特采取了将两种变革方法相结合的方式来改变通用电气的战略方向。2001年从韦尔奇手中接管通用电气后,杰夫面临着一系列严峻的不确定性局面:从"9·11"的影响到新政策的出台,再到不稳定的经济环境,他不得不着手将GE改造为一个适应21世纪的公司。他著名的论断之一就是:"太多的公司失去了创新能力,因为它们变成了业务的交易者而非开拓者。"他知道GE要成为业务的开拓者,就必须成为一家更加注重以客户为导向的全球性多元化公司——倡导创新,关注技术,在全球经济发展变缓的时期更加注重内部产品开发的公司。于是,公司的许多高层管理者都具有市场营销背景,而非技术出身。因为他相信,通过市场营销手段能够帮助GE度过经济低迷期。他将一些增长缓慢的业务卖掉,如保险;同时购入维旺迪环球(Vivendi Universal)公司以及一家英国医疗和生物技术公司Amersham PLC。他希望通过这些公司加强GE在媒体和医疗行业的创新能力。他把GE的金融资本公司拆分为四个自负盈亏的独立事业部。不同于韦尔奇注重让经理们去各个不同的事业部锻炼学习,培养通才的能力,伊梅尔特希望经理们相对固定在某个职位,深入了解该职位,以便培养专才的领导能力。这些专才还必须擅长言传身教。作为一名领导者的任务主要有两个:能够同意见不一致的人共事和彼此分享学习心得。韦尔奇通过并购让GE得以发展壮大,而伊梅尔特则希望通过创新使GE不断发展。伊梅尔特的核心理念是:"谋求发展最终要靠我们自己。"

在组织中的具体应用

在面临重大变革的决策时,管理者需要认识到使用经济利益法和组织发展法各自的利弊以及对组织的长远影响,因此,要找到可以合理选择变革方法的管理者也是十分困难的。很多新兴网络公司的创始者和管理者的主要目标是准备企业首次公开发行股票(IPO)。在股票上市前将市场价值最大化,这是这些经营者的唯一意图,所以他们强调制定组织的战略、结构和系统以便更快地在市场上确立地位。具有强烈的自上而下影响风格的交易型领导者通常就领导着这样的企业,他们通过高额的奖金,如股票期权和各种各样的津贴吸引人们,快速致富就是他们的诱饵。与经济利益法相反,变革推动者希望建立一个由组织发展法驱动的制度。这些管理者通常注重建立一个拥有深厚价值观和强大文化的企业,如西南航空公司、容器商店和全食(Whole Foods)公司。这些领导者吸引那些同他们一样对组织发展的愿景和战略充满热情的人们,他们都希望企业在行业中脱颖而出,组织在实现赢利的同时对社会做出贡献。

成功指南 成功的变革方法都具备一些相同的特征,有效的变革措施包括:
- 在管理者和员工中创造一种改革意愿,并努力克服变革的阻力(接下来将深入分析),以此来推动变革;
- 创造一个共同愿景,代表对组织未来状态的期望;
- 为必要的变革争取政治支持;
- 处理好当前状态和组织所期望的未来状态间的过渡期;
- 保持变革动力以促使变革的完成。

图 5.1 列出了组织变革措施各个方面要求的首要因素。

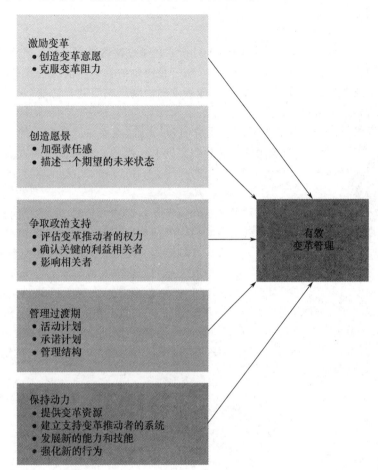

图 5.1　有效变革管理的措施

资料来源：Cummings, J.G., and Worley, C.G. *Organization Development and Change*, 6th ed. Cincinnati, OH: South-Western, 1997, 154。

同样,成功地实施有效变革措施的必要条件包括以下几点：
- 变革的主要动力来源必须是组织的成员,而不是团队或组织以外的力量；
- 组织的核心人员必须认识到变革的必要性,并为变革计划可能带来的积极成果所吸引；
- 必须有改变既有规范和程序的意愿。

这些措施和实施的条件在某些方面是相似的。变革必须源于组织内部,人们必须意识到变革的必要性,相信变革所提倡的潜在价值观,并乐意为使团队、部门和组织更有效率而改变自己的行为。缺乏这些信念和行为,有效的组织变革将难以实现,就像通用电气的杰夫·伊梅尔特一样,管理者必须采取开放的态度,愿意在不同的时期尝试不同的方法。

组织诊断

组织诊断(organizational diagnosis)指的是通过评估组织、部门、团队或工作的功能,来发现问题和找出需要改进的地方的过程。这一过程包括收集当前运行状态的资料,分析这些资料并为潜在的变革和改进做出结论。能否准确诊断组织问题与功能,对于实施有计划的组织变革而言是一个重要的起点。

诊断组织问题所需的资料可以通过问卷、访谈、观察或者从组织的记录中收集。很多时候,这些方法是结合起来使用的。资料收集的一个优点是它可以提高人们对变革必要性的认识。即使大家都认可变革的必要性,但是对于变革的方法,实施的时间、地点和手段也可能有着不同的意见。

对一个组织进行诊断,管理者必须知道需要收集和分析哪方面的资料。寻找什么资料取决于管理者的直觉、以往的领导实践和组织的结构以及文化等。诊断模型可以说明某些组织的特征是如何相互关联的,以及发生关联的原因。图5.2解释了诊断模型,以贯穿本书的一些观点为基础,该模型表明了一个因素的改变是如何影响其他因素的。例如,组织的薪酬体系由以个人绩效为基础转变为以团队为基础,势必会影响到组织所招聘的人员类型。PacificCare公司就曾转变其薪酬体系,因为这样可以满足员工的工作需求,反映领导者是如何做出决策的、团队所做决策的类型、部门或事业部的结构以及组织的文化。以这个模型为基础,惠普公司可以进行什么样的变革从而让组织更有效率,如卖掉打印事业部,所得用于支持其他事业部产品更好的发展?

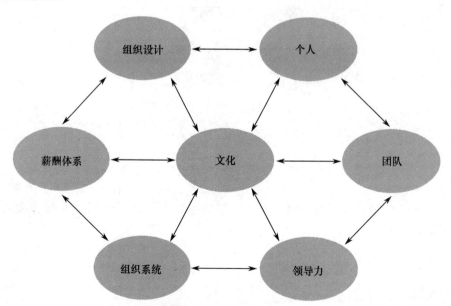

图5.2 变革的诊断模型

任何有计划的变革方案都要求对涉及变革的个人和组织能力进行详细的评估。个人对于变革的准备程度由两个要素构成:员工对现状的满意程度和意识到的改变现状所带来的个人风险。图5.3给出了员工的变革意愿模型:如果员工对现状不满意并察觉到变革将带来极低的个人风险,那么他们变革的意愿可能很高;相反,如果员工满足于现状并察觉到变革将带来较高的个人风险,那么他们变革的意愿可能很低。

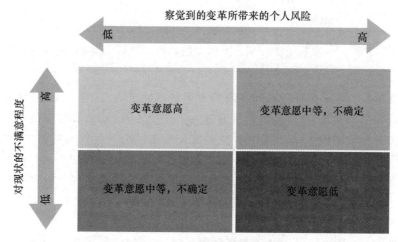

图5.3 员工的变革意愿模型

资料来源:Zeirra, Y., and Avedisian, J. Organizational planned change:Assessing the chances for success. *Organizational Dynamics*, Spring 1989,37。

关于变革的个体意愿,还有一个重要方面就是员工对于变革成果的期望,期望在行为过程中扮演着至关重要的角色。当人们预期无论他们消耗多少时间和精力,也不会有什么重大意义的改变,那么这种信念就会仅停留在一种自我实现的预言上。而当员工对于变革的期望高得不切实际时,这种无法实现的期望就会让事情变得更加糟糕。理想的情形是,对变革抱有积极和现实的期望。

此外,必须正确评估组织的变革能力。如果变革方法要求投入大量个人精力和组织资源,但组织资源很少并且其成员没有时间和机会去实施所需变革的话,该方法就会失败。在这种情况下,组织以温和的变革为起点,则获益可能最大。然后,当组织获得了所需资源和员工承诺之后,就可以在深度和宽度上拓展变革了。

当管理者和员工进行组织诊断的时候,他们应该认清还有两个重要因素。第一,组织行为是许多力量交互作用的产物。因此,观察到的或是诊断出的,如员工的行为、事件和问题以及组织的现状等都具有多重原因。如果将复杂问题的各个原因孤立起来,就会导致产生过于简化和无效的变革策略。第二,组织在诊断中所收集到的资料,大部分只能代表问题的症状,而不能代表问题的原因。很明显,只针对症状而制定出的变革战略并不能解决潜在的问题。例如,万豪酒店发现对全勤率的奖励制度并不能降低缺勤率,因为这种奖励制度并没有解决造成这种现象的根本问题。经过详细的诊断后发现,员工是由于糟糕的公共交通服务、缺乏儿童保育服务以及家庭压力等因素而造成缺勤。所使用的奖励制度并不足以改变员工的行为,更重要的是,它并没有解决员工面临的真正问题。

各种潜在的阻力也是影响变革成熟度以及动力的因素,对个人和组织层面的变革阻力都应该进行诊断。

变革的阻力

> **学习目标** 2. 诊断抵制变革的个体原因和组织原因,掌握克服变革阻力的方法。

变革涉及从已知转向未知。因为未来是不确定的,而且有可能对人们的职业、工资和能力产生负面影响,所以组织成员通常并不支持变革,除非有很强的理由去说服他们。变革阻力的形式多种多样,通常让人觉得变幻莫测。公开的阻力可以通过罢工、降低生产效率、低劣的工作甚至破坏来表现。而暗地里的阻力可以通过更多的拖拉和缺勤、要求调离、辞职、丧失动力、士气低落以及较高的事故率或误差率来表现。最具破坏力的阻力之一就是员工消极应对:当员工有机会参与决策时,却选择不参与组织变革计划的制订,因此对计划的实施缺少承诺。

如图5.4所示,变革阻力来自各种源头,有些可以追溯到个体,而另一些则涉及组织的类型和结构。这两种阻力来源的结合会对变革的成果造成毁灭性影响。管理者和员工都必须清楚了解变革阻力的原因及其源头。

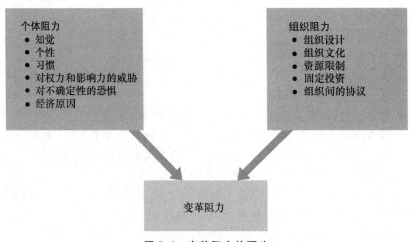

图5.4 变革阻力的源头

个体阻力

图5.4介绍的六种个体阻力并不是导致个体抵制变革的所有原因,但它们却是最普遍、最常见的。

知觉 在第12章,我们将会讨论知觉防御这一概念:它是一种知觉错误,指人们倾向于选择那些与他们的世界观最吻合的事物进行认知。一旦个体建立起对现实世界的认知,他们就会抵制对这种认知的改变。人们会通过各种途径抵制变革对他们生活可能造成的影响,这些途径包括:① 只阅读或聆听他们所赞同的信息;② 很自然地忽略或忘记那些会产生其他观点的信息;③ 故意误解那些一旦被正确理解就会同他们现有的态度或价值观相悖的信息。例如,ARAMARK 公司参加管理培训课程的管理者会接受不同管理哲学和技巧的培训。在课堂里,他们可能会对这些新的想法侃侃而谈并回答有关问题,但在他们心中,却早就将那些他们认为行不通的方法,同他们觉得行得通的方法或是已经实践过的方案分隔开了。

个性 个性的某些方面会让一个员工有抵制变革的倾向。在第 11 章,我们将指出自尊心是决定一名员工在组织中表现的一个重要个性特征。自尊心较弱的员工比自尊心较强的员工更有可能抵制变革,因为前者更容易对变革产生消极的感知。因此,自尊心较弱的员工并不会像自尊心较强的员工那样全力以赴地促成变革成功。另外一种个性特征就是协调。紧张、自我怀疑、喜怒无常的人很难改变他们的行为。他们可能会一直抵制变革,直到他们所依赖的人给予明确指示。这些员工依赖他们的管理者对他们的表现做出反馈。他们可能不会接受任何用以完成工作的新技巧或方法,除非他们的管理者亲自表明对变革的支持以及说明这些变革将如何改进他们的工作,令员工受益。

管理者必须防止过度强调个性在变革阻力中的作用,因为这很容易导致根本的归因错误(见第 12 章)。目前有一种趋势,习惯于把工作中的变革阻力都归咎于员工的个性。正如我们已经讨论过的,尽管个性的确有一定的影响,但它不是抵制变革的唯一重要原因。

习惯 除非情况发生显著变化,否则个体会继续以他们习惯的方式应对各种刺激。习惯可以是个体舒适感、安全感和满足感的来源,因为它让人们适应了这个世界并知道如何应对它。一种习惯是否能成为变革阻力的主要来源,一定程度上取决于个体是否感知到改变他们行为所带来的益处。例如,如果德州仪器公司突然宣布所有员工的工资马上增长 10%,那么尽管工资的上升可能导致他们行为的改变,如追求更昂贵的生活方式,但是很少会有员工表示反对。然而,如果该公司宣布,只有当员工的工作时间由一般的工作日转变为日夜都需要工作时才可以得到 10% 的工资提升,那么很多人将会反对,因为员工将不得不改变很多个人习惯,如何时睡觉、吃饭、跟家人沟通,等等。

对权力和影响力的威胁 组织里的一些人将变革看成是对自身权力和影响力的一种威胁。控制某些他人所需的东西如信息或资源,在组织里就是一种权力。一旦一个具有权力的职位被确立了,个体或团队通常都会抵制变革,因为他们觉得那样会削弱他们影响他人的能力。当迈克尔·乔丹接替迪克·布朗出任 EDS 的首席执行官时,他所面临的最大挑战就是如何让不同的事业部分享信息。EDS 成立于 1962 年,创始人罗斯·佩罗特当时创建了强调个性化的组织文化。"自己解决问题"是在 EDS 公司经常听到的一句话。公司总部摆放的那只巨大的美国秃头鹰雕像象征着他们的组织文化。48 个事业部之间很少分享信息或技术,一个部门花费大量的时间和精力研究开发的新系统可能在另一个部门早就投入使用了。EDS 公司的管理者无法给 132 000 名员工发电子邮件,因为公司使用 16 种不同的电子邮件系统。销售数据也只有在财务部每个季度结算时才能拿到。乔丹需要通过加强数据中心、围绕四个核心服务组织公司运营和降低成本来重建 EDS。

对不确定性的恐惧 面对不确定性时,大部分人会感到担心和恐惧。工作上的每次重大变革都会带来一定程度的不确定性。2002年7月,埃德·布林告诉摩托罗拉公司的老板,他要辞职并放弃成为摩托罗拉下一任CEO的机会,而选择去泰科(Tyco)做CEO,他的妻子说他疯了。现在,他开玩笑地说:"我当时都不知道我俩是否还能继续在一起。"当时泰科的CEO丹尼斯·科兹洛乌斯基和CFO马克·斯沃茨被指控从泰科公司窃取了6亿多美元,公司有可能受到股东40亿美元的赔偿指控。布林上任的第一天上午10:00,代表公司15%股份的7名大股东就要求他把整个董事会撤换,因为那些董事会成员居然对发生在鼻子底下的腐败行为听之任之。这些股东强调,一个只知道服从的董事会会导致一种授权文化,只关注那些给他们带来利益的公司财务安排,科兹洛乌斯基任CEO时的做法就是与董事会其他成员分享丰厚的福利津贴。于是在上任的第一天,布林就决定解散整个董事会。在随后的几个月中,他还撤换了300名公司高层管理人员中的290名。同时,布林聘请了110名新的审计员,并让他们直接向董事会的审计委员会主席汇报,调查公司商业欺诈行为的专员也向该主席汇报。员工可以拨打800热线举报任何不当行为,包括性骚扰和对价格的限定。在布林任职的第一年中,一共进行了1 300次调查,25%的调查结果是给予纪律处分或做出程序上的调整。这种大规模变革的结果如何呢?泰科的股价上涨了近300%,许多人认为公司已经重新步入发展轨道。

经济原因 人们十分关注金钱,所以可以预见,员工会抵制那些降低他们收入的变革。现实地说,员工已经对他们的工作现状做了投资,也就是说,他们已经知道如何把工作做好、如何取得好的绩效评估以及如何与他人有效交往。对工作规章或者工作职责的变革会威胁到他们的经济安全。员工害怕在实行变革后,他们的绩效不再像以前那么好,而且他们对于组织、管理者或同事而言也不再那么有价值。雀巢自从1992年收购佩里尔(Perrier)以来,一直在设法提高法国员工的工作效率。佩里尔的员工平均每年生产60万瓶水,而雀巢的两大竞争对手——圣培露(San Pellegrino)和依云(Evian)公司的员工平均可以生产110万瓶水。法国员工抵制变革是因为他们将不得不降低工资,而且工作时间将从每周35小时延长到40小时。而雀巢则坚持认为,如果员工不停工去参加罢工,他们平均年收入可以达到32 000美元,这在法国南部地区已经是相当不错的收入了。雀巢宣称,如果员工还不接受变革的话,就要裁员15%。

有时候,公司的问题日益严峻与员工的不满意程度很高导致变革迫在眉睫。在达美航空、美国航空、全美航空和其他航空公司,员工知道某些变革对于企业的生存来说非常重要,但管理者真正面临的难题是如何在风平浪静、一切进展顺利的时候,让大家做好迎接变革的准备。下面的自我管理能力专栏帮助你评估自身对变革的准备程度。如果你的准备程度得分偏低,那么你应该发展哪些能力来提高你对变革的准备程度呢?

第5章 引导组织变革

自我管理能力

你为变革做好准备了吗

仔细阅读以下的句子,选择可以表达你的想法的分值。把你的答案填在问题左边的空白处。

1	2	3	4	5	6	7
完全不同意			既不同意也不反对			完全同意

____ 1. 我相信一位无法得出明确答案的专家大概也不会懂得太多。
____ 2. 我觉得在国外住一段时间是很有趣的。
____ 3. 取得共识的时间越短越好。
____ 4. 一名优秀的老师能让你反思自己看待问题的方式。
____ 5. 与那些大部分人我都不认识的团队相比,我更喜欢那些大部分人我都认识的团队。
____ 6. 管理者布置的一些含糊性任务,给了我机会去表现自己的主动性和创造力。
____ 7. 就算是过着平常生活(很少会有惊喜或其他预料不到的事发生)的人们也会对很多事情心存感激。
____ 8. 事实上,我们的很多重要决策都是在信息不充分的情况下做出的。
____ 9. 世上没有不能解决的问题。
____ 10. 按部就班地生活的人们丧失了很多生活的乐趣。
____ 11. 好的工作就是需要做什么以及如何做都很清晰。
____ 12. 处理复杂的问题比解决简单的问题更有趣。
____ 13. 长远来看,致力于解决轻微简单的问题可能比解决重大复杂的问题更有成效。
____ 14. 通常那些不介意表现出与众不同或有创意的人才是最有趣、最能激励他人的。
____ 15. 我们更倾向于选择自己习惯的,而不愿选择那些不熟悉的。
____ 16. 只会说"是"或"不是"的人根本不懂得事情的复杂程度。

解释

你需要先完成以下几个步骤,然后算出总分。首先,把所有奇数题目的分数计算出来写在这里____。第二步,把前面的分数加上64,结果写在这里____。第三步,把偶数题目的分数计算出来写在这里____。然后把第二步中得到的总分减去偶数题的得分,从而得出你的总分。

你的总分是____。你的分数范围应该是16—112。分数越低,表示你越愿意去处理那些随着变革而来的不确定性和不明确因素。分数越高,则表示你倾向于选择可预见的、结构化的情形,对变革反应迟缓。研究数据表明,通常情况下,一个团队的分数范围为20—80,中值分数为45。同这些标准相比,你的分数又是怎样的呢?

组织阻力

从某种程度上讲,组织的本质就是要抵制变革。组织在做一些常规工作时通常是最有效率的,而当第一次做某些事时(尤其在初始阶段),组织就会表现较差。所以,为了保证运作的效率和效果,一些组织会强烈抵制变革。此外,变革经常与各种交织的利益相对立,妨碍部门、团队以及非正式组织早已确立的一些范围内的权利或决策特例。图5.4同时也展示了产生组织变革阻力的几个重要原因。

组织设计 组织需要稳定性和连贯性以便更有效地运作。事实上,组织这一术语指的就是个体、团队和部门具有一定的结构。个体有指定的角色、完成工作的确定步骤以及取得所需信息的一致途径等。然而,这种对于结构的合理需求也会导致对变革的抵制。组织有具体定义的工作、明确的职权和职责以及自上而下有限的信息流动。这正是EDS公司的迈克尔·乔丹所面临的问题。使用严格的设计,强调权力等级,都会使得员工只能运用某些特定的沟通渠道,很狭隘地关注他们自身的职责。尤其是当组织非常僵化,信息沟通需要经过很多层次时(见第3章),新的想法更有可能遭到排斥,因为改变威胁到现状。因此,人们设计具有较好的适应性和弹性的组织,其目的就是减少因严格的组织结构而产生的对变革的阻力。

组织文化 组织文化在变革中起着重要作用。文化并不容易改变,并可能成为变革阻力的一个主要来源(见第4章)。评价组织文化是否有效,关键是看它是否具有利用机会进行变革的弹性。从组织变革的角度来说,一种无效的组织文化指的是尽管现实表明旧的组织文化已不起作用,却仍刻板地把员工限定在旧的组织文化中。

家得宝公司CEO鲍勃·纳德利面临的一个重要变革,就是改变公司之前所倡导的"自己动手"的创新文化。在公司快速发展的阶段,家得宝的高层管理者鼓励商场经理自行决策。然而,随着采购商和商场经理之间没有经过协调就不断下订单导致库存积压,这种自行决策的创新文化带来了许多问题。在纳德利到来之前,商场经理们彼此之间不使用电子邮件进行沟通,也不同公司总部沟通。为了让效率成为公司的文化价值观,纳德利和他的团队将公司的九个采购部整合为一个,而且将退款服务改变为消费者的商场信用积分,取消了以前不用提供发票就可以退货领取现金的做法。为了简化库存管理,商场引进配有无线手持型条形码扫描仪的推车来控制进货。这一变革使得每个商场负责库存的员工减少到16人。为了同Lowe's、Lumber 84以及其他公司竞争,家得宝专门为承包商开设了分销店,与购买木材和其他建筑材料的公司建立业务往来,为有外包要求的客户提供家居维修和物业管理服务。

资源限制 有些组织希望维持现状,而另外一些组织一旦拥有所需资源,就会马上变革。变革需要资本、时间以及具有各种能力的个体。在某些特定的时间里,组织的管理者和员工或许会意识到该进行变革了,但是由于资源有限,他们不得不推迟或放弃某些必要的变革。坐落在亚拉巴马州伯明翰市的南方保健公司前CEO理查德·斯克鲁夏伊被指控虚增收入,当杰伊·格林奈伊接任公司CEO一职时,他不得不马上进行变革。杰伊·格林奈伊撤销了250个管理职位,卖掉不赢利的康复诊断中心、10架私人飞机和1架直升飞机用以支付33亿美元的债务。最终,南方保健公司实现了扭亏为盈。格林奈伊希望拓展公司在服务行业的业务,因为他十分看好这一市场的需求,如专业护理和家庭医疗护理服务等。

固定投资 资源的有限性并不会限制那些没有充足资产的组织。固特异公司投资设立了5 300多家授权经销商。这些经销商负责替换轮胎,该业务占公司总销售额的70%。然而,随着零售方式的不断增多——从折扣店到便利店,到仓储式商店,再到网络销售,经销商的忠诚度也逐渐下降。为了刺激销售,固特异只得选择大规模商家,如折扣轮胎店、Costco、沃尔玛、西尔斯来销售轮胎。这些商家要求较高的折扣,结果一些保证提供维修和召回服务的授权经销商,拿货的价格居然比西尔斯的零售价还高。于是,固特异的经销商60%的时间在销售其他品牌的轮胎。一家授权经营固特异轮胎超过35年的经销商被解除了资格,因为没有购入足够数量的轮胎。固特异公司CEO罗伯特·基甘承认,"我们没看到事情的本质,那就是经销商的成功对我们是有利的。"

固定投资并不局限于物质资产,它同时也包括对人力资源的投资,如那些虽已无法对组织做出重要贡献,但资历却资深得足以保住工作的员工。这些员工除非受到激励,表现得更好,或是经过重新培训后调往其他职位,否则从组织的角度来看,他们的薪水和福利就是不易改变的固定投资。

组织间的协议 组织间的协议通常会赋予组织一定的责任,从而约束它们的行动。劳工协议和劳动合同就是这样的例子。耐克和很多大学以及美国国家橄榄球的联盟关系,在合同期满之前成功地阻止了阿迪达斯和其他运动服饰制造商与这些组织的合作。这样的方式曾经被认为是管理者的权利(雇用和解雇、安排任务、提升和降职等),现在却是协商的结果,被写入劳资合同。其他类型的合同也会限制组织的行为,如变革的提议者也会由于众多因素不得不延迟变革,这些因素包括与竞争者之间的协议,对供应商以及其他合同者的承诺,为换取执照、许可证、资助或减税等对政府部门的保证。当达拉斯的牛仔橄榄球队宣布它将于2009年从家乡得克萨斯州的欧文迁到新址时,该州的阿灵顿市赠了了球队3.25亿美元,希望吸引该球队选择阿灵顿作为新址,修建一个造价6.5亿美元、可容纳75 000人的体育场。阿灵顿市与球队立下合约,要求牛仔队至少在未来30年驻扎该市,在该体育场内举行所有主场的比赛,并在合约期内每年支付200万美元(按通胀率浮动)的租金。

克服阻力

事实上,变革的阻力永远都不会完全消失,但是管理者和员工可以将阻力降至最低从而成为更有效的变革推动者。人们之所以经常搞不清关于变革的情况,部分原因是分析一个变革问题必须考虑大量的相关因素,因而情况变得相当复杂。

社会心理学创始者库尔特·勒温(Kurt Lewin)创立了一种如何看待变革的方法,这种方法对于面临变革挑战的管理者和员工来说是非常有用的。勒温把变革看成朝不同方向运动的各种力量所取得的动态平衡,而非一个事件。他的方法也称为**力场分析**(force field analysis),就是任何情况都可以被视为平衡状态,一种由不同力量相互撞击而取得的平衡结果。在这些抵制变革的不同阻力中,某些力量会试着保持现状,而另外一些推动变革的动力将与这些力量抗衡。图5.5列出了这两股力量的综合效果图。

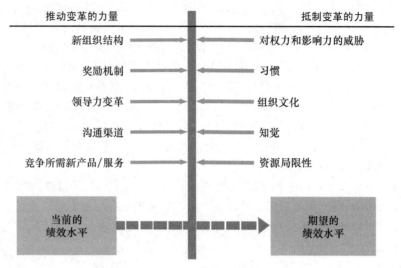

图 5.5 力场分析模型

组织开始变革时,必须采取下面三个步骤中的一个或多个以修正现有的力量平衡状态:
- 增加变革压力的强度。
- 降低阻力的强度或者完全把它们从情境中消除。
- 改变一种力量的方向,如把变革的阻力转变成变革的动力。

使用力场分析来理解变革的过程有两个方面的优点:首先,管理者和员工需要对现状进行分析,通过分析各种推动和抵制变革的力量,个体能够更好地了解关于变革情形的相关方面;其次,力场分析突出了哪些是可以被改变和不能被改变的因素,考虑如何控制那些几乎无法控制的力量通常只会浪费人们的时间,只有当个体和团队专注于那些他们可以控制的力量时,才能增加改变情况的可能性。

当然,对情况进行详细分析并不能保证变革一定会取得成功。例如,处于主导地位的人会有一种自然的倾向去增加变革的压力以期促成他们所需的变革。增加这样的压力会带来短期的变革,但同时也会付出高昂的代价,即对个体和团队的强大压力会产生破坏组织的冲突。一般情况下,推动所需变革的最有效方法就是认清变革的现有阻力,并努力清除阻力或尽可能地减少阻力。

> ▶▶▶ **成功领导者语录**
>
> 要改变成千上万人的态度和行为是非常困难的。你不能强制执行,你所能做的就是通过提供激励、确定市场现状和目标来创造变革的条件,必要时,你还需要信任他人。
>
> 郭士纳,IBM 前首席执行官

勒温变革行为方法的一个重要组成部分是仔细处理和引导变革,包含以下三个步骤:

1. 解冻。这一步骤通常包括减少那些维持组织行为现有状况的力量。解冻通常是通过提供信息来展示员工现有行为与需要达到行为之间的差异而完成的。

2. 移动。这个步骤把组织的行为转变到新的水平。它包括通过组织结构和过程中的变革来发展新的行为、价值和态度。

3. 再冻结。这个步骤把转变后的组织行为稳定在一个新的平衡状态。这一过程的完成通常是通过支持某种机制来强化新的组织状态,如组织文化、规范、政策和组织结构。

除了成功完成上面三个步骤之外,还有一些其他的重要因素在克服组织阻力的过程中发挥作用。研究表明,成功应对组织变革阻力的方法通常有以下几种:

1. 理解和支持。了解员工是如何经历变革的,这一点很关键,它有助于找到那些因变革而处于麻烦中的员工并了解他们顾虑的根本原因。当员工意识到那些管理变革的人关心他们所关心的,他们就比较乐意提供信息。这有助于解决问题,消除变革的阻碍。

2. 沟通。当人们对变革的结果不明确时,他们就可能更加抵制变革。有效的沟通可以减少闲言碎语、谣言和没有根据的恐惧。充分的信息可以帮助员工为变革做好准备。

3. 参与和投入。也许克服变革阻力的最简单却最有效的方法就是让员工直接参与到变革的计划和实施过程中。参与的员工会对变革的实施更为负责,也会比没有参与的员工更加努力地工作。

下面的团队管理能力专栏描述了荷兰皇家壳牌公司的员工参与组织变革对克服变革阻力的影响。这家公司是世界排名第 10 的企业,在 135 个国家都有业务。它在全球拥有超过 49 000 家加油站,年销售额超过 2 650 亿美元,员工数量超过 119 000。面对这个竞争不断加剧的行业,壳牌公司试图进行重组以保持竞争力。当变革停滞不前的时候,壳牌的一位执行董事史蒂夫·米勒介入其中,重新开始实施并管理变革。

团队管理能力

壳牌公司的变革过程

几年前,壳牌开始实施恢复竞争力、重振壳牌的变革方案。两年后,史蒂夫·米勒指出变革的速度太慢了。公司进行了裁员和重组,所有的高层管理者都参加培训,深入了解所要进行的变革及其原因。虽然公司绩效改进了一点,但士气却十分低落。公司的领导者都明白壳牌必须积极进入因特网时代,但在如何实施这一愿景上却无法达成共识,所以变革的步伐停滞了。

米勒相信,一旦炼油厂的员工了解了问题所在,而且被授予权力开始进行变革,那么高层领导者就不得不改变他们自己的行为了。于是,为了把信息传递出去,米勒抽出一半的时间同那些在日常工作中需要面对竞争威胁的员工一起工作。一周接着一周,他与壳牌在 25 个国家的员工都见了面。

壳牌所面临的一个挑战是如何利用 49 000 个加油站去推动公司所有产品的销售。为了解决这个问题,米勒成立了为期五天的"零售训练营"。跨职能团队,如由一名卡车司机、一名加油站经理和一名营销人员组成的团队在训练营学习,然后回去制订一个新的商业计划。接着他们返回训练营,倾听壳牌其他员工对于他们计划的反馈意见,完成新一轮的修正计划后,回去开始实施他们的计划。两个多月后,他们回到训练营进行跟踪汇报,主要内容包括:哪些方案起作用了,哪些做法失败了,从中学到了什么。这些员工必须设计一个新的壳牌形象,并将提倡遵循常规的企业文化转变为倡导创新的文化。于是,在这些员工的带动下,高层领导者发现:变革是会发生的,而且已经在发生。

米勒承认,在训练营的大部分人都觉得学习过程让人有一种"地狱般的恐慌"。高层管理者虽然也知道变革对于壳牌的生存来说十分重要,但他们当时并不相信基层的员工有能力解决真正的问题。同样,基层的员工也没有熟练的沟通技巧可以在高层领导者面前慷慨陈词并回答一些战略性问题。米勒很快发现,当人们沿着企业阶梯向上攀登的时候,他们离壳牌的实际工作越来越远,而且也倾向于低估那些基层工作。高层管理者在宏观的战略问题上争执不休,如该不该收购美国施耐普公司,而实际上,真正推动经营收益增加的是那些零售加油站销售额的提升。

注:关于壳牌公司的更多信息,请访问公司主页 http://www.shell.com。

推动变革

> **学习目标**　3. 探讨推动变革的三种方法。

有计划的组织变革的主要目标是在组织内部改变个体的行为。最终的分析指出,组织的生存、发展、繁荣、衰败和消亡都取决于员工的行为,即能做什么或不能做什么。所以,员工行为的改善是有计划的组织变革的一个主要目标,也就是说,要想取得成功,变革的方案就必须对员工的角色、职责和工作关系产生影响。

从根本上说,所有组织的变革都取决于行为的变革。当然,管理有效的变革同样也取决于识别出组织中哪些方面会成为变革的首要目标。我们用之前的图 5.2 作为一个组织框架来探讨三种推动变革的方法。

人际方法

专注于行为(图 5.2 所示的个体因素)的变革方案依靠众多员工的积极参与和投入。成功地改变行为可以改善个体和团队在决策、问题识别、问题解决、沟通和工作关系等方面的进程。关注那些与人交往有问题或是应付变革有问题的员工的常用方法就是使用调查反馈。

调查反馈　在**调查反馈**(survey feedback)中,信息通过问卷从组织、部门和团队成员中收集而来,然后整理成可以理解的形式,最后反馈给提供信息的员工。在第 10 章,我们将讨论管理者如何利用全方位反馈来改进员工的工作表现。全方位反馈只是调查反馈的一种形式,是对员工表现的综合评估,它通常也会改变评估方法,使其更多地考虑个人能力。这些信息为针对具体事件和问题所采取的行动提供了基础,所有人际方法的主要目标就是通过对普遍存在的问题的讨论来改进团队成员之间的关系,而不是通过引发具体变革,如引进新的计算机系统来实现的。调查反馈也经常作为诊断工具,用来识别团队、部门和组织存在的问题。鉴于它在组织诊断中的价值,调查反馈通常结合其他的方法和技术,构成大规模、长期的组织变革方案的一部分。

请用几分钟时间完成表5.2中的问卷。这个调查反馈工具有助于你发现自己领导变革的能力。当人们领导变革时,多数人会选择自己最擅长的领域而避免自己不熟悉的内容。你最擅长的领域是哪些呢?哪些地方还可以改进?你可能需要找20个了解你的人,请他们完成这份评估你的态度和行为的问卷。等你得到他们的反馈后,你就可以基于他们的反馈做出一个更准确的自我描述了。

表5.2 领导积极的变革

说明:请用下面的量表了解你自己的变革管理能力。你的答案应该反映出你现在的态度和行为,而不是你所预期的态度和行为。请诚实回答。

分值
1. 完全不同意
2. 不同意
3. 轻微不同意
4. 轻微同意
5. 同意
6. 完全同意

评价
____ 1. 当我同其他人打交道时,我能调动对方积极的一面。
____ 2. 我知道如何令他人积极主动地释放内在的能量。
____ 3. 我对身处痛苦或困境的人表达同情。
____ 4. 适当的时候,我能触动别人的同情心。
____ 5. 我经常赋予我的工作更多的意义。
____ 6. 我会原谅他人的错误或所造成的伤害。
____ 7. 尽管我很容易原谅他人,但是我对工作要求比较高。
____ 8. 我经常对许多细微体贴的行为表示感激。
____ 9. 我不仅对做错的事情记录在案,对于做对的事情也记录下来。
____ 10. 我经常积极地反馈意见给他人。
____ 11. 我强调不仅要克服短处,更要加强长处。
____ 12. 我经常使用积极的评价而不是消极的评价。
____ 13. 我会把自己(团队)的绩效同最好的绩效进行对比。
____ 14. 在表述愿景的时候,我不仅晓之以理,还会动之以情。
____ 15. 我工作是为了百尺竿头更进一步,即缩小良好绩效同优秀绩效之间的差距。
____ 16. 我在诚信方面绝对以身作则。
____ 17. 我知道如何激励大家投入我所倡导的变革愿景中。
____ 18. 在倡导变革的过程中,我遵循积少成多的渐进策略。
____ 19. 对于我所关注的事物,我比较好为人师。

（续表）

评分	
分数	分段
100 分及以上	第一个 1/4
81—99	第二个 1/4
60—80	第三个 1/4
60 以下	第四个 1/4
变革管理能力的细分	
引导积极变革的能力	
动员他人进行积极变革的能力	
在组织内倡导积极的非常规行为的能力	

团队方法

团队方法(team method)的主要目的和作用就是处理团队的绩效问题。如图 5.6 所示，团队的绩效受到成员能力、组织结构、组织薪酬制度、组织文化和其他因素的影响。团队方法

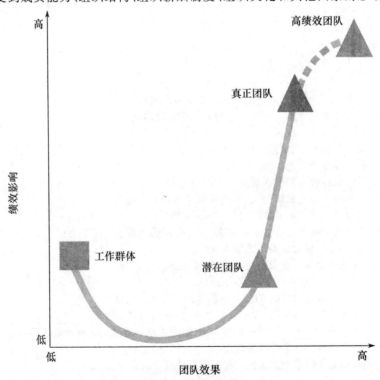

图 5.6　团队绩效曲线图

资料来源：Katzenbach, J. R., and Smith, D. K. *The Wisdom of Teams*. Boston：Harvard Business School Press, 1993, 84。

是为改进团队成员的关系和提高团队工作绩效而设计的。

团队建设 在团队建设(team building)中,团队成员对他们如何共同工作进行诊断并规划变革以提高效率。一个组织由许多不同的团队构成,所以其成功取决于这些团队和团队中的成员一起工作的有效性。我们将在第8章中探讨如何改进团队的功能,请关注。

当团队成员意识到存在问题时,团队建设就开始了。有效的团队会识别出影响其有效性的障碍,并会设计和采取行动以消除那些障碍。在团队建设的过程中,团队成员提供他们对事物、问题以及工作关系看法的信息。壳牌公司的史蒂夫·米勒就使用了这种技巧。信息的收集通常是通过面试或问卷的方法获得,在团队会议过程中或会议之前收集起来的,于是管理者会对相关信息进行分析,对与工作有关的问题进行诊断。以问题诊断为起点,团队成员制订详细的行动计划并安排个人去完成相应的具体工作。之后,团队成员对他们的计划和进程进行评估以确定他们的行动是否解决了所发现的问题。当团队工作效率提升时,对于组织绩效的潜在影响也会增大。另外一种定义团队建设的好方法,就是包含图5.6中为提高组织绩效而设计的各种行动。

许多团队建设方法的目标是改变组织的文化。在第4章中已经探讨了关于改变组织文化的一些情形,并指出进行这些变革非常艰难。在诸多事项和问题中,仅仅是在变革计划制订之前,对组织文化进行正确评估这一项任务就已经十分棘手了。此外,文化的某些组成部分,如员工共享的一些深层次的核心价值观也几乎是不可能改变的。尽管面临这些挑战,有些组织还是成功地对它们的文化进行了变革。它们是如何做到这一点的呢?针对成功的文化变革所做的一个详细分析表明,通过关注下面七个主要问题可以增加成功的机会。

1. 利用良好的机遇。当出现明显问题或挑战时,组织必须充分利用机会进行变革。迈克尔·乔丹出任EDS的CEO时,EDS的许多问题集中在组织内部设计和客户流失上。

2. 谨慎乐观。管理者和员工必须对文化变革带来的好处持乐观态度,否则他们不会愿意进行尝试。但是,由于文化的变革可能会带来不好的影响,所以组织必须谨慎实施。对于变革的期望必须是积极且现实的。

3. 洞察文化变革的阻力。必须诊断出变革的阻力,识别并减少阻力的来源对于文化变革或者其他变革方案来说都是很有价值的。

4. 变革与继承。"别把孩子跟洗澡水一起倒掉"是一句谚语,指的是应该识别什么是有价值的并保持其重要性和持续性。本书多次提到的西南航空公司,从20世纪70年代初建立以来,虽然经历了不断的发展和繁荣,但一直保持着赫布·凯莱赫当初建立企业时所坚持的核心价值观和理念。尽管凯莱赫已经不再参与日常管理工作,但是现任CEO加里·凯利和总裁科琳·巴雷特都在公司任职了很长时间,因而能够将凯莱特创立的文化传承下去。

5. 意识到实施变革的重要性。一项调查表明,关于战略和文化的有计划进行的变革,90%以上是没有完全实施的。很多变革的失败是由于执行失败而导致的,而非设想上的失败。管理者要意识到有一个设想和计划虽然重要,但那只是整个战役的一部分。计划的变革必须被贯彻执行才能成功。

6. 改变社会化方法。社会化是人们学习文化的一种主要方法(见第3章),所以改变社会化过程是推动文化变革的一种有效方法。

7. 发现并培养创新的领导能力。文化变革必须从组织的高层开始,因此良好的领导力是至关重要的。当约瑟夫·伦纳德于 1999 年接任 AirTran 的 CEO 时,这家航空公司已濒临破产。而今,它却成为几家低成本航空公司中盈利最多的公司之一。伦纳德注重降低成本,选择利润高的短途航线,为小市场另设航线,并购买省油的波音 737 系列飞机。例如,AirTran 是唯一一家在纽约和俄亥俄州的阿克伦市之间有直飞航线的公司。它与竞争对手西南航空、JetBlue 的差别在于它以亚特兰大为中转站,开设点对点的航线,避开从主要市场如纽约和洛杉矶出发的长途航班。另外一个不同之处在于,AirTran 通过培训员工从事多项不同的工作来降低成本,如把扎基亚·切里斯这名在费城工作的员工从办理行李托运的前台调到机场的跑道管理处就帮助公司降低了劳动力成本。

组织方法

在过去的十年里,许多组织进行了激进的变革。日益激烈的竞争促使许多组织裁员,精简机构,以提高效率和灵活性。其实,如果有其他办法,组织通常不会采取重大的变革手段。那些权力、习惯、文化和利益所构成的组织规范很难改变。许多组织如 EDS、凯马特和泰科之所以实施巨大的变革,是因为组织已经到了生死存亡的关头。

如图 5.2 所示,组织范围内的变革计划经常是为了改变组织的设计、薪酬体系、文化和组织系统。主要利用组织方法来实施变革的途径包括:重新定义职位或角色以及职位间的关系,重新设计部门、事业部或是组织的结构。遗憾的是,有时组织并没有去认识和探讨低效率和绩效差的真正原因,而只是把实施组织设计或是组织结构的变革当做裁员的借口。

组织变革方法的一个重要特点是高层管理者在整个变革实施过程中发挥着积极作用。因为高层管理者负责组织的战略发展方向以及运营,所以一般由他们来决定何时启动变革,进行什么样的变革,如何实施变革以及谁来负责实施变革等。在任何进行组织范围内变革的组织中,高层管理者需要扮演以下三种角色:

- 制定愿景。高层管理者必须表明实施变革所要达到的一个清晰而有效的愿景。他们必须为员工的表现制定新的绩效考核标准。
- 激励动员。高层管理者必须对变革表现出个人的激情,并且成为其他员工的行为榜样。他们必须同所有员工保持密切的联系。
- 帮助支持。高层管理者必须为重大变革的实施提供必要的资源,并利用奖励来强化新的行为。

下面的沟通管理能力专栏描述了丰田公司的高层管理团队在实施公司变革时,是如何发挥以上三种角色的作用的。丰田公司当时面临的问题是,一名订购了白色塔科马皮卡的顾客通常要等待几周的时间才能拿到车。在日本和欧洲,人们已经习惯等待一两个月才能拿到车,而且供应商通常都在总装配工厂的附近。但是在北美,顾客通常在一两周内就要拿到车,否则他们就会找其他的经销商,购买满足他们需要的汽车。因此,丰田的北美工厂需要实现的目标是,将从下订单到发货的平均时间由 70 天缩短至 14 天。这样的变革不仅会令顾客更加满意,也将降低经销商的成本以及丰田公司为滞销车辆支付的费用。

 沟通管理能力

丰田公司的准时制生产

丰田公司的困境是:如何在效率不输于竞争对手的前提下为客户提供符合他们需求的汽车。丰田用了六年的时间来改造订单、制造和经销环节,使经销商和客户在汽车生产出来之前拥有更多的改动空间。公司自行开发了一套软件,使经销商同工厂、工厂同供应商之间可以直接建立联系。

以前,经销商要花一个月的时间对车辆配给进行一次审核,如有变动意见则需要一周才能得到丰田公司的反馈。现在,经销商可以每天登录网站,查看制造中的车辆状况,做适当的调整以满足客户的需要。第二天,经销商就可以查看订单是否已经被接受。几天后,汽车就会按照顾客的具体要求生产出来了。

虽然丰田在北美只推出了 10 款车型,但是不同发动机和配件的组合,可以制造出超过 50 000 种的产品。经销商提出需求后,系统会确定某些零件是否可以就近配送、总装线上重新排序的时间、该要求是否会打乱车间生产流程,因为如果太多型号的汽车连续进行几次修改,就可能比较耗费时间。

然后,丰田致力于解决和完善经销商系统。成品汽车往往需要经过很长一段时间才能从工厂运至经销商处,丰田希望能够减少整个过程的时间。首先,丰田考察了所有经销商的位置,将发往同一区域的车辆集中在同一时间发送。以前,如果将肯塔基州乔治敦生产的一辆凯美瑞发往西雅图,很可能会在火车站等上好几天才能发送。现在,丰田将所有不同型号的车辆一起发到分拣中心,在那里按照目的地进行分类(如西雅图、达拉斯、芝加哥)。火车将车辆运至目的地后,经销商会接到通知,然后去火车站提取客户订购的车。

对经销商系统的改变需要对某些生产环节也进行调整,最大的调整来自喷漆车间。一辆新车的生产时间有一半是花在喷漆环节上的。如果一辆车需要更改颜色,喷漆机械手所用喷管内的原漆要用昂贵的溶剂清理干净,然后喷管才可以用来喷射新漆。丰田需要减少这一环节的使用时间,于是安装了使用单独漆筒的机械手。刷红漆,机械手就抓住红色漆筒,刷绿漆,就用绿色漆筒,依此类推。虽然漆筒价格很贵,但是这种改变使工厂提高了效率。乔治敦的工厂从生产一辆车所需的 22 个工时中节省了 2.1 个工时,每辆车由此节省了 29 美元,每年节省 250 万美元。

注:关于丰田公司的更多信息,请访问公司主页 http://www.toyota.com。

组织变革的道德问题

> 学习目标 4. 揭示组织变革中产生的道德问题。

在任何组织变革的方案中，无论如何小心谨慎地计划和管理，都有可能出现严重的道德问题。管理者和员工必须注意可能产生道德问题的四个主要方面：变革方法的选择、变革对象的选择、管理职责以及实际操控。

当选择适合当前情况的变革方法或是综合的变革方法时，管理者和员工必须意识到，在决定使用方法的选择标准时所涉及的道德问题。例如，管理者或变革推动者是否出于彼此相关的利益而选择使用某一特定方法，而不对其他方法进行公平的考虑；参加组织诊断的某个人是否具有偏见，从而先入为主地对问题有了预先假定，以致影响到变革方法的选择。

变革对象的选择会产生关于在变革方案中参与度的道德问题：变革的目标是什么；变革集中在哪些个体、团队或是部门中；组织中的哪些成员会参与到变革的诊断、计划和实施过程中，参与程度如何；谁来做这些决定。当管理者试图做出不恰当的变革或是对变革对象的选择超出他们的合法权力时，权力和政治行为就会导致严重的道德问题产生。管理者能够在多大程度上改变员工行为，如何划分选择的界线等，都值得进一步去思考。

管理职责方面的一个主要道德问题是：按照谁的目标和价值观来引导变革。组织变革永远无法完全摆脱价值观的影响。管理者和员工的价值观体系通常构成他们对于"组织应该做什么"的理念基础。一旦参与变革过程的管理者无法意识到他们与组织成员的目标和价值观不兼容所带来的问题，道德问题就出现了：谁的想法会主导变革；谁的价值观会影响实施变革所追求的目标和所采取的方法。

最后，权力的差异增加了对变革程序进行操控的可能性。在组织里进行变革，而不让某些员工产生被操控的感觉是很难的。实际上，组织进行的一些变革通常会导致某些个人或团体变革后的情况变得更加不利。道德问题涉及变革的公开程度：组织提前宣布的变革方案应该公开到什么程度；员工有权参与到什么程度；是否知道哪些变革会影响到他们的权利。

这些问题并不容易解决，也没有一个简单的答案可以应对一切。作为变革的起点，管理者和员工需要基本的信息来了解组织变革可能导致的道德问题，以保证大家的选择是在公平和知情的情况下进行的。同时，组织必须对执行有计划的变革方案中可能出现的道德问题保持警觉。

本章小结

1. 识别组织变革的压力，掌握两种变革方法以及如何进行组织诊断。

   快速变化的环境向管理者和员工提出了很多要求，其中包括对有效计划和管理组织变革的要求。变革的压力源于全球化、计算机和其他先进信息技术的大量使用以及劳动力的变化。

   两种主要的变革方法分别是经济利益法和组织发展法。经济利益法集中于改变组织的结构和决策的权力关系，它的目标是改善组织的财务状况。组织发展法集中于发展员工的能力和对组织的承诺。对组织目前的功能、活动和存在的问题正确而可信的诊断是进行有效的组织变革的基础。变革的准备程度、变革资源的可用性以及变革潜在的阻力等都是需要被正确诊断的要素。

2. 诊断抵制变革的个体原因和组织原因，掌握克服变革阻力的方法。

   个体或许会因为他们的知觉或个性的差异而抵制变革。此外，习惯、对不确定性的恐惧、经济上缺乏保障、对已有权力和重要关系的威胁都会对变革产生进一步的阻力。变革的组织阻力可能由组织的结构和文化、有限的资源、不易改变的固定投资和组织间协议等因素引起。力场分析可以帮助管理者和员工诊断和克服变革的阻力。同时，也可以通过公开的交流和提高员工对变革过程的参与度来减少阻力。

3. 探讨推动变革的三种方法。

   有三种方法可以推动组织变革：人际方法、团队方法和组织方法。人际方法集中于改变员工的行为，从而使他们的表现更加有效，它通常使用调查反馈的方法。顾名思义，团队方法集中于改进整个团队的表现，因此团队建设是它的基础。组织方法旨在改变组织的结构、薪酬体系、决策制定的组织层次等。

4. 揭示组织变革中产生的道德问题。

   管理者和员工需要了解在组织变革过程中可能出现的道德问题。道德问题可能出现在变革方法的选择、变革目标的选择、决定所选目标的管理职责以及对员工潜在的操控等方面。

关键术语和概念

临时工（contingent workforce）
经济利益法（economic approach）
力场分析（force field analysis）
全球化（globalization）
信息技术（information technology）
组织发展法（organizational development approach）
组织诊断（organizational diagnosis）
有计划的组织变革（planned organization change）
工作生活质量（quality of work life）
工作生活质量方案（quality of work life programs）
调查反馈（survey feedback）
团队建设（team building）

讨论题

1. 以你自身的经历,描述一个需要变革的团队、部门或组织。它使用了哪种变革方法?是否获得了成功?
2. 以力场分析为基础,解释为什么减肥是一件十分困难的事情?
3. 以你在表5.2中的答案为基础,说明你需要发展什么能力?你计划如何做?
4. 变革的权威专家罗莎贝丝·坎特指出,试图对一个组织进行变革就好比试图教大象跳舞一样。为什么改变组织的方向如此困难?
5. 卡莉·菲奥莉娜被解雇后,惠普公司面临什么样的变革压力和变革阻力?请解释。
6. 参照表5.1说明惠普公司的菲奥莉娜使用了什么变革方法?为什么不成功?
7. 指出并描述你所熟悉的一个组织由于变革而造成的道德困境或问题。该道德问题是如何被解决的?如果可能的话,你是否会采取不同的解决方法?
8. 试想一种别人要求你改变行为的情境,你改变了自己的行为吗?如果是,为什么?如果没有改变,又是为什么?
9. 为什么组织诊断对于变革的成功至关重要?

体验练习和案例

体验练习:自我管理能力

测量变革的支持度

说明

该问卷有助于你了解组织内支持或反对变革的程度。请根据你所了解的组织情况对每道题做出回答。在量表中圈出你认为正确的答案。

不正确	基本不正确	有些不正确	不确定	有些正确	基本正确	正确
1	2	3	4	5	6	7

价值观和愿景

1. 整个组织的人是否具有同样的价值观和愿景?

| 1 | 2 | 3 | 4 | 5 | 6 | 7 |

变革的历史

2. 组织是否有过顺利实施变革的历史记录?

| 1 | 2 | 3 | 4 | 5 | 6 | 7 |

合作和信任

3. 组织中是否存在大量的合作以及彼此信任的情形(相对于彼此仇恨)?

  1 2 3 4 5 6 7

文化

4. 组织的文化是否支持冒险主义(相对于高度官僚主义和墨守成规)?

  1 2 3 4 5 6 7

韧性(适应性)

5. 人们是否能够处理好变革(相对于因近来变革的不确定性而变得烦躁)?

  1 2 3 4 5 6 7

惩罚和奖励

6. 组织是否奖励那些参与变革的人(相对于暗地里惩罚那些从其他工作中抽身出来参与变革的人)?

  1 2 3 4 5 6 7

尊重和身份地位

7. 当变革实施后,人们是否能够维持尊重和身份地位(相对于由于变革而失去这些东西)?

  1 2 3 4 5 6 7

现状

8. 变革是否是适度的(不会对现状造成重大破坏)?

  1 2 3 4 5 6 7

解释

1、2、3属于低分,4和5属于中等分数,6和7属于高分。但是,这些仅仅是数字,一个人给出的5分可能是另外一个人的3分。这些分数的价值在于理解分数所代表的意义。

一般来说,低分或是中等分数应该引起注意。偏低的分数表明在某方面可能存在变革的阻力。

价值观和愿景

低分表明价值观存在分歧,个体和组织没有共同的价值观念。在这种情况下,形势是非常严峻的,它几乎可以使得任何主要的变革都遭到抵制,除非人们学会怎样去培养相同的价值观。相反,低分也可能意味着沟通存在问题。在一些组织里,价值观和愿景都是保密的,人们根本不知道组织的主导观念是什么。尽管这些沟通问题也需要解决,但它并不意味着有更深层次的变革阻力。

变革的历史

低分表示变革遭到强烈抵制的可能性很大。想要变革的人必须反复说明此次变革的重要性。人们对此会十分怀疑,所以坚持不懈是至关重要的。

合作和信任

必须严肃对待低分情况。在缺乏信任的基础上倡导某一重大变革,就算有可能成功,也是十分困难的。与信任相对的是恐惧,所以低分表明的不仅是缺乏信任,还意味着存在恐惧感。

文化

中等分数或是低分表明,即使人们支持变革,在实施变革的过程中也会遇到困难。他们表明组织所使用的体系和程序阻碍了变革。所以,推动者必须深入研究问题,并找到问题产生的原因。

韧性(适应性)

低分很可能意味着人们已经不堪重负。就算他们意识到变革的必要性,也是心有余而力不足。以下两个重要的问题应该被问及:
- 是否真有必要在此时实施变革?
- 如果是,那么组织应该如何支持员工,将变革带来的破坏性降至最低?

惩罚和奖励

低分代表高度的潜在阻力。一个拥有正常思维的人怎么会支持危害他们自身的事情呢?如果员工的感知是正确的,那么变革推动者必须找到一种途径可以继续推动变革,而且设法让变革对他人有益。低分表明人们对于变革的范围和原因有所误解,所以变革推动者必须让人们知道为什么他们理解错了。这些信息的传递或许需要反复进行,尤其在信任度很低的情况下。

尊重和身份地位

低分意味着变革推动者必须设法让变革赢得一个双赢的结局。

现状

低分表明人们把可能的变革看成十分具有破坏性,而且颇具压力。让越多的人参与到变革过程中,那么变革的阻力就会越少。通常人们抵制变革是因为觉得无法操控变革。

案例：道德管理能力

金德里德·托德所经历的组织发展的道德问题

金德里德·托德刚刚完成组织发展硕士学位的学习，在加拿大艾伯塔的埃德蒙顿市一家小咨询公司找到了一份工作。公司总裁拉里·斯特普查克告诉托德，他的公司正在不断发展壮大，将为她学习咨询业务提供很多机会。拉里·斯特普查克有着广泛的人际关系、令人羡慕的管理职业生涯以及多年的咨询顾问经验。

事实上，公司的确在成长，不断增加客户和项目，也不断增加新的人手。几周后，斯特普查克分派给托德一个新客户——一家小型的石油天然气公司。"我已经同客户谈了几个小时。对于我们公司而言，这是一个非常重要且颇具潜力的客户。他们希望得到我们的帮助，解决一些长期规划方面的问题。从他们的谈话风格来看，他们也会考虑运用一些有助于质量持续改善和提升的方法。"

在第一次同客户会面前，托德做了一些准备工作。她查看了该公司年度报表中的一些财务数据，分析了行业发展趋势，并思考了一些成长中的年轻企业可能面临的问题。斯特普查克指示托德，可以先同该公司的总裁会面，谈谈初期的问题以及随后的步骤及计划。

当托德步入该公司的总裁办公室时，迎接她的居然是公司的全体高层管理人员。高管团队人员表达了他们最迫切的愿望，希望能够针对重点问题，找到如何改善公司主要业务流程的方法。他们非常希望得到研究持续质量改进（CQI）方面的专家如托德本人的帮助，以提高效率并削减核心业务的成本。随后，管理人员直接询问托德一些关于 CQI 的技术性细节问题，如达到预期效果的时间、如何绘制关键流程图、如何组建质量改进团队、如何改进等。

托德一时之间不知所措，斯特普查克提到的关于该公司目前状况的讨论居然只字未提。显然，斯特普查克把她作为 CQI 方面的专家介绍给了这家公司。她只好回答说，所有的问题都非常好，但是需要针对公司的长期发展目标和战略来回答这些问题。托德建议，最好先由公司管理成员提供一些组织的历史背景，这样她才摆脱了困难和尴尬的境地，并伴称将开始着手进行 CQI 的一些必要工作。会议结束时，双方还约定下周进行第二次会谈。

第二天，托德找到斯特普查克，向他汇报了会谈结果，并表示对于自己被作为 CQI 方面的专家介绍给该客户感到很吃惊。托德说自己的能力不足以满足客户的要求，希望公司另外安排其他具有 CQI 专业技能的顾问接手这个项目。

斯特普查克这样回应她的请求："我和这群家伙打了十多年的交道，他们自己都不知道自己需要什么。CQI 只不过是一个流行语，如果他们需要，我们就给他们提供这个好了。"他还告诉托德，公司暂时无法安排其他顾问来接手这个项目。"此外，客户公司的总裁刚刚打电话来说，他们非常满意与你的会谈，希望马上开始这个项目。"

托德觉得斯特普查克给她的回复暗含了一个强烈的最后通牒：如果你还想继续待在公司里，你就得接这个活儿。托德事后反思："我明白自己一旦接手这个项目，要么侥幸渡过难关，要么就会万劫不复。"

托德仔细权衡自己面对的选择，她不得不思考以下问题：

- 我如何在维护自己坦诚价值观的同时，做到对客户的诚信？

- 我如何帮助这个客户？
- 我对持续质量改进的过程了解多少？
- 我能够满足老板的要求吗？
- 我将承担哪些责任？
- 谁会知道我是否有资格进行这个项目？
- 如果我失败了，一切将会怎样？

考虑过这些问题后，托德把自己的处境总结为三种进退维谷的情形：自我的困境（谁是金德里德·托德）、能力的困境（我到底能做什么）、自信的困境（我喜欢自己为之工作的老板吗）。在思考这些问题的基础上，托德做出了以下安排：她花了两天时间在图书馆查找并研究全面质量管理和持续改进的理论和企业实践资料；她还联系了几个有过质量改进经验的朋友和同学，并说服其中一个人充当她的影子顾问，一起制订和执行为客户提供的咨询方案。

基于她在图书馆的努力和同影子顾问的良好沟通，托德成功地帮助客户实施了适当而有效的执行方案。但完成这项工作后不久，托德就辞职了。

问题

1. 讨论金德里德·托德所采取的一系列行动的优缺点。如果你是金德里德·托德，你会采取不同的做法吗？
2. 根据这个案例提供的材料，请列出其他可以帮助公司的既有效又符合道德的方法。

第3部分
领导力和团队行为

- 第6章　有效领导的基础
- 第7章　有效领导的现代发展
- 第8章　团队管理
- 第9章　有效管理冲突和谈判
- 第10章　沟通管理

Chapter Six

第 6 章
有效领导的基础

学习目标

学完本章后，你应该能够：
1. 说明领导过程中的权力和政治行为的作用。
2. 描述两种传统的领导模式——特质模式和行为模式。
3. 解释情境领导模式。
4. 讨论弗罗姆-加哥的时间驱动领导模式。

课前案例

美国银行的埃米·布林克利

全美第三大银行——美国银行拥有14 000多名员工，作为该银行的首席风险官，埃米·布林克利负责整个公司的风险管理运作。同时，她也是风险和资本委员会的成员，该委员会负责为公司各方面的运作调配资金。在本章的课前案例中，我们来分享一下她关于领导力的一些心得体会。

首先声明，我并不认为自己是所谓的"女管理者"，只不过碰巧是一名女性的管理者而已。这意味着，我希望能够提供力所能及的帮助，但是不想被人时时刻刻贴上性别的标签……

现在，让我们抛开性别的话题，来看看当今世界对领导者提出的另一种关键要求，那就是能否获得并保持企业视野。对企业视野的关注超越了我们是谁，我们在组织中处于何种地位，进而关注我们如何看待自己的组织，以及组织所面临的机遇和挑战。要建立企业视野，我们必须首先了解自己的定位。这个世界前所未有的复杂，内部联系也更加紧密，商业发展的速度史无前例……目光短浅、随遇而安将不会有生存空间。有人说，经验是最严厉的老师：它先让你接受考验，然后再给你教训。

积极积累各种经验有助于我们培养一种企业视野，以避免短视带来的错误。我有幸在美国银行积累了丰富的经验，但这却不是我年轻时规划好的职业生涯。事实上，当我听到有人说"她为什么要那样做"的时候，我知道我又沿着职业生涯迈出了正确的一步。这样一步一步走来，我不断开阔视野，追求带给我最多收获的进步。这些经历增强了我的判断力……为我承担更重要的角色奠定了基础……提升了我对企业各方面的洞察力。

我所有的经验可以归结为两点：① 积极进取的能力；② 担任首席风险官期间建立的企业视野。由于工作的原因，我有机会观察和学习企业内部各位领导的长处，从中我明白了一个道理：一天的工作下来，最重要的不是技术能力而是思维能力的提高。企业视野是指能够从恰当的视角来审视企业并提出有价值的观点的能力，它同时也是一种高瞻远瞩、追根究底、影响最终结果的组织和执行能力。

保持企业视野的重要性在于……保持正确的视野……要能够超越我们所在的组织……直至触及我们的个人生活。我认为，平衡是我思考这个主题（领导力）所得到的最佳建议，而得到这个建议的过程却有些出乎意料：一名同样是管理运营委员会成员的银行同事，他和我一起在公司里得到升迁，是大家公认的工作狂，是你在街头打架时最先想到的帮手。有一天，他让我坐下，然后用一种非常严肃的口吻对我说："即使你在恐吓大家时，也要仁慈和温和一些。"这就像当头棒喝一样让我清醒过来，我马上意识到自己所缺的就是平衡。平衡没有一个统一的定义，对于每个人而言，它的含义都是不一样的。我对平衡的定义是：无论把多少事情混杂在一起，无论多忙，都能始终保持充实和精力旺盛的状态，而不是仅仅把全部精力放在工作上。直至今天，我仍然不敢说我已经完全明白这个道理……或者已经不再需要运用强势影响力。我还在运用强势领导力来工作，因为它有时还是必要的。但是，那种影响力的强度必须通过移情、聆听和包容来进行平衡。

关于领导力的另一个视角是我们从倡导的价值观中所获取的东西。简而言之，就是清楚我们是谁以及我们的组织因何而存在。没有比这更重要的问题了。观察一下那些缺乏社会责任感的企业，我们会发现，这些企业缺少的就是能够一针见血地指出问题所在的领导者。我们也发现，有些问题是因为分析问题的角度选择不当、公司治理失败以及无法执行那些确保公司步入正轨的制度而导致的。领导力要求我们，既要执行正确的价值观，也要实施能够正确治理组织的管理模式。所以，我鼓励大家找到属于自己的成功公式……你的经历、你的技能和才干、你的人生以及你的远大抱负。

注：关于美国银行的更多信息，请访问公司主页 http://bankofamerica.com。

埃米·布林克利关于领导力的思考将在本章和下一章进行深入探讨，也会再次揭示贯穿本书的几种基本能力。领导力涵盖了本书讨论的七种基本管理能力，但是它的组成要素却远不只这些。团队或组织的成功在很大程度上取决于领导力。埃米·布林克利就明显具备某些核心的领导素质。

领导力(leadership)是建立理念和愿景，利用价值观来支持这些理念和愿景，通过影响他人行为并使其以行动来拥护这些理念和愿景，以及在对人力资源和其他资源配置方面做出艰难决策的过程。诺埃尔·蒂奇在研究了许多杰出的商业领导人的行为后，将领导力描述为：

> 领导力是通过激发他人的努力来实现目标，但如果领导不在场，这些目标就实现不了。当今社会，领导方式越来越少地依赖命令或控制，而是越来越多地依赖于通过改变他

人的理念,从而改变他们做事的行为和方式。今天,领导力是指能够运用不同的理念和价值观不断地激发他人的活力和动力。

领导者(leader)是指具备领导力的关键特质的人,这些特质是理念、愿景、价值观、影响力和做出艰难决策的能力。在本章和下一章中,你将发现领导力其实就像一面多棱镜——从不同的角度看就会有不同的新景象。我们的目的是使你认识和掌握有关领导力的正确观念和方法,通过这些来向你展示领导力的各种不同观点,以及它们各自的优点、局限性和应用。这些章节也有助于你了解自己的领导特质,深入挖掘某些不太完善的特质。我们的理论很简单:领导艺术的知识和技能可以学习,但只能传授而不能传承。这里的学习,是指个人积极主动地向着成功领导者的方向去改变自我。

在课前案例中我们看到,作为一名女性领导者和管理者,埃米·布林克利很重视话语当中透露出来的那些充满进取精神的理念和愿景,尽量避免因短视所造成的错误。布林克利在关于领导力的谈话中,特别强调价值观的核心作用是"既要执行正确的价值观,也要实施能够正确治理组织的管理模式"。她在谈到影响力时指出,"对他人影响力的强度还要通过移情、聆听和包容来体现"。在课前案例中,布林克利意识到对于领导者而言,制定有关个人和工作的决策有时很艰难但却十分必要。思考一下布林克利这句话:进取观念和领导力是指"高瞻远瞩、寻根究底、影响最终结果的组织和执行能力"。

权力和政治行为

> **学习目标** 1. 说明领导过程中的权力和政治行为的作用。

所有的领导者都需要运用权力和政治行为去影响他人。有些领导者可以既有成效又符合道德地影响他人,而另一些人虽然身处领导之位,却不是有效的领导者,所使用的权力和政治行为不仅无效,而且有损工作效率。

领导者对权力的使用

领导者在不同情境中使用的权力来源主要有五种:法定权力、奖赏权力、强制权力、参照权力和专长权力。领导者通过满足追随者的某些需求来运用这些权力影响人们的行为。领导力是否有效取决于追随者对影响的接受程度,同样也依赖于领导者能够提供影响的程度。让我们从领导者和追随者的角度来了解一下这些不同的权力。

法定权力 法定权力(legitimate power)是指基于个人在组织中的正式职位而对他人产生的影响力。下属会受到这种权力的影响,因为他们认同领导者具备某种法定权力来指使他们做事。非管理职务的员工也可以拥有法定权力,如洛克希德·马丁公司一个工厂的安全检查员约翰·奥格登,一旦发现违反安全的操作行为,就有法定权力要求停工,就算工厂经理反对并试图阻止他,也无济于事。

法定权力是一个重要的概念,通常而言,领导者在具体的职责范围内有一定的决策权,如客户服务、质量控制、营销或财务方面。这种职责的规定赋予了领导者(有时是其他员工)某种法定权力去影响他人行为。领导离具体的职责范围越远,其相应的法定权力就越弱。员工对于权力的实施有一种所谓的无差异区域。**无差异区域(zone of indifference)**是指在一定的范围内,员工会毫不质疑领导者的权力,完全接受领导的命令。在此区域内,领导者拥有相当大的法定权力来影响下属的行为,但是,一旦超出这个区域,法定权力就会迅速减弱。例如,一名秘书会毫无疑问地为领导做一些诸如写信、接电话、看邮件等工作,但是,如果领导要求这位秘书在下班后去喝酒,秘书很可能会拒绝。领导的要求明显已经超出了秘书的无差异区域,因此,他也不再有法定权力来要求秘书必须服从安排。参考下面法定权力的例子:

> 我的老板是洛杉矶军事基地的皮埃罗·迪·马泰奥。他认为如果我们按要求准时完成任务,就没有任何问题。如果遇到麻烦,他会为我们提供指导帮助。

奖赏权力 奖赏权力(reward power)是指个人因为向他人提供其所需或注重的物品而获得的影响力。由于下属看重领导者所提供的奖赏,如赞扬、晋升、金钱、休假等,因此他们就要服从领导的要求和命令。一个领导者如果可以操控部门内优秀业绩奖金的分配,那么他对部门员工就拥有奖赏权。因此,员工会按照该领导的要求行事,希望用他们的遵从来换取某种奖赏。参考下面奖赏权力的例子:

> 马里兰州黑格斯敦市第一数据商业服务公司的比尔·温加特知道,当员工实现预期目标时,给予他们认可和奖励的重要性,同时,他也鼓励继续教育和自我提高。他是所有为他工作或与他共事者的良师益友,在我今后的职业生涯里,可能再也不会遇上像他这样的人了。

强制权力 强制权力(coercive power)是指个人通过惩罚某人而具备的影响力。例如,员工遵守命令是因为他们知道,一旦没有按照领导的意图行事,就会受到惩罚。惩罚包括各种形式的斥责、被安排做不情愿的工作、更密切的监督、更严格的执行制度、停扣工资,等等。组织最终的惩罚手段是解雇员工。

但是,这些惩罚可能产生负作用(参看第13章)。例如,由于工作粗劣而受到正式批评的员工可能找各种办法躲避惩罚,如拒绝接受分配的工作、伪造业绩报告或经常旷工。强制权力并不能用来鼓励组织期望的行为产生,但是可以用来阻止或减少组织不期望发生的行为。下面是运用强制权力的例子:

> 老板盯着我,叫嚷道:"我才不管你是什么职位以及他们在招聘你的时候对你讲了些什么。我只知道,你必须按照我的吩咐来做,如果你不愿意,那么大门就在那儿!"第二天我就辞职了。

有时候,领导者的确需要行使强制权力,这种权力通常建立在他们的法定权力基础之上。开除表现差、行为不当(性骚扰、仗势欺人、职场暴力)和缺乏诚信(撒谎、欺骗等)的员工就需

第6章 有效领导的基础

要实施强制权力。

参照权力 参照权力(referent power)是指某人由于受到他人的尊重、敬仰等而获得的对他人的影响力。例如,下属如果对领导非常认同,就构成了参照权力产生的基础。这种认同包括下属渴望效仿领导,年轻的经理可能效仿另一位德高望重的经理的管理风格,那位资深的经理对这位年轻的经理就拥有影响其行为的参照权力,因此也被称为感召权力。

参照权力通常同个体拥有的人格特征、魅力或良好声誉联系在一起。拥有参照权力的人物包括一些政治领导人、影星、体育明星或其他知名人士(因此,他们经常出现在广告中,影响消费者的行为)。领导者和员工之间也会因为彼此的人格特征而产生很强大的参照权力。eBay 公司的 CEO 梅格·惠特曼就是运用她的参照权力来激励公司员工,从而实现组织目标的。下面是运用参照权力的例子:

> 鲁迪·格拉纳尼是可口可乐公司在弗吉尼亚州里士满一个罐装厂的经理,对我而言,他十分具有领导魅力。有一次,我正在同客户——一位十分健谈的纽约人大声讨论问题,鲁迪刚好经过。事后,他斥责我不应该对客户大喊大叫。然而不久之后,在一次管理人员大会上,他又表扬了我。当鲁迪了解到那天看到的争吵其实是"纽约人特有的方式"之后,他向我表示道歉,承认当时判断失误,并且对我从公司财务的角度出发据理力争的行为表示感谢。

▶▶▶ **成功领导者语录**

如果你无法打理好自己的生活,无法成为一切行为和道德的榜样,你就永远无法有效领导你的下属,并让大家追随你。这并不意味着你必须表现得很完美,而是说你的个人操守是大家愿意追随你的关键特征。

迈克尔·E. 莫鲁恩,Auto Nation 公司总裁、首席运营官

专长权力 专长权力(expert power)是指某人因为具有大家认可的能力、天赋、专业知识、技能等而拥有的对他人的影响力。如果领导者能够在一定程度上施展他们的能力,那就具备专长权力了。专长权力的范围通常比较窄。例如,Overhead Door 公司的一位团队成员可能会十分认真地按照团队组长的建议来设计开启车库门的程序,却不会听取这位组长关于选择哪种公司健康保险计划的建议。在这个例子中,团队成员接受领导在某个领域的专业特长,但拒绝接受他在其他方面的专长影响力。

缺少专长权力通常会导致新的管理者和员工之间出现问题。一名年轻的会计人员可能拥有大量的会计理论和操作知识,但是这一专业技能要想得到大家的认可和接受,确实需要经过一段时间的实践来验证。下面是运用专长权力的例子:

> 我曾经为一位经理工作过,他是我为之工作过的人中头脑最敏锐的。我们对标准件的设计和操作流程体现了高技术含量、灵活性和循环使用的特点,我从未见过比这更高超的设计,对我而言,这是一次非常好的学习经历。

一位高效的领导者,无论是基层管理者还是像埃米·布林克利那样的高层管理者,都会使用所有这些权力。对于成功的领导和组织而言,一般侧重于对奖赏、参照和专长权力的运用,而较少使用强制权力和法定权力。这一模式的产生源于科技的进步、员工和团队决策能力的提高、组织管理层的扁平化、员工对工作和个人生活质量的期待等。

政治行为的使用

政治行为(political behavior)包括个人影响他人行为的意图,以及为了保护自身利益、满足自我需求和实现个人目标而在组织内实施的一系列行为。按照上述定义,几乎所有的行为都可以被看做政治行为。然而,将某种行为打上政治的烙印,就意味着我们断定某些人通过牺牲他人或组织的利益来谋求自己的私利,因此,我们有必要全面地了解政治行为及其后果。当人们把一些行为视做政治手段时,往往带有以自我为中心的偏见。员工会认为自己之所以采取政治行为是为了保护自己的合法权益,有人称之为"耍政治手腕"。

组织政治 组织政治(organizational politics)是指个人、团队或领导为了实现一定的结果或效果而采取的获得、发展和使用权力以及调动其他资源的行动。当人们分享权力,但在做决策时又各持己见时,许多决策和行为自然就会变成政治较量的结果。

一般而言,员工都十分关心组织政治,他们认为理想的工作环境不应该掺杂任何的政治行为。对政治行为和组织政治持消极态度会影响组织的效能,表6.1列出了那些通常被视为政治举动的行为。人们倾向于认为政治行为不会给组织带来好的决策或结果,因为大家为各自的利益所驱动,这样会导致做出较差的决策或行为。尽管这种情况确有发生,但政治行为对组织而言并不总是破坏性的。例如,一项涉及30名组织经理的调查发现,经理们认为政治行为的影响通常是有利有弊的。有利的影响包括职业发展、认可、确立寻求法定权力者的地位和实现组织目标。这些都是组织内部正常的政治行为过程所产生的结果。不利的影响包括在政治较量中失败的一方会被降级或失去工作、对资源的错误利用、形成无效的组织文化等。组织政治会导致员工产生焦虑,从而使其不愿继续对组织投入情感。这种对组织情感的削弱势必会使组织难以实现高绩效和高承诺。

表6.1 常见的政治手段

咨询顾问	在寻求和给予建议方面表现得十分谨慎
操控性	十分灵活,从不完全投入任何一个职位或项目
沟通	从不主动沟通,保留信息,有选择地透露信息
妥协	妥协只是暂时的政治策略,仍然坚持推行自己的做法
自信	一旦做出决策,就算是假装也始终表现出胸有成竹的样子
老板心态	友好的氛围会影响领导者的权力效力,因此领导者始终与下属保持距离

资料来源:Buchanan, D., and Badham, R. *Power, Politics and Organizational Change*. London: Sage, 1999。

因此,政治行为既可以满足个人和组织一些适当且合法的需求,也可能造成负面影响。在任何情况下,领导和员工都要充分理解政治行为,因为它们无处不在。完全消除政治行为是不可能的,但是我们可以对政治行为进行有效的管理。

政治行为的驱动力 当组织内部对于目标确立的不同意见、对组织及其问题的不同看法、对环境信息的不同解读、对稀缺资源的配置等出现的分歧越来越多时,政治行为出现的几率就会随之上升。如果组织内没有出现上述情况,则政治行为或许不会出现。然而,结果不可能百分百预见,资源也不可能取之不尽、用之不竭,人们必须在各种不同的目标和实现目标的不同手段之间进行艰难的选择。因此,当个人、团队和部门试图争取各自想要的结果时,政治行为自然应运而生。领导者不必试图阻止那些根本无法避免的事情,但是却可以尽量确保这些行为不会对组织和员工产生负面影响。

出现下列情况时,领导和员工就会采取政治行为:① 决策过程和绩效评估内容复杂且不确定;② 对稀缺资源的竞争十分激烈。相反,在不复杂的情况下,如决策过程清晰、不鼓励竞争时,就不会发生过度的政治行为。

尽管个体差异也会导致政治行为,但是政治行为更多地受到环境各个方面的影响。当领导者制定比较少的规章制度时,就给了自己更多的空间采取政治行为。模糊而不确定的环境使人们可以用符合自己需求和利益的方式审时度势。此外,当员工需要得到更多的资源(如设备或办公空间)而资源又有限时,也容易导致政治行为的产生。

当领导者鼓励政治行为时,会激发更多的政治行为出现。奖励制度可能只强调个人贡献而忽略集体贡献,这样就会导致员工为了寻求比其他成员更多的奖励而采取政治行为。如果他们的行为得到了奖励,员工就会更加依赖于政治手段来达到目的。同样,那些以前没有采取政治行为的人,看到别人因为运用了政治手腕而获得奖励,便会开始尝试采取政治行为。总而言之,组织的奖励制度是影响政治行为产生的重要因素。

与绩效评估的关系 绩效评估是说明领导者如何促使员工中出现政治行为的一个很好例子。许多部门的员工绩效,如财务部、人力资源部、质量监控部、法律部、信息部等,并不容易进行评估。评估结果直接影响资源的分配(如工资、奖金、福利等),因此领导者使用的评估标准是非常复杂的。

一些领导者忽视评估过程中存在的政治行为,或者认为使用量化的评估方法(如销售数量、停工时间、浪费控制)可以减少政治因素的影响。其实,政治行为是评估过程中必然会出现的现象,特别是由于管理工作的模糊性,由上级领导对管理人员进行的评估更容易导致政治操控。把绩效评估作为一种政治手段(且不问这种做法是否合乎道德)的风险是什么呢?领导进行政治性的绩效评估会:

- 破坏组织目标和绩效;
- 在绩效和奖励之间妥协;
- 导致其他组织决策和过程出现政治行为;
- 如果员工因此被解雇,可能导致法律纠纷。

领导者应该采取以下做法来解决问题:

- 设立明确、具体的组织目标和标准;
- 将奖励与具体的行为和绩效挂钩;
- 开展结构化的、专业的评估;

- 经常向员工反馈评估意见,而不是一年一次;
- 承认评估过程中存在的政治行为。

下面的自我管理能力专栏讲述的是阿莉维亚·巴比奇·甘布尔在国家农业保险公司工作时的组织政治经历。她是该公司的部门副总裁。国家农业保险公司主要提供保险和金融服务,总部位于伊利诺伊州的布卢明顿,在全美拥有 760 家分公司,现有雇员 76 000 人。

自我管理能力

国家农业保险公司的阿莉维亚·甘布尔

阿莉维亚·巴比奇·甘布尔是公司的部门副总裁,还曾经是出席公司高层会议的唯一一位女性和非洲裔员工。她说:"我已经得到足够多的权力、声誉和成就。但有时候,我仍觉得我应该站起来大声疾呼,引起别人对我的关注。因为当你进入别人的游戏中时,只要他们愿意,你就会像隐形人一样形同虚设。"

尽管甘布尔已经在公司里平步青云,但她仍然为没有学会打高尔夫球而感到遗憾。她说:"我从不认为我是被故意冷落的。打高尔夫球可以给我一个机会,让我与大家有更多的沟通。"高尔夫球场通常是与那些能够影响你事业的同事、主管和管理者结成战略联盟的地方。

甘布尔并不擅长体育运动,但是经过这么多年,她已经明白办公室政治是她必须学会如何去玩的一种游戏。几年前,在带领一个团队时,她曾经领教过组织政治的厉害。当时该团队的任务是解决影响全公司 17 000 名经纪人的分配问题。解决问题当然是一个比较艰难的过程,但更糟糕的是,一位男性白人同事经常否定她的想法,并将她的想法断章取义地讲给他人听,这位同事还是公司一位重要人物的亲信。

"我是一个追求和谐的人,那是我做过的最难的工作。"甘布尔说。她被此事折磨了将近一年,下属警告她那位男同事已经准备好找她的麻烦了。"一切变得非常严重,我的威信变得岌岌可危。于是,我开始发展一对一的关系,以增强自己的实力,这样也削弱了那位同事的权力。我刻意组建了一个合作性更强的团队,使他也不得不配合团队的工作。"

在国家农业保险公司工作的 19 年时间里,甘布尔基本上都是同男同事打交道。"我都想不起来在同一间屋子里是否出现过两位女性副总裁。"甘布尔认为一个关系网广泛的导师对管理人员的成长非常有帮助,导师也是可以为你说话、澄清猜忌的盟友。甘布尔认为:"为了有所回报,你必须广交朋友,你必须明白较量不全是战争。"

除了管理层以外,她也意识到同下属建立联盟的重要性。她的部门有 80 名员工,甘布尔安排了一个活动,让每位员工每年有一次机会进行一小时的自我介绍。她认为这种时间投资是有价值的。"我经常感到,我的员工多次在我不知情的情况下维护我的利益。因此,了解我的员工给了我内部情报。是你的下属在为你完成工作,他们需要清楚地知道你是支持、关心他们的。"

以直截了当而出名的甘布尔还记得,几年前,她在一次会议上因为不断追问发言者一些问题,而把一位男同事惹恼了。会后,受到一位与会者质问之后,她找到自己的老板"征求反馈意见和指导"。这件事不仅无损甘布尔的声誉,而且因为咨询老板的意见反而为她赢得了老板的好感。

注:关于国家农业保险公司的更多信息,请访问公司主页 http://www.statefarm.com。

传统的领导模式

学习目标 2. 描述两种传统的领导模式——特质模式和行为模式。

领导特质模式和领导行为模式可能是存在时间最长同时也是最流行的领导理论模式。现代更为复杂的领导模式经常都需要借鉴这两种基本模式。

领导特质模式

领导特质模式(traits model of leadership) 是通过研究许多成功和不成功领导人的个性及特征来预测领导的有效度。研究结果是列出领导者具有的品质,用来与那些潜在的领导人进行比较,从而预测他们成败的可能性。有证据显示,成功的领导者和低效的领导者在兴趣、能力甚至人格特质上都有所不同。

关键特质 有调查表明,大多数成功的领导者都具有以下四个特质:

- 智力 成功的领导者表现出来的智商一般比他们的下属要高。
- 成熟与兴趣爱好 成功的领导者情感上趋近成熟,并且兴趣广泛。
- 内在的成就驱动力 成功的领导者都是结果导向型的,当他们达到一个目标时,他们会追求另一个目标。他们不会依赖员工的激励来达到目标。
- 诚实正直 长期以来,成功的领导者都很诚实正直。如果领导人说一套做一套的话,他的下属很快就会觉得该领导不值得信任。许多调查显示,当员工在评价成功和失败的领导人的不同特质时,他们把诚实正直列为最重要的特质。信任是很重要的,它可以转化为员工追随领导者的意愿度。员工对领导者思维及价值观的理解混乱不清会造成负面压力、优柔寡断和权力斗争。

下面的道德管理能力专栏旨在说明诚实正直是对领导者的最根本的要求。这是节选自洛克希德·马丁公司刚离任的前董事主席和 CEO 诺曼·奥古斯丁在接受由总部设在华盛顿的非营利性的道德资源中心(ERC)为其颁发道德领导奖时所做的发言。该奖项颁发于 2005 年,以表彰奥古斯丁先生毕生为倡导商业道德所做出的杰出贡献。洛克希德·马丁公司是世界上首家国防业务承包商，主营航空产品、电子系统、航天系统、整合系统以及信息技术服务等，该公司现有员工13万人。

 道德管理能力

洛克希德·马丁公司的诺曼·奥古斯丁

我认为，任何关于诚实正直的评价恐怕都会有这样的结论：总的来说，如果涉及道德的话，这些都不是最好的。在体育界，我们经常听到关于非法使用药品、做了手脚的球拍、同球迷斗殴的报道；在媒体界，我们经常听到造假的新闻、伪造的记录；在学术界，也有层出不穷的剽窃……在政府部门，存在滥用合同的现象；在娱乐界，奇装异服，满口粗话，还被美其名曰"真人秀"；在商界，频频出现安然、世界通信、泰科等公司的财务丑闻。特别令人忧虑和不安的是：在最近一次对大学高年级学生的调查中，56%的学生认为安然公司的高层管理人员同其他大公司的高层管理人员的唯一不同之处在于，他们被抓了出来。

走向道德歧途的道路并不是纵身一跃就没命的悬崖峭壁，而是一个缓缓的滑坡，当然如果你愿意，也可以以滑雪的速度冲向死亡。我经常把道德的沦丧比做蟒蛇吞噬猎物时的动作，许多人认为是蟒蛇缠绕着你，把你挤扁，其实不然。蟒蛇缠绕在你身上后，是你每呼气一次，它才收紧一些，直至你最后断气。

我从不认为安然的管理者会在某天早上来上班时说："让我们看看可以做哪些假账来蒙骗股东吧。"更可能的情况是，他们为公司制定了很高的目标……并且曾经一度超越了这个目标。于是，他们为自己建立了信誉，增加了投资者对他们的期望。结果，后者无法继续维系，面对管理者每天都要遇到的决策处境，而又不想正视现实的他们，开始逐渐向对财会准则的极端性解读倾斜。接下来，等他们回过神的时候，已经跌入滑雪道的谷底。他们的财务捷径似乎可以同埃维尔·尼克维尔著名的试图以两次跳跃跨过大峡谷的行为媲美！

这一切是否暗示我们符合道德的行为非常困难而且复杂难解？是否意味着即使是诚实正直的企业家也有可能踏上安然管理者走过的那条陡峭的不归路？我相信答案是否定的。我发现当我们遇到道德决策困境时，四个有用的测试可以帮助我们理清思路。第一是问问自己所做的一切及其原因是否可以公之于众。第二是问问自己如果有人用你打算采取的行为对付你，你是否会觉得委屈。这是一条金科玉律。第三，也是最难的，就是问问自己是否介意你的母亲目睹你想做的一切（我的母亲活到105岁，所以可以一直给我压力）。第四是问问自己是否正深深陷入微妙的争论之中……如果是这样，为何不转变思路，并思考：面对胁迫是否一定要这样做？简单地说，就是："当你觉得迟疑时，就要说不！"

注：关于洛克希德·马丁公司的更多信息，请访问公司主页 http://www.lockheedmartin.com。

对领导者的启示 领导特质模式之所以不能充分预测实际领导行为的有效性，我们认为至少有三个原因。第一,从个性特质的角度来说,某种特质或某种特质群与有效领导之间并不存在一致的匹配模式。人们发现了一百多种不同的成功领导人的个性特质,例如,对销售人员来说,成功领导者的个性包括乐观、热情和控制愿望强烈;而对于生产线上的成功领导者来说,他们的个性则通常包括进取、内向且善于合作。这些仅仅是部分概括性的描述,许多成功的销售及生产领导者并不拥有上面所提到的相关特征。一位成功的领导者应具备哪些最重要的特质,这个问题仍在争论中。

领导特质模式的第二个局限性在于,它总是试图将生理特征(如身高、体重、外表、精力和健康)与领导的有效度联系起来。这些因素中的大部分和影响领导有效性的情境因素是联系在一起的。比如,在军队或者执法机构里,为了出色地完成某些任务,对员工的身高和体重有一定的要求。尽管在这些组织中,这些特征有利于个人升至领导岗位,但是身高或者体重同领导的有效性之间的关系并不大。在商业及其他组织中,身高或体重根本不起任何重要作用,因此也不是领导职位所要求的特质。

领导特质模式的第三个局限性是,领导力本身是很复杂的。对于某些职业而言,特质和对某种工作的兴趣之间确实存在一定关系,但是研究发现,性格和有效性之间却没有明确的关系。特质论描绘了一个理想主义的宿命论,认为有些人因为具备某些特征就会比别人更适合做领导者。

领导行为模式

领导行为模式(behavioral model of leadership) 侧重于研究领导者实际上做了什么,以及他们是如何做的。这种模式有好几个版本,这里提供的模式揭示了有效领导者通过两种方式帮助下属达到工作目标:第一,他们与员工之间建立的关系是一种任务型的关系,关注完成工作的质量和数量;第二,他们考虑周到,支持员工努力达到个人目标(如工作满意度、晋升和认可),他们尽力解决各种争端,使大家相处愉快,并不断鼓励员工,不断给予员工正面的强化。

绝大多数的领导行为研究都源自20世纪40年代末期在俄亥俄州立大学进行的研究项目,研究者希望找出哪些领导行为对于实现团队和组织目标而言是至关重要的。最后,他们确定了领导行为的两个主要维度:关怀维度和结构维度。我们对领导行为模型的回顾就是建立在这个领导研究项目基础之上的。表6.2是按照领导的行为风格设计的量表,可以用来测量你的领导风格。

表 6.2 领导的行为风格问卷

下面的问卷能够按照领导的行为模式帮你诊断自己的领导风格。联系实际并仔细阅读下面每一项。想想你若是领导者,通常情况下会怎样做? 然后用下面的提示,圈出最能描述自己风格的字母。每个问题只选一个答案。

A = 总是   O = 经常   ? = 有时   S = 很少   N = 从不

___ 1. 我会花时间去解释应该如何做一项工作。
___ 2. 我向同事们解释他们在群体中的角色。
___ 3. 我为他人制定详细的规则和程序,让他们遵守。
___ 4. 我组织自己的工作活动。
___ 5. 我让人们知道他们做得有多好。
___ 6. 我让人们知道我对他们的期待是什么。
___ 7. 我鼓励大家按照统一的步骤去做。
___ 8. 我让大家清楚地知道我的态度。
___ 9. 我指派别人做某一项任务。
___ 10. 我确定大家都清楚他们在群体里的作用。
___ 11. 我为我要求别人做的工作制订时间计划。
___ 12. 我要求大家按照标准的规则和规定来做。
___ 13. 我使工作变得更愉快。
___ 14. 我会停下自己的工作,尽力帮助他人。
___ 15. 我尊重他人的感受和意见。
___ 16. 我考虑周到,能够体贴他人。
___ 17. 我在团队中营造友好的气氛。
___ 18. 我很高兴不费什么力气就使他人成为团队的一员。
___ 19. 我平等对待他人。
___ 20. 我提前告诉别人可能出现的变化,并解释变化将如何影响他们。
___ 21. 我关心他人的个人福利。
___ 22. 我平易近人,对待他人很友好。

分数

五个选项答案分别对应的分值为:A = 5,O = 4,? = 3,S = 2,N = 1。
将第一栏中的分值相加,然后再将第二栏中的分值相加。

第一栏题目得分
1 ___ 2 ___ 3 ___ 4 ___ 5 ___ 6 ___ 7 ___ 8 ___ 9 ___ 10 ___ 11 ___ 12 ___
总分 □

第二栏题目得分
13 ___ 14 ___ 15 ___ 16 ___ 17 ___ 18 ___ 19 ___ 20 ___ 21 ___ 22 ___
总分 □

解释

第 1—12 题反映了结构维度或任务型的领导风格。分数高于 47 说明你的领导风格偏向于关注组织结构或任务结构,你喜欢计划、指导、组织并控制他人的工作。第 13—22 题反映了关怀维度或关系型的风格。分数高于 40 说明你是一位很体贴的领导者。一个关心他人的领导者对下属的福利、幸福感、舒适度都很关心。总的来说,高结构维度与适度关怀维度的管理者可能比那些低结构维度而高关怀维度的管理者更善于领导工作效率高的团队。

资料来源:Schriesheim, C. Leadership Instrument. Used by permission, University of Miami, Miami, Florida, 2005。

关怀维度 关怀维度(consideration)指的是领导者与下属相互信任,双向沟通,尊重员工的观点,与员工情感相通的程度。具有这种风格的领导者强调满足员工的需要,他们聆听员工的心声,乐于变革,关注员工的个人福利,友好而且平易近人。高维度的关怀表明领导者与员工心理上很贴近;低维度的关怀则说明领导者和员工之间的心理距离较大,领导者不受个人情感影响。

什么情况下关怀他人是有效的呢?领导者的关怀能够对生产率和工作满意度产生积极影响的情形有:① 任务是常规性的,无论如何都无法激发员工的满意度;② 追随者偏好参与式领导;③ 团队成员必须学习新事物;④ 员工们感觉他们有权参与到决策中,并且这些参与会影响他们的业绩;⑤ 员工觉得在他们与领导者之间不应该存在明显的地位差距。

结构维度 结构维度(initiating structure)指的是领导者为了制定并完成自己责任范围内的目标,定义并规定员工角色的程度。这种风格的领导者通过计划、沟通、安排进度、分配任务、强调期限及发布命令来强调对团队或个体员工活动的指导。领导者设立明确的绩效标准,并要求员工达标。简言之,结构维度高的领导者通过确定绩效目标,发布命令并要求下属执行命令等方式来关注自己的任务完成情况。

什么时候注重工作结构是有效的呢?它对生产率和工作满意度产生积极影响的情形有:① 其他人(非领导者)对产量有较高的强制性要求;② 任务能使员工产生满意度;③ 员工依赖领导者给他们更多的信息并指导他们如何去完成工作;④ 员工在心理上偏好接受做什么与如何做的指导;⑤ 超过 12 名员工要向领导者汇报工作。

图 6.1 显示关怀维度和结构维度这两方面并不是完全独立的,它们在很多方面是相互关联的。某位领导者可能同时在这两个维度上表现得较高、较低或一般,如埃米·布林克利和阿莉维亚·巴比奇·甘布尔就在两个维度上均表现很高。

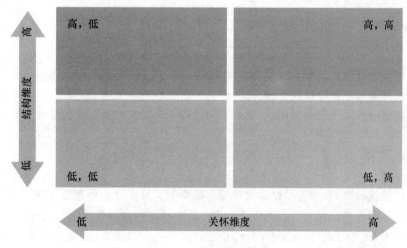

图 6.1 领导的行为模式

对领导者的启示 一些研究表明,关心工作结构维度的领导往往能提高生产率,至少从短期来讲是这样的。然而,在关心工作结构维度上排位很高,而在关心他人维度上排位很低的领导者往往导致员工产生很多不满,出现高缺勤率和高流动率的现象。现在普遍接受的一种观点是,有效的领导者能同时表现出高关怀维度和高结构维度。领导者表现出对他人的关心,可以提升团队士气,降低人员流动率和缺勤率,对工作结构更加关注能够有效地提升效率和绩效。

领导行为模式最主要的局限是没有充分留意有效的领导风格在不同情境下的效果,它把注意力放在领导者和员工之间的关系上,却很少考虑这种关系发生时所处的情境。当人员和情境都得到考察时,才能对行为有更好的解释。

特质和行为模式的研究者希望找到适用于所有情形的领导力特征。而情境(权变)领导模式则注重研究在某些特定的情境中,那些对领导风格和行为产生积极影响的变量。在下面两节中,我们将讨论两种权变领导力模式:情境领导模式和弗罗姆-加哥的时间驱动领导模式。

> ▶▶▶ **成功领导者语录**
>
> 领导力关乎一切。如果员工没有被激励,没有承诺去做得更好,你最多只能拥有一个中等水平的公司。领导力就是用来创造一种环境,激励人们每天展示出他们的优秀之处。
>
> 加里·C.里奇,WD-40公司总裁兼CEO

情境领导模式

> **学习目标** 3.解释情境领导模式。

情境领导模式(situational leadership model)强调领导风格应该同追随者的成熟度相匹配。同其他权变领导模式类似,这个模式包括三个基本要素:不同类型的领导风格,对领导者可能经历的不同情境的描述,以及对不同情境下采取最有效领导风格的建议。

领导风格

按照该模式,领导者可以从四种领导风格中选择。这四种领导风格包括任务行为和关系行为的不同组合。任务行为类似于行为模式中描述的结构维度,而关系行为类似于关怀维度。具体而言,**任务行为**(task behavior)是指采取单向沟通的方式,明确列出所有职责,告诉追随者做什么、去哪里做、什么时间做,以及如何做。有效的领导会在某些情境中使用高度的任务行为,而在其他情境中仅采取中度任务行为。**关系行为**(relationship behavior)是指领导者采取双向沟通方式,倾听员工心声,让员工参与到决策过程中,并给予情感支持。同样,有效的领导会在某些情境中采取高关系行为,而在其他情境中则使用低关系行为。通过把不同程度的任务行为和关系行为进行组合，有效的领导者就有四种领导风格可供采用。如图6.2所示，这四种领导风格分别是命令型、指导型、参与型和授权型。

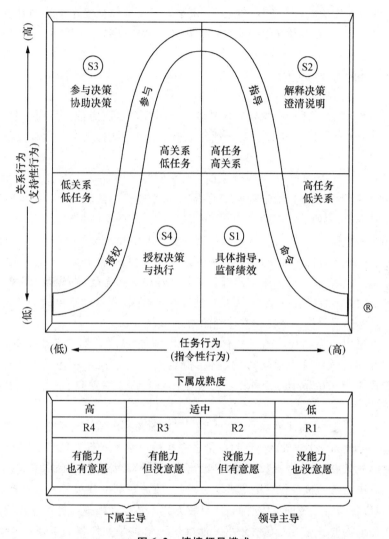

图 6.2　情境领导模式

资料来源：P. Hersey et al. *Management of Organizational Behavior*: *Leading Human Resources*, 8th ed. (Upper Saddle River, NJ: Prentice Hall, 2001), p. 182. Copyright ⓒ 2001, Center for Leadership Studies, Escondido, CA. Used with permission。

情境权变

根据这个模式，领导者在决定采取哪种领导风格之前，应该衡量一下具体情境。这一模式中的情境变量是指下属的成熟程度。**成熟度（readiness）**是指个体为完成某一具体任务而设立比较高但又可以实现的目标,同时有足够的意愿来承担责任,实现目标。成熟度不是下属固有的特征,而是取决于任务。同样一组下属可能对某些任务具有比较高的成熟度,而对其他一些任务的成熟度比较低。下属成熟度的水平取决于他们接受了多少与任务相关的培训、对组织的承诺有多深、专业技能水平和某一具体任务的经验等。

选择一种领导风格

如图 6.2 所示,适当的领导风格是由下属的成熟度决定的。贯穿于整个图表的曲线代表了最适合个体或团队不同成熟度的领导风格。在该图中,左端表示高成熟度,右端表示低成熟度。

当下属对任务的成熟度比较低时,命令型的风格比较有效。使用**命令型风格(telling style)** 就是指领导者提供清晰和明确的指导,密切监督工作的进程。命令型风格有助于确保新员工完成任务,为他们将来的成功和工作满意度打下坚实的基础。

随着下属任务成熟度的提升,领导者需要不断对员工行为进行指导,因为员工尚不能完全承担完成任务的责任。此外,领导者需要采取支持性的行为来帮助员工树立信心,保持热情。也就是说,领导者应该转而采取指导型的领导风格。**指导型(劝说型)风格(selling style)** 是指领导者提供方向性指导,鼓励下属与其进行双向沟通,并帮助下属树立信心,激励他们完成任务。领导者同时提供命令性和支持性的指导行为。

当下属对正在执行中的任务有信心的时候,领导者就不再需要表现出过多的命令型风格。领导者应该保持沟通渠道的通畅,但更重要的是通过积极聆听,帮助下属学以致用。**参与型风格(participating style)** 要求领导者和下属分享观点,通过对下属的鼓励和帮助来推动工作。

最后,当员工具备工作的高成熟度时,有效的领导应该表现出更多的授权。使用**授权型风格(delegating style)** 是指领导者将决策权和执行权授予下属。当下属有能力且愿意去完成任务并对此非常有信心时,授权型就是最适合的领导风格。尽管领导者仍然会不断发现问题,但是问题解决方案的执行权交给了下属。因此,准备好承担某项任务的下属具有管理项目的权力,可以决定执行任务的具体时间、地点和方式。领导者极少提供命令性行为。

下面的沟通管理能力专栏介绍了米歇尔·米勒是如何根据下属的特点来调整自己的领导风格的。米勒在加州雷东多比奇开了沃尔格林(Walgreens)的第 4 000 家分店,沃尔格林是一家药品和保健服务连锁店,共有 4 600 家分店,总部设在芝加哥的郊区。

第6章 有效领导的基础

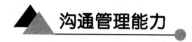沟通管理能力

沃尔格林公司的米歇尔·米勒

米歇尔·米勒在办公室的墙上贴满了工作时间表。她的分店位于加州雷东多比奇,这里的雇员拥有不同的技能,每个人的个性也截然不同。因此,米勒的一项重要工作内容就是为员工分配不同的角色,以便让他们充分施展才能,并避免个性冲突。同时,她也尽力帮助员工不断成长。

例如,有一名员工名叫杰弗里,属于"哥特摇滚"风格的那类人。他的头发只理一边,另一边留得很长,可以遮住半边脸。面试时,米勒根本不想要他,因为他几乎没有抬头看过米勒,但他申请的是别人不愿意承担的夜班,所以米勒决定给他一次机会。几个月后,米勒发现,当她给杰弗里一个不清晰的任务时,他通常不能很好地完成,比如"把每个过道的货品摆放整齐"这种通常只需两个钟头的工作,他却要花上一个晚上。但是,如果米勒给他一个很具体的任务,比如"为圣诞节搭建所有的展示台",结果所有的展示台都会整整齐齐地搭好,每个展台上面摆放着正确的产品,标价准确,标签朝向顾客。如果给杰弗里一项内容不明确的工作,他会不知所措;而给他一项内容明确的工作,要求做到准确、有条理,他则会做得很好。于是,米勒得出结论:这就是杰弗里的长处。作为一位好领导,她告诉杰弗里自己从他身上学到了什么,并对他的出色工作进行表扬。

米勒知道,她还可以找出杰弗里的更多优点。因此,她设计了一个新方案,在全公司范围内重新进行工作职责的梳理和分配,以充分利用杰弗里的优点。在每家沃尔格林商店,有一项职责叫做"重置和调整"。重置是指在过道的货架上摆放全新的产品,通常是在预计顾客的购买行为会发生变化时进行(如在夏季末期,商场会撤换掉防晒油和抗敏感润唇膏)。而调整则是类似的小规模变动,不会花太多时间,但却经常发生,如将牙膏盒换成改良过的新式品种,在走道的尽头摆放新推出的清洁剂。每个走道每周至少需要一次类似的调整。

在大多数的沃尔格林商场里,每位员工都"拥有"一条走道。大家不仅在各自负责的走道内为客户提供服务,而且要保持货架上商品的"面子",保持走道清洁有序、商品明码标价,并进行所有的重置和调整工作。这种安排简单有效,培养了每位员工的自我责任感。但是米勒认为,既然杰弗里这么擅长做重置和调整货架的工作,而且不愿意同人打交道,那么不如让他全职负责商场所有走道货架的重置和调整工作。

这是一项挑战,因为每周所需的调整工作要用三寸厚的文件来描述。但是米勒相信,这样一来,不仅杰弗里会为这项挑战而兴奋,工作表现越来越好,而且其他员工也会从他们认为沉闷的琐事中解脱出来,有更多时间关注和服务顾客。商场销售业绩的提高证明米勒的做法是正确的。重新调整组织之后,米勒发现不仅销售额和利润上升了,许多关键性的绩效指标、客户满意度也都有所提高。在随后的几个月中,她的商场在"沃尔格林神奇之店"活动中获得了最佳评分。

注:关于沃尔格林公司的更多信息,请访问公司主页 http://www.walgreens.com。

对领导者的启示

情境领导模式有助于领导者理解同样的领导风格仅在某些情境中有效。此外,该模式也强调,正如米歇尔·米勒所做的那样,在选择领导风格时,对下属成熟度的考虑十分重要。该模式引起了管理实践者和研究者的广泛关注。领导者在选择领导风格时应保持适当的灵活性这一观点十分重要。一位缺乏经验的员工(成熟度不高),只要给他足够的指导和监管,他可能就会表现得和一位有经验的员工一样出色。米歇尔·米勒对杰弗里的领导就体现了这样的领导风格。一种适合的领导风格将有助于员工获得更多经验,变得更有能力。在领导者帮助下属提高成熟度的同时,领导风格本身也在不断发展变化。因此,这个模式要求领导者不断监管下属的成熟度,以便决定如何组合任务行为和关系行为才是最恰当的。

如同其他权变模式一样,这一模式的假设是:领导者可以正确评估每个情境,然后相应地调整其领导风格来适应不同的情境。有人能够审时度势,比别人更加有效地调整自己的领导风格。然而对于那些不能有效调整领导风格的人而言,通过培训并帮助他们培养这种能力的代价会是什么呢?这些代价会超过潜在的收益吗?在组织为管理者提供培训项目,教他们如何使用情境领导模式之前,必须先回答上述问题。

弗罗姆-加哥领导模式

> **学习目标** 4. 讨论弗罗姆-加哥的时间驱动领导模式。

维克托·弗罗姆和阿瑟·加哥开发了另一种领导模式,该模式主要是针对决策情境领导角色而言的。维克托·弗罗姆对该模式做了一些修改:① 给情境中的权变范围以更多的考虑;② 清楚地介绍了早期模式中的五种领导风格;③ 在与决策情境有关的领导风格抉择中更加强调时间驱动力的维度。在**弗罗姆-加哥的时间驱动领导模式(Vroom-Jago time-drive leadership model)** 中,基于七种情境因素,共有五种领导风格可供选择。领导者在选择时,应考虑伴随每种风格的时间要求与成本代价。

领导风格

根据授权程度和下属参与程度的不同,该模式将领导风格分为五个主要类型,各种风格分别如下:

- **独裁型(decide style)**——领导者独自做出决策,并把决策介绍给整个团队。领导者运用个人的专业技能,并从团队和他人那里搜集可以解决问题的信息。员工的职责就是提供所需的信息,而不是提出或者评估解决方案。
- **个体协商型(consult individually style)**——领导者将问题告知团队中的个别成员,听取他们的意见和建议,然后不经过团队讨论而自行做出决定。决策可能采纳也可能不采纳下属的意见。

- 集体协商型(consult team style)——领导者在会议上将问题告知整个团队,听取大家的意见,然后做出决策。决策可能采纳也可能不采纳下属的意见。
- 协调型(facilitate style)——领导者在会议上将问题告知整个团队,并起到协调者的作用,决定哪些问题需要解决,以及决策的范围。领导者的目标就是取得关于决策的一致意见。最重要的是,领导者要确保其意见的重要程度同其他人的一样,不要因为位高权重而使其意见更有分量。领导者的角色更像主持人,组织、协调大家讨论,确保大家的讨论不离题,并且确保重要的事项得到充分讨论。领导者不要去说服团队接受自己的解决方案,而要乐意接受并执行大家都支持的方案。
- 授权型(delegate style)——领导者允许团队在一定的范围内做决策。团队自行发现问题,分析问题,提出各种解决方案并选取最好的方案。除非团队要求,否则领导者不参与团队的自由行动,但提供必要的资源和支持。这种类型的风格代表授权的最高境界。

情境变量

弗罗姆-加哥的时间驱动领导模式有七个情境变量(权变变量),领导者应该对这些变量进行评估从而确定采用哪种领导风格。维克托·弗罗姆开发了一种基于微软系统的计算机程序——"专家系统",以帮助领导者用一个五点计分的量表,对某一特殊情境中某个因素的表现做出判断。具体来说,5分说明表现程度高,3分说明表现程度一般,1分说明表现程度低。下面七个情境因素,我们将用简单的高或低来评估它们。

- 决策的意义——问题的重要程度及有效决策的必要程度。
- 承诺的重要性——下属支持决策的意愿程度对任务的有效执行有很大影响。简单来说,下属的承诺对决策有多重要。员工对那些与自己的目标、价值观和理解一致的决策,会用更大的热情去执行。
- 领导者的专业水平——领导者具备相关信息及能力来全面理解问题,并选择最好的解决方案。也就是说,领导者是否相信他有足够的信息和能力做出高质量的决策。
- 承诺的可能性——当领导者做出一项决策时,下属对这项决策的支持程度。即使员工没有参与决策制定,那些忠诚且信任领导者判断力的下属也会忠实地执行决策。简单来说,如果领导者做出决策,下属是否会忠实地执行这个决策。
- 团队支持——在解决问题时,下属考虑公司整体的利益还是某个具体部门的利益。简言之,在解决这个问题时,领导与下属是否都有同样的目标。
- 团队专业水平——下属具备全面理解问题并选择最好的解决方案的相关信息及能力程度。简言之,领导者是否认为下属有能力和信息做出高质量的决策。
- 团队能力——团队成员具有化解各自所偏好方案之间冲突的能力,以及一起做出高质量决策的能力。简言之,团队成员是否有能力控制他们的决策过程。

解决方案矩阵

解决方案矩阵(如表6.3所示)代表了时间驱动领导模式的基本特征。在矩阵的左边,你可以评价情境的意义——高或低。标题栏列出了可能出现或不可能出现的情境因素。在整个矩阵内,依次对每个相关的情境因素选择高或低。确定了决策的意义后,你再评估员工的承诺对决策执行的重要程度。当你在矩阵内依次评估时,仅记录下那些需要进行判断的情境因素值(高或低),直至你找到推荐的领导风格。

表6.3 弗罗姆-加哥时间驱动领导模式

问题陈述	决策的意义	承诺的重要性	领导者的专业水平	承诺的可能性	团队支持	团队专业水平	团队能力	注意:短线"一"表示该因素无关紧要
	高	高	高		高	—	—	独裁
					低	高	高	授权
				高			低	集体协商
						低	—	集体协商
				低	—	—	—	
			低	高	高	高	—	协调
							低	个体协商
						低	—	
				低	—	—	—	
			低	高	高	高	—	协调
							低	集体协商
						低	—	
				低	—	—	—	
	低	高	高	—	—	—	—	独裁
			低	高	高	高	—	协调
							低	个体协商
					低	—	—	
				低	—	—	—	
	低	高	—	高	—	—	—	独裁
				低	—	—	高	授权
							低	协调
		低	—	—	—	—	—	独裁

资料来源:Vroom, V. H. Leadership and decision-making. *Organizational Dynamics*, Spring 2000, 82—94。

决策时间惩罚 决策时间惩罚(decision-time penalty)是指在需要决策时没有及时决策所带来的负面后果。领导者通常要在时间很紧迫的情况下做决策,如飞机航行监控员、紧急援救小组的领导者、核动力工厂的管理者在做出决策前,几乎没有时间从别人那里获得信息帮助。在领导者快速决策的时间压力不大的情况下,决策时间惩罚相对较轻(低)。

"人力资本"可能会产生一些负面影响,因为授权和磋商型的风格需要更多的人力成本付出,要花费更多的时间和精力,即使时间上没有任何压力,这些花费也会相应地转化为成本。许多管理者近70%的时间花在会议上,尽管每次会议的成本因不同情况而异,但会议时间终归是有价值的。例如,在Centex Homes公司的人力资源副总裁乔纳森·惠勒开会时,其他决策可能就要被延误。对于公司来说,这些延误的成本是多少呢?其中一个明显的成本是采用参与式决策所丧失的时间价值。收益则来自于让员工参与会议所带来的各种意义,其中包括成为团队中的一员,加强员工对组织目标的承诺,有助于形成领导才能(如自我管理及沟通能力)。因而,必须将召开会议的成本与不召开会议的成本进行比较。

尽管参与式决策会对人力资本造成一些负面影响,但它也有积极的一面。正如我们在书中不断强调的,参与型的领导者行为能够帮助员工增强技能和提高管理能力,建立团队并加强员工对公司目标的承诺和忠诚度。弗罗姆-加哥时间驱动领导模式在评估领导者决策风格的四个标准中进行权衡,即决策的质量、员工对决策执行的承诺、成本和员工发展。协商和授权型的风格被视为最有利于员工发展的风格。

我们将这种模式应用到下面的变革管理能力专栏中。该专栏要求你扮演一名研发总监,然后选择一种你喜欢的领导风格。

 变革管理能力

研发总监的领导力

获得化学博士学位之后,你加盟了一家大型的纸浆和造纸公司,最近被提升为公司研发总监。几年前,你说服公司高层拨专款建立了一套崭新的研究设施,并聘请优秀的研究专家从事林木产品的行业研究。请到的科学家们在专业技术方面十分优秀,但是他们只对基础研究感兴趣。为了维系团队的凝聚力和满意度,你接受了这样的现状。但是,由于行业不景气,公司业绩下滑,你觉得越来越难以体现出研发部门对高层管理及公司的贡献。

最近,另外一个部门提出了一项很有研究前景的新课题。你的团队完全具备执行该项研究的能力,然而,团队成员却认为这项研究毫无科学意义。目前所进行的研究能够带给他们极大的智力满足感,而你需要尽快回复那个部门,告知他们你可以提供哪些资源和帮助。

作为研发总监,你可以参考表6.3中的各种选择矩阵,然后决定采取哪种领导风格来带领这支团队。从矩阵左端的决策意义开始进行选择。第一栏要求你对这件事的重要程度做出决定。做完这个决定后,再看第二栏——承诺的重要性。同样,你要决定提高成员承诺的重要性。做完这个决定后,你还会面临一个接一个的决定。你的每个决定都要根据矩阵的栏目来做。最后,在矩阵的最右端,基于你前面做出的七个决定,你会得到一种推荐采用的领导风格。我们采用这种方法获得了以下结果。以这个分析为基础,我们选择了适合该情境的领导风格。

问题陈述	答案
决策的意义	高
承诺的重要性	高
领导者的专业水平	高
承诺的可能性	低
团队支持	低
团队专业水平	本情境不适用
团队能力	本情境不适用

我们推荐在这种情境下采用集体协商型的领导风格。但如果上述情境因素中有 1—2 个答案不同,那么所建议的领导风格也就不同了。

对领导者的启示

弗罗姆-加哥时间驱动领导模式和第 8 章中提到的团队行为是一致的。如果领导者能够正确分析情境,那么选择最适合的领导风格就容易多了。这些选择反过来有助于领导者做出更高质量、更及时的决策。如果情境需要授权,那么领导者必须学会如何建立期望目标和要求标准,然后让员工决定在这些要求标准下如何实现目标。如果情境需要领导者单独做出决策,那么领导者就要认识到不征求他人意见而做出决策所带来的积极或消极影响。

这种模式也存在一些不足之处。第一,不管模式建议采取哪种领导风格,下属可能都有强烈的愿望参与影响其工作的各项决策。如果下属没有参与决策,他们容易变得沮丧,对决策缺乏承诺。第二,领导者的某些能力在决定领导模式的相对效能上起了关键作用。例如,在冲突的情境中,只有那些在解决冲突方面经验丰富的领导者才适合用模型推荐的参与型决策风格;而没有冲突处理经验的领导者可能用更直接的命令方式才能管理得更好,即使这种方式并不属于模型所推荐的那几种类型。第三,模型的假设基础是决策只是一个单一的过程。实际上,决策通常要经过几个循环过程,每个决策都是更大决策的组成部分,而非每次只进行一个决策那么简单。

选择最合适的领导风格是很困难的。员工授权已经成为当今商业组织的一个主流趋势,事实也表明,这种领导方式能使组织更高效、更健康地成长。如表 6.3 所示,参与型的管理并不适合所有的情境。

第6章 有效领导的基础

本章小结

1. 说明领导过程中的权力和政治行为的作用。	领导者运用五种权力去影响下属的行动:法定权力、奖赏权力、强制权力、参照权力和专长权力。所有的领导者都会通过政治行为来影响他人,尽管有时适得其反。政治行为和组织政治关注对自我利益、目标和偏好结果的保护和强化行为。对政治行为的各种驱动力的讨论主要集中于在绩效评估的过程中,领导者如何培养或消除下属的政治行为。
2. 描述两种传统的领导模式——特质模式和行为模式。	两种传统的领导模式是特质模式和行为模式。特质模式强调领导者的个人素质,并将成功归因于某些能力、技能以及个性特征。然而,这种模式不能解释为什么有的领导者能够成功而其他人却失败,主要原因是它忽视了特质与其他情境变量的相互作用。行为模式强调领导者的行为而非个人特质。我们关注两种领导行为——关怀维度和结构维度,以及它们如何影响员工绩效及工作满意度。行为模式倾向于忽略领导者的工作情境。权变的方法强调不同的情境因素或权变因子对领导者及其领导风格的重要性。
3. 解释情境领导模式。	情境领导模式认为领导者应该选择一种适应员工成熟度的领导风格。如果员工没有准备好去完成一项任务,那么命令型的领导风格就比关系型的领导风格更有效。随着员工成熟度的不断提高,领导者的风格应该变得更具参与性,而减少命令性。
4. 讨论弗罗姆-加哥的时间驱动领导模式。	弗罗姆-加哥时间驱动领导模式包含基于七项权变因素的五种可供选择的领导风格。该模型体现出与每种风格相关的时间要求以及其他成本。领导的各种风格表现为从独裁(领导者做出决策)到授权(下属或团队做出决策)的一个连续体。文中的解决方案矩阵(表6.3)就是用来诊断情境并得出推荐的领导风格的。

关键术语和概念

领导行为模式(behavioral model of leadership)
强制权力(coercive power)
关怀维度(consideration)
个体协商型(consult individual style)
集体协商型(consult team style)
独裁型(decide style)

决策时间惩罚(decision-time penalty)
授权型(delegate style)
授权型风格(delegating style)
专长权力(expert power)
协调型(facilitate style)
结构维度(initiating structure)

领导者(leader)
领导力(leadership)
法定权力(legitimate power)
组织政治(organizational politics)
参与型风格(participating style)
政治行为(political behavior)
成熟度(readiness)
参照权力(referent power)
关系行为(relationship behavior)

奖赏权力(reward power)
指导型风格(selling style)
情境领导理论(situational leadership model)
任务行为(task behavior)
命令型风格(telling style)
领导特质模式(traits model of leadership)
弗罗姆-加哥时间驱动领导模式(Vroom-Jago time-driven leadership model)
无差异区域(zone of indifference)

讨论题

1. 描述曾经与你共事过的一位经理是如何运用五种权力的。这位经理在使用这些权力时是否有效地影响了你的行为？请解释。

2. 假设你被任命为一个团队的领导，带领着四个成员。你们的任务是就领导特质模式做一份20页的报告，然后向全班汇报。这个项目将占课程分数的30%。弗罗姆-加哥时间驱动领导模式将如何影响你的领导？这个模式的不足之处在哪里？

3. 在本章的道德管理能力专栏中，我们介绍了诺曼·奥古斯丁关于道德的观点。请用情境领导模式分析他具备哪些领导风格？举例说明。

4. 按照文中所讲的五种权力，分析课前案例中埃米·布林克利的话表现出了哪些权力？举例说明。

5. 根据领导特质模式，你如何描述课前案例中埃米·布林克利的特质？举例说明。

6. 请回顾与你共事过的一位经理。这位经理在绩效评估过程中使用过政治行为？或者采取过措施来减少绩效评估中的政治行为？请用具体例子解释。

7. 在自我管理能力专栏中，阿莉维亚·甘布尔采取了哪些属于关怀维度或结构维度的行为？你如何用领导的行为模式(图6.1)来描述她的特征？请分析你的判断。

8. 请回顾你曾经工作过的一个组织。你可以找出哪些促使该组织产生政治行为的因素？

9. 根据沟通管理能力专栏中关于米歇尔·米勒的描述，你认为她的哪些行为和决策反映了情境领导模式中的因素？

10. 请根据你曾任团队成员或领导的经历，参考弗罗姆-加哥时间驱动领导模型中的情境变量，分析当时使用的领导风格是否合适？请使用表6.3来指导你的评述。

体验练习和案例

体验练习：自我管理能力

个人权力问卷

说明：回顾你曾经担任成员的一个群体，如工作中的一个团队、委员会，或者读书期间的一个项目小组。用下面的量表对下列陈述作答。

1 = 非常反对
2 = 反对
3 = 轻微反对
4 = 既不反对也不赞同
5 = 轻微赞同
6 = 赞同
7 = 非常赞同

____ 1. 我是团队中话比较多的人之一。
____ 2. 团队中的成员都会听我的发言。
____ 3. 我经常自愿担任团队领导。
____ 4. 我能够影响团队决策。
____ 5. 我发现自己经常处于团队活动或讨论的中心。
____ 6. 团队中的成员经常向我咨询建议。
____ 7. 我主动在团队中提出观点，做出贡献。
____ 8. 我在团队中提出的观点和做出的贡献得到大家的认可。
____ 9. 我更愿意在团队中做领导者而不仅仅是参与者。
____ 10. 我的观点得到团队成员的充分肯定。
____ 11. 我会毫不犹豫地说出自己的观点和想法。
____ 12. 我的想法经常得以实施。
____ 13. 我在会议中发言是不得已而为之。
____ 14. 团队成员经常咨询我的观点，要求我做出贡献。
____ 15. 我经常承担抄写、秘书或会议记录员的角色。
____ 16. 团队成员在做出决策前经常会就一些重要事项咨询我的意见。
____ 17. 我经常同团队成员开玩笑。
____ 18. 我发现团队成员经常看着我，甚至在不是直接和我交谈时也如此。
____ 19. 无论团队成员处理什么冲突，我都可以介入。
____ 20. 我对团队的影响很大。

得分和解释

知名度		影响力	
项目	你的得分	项目	你的得分
1.	_____	2.	_____
3.	_____	4.	_____
5.	_____	6.	_____
7.	_____	8.	_____
9.	_____	10.	_____
11.	_____	12.	_____
13.	_____	14.	_____
15.	_____	16.	_____
17.	_____	18.	_____
19.	_____	20.	_____
总分	_____	总分	_____

根据得到的分值在下面的权力矩阵图(图 6.3)中标出你的位置。知名度和影响力的各种结合的解释如下：

1. **高权力** 在第一象限的个人代表高知名度的行为。他们能够影响别人。在组织中，这些人可能被看做在"快速通道"中的人。

2. **低权力** 在第二象限的个人代表虽然知名度很高但影响力却很小。这种情况可能由他们的个性决定，但也有可能表示组织中真正掌权者另有其人。通常这种人在组织中担任参谋辅助职位，而不是核心业务职位，因此他们知名度很高，但是缺乏办事的实权。

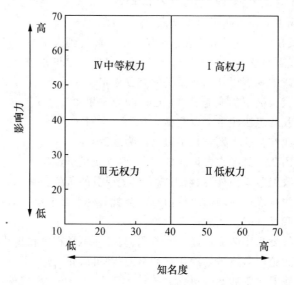

图 6.3 权力矩阵

资料来源：Reddy, W. B., and Williams, G. The visibility credibility inventory: Measuring power and influence. In J. W. Pfeiffer(ed.), *The 1988 Annual: Developing Human Resources*. San Diego: University Associates, 1988, 124。

3. **无权力** 在第三象限的个人,既不被人关注也表达不了意见。这种类型的人可能很难在组织中获得发展。

4. **中等权力** 在第四象限的个人是幕后的影响者。他们通常是发挥影响力的意见领袖和智者,但是却满足于隐居幕后。

案例:变革管理能力

阿什利汽车——变革的时代

美国的汽车和卡车销售量再次大幅下跌。自从2001年9月11日之后,低折扣、回扣、低利率刺激了汽车销量,但是,随着生产成本的不断增加和美元升值,美国汽车制造商的处境远远不如国外竞争对手。汽车行业的激烈竞争也危及供应商。为了更有效地参与竞争,供应商规模越做越大,在过去25年内供应商的总数下降了75%。

经典集团公司

地跨美国中西部3个州、拥有11家生产工厂的经典集团(Classic Group)公司,是汽车行业电子元器件的主要供应商。经典集团公司现任总裁的目标是超越以往的业绩,他相信公司可以成长为世界级的汽车元器件供应商。他规划的愿景是在美国其他地方增设更多事业部,最终发展到海外。在发给员工的一封电子邮件中,他提出:

> 员工必须明白他们在组织中的角色,必须了解财务知识,理解他们对公司财务造成的影响。我们必须投入时间和精力来改善公司运作的方方面面。我们致力于打造"雇主首选"以及"世界一流"的汽车电子元器件生产商。我们努力提高人均产量,使其至少超过其他公司50%以上。如果我们想在国际市场上取得成功,我们必须勇于承担更多的责任。

阿什利汽车和新工厂经理

阿什利汽车是经典集团公司的11家工厂之一。阿什利汽车厂雇用了约450名员工,按照三班倒的方式运作。在6月13日,周五那天,经典集团总裁宣布来自总部的比尔·布鲁克斯将出任阿什利汽车的新任工厂经理。

比尔·布鲁克斯

比尔·布鲁克斯曾就任于通用汽车的Delco事业部。在40岁的时候,他作为生产专家加入了位于俄亥俄托莱多的经典集团总部,负责几个高新技术项目。布鲁克斯拥有工程学的学士学位,并利用晚上和周末进修了MBA的大部分课程。因为参加了各种管理培训,并阅读了大量的MBA管理案例,他逐渐接受了这样一种观点:领导力是一套看得到、学得会的管理实践方法,只要给予足够的反馈和练习机会,那些有意愿和毅力的人就可以很快提高其领导能力。

6月16日,周二那天早上,布鲁克斯走进阿什利工厂同员工们进行交谈。下午,他会见了材料经理和工程师。4点左右,他同所有的管理和专业人员召开了会议。在会议上,他提出了自己的管理哲学和理念:

及时为客户提供最优质的产品,保持安全、整洁的工作环境是这个部门最重要的目标。关键是要不断激励员工,让其更多地参与决策。我们要鼓励员工想方设法改进工作。允许员工犯错误,让他们知道今后可以避免哪些错误。发现员工好的行为就要奖励,以激励他们——我们要为每个人的成功庆祝。

布鲁克斯接着引用了经典集团总裁的观点,重申经典集团和阿什利汽车厂的长期成功有赖于双方携手寻求在低成本的基础上生产高质量产品的方法。布鲁克斯表示,他希望今年每种产品的生产成本至少降低10%。

对变革的讨论

会后,几名经理如同往常一样聚在露珠餐厅吃点心。他们边吃边聊,讨论布鲁克斯的发言。总体而言,他们与上一任工厂经理关系很好。上一任工厂经理非常认同下属的工作,认为他们不会推卸责任并能有效地解决问题。他会让这些经理们同自己的员工保持一致,并经常了解员工在做什么。

阿尔·艾布拉姆斯听汤姆在抱怨早班的经理们为了听新工厂经理讲话,不得不在没有加班费的情况下,下班后多干2个小时。早班的工作于3:30结束,但是他们要参加4点的会议。阿尔同情地说:"我知道你的感受。我的好朋友薛德在农业银行工作,当时第一银行收购了他们银行后,他也有同感。第一银行派来了一批空降经理,一下子改变了银行的文化,当然,是变得更糟。"

阿尔·艾布拉姆斯

阿尔·艾布拉姆斯在生产方面有着深厚的背景,已被提升为早班的材料经理。他认为员工的能力有限,必须明确告知他们该如何工作。他觉得只有他自己才有能力进行决策。他的经验告诉他,经理的工作就是发布命令,而员工的任务就是听取并服从命令,毕竟是他为工作的结果负最终的责任。除了督导工作培训以外,他所接受的正式教育于20年前高中毕业时就已结束。

艾布拉姆斯是一名在阿什利工作过11年的老员工,通过不懈努力才得到今天的位置。他对别人的期望很高,但却常常感到失望。他希望别人像他那样努力工作,并且经常给他人提出改进建议。同事、下属和其他人都觉得他的要求太高,控制欲太强。

这些管理者聚在露珠餐厅,继续讨论今天发生的事情以及整个经济局势。大部分人觉得很焦虑,全球经济的衰退让他们无法理解。公司利润逐渐减少,零售量在降低,甚至连露珠餐厅的顾客都比以往少了许多。

大部分的讨论集中在阿什利厂的未来。自从集团公司的命运同工厂联系在一起之后,大家的意见就多了起来。有人认为经典集团总裁关于未来的愿景充满危险。是否真的意味着经典集团公司要用更新的技术在那些以廉价劳动力等资源为优势的发展中国家建立新的工厂?如果那样的话,阿什利工厂离倒闭之日不远了。有人担心如果失去在阿什利的工作,可能再也无法找到薪酬相当的工作。

当大家逐渐散去时,阿尔做了最后的发言。他认为总裁的新思路很危险,他最后说道:

我想我不喜欢这个布鲁克斯。我不喜欢他讲话的内容、表达的方式,以及如此霸道地让我们浪费时间听那些废话。我的工作就是告诉大家做什么。如果他想降低成本,他应该问问我们,而不是他们!他不配做这个工作,在座的许多人为工厂付出了很多,比他更有资格做工厂经理。

问题

1. 本案例体现了权力和政治行为的哪些方面?
2. 根据领导的行为模式理论,你如何描述比尔·布鲁克斯和阿尔·艾布拉姆斯的领导风格?请解释。
3. 按照弗罗姆-加哥时间驱动领导模型,你觉得布鲁克斯这次应该采取什么领导风格来指导并实施必要的变革?
4. 在倡导所需的变革过程中,你认为布鲁克斯可能遇到哪些潜在的问题?

Chapter Seven

第7章
有效领导的现代发展

学习目标

学完本章后,你应该能够:
1. 描述交易型领导的特征。
2. 描述魅力型领导的特征。
3. 讨论诚信型领导的特征。
4. 解释变革型领导的本质。

课前案例

泰科国际有限公司的埃德·布林

埃德·布林于2002年7月成为泰科国际有限公司的首席执行官和董事长,刚上任时就面临严峻的挑战。当时,有很多传言说泰科马上就要破产了,公司有110亿美元的债务将于2003年到期,而对于到期的债务,泰科明显不具备偿债能力;同时公司的前CEO丹尼斯·科兹洛乌斯基以及其他高层管理人员已经被指控涉嫌财务欺诈,以及出于个人目的而不当使用公司资产。

如今的泰科是一家全球性的多元化经营公司,其提供的产品和服务主要涉及五个商业领域:消防与保安、电子器材、保健、工程产品和服务、塑料和黏合剂。公司目前年收入为400亿美元,在全球范围内拥有员工26万人。公司的股票价格也从2002年的每股8美元上升到2005年的每股36美元。

埃德·布林与他聘请和带领的管理团队所展示出来的领导力是导致泰科发生翻天覆地变化的重要原因之一。让我们一起来看看几个体现布林强大领导力的例子吧!

在变革的早期,布林决定撤换整个董事会。布林提出:"要重树投资者的信心,我们就必须从整顿公司治理开始。泰科需要来一次大清理,告诉公众这将是一家彻底改头换面的公司。我们没有退路,如果不撤换董事会,我们将无法前进。"但是,改革的过程需要强有力的领导来推动。2002年9月12日,公司召开了一个长达5小时的会议,布林要求董事们推选那些未在科兹洛乌斯基时期任职的董事出席2003年年初的股东年度大会。这一举措引起了轩然大波。

第7章 有效领导的现代发展

"董事们都在叫嚷'这会让大家认为我们都有罪似的',他们担心要承担相关法律责任。"现任董事长、杜邦公司前董事主席杰克·克罗尔回忆道,"他们认为持续性非常重要,而布林却不想保持这种持续性。"当投票结果出现5比5的平局时,布林投出了决定性的一票,最终达成了撤换整个董事会的决议。"那次真是一个漫长而艰难的会议,"克罗尔说,"但是布林胜利了。他的决心非常坚定。"

布林用具备多元化能力的现任或前任CEO组成的团队替换了过去年纪偏大、软弱无力的董事会。这支团队擅长于公司治理,布林是其中唯一一位来自公司内部的人。布林还组建了一支由110人组成的内部审计组。审计组长不向布林汇报,而是向董事会中负责审计委员会的董事汇报。泰科的监督员也向这位董事汇报。此外,公司员工可以拨打800热线,检举任何他们认为不当的行为,包括性骚扰、价格限定等。管理体系运行的第一年,公司进行了约1 300项调查,其中1/4的行为受到了纪律处分或在程序上做了调整和处理。

泰科以往的经营热衷于追求达成交易,而非全面的领导和整合。这一企业文化也得到了改变:在头几个月,公司总部300名高层管理人员中,布林解聘了290名。布林认为:"我不知道人们知道什么或者应该知道什么,所以我决定从一个干净的基础开始。"

布林在泰科网站上给公司各利益相关方的一封信体现了他的领导力。我们节选片段如下:

> 对公司而言,没有什么比对投资者、客户、政府机构和员工的诚信更重要的。自我从2002年7月进入公司以来,所面临的最大挑战就是如何重建公司上下对领导者的真诚信任。我们坚持按照最高的诚信标准要求自己,经过了漫长的时间,才重建了公司的诚信。例如,我们用大量的时间和精力起草一份新的员工道德操守准则,这份已经得到新董事会批准的文件,在性骚扰、利益冲突、法律遵守和舞弊揭发等领域为我们制定了相应的规则。所有的高层领导,包括我自己在内,每年都要接受一次准则执行情况的评估。此外,新董事会已经开始执行权力委派政策,重新梳理和制定资金使用等事务的职权与职责,并且采用董事治理原则来指导董事们如何监督公司的战略规划和运营状况。

注:关于泰科国际有限公司的更多信息,请访问公司主页 http://www.tyco.com。

在第6章我们曾提到,领导力就像一面多棱镜,每次从一个新的角度观察,你都会有不同的发现。在这一章,我们将会从更多方面来了解领导者面临的情况以及他们在特殊的状况下所要承受的压力。本章将重点讲述交易型领导、魅力型领导、诚信型领导和变革型领导这些现代领导理论。显然,埃德·布林于2002年出任泰科国际有限公司CEO后,他的领导力为扭转公司的被动局面起了关键作用。

领导应该着眼于未来,关注的是组织如何从现阶段迈向新阶段。在2002年泰科公司的危机案例中,布林认为解决问题的关键不仅是在董事会或公司高层进行一些有影响的变革,还需要将他们撤换掉,聘用新人。不同的领导者对所谓现阶段或新阶段的定义会有所不同:有些人把从现阶段到新阶段的路程设计成固定的路线,就像在一条熟悉的公路上驾驶;而有些人则会开辟新的线路通往未经探索过的新领域。这些领导者之间的根本差异在于他们如何看待事物及其发展。他们认清在当前情况下存在的不足之处,然后投入巨大的热情去克服这些不足。

正如课前案例所述,布林充满激情地运用各种方法来解决相关的问题,尤其关注如何在泰科公司从上至下地重树诚信和道德。他引入和实施一种全新的正规机制,帮助全体员工,包括他本人,用于预防和矫正管理层和员工在道德和法律方面的偏差行为。布林在其他许多领域也展示出他个人领导力的关键作用。

交易型领导

> **学习目标** 1. 描述交易型领导的特征。

交易型领导(transactional leadership)是指领导者主要通过迎合下属利益需求的方式来激励和指导下属。交易型领导者更倾向于使用胡萝卜政策(但有时候也使用大棒政策)设定预期绩效表现和目标,并为下属提供反馈意见。交易型领导者的权力主要来自他们在组织中具有的正式职权和职责。他们注重控制、组织和短期规划这些基本的管理职能的作用。

关键要素

以下是交易型领导激励下属达到预期目标所用方法的三个基本要素:

- **权变的奖励** 交易型领导者将奖励和绩效挂钩,明确预期目标,以承诺及公司资源获得下属支持,并做出双方都满意的安排。为获取资源而进行协商,支持下属的努力,并奖励其良好绩效。领导者制定并阐明组织的具体目标,追求短期、可以量化的结果和收益。
- **通过例外情况的处理来展示积极管理** 领导者积极地监督下属的绩效,如果有偏离标准的行为发生,则及时采取纠正行动,并强化规则以防止错误发生。
- **通过例外情况的处理来强调消极管理** 领导者在出现偏离标准或者不可接受的行为时出面干涉,也可能等到失误引起他们的注意时才采取行动。对于组织不可接受的行为通常采取矫正或惩罚措施。

交易型领导并不算是差劲的领导模式,但它不能把领导的最大潜能发挥出来。一位领导学专家说到:

> 在没有实质交易的情况下,预期目标及指导方向通常都不明确,工作目标也模糊不清……但同时,交易型领导显然为更成熟的相互影响模式奠定了基础。

以下的自我管理能力专栏介绍了上海复星高科技(集团)有限公司总经理郭广昌的交易型领导力。他的领导适合这家总部位于中国上海的公司的文化状况、人力资源、市场格局和政治环境。

第7章 有效领导的现代发展

自我管理能力

上海复星高科技(集团)有限公司的郭广昌

郭广昌是一个实用主义者。为了提高效率,他为公司建立了严格的绩效考核制度。他的标准是以最低的成本创造最大的价值,以高效高质的方式进行运作,不断提高利润。他对公司的管理手段由一系列彼此相关却又独立存在的要素构成。郭广昌相信:

1. 每个事业部都应该有自己的目标,以及实现该目标的详细计划。如果有必要,当外部环境发生变化时,这些目标和计划都随之调整。
2. 每个事业部都应该有一致的愿景,以及实现愿景的巨大热情。
3. 每个事业部都应该是独立的组织,自主经营,自行评估。

郭广昌认为部门量化的考核标准是激励员工不断前进的关键因素。他说:"你要让每个事业部意识到它的努力程度直接同绩效评估挂钩。"

郭广昌为整个公司制定了明确的愿景。上海复星高科技(集团)有限公司的目标就是为公司所涉及的各个行业树立标准。近年来,上海复星高科技(集团)有限公司在许多领域进行了投资,如医药、金融、钢铁和房地产。该公司已经成为中国现代企业的领导者和标准制定者。郭广昌认为在中国最大的商业机遇在于建立卓越企业的标准。在一次演讲中,他提到:"我们公司的使命就是成为这一领域的领头羊,为我们的股东和整个社会创造价值。"

郭广昌敢于挑战风险,他的公司投资5亿元人民币(约合6 000万美元)成立了一家合资的证券公司。当时整个证券行业不景气,许多人认为这项投资风险过大。然而,郭广昌却认为最糟糕的时机可能也是最佳的时机,一个简单的原因就是进入的成本最低。在表达和沟通方面,郭广昌也做得不错。遇到下属时,他都会主动打招呼。他所关心的不仅仅是员工的工作,还有他们的生活。

注:关于上海复星高科技(集团)有限公司的更多信息,请访问公司主页 http://www.fosun.com。

对领导者的启示

有效的交易型领导者通常会做以下五个方面的工作:
- 他们会问:"需要做些什么?"
- 他们会问:"什么对公司而言是正确的?"
- 他们制订行动计划。
- 他们负责决策。
- 他们负责沟通。

一个纯粹的交易型领导者倾向于过分强调细致而短期的目标、标准化的操作程序和规章制度。这种侧重会制约创造力,抑制新想法的产生。他们经常不假思索地接受组织目前的目标、结构、规则和文化。结果,这种领导只适用于解决组织面临的那些简单、明确和描述清晰的问题。交易型领导者可能不鼓励或者忽略那些不符合现有目标和规划的想法。

纯粹的交易型领导者试图通过利用外部激励手段,如工资、物质激励、福利、地位象征(拥有大办公室)这些方式来表彰员工的良好绩效以影响他人。员工如果表现不好,通常会受到惩罚。另一方面,交易型领导者在指导员工如何在短期内提高效率、降低成本方面通常比较有效。他们倾向于进行指令性、行为导向的工作。交易型领导和下属之间的关系通常比较短暂,而且不是基于情感纽带的联系。

魅力型领导

> 学习目标　2. 描述魅力型领导的特征。

魅力型领导(charismatic leadership)是指领导者主要通过培养下属对组织的愿景与共同价值观产生强烈的认同感来激励与领导他们。魅力型领导者通过施展为下属所欣赏的个性特质以及表现出自己对组织的愿景和共同价值观的巨大热情和投入,从心灵和情感深处来影响下属。

关键要素

如图7.1所示,魅力型领导模型有以下几个相关的要素。

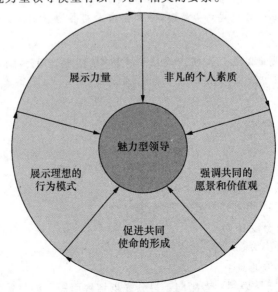

图7.1　魅力型领导模型

第7章 有效领导的现代发展

- **具有非凡的个人素质** 魅力型领导者拥有非凡的天赋和品质。追随者在情感上被这些领导者深深地吸引。他们通过运用比喻、故事、象征、标语和举例的方式与员工进行广泛而有效的沟通。他们的语言和非语言沟通能够捕捉和激发追随者的情感反应。
- **强调共同的愿景和价值观** 领导者注重描述宏伟的愿景以及一系列价值观,并且将这一愿景与公司的使命、目标及期望行为联系在一起。这样一来,他们就可以挑战现状。请记住,愿景是未来能够做什么和应该做什么,而不是组织按部就班发展的结果。
- **促进共同使命的形成** 魅力型领导者注重在下属之间建立共同的纽带以及组织的共同理念。
- **展示理想的行为模式** 魅力型领导者表现出对共享价值观、使命的一致性、共同理念和他所提倡目标的个人承诺,甚至可以为这些价值观和目标做出自我牺牲。
- **展示力量** 魅力型领导者展现并创造出自信、面对自身和社会挑战的勇气、决心、乐观及富有创新意识的形象。他们通过强调成功而不是潜在的失败来淡化风险对追随者知觉的影响。

领导者得到追随者认同的同时,便得到了力量。追随者认同有魅力的领导者,并受其鼓舞,希望(通过领导者的承诺)自己能够成功。魅力型领导者如维珍集团的理查德·布兰森和奥普拉·温弗里,都有能力把复杂的构思、概念用象征、暗喻、讲故事等简单易懂的方式传达给下属。他们愿意从事高风险的工作,满怀激情地投入到第一线的工作中,从思想上影响员工。

魅力型领导者在沟通能力方面表现得尤为突出。以下沟通管理能力专栏描述了维珍集团(Virgin Group)主席理查德·布兰森爵士所具备的魅力型领导力。维珍集团总部设于伦敦,共拥有160家经营不同业务的公司,如维珍阿特兰大航空公司、维珍唱片、维珍可乐、维珍动感(健康俱乐部)、维珍书城和维珍能源等。

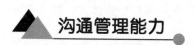

维珍集团的理查德·布兰森

很多首席执行官都专注于股东和客户的利益,但布兰森却坚信:正确的顺序应该是员工第一,客户第二,然后才是股东。他的逻辑是:如果员工做得开心,他们必然就做得好,这样客户就满意,生意也必定会好,因此股东也就得到满意的回报。当布兰森乘坐维珍阿特兰大航空公司的航班时,他经常会带整个航班的工作人员外出聚餐、聚会。他甚至会与工作人员下榻同一旅馆,而不会远离他们自己独自入住昂贵的市中心酒店。维珍的每位员工都有一张维珍卡,这张卡可以让他们在购买飞机票时享受优惠,在维珍超级市场和与其他下属公司开办的业务中也同样能享受优惠。

当布兰森到他的私人岛屿,位于加勒比海上的内克岛度假时,他会带上来自不同维珍公司的20名员工。这些员工并不是什么高级管理人员,只是一些普通的员工,如门卫、开关操控员、专职负责预约的文员或是飞机驾驶员。他们是因为突出的工作表现而受到邀请的。这是维珍员工的一项额外福利。布兰森说:"这个构思的本意是希望员工能开心度假,但从与他们的交谈中,我也能学到很多。"当有人指出很少有首席执行官会带员工一起度假时,布兰森笑着说:"我可以保证,这并不是在做牺牲。"他还会尽可能地参加为新员工召开的入职大会,目的是为新员工定下基调,并传达这样的信息:"尽情去享受工作的乐趣吧,我们大部分的人生都在工作中度过,所以应该开心地去工作。如果大家都开心,那么我来结账时也会高兴万分的。"

他还经常去巡视维珍的业务,与员工和客户交谈。大家都知道,他身上随时带有笔记本和笔,每当与员工和客户交谈的时候,他都会做好笔记。布兰森坚信,作为公司主席,交谈和记下重点是关键的一步。整理笔记后,他会列出需要立即采取行动的措施。每天早上,他做的第一件事就是阅读员工发给他的电子邮件。在他进入维珍的早期,他就养成了这个可以增进公司和员工之间互动的习惯。员工们会毫不犹豫地向他述说他们的苦衷。布兰森则以行动证明他会积极聆听。维珍在全球拥有超过35 000名员工,布兰森每天会收到约50封来自非管理层员工的电子邮件。这些邮件有的是一些小想法,有的则是关于与中层管理者的冲突,还有的是一些重要的建议。对于每封邮件他都会亲自回复或做出实质的行动以回复。布兰森说:"当员工遇到困难的时候,他们并不需要工会帮助,而是直接来找我。在多数情况下,我都会让员工感觉到表达意见会给他们带来好处。"

注:关于维珍集团的更多信息,请访问公司主页 http://www.virgin.com。

对领导者的启示

魅力型领导在商界并不常见,这就是为什么理查德·布兰森这样的领导者被人视为与众不同,甚至在该公司的网页上,"维珍公司简介"这个栏目也显示出他的魅力。当你浏览"维珍公司简介"时,网页上首先会出现这样一句话:"了解维珍的所有真相,包括它是如何开始的,我们是谁,我们做什么,甚至如何让我们知道你的意见和想法的所有细节。"在这句话的下面,有一些窗口可供点击选择分类内容,关于每个分类内容都有一个简述。我们从中选出四句,看看布兰森是如何将他的魅力融入组织文化的。

● **维珍公司简介** 想知道维珍是如何诞生的,为什么我们与众不同,或者理查德·布兰森的空余时间在做些什么?

● **保持联系** 您在想些什么?我们始终期待您的反馈,特别是告诉我们:我们有多棒!无论您想问什么,我们都洗耳恭听。

● **趣味时刻** 如果不够有趣,那是因为您做得不对!这里有些好玩的东西等着您哦!

● **如何运作** 我们所做的一切都带有"维珍人"的风格,从招聘人才到信守诺言,或者是微笑着做生意。来看看维珍精神的全部吧!

马丁·路德·金也是通过对追随者的影响,彰显出一种罕见而独特的、具有强大吸引力的魅力型领导力。在民权运动的危急时刻,金以非凡的性格特征和个人能力,鼓舞人们努力去实现非常激进的远大目标(在当时来说)。他本人以及所表述的远见为他赢得了众多追随者,取得了一系列的成功（通过非暴力的抗议推倒了种族隔离之墙），所有这些都使社会运动前进了一大步。金在《我有一个梦想》的演讲中是这样描述他的远大目标和价值观的：

> 今天我要对你们说，尽管眼下困难重重，但我依然怀有一个梦……这个梦深深植根于美国梦之中。
>
> 我梦想有一天，这个国家将会奋起，实现其立国信条的真谛："我们认为这些真理不言而喻：人人生而平等。"
>
> 当我们让自由之声轰响，当我们让自由之声响彻每个大小村庄，每个州府城镇，我们就能加速这一天的到来。那时，上帝的所有孩子，黑人和白人，犹太教徒和非犹太教徒，耶稣教徒和天主教徒，将能携手同唱那首古老的黑人灵歌："终于自由了！终于自由了！感谢全能的上帝，我们终于自由了！"

在魅力型领导模式中，追随者的角色是至关重要的。追随者在建立同领导者的关系以及赋予领导者权力的过程中发挥了十分积极的作用。这种关系如理查德·布兰森与其员工之间，很大程度上受到追随者对于维珍公司及其使命的认可。在这种魅力型的关系中，追随者具有很强的自我意识，他们寻找工作的意义，具备自我决定的意识。理查德·布兰森支持并鼓励员工扮演这种角色，他并不希望得到盲目的追随。他代表的是一种社会化的魅力型领导——具有崇尚平等和授权的个性。不道德且以自我为中心的魅力型领导对于组织的长远发展是极具破坏力的。有人认为，泰科前CEO丹尼斯·科兹洛乌斯基代表的就是一种个性化的魅力型领导——具有强烈的支配、控制欲，为达目的不择手段，以自我为中心的个性。

诚信型领导

学习目标 3. 讨论诚信型领导的特征。

诚信型领导（authentic leadership）是指这样的领导者：① 了解和明白自己；② 知道自己的信仰和价值观；③ 通过同下属以及其他人开诚布公的沟通来推行自己的信仰和价值观。基于这些特性，下属通常很愿意信任和跟随诚信型领导。这些领导者可能是指令型或参与型的。个人的领导风格并不是区分诚信型和非诚信型领导的标准。诚信型领导通过鼓励和尊重不同的观点来赢得下属的尊重，增强信任。他们寻求在追随者、顾客、股东以及其他利益相关方之间建立合作信任的关系。

诚信型领导希望通过自己的领导来表达为他人服务的真诚意愿，而不是控制意愿。为了追求差异化，这些领导者努力寻求向下属授权的途径。他们认可并重视个人在目标和能力方面的差异，他们也有能力和意愿去挖掘员工潜在的能力，帮助员工培养工作优势和胜任能力。

关键要素

图 7.2 是诚信型领导模式的相关构成要素。

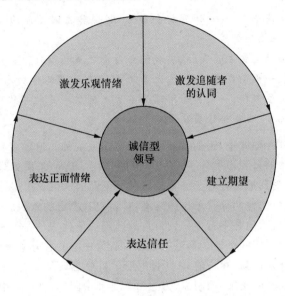

图 7.2 诚信型领导模式

资料来源：Avolio, B.J., Gardner, W.L., Walumbwa, F.O., Luthans, F., and May, D.R., Unlocking the mask: A look at the process by which authentic leaders impact follower attitudes and behaviors. *Leadership Quarterly*, 2004, 15, 801—823。

激发追随者的认同 诚信型领导影响追随者的态度和行为,这一点反过来也有利于加强领导者自身的尊重。这些领导者能够挖掘下属的长处并培养他们。诚信型领导帮助下属将自己的长处同组织的目标或使命联系在一起,这是通过树立榜样以及为诚信制定较高的道德标准来实现的。这些领导者开放、积极,具有高度的道德感。领导者和下属倾向于做"正确而公正的事情"。因此,诚信型领导通过坦率、直接地讨论自己和员工的缺点来确认自己的追随者,同时不断地促进追随者的成长。

诚信型领导知道,自己作为领导者需要承担确保行为符合道德要求的责任,并能够代表大家的利益。通过领导者高标准的道德、价值观和诚信,下属对团队、部门和组织的认同感增加。下属通过与领导者的长期接触可以培养认同感,因此下属的自我意识以及相关的自我调控行为会同组织的意图或使命保持一致。

建立期望 诚信型领导通过为下属设立目标以及帮助他们寻找实现目标的各种途径来激励员工。期望的作用在第 11 章会提到。我们发现期望涉及个人实现目标的意志力(决心)和实践的能力(路径),追随者接受并投入到可以实现的目标中去。同样,他们也相信可以制订出成功的方案来实现这些目标。诚信型领导通过以下途径来提高追随者的期望值:① 表现出高度的承诺、分享和开放性;② 对达到目标所需的信息进行沟通;③ 鼓励提问以及开放式

第7章 有效领导的现代发展

的讨论。

表达信任 根据诚信型领导的特性可知,他们更容易得到追随者和其他人的信任。他们通过以下途径建立信任:① 鼓励开放的双向沟通;② 分享关键信息,无论好消息还是坏消息;③ 表露出对共事者的知觉和情感,无论好坏,都用建设性的方式表达出来。追随者逐渐了解领导者的价值观和立场,同样,领导者也逐渐了解追随者的价值观和立场。

表达正面情绪 诚信型领导积极正面的情绪能够拓宽追随者解决问题和实现目标的思路,促使其发现新途径并培养创新思维。他们可以激发员工的正面情感,使其认同组织确立的目标。

激发乐观情绪 诚信型领导十分乐观并且能够激发员工的乐观情绪。乐观主义者在困难和障碍面前坚持不懈,将个人的挫折和失败看做暂时的经历,在工作激励、绩效和满意度方面能够保持较高水平。乐观主义者还认为个人通过努力可以改变环境,使之变得更好;悲观主义者则认为无论个人怎样努力都不会产生太大差别。乐观主义者愿意采取行动,这就增加了目标设立、执行和实现的可能性,这也解释了乐观主义者是如何实现自我的。一般的成功或失败不会给乐观主义者造成压力,他们认为逆境只是临时性、具体性的,是他们可以解决的。

下面的道德管理能力专栏介绍了具有诚信型领导诸多特性的罗伯特·约翰逊。约翰逊是布莱克娱乐电视公司(BET)的创始人、董事主席以及首席执行官,他是 NBA 夏洛特山猫队的大股东。BET 是 Viacom 的子公司。

道德管理能力

BET 的罗伯特·约翰逊

假如你是一个非洲裔美国人,当你一觉醒来时,你会意识到自己所在的社会到处都有种族主义的残余,包括随处可见的一些已经被制度化的种族主义。你知道你会受到它的影响,但是你不能让它阻碍自己的才情和能力发挥到最佳状态。我从来不放弃,因为我知道我需要直面种族主义的现实,否则我就会因为缺少教育、资金等这些由种族主义所带来的局限而无法前行。我经常把它看做"游戏的一部分"。就好像下雨一样,你知道自己要被淋湿,所以最好带上雨伞,起床,然后去上班。

我经常和员工谈的一点是,你必须要有愿景。作为领导者,我的人生目标就是能够对 BET 的员工讲述公司的愿景,组织他们所需的资源来实现愿景。当他们在实现愿景的过程中需要指导的时候,我就在那儿,为他们提供信息或指导。在 BET,我们的愿景是成为全球杰出的非洲裔美国人的娱乐媒体公司,我们全力以赴追求这个目标。因为这个愿景简单易懂,表述清晰,人们接受了它,所以我们今天可以成功地发展为非洲裔美国人心目中的杰出品牌。我认为,任何领导者首先要有一个愿景,并且不断与他人沟通这个愿景,然后在所有参与实现该愿景的人之间达成共识。

每个组织都有自己的核心文化或核心价值观,人们在刚刚加入组织时就已经知道这些。在 BET,我们一直坚持这个核心价值观,我们想成为一家杰出的非洲裔美国媒体公司。我们希望公司在发展的同时保持创新,我们尊重那些为我们工作的员工以及我们的客户,我们希望在诚信和彼此尊重的基础上从事商务活动。这就是我们所做的,并需要不断做下去的。在许多情况下,你并不需要提醒人们,如果他们是在这样的文化下成长的,就已经接纳了这些理念。如果出于某种原因,员工无法做到这一点,那么这样的员工很有可能会自己选择离开,或被要求离开。

我们有一些非常有才华的员工。我经常说,当我们雇用这样的员工时,我们必须要为他们营造一种可以看到未来发展前景的环境,这种环境要与他们的生活方式、经济利益、社会利益以及其他重要事物相匹配。如果公司做到了这一点,则他们也会为公司做一件事:继续留在公司工作。即使要离开公司,他们也会事先组建一支可以接替他们的队伍,这样当他们离开时,就能够很好地交接工作。这是我们在 BET 的成功经验。

我们有一些很有才华的员工在离开 BET 之后,成功地转型去从事电视或其他相关行业。多数情况下,这些人都会在离开公司前打造一支团队来接手他们的工作。我现在经常很自豪地说,谁和谁是在 BET 开始他们的事业的,现在已经是某个节目的主持人或是某个节目的精英人物。我非常乐见员工的成长,如果他们另谋高就,那也不错。

注:关于 BET 公司的更多信息,请访问公司主页 http://www.bet.com。

对领导者的启示

诚信型领导通过认同、期望、信任、正面的情感和乐观主义来影响下属的态度和行为。他们关注员工的积极态度和优势,而不是弱点。诚信型领导强调只有充分了解自己,然后才有能力充满信心地说出以下观点:

- 我清楚自己的优缺点,因此我将会扬长避短。
- 我置身于优秀的人才之中,他们擅长我所欠缺的领域,尤其是我没有时间或能力去开发的一些领域。我会打造一支多元化的团队,这支团队能够完成工作,达到目标。
- 我会坦诚表白自己的力不从心。我会原谅自己并继续前行。我会同其他专注于工作的团队成员一样。当我跌倒时,我知道那是因为我在不断前行,没有前行就没有进步。
- 我自始至终表里如一,不会把自己伪装起来。

诚信型领导模式反映了公众对这一类型领导者的渴望。从某种意义上说,领导者是追随者的"公仆"。领导者最重要的使命就是打动员工的心灵。诚信并不意味着"软弱",艰巨的任务、问责性和对绩效的高标准要求都蕴涵在诚信型领导模式之中。

这一模式也指出,从长远来看,诚信型领导会提高组织绩效。尽管大家如此认为,但是在这方面缺乏数据支持。而且这一领导过程受到许多情境因素和各种力量的影响,包括组织权力与政治、组织结构和组织文化。诸如布莱克娱乐电视公司理查德·约翰逊那样的高级行政管理人员有可能塑造或影响这些情境因素。但是,对于那些基层或中层管理者而言,虽然他们致力于成为诚信型领导,但是如果缺乏高层的支持和帮助,恐怕可行性不大。

成功领导者语录

如果不够自律,你将无法赢得下属的尊重。许多人表示,自己拥有良好的价值观,但是缺乏约束力来将这些价值观转化为持续性的行为。诚信型领导具有自我约束力,通过行动来展示他们的价值观。当他们力不从心时,也会坦诚指出自己的不足。

比尔·乔治,Metronics 公司前首席执行官,《诚信型领导》一书的作者

变革型领导

学习目标 4. 解释变革型领导的本质。

变革型领导(transformational leadership)能够预测未来发展趋势,鼓励下属以新观念看待问题,培养下属成为更好的领导者,使机构或群体内员工都能随时接受挑战并不断学习。在组织内各层次,如团队、部门、事业部乃至整个组织都可以发现变革型领导。具有愿景、鼓舞人心、大胆进取和富有道德感是描述变革型领导的常用字眼。他们是果断的风险挑战者,能够抓住并创造机遇;他们也是缜密的思考者,能够理解技术、文化、利益相关方和外部环境等各种力量之间的相互影响。

如图 7.3 所示,对于领导者来说,变革型领导显然是最复杂、最富挑战性的一种领导模式。变革型领导模式与诚信型领导模式有着相似之处。

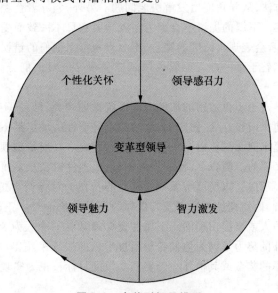

图 7.3 变革型领导模型

关键要素

变革型领导的主要构成要素包括领导感召力、智力激发、领导魅力和个性化关怀。

领导感召力 变革型领导通过提供富有意义的意识和挑战来指导追随者。例如,泰科公司的埃德·布林所表现出的巨大热情和乐观,渗透到每位追随者的生活中,构成了一种团队精神。这样的领导者让下属参与制定与现状迥然不同的未来愿景,并鼓励他们全身心地投入愿景的实现过程。变革型领导通过自己的言行来鼓舞员工。埃德·布林通过各种方式对员工进行激励。回顾他曾对员工和股东们说过的一句话:"对公司而言,没有什么比对投资者、客户、政府领导和员工的诚信更重要的。"这样的领导者满足追随者的自豪感、自尊心以及其他内部激励需求。

愿景(vision)是指描绘出自己所渴望的未来。马丁·路德·金在他的演讲中是这样描绘他的愿景的:

> 我梦想有一天,这个国家将会奋起,实现其立国信条的真谛:"我们认为这些真理不言而喻:人人生而平等。"

愿景的构建和价值观体系的形成是变革型领导的基础。一位领导学专家总结道:

> 变革型领导是价值观体系的塑造者,公司制度的开创者和阐述者,公司意义的制定者,公司文化的探索者和缔造者。这些领导者对自己定下的目标坚定不移,始终与其保持一致。他们对愿景的追求如此强烈,以至于他们知道在每一次的互动中他们希望得到的是什么。下属并不是被愿景所迷惑,而是从中得到激励进而努力向前。

智力激发 变革型领导鼓励员工以创造和革新来破除旧规。他们会敦促下属提出疑问,钻研新计划和方法,从新角度出发解决老问题。另外,领导者会积极向下属寻求新主意或富有创意的解决方案。下属的提议不会因为与领导者意见不一致而受到批评。对于尽责的下属所犯的错误,领导者会表现出高度的宽容,不会当众指出他们的错误。变革型领导关注问题本身而不是将问题归咎于哪一方。下属也愿意接受领导者对他们分析问题的角度和设想的重新审核。

变革型领导对于不再适用的惯例会毫不犹豫地舍弃,即使那些惯例是他们从一开始就倡导的。没有任何所谓很好的、固定的、政治的或官僚性的规定是不可以变动或是舍弃的。他们普遍认为自我提出问题总比由竞争对手挑出问题要好。变革型领导认为冒险对于公司的长期发展和成功是必要的。简言之,他们提倡创造力、理性以及从多角度出发慎重地解决问题。

领导魅力 下属会以变革型领导所树立的榜样为目标奋力追赶。下属很崇拜、尊敬且信任这样的领导者,他们拥护领导者及其倡导的愿景和价值观。正面的感召力使得下属可以自由地对所拥护的人或事提出疑问。下属的目标通常具有个人意义,并且与他的信念一致。他们愿意付出额外的努力是因为他们希望通过出色的表现来获得内在的奖励,而不只是为了可能获得的更丰厚的奖金或其他外在的奖励。短期目标被视为实现员工对更远大愿景的承诺的一种途径。

为了进一步获得这种感召力,变革型领导通常将下属的需要和利益看得比自己的更重要。

他们甚至愿意为了顾全他人的利益而牺牲自己的利益。这样的领导者容易获得下属的信任，他们自身也展现出较高的道德操守标准。下属与领导者之间采取直接的沟通方式，如对一些表现较差的下属，领导者会直接挑明问题所在，而对一些家属中患有重病的员工亦表示深切慰问并伸出援手。

变革型领导不会利用权位以满足私欲，但他们会利用所有的权力（包括专长权力、法定权力、奖赏权力、参照权力和强制权力）激发全公司的个人和团队向目标迈进。作为参照权力的一个例子是，追随者通常把变革型领导描述为对自己的个人和专业发展具有主要影响力的典范。

个性化关怀　变革型领导对每位下属的发展需要给予特别的关注，他们扮演着教练、导师、教师、助手、知己和顾问的角色；他们鼓励下属和同事发掘出更多的个人潜力；他们接受个体差异，并且奖励因为个体差异而产生的创新；他们与下属之间坦诚相见，因为他们深信"管理就是不断地交流"。变革型领导也是聆听高手，这一点恰好说明："关键并不在于对他们说什么，而在于他们听到了什么。"

变革型领导授权下属做出决策。同时，他们在一旁监督以判断下属是否需要额外帮助，指导并且评估进程。下属充分信任领导者的意图，他们相信："领导提醒我是一心想要帮助我，而不是以谴责的方式对我横加指责。"

下面的变革管理能力专栏同大家分享对迈克·麦加维克的访谈节选。迈克是 Safeco 保险公司的董事长、总裁和首席执行官。该公司总部位于华盛顿州西雅图市，经营多种保险产品。迈克带领公司历经了重组、裁员 10% 以及其他重大变革等事项。

 变革管理能力

Safeco 公司的迈克·麦加维克

作为 Safeco 公司历史上第一位来自组织外部的 CEO，我（迈克·麦加维克）有许多关于"究竟是什么"和"如何进行"之类的问题。许多事情似乎只有我一个人不知道，不仅要靠原来的人手来解决问题，同时也需要招聘新人。没有什么团队帮助我制定战略，最初的战略完全是我个人的发明创造，但那个阶段很短暂。

我们扭转局势的战略包括以下几个要点：
- 专注于那些能够使公司区别于其他组织的事情。
- 不必害怕采取激进的整改措施。
- 长痛不如短痛。
- 强化组织内部正确的做法。
- 沟通，沟通，再沟通。但光说不做是不行的，必须通过实际行动来支持你的说法。

在领导形象已经严重受损的环境里，你要花大量的时间和精力来培养信任。我是以一无所有的外来者的身份开始的。没有任何的信任背景，所以建立信任是我当时最重要的事情。许多行为都会影响信任，如失去工作。要知道，当时我们经历了两次裁员——一次规模很大，另一次规模中等。但是,如果你是被裁掉的人员之一,你是不会在意裁员的规模大小的。

当时一切都很艰难。此外,我们还卖掉了许多规模庞大的业务。我们经历了很多困难,但仍然维持了领导团队的诚信。虽然这并不是一种深情厚谊,但是却意义非凡。我们是依靠信守诺言而取得大家的信任和尊重的。我们十分努力地向大家表明我们计划做些什么,就像成人之间进行对话那样。如果有变化,我们会告诉大家将会发生什么变化。如果在某一阶段或未来面临裁员的风险,我们也会悉数告诉大家。许多公司试图掩盖一些事实,而我们凭借说到做到来增强员工对我们的信任。我们认为这比激励士气更加重要。我们相信最重要的信任和力量来自说到做到,把承诺变成代表组织利益的行动。

Safeco 之所以能够快速恢复,在很大程度上取决于 70 年来大家努力构建的强大的企业文化。大家采取以往的做事方式可以快速有效地做出反应,但是,我们也需要进行一些改变,使我们现有的文化变得更加强大。

Safeco 的员工通过八个特征来了解企业文化。其中四个特征在公司由来已久,我们也不想失去它们:诚信、同情、纪律和取得最佳效果。另外两个企业文化特征——问责性和理智的节俭习惯,它们曾经是公司的特征,但是一度被遗忘。现在我们通过行动,通过我们所做的一切来重新提出这两个特征。此外,还有两个特征是我认为 Safeco 所缺少的,即竞争的冲劲和多元化的包容,而这些正是我们计划要在公司开始推行的公司文化的主要特征。

我们还营造了一种可以让员工自由讨论他们想法的工作氛围,这样我们可以对员工的想法更加包容。在经历了裁员之后,营造这种氛围十分困难,因为大家都想明哲保身,而表达自己的想法却不是一种安全的做法。我们逐渐学会如何以尊重、严谨、促进工作的方式来表达观点,但是我们必须设法让大家自由讨论各种想法。这也是为什么我们如此关注领导力的开发并且学习运用新的手段来包容更多想法和支持新的文化的原因。

注:关于 Safeco 公司的更多信息,请访问公司主页 http://www.safeco.com。

对领导者的启示

面对日益增加的不稳定因素,公司内不仅高层,其他各个层面都需要变革型领导。无论一个小团队或整个公司,都急需具有远见、自信及果断等素质的领导者。这些领导者在激励他人的同时也坚定了自己的信念,而且积极参与团队合作,肯定大家所做的一切。高层管理者必须明白、理解并支持那些愿意为变革而得罪他人的员工,那些知道什么时候要舍弃传统做法的员工,那些接受合理风险的员工,培养员工不怕失败的意识,并使其融入公司文化中。这种领导在组织面临艰巨、复杂的挑战、机遇和不利局面时十分重要。

变革型领导能够激发出一种协同效应。当员工一起讨论产生的新方法或解决方案比个人努力所做出的更好时,就产生了**协同效应(synergy)**。当员工以不同角度看问题时,协同效应就能发挥其最大效用,那是因为意见分歧中往往蕴涵着机遇。意见分歧并不会成为员工关系破裂的原因,真正的原因是他们不懂得去抓住这一机会并利用分歧创造机遇。人们就是在学会如何创造双赢局面以及聆听、理解他人的过程中产生了协同效应。马丁·路德·金在《我有一个梦想》

第7章 有效领导的现代发展

的演讲中所传达的信息之一就是人们的协同效应。他激励人们勇于面对存在的差异,并从中学习。刻板印象限制了人们为理解而倾听,所以妨碍了人们欣赏并发展自己的价值。

> ▶▶▶ **成功领导者语录**
>
> 　　领导者的一个重要任务就是理解客户和员工的变革需求。我曾经目睹过许多领导者由于无法灵活调整而受到羁绊。领导者需要有追随者,他们需要令员工充满活力,在实现愿景的过程中扮演领导者的角色。
> 　　　　　　　　　　　　　　　　　　辛西娅·特拉格-拉克拉,通用电气公司商业领导与开发部全球总监

各种模式间的异同点

表7.1列出了本章所讨论的四种当代领导模式——交易型、魅力型、诚信型和变革型的异同之处。我们基于本书所讨论的七种能力,对四种领导力在各个方面的侧重进行判断,得出以下结论。

正如表7.1所示,我们先对四种领导力的评估进行简要回顾:① 交易型领导是最简单、对领导者要求最少的模式;② 魅力型领导模式强调领导者对于民心的赢取;③ 诚信型领导模式对于领导者的要求是高度的道德规范、对追随者的关怀以及大胆揭示本人的优劣势;④ 变革型领导模式是最难实践、最具有挑战性的,特别是要在变革的需求与以公开、快速和发展的眼光看待追随者的需求之间进行平衡;⑤ 所有的模式都没有直接强调跨文化管理的重要性。

表7.1 四种当代领导模式的异同点

侧重点	当代领导模式			
	交易型	魅力型	诚信型	变革型
自我管理能力	低	高	较高	高
沟通管理能力	中	较高	较高	高
多元化管理能力	低	低	较高	高
道德管理能力	低	中	较高	高
跨文化管理能力	低	低	中	中
团队管理能力	低	中	高	较高
变革管理能力	低	高	中	较高

本章小结

1. 描述交易型领导的特征。

   交易型领导是指领导者主要通过权变奖励来激励下属。领导者向下属阐明目标、达到目标的确切方法以及完成目标后所能得到的奖励。下属的工作会受到监督,而且一旦出现错误会被纠正。这种领导着重于努力与奖励(如薪酬、奖金、办公室的大小等)相互交换的原则。

2. 描述魅力型领导的特征。

   魅力型领导是指领导者主要通过培养追随者在情感上对愿景的承诺与一系列的共同价值准则来影响他们。与交易型领导运用法定权力以及专长权力相比,魅力型领导则依靠参照性和奖赏性权力。魅力型领导强调非凡的个人素质以及共同的愿景和价值观,促进身份的认同,展示所期望的行为。

3. 讨论诚信型领导的特征。

   诚信型领导是指领导者通过认同、期望、信任、正面情绪和乐观这些相互作用的核心过程,来影响下属的态度和行为。这些领导者了解并明白自己,清楚自己的信仰和价值观,并通过与下属及他人开诚布公的沟通来实现他们的信仰和价值观。他们是具有高道德标准的领导。

4. 解释变革型领导的本质。

   变革型领导是指领导者通过复杂的、相互作用的一系列行为与能力来影响追随者。这些行动包括预测未来发展趋势,激励公司利益相关者(特别是下属)接纳新的愿景以及价值观体系,培养下属成为更好的领导者,引导公司全体员工,使其具备挑战性并不断学习。这种领导模式是在诚信型领导基础上的延伸。在变革型领导的构成要素中,与追随者密切相关的主要包括领导感召力、智力激发、领导魅力和个性化关怀。变革型领导能够随时接受挑战,但他们同时也很人性化,并且诚实正直。

关键术语和概念

诚信型领导(authentic leadership)
魅力型领导(charismatic leadership)
协同效应(synergy)
交易型领导(transactional leadership)
变革型领导(transformational leadership)
愿景(vision)

讨论题

1. 假设你在一家大型的制造工厂工作,本章中有哪些理论观点有助于你成为一名出色的追随者?

2. 在你认识的人当中谁具有或接近具有魅力型领导模型中的特点？描述能够表现其符合魅力型领导特征的三种行为。
3. 要成为一位变革型领导，你最需要培养的是哪三种能力？
4. 找出课前案例中埃德·布林的领导有哪些特点与变革型领导特点相符合。
5. 回想一位曾与你共事过的管理者,他在哪三个方面运用过交易型领导的技能？
6. 你在第五题中提及的那位管理者在哪些方面具备或缺乏诚信型领导模型的特征？
7. 在自我管理能力专栏中,郭广昌的领导行为在哪些方面表现出变革型领导的特征？
8. 回顾变革管理能力专栏中关于迈克·麦加维克的案例。请找出他所讲的能够展示其变革型领导特征的三句话。
9. 回顾道德管理能力专栏中关于理查德·约翰逊的案例。请找出他所讲的能够展示其变革型领导特征的三句话。

体验练习和案例

体验练习:沟通管理能力

为未来而管理

说明:看完下列关于行为和活动的列表之后,请找出你认为最能够描述"未来管理者"所需的行为选项。不要反复思考,第一反应能够最真实地反映你的感觉。

____ 1. 管理者会花75%的时间同其他人相处。
____ 2. 管理者按照正规的命令链来实施管理。
____ 3. 管理者关注关系网的建设。
____ 4. 管理者会讨论与组织相关的任何事务。
____ 5. 管理者会询问许多问题。
____ 6. 管理者很少做出重大决策。
____ 7. 管理者专注于制定议程(目标、意图)。
____ 8. 管理者会开玩笑,谈论与工作无关的话题。
____ 9. 管理者会"浪费时间"讨论一些非实质性的问题。
____ 10. 管理者很少教导别人应该如何做事。
____ 11. 管理者经常试图影响别人。
____ 12. 管理者经常对别人的提议做出回应。
____ 13. 管理者关注他们工作议程的执行情况。
____ 14. 管理者花大量的时间讨论短期且不相关的主题。
____ 15. 管理者的工作时间很长(如平均每周60个小时)。
____ 16. 管理者依赖同他人的沟通来获取信息,而不是从书本、杂志或报告中获取信息。
____ 17. 管理者意识到关系网的大小在很大程度上影响了他们的成败。
____ 18. 管理者积极寻求同那些愿意帮助他们执行工作计划的人建立合作关系。

_____ 19. 管理者最大限度地发挥团队的效能并且减少政治行为。

_____ 20. 管理者关系网中的成员一般是按照他们能够帮助经理完成工作计划的能力来确定的。

解释

每个选项各 5 分,你的总分是_____。

90—100 表示你很好地掌握了未来有效管理者的各种行为。你未来的主要任务包括耐心地帮助组织和同事了解这些行为,对这些行为表示奖励并树立典型,系统地指导你身边的人运用适合的领导模式。

80—89 表示你对未来有效管理者的行为有一定的了解。你未来的主要任务是加强对这些行为的运用,在适度风险的环境中尝试展示这些行为。当你运用这些行为取得成功时,奖励自己。为自己建立目标,让其他人了解你所付出的努力。

70—79 表示你意识到哪些管理行为对于未来的有效管理有用,但觉得需求不是很强烈,或者你的工作环境可能不允许你运用这些行为。你未来的主要任务包括不断学习这些新的管理行为,找出那些你可以与之交谈的人,以及确定在哪些环境中可以尝试选用其中一些行为。

60—69 表示你对于未来管理者的有效管理行为了解程度偏低。你未来的主要任务是了解所在组织的主要竞争对手或者同类组织在准备迎接挑战时,都做了些什么。你也要考虑公司发展的长远需求,如何在利用更少的资源、满足客户不断增加的对产品和服务更高的要求的同时,让雇主更具有竞争力。准备好了对这些问题的回答,你就可以检查一下目前自己的领导力或管理风格是否能够帮助雇主取得成功。

0—59 表示你对未来管理者的行为了解很少甚至完全不了解。出于多种原因,你可能并不想改变现状。你未来的主要任务是花些时间考虑一下你的事业究竟何去何从,你同其他人共事的效率如何,你如何看待自己的管理或领导工作,以及其他与你共事的人是如何看待你目前的领导风格的。

案例:变革管理能力

梅格·惠特曼在 eBay

eBay 成立于 1995 年 9 月,总部设于加利福尼亚州的圣何塞。如今,它已成为全球最大的在线拍卖交易网,注册用户超过 13 500 万,是最受欢迎的购物网站。

eBay 的宗旨是帮助所有人完成任意商品的买卖交易。它提供 45 000 种产品和服务,以拍卖和固定售价的方式让用户享受到网上交易的高效便利。欧洲和亚洲是 eBay 主要的跨境交易区域。世界各地的人在 eBay 上进行买卖。通过它提供的支付宝服务,38 个国家和地区(数目仍在不断增加)的消费者或商家用电子邮件的方式进行在线交易。支付宝拥有 6 400 万个账户,比许多银行或信用卡公司的账户都多。eBay 最近收购了 Rent.com 公司,这是一家提供公寓和出租屋行业网络服务的公司。eBay 还在不断收购与其经营模式吻合的业务。

梅格·惠特曼于 1998 年出任 eBay 首席执行官。秉承公司的简约作风,她就在一个开放的小隔间办公。她的小隔间在其他两个隔间中间,隔板很低,隔间内也看不到风景,桌面上堆

第7章 有效领导的现代发展

放着文件。当要找技术总监梅纳德·韦伯的时候,她只需向隔板一边喊他的名字就行了。当她要给他看一些东西的时候,只需绕过隔板就可以。但当她坐下来,以 eBay 首席执行官的身份说话的时候,她一点也不含糊。她所有精力都放在公司的利润增长、销售增长和 8 100 名员工身上。

惠特曼的身份、形象众多,她既是一位母亲,同时又是财富的代表、华尔街的宠儿,甚至有人说她是美国最棒的首席执行官。她肯定不是新经济下那种老套的领导者。她曾经是宝洁的品牌经理、贝恩(Bain)的顾问,也曾经是孩之宝(Hasbro)的部门经理。她是一个阅历丰富而且有原则的人。休闲的服饰和开放的小隔间等根本不足以说明她的领导风格。

这家公司看似是一家电子网络公司,但实质上它采取了正规的企业运作方式。惠特曼的管理人员像宝洁公司的品牌经理负责潘婷和汰渍那样,负责货物目录(如玩具、汽车和收藏品等)。他们也像沃尔玛的管理人员那样,埋头在数据的处理上,跟踪每项交易和客户。惠特曼是 eBay 的最大优势,她使公司持续经营下去,而不像同行的其他公司那样昙花一现。在她上任的四年期间,公司业务蒸蒸日上。

惠特曼刚到 eBay 的时候,就承诺要把公司从一个网上拍卖行转变为一个更大的、综合的网上购物点,当人们一想到买东西时就立刻想到 eBay。商业分析师们很赞赏这一策略,而且他们对惠特曼充满信心,认为 eBay 能够真正体现因特网无边界的优势。eBay 没有存货和仓库,这是它赢利率高的原因。它利用电子邮件、留言板、公开的社区同客户建立关系以及监督买家和卖家的行为。网站允许小卖家进入这个庞大的市场,因此就算是最微小的交易,eBay 也能从中分一杯羹。公司成长策略的一个关键要素是在全球范围内不断扩大公司的市场。

eBay 公司的员工性格开朗,丝毫不拘谨。在他们办公的小隔间里摆满了体育比赛的纪念品、哥斯拉玩偶和豆宝宝,休息间里有汽水饮料。但当你跟他们交谈的时候,你听到的不是什么玩笑或游戏,而是计划、系统、数字和业绩。

惠特曼热衷于看到统计数据,具体来说,是账本上的盈亏数字。当一位经理被问到是怎样向惠特曼汇报工作的时候,他说:"我手上有数据,而且我也知道应该怎样解释这些数据。解释非常清晰,当然,公司的预期也很高。"另外一位经理说:"两年前,我们只是一个二手货物的交易市场,但现在我们成为一个交易平台。"话虽简单,但却表明 eBay 已经开始多元化经营。他们不再只是提供旧陶瓷和棒球卡,还提供一系列知名品牌的商品,包括以固定价格出售的新上市商品。一位市场部的职员提到:"我们希望当人们想要购物的时候,首先想到的是 eBay,就像现在他们想到沃尔玛一样。"

eBay 成为因特网泡沫经济的幸存者,对此惠特曼是这样看的:"人们看到了这样一个幸存者而且业绩相当不错,当然很开心。他们看到 eBay 经营得如此之好会觉得很激动,因为这预示着其他公司也有可能成功。eBay 绝不会是网络经济下唯一能成功的公司。"

在公司战略构思和领导理论方面,惠特曼有许多心得:"我相信 eBay 之所以成功,其中一个原因是我们始终坚持计划的制订和执行。我们在 eBay 工作的每一天都朝着一个共同的目标,就是成为全球最强的网上商务平台。金融市场的动荡也没有阻碍我们向目标前进。我们希望能够吸引更多的客户,增加更多的网上交易货物,把 eBay 延伸至更广阔的国际市场,并让用户享受到更便捷的服务和购物的乐趣。

我认为在所有的优秀组织中,员工都会受到组织使命的鼓舞。eBay 的使命是创建全球的网络市场,这样你的左邻右舍就可以获得同大企业一样的成功机会。我们希望找到对这一使命充满干劲的人。一旦他们加入公司,我们希望他们能够深入了解公司。我曾经在战略主管就任时对他说:'不要只盯着未来三个月。你需要吸取、理解和掌握业务违背的一面。'我们给员工机会,让他们安定下来,然后,我们会确保对他们管理有方,让他们专注于那些重要的项目,让他们明白必须对结果负责。

为了确保业绩的提升,我们较早地而且经常进行业务或人员重组。这样可以令人们保持新鲜感,发现解决问题的新视角。这样做令员工感到兴奋,因为每个人都有发展的新契机。这是我们在公司创立初期就采取的做法。我们已经经历了10—12次变革,目的就是为了重新组织公司。有些变革是剧烈的,有些则是渐进的。

我们有许多好的想法,但是我们不能仅仅停留在激发出各种想法的层面。如果用户有关于如何让平台更加有效的办法,可以通过我们的 API(应用程序接口)直接进行实践。目前我们已经有1万名外部的开发者,在18个月前,我们还只有400名。我们认为开放 eBay 的平台很重要,因为如果有其他人一起开发平台的应用,可以让 eBay 变得更好更强大。这不仅仅是软件的问题,它还涉及那些可以使 eBay 发展壮大的其他业务。这是我们拓展平台应用的另一个途径,虽然我们在以后,至少在可以预见的未来仍然无法涉足。

我认为我们是尝试不同商业模式的先锋之一。网络使得不同团队的自我组织和授权比以往任何时期都便捷。但是我认为我们仍然刚刚起步,所以我们应该密切关注其发展。我们知道这对于我们的业务而言十分重要。让我们的顾客和合作伙伴取得成功对我们来说很关键。"

惠特曼的自由市场理念一直起着主导作用。有时,她不得不审查各种在线交易的货品。"1999年的时候,我们取消了 Rubicon。"她说。就是在那时,她决定禁止武器、酒类和烟草的在线交易。她也禁止了历史不足100年的谋杀回忆录在 eBay 进行交易(你可以买卖莉齐·博登杀人的斧头,但是不能交易杰弗里·达默存放尸体的冰箱)。交易某人的初夜权也是不被允许的,但是可以出售一个简单的午餐约会。最近,一次与沃伦·巴菲特共进午餐的机会拍卖价为202 000美元。巴菲特也不得不对惠特曼说:"知道自己的真实身价的确十分有趣。"

她尽最大努力来禁止纳粹回忆录的交易。几年前,星巴克的主席霍华德·舒尔茨是 eBay 的董事,自从去奥斯维辛集中营旅行回来后,他强烈建议惠特曼将所有纳粹产品的交易从网站撤销。当时,公司内部的争议非常大。有些行政管理人员以及董事会成员极力维护 eBay 的自由意识特点,惠特曼事后回忆:"我最后说,'好吧,这些我都明白,但是我不赞同。'"最终,她禁止了所有与纳粹有关的产品,除了文件、硬币以及类似《我的奋斗》之类的历史书。"这样的决定不需要过多的分析。"她说,"这就是一种决断。有时有些事是需要有人来做出决定的,这个人就是 CEO。"

2005年,惠特曼被邀请接替迈克尔·艾斯纳出任迪士尼公司首席执行官。但是她没有接受这个邀请,而是继续留在 eBay。惠特曼曾经几次表明,任何一个公司的 CEO 最多担任10年。她是1998年进入 eBay 的。她多次在分析专家会议和媒体采访时表示,公司需要有新颖的视角和有活力的领导来迎接挑战。惠特曼已经开始着手考虑接班人的事了。许多人认为她培养的几名高层管理者会被董事会发现,通过竞争的方式来接替她的职位。2005年年初,3名 eBay 的高层管理人员——比尔·科布、马特·班尼克和杰夫·乔丹相互交换了工作。他们的工作涉及 eBay 在北美地区的拍卖业务、国际拍卖业务以及电子支付处理系统支付宝。这次的工作轮换被认为是惠特曼有意安排每位管理人员熟悉公司的不同部门，与他人分享他们的专长和经验。

要了解 eBay 的更多信息，请访问公司主页 http://www.ebay.com/aboutebay。

问题

1. 梅格·惠特曼领导风格中的哪些方面反映了交易型领导的特点？请解释。
2. 梅格·惠特曼领导风格中的哪些方面反映了诚信型领导的特点？请解释。
3. 梅格·惠特曼领导风格中的哪些方面反映了变革型领导的特点？请解释。

Chapter Eight

第8章
团队管理

学习目标

学完本章后,你应该能够:
1. 阐述群体,包括非正式群体的基本特征。
2. 描述六种工作团队类型的特征。
3. 解释团队发展的五个阶段。
4. 描述影响团队效能的七个关键因素。
5. 解释如何通过名义群体法、传统头脑风暴法和电子头脑风暴法来激发团队的创造力。

课前案例

梅奥诊所及其团队

梅奥诊所是一家慈善性的非营利性组织,总部位于明尼苏达州的罗切斯特。它的使命是通过临床实践、教育和科研相结合的方式,每天为患者提供最佳的医务护理。这家世界闻名的医疗机构由遍布在明尼苏达、佛罗里达、亚利桑那、衣阿华和威斯康星州的诊所和医院网络构成,可以对医疗专业领域内的各种疑难杂症进行全面的诊断和治疗。对于梅奥诊所而言,团队是各方面工作的核心。

1910年,威廉·梅奥曾经说过:"为了让穷人也能够享受知识进步带给人类的好处,我们需要一种团结的力量……有必要将医疗作为一门合作性科学来发展。"梅奥医生的愿景在很大程度上影响了该组织的运作方式。患者觉得梅奥诊所就像是一支由专家组成的团队,病患者的需求高于一切。

针对患者的病情,诊所整合各方面力量,进行合作式的诊治。梅奥诊所将解决患者问题的各项专长技术和资源整合在一起。如果梅奥诊所的一位医生无法解决某一问题,需要其他人加入诊治团队,她会将这种情况坦诚地告知病患。医生之间相互交流,医生同病人也进行交流。很明显,他们是在解决问题,而不是把病人从一位医生推到另一位医生那里。一位病人曾经感慨地说:"对于疾病,我遇到许多问题,但能去梅奥诊所看病我很高兴,因为在那里会有一群专家一起工作,医生看问题的视野会更开阔。"

合作是非常重要的:因为该机构声名远扬,病患往往会抱着期望奇迹发生的心态来到这里。在看过很多医生之后,许多人认为梅奥是他们最后的选择,因此医生要面对的通常都是疑难杂症,而且患者的期望值很高。在这种情况下,医生面临很大的压力,会影响其做出正确的诊断和治疗决策。

梅奥诊所通过各种各样的激励手段鼓励团队协同合作。所有医生的工资都是固定的,不会因为将病人转给其他同事而使其收入降低。诊所避免使用鼓励个人成为明星的奖励机制,有意识地降低个人成功的重要性,而更注重组织整体的成就。

梅奥诊所利用各种信息技术支持团队工作。诊所成员将面对面的沟通和远程协作结合起来,利用先进的内部传呼、电话、电视会议将员工既迅速又便捷地联系到一起。在梅奥诊所,通过语音或虚拟方式进行互动就如同在公司走廊或床边进行沟通一样普遍。一名医生告诉我们:"就算办公室只有我自己,我也从不觉得我是一个人。"例如,在斯科茨代尔的一位梅奥ENT专家召集分布在三个不同地区的20位医生共同讨论一个疑难杂症——一位皮肤癌患者由于一些必要的手术而产生癌细胞转移、神经受损和畸形的风险。这一天,团队集中进行了一个半小时的视频会议,最后就某种治疗方法达成一致意见,包括如何大胆进行淋巴腺采样,如何最好地进行手术伤口缝合等具体意见。

注:关于梅奥诊所的更多信息,请访问组织主页 http://www.mayoclinic.org。

课前案例说明了类似梅奥诊所这样杰出组织的两个共同的关键成功要素:① 个人绩效的关键是个人必须有明确的职责和承诺;② 个体组成团队一起工作往往比个人单独工作的绩效要高很多。梅奥诊所就是建立在团队基础上的组织。

在本章中,我们将着重阐述第1章中介绍过的七种核心能力。请回忆一下团队管理能力,包括发展、支持、促进和领导群体共同完成组织目标的能力。我们将通过本章的学习,理解和提高群体和团队效能的办法,主要内容包括:① 组织中群体的特征;② 组织中常见的团队类型;③ 团队成员发展和学习的渠道;④ 影响团队效能的主要因素;⑤ 鼓励团队创新的两种方法。

群体的特征

> **学习目标** 1. 阐述群体,包括非正式群体的基本特征。

群体(group)是指在一段时间内拥有共同目标、经常相互沟通的一群人,群体的人数不能很多,这样每个人才能与其他所有人进行面对面的沟通。

群体的分类

在不同的分类方式中,大多数的个体属于不同类型的群体。例如,某位想获取会员资格进入某一群体或想被认可成为群体会员的个体,可能把群体划分为对新成员开放或封闭型的群体;根据主要目标来评估组织中群体的个体,可能把群体划分为友谊型群体和任务型群体。**友谊型群体(friendship group)**是非正式的群体,它满足了成员的个人安全、自尊以及归属需要。**任务型群体(task group)**是为完成某一特定组织目标而创建的。在组织中,一个单独的群体可以同时服务于友谊和任务双重目的。本章主要阐述任务型群体的种类,就是现在一般所指的团队。

非正式群体

非正式群体(informal group)是指人们在进行日常活动、社会交往和增进组员彼此感情时自然形成的群体。非正式群体通常可以满足成员安全和社交的需要。在工作中,非正式群体的目的可能与管理高层和组织目标相悖,或者支持和强化这些目标,或者与组织目标毫不相关。基于工作的安排、管理者的领导方式和所用技术的类型,组织往往会对非正式群体的发展产生一些影响。例如,总部位于达拉斯的一家商务和技术咨询公司 EDS 发现,把专业人员从一幢大楼转移到另外一幢,就会对非正式群体的成员产生影响。距离使成员之间很难进行面对面的交流,这样团队就会解散或是重组;一位新经理接管一个部门时,告诉他的员工要么"振奋起来工作",要么"请走人",这样会促进非正式群体的形成,因为这些成员或许会联合起来反对这位经理。一些管理者认为内聚力强的非正式群体会对组织产生不良影响,他们认为群体是反对组织权威的潜在势力,当群体与组织目标不一致时,群体将会阻碍组织信息的传递,或通过影响个人而延缓工作的进程。

非正式群体能够提供其成员所需的利益(如安全和保护)。一些非正式群体为他们的成员规定了生产量,因为他们担心管理层将某位优秀员工的业绩定为衡量标准来提高组织的生产力,从而导致另一些职工被解雇。非正式群体成员之间能够互相提供积极的反馈意见。那种认为更高的生产力会损害工人利益的观点始终存在于组织内的某些非正式群体中,并且被这些非正式群体不断强化。

非正式群体也会对单个成员造成不良影响。这类影响可以分为两种:第一种是非正式群体可能控制了奖罚的权力,迫使成员服从其行为标准;第二种是非正式群体可能限制成员在工作中满足其社会需求。非正式群体常常责难某位成员或由于成员不遵守群体规定的标准而故意冷落他们,这种方式会威胁个人的安全、社交和自尊需求。管理者应尽可能将非正式群体的这种不良影响降到最低,而不是企图消除它。组织中的非正式群体并不能简单地划分为积极型或消极型,因为许多非正式群体有时会同时具有这两方面的特征,这要根据组织面对的各种情况和遇到的不同问题而定。

有效群体

为了使群体运作更加有效,管理者必须懂得如何区分有效群体和无效群体。简言之,一个有效的群体应该具备以下基本特征,它的成员:
- 清楚这个群体的使命并有共同的目标;
- 支持所制定的方针或决策程序;
- 能够自由地进行沟通;
- 得到他人帮助的同时也帮助他人;
- 懂得处理群体内的冲突;
- 诊断个人和群体成长过程中的问题,提高自我和群体效能。

可以说,一个群体是否具备以上特征以及所具备的程度决定着群体的有效性。这些基本特征既适用于正式群体(如课前案例中讨论过的梅奥诊所),也适用于非正式群体(如你所在的某个友谊型群体)。以下的沟通管理能力专栏报道了位于明尼苏达州罗切斯特的梅奥诊所圣玛丽医院的一个设计团队是如何有效地开发出新型外科手术室的。

沟通管理能力

梅奥诊所的外科手术室设计团队

任何手术室的建设和创新项目都要从第一步做起,那就是决定可得到的空间类型和数量。对于这个项目,梅奥诊所的设计团队从已建立的空间着手,因为上一次扩建时,医院已经拥有一部分独立的空间了。总共可以使用的空间为1万平方英尺,建筑的结构决定了每个手术室需要500平方英尺。由于心脏手术室还需要另外增加200平方英尺的空间,所以设计团队决定不把它纳入手术室设计中,而所有其他的专项手术都包括在该设计中。

接下来,就是列出满足一个高效、舒适手术室的空间设计所需的条件,为此设计团队首先同外科部主任、服务临床主任、医生和建筑师等进行沟通。这些领导者确定了一些基本的需求,如决定手术室应该适用于除心脏手术之外的所有专业手术,也列出了他们所需的特殊服务或设计特色,如修建一个可以通往所有新手术室的清洁无污染的核心区域。他们对是否能采用自然光线十分感兴趣。

由于手术室要适用于各种手术,所以它的设备存放功能十分重要。设计团队认为每件可以移动的设备,包括用过的床单等,都应该有个"归属",而走廊不应该具备这样的存放功能。如果将可用空间划分为9个500平方英尺的手术间,就没有足够的空间来建造一个清洁的核心区、储存区或满足其他需求的区域。于是,团队决定建造7个新手术室,用节省下来的空间满足其他方面的需求。

一旦这些总体的设计方案确定下来，设计团队就开始同医生、麻醉师、外科护士、核心区工作人员、设施运作人员进行沟通，询问详细的问题，考察不同的反馈意见。对这些问题的意见反馈有助于团队提高效率和解决远距离沟通等问题。各种反馈意见使得设计者可以把握未来空间的应用情况，这对设计者进行理性而高效的设计非常重要。对所有人的办公位置、通向各种设施的运送路径、病人行走距离等进行设计，使得创建的手术室空间环境效能和效率达到最大化。

注：关于梅奥诊所圣玛丽医院的更多信息，请访问组织主页 http://www.mayoclinic.org/saintmaryshospital/。

工作团队类型

> **学习目标** 2. 描述六种工作团队类型的特征。

团队(team) 是指一小群能力互补(能力、技能和知识方面)的员工，他们致力于共同的绩效目标和建立相互负责的工作关系。所有成员为提高整体绩效而形成的共同承诺是一个团队的核心。团队目标既可以很简单，如在24小时内回复所有顾客的问询，也可以很具体，如在未来6个月内将次品率降低20%。关键是这些目标必须通过成员的合作与沟通才能实现。当一个团队形成时，它的成员必须拥有(或很快地发展)一种合适的能力组合来实现团队目标。同样，其成员需要具备通过某种方式合作以实现团队目标的能力。梅奥诊所圣玛丽医院的设计团队就拥有一个共同的目标和承诺，即开发能够有效满足不同社会需求的外科手术室。这个团队相对来说规模较小，是为了实现最优的设计而聚集的一定数量的专业人员。

在众多的基本团队类型中，以下六种最为常见：职能团队、解决问题团队、跨职能团队、自我管理团队、虚拟团队和全球团队。如图8.1所示，一个组织中可能存在所有这些类型的团队，某个员工的工作也有可能在一段时间内涉及所有这些团队。

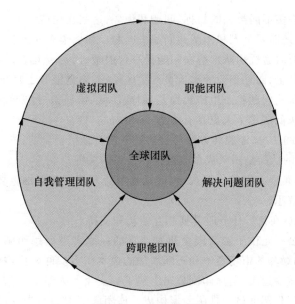

图 8.1 工作团队类型

职能团队

  职能团队(functional team)通常由共同处理日常类似任务的个体组成,这些成员必须相互协调才能完成任务。职能团队经常出现在职能部门里,如营销、生产、财务、审计、人力资源等。在人力资源部,一个或者多个团队可以执行招聘、薪酬、福利、员工安全、培训和人员开发、纠正歧视行为、劳资关系等类似职能。

  斯托纳(Stoner)公司总部位于宾夕法尼亚州的阔里维尔,拥有 48 位全职和兼职员工。该公司生产 500 多种清洁剂、润滑剂和涂料。公司目前有两个操作层面:一个领导团队和六个职能团队。职能团队包括:① 内部销售;② 制造、仓储和采购;③ 技术;④ 销售;⑤ 营销;⑥ 财务、物流和信息技术。作为一个小型组织,你可以看出该组织的各个职能是如何整合的。斯托纳公司的职能团队通过团队代表与领导团队建立联系,但是每个团队的代表都拥有在其相关职能领域里进行多项决策的权力。

解决问题团队

  解决问题团队(problem-solving team)针对工作职责内的某一特定问题制订可行性解决方案,并经常在一定范围内被授权采取措施,这样的团队经常处理质量或者成本问题。团队成员通常来自一个特定的部门,他们每周至少见面一两次,每次一两个小时;或者团队成员来自不同的部门,甚至包括来自组织以外的代表,如供应商和客户。如果团队的行动不涉及主要程序的变革,不会影响其他部门,或不需要大量的组织新资源配套支持,这类团队就有权实行他们的解决方案。解决问题团队并不会从根本上调整或改变管理者的角色,其实质是管理者将某些问题的处理和决策权下放给某个团队。

组织面对许多不同类型的目标、问题和任务,这些往往需要个人和团队在不同程度上的相互依赖,有一些还需要个人和团队共同解决问题。如果个人或团队决策不当,会导致组织成本增加。在不必要时通过团队来解决问题是一种浪费,因为参与者的时间原本可以被更有效地分配到其他任务上,而且还会导致成员产生厌倦感,感觉浪费了时间,积极性受挫。相反,不恰当地通过个人解决问题将产生协调性差、创造性低、错误繁多等问题。简而言之,在下列情况下利用团队解决问题比个人更具有优势:

1. 多样性的信息、经验和方法对当前任务而言是很重要的;
2. 对决策的认同是团队成员有效执行任务的关键;
3. 在强化典型人物的价值观时,鼓励参与比利用权威更加重要,并通过团队运作过程来体现对成员的尊重;
4. 团队成员在执行任务时需要相互依赖和支持。

美国印刷公司是位于威斯康星州麦迪逊的一家大型商用印刷公司。与其他印刷公司一样,该公司面临激烈的市场竞争和不断增加的成本压力。许多成本的增加来自一些需要返工的工作。为了减少返工,美国印刷公司组建了一支由5人组成的解决问题团队。该团队由校对员、估价员、工作调度员和排版专家构成。该团队负责分析潜在的问题,采取措施预防和减少返工现象。肖恩·韦尔奇是美国印刷公司的营运副总裁,他在谈到这支团队的工作及其成果时说:"我们将返工率从超过销售额的3%降至不到2%。虽然没有达到零次品率,但是已经很接近我们的目标了。"

跨职能团队

跨职能团队(cross-functional team)将来自不同工作领域的人组织在一起,研究和解决共同面临的问题。跨职能团队从几个专业领域或职能团队中吸收成员,通过解决跨部门和跨职能的问题来实现他们的目标。一些跨职能团队的工作范围很广,持续时间很长;另一些跨职能团队则可能随着问题的解决和目标的完成而解散。

在需要创新、速度和关注对客户需求的反馈这些情境下,跨职能团队是最有效的。他们设计质量改进项目并采用新技术,根据顾客和供应商的需求来改进投入或产出,联合各个职能部门(比如营销、财务、生产和人力资源)来实现增加新产品或服务创新的目标。

贝尔直升机德事隆公司是德事隆(Textron)公司的一家子公司,其主要生产地为得克萨斯州的沃思堡等地。在贝尔直升机德事隆公司,确保安全措施和安全的工作环境不仅仅是安全部门的责任,还是所有员工的责任。许多公司都口口声声倡导这样的理念,但不是所有的公司都能将其变为行动。贝尔直升机德事隆公司投入了许多资源,打造了一个零工伤事故的工作环境。

该公司通过许多行之有效的方法来鼓励员工参与安全事务,其中两种方法是:跨职能安全峰会(包括按照小时支付工资的生产员工和管理人员)和跨职能运营经理安全培训班。参加安全培训班的成员会反思公司现有的文化,找出可能导致安全问题的隐患。他们会研究在这方面做得好的其他组织,进行文化和文化差距分析,讨论解决问题的途径。

安全高峰会议涉及全公司20—30名来自不同职能部门的员工,其中员工和管理人员的数目相等。他们一起讨论保障工作安全的措施。他们会回顾当前的做法,讨论存在的各种安全隐患,然后分成三个小组来回答三个问题:贝尔公司的长处是什么;贝尔公司的不足有哪些;贝尔应该如何改进。小组活动的结果将上交给公司高层,经由他们审核批准。这种做法深受员工欢迎,对于改善安全问题很有意义,因此该公司每年组织不同的员工进行四次安全峰会。

自我管理团队

自我管理团队(self-managed team)所涉及的员工具有高度的相互依存性,并得到组织授权,他们必须每天在一起开展有效的工作,从而生产出完整的产品(或主要构成部分)或为某一顾客群提供整套服务。这种团队的一个主要特征是他们获得了充分授权。

团队授权 团队授权(team empowerment)是指在何种程度上,团队成员认为这个群体是:① 有效率(能力)的;② 正在执行重要和有价值的任务(意义);③ 在执行任务时,拥有独立和自主决策权(自主);④ 完成任务和实现目标后,获得一种成就感(影响)。你可以通过完成表8.1中的问卷,把授权的几个关键词——能力、意义、自主、影响,与你在团队中的亲身经历结合起来。按照表格中的说明来计算你的团队授权分数。

表8.1 团队授权问卷

说明:设想一个你曾经工作过的团队。请根据以下情况对你所在的团队做出评估,表明你赞同或反对的程度。

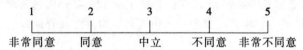

针对每一项描述,给出合适的评分。

能力项

____ 1. 团队拥有自信。
____ 2. 团队相信他们非常擅长高质量的工作。
____ 3. 团队期望别人认为他们是高绩效的。
____ 4. 团队自信能解决自己的问题。
____ 5. 团队认为没有完成不了的任务。

意义项

____ 6. 团队关注他们所做的工作。
____ 7. 团队认为他们的工作是有价值的。
____ 8. 团队认为组织目标很重要。
____ 9. 团队相信他们所负责的项目是有意义的。
____ 10. 团队认为自己从事的工作是值得付出的。

自主项

____ 11. 团队可选择不同的工作方法。
____ 12. 团队决定怎样开展工作。
____ 13. 团队有权选择要做什么,而不必请示管理层。
____ 14. 团队对目标的设定有很大的影响。
____ 15. 团队可安排成员之间进行轮岗换班。

(续表)

影响项

____ 16. 团队评估项目的进度。
____ 17. 团队对员工起到积极的影响作用。
____ 18. 团队对顾客起到积极的影响作用。
____ 19. 团队圆满完成目标。
____ 20. 团队在组织中地位独特。

____ **总计** 将 1—20 项的分数相加,总分就是你所感知到的团队的授权分数,分数范围是 20—100。20—45 分为低授权团队,46—74 分为中等授权团队,75—100 分为高授权团队。

资料来源:Kirkman, B. L. , and Rosen, B. Beyond self-management: Antecedents and consequences of team empowerment. *Academy of Management Journal* , 1999, 42, 58—74; Kirkman, B. L. , and Rosen, B. Powering up teams. *Organizatinal Dynamics* , Winter 2000, 48—65。

自我管理团队经常被授权执行各种管理工作,例如:① 制订工作进度和假期计划;② 安排成员间的轮岗换班;③ 订购材料;④ 决定团队领导(或者由团队成员轮流担任);⑤ 设定团队的主要目标;⑥ 做预算;⑦ 雇用人员填补岗位;⑧ 有时甚至互相考评彼此的绩效。每位成员甚至需要掌握团队工作中涉及的所有任务要求的知识和技能。

自我管理团队对生产率的影响是巨大的。他们可以把生产率提高 30% 甚至更高,同时极大地改善组织运作的质量。他们还可以从根本上改变组织的工作方式和领导风格。采用自我管理团队可以减少一个或多个管理层,从而创建扁平式的组织结构。

全食食品超市是一家拥有 21 000 名员工和 126 家分店的天然食物连锁店。之所以经营得如此成功,是因为它将自我管理团队引入到组织方法和管理理念当中,详见本书对团队管理能力特征的解释。

应用的条件 被授权的自我管理团队并不总适用于任何情况或任何组织,采用这种方法的利弊并存。在考虑采用被授权的自我管理团队时,必须注意以下一些问题:

1. 组织是否致力于使所有的管理系统与被授权的自我管理团队保持一致,包括领导选举、团队奖励和信息自由获取。

2. 是否清晰设定了组织的目标和对团队的期望绩效。

3. 为了获取更高的绩效,团队是否有权获得所需的资源。

4. 各个团队成员执行的任务是否相互依存(即这些任务的完成在很大程度上需要相互协调和沟通)。

5. 成员是否足够成熟,能有效地进行同事间的评估、选举和规章制定,冲突管理以及其他行政工作。

6. 成员的能力是否达到可以担负更多责任的水平,如果不能,增加培训是否能使他们达到所需的能力水平。

我们将通过本章和本书深入讨论创建一个具有创造力的高效团队所需的其他条件和行动。下面的团队管理能力专栏介绍了拜耳(美国)有限公司客户事业部生产线上的一个高速生产团队,该公司位于宾夕法尼亚州的迈尔斯敦。拜耳(美国)有限公司现有员工 21 000 人,分布在全美 50 个生产基地。该公司生产大约 1 万种不同的产品,涉及保健、材料科学、农作物科学等领域。位于迈尔斯敦的工厂每年为拜耳生产 40 多亿单位的阿司匹林药片以及其他非

第8章 团队管理

处方类药品,如镁乳、米多尔和 Flinstones 维生素片。

》》团队管理能力

拜耳的高速生产团队

拜耳(美国)有限公司在其位于宾夕法尼亚州迈尔斯敦的工厂采取自我管理团队的方式。公司的创始人和总裁彼得·格雷齐尔用了一天的时间来参观这家工厂。我们来分享一下他对其中一个自我管理团队——高速生产团队的考察。这支自我管理团队已经运作了三年,由六名操作员、一名技师和一名材料管理员组成。该团队的工作是将拜耳阿司匹林囊片成品(在另一个地方生产)装入塑料瓶,贴上标签,装箱,然后打包准备发货。该团队也参与其他工作,如清洗药瓶、库存管理、装盖、吸塑包装等。

其中的两名成员弗恩和德洛雷斯说,三年前刚开始组建自我管理团队时,他们很害怕承担新的责任。他们非常担心由自己来做质量监督工作,要准确地记录各种信息,以备美国食品药品管理局(FDA)的监管。他们害怕自己会犯错,担心自己不具备足够的知识做好工作。他们说:"我们怀疑自己是否能够学会应该怎样做。"

每个生产组都自行管理完成任务的方法。在高速生产团队,成员们利用每小时进行轮岗的方式来消除压力,公平分配工作。在轮岗过程中,有一个"临时工"的岗位,允许大家可以暂离手工操作的工作,进行一些文件处理工作。在他们刚开始以自我管理团队的形式工作时,大家经常开会来确定工作日程,但如今每个人都已经清楚整个体系,所以开会的次数也减少了。高速生产团队做了一些简单有效的革新,减少了转换不同药瓶所需的时间。每应用一次,就会使转换时间减少一些,并从原来的两个小时缩短至现在的十分钟。

每个人对这种自我管理团队的方式都给予了高度的评价,评论如下:

- "在此之前,是由主管做各种决定。你不知道为什么会有这样的决定……而现在我们知道了。"
- "我们现在有更多的责任感,对工作有更多的自豪感。我们独立承担责任。"
- "从个人角度来讲,我现在有更多的保障……这是一种很好的挑战。以前日复一日,不知道未来一切将如何发展,但是现在清楚了。"
- "我可不想回到过去的做法。"

注:关于拜耳(美国)有限公司的更多信息,请访问公司主页 http://www.bayerus.com。

虚拟团队

职能团队、解决问题团队、跨职能团队甚至自我管理团队渐渐地发展成虚拟团队。**虚拟团队(virtual team)**是指身处一个或多个不同地方的个体,通过多种信息技术来完成一个或多个项目。与那些在一个组织中,主要通过面对面的方式进行沟通的团队不同,虚拟团队常常是以

221

跨地区(任何地方)、跨时区(任何时间)和跨组织(成员来自一个或多个组织)的形式工作的。因此,虚拟团队的一些潜在优势如下:

- 成员可以随时随地工作;
- 可以按照能力来选拔团队成员,而不必受限于他们工作生活的地理区域;
- 身患残疾或无法出差的成员也可以积极参与;
- 差旅、住宿、租赁和采购等支出随着空间需求的减少而减少。

核心特征 虚拟团队的核心特征是对目标、人和技术的联结。目标对任何团队来说都很重要,对虚拟团队更是如此。明晰、精确、达成一致的目标是虚拟团队的黏合剂。有效的虚拟团队将管理者雇用和解聘员工的权力以及对规章制度的依赖性降至最低。

如同其他类型的团队一样,以人为本也是有效虚拟团队的核心,但是这一点在虚拟团队中有一些不同之处。在虚拟团队里,个体既要独立自主,又要跟其他人合作。这种双重性要求团队成员具备某些特质并且互相信任。虚拟团队最明显的特征就是利用一系列的联结技术来联系各个成员,使他们能够完成工作。随着电脑和电信技术的高速发展,虚拟团队越来越普遍。

关于如何加强虚拟团队中人的作用的建议有很多,我们分享以下五项建议:

- 如果可行的话,团队成员的首次会议应采取为期1—3天的面对面的沟通方式,会议时间应根据团队任务与目标的范围和复杂程度决定。团队成员要有足够的时间了解彼此。这种首次会议也可以安排一些团队建设的活动,对工作目标、成员角色和团队职责进行详细的讨论。随着沟通技术的进步,有人认为首次会议进行面对面的沟通并非十分重要,而且让分布在世界各地的成员聚在一起的费用很高。这个建议可能适用于合作时间比较短的团队。
- 讨论并构建团队成员相互帮助、相互合作实现团队目标的方式。
- 对于长期或永久性团队而言,如果可行的话,要定期举行面对面的会议,如每个季度、每半年或一年。
- 就信息分享、事项和问题的内容、时间和方式以及成员如何反馈等达成一致意见。
- 为发现和解决冲突建立明确的规范和程序。

技术联结 三大类型的技术经常被用于虚拟团队的运作:桌面视频会议系统(DVCS)、合作软件系统和因特网/内部网系统。虚拟团队仅靠简单的电子邮件和电话系统,包括电子语音邮件便可运作。然而,桌面视频会议系统重现了传统团队中面对面的互动场面。这个系统让团队成员进行更复杂的沟通成为可能。对使用者来说,桌面视频会议系统的操作也相对简单,在计算机显示器上安装一个小的摄像头,为系统提供视频资料,通过带有麦克风的耳机或话筒进行语音传送,再通过电脑软件来控制与其他成员的联系。

合作软件系统(支持系统)构成了促进虚拟团队应用的第二大类技术,其设计既适合团队成员相互沟通的需要,又适合成员单独使用的需要。例如,Lotus Notes是合作软件系统领域的一个主导产品,它就是为了解决团队成员在相同或不同时区、独立或互动工作时的沟通和信息共享问题而设计的。它具有进度安排、电子信息和文件数据共享等功能。尽管Lotus Notes和其他软件也可以在传统的工作环境下支持团队工作,但是它们对授权虚拟团队的运作至关重要。即时信息(IM)就像一种网络版的易事帖,它具有非正式和互动的特点。

因特网/内部网技术代表着加速虚拟团队发展的第三大类技术。内部网在维护系统安全的同时，为组织利用因特网传播组织信息带来了便利，并加强了员工之间的互动沟通。它们使得虚拟团队通过网络获取便于使用的各种文件、视听及数据资料。因特网/内部网还能使虚拟团队的利益相关方如供应商和顾客，以及组织的其他成员时刻关注团队的工作进程。

全球团队

全球团队(global team)的成员来自世界不同国家和地区，因此在时区、空间、文化和母语方面存在显著差异。如图8.1所示，全球团队可以像上面所谈过的任何一种团队——职能团队、解决问题团队、跨职能团队、自我管理团队和虚拟团队那样运作。全球团队的许多任务通常都是采取虚拟团队的方式来完成的。

采取全球团队的四个主要原因如下：

1. 组织希望能够在不同的国家开发共同的产品和服务，但将按照客户需求进行定制的成本降至最低。为此，全球团队需要帮助组织定义产品和服务的共同特点，从而吸引不同国家的客户。

2. 与第一点不同的是，组织有时会按照本地市场的特殊需求和条件来开发产品和服务。来自世界各地的团队成员可以提供建议来满足市场对产品和服务的某项属性的特殊要求。

3. 全球团队可以帮助组织利用不同国家的专长，并将它们转化为资本。这样就减少了重新安置专业人才并将其集中到一个国家的成本，包括使得团队成员远离亲友或者安置整个家庭的成本。

4. 对于一些组织而言，由于生产设施、物流中心和营销部门分布在不同国家，因此需要采用全球团队。全球团队可以协调这些分散的资源，它使得公司可以充分利用某个国家的低生产成本和另一个国家物流中心的优势，以及运用网络使营销人员组成现场营销部门的灵活性。这些全球团队偶尔才进行面对面的沟通。

与虚拟团队和面对面的团队相比，全球团队由于成员的文化、语言和工作时区的不同而面临许多挑战。例如，与成员来自加利福尼亚、科罗拉多、佛罗里达、马萨诸塞和纽约的虚拟团队相比，成员来自中国、德国、日本、法国和美国的虚拟团队在文化、社交和语言方面存在更大差异(即使与工作相关的沟通都是用英语进行的)。

考虑到时差问题，全球虚拟团队的正常工作时间将因为成员居住的时区不同而产生12个小时或以上的差异。而且，不同社会的成员对于"时间"文化含义的理解也是不同的，这一点我们将在下一章具体谈到。对于时间的文化倾向性会导致成员对进度和最后时限的不同理解。在一些国家如德国，必须严格遵守时间规定，而在其他国家如墨西哥和意大利，人们只是把时间要求视为一种大致的规定。为了很好地了解全球团队中成员对时间可能存在的不同看法，可以采取以下步骤来积极地管理这些看法：① 在团队形成后，首先要树立可能存在不同的时间观念的意识；② 促进团队成员在时间和其他团队运作方面达成一致的规范和期望；③ 鼓励团队成员在涉及时间问题时运用准确的语言，避免使用其他文化所不熟悉的一些与时间相关的语言，如"请等一分钟"、"我马上与你联系"、"在时间允许的情况下，我们保持联系"。

以下跨文化管理能力专栏向我们展现了联合利华(拉美地区)公司成功运用全球虚拟团队的例子。这个案例强调领导的作用,这也是所有成功的虚拟团队的共性。联合利华(拉美地区)公司在拉美地区 19 个国家生产和销售产品。

跨文化管理能力

联合利华(拉美地区)公司的全球虚拟团队

为了给哥伦比亚和委内瑞拉的市场重新设计一款除臭剂,联合利华组建了一个多元化的全球虚拟团队。滚珠、膏体和乳霜状除臭剂的包装在巴西进行,开发乳霜包装方法的工程师来自阿根廷,滚珠配方的生产在墨西哥和巴西进行,膏体在智利生产,乳霜在哥伦比亚生产。但是,由于针对哥伦比亚和委内瑞拉市场的产品的包装和配方与工厂为拉美其他市场提供的产品不同,所以公司需要分布在全球五个国家的供应商和工程师共同参与新产品的研发。

该团队运用了各种沟通技术和手段。通过由团队领导认真组织协调的电话会议,这个全球虚拟团队提出了许多解决问题的方案。"我并不太了解团队的成员,不知道他们的想法和工作方式。"在阿根廷工作的团队领导回忆说,"所以在一些事情上我无法直接切入主题。我鼓励大家多讨论,尽量达成囊括所有人观点的一致意见。我们讨论不同的备选方案,不停地问每个人:'你认为如何?'"

"如果我们忽略了某个国家,"该团队领导继续说,"按照生产进度生产出来的产品很可能完全卖不出去。但是在了解我们之间的差异之后,我们不会忽略任何一个国家的需求,所以我们可以很顺利地按时推出新产品。"

如此关注对大家意见的征求和讨论,使团队的沟通很细致、很清晰。这样的会谈对于团队而言是十分必要的。尽管刚开始的时候会谈比较耗时,但最终的结果却比预期中好。正如联合利华的团队领导所说:"我们达成一致意见的速度比预期要快得多。"当然,电话会议并不是团队取得成绩的全部。

在团队成立的初期,领导者促使大家使用共同的语言。团队成员采用了他们所谓的"葡西语",即葡萄牙语和西班牙语的混合语言。团队准备了一个词汇表,大多是专业术语和修辞格,这样可以确保成员在重要术语、概念和俗语的使用上达成一致。

注:关于联合利华(拉美地区)公司的更多信息,请访问公司主页 http://www.unilever.com。

团队的发展阶段

> **学习目标** 3. 解释团队发展的五个阶段。

有效的团队并不是自动形成的,在团队的发展过程中,会发生许多导致其成功或失败的情形。为了让大家对这些情况有所认识,我们介绍团队发展的五个基本阶段:形成期、磨合期、规范期、执行期和休整期。在不同的阶段中,与工作和社交相关的行为类型是不同的。图 8.2 向我们展示了这五个阶段,横轴表示五个阶段,纵轴表示团队成熟度。它同时说明团队在一个阶

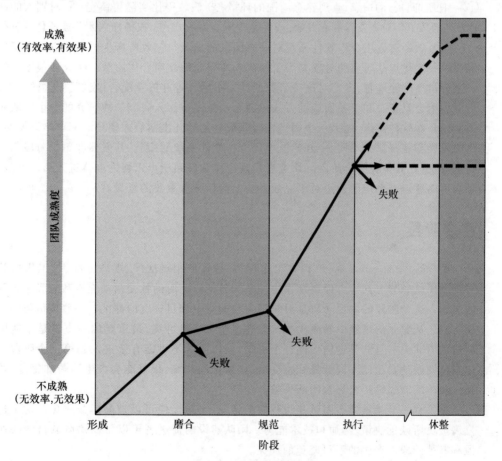

图 8.2 团队的发展阶段

资料来源:Tuckman, B. W., and Jensen, M. A. C. Stages of small-group development revisited. *Groups and Organization Studies*, 1997, 2, 419—442; Kormanski, C. Team interventions: Moving the team forward. In J. W. Pfeiffer (ed.). *The 1996 Annual: Volume 2 Consulting*. San Diego: Pfeiffer and Company, 1996, 19—26。

段或从一个阶段向另一阶段转变时,都存在失败或解散的可能性。明确指出团队在某个特定时间里正处于发展中的哪个阶段是很困难的,但是管理者和团队成员必须了解这些发展阶段,因为每个阶段都会影响团队的效率。接下来,我们将介绍每个阶段所产生的不同行为。当然,团队和群体不一定按照模型中所描述的发展模式来发展,具备本书中提到的七种核心能力的团队成员很有可能加速或改变其中的发展阶段。

形成阶段

在形成阶段(forming stage),团队成员很注重对目标的定义或理解,以及制定执行任务的步骤与程序。处在这个时期的团队发展包括彼此熟悉和理解领导与其他成员的角色。在交往行为方面,必须处理成员的情感和许多成员过分依赖团队中一两个成员的倾向,否则,团队成员可能:① 一直压抑自己的情感,直到熟悉周围的环境;② 假装得比实际更镇定;③ 对别人的期望感到迷茫与不安;④ 对人友善和有礼貌,或者至少不会有敌意;⑤ 权衡加入团队或群体的利弊。

两名学者对运用合作软件系统对两个团队的发展与绩效所产生的影响进行了研究。此项研究的一大优点是研究的对象是为了解决现实问题的真实合作团队。研究者很幸运地找到了一家公司高层管理者,他们对这一研究的结果很感兴趣并愿意配合做试验。这样一来,研究者可以利用会议记录和单独面谈的方式对两个团队进行深入研究。被研究的一个团队从一开始就使用合作软件系统,而另一个则是在团队成员见过几次面后才使用。调查结果说明,两个团队的发展和表现非常不同:一开始就使用合作软件系统的团队,其发展在每个阶段都比另一个团队要快,尤其是在磨合阶段。研究者发现合作软件系统可以帮助群体进入形成阶段,但仅限于当群体意识到系统的使用对于完成手头上的任务有重要的意义。

磨合阶段

磨合阶段(storming stage)以在工作行为、目标的相对次序、责任分配、与工作相关的指导方针和团队领导方向等方面逐渐发生冲突为特征。此时的社交活动充满敌意和个人强烈情感的表达。这个阶段的主要矛盾是对领导角色的竞争和目标上的冲突。一些成员可能退缩或尝试将自己从紧张的情绪中解脱出来。管理这个阶段的冲突,最重要的一点就是不能用镇压或回避的方式。一旦队员走向任何一个极端,该团队就不可能有效进入到第三个阶段。在团队成员试图表达自己的不同意见和感受后,如果压制冲突,很可能会产生痛苦和报复,并持续很长一段时间。退缩则会导致团队失败。

如果从一开始就遵循团队建设程序的话,这个阶段便可以被缩短或避免。这个过程包括发展成员所缺的决策、沟通和技术能力。团队建设的促进者可以帮助团队队员解决在这个阶段和其他阶段所产生的不可避免的冲突。

让我们学习一下对 FOODCO 公司六个虚拟项目团队进行研究的结果。FOODCO 公司是一家为学校、快餐连锁店、个人经营的餐厅提供食品服务的经销商,它也生产一部分自有品牌的产品。该公司的虚拟项目团队是跨职能的,每个团队由五个人构成。每个团队负责解决一个公司高层认为对公司绩效至关重要的问题。例如,一个团队的任务是开发用于收购的整合策略,另一个团队的任务则是决定如何在公司内推广某个部门的最佳操作方法。在向七位高层管理人员和五位独立评审官做最后的总结陈述前,所有团队共有三次面对面的讨论机会。这些团队的许多工作都是以虚拟的方式进行的。每个项目的评估都会从内容、质量和预期的效果几方面入手。

在磨合期,FOODCO 公司的许多团队都出现了意见不一致,或者同项目组长的观点不符的情况。超过一半的成员汇报称在工作时遇到各种困难。某些成员对团队工作投入不足的现象很明显,大家担心有人不用心做自己的工作。常见的评论有:① "我们并没有把这个亟待解决的项目看做当务之急";② "团队成员以他们的日常工作为借口,逃避承担项目工作";③ "让每个成员参加每次的电话会议不容易",而电话会议其实就相当于团队会议。

规范阶段

在规范阶段(norming stage),工作行为发展为共享信息、接纳不同观点和尝试做出必要妥协的决定。在这个阶段,团队成员制定团队需要执行的规则。团队变得更加有效,社交行为集中在理解、关心和正面情绪的抒发上,从而产生一种凝聚力。团队成员逐渐形成合作和共同承担责任的意识。

回到 FOODCO 公司的案例,经过三次面对面的沟通之后,六支虚拟项目团队中的大部分成员都意识到对未来做法达成一致的重要性。团队会在信息搜集、文件分享、任务分工、电话会议的出勤率以及团队承诺等方面,重新考虑(以及强化)现有规范和制定新的规范。团队要讨论如何增强成员按时完成项目任务的责任心,以及如何面对干扰项目完成任务等问题。多数成员都很后悔自己在项目前期被动、缺乏动力和信息搜集出现延误的表现。几个团队成员所说的话表示他们在规范阶段继续受到成员投入和信任问题的困扰,这会对团队执行阶段的效能产生负面影响。

执行阶段

在执行阶段(performing stage),团队成员将展示他们如何有效地取得成绩,每个成员的角色都被接受和理解。团队成员懂得什么时候应该独立工作,什么时候应该相互帮助。表 8.1 的两条虚线说明团队在经过执行阶段后出现了分化:一些团队继续学习和总结经验以求发展得更为高效;另一些团队,特别是那些在规范阶段没有制定出有助于提高效能的规则的团队,则很可能仅停留在力求生存的水平上。过分以自我为中心的行为不利于高效地完成任务,不当的领导等其他因素都有可能损害生产率。

在 FOODCO 六个虚拟项目团队进入执行阶段后,团队之间的差距越来越明显。这些差距表现在团队承诺、高层管理者的参与和支持、协调、团队内部信任和成员惰化方面。在项目初期能够获得较多资源的团队通常表现较好。这些团队使命清晰明确,将大量时间用于对工作效果的评估。

最佳团队的档案资料表明,在每个阶段,该团队都十分积极、专注、拥有丰富的资源,不畏惧寻求必要的支持和指导。将最佳团队同表现欠佳的团队相比,前者对团队的使命有着更强的认同。最佳团队得到高层管理者的支持,也经常安排自己的成员对项目进度开展评估。最佳团队的成员意识到,他们需要改进工作来确保按时完工,提高绩效。相反,表现差的团队直到任务结束时仍然搞不清如何才能完成团队的使命。在执行阶段,最优团队认为自己具有明确的使命、高效的沟通机制、高度的成员承诺和信任度。关于 FOODCO 公司的六个虚拟项目团队的发展阶段还有一些其他研究成果,但是与我们这里的讨论无关,因此不再赘述。

休整阶段

工作行为的结束和交往行为的停滞发生在休整阶段(adjourning stage)。对一个具体问题进行六个月的调查和报道的解决问题团队或跨职能团队,就有一个明确的终止日期。FOODCO 公司的六个虚拟项目团队在向高层管理人员和其他评审汇报完工作后就解散了。报告和陈述就是他们项目的"产出",而公司高层管理者把这些项目成果作为他们决策和其他人行动的"投入"。另一个可以说明具有明确休整阶段的团队的例子是梅奥诊所圣玛丽医院外科手术室的设计团队。

相反,在我们讨论自我管理能力时提到的拜耳(美国)有限公司,则连续地利用团队执行各种任务。回想一下,那支高速生产团队在被写入案例的时候已经运作了三年。一些团队会无限期地存续下去,只有当高层觉得需要改变当前的团队体系时,这些团队才会被解散。就关系导向的行为而言,当团队成员辞职或被解聘时,某种程度的终止便发生了。虽然我们有描述和解释团队发展的理论,但是团队在各个阶段的发展仍是相当不容易的。如图 8.2 所示,在整个发展过程中的任何时候都有可能遭遇失败或效能降低的情况。我们在讨论 FOODCO 公司的虚拟项目团队时,指出了一些影响团队效能的因素。

潜在的团队失效问题

在团队的执行阶段存在许多导致团队失效的隐患。为了帮助大家深入理解我们在 FOODCO 公司的虚拟项目团队案例中谈到的导致团队失效的潜在因素,我们再介绍三种团队失效现象:群体思维、搭便车和信任缺失。

群体思维 群体思维(groupthink)是指不惜一切代价谋求一致性的观念导致人们做出拙劣的决定。创造这个词的欧文·L.贾尼斯把研究的目光投向那些在复杂多变的环境下,面临难题的政府高层政策研究团队。当然,团队决策在任何类型的组织中都普遍存在,因此不论在私人企业还是国有企业,都可能存在群体思维的现象。群体思维的特征如下:

● 群体中的大部分成员都认为该群体具有抗攻击性,由此导致他们过度乐观,敢于冒险。"现在没有人能阻挡我们"或"另一个团队(组织)是一群傻子"是盲目自大的团队成员常常挂在嘴边的话。

● 直接压力会被施加到那些对团队设想、刻板印象或承诺表示质疑的成员身上,让他们明白表达不同意见就是同所有忠实于团队的成员唱反调。领导会说:"怎么回事?难道你不再是团队的成员了吗?"

● 按照团队的一致意见进行自我审查并矫正自己的不当行为,反映成员降低了自己疑虑的重要性和避免表达反对意见的倾向。某个成员可能会认为:"既然大家都那么想,那我的感觉就是错的。"

- 自我审查现象部分是由大家都想获得一致意见的观念导致的,进而又被"沉默意味着同意"这样的错误想法强化的。

搭便车 导致团队和个人利益发生冲突的潜在因素可以用搭便车这一概念来解释。**搭便车(free riding)** 是指某个成员以团队成员身份得到好处,但是却不履行相应的责任来创造收益。当老师布置一项小组作业且大家最后得分相同时,学生便能体会到搭便车的好处了。我们假设某个团队共有七名成员,其中一个很少或根本不做贡献。这个不为团队做贡献的成员得到了团队成绩的好处,但是却没有为获得那个分数而付出相应的努力。

当团队成员担心某个或某些成员可能出现搭便车行为时,就会出现一种被称为**"傻瓜效应"(sucker effect)** 的现象。傻瓜效应是指当团队成员认为别人(搭便车者)会减少努力时,将减少自己的努力的现象。傻瓜的角色是令人反感的,原因包括:首先,他人的搭便车行为违反了公平原则,即成员不愿意看到其他人付出更少的努力却得到同样的回报;其次,它违反了社会责任的标准,即每个人都应该承担属于自己的那一份责任;最后,占别人的便宜会损害互惠或交换原则。如果一个团队既有搭便车的人,又有遵循傻瓜效应来做事的成员,那么这个团队注定是一个失效的团队。

> ▶▶▶ **成功领导者语录**
>
> 你们要记住这个词——群体思维,其本意是指凝聚力很强的群体十分看重群体的和谐。这种氛围恰恰导致人们做出一些最糟糕的决策。
>
> 沙伦·艾伦,德勤公司董事局主席

信任缺失 团队成员之间的信任缺失会严重影响团队效能,这也是在 FOODCO 公司表现最差的团队中出现的问题。缺乏信任的团队成员会:
- 掩饰自己的缺点和错误。
- 不会主动寻求帮助或提供建设性的反馈意见。
- 不愿为超出自己职责范围的事务提供帮助。
- 对于别人的意图和才能急于下结论,而不愿试着去深入了解。
- 无法发现和挖掘他人的技能和经验。

信任对于人际关系、团队和组织关系的重要性已经在关于领导力的前两个章节中讨论过了。我们会在关于冲突和沟通的章节中(第9章和第10章)进而讨论信任的作用以及如何提高信任。

影响团队效能的关键因素

> **学习目标** 4. 描述影响团队效能的七个关键因素。

影响团队和群体效能的原因是相互联系的,图8.3指出了其中的七个主要因素。我们既要对这些因素进行单独分析,又要分析它们之间的相互关联。这种方法有助于理解团队运作的动力和效能,也可以培养团队成员和领导所需的各种能力。

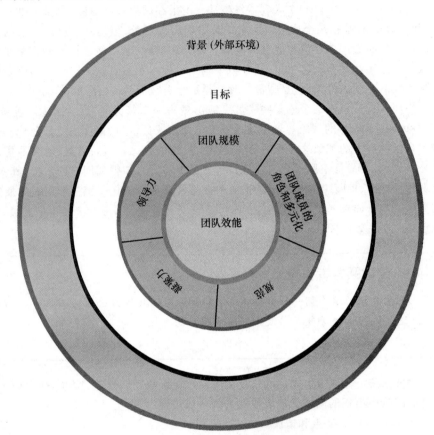

图 8.3　团队效能的影响因素

背景

背景(context)是指团队工作的外部环境,它直接影响其他六个因素。团队的背景包括技术、工作条件、管理实践和组织奖罚制度。我们讨论的虚拟团队就向我们展示了技术背景的影响。同样,我们注意到在 FOODCO 公司的六个虚拟项目团队案例中,高层管理者不同程度的参与和支持也构成了背景影响。

如果团队或组织的成员过多地倾向于关注个人而不是同事的话,或许就应该调整奖励制度了,使个人明白自己的利益是通过成为团队的贡献者而得以实现的。这个概念基于以下三个方面:

1. 激励主要来自个人而不是团队。
2. 能力的发展与行为的实施完全是个人事务。
3. 团队公平并不是指每个人都得到相同的薪水。

梅奥诊所的团队就充分考虑到了上述三个方面，因此没有选择那些过于个人主义、只想增加个人收入的医生和人员。一位诊所的医生说：

> 梅奥的文化吸引那些认为把医务专家整合成一个团队能够提供更好的医疗服务的人员。这是我们做得最好的一点，我们中的大多数人都喜欢这样做。最鼓舞人心的是，一个病例在不同专业领域的医生的集体努力下取得成功，那种感觉就像是在棒球比赛中获得一个本垒打。

肯塔基州的肯德尔-富图罗公司（Kendall-Futuro）在团队和管理变革中取得了巨大的成功，这要归功于它的薪酬制度。该公司采用收益分享计划（参看第15章），将团队成员的工资收入同生产率挂钩。它不再是以工资加个人计件的方式，而是以工资加整个团队绩效的方式予以奖励。收益分享计划已经存在几十年，现在越来越多地被用来奖励团队绩效。收益分享计划按照某一标准来衡量团队绩效，达到标准则发放一定额度的奖金。在收益分享计划中，团队成员一般不会因为达不到标准而受罚。每个成员都有基本工资，除此之外，达到标准后还可以获得一定的收益分享奖金。

肯德尔-富图罗公司的方法是奖励团队工作的一种方式，但是它并不适用于每个人。虽然很难找到既快又好的方法来提升团队绩效，但还是有一些基本的指导原则，如美国很多公司在有效使用团队的同时，还把个人贡献作为导致薪酬差异的主要根据。与此同时，他们也将团队工作和与其他人合作的能力看做评价个人年度业绩工资的关键因素。

目标

第15章将讨论与目标相关的话题。纵观全书，我们不断地重复、强调目标是如何影响个人效能、团队和组织效能的。显然，个人目标和组织目标在很大程度上可能影响团队所设定的目标和实现目标的行为。**团队目标（team goals）**是为整个团队而设定的，不是单个成员的目标。

一致性的目标和矛盾性的目标通常同时存在于一个团队中，此外团队既有以关系为导向的目标，也有以工作为导向的目标。有效的团队花2/3或者更多的时间在工作上，1/3或者更少的时间在处理与关系相关的问题上。从长远来看，只追求两种目标中的一种会使团队绩效降低，冲突增加，甚至解散。当考虑到成员目标、团队目标和更广泛的组织目标之间存在一致性与冲突时，目标对群体动力和成果的影响就变得更加复杂。

解决这些问题的方法之一是运用**协同目标（superordinate goals）**，这是指目标需要两个或以上的个人、团队或群体共同实施，没有彼此的交流与合作，目标是无法实现的。这些目标不会取代或削弱个人或团队目标，它们可以是定性的，也可以是定量的。定性目标的例子是："为了团队的利益，我们需要同心协力。"定量目标的例子是："如果我们想实现在九个月内推出新产品的团队目标，我们就必须共同努力工作。"团队奖励是针对团队成员的，由他们合作努力所取得的成果而定。肯德尔-富图罗公司的收益分享计划旨在将个人目标（更高的个人工资和良好的业绩评估）与团队目标（一起工作赢得额外奖金）联系在一起，这就意味着每个团队成员的目标协同起来了。

有时候,组织原则和价值观的表达和执行方式可以起到协同目标的作用。例如,由威廉·J.梅奥医生设立的核心原则在他生命的后期继续作为梅奥诊所的协同目标而发挥作用,具体内容包括:

- 不断追求理想的服务,而不是利润;
- 不断关心每位患者的护理和福利,患者至上;
- 不断鼓励每位员工保持对其他员工专业进步的关注。

团队规模

有效的团队规模为3—16人。合作软件系统和因特网使得一些大型团队可以有效地开展工作。12个人可能是确保成员间面对面沟通的最大团队规模。表8.2介绍了团队在领导行为、成员行为和团队流程下的六个维度,团队规模在每个维度可能产生的影响都被列了出来。7人或更小规模的团队在成员相互交往方式上不同于13—16人规模的团队。由16个成员构成的董事会与7个成员构成的董事会也大不相同。人数多的董事会通常会组建一些5—7人的委员会来进一步研究某一具体问题,而不是由整个董事会一起进行研究。

表 8.2 规模对团队的作用

维度	团队规模		
	2—7人 成员	8—12人 成员	13—16人 成员
1. 领导的要求	低	中	高
2. 领导的指挥	低	中	中到高
3. 成员对领导指挥的容忍度	低到中	中	高
4. 成员阻碍程度	低	中	高
5. 规章程序的使用	低	中	中到高
6. 做出决策所需时间	低	中	高

如同团队的其他影响因素一样,需要对表8.2中列出的结果进行定性分析。例如,一个由9人或更多成员组成的团队,就比一个仓促间组成的5人团队拥有更多的时间和人员致力于实现团队目标和完成工作,并可能带来更好的结果。如果团队的主要任务是对成员的专业知识进行挖掘,利用成员的专业技能制定决策,而不仅是依靠成员的主观判断,那么一个大规模的团队反映出的情况与表8.2中的结果将有所不同。

在最近的一项公司调查中发现,团队规模的上限为15人,更大规模的团队通常执行比较简单的工作,不需要成员每时每刻都相互合作。请回顾拜耳(美国)有限公司位于宾夕法尼亚州迈尔斯敦生产基地的那支8人高速生产团队。尽管这支团队每天完成的生产任务相对比较简单,但这个自我管理团队在其他任务,如控制自己的工作程序、开发提高生产绩效的方法等方面,彼此的依存度还是很高的。相对而言,位于荷兰的沃尔沃汽车厂卡车部门的生产团队通常由11—13人组成,他们的团队成员在完成任务的过程中相互依存度就比高速生产团队低。因此,尽管沃尔沃的团队是自我管理团队,但是他们在拥有更多成员的情况下进行有效管理。

团队成员的角色和多元化

团队成员之间的共同点和不同点以及他们的角色会对团队行为产生影响。一般来说,管理者不可能改变团队成员的个性特征(参照第 11 章和第 12 章)。因此,影响他们在团队或群体中的角色显得更为有用。这些角色可以分为以下几种类型:任务导向型、关系导向型和自我倾向型。随着时间的推移,每位成员都有可能依次扮演这些角色。

任务导向型角色 团队成员中的**任务导向型角色**(task-oriented role)帮助和协调与工作相关的决策。这个角色包括:

- 主动提出考虑团队目标或存在问题的新观点或不同的思路,提出包括修改团队工作程序在内的解决问题的可行方案。
- 寻求用来阐明建议和获取关键事实的信息。
- 提供与团队问题或任务相关的信息。
- 协调并阐明想法和建议的关系,将想法和建议结合在一起,并协调成员活动。
- 评估团队的效能,包括对其他成员建议的逻辑性、真实性或实用性提出疑问。

关系导向型角色 团队成员中的**关系导向型角色**(relations-oriented role)构建以团队为中心的情感交流和社会交往活动。这个角色包括:

- 通过赞扬和认可他人的意见来鼓励成员,同时营造温馨团结的气氛。
- 安抚和调解团队内部的冲突和矛盾。
- 鼓励他人参与,例如,"让我们听一下苏珊的意见。""为什么不控制一下发言时间?这样每个人都可以对问题发表一下意见。""胡安,你同意吗?"
- 阐述团队在运作质量评估中要达到的标准,对团队目标不断提出新的问题,并且根据这些目标来评价团队的进步。
- 作为一名友好的团队队员,具有随和性、建设性的特质。

自我倾向型角色 团队成员中的**自我倾向型角色**(self-oriented role)会采取以牺牲团队或群体利益为代价,维护自我的行为。这个角色包括:

- 表现出被动、固执、不合理的对抗以阻止团队进步。例如,有些人可能反复地提出已经被团队仔细研究后予以否定的问题。
- 通过吸引他人的注意力来获得认同,包括自吹自擂,展示个人成就,通过各种方式避免被安排在低职位上。
- 通过强调职权、操控团队或个人、奉承或声称优越性来吸引大家的注意,还会阻止他人对团队做出贡献。
- 与他人保持距离,不参与团队交往活动。

随着团队的发展,有效团队的成员经常同时承担以任务为导向和以关系为导向的双重角色。那些行动灵活且容易得到团队认可的人,可能拥有相对较高的社会地位——个人在团队里的相对较高位置。如果一个团队被以自我为中心的成员所主导,那么它将变得低效,因为这些人不能充分认识到团队目标和合作的必要性。

表 8.3 提供了一份问卷,用来评估你作为团队成员所承担的角色(任务导向型角色、关系

导向型角色、自我倾向型角色)。问卷将在1—5(或者从几乎从来不到几乎总是)的范围内评估你承担每种角色的趋势。团队成员的构成和角色对团队或群体行为的影响很大。某类成员行为或多或少都会对团队绩效和成员满意度产生负面影响。

表 8.3　评估团队成员的角色倾向性行为

说明：用下面的量表对你的每项团队行为做出评估。

请在每项旁边写下一个合适的数字。

任务导向型角色：在这个团队中，我……
____ 1. 首先提出意见或行动方案
____ 2. 帮助介绍相关数据和信息
____ 3. 总结和汇总不同意见
____ 4. 确保团队继续工作
____ 5. 询问团队是否即将达成决议(决定一致性)

关系导向型角色：在这个团队中，我……
____ 6. 支持和鼓励其他人
____ 7. 保持和谐气氛
____ 8. 试着寻找共同点
____ 9. 鼓励参与
____ 10. 积极倾听

自我倾向型角色：在这个团队中，我……
____ 11. 表示敌意
____ 12. 避免卷入
____ 13. 主导团队
____ 14. 搭别人的便车
____ 15. 将团队成就归功于个人

总得分：加总1—15项的分数

解释：在三种类型中，如果任务导向型行为得分在20—25之间，关系导向型行为得分在20—25之间，自我倾向型行为得分在5—10之间的话，说明你是一个很有效的团队成员。这个结果表明，其他团队成员对你的看法同你对自己的看法是一致的。

　　团队多元化　劳动力的多元化使得团队行为和行为过程更加复杂，不再仅仅涉及个人性格差异和团队角色的不同。我们已经讨论过，员工的构成随着年龄、性别、种族、文化观念、身体状态、生活方式、民族、教育背景、宗教信仰、职业背景等因素的变化而不断发生改变。如果团队成员在上述众多不同的方面对其他成员存在刻板印象，那么团队效能将会受损。

　　尽管人们的观念、态度不断发生变化，但多元化的消极作用仍被认为是大于积极作用的。这种消极的观念很大程度上源于以下四种错误的成见：

1. 多元化威胁组织的有效运转。
2. 少数人对群体的核心价值观的不赞同被视为过于敏感。

3. 所有成员都想成为并且应该成为团队中的主导群体。
4. 公平对待就是相同对待。

实现多元化的目标,使其有利于而不是破坏个人、团队和组织的长期利益是一个巨大的挑战。一旦感觉到"我们"同"他们"之间的差别,人们就容易歧视那些与自己不同的人,甚至认为那些人是低等的、有敌意的竞争对手。

> ▶▶▶ **成功领导者语录**
>
> 任何群体或团队的权力都是权力的组合。你可以循规蹈矩地工作,但是你无法像管理者那样创造神奇的魔力,除非你能够将具有各种视角的人整合在一起。
>
> 勒妮·温戈,美国维珍移动公司首席人力资源官

规范

规范(norms)就是团队成员普遍接受和认可的规则及行为方式。这些行为方式和规则可以帮助员工界定哪些行为能使他们达到绩效目标的要求。经过一段时间后,每个团队都会建立自己的规范,并要求每位成员认可并遵守这些规范。由于同事间的压力,在非正式群体中,规范的定义和实施比正式群体更严格,这些规范会促进或阻碍团队目标的实现。

规范与组织规则 规范不同于组织规则。管理者可以通过手册或备忘录将组织规则传达给员工,员工有时不愿意接受这些组织规则或忽略它们。而规范则是不正式的,通常是由组织成员执行的非书面的各种期望和要求。如果一个成员总是不断地违反这些规范,其他的成员就会以某种方式制裁这个人。制裁方式有很多,从体罚到威胁、排斥,再到诱导大家顺从的各种奖励等。那些总是遵守团队规范的人会受到其他成员的赞扬、认可和接纳。

团队成员可能只是模糊地意识到一些规范的存在,实际上,他们应该清楚地认识这些规范,原因至少有如下两点:首先,这种认识能提高个人和团队的自由度和成熟度;其次,规范能积极或消极地影响个人、团队及组织的效能。例如,旨在提高质量的团队规范很有可能会强化组织正式的质量标准。

与目标的关系 团队经常借助规范来实现他们的目标,而且一些组织发展计划就旨在帮助成员评价团队的规范是否同组织目标一致或发生冲突。例如,某个团队可能声称它的目标之一是变得更有效率,然而团队成员的行为却与这个目标不一致,如延长午餐时间、卖给客户质量不达标的产品、忽略生产过程中的质量控制环节,等等。

即使团队成员意识到了规范,他们也可能把这些规范看做达到个人目标的手段而已。成员会说那些超过规范要求的付出会使他们筋疲力尽或降低产品和服务质量,从而导致长期效能的降低。如果团队的目标包括减少管理影响,增加社会相互交往的机会,那么团队成员会觉得规范就是按照这样的目标来限制成员行为的。

实施规范 团队不会为每种可能发生的情况都建立规范,他们一般只对那些自认为非常重要的行为建立并实施规范。在以下一种或几种情况下,成员很有可能实施规范:

- 规范为团队生存提供帮助,并提供利益。例如,团队可能形成这样一种规范:在组织中不能与其他人讨论个人薪水,以免引起对分配不公平的争议。
- 规范简化成员的行为并对所期待的行为有预见性。当同事一起去吃午餐时,饭后如何分摊账单是令人尴尬的。群体可能形成一条对行为方式有很高预见性的规范——平分账单、轮流付账或各付各的。
- 规范避免了人际尴尬。规范有可能要求在办公室内外都不讨论恋情等私事(因此,道德价值观的差异就不明显了),或者还会要求不能在某个成员家里聚会(因此,品位或收入的差距也就不明显了)。

规范表达的是团队的核心价值观和目标,阐明了团队的身份和地位。广告公司的员工可能会穿着时尚的衣服,其他的专业人员会认为他们的行为离经叛道。但是,广告公司的员工会说:"从个人和专业的角度看,我们认为自己是流行趋势的引导者,而通过时尚的装扮恰好可以把这一信息传递给客户和公众。"

服从规范 服从来自遵守规范的压力。两种基本的服从类型是遵守和个人接纳。当个体的行为出于真实的或想象中的压力而表现为团队的期望行为时,就发生了**遵守式服从(compliance conformity)**。个体服从规范的理由可能有很多种,尽管事实上他们并不赞成这些规范。他们可能认为保持一个统一战线的形象对组织目标的顺利达成是必要的。从更加个体的角度来看,有些人可能为了被别人喜欢、接纳而遵守规范。职位低的成员在职位高的成员面前就会出现此种情形,如下级对上级。最后,有些人遵守规范是因为不遵守规范的代价比遵守规范的代价更大,有可能危及其在团队中的地位和人际关系。

第二种服从类型建立在个人对规范的积极支持之上。**个人接纳式服从(personal acceptance conformity)**是指个人的行为、态度和团队的规范、目标一致。这种类型的服从比遵守式服从强度要大得多,因为人们是真正地信任这些目标和规范的。

以上内容解释了为什么一些高度一致的团队成员很容易改变自己的行为(遵守式服从),而其他团队的成员会反对改变,觉得他们的压力很大(个人接纳式服从)。没有规范或没有合理地服从规范,将会导致团队混乱,任务无法完成。反之,过度和盲目地遵守规范也可能会压抑个性表现,以及团队的变革和学习能力。

凝聚力

凝聚力(cohesiveness)是指成员愿意留在团队中并对团队做出贡献的程度。凝聚力受到团队目标和成员目标一致性程度的影响。成员有强烈的意愿留在团队中并接受其目标就能形成一个凝聚力强的团队。

凝聚力和服从性的关系并不是简单的相关关系,凝聚力弱通常与服从性低有关,但是,凝聚力强并不一定需要高服从性。高绩效表现的团队成员通常都致力于为团队做出贡献,并且愿意与其他成员共同努力,但同时也尊重和鼓励个体差异。当凝聚力产生于信任的人际关系并对行动目标有着共同承诺时,高效团队就会发展起来。

面对问题的时候,有凝聚力的成员会鼓励并支持某些不服从常规的行为。例如,**激情群体(hot group)**通常都是小型的,所有成员都被激动人心的、极具挑战性的目标所激励。所有的成员都全身心投入工作,无暇应付其他不相关的事情。激情群体具有共同的特征:有活力,非常吸引人,充满争论和笑声,而且工作很努力。这样的团队是为了应对巨大的挑战、变化、革新、复杂的项目或危机而建立的,如波音777客机的开发就产生了几个杰出的优秀群体。

前面我们谈到群体思维是一种潜在的团队失效行为。当决策的团队既有服从性又有凝聚力时,群体思维的现象就有可能发生。因此,凝聚力高的团队需要警惕服从的压力,以及由此导致的拙劣决策。

对效能的影响 团队绩效和生产率都受到凝聚力的影响。**生产率(productivity)**是投入(生产时间、原材料、资金、机器等)和产出(产品或服务的数量和质量)之间的关系。凝聚力和生产率是相互联系的,特别是当小组有很高的绩效目标时。如果小组能成功达到目标,那么成功带来的积极效应能增加成员对组织的承诺和对工作的满意度。例如,如果其他条件相同,取胜的篮球队比表现差的球队更有凝聚力,同样,有凝聚力的篮球队更有可能在比赛中胜出。相反,凝聚力差则会影响球队获胜的能力,原因是成员之间没有为实现目标进行所需的沟通与合作。但如果团队目标与组织目标有冲突的话,高凝聚力也会导致低效益的情况出现。成员会认为是老板责成他们对结果负责,而不是他们自己认为应该对结果负责。因此,除非了解团队的目标和规范,否则凝聚力、生产率和绩效之间的关系是难以预见和理解的。

领导力

团队研究强调自发性或非正式领导力在目标实现过程中的重要性。**非正式领导(informal leader)**是指在组织中的影响力随着时间的推移而逐渐扩大,能够帮助团队实现目标的具有独特能力的个体。

多重领导 我们通常认为团队领导只是一个人,而梅奥诊所则在不同的时间由不同的领导者来完成不同的任务。而且,因为一个小组通常有关系导向的目标和任务导向的目标,所以可能需要两个或两个以上的领导者。这两种类型的目标需要不同的管理技能和领导风格,单个领导很难满足所有这些要求。非正式领导只有在正式领导忽视与任务相关的责任和缺乏履行责任的技能时才会出现。相对来说,团队中关系导向型的领导者很有可能是以非正式的方式产生的。

有效的团队领导 领导者会极大地影响团队结构和团队行为的各个方面(如规模、成员和角色、规范、目标和情境)。领导者在团队和外部群体(如客户或供应商)的关系中扮演着重要角色,而且他也经常影响新成员的选择。即使整个团队都参与选拔过程,领导者还是会预先筛选潜在成员,因此限制了候选人的数量和范围,就如梅奥诊所的案例一样。我们在前两章讨论领导力时,提供了许多关于如何成为一名有效的团队领导者的心得。本章讨论了影响团队效能的七个因素,它们的复杂性使得创建和维系一个有效团队并非易事。

下面的自我管理能力专栏讨论了琳达·迪尔曼的团队领导力,她是沃尔玛公司执行副总裁及首席信息官。

自我管理能力

琳达·迪尔曼的团队领导力

琳达·迪尔曼管理着沃尔玛 2 400 多名信息技术员工。她为 2 500 个 IT 项目提供总体战略和团队领导支持，其中最重要的一个项目是在沃尔玛出售的产品上运用无线射频技术（RFID）。迪尔曼认为对于速度、效率和创新而言，合作是很关键的。她指出："如果建立具体系统的团队不成功的话，整个项目开发都不会成功。如果运营团队不知道如何去衡量系统的话，团队就不会成功。对他们成功与否的衡量建立在对业务的最终影响之上。"

迪尔曼不赞同把她看做沃尔玛所有 IT 项目背后的明星，包括 RFID 项目。但是她会为了确保付出的努力得到回报，同竞争对手一起合作；努力消除对 RFID 技术的使用成本和收益的顾虑；同供应商合作以打消他们的疑虑；积极推动 RFID 技术采用全球通用的标准。"同沃尔玛（信息系统部）共事的乐趣在于我们是业务的促成者，而不是电脑厌恶者。"运营总裁丹·菲利普斯说。他是迪尔曼在沃尔玛的第一位经理，负责数据储备、数据库建立、大型系统和沟通等业务。"我曾经工作过的公司在需要的时候，会把信息系统的工作人员捧上天，而在节省开支时，又将他们随意抛弃。"在迪尔曼的指导下，公司的信息系统部完全是另外的一种状况。"你把任何事情拿给她看时，她都会用新的眼光进行审视：是否有更好的方法？"信息安全部主任马克·波特这样说。"她首先是一名商人。我认为这是最好的事情。"

通常情况下，最好的项目领导会被提升为经理，而迪尔曼的目标是在这些职位中培养既能管人又能管项目的人。迪尔曼每周开两次团队建设会议，在部门的高级管理人员中推行这样的理念："持续的成就感来自不同的人们自始至终地开展项目合作。""在迪尔曼的领导下，大家开始关注人，确保项目在每个人的事业得到发展的同时进行。"采购系统部的战略经理山姆·摩西说。

迪尔曼的父亲伦纳德·韦恩·迪尔曼是一名为美国邮政局工作近 35 年的投递员。他在这方面对迪尔曼有着重要影响。"他全心全意为他人服务，而不求回报，仅仅因为他认为那是正确的事情。"她说，"在我理解什么是真正意义上的成功时，他是我的榜样。"迪尔曼知道，如果不是她身后的那支团队，她可能一个项目也做不出来。她说："当我得到认可的时候，我感受到一股巨大的情感力量的冲击，因为这种认可是对我们整个团队的。我个人所能做的很有限，团队的功劳才是最大的。"

注：关于沃尔玛公司的更多信息，请访问公司主页 http://www.walmart.com。

激发团队创造力

> **学习目标** 5. 解释如何通过名义群体法、传统头脑风暴法和电子头脑风暴法来激发团队的创造力。

在讨论激发团队创造力的三种方法之前,先提醒一下,我们已经在第 2 章讨论过激发组织创造力的方法。创造力的激发取决于管理者如何看待和营造工作环境,如拙劣的激励和奖酬体系会导致低效的团队工作。一位研究创造力的专家说:"创造力是指刚开始时你并不能分辨哪种想法会成功,哪种会失败……现在,领导者对于奖酬制度的失败只会在口头上说说而已。……通常,他们有一个既往不咎的方针。谅解是很重要的,但还不够。为了从错误中吸取教训,在谅解后记住错误才是更重要的。"

在这个部分我们将提出三种方法——名义群体法、传统头脑风暴法和电子头脑风暴法。在明确问题、找出可能的解决方法和评估方法的过程中,这三种方法对团队成员会有所帮助。

名义群体法

名义群体法(nominal group technique)是一个结构化的过程,当团队缺乏一致性或团队成员对问题的本质或备选方案了解不充分时,它可以指导和激发创造性的团队决策。这种方法有一个特殊目的:把个人意见作为决策中的重要元素。团队成员必须把他们所有的意见集中起来,找出解决问题的满意方案。该方法也可以用来确定想要达到的各种目标以及实现目标的先后顺序。

名义群体法在以下几种情况下使用效果最好:① 确定特殊环境中的关键变量;② 识别问题解决计划中的主要因素;③ 确定要陈述的问题和要达到的目标的优先次序。名义群体法并不适合于常规的团队会议(如主要强调任务协调和信息交流的会议),也不适合用于不相容的两个团队的谈判(如工会代表和管理层代表)。

名义群体法包括四个阶段:提出想法、记录想法、阐明想法和对想法进行表决。根据具体的情况,可以对这些阶段做出调整。现在也有相关的软件可以协助完成这几个阶段的任务。有研究指出,用电脑协助完成名义群体法比传统的面对面讨论方法更有效。在面对面的讨论中,名义群体法最多只能涉及 12 个人,但是如果通过电脑,则可以包括 50 个人。参与者坐在会议室或不同地方的电脑前提出问题,然后大家在电脑中输入自己的回答。个人的回答和评论通过匿名的方式综合起来,投放在大屏幕或是每个人的电脑上。这种方法很适合虚拟团队,可以在更短的时间内想出更多更好的主意。同时,电脑可以使与会者在身处异地的情况下进行讨论,从而节省了时间和成本。

提出想法 第一个阶段,让成员们提出想法,要求每个人独立地将自己的观点写下来。所提的问题如"在未来一年里,你认为我们要考虑的问题是什么?"然后用 5 分钟时间把自己的想法写在纸上。这种单独提建议的方法可以避免由于地位不同或成员之间互相竞争所带来的压力。但是,这个过程又因为其他人的存在而给在场的个人带来创作的紧张感。在这个阶段和下一个阶段都提供了思考的时间,以避免出现不成熟的观点。

记录想法 第二个阶段就是把每位成员在第一个阶段得出的观点记录下来,以便让全体成员看到,还可以让成员提交写有观点的匿名卡片。这个过程会一直持续到所有观点都列出来且所有人都满意为止。这种循环的方法强调每位成员的平等参与,并且避免遗漏个人认为重要的观点。列出所有观点让成员看,能够降低不必要的冲突发生的可能性,做到对事不对人。成员通常都对这种方法印象深刻,并且对列出的观点很满意,这就为接下来的过程注入了动力和热情。

明确想法 在第三个阶段,成员就每个观点进行讨论,讨论的目的是让每位成员都了解每个观点的含义,并表明自己的态度。这是为了阐明每个观点背后的逻辑和减少误解,而不是针对某些观点争论谁胜谁负。这个阶段不解决意见分歧的问题,分歧都留到第四个阶段去解决。

对想法进行表决 列表大概包括15—30个想法,团队可以采用某一种或几种方法来使用这个列表。其中一种最普遍的方法就是,让每位成员选出几个(如5个)他们认为最重要的观点。每个人把这些观点写在卡片上,并按照重要程度进行排序,然后收齐卡片,按照大家选择的次序,找出首选方案。另外一种做法是,将第一次表决产生的结果反馈给参与者,让大家进行讨论,接着再对此方法进行投票。这样,经过反馈和讨论就可以得出最接近大多数成员意见的结果。

不论采用什么方式,表决过程决定了会议的成果:一个综合了所有参与者个人判断的团队决策。这个过程旨在记录集体决策过程并让成员产生成就感。

在组织中的具体应用 名义群体法的优点包括:更强调和关注观点的产生;加强对每个观点的关注和让每位团队成员平等参与。如果成员能够意识到问题的存在并且愿意对此进行沟通,那么名义群体法的优越性就可能无法体现。当一个团队存在某种障碍或问题时,如团队由少数成员控制,名义群体法是最有效的。当今许多组织的管理者和团队领导者都采用名义群体法,如可口可乐、通用汽车和美国海军陆战队。

传统头脑风暴法

传统头脑风暴法(traditional brainstorming) 是指个人在20—60分钟的时间内想出尽可能多的观点,这一方法通常由5—12人一齐完成。头脑风暴法的原则包括:① 想法越无拘无束越好;② 不对任何提议做出评论;③ 与之前的提议衔接或结合;④ 要求一定的数量。使用头脑风暴法的团队会比相同数量的成员单独工作时,想出更多、更好的观点。但有研究指出,头脑风暴法并不像人们想象的那样有效。

有效的头脑风暴法就是提出一个观点,把它表达出来,然后再继续思考,想出更多的新观点。但是在面对面的头脑风暴法中,人们的思维会因为其他人的谈话而受到影响或中断。于是,团队成员要等其他人谈话结束后才可以继续思考,同时成员也会担心自己的观点遭到他人质疑。当所提观点是对当前做法的批评,或者有能够影响成员未来的人员在场的时候,这个问题显得尤为突出。如果因为这些原因而抑制了不同观点的提出,那就违背了头脑风暴法的初衷。

以下的变革管理能力专栏揭示了普雷公司是怎样利用头脑风暴法帮助它的客户激发创

造力的。这家公司帮助客户想出如何令产品更好、策略更灵活、品牌更响亮和文化更强势的方法。普雷公司对创造力的定义是"多观察,勤思考"。公司总部位于弗吉尼亚州里士满附近,分部位于纽约、华盛顿和墨西哥城。它的客户包括宝马、可口可乐、弗里托-莱、卡夫食品和罗林斯。

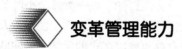

变革管理能力

普雷公司的创新过程

普雷公司认为创新的关键是将新老方法结合或者改变传统概念,让其变得不寻常。普雷公司的创立者安迪·斯蒂法诺维奇说:"只要你肯实践,就能做得更好。"例如,公司在走廊上有一块黑板,每天黑板上都写着随意的话题,如"水分子"、"城市"、"马拉松"、"青少年"。当人们走过黑板的时候会写下相关的词语和想法,这些词语和想法会被制作成文件,在公司运用头脑风暴法的时候使用。斯蒂法诺维奇提到:"一些非常好的观点就是从这种'消遣的'思考中获得的。就像你在上班途中或做运动时所进行的头脑风暴,当时你并非完全处于执行任务的工作状态。"

如果你对所有的问题都用同一种方法解决,那你就不能想出新的观点。普雷公司的创新建立在"强迫联系"的基础上,就是把一些看似不相关的想法联系起来。例如,在头脑风暴的过程中,与会者会得到一份引用的话语列表,上面的内容是幼儿园的孩子们说的一些话,他们要把这些话同他们的商业问题联系起来。

有一种方法有助于消除你对被人嘲笑的顾虑,想出好点子,那就是想一个你能想到的最拙劣的办法,然后逐步改进它。当一家羊毛制品公司要求普雷公司为他们策划一个轻便毛衣促销活动时,头脑风暴团队就从一个很奇怪的问题开始:促销毛衣最差劲的方法是什么?在纽约城里放一群绵羊如何?团队从这个地方开始逐步改进方法。最后就想到要那些穿着毛衣的模特牵着绵羊走在麦迪逊大道上。这一奇景吸引了全球的注意力。

注:关于普雷公司的更多信息,请访问公司主页 http://www.lookatmorestuff.com。

电子头脑风暴法

电子头脑风暴法(electronic brainstorming) 就是运用合作软件技术让所有成员自动输入并发送想法,然后再激发出新的观点。位于科罗拉多州布鲁姆菲尔德的 GroupSystems 公司是合作软件的主要供应商之一,他们提供的软件中就有电子头脑风暴法软件。使用这一方法,每位成员必须有一个与其他成员电脑连接的电脑终端。这个软件可以让每位成员输入他们的观点。每次在输入新观点后,软件将全部观点随机排列后显示在每个人的电脑屏幕上。通过特定的按键就可以继续观看新的列表。

对电子头脑风暴法的研究日益兴盛,比起传统头脑风暴法,这种新办法能产生更多有创意的观点。它也消除了传统方法的一个障碍,即成员能看到和听到哪些想法是谁的。电子头脑风暴法采取匿名的方式,让成员在思考过程中更加自由。当大家同时表达观点时,他们不再顾虑自己的想法会被其他同事和管理者笑话。对于七人或七人以上团队,或者当团队缺乏信任时,这一优势就更加明显。

伊士曼化工公司曾经使用过 GroupSystems 公司的电子会议软件。在一次两个小时的会议中,9 位与会者提出了 400 条建议来解决客户的问题。当时公司希望有更多的想法和方法来不断满足客户的需求,但是按照传统的做法,大家将无法有效地解决客户的问题。从 400 个方案中去掉了一些相似方案后,团队按统一标准选出了 3 个最佳方案。团队运用电脑软件来制定选择标准并达成一致意见,这些被遴选出的想法最终被发展为一个行动方案。

在运用 GroupSystems 公司的电子脑力震荡软件召开的会议上,100 名伊士曼化工公司负责研发的经理和专家提出了 2 200 多个与公司未来 1—2 年内战略相关的想法。团队对所有想法进行分类、排序,将其归纳为 8 个核心战略机遇,并为最佳的 3 个方案制订了行动计划。亨利·冈萨雷斯是伊士曼化工公司的聚合技术部经理,他说:"我们有了打破常规的想法,如此多的选择令我们可以更快地找到解决方案。"

本章小结

1. 阐述群体,包括非正式群体的基本特征。

本章的主要内容为培养团队管理能力,一种发展、支持、辅助和领导团队实现团队和组织目标的能力。群体和团队有多种分类方法。在组织内,按照群体的主要目的来划分,包括非正式群体和任务型群体(现在通常称为团队)。非正式群体是人们在进行日常活动、社会交往和增进成员彼此间情感时自然形成的,其主要目的是满足成员安全和社交的需要。非正式群体可以支持或反对正式群体的目标,也可以对正式群体目标表现得漠不关心。不论正式或非正式的高效群体都有类似的基本特征。

2. 描述六种工作团队类型的特征。

职能团队是由同一职能部门的员工组成的,如市场部、生产部或财务部。解决问题团队是指从某个特定责任范围内选出个体来解决特殊问题,如成本超出或质量下降问题。跨职能团队由不同部门的同事组成,处理跨领域的问题。自我管理团队是由生产整个产品(或主要相关配件)或提供整套服务给一组客户的多名员工组成。为了产生最大效益,自我管理团队必须得到授权,让他们产生强烈的权力、意义、自治和影响的感觉。要建立自我管理团队,必须首先满足许多组织、团队和个人因素。任何任务型群体都可以在某种程度上或是根本上作为一个虚拟团队来运作,对各种信息技术进行协调应用。全球团队是指成员来自不同的国家,因此在时区、地理、文化和母语方面存在很大差别。

3. 解释团队发展的五个阶段。

五阶段模型包括形成、磨合、规范、执行和休整阶段。团队所面对的问题和挑战在每个阶段都有所改变。团队不一定按这五个阶段依次发展，特别是当成员拥有很强的管理能力或相关能力时。还有一些其他模型可以帮助了解团队的发展过程。

4. 描述影响团队效能的七个关键因素。

团队动力和效能受到背景、目标、团队规模、成员角色、规范、凝聚力和领导力的影响。改变团队工作、交流和对其他团队影响的一类因素是信息技术，特别是合作软件系统的飞速发展。其他影响因素包括组织薪酬体系及其适应团队成员基本价值取向的程度，尤其是在集体主义和个人主义这两个方面。团队成员需要清楚地理解并接受团队目标。团队的规模很大程度上会影响成员的动力及形成共同责任的能力。大约16个人或多于16个人的团队往往会分成小型的任务群体。成员的角色可能是任务导向型的、关系导向型的、自我倾向型的。规范在很大程度上不同于规则，并对绩效产生积极或消极的影响。坚持规范的压力可能会造成遵守式服从或个人接纳式服从。另一个影响团队效能的因素是凝聚力。它与一致性、群体思维及生产效率都有关。团队领导者可能经过正式的程序被选拔出来或通过非正式的过程产生。

5. 解释如何通过名义群体法、传统头脑风暴法和电子头脑风暴法来激发团队的创造力。

名义群体法是一个结构化的过程，当团队缺乏一致性或团队成员对问题的本质或备选方案了解不充分时，它可以指导和激发具有创造性的团队决策。它由四个明显的阶段组成：① 提出想法；② 记录想法；③ 确认想法；④ 对想法进行表决。当团队成员意见不一致或者对问题的实质缺乏了解的时候，这种方法特别有效。传统头脑风暴法使用的行动方式是：在一个面对面的会议中，成员在20—60分钟的时间内，尽情发表自己的观点。电子头脑风暴法需要员工使用电脑中的合作软件技术，把自己的观点输入电脑，软件再自动把观点发布给每位成员。

关键术语和概念

凝聚力（cohesiveness）
遵守式服从（compliance conformity）
背景（context）
跨职能团队（cross-functional team）
电子头脑风暴法（electronic brainstorming）
搭便车者（free rider）
友谊型群体（friendship group）
职能团队（functional team）

全球团队（global team）
群体（group）
群体思维（groupthink）
非正式群体（informal group）
非正式领导（informal leader）
名义群体法（nominal group technique）
规范（norms）
个人接纳式服从（personal acceptance conformity）

解决问题团队(problem-solving team)　　任务导向型角色(task-oriented role)
生产率(productivity)　　激情群体(hot group)
关系导向型角色(relations-oriented role)　　团队(team)
自我管理团队(self-managed team)　　团队授权(team empowerment)
自我倾向型角色(self-oriented role)　　团队目标(team goals)
傻瓜效应(sucker effect)　　传统头脑风暴法(traditional brainstorming)
协同目标(superordinate goals)　　虚拟团队(virtual team)
任务型群体(task group)

讨论题

1. 假设你是某虚拟团队中的一员,你们将要完成一个班级项目,而且你们团队只能碰面两次。说出你们团队在完成这个项目的过程中,至少会遇到哪四种特殊的挑战。

2. 基于你对表8.1中问题的答案,需要采取什么行动来加强该团队的授权力度?这些行动可行吗?

3. 描述一下你曾参与过的一个团队或群体的背景,如技术、组织规则、管理影响等方面的背景。该背景是如何影响团队或群体效能的?

4. 在第3个问题中,你认为哪个是团队或群体的正式目标,哪个是非正式目标?非正式目标和正式目标一致吗?它对正式目标有支持作用吗?解释原因。

5. 回忆过去两年里你曾参与过的非正式或任务型群体。根据本章所学群体和团队类型,你如何对它们进行归类?它们是否具备不止一种类型的特征?请解释。

6. 从有效团体的基本特征来看,你如何评价第5个问题中提及的群体?

7. 请列举名义群体法和头脑风暴法有哪些相似及不同之处?

8. 回想过去三年你参加过的新团队或群体,描述并解释这个团队或群体与团队发展五个阶段模型的吻合度。

9. 如果你受聘于梅奥诊所,你会喜欢或讨厌其团队式管理的哪些地方?

体验练习和案例

体验练习:团队管理能力

团队评估

说明:回想你曾经参与过的团队或群体,团队或群体建立的目的是实现一个或多个目标。这个团队可以与某个具体的课程、学生组织或工作有关。

1. 根据下面的问卷评估你以前团队的成功度,按1—5进行打分,在每个项目中都记下你的分数。你觉得在每一项上你的团队是否成功?

(1) 一点也不成功(远远低于期望值)

(2) 有些成功(略低于期望值)
(3) 中度成功(符合期望值)
(4) 相当成功(超过期望值)
(5) 非常成功(远远超过期望值)

2. 基于每个问题的分值,用七个因素评价你所在团队的整体成功度。将每个因素的分值相加,并用总和除以该因素问题的个数。

Ⅰ. 目标因素

____ 1. 团队成员理解目标及团队工作范围。
____ 2. 团队成员承诺团队目标,并且觉得自己是团队的主人。

目标因素总分

将1—2题的分数相加并除以2 = ____。

Ⅱ. 团队绩效管理因素

____ 3. 个人角色、责任、目标及绩效期望值是具体的、有挑战性的,并且被团队接受的。
____ 4. 团队目标及期望值是具体的、有挑战性的,并且被团队接受的。
____ 5. 团队成员的工作量基本相等。
____ 6. 每个人都尽力做好自己的事。
____ 7. 没有人依赖其他成员去完成自己的工作。
____ 8. 几乎所有的团队成员对工作的贡献都一样大。

团队绩效管理因素总分

将3—8题的分数相加并除以6 = ____。

Ⅲ. 团队基础因素

____ 9. 团队有足够的成员来完成分配的任务(如人员规模适中,既能满足经常交流的需要,又足以完成所有工作)。
____ 10. 团队作为一个整体有足够的能力完成目标。
____ 11. 团队成员能力互补,可以完成团队目标。

团队基础因素总分

将9—11题的分数相加并除以3 = ____。

Ⅳ. 团队过程因素

____ 12. 团队有能力解决问题并做出决策。
____ 13. 团队能够鼓励建设性团队冲突,限制破坏性冲突。
____ 14. 团队成员能沟通、倾听,并提供建设性的反馈。
____ 15. 团队会议能有效开展。
____ 16. 团队成员很愿意与其他团队的成员交流工作情况。
____ 17. 团队成员通过合作完成工作。
____ 18. 所在的团队给了我参与团队合作,并为其他成员提供支持的机会。
____ 19. 团队增加了我积极进行社会交往的机会。

____ 20. 在必要的时候，团队成员之间会互相帮忙。

团队过程因素总分

将 12—20 题的分数相加并除以 9 = ____。

V．团队精神因素

____ 21. 成员对高效完成工作很有信心。

____ 22. 团队能承担并完成所分配的任务。

____ 23. 团队具有高度的热情。

____ 24. 团队士气很高。

____ 25. 团队发展的规范（如对成员行为的期望）有利于团队运作和提高绩效。

____ 26. 成员为团队利益投入大量精力。

团队精神因素总分

将 21—26 题的分数相加并除以 6 = ____。

VI．团队成果因素

____ 27. 团队取得可以衡量的成果。

____ 28. 团队制造的产品或提供的服务达到或超过客户的要求。

____ 29. 团队以保持或强化未来团队合作能力的方式开展工作。

____ 30. 总而言之，在团队的经历能满足而不是挫伤成员对团队的需要。

团队成果因素总分

将 27—30 题的分数相加并除以 4 = ____。

VII．团队学习因素

____ 31. 我们会花时间思考如何改善团队工作。

____ 32. 成员经常质疑所讨论问题的假设前提。

____ 33. 成员从其他人身上得到所需的信息。

____ 34. 总是有人保证我们能停下来反思团队的进程。

____ 35. 在工作过程中，团队作为一个整体会要求其他人对工作做出反馈。

____ 36. 团队能够积极地总结自己的表现和进步。

团队学习因素总分

将 31—36 题的分数相加并除以 6 = ____。

解释

如果每个因素得 4 或 5 分，那意味着相当成功（超出期望值）；得 3 分属于符合期望值；得 1 或 2 分则代表团队需要大幅度改进。这七个因素可以作为最后的总结评估，并从每个因素中学到改进的方法。

第8章 团队管理

案例：团队管理能力

阿蒂森工业公司的团队

第一部分

10月中旬,阿蒂森工业公司(Artisan Industries)29岁的总裁比尔·迈斯特,不得不约见他的管理团队讨论价格不断上升的问题。一年前,他从父亲手中接管了这家木制礼品公司,当时公司每年亏损1 300万美元。过去的一年是忙碌的一年,但是他成功地阻止了公司滑向破产的边缘。不过,公司仍然还有许多方面亟待改进。上午11点,公司下列成员在他的办公室里开会：

1. 鲍勃是一名30岁的财务副总裁,加入公司三年左右,之前在一家知名的会计师事务所任职。他主要负责公司财务以及办公室行政工作。

2. 卡尔35岁,加入公司8年。尽管他本科就读的是会计专业,但却在公司里担任过许多不同的职务。目前,他正负责一个小型电脑系统的安装,并直接向鲍勃汇报。

3. 伊迪丝是比尔·迈斯特的姐姐,40岁,负责内务办公室的一些常规性销售工作。外部销售即联系不同客户的工作由独立的销售人员负责。只有行政人员向她汇报工作。她没有大学学历。

4. 顾问是一位拥有MBA学位的女士,40岁,在咨询顾问行业做了10年。

比尔借着管理顾问来公司讨论其他改进计划的机会,召开了此次会议。

比尔：我们已经多次讨论过提升价格的事了,鲍勃建议我们马上提价16%。我想听听大家的意见。鲍勃？

鲍勃：对财务报表的分析表明,如果我们今年想赢利的话,就有必要现在提价16%。根据我的估算,现在即便是最好的情形,我们所接的每一笔订单都是亏损的。我们已经一年多没有提价了,但现在别无选择,只能提价。

卡尔：我同意。我们继续接那些让我们亏本的订单还有什么意义啊？

鲍勃：确实。如果我们通过提价的方案,则我们年底还可能实现50万美元的利润。

卡尔：如果在今年五六月份就提价的话,比现在这个时候要好,如今销售季节已经过半了。但是,现在也是不得已而为之。

鲍勃：我们不能再拖延了。

比尔(停顿,环顾四周)：那么,大家是否都同意现在提价呢？

卡尔和鲍勃：是的。

鲍勃：我们迫不及待要提价是因为还有一些新的订单正在签订过程中,还可以参考新的价格表。现在,我们有大批按照以前的价格签订的订单积压在库,在我们认可之后工厂才开始生产,订单量可以延续6—8周,直到假期结束。我们必须按照新的价格来签订单。

卡尔：如果我们现在认可所有的订单,像伊迪丝的那笔30页厚、价值321 000元的订单,客户甚至感觉不到有明显的价格变化。

鲍勃：不,我们必须以之前的价格认可所有的订单。我会发给客户书面的信函,通知他们价格上调的事情,如果他们还想继续交易,就让他们在随函所附的邮件中重新确认订单。

卡尔：已经确认的订单可以让工厂照常开工，直到客户对提价做出反应。

比尔：那么，这是我们的最佳方案？

鲍勃：我们做生意是为了赚钱，如果不提价，我们就无法经营下去了！

比尔：伊迪丝，你看起来不太高兴，你怎样看？

伊迪丝（耸肩）：我不知道。

鲍勃（明显不耐烦）：我们的每一笔订单都在亏钱啊！

伊迪丝：我只是担心在销售季节的中间时期提价是否妥当。

卡尔：但是，如果我们再等的话，可能就会把这件事给忘了。

鲍勃：那么，伊迪丝，你建议我们怎么做呢？

伊迪丝：我不知道。（停顿）这份订单（拿起那份30页厚的订单），销售人员花了一个月的时间才引起客户的兴趣，里面涉及175件产品，货物要在节前及时发送到客户的9家分销店。我很担心会有影响。

鲍勃：对我们而言，它毫无价值。

卡尔：这样吧，在我们的信中可以提到通货膨胀的问题，而且这也是我们这么长时间以来第一次提价，多数客户应该会理解的。我们一定要试一试。这个险值得冒，你觉得呢，伊迪丝？

（伊迪丝耸肩。）

比尔：你怎么看，伊迪丝？

伊迪丝：我不知道，我们有必要提价，但是这让我很担心。

鲍勃：做生意就是要做艰难的抉择。管理者就是吃这碗饭的。

（全场鸦雀无声，大家你看看我，我看看你，最后都看着比尔。）

第一部分的问题

1. 请解释会议中发生的事情：每个人的角色是什么？每个人在做什么，他们这样做的目的是什么？这是一次有成效的会议吗？为什么？
2. 你认为会议将产生什么样的决策？请给出决策的具体细节。
3. 你怎样看待这个决策？你能想出改进这个决策的办法吗？
4. 如果你在会议现场的话，你会怎么做？

第二部分

顾问（冷静地）：我想伊迪丝谈到了一个很好的观点。你们正在考虑实施一个巨大的举措，而且正巧是在你们最繁忙的销售季节中期。这将导致什么问题。如果你们必须提价，那么你们怎样才能避免产生问题或者将问题的负面影响降至最低？

鲍勃（充满敌意，明显很厌恶）：推迟提价的做法是很荒诞的。

顾问（冷静地）：可能事实的确如此，但这是否就是最好的方式呢？总是还有其他选择的。我觉得你们解决问题的工作做得并不好。（停顿）哪怕是一个简单的提价，也可能做得好或差，还有很多思考的空间。怎样才能将违约金降至最低？（顾问环顾四周，大家沉默不语。看到没有人回答，她继续讲。）例如，当你们给客户发信的时候，他们会考虑一下，可能要2—3周后才寄回附函。那么，恐怕要等到销售季节结束，提价可能才开始进行。怎么可能利用提价来增加利润？而且，你们会失去一些订单，怎样做才可以将损失降至最低？（她停下来，等候大家的评论。)

伊迪丝:是的,我就是这个意思。

顾问:例如这份订单,(拿起那份价值 321 000 元的订单)我们可以马上给他们打电话,解释现在的境况,可能今天下午就能以提高的价格出货了。

鲍勃(敌意全消,明显态度变得积极):好的,会议一结束,我就给他们打电话。

卡尔:我们有成堆的订单需要确认……

鲍勃:那么,我们找些人手,挑出金额比较大的订单,今天下午就开始给他们打电话。

顾问:让销售人员参与进来如何?他们可能会因为客户取消订单而减少佣金。

伊迪丝:是的,销售人员最了解客户。我们应该让他们去联系客户。订单是他们接的,他们了解客户的需求。但是,我们必须说服销售人员,让他们理解提价的必要性。我可以马上开始电话联系他们。

鲍勃:好的,我们可以通过亲自打电话的方式处理金额较大的订单,然后写信通知小单客户。

顾问:为何不尽量减少对订单的延误?告诉客户,我们在发货计划中保留他们的货期,但是如果他们在 5—7 天内没有回复,那我们就直接发货了。把控制权交给客户是否是最好的选择?

伊迪丝:这令我担忧。提价是一件严肃的事情,我们必须认真对待以确保行动有效。我想大多数人会继续接受货物的。

鲍勃:今天下午伊迪丝同我一起着手写信。(大家又陷入沉默。)

比尔:好吧,大家午餐后都可以开始工作了。我们明天上午再开个会,看看事态的发展如何。

第二部分的问题

1. 你觉得现在的这个决策如何?是否比第一个决策好一些?为何你会认为第一个决策为"次优"决策?
2. 如果没有顾问的帮助,你认为这个团队会做出新的决策吗?为什么?
3. 团队起初并没有开展解决问题的工作,为什么?
4. 这件事对于阿蒂森公司管理团队的授权和工作环境做出了怎样的描述?运用表 8.1,评价这个团队的授权状况。
5. 这个案例揭示了关于团队解决问题的哪些考虑?关于沟通的考虑又是什么?

Chapter Nine

第 9 章
有效管理冲突和谈判

学习目标

学完本章后,你应该能够:
1. 描述组织冲突的四个层次。
2. 解释人际冲突处理的五种方式及其适用条件。
3. 讨论谈判过程的主要阶段、策略和影响。
4. 阐述跨文化谈判的独特性及建议。

课前案例

KLA-Tencor

KLA-Tencor 是世界上最大的半导体生产设备制造商之一,总部设在加利福尼亚的圣何塞,拥有约 5 200 名员工。

在 KLA-Tencor,每个部门的原料主管要管理很多采购员,这些采购员主要的工作是为该部门所制造的机器设备采购原材料和零部件。当与某个供应商进行合同谈判时,采购员必须与公司的产品经理沟通,还要与其他部门里跟这位供应商联系的采购人员进行沟通。公司里曾经发生过一些冲突,如合同中关于为两个或更多部门供应零部件的一些发货条款。如今,在这种情况下,产品部经理以及部门的原材料主管会鼓励部门的采购员进行以下操作:① 考虑其他部门的需求;② 确定能够更好地解决不同部门共同需求的备选方案;③ 评估用来权衡各个备选方案利弊的标准。这样做的目的是帮助采购员尝试思考一些没有想到的方案,同时解决与其他部门采购员之间的矛盾。

起初,采用这个方法需要的时间比高层管理者简单地做出决策所需的时间要多。但是现在,已经没有太多纠纷需要高层管理者来处理,合同谈判的进程也加快了,签订的条款内容既有利于公司,也有利于各个部门。例如,三名来自公司不同部门的采购员为了与一个主要的供应商签订合同而发生争执。大家需要考虑以下两个问题:① 为了完成订单,要考虑供应商的履约能力;② 给予公司部门在决定订单数量和交货时间方面的灵活度。

第9章 有效管理冲突和谈判

每个部门都在上述两个方面有着不同的需求。采购员将他们的矛盾闹到高层管理者那里，主要是希望在合同中加入不同部门的交易要求。经过专家的指导，采购员们开始思考每个部门业务模式的重点，通过头脑风暴法后，采购员和产品经理找到一个对大家都有利且有创意的解决办法。他们要求在合同上增加一个条款，允许他们在交易数量和交货时间方面有上下调整的灵活度，而这种灵活度会随着供应商履约能力的变化而进行调整，因为供应商的履约能力会受到不断变化的市场环境的影响。

注：关于 KLA-Tencor 公司的更多信息，请访问公司主页 http://www.kla-tencor.com。

组织中每天都有冲突需要解决。**冲突(conflict)** 指的是一方(个人或群体)发觉自己的利益与另一方的利益相悖或受到另一方的消极影响的过程。这个定义暗示着相关人员的利益不相容，同时也包括各种冲突和事件。**冲突管理(conflict management)** 包括诊断过程、人际风格、沟通策略，以及其他用来避免不必要的冲突和减少过度冲突的调解办法。理解和正确诊断冲突的能力在冲突管理中至关重要。

在这一章中，我们将从几个角度来分析冲突和谈判。第一，我们将介绍冲突的基本形式，以及对待冲突的不同态度。第二，我们将认识组织中的四个冲突层次。第三，我们将讨论冲突管理中的五种人际处理方式，以及每种方式的适用条件。第四，我们将讨论谈判的类型、基本谈判策略，以及在谈判过程中第三方调解的作用。第五，我们将探讨跨文化谈判的复杂性，并给出相关建议。

我们认为冲突有时是必要的，但有时又具有破坏性。在第16章，我们将讨论与压力和职场攻击相关的各种破坏性冲突。虽然其中的一些冲突能够避免和消除，但一些却必须得到正确处理。采取力求平衡的处理方法就要对冲突的影响很敏感，包括从负面结果(熟练工人的流失、怠工、低质量的工作、压力，甚至暴力)到正面结果(创造性的工作方法、增强工作的积极性和责任感、高质量的工作，以及个人满足感)的种种影响。KLA-Tencor 公司的高层管理者通过一种特殊的全球合约，有效地处理了不同部门采购员之间的冲突。

冲突的平衡处理法意味着当组织内的利益产生矛盾时，识别组织中出现的冲突。有时候员工会从不同的角度考虑问题，试图表现得与众不同，以达到不同的目的。当这些怀有不同目的的员工出现意见分歧时，就必须建设性地处理这些分歧。解决冲突的难易程度和效果是由多种不同因素决定的，如事件本身对当事人的重要性，以及是否有较强的领导力来解决冲突等。表9.1 列出了难以解决的冲突和容易解决的冲突两种冲突类型，以及所包含的不同组成因素。

表 9.1 冲突不同维度的影响

维度	难以解决的	容易解决的
事件本身	原则性问题	简单地分解任务
利害关系的大小	大	小
相互作用的持续性	简单的交易	长期的关系
参与"群体"的特征	无组织,较弱的领导力	团结,较强的领导力
第三方的介入	没有中立的第三方	有可信任的第三方

资料来源:Greenhalgh, L. Managing conflict. In R. J. Lewicki, D. M. Saunders, and J. W. Minton (eds.), *Negotiation*, 3rd ed. Boston:Irwin/McGraw-Hill, 1999,7。

冲突的层次

学习目标 1. 描述组织冲突的四个层次。

组织中存在的四种主要冲突依次为:个体内部冲突(个体自身的)、人际冲突(个体之间的)、群体内冲突(群体中的),以及群体间冲突(群体和群体之间的)。图 9.1 表明这些层次之间是渐进的、紧密联系的。例如,一名正在思考是否继续留任的员工也许会对他的同事表示出某种程度的不友好,由此引发人际冲突的可能。

个体内部冲突

个体内部冲突(intrapersonal conflict) 产生于个体的内部,通常涉及目标、认知和情感上的冲突。当一个人的行为产生不相容的结果时,这种冲突就会被激发出来,从而导致内心的紧张和沮丧。例如,一位即将毕业的高年级学生在找工作时,必须考虑不同的机会、薪金、工作保障和工作地点,然后做出抉择。在做这个决定的过程中,至少会产生三种个体内部目标冲突。

1. 双趋冲突指的是个体必须在两种或更多的选择中做出决定,而其中的任何一种选择都会有好的结果(如两种工作具有相同的吸引力)。
2. 双避冲突指的是个体必须在两种或更多的选择中做出决定,而其中的任何一种都预示着不好的结果(如较低的工资或过多的出差)。
3. 趋避冲突指的是个体必须对同时有着积极和消极两种结果的事情做出抉择(如接受一份除工作地点不如意外,别的条件都不错的工作)。

许多抉择都与化解个体内部目标冲突有关。个体内部冲突一般在以下一种或几种情况下会更明显:① 同时有几种可行的方法可以用来解决冲突;② 几种选择中积极和消极的备择方案的结果差别不大;③ 冲突产生的根源对个体有重要的意义。

第 9 章 有效管理冲突和谈判

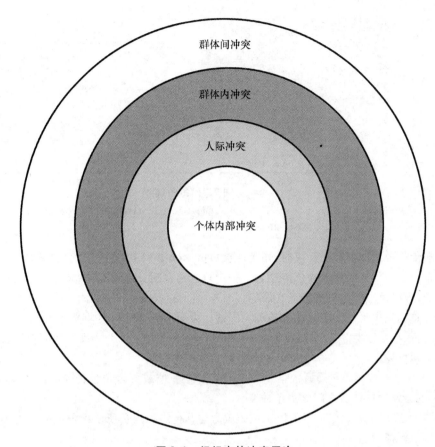

图 9.1 组织中的冲突层次

一些在员工、顾客或其他个体中无法解决的个体内部冲突，极有可能引发激烈的人际冲突。正如我们将在第 16 章提到的，工作场所的许多暴力事件都源于严重的个体内部冲突。

人际冲突

人际冲突（interpersonal conflict）产生于当两个或更多的个体认为彼此的态度、行为或追求的目标互相矛盾的时候。跟个体内部冲突一样，许多人际冲突都建立在某些类型的角色冲突和角色模糊的基础上。

角色冲突 在工作场景中，**角色**（role）是指其他人期望一个人在工作时所完成的一连串任务和行为。图 9.2 是一个关于角色的模型。

在这个模型中，包括角色传递者和一个焦点人物。角色传递者是指那些对焦点人物如何表现抱有某种期望的人。因为角色传递者对焦点人物的行为早已有他的期望、感知和评价标准，所以在信息传递之前已经开始进入角色的安排。这反过来又会影响角色传递者所要传递的真正信息。焦点人物对这些信息和压力的知觉和反应可能导致角色冲突。当焦点人物做出

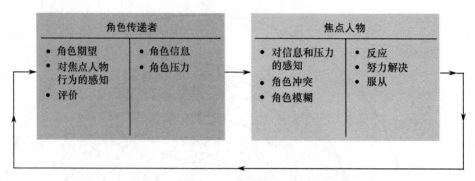

图 9.2　角色模型

资料来源：Kahn, R. L., et al. *Organizational Stress: Studies in Role Conflict and Ambiguity*. New York: John Wiley & Sons, 1964, 26。

影响传递者意图的行为反应时，**角色冲突**(role conflict)就产生了。**角色集**(role set)是一组可以直接影响焦点人物的角色传递者。一个角色集包括员工的经理、其他一起工作的同事、好朋友、家人以及一些重要的客户和顾客。

角色集中不对称的信息和各种不同的压力会引起四种角色冲突。

- 当角色集中某个成员自身传递的信息和承受的压力不一致时，就会引起传递者个人内部的角色冲突。
- 当一位角色传递者的信息和压力与另外一位或更多角色传递者的信息和压力相对立时，就会发生传递者之间的角色冲突。
- 当某个组织成员所承担角色的压力与其他组织成员所承担角色的压力不一致时，就容易导致内部角色冲突。
- 当角色要求与焦点人物自身的态度、价值观，或对可接受行为的看法不一致时，便会产生个体与角色的冲突，而这种角色冲突总是伴随着个体内部的冲突发生的。

角色模糊　**角色模糊**(role ambiguity)是指对某个角色的期望不确定或不清晰。如同角色冲突一样，角色模糊也会产生压力和导致随后的对抗行为。这些对抗行为通常包括：① 发起攻击性行为（如言语的伤害、盗窃、暴力行为）和不友善的沟通；② 退缩；③ 求助于角色传递者以期共同解决问题。调查结果表明，严重的角色冲突和角色模糊会产生剧烈的影响，包括压力反应、攻击、敌意对抗和退缩行为（离职和旷工）。压力的产生是对严重的角色冲突和角色模糊的常见反应（参照第16章）。许多高素质的经理和专业人士都应该具有解决他们自身角色模糊问题的能力。

群体内冲突

群体内冲突(intragroup conflict)指的是一个群体中所有或部分成员之间的矛盾，这种矛盾经常会影响整个群体的活力和效率。家族企业经常出现这种群体内冲突和其他形式的冲突。当家族企业中的当家人即将退位，或者实际已退位或死亡时，这种冲突便会加剧。只有30%的家族企业能够维持到第二代，而只有10%能够维持到第三代。守住家业的最大障碍在于处理家庭成员之间的关系,这些家庭成员掌管家族企业并且肩负着将生意妥善传递给下一代的责任。是什么决定着家族企业的生死存亡呢?这在很大程度上取决于这些家庭成员是否愿意在工作场所承担不同于他们在家庭里的角色,以及他们处理冲突的能力。

兄弟之间的手足之情本身就是家庭关系中最复杂、最易变的关系,并且一旦牵涉到生意,就更复杂了。他们之间的冲突往往是很实际的:一个人是否愿意为另一个兄弟/姐妹做事?是否要遵从长幼顺序来排资论辈?这些兄弟手足之间是否愿意对某一个人言听计从、俯首帖耳?

对这些问题的回答取决于情境。在这些问题的背后经常有一些变化的影响因素。尽管他们是一母同胞,有许多共同的回忆,但是由于这些手足是在家庭发展变化的各个阶段成长起来的,因此持有不同的态度和偏好。有些家长试图用家族企业来打动子女,但是却不给他们同其他兄弟姐妹共事的任何指导,结果就好像一份没有道路指引的地图。本章及全书的内容就是努力为读者提供部分必需的地图,正如我们前面几章所述,组织中还有一些其他的团体内部冲突,特别是在讨论发展和领导团队时涉及不少与之相关的内容。

群体间冲突

群体间冲突(intergroup conflict) 是指组织和组织、团队和团队之间的敌对、看法不同的争论。有时群体间的冲突可能异常激烈,需要耗费大量的人力、物力才能解决。在激烈的冲突和竞争下,合作双方通常会产生一些不友好的态度,如不信任、固执、自私、不愿聆听对方的想法,等等。

组织内部群体之间的冲突既可能是横向的,在各个团队、部门和事业部之间产生;也可能是纵向的,在组织内部的不同管理层次之间产生,如高层管理者与基层员工之间的冲突。在某些组织里,这种纵向的冲突通常表现为工会与管理层之间的分歧和协商;横向冲突通常发生在生产与营销部门之间或内部监管人员与其他职能部门之间。

导致群体间冲突有以下四种原因:

- 感知到的目标不一致。无论现实中的目标还是感知到的目标不一致都是造成群体之间冲突的主要原因。营销部门和生产部门之间潜在的冲突是很明显的,这是因为两个职能部门的目标可能存在分歧。以营销为导向、追求销售量(从而可以得到奖金和佣金)的目标就是要满足顾客的特殊要求。而如果生产部门的长期目标是效率最大化,营销部门自然会说:"我们的顾客需要不同的选择种类。"生产部门就会回应:"产品线已经太宽了——我们的运作都是短线、不经济的。"

- 感知到的差异化。群体越是认为自己在许多方面与其他群体不一样,就越容易导致与其他群体之间的冲突。这些差异可能是不同群体的优势,如不同职能部门为了实现组织目标而具备的各种专业知识和能力。但遗憾的是,这些差异性通常会导致群体或团队之间的不信任和冲突。

- 任务的相互依赖性。**任务的相互依赖性(task interdependency)** 是指两个或两个以上的群体为了完成目标所需的各种关系。例如,营销部需要生产部及时又廉价地生产出所需的产品;生产部则需要营销部来增加产品的销量。总而言之,随着任务相互依赖性的增加,群体之间产生冲突的可能性也随之增加。当然,组织之间存在相互依赖性并不少见。例如,美国曲棍球联合会取消了2004—2005赛季的比赛,球员和资方都知道如果没有彼此的合作,就不会有美国或加拿大的曲棍球联赛,他们是相互依存的。最后,罢工结束了,联赛于2005年10月恢复。

- 感知到有限的资源。如果感知到资源的稀缺性,就会导致群体之间的竞争,有时会加剧为获取资源而产生的冲突。组织拥有的资金、设施、人力资源有限,又要在不同群体间进行配置。群体会认为他们需要更多的资源来完成既定目标。

多样性导致的冲突 在前几章中,我们已经讨论过,多样化的劳动力有可能导致群体间的冲突。组织中最难解决的多样化冲突与种族、性别、民族和宗教相关。领导组织会严格遵守与反歧视行为相关的规章制度,尽量减少多样性导致的冲突。此外,这些组织还积极地预防、减少、检查和解决对多样性相关的种种冲突。

领导组织预防或解决多样性冲突的手段之一,就是通过接受和支持**兴趣小组**(affinity groups),有时称之为员工关系网、宣传小组、支持小组或资源小组等。在组织内部,兴趣小组是指一些员工根据共同的兴趣、背景或目标,自愿发起并形成的团体。这些团体通常是由员工发起,围绕大家共同的兴趣或特点组成的,如种族、民族、性别或性取向等。每个团体的主要目标是建立一个大家交换意见、加强联系的平台,能够代表员工的利益和目标与高层管理者沟通。兴趣小组可能包括非洲裔美国人、亚洲裔美国人、西班牙裔美国人、老年员工、残疾员工、同性恋员工、变性者、女性、宗教群体以及其他类别的群体。他们经常向组织的高层提供建议,同时也面对组织内的所有员工。每个团体都有自己的领导、例会、组织目标和组织架构。

以下的多元化管理能力专栏向我们展示了佐治亚电力公司如何采用兴趣小组以及其他方式来预防、减少和解决与多样性相关的各种冲突。该公司是佐治亚南方公司的子公司,为佐治亚州的200万名用户提供电力服务,目前拥有8 700名员工。

多元化管理能力

佐治亚电力公司的兴趣小组

佐治亚电力公司鼓励员工成立各种兴趣小组,以便在必要的时候相互提供帮助。佐治亚电力公司的任何一名员工都可以倡议成立一个兴趣小组。员工必须把兴趣小组做成一个计划,提交给兴趣小组审查委员会进行审批。该委员会成员来自组织各个部门,他们有不同的信仰、个性、生活经历和工作经验。

通过兴趣小组审查委员会的审批之后,兴趣小组就可以正式成立了,并得到公司的支持。以下介绍的是其中的两个兴趣小组:

- 非洲裔美国女员工联络小组。这个兴趣小组专门为公司的非洲裔美国女员工提供服务,包括领导力开发、工作指导和参与社区服务等。

- 朋友协会。这个兴趣小组旨在为西班牙/拉美裔的员工提供招聘、留任和培训方面的咨询服务。除了工作指导以外,该小组还起到了桥梁作用,促进公司与公司内外拉美社区的沟通。朋友协会通过各种方式分享关于西班牙/拉美文化的信息,加强公司在社区活动方面的影响。

除了不同的兴趣小组以外,佐治亚电力公司还成立了五个员工委员会来改进公司的多元化管理。这些委员会在研究了大量的数据,调查了不同的员工焦点小组,参观访问了其他公司的多元化管理措施之后,提出了33项独立的倡议。这些倡议可以分为两大类,侧重于领导问责制、监督和管理层培训、沟通和认可等方面。几乎2/3的倡议主要是要求对管理过程和政策进行变革。这些倡议如下:

- 改变工作选拔过程,促进选拔委员会的多元化,减少裙带关系的影响,更好地为工作招聘、挑选合适的候选人,对没有被选中的人员给予坦诚的回复。
- 成立正式的员工留任、招聘和培训项目。
- 在公司的绩效管理政策和措施中,增加职业生涯规划方面的内容。
- 为所有的新员工和新主管提供工作指导项目。

注:关于佐治亚电力公司的更多信息,请访问公司主页 http://www.georgiapower.com。

人际冲突的处理方式

> **学习目标** 2. 解释人际冲突处理的五种方式及其适用条件。

人们采用各种方式解决人际冲突,图9.3展示了对人际冲突的五种处理方式的理解和比较。这五种方式是按照它们在为自己着想和为他人着想这两个维度中所占的比例来进行划分的。满足自身利益的欲望取决于个体追求个人目标时的果断程度,满足他人利益的愿望则取决于个体的合作程度。这五种人际冲突的处理方式显示了合作性和不合作性的不同组合。尽管个体可能具有其中一种或两种倾向,但是当情境和相关人员发生变化的时候,个体就会用到所有这些方式,如在处理与好朋友之间的冲突时所使用的方法肯定不同于处理一起交通事故后与陌生人之间的冲突。在本章结尾的体验与案例部分有一个测试个人处理冲突方式的问卷,我们建议读者现在就完成该问卷。

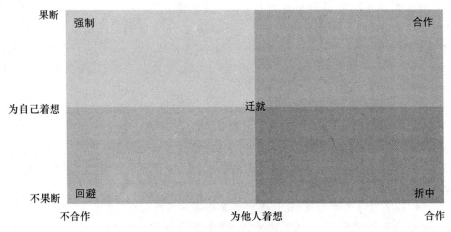

图 9.3 人际冲突的处理方式

> ▶▶▶ **成功领导者语录**
>
> 我们并不具备其他团队表现出来的那种强势行为，但是冲突就像癌症一样会在平静的表面下慢慢滋生。在你没有意识到它的存在之前，你是无法对付它的。
>
> 克雷格·曼吉恩，三共制药公司人力资源部总监

回避方式

回避方式(avoiding style)指的是既不果断又不合作的行为。个体可以用这种方式远离冲突，对争执视而不见或保持中立。回避方式反映了对紧张和挫折的反感，同时包含倾向于让冲突自我解决的态度。由于对重要问题的忽视常常会令其他人不悦，因此频繁使用回避方式往往导致别人不好的评价。以下的描述体现了回避方式的特征：

- 如果有相应的管理条例，我就照章办事；如果没有，我就推给他人，由他们自行决定。
- 我通常采取不会引起争议的立场。
- 我总是避免与朋友们谈论可能引起冲突的话题。
- 就这样。不管怎样，那都不重要。这已经够好了，我们不用再画蛇添足。

当尚未解决的冲突影响到目标的实现时，这种回避方式会为整个组织带来消极的后果。但这种方式在某些情况下又是必要的，例如：① 问题非常琐碎，或者只在短时间内具有重要性，因此根本不值得花精力和时间去面对冲突；② 个体当时根本没有足够的信息去妥善处理冲突；③ 个人的力量相比他人来说非常渺小，以致不可能造成任何影响或引起重大变化（如不同意高层管理者的新战略）；④ 其他人能够更好地解决冲突。

强制方式

强制方式(forcing style)指的是果断和不合作的行为,这是一种非赢即输的人际冲突解决方法。运用这种方法的人努力实现他们自己的目标而不考虑其他人。这种方式建立在第6章所提到的强制性权力的基础上,它或许有助于实现个人目标,但是正如回避方式一样,强制方式容易造成别人敌意的评价。强制方式体现为以下特征:

- 我喜欢直截了当,不管喜欢与否,都要按照我说的去做。也许当别人有了我的经验时,他们会想起这些并更加认同我的做法。
- 我让他人相信我的观点和种种益处。
- 我坚信我的观点最终会在争论中被接受。
- 在争论开始之后,我通常会坚持自己对问题的解决方式。

有强制倾向的个体认为冲突的解决意味着非赢即输。在处理下属之间或部门之间的冲突时,使用强制方式的管理者可能会采用威胁降职、解雇、负面的绩效评估,或其他惩罚措施来迫使员工服从。当同事之间出现矛盾时,运用强制方式的员工会通过向管理者求助的方式来坚持自己的主张,这种方式是利用管理者的权力将决定强加给反对方。

管理者对强制方式的过度依赖会打击员工的工作热情,因为员工的利益从来没有被考虑过,相关的信息和其他可能的选择方案于是就被忽略了。但在某些情况下强制方式是有必要的,这些情况包括:① 紧急状态下需要迅速行动;② 为了保持组织的生存和长期发展必须采取一些不受欢迎的措施(如缩减开支和解雇一些不称职的员工);③ 出于个人需要必须采取自我保护的手段,防止被他人利用。

当冲突双方涉及法律诉讼时,强制方式会随之升级。我们以 Hidetomo Morimoto 为例来加以说明。Hidetomo Morimoto 受雇于太平洋软件出版公司,该公司总部设在华盛顿州西雅图市郊,业务是将英文的软件翻译成日文。几年前由于他的编程技能在劳动力市场不吃香,所以他以 1 800 美元的月薪接受了这份工作。Morimoto 声称他很快发现自己每周要工作 60 个小时,甚至在繁忙的时候要加班到深夜 1 点,并且据他所说,他从来没有得到过加班费。

Morimoto 通过网络表达他的不满,指出有一些日本雇主利用员工高度的工作道德操守来谋私利,但是并没有提到其老板的名字以及公司名。然而,不久他就发现自己被公司炒掉了。公司声称辞退的原因是他的"许多不当的做法",包括在网上乱发帖子。Morimoto 因此将他的前老板告上了法庭,要求公司支付他的加班费。而太平洋软件出版公司坚持认为公司没有过错,因为 Morimoto 在办公室的其余时间都在处理个人事务,而不是在工作。公司还反过来起诉 Morimoto,告他诽谤。尽管直到我们写这本书时,这桩案子还没有得到法庭的判决,但是已经清楚地表明:冲突双方如何在冲突管理中使用强制方式来得到自己希望的结果。这个案例仅仅是近期许多类似的高科技公司员工状告雇主不支付加班费,用毫无价值的股票期权来替代现金奖金,以及不兑现许诺的工资等劳资纠纷案例之一。林恩·赫姆利是一家高科技公司的律师,他指出:"关于工资和工时一类的纠纷现在正在硅谷的高科技圈中愈演愈烈。"

迁就方式

迁就方式（accommodating style）是指合作但不果断的行为。迁就代表了一种不自私的行为，是一种长期鼓励他人合作的策略，或是一种迎合他人愿望的行为。运用这种方式的人总是能得到别人的好评，但他们也有可能被认为是顺从的、懦弱的。迁就方式体现为以下特征：

- 控制冲突的最佳方式是调整自己的目标来保持与他人的良好关系。
- 如果这样能使其他人高兴，我非常赞成。
- 我愿意通过使冲突看起来并不那么重要的方式来消除冲突。
- 我通过指出彼此的差异是细微的，以及将个人观点与其他人的观点结合在一起以示友好的方式来缓和冲突。

使用迁就方式的人总是希望冲突能及时消失，合作能顺利进行，他们会尽力通过提供支持来努力降低紧张和压力。这种方式表现出对冲突的情感方面的关注，但对它的问题实质方面则没什么兴趣。迁就方式只会造成个体掩饰或粉饰情感的借口，如果过多使用，基本上是无效的。迁就方式在短期内适用于以下情况：① 个体处于潜在的暴发性情感冲突中，并且安抚可以缓和这种情感冲突；② 在短期内急需保持和睦及避免干扰；③ 冲突的主要根源在于个体的个性问题，并且问题不易解决。

合作方式

合作方式（collaborating style）指的是高度的合作和果断的行为。这是解决人际冲突的一种双赢方式，人们采取这种方法使共同的结果或收益最大化。运用这种方式的人总是倾向于：① 把冲突看成正常的、有益的，并且如果处理得当，可以带来更有创意的解决方案；② 对他人表示信任和坦诚；③ 认识到当冲突的解决让所有人都感到满意的话，那么人们也将对这个解决方案给予承认。采用合作方式的人经常被认为充满活力并且会得到积极的评价。这种方式体现为以下特征：

- 我会首先试着克服彼此之间存在的不信任感，然后抓住双方对这个问题的共同感受。我会强调我们所决定的一切并不是一成不变的，同时建议找到一个共同的方向。
- 我会把自己的想法告诉大家，积极主动听取大家的观点，然后寻找一个互惠互利的解决方法。
- 在已表述的观点基础上，喜欢提出创新的问题解决方案。
- 我会尽力深入研究问题，然后提出一个对大家都有利的解决方案。

通过这种方式，冲突被公开并受到广泛的关注。分享、检查、评价冲突发生的原因，从而找到一个能够妥善解决冲突并被所有人接受的方法。合作方式在以下情况下最具现实意义和操作性：① 在冲突中工作往往要消耗额外的时间和精力，但工作中所需的高度合作证明了这些消耗是有意义的；② 冲突各方之间的权力平等，让他们能够不受正式地位的影响，坦诚、自由地交流；③ 特别是从长远来看，存在通过双赢的方式来解决争端以达到互利的可能性最大，收益最大；④ 组织给予充分支持，投入足够的时间和精力来通过这种方式解决纠纷。组织的规范、奖励和惩罚,尤其是那些由管理高层建立的制度,或许能够为鼓励或阻碍这种合作打下良好的基础。

折中方式

折中方式(compromising style)指的是一种介于合作和果断之间的行为。运用这种方式的个体进行平等交换并做出一系列的让步。折中是一种被普遍使用且被广泛接受的处理冲突的方法。折中方式体现为以下特征:

- 我想知道别人是如何想、如何感觉的。如果时机恰当,我会说出自己的想法并尽力告诉别人错在哪里。当然,有时大家也有必要各让一步。
- 如果自己的方法失败了,通常发现有必要为双方找到一个收益和损失的平衡点。
- 当我发现别人愿意与自己各退一步的话,我会对他们做出让步。
- 俗语说:有总比没有好,大家都各让一步。

一个对别人做出折中妥协的人可能会得到他人积极的评价。关于折中策略得到积极评价有很多解释,包括:① 基本上它被认为是一种合作性的"退让";② 它反映了一种务实的冲突处理手段;③ 它有利于维持长期的关系。

不应该在解决冲突的过程中过早地运用折中方式,原因如下:第一,相关的个体很可能是对所谓的争端而非真正的争端做出折中。冲突中首先出现的一些争端通常不是真正的争端,如学生向教授反映他们的课程太难,太有挑战性了,这也许只是他们想要争取一个更容易的评分体系。第二,接受一个最初的主张比寻找一个使所有相关个体都满意的方案要简单得多。第三,当折中不是基于当前的最佳决策时,它对所有或部分的情境是不合适的,也就是说,进一步的讨论将有助于找到一个更好的解决冲突的方法。

与合作方式相比,折中方式并不能使双方的满意度最大化。折中使双方达到中等的但仅仅是部分的满意。这种方式有可能适用于:① 达成一致可以使每个人的状况都较好,至少比没有达成一致时要好;② 想要实现真正的双赢是不可能的;③ 冲突的目标或对立的利益阻止了就一方的建议达成一致的可能性。

冲突处理方式的有效性

许多关于人际冲突处理方式的研究表明,合作方式的运用者具有以下特征:① 较成功的人;② 高绩效的组织而非中等绩效或低绩效的组织。人们在建设性地处理冲突时会理解到合作的重要性。合作可以使人用乐观的态度去看别人,也可以让自己对自身表现和能力做出积极的评价。与合作方式相比,强制方式和回避方式通常有负面的影响。这些方式通常与对冲突的不当处理、对他人的消极看法,以及工作表现和能力的不利评价联系在一起。迁就方式和折中方式的影响有好有坏;迁就方式的态度有时能够得到他人的好感,但人们却不会对其绩效和能力形成有利的评价;折中方式的运用总的来说都会赢得他人的好感。

下面的沟通管理能力专栏讲述的是 ATM 快通公司(ATM Express)的创始人马蒂·阿姆比

尔和尼尔·克拉克运用合作方式和折中方式进行冲突管理的事例。该公司总部设在蒙大拿州比灵斯，是一家为全国提供自动柜员机和交易处理服务的公司。公司每年收入约 2 500 万美元，在全美拥有超过 1 万台自动柜员机。

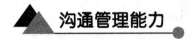

沟通管理能力

ATM 快通公司

20 世纪 90 年代初期，马蒂·阿姆比尔和尼尔·克拉克是大学里的朋友，他们共同拥有一家移动钢琴公司。他们的第一次合作非常简单，仅仅相互握了一下手，拍了拍后背。当 1999 年成立 ATM 时，他们决定组建一家更为正式的公司，因为他们想寻求外部的投资者。于是，他们聘请了一位律师，成立了一家正式的公司。

事实证明这是明智之举。公司成立的整个过程鼓励着他们从一开始就面对艰难的任务。公司的成立文件清楚地表明每位所有者的具体角色，同时还阐述了如何引入第三位投资者、如何确保额外的融资等问题。阿姆比尔和克拉克在推出 ATM 快通服务的时候，遇到了巨大的难题。他们的主要投资者问："如果有一天你们两人中的一个决定从这种合伙人关系中退出，那会怎样？"为了很好地解决这个问题，阿姆比尔和克拉克起草了雇用合同，将合伙关系的期限定为五年。

阿姆比尔和克拉克非常享受他们的合伙关系。他们彼此欣赏对方对待工作的轻松态度，喜欢相互挑战，把工作做得更好、更有创意。阿姆比尔说："我们相互促进，彼此平衡得很好。我们不会让事情恶化。我们的价值观比较接近。"克拉克补充说："我们不会像其他人那样耍小把戏。而且，我们不会轻易生气。虽然有时也会感到不舒服，但毕竟现实的生活就是这样的。"

尽管如此，他们并不是在每件事上的观点都一致。事实上，他们发现彼此在许多事情上都存在重大分歧。一个很有诱惑力的收购就是其中的一个例子。阿姆比尔将收购视为公司扩展的大好机会，但是尼尔·克拉克却不愿意采取这么大的行动。幸运的是，他们在几年前就已经对类似的情况有所准备。因此，在创业的初始阶段进行认真仔细的规划，成为他们合作关系和公司成长的重要因素。

阿姆比尔和克拉克并不担心他们就收购一事发生分歧。他们成立公司之初就已经达成协议：如果他们要制定重大的决策如并购等，一定要得到双方的同意才可以执行。"如果我们两个不能取得一致意见，那么就不能做出决定。"克拉克指出，"这就是分歧的解决方案。"无论是否采取收购行动，他们都一致认为他们的合作伙伴关系会一直继续下去。"如果认为我们之间不会有任何分歧，那是自欺欺人。"克拉克说。阿姆比尔表示同意："尼尔和我不会在沙地上画一条线，然后说，'就只能这样做了，如此而已。'我们不想让对方为难。我们知道双方都需要让步。"

这两个伙伴对对方的能力都赞不绝口。例如，克拉克具有敏锐的市场感觉，而阿姆比尔则擅长运营管理。"我们知道发挥彼此的特长，"阿姆比尔说，"这样，我们在看待任何事情上都有两种观点。尽管我们可以从对方的角度思考问题,但我们总是会很谨慎,避免超过自己的能力范围。"

注:关于 ATM 快通公司的更多信息,请访问公司主页 http://www.atmexpress.com。

冲突管理中的谈判

> **学习目标** 3. 讨论谈判过程的主要阶段、策略和影响。

谈判(negotiation)是有着既相同又相互冲突的目标的两个或两个以上的个体或群体在一起,对某个可能达成的协议中涉及的具体条款进行阐述和讨论,以期达成协议的过程。谈判,是折中、合作,甚至可能包括在重大问题上的某些强制行动。谈判包括以下要素:

- 两个或两个以上的个体或群体必须对他们共同的目标和利益做出决定。
- 个体愿意通过和平手段来解决冲突。
- 没有一个特定的或已确立的决策方法和程序。

谈判的阶段

谈判可以被看做一个由不同阶段构成的过程。表 9.2 列出了谈判的四个阶段及其涉及的问题,具体如下:

- 第一个阶段包括:① 评估所处的情境,确保情境适合谈判;② 准备进入谈判,决定另一方与你谈判的原因。本阶段的重要事项之一是**达成协议的最佳方案(BATNA)**,也就是谈判者的最终底线。如果一项协议没有比 BATNA 更好,那么通常表示谈判者取得的效果不佳。为了防止谈判者在谈判过程中不断增加不合理的承诺,一旦没有达成协议,谈判双方需要明确并且评估各种备选方案。
- 第二个阶段是确立谈判的过程,并对此达成一致。一些需要谈判前进行讨论和达成协议的事项包括:谈判的范围、谈判的参与者、最后期限,以及了解谈判者应当如何进行沟通及探讨问题。
- 第三个阶段是就实质性的协议进行谈判。在这一阶段,谈判者需要在具体战术和可以接受的结果方面做出许多战略决策。
- 第四个阶段是协议执行。确保达成的协议能够执行是十分重要的。有经验的谈判者要考虑哪些方面的理解要达成一致以确保及时有效地执行协议。

表 9.2　每个谈判阶段的模拟问题

第一阶段：评估情境
- 你是否清楚地知道自己的利益和首要任务？
- 你是否有明确的标准来帮助你决定是否要签订协议？
- 你是否有明确的 BATNA，即你是否知道当无法达成协议时应该怎样做？
- 你是否考虑过谈判对方的利益和局限性？

第二阶级：确立过程
- 你是否同意谈判的范围？
- 你是否明白协议为何达成或是否得到认可？
- 你们是否就时间安排和最后期限达成了一致？
- 你们是否讨论过要为谈判准备哪些信息，以及如何获得和管理这些信息？

第三阶段：协议谈判
- 你所进行的谈判是否是为了满足你的利益，而不是你的观点？
- 你是否明白并考虑到谈判对方的利益？
- 你们是否共同明确了双方相互的利益，并共同将"蛋糕"做大？
- 你们是否建立了有利于协议达成的关系？

第四阶段：协议执行
- 是否所有的协议内容都已明确，或者已用书面形式表明？
- 协议是否明确了谈判双方在执行协议中的责任？
- 协议中是否包括对协议的执行进行必要的评估和改进的条款？
- 是否有相关程序来及时地共同解决协议执行中的冲突？

资料来源：Cormick, G. W. *Negotiation Skills for Board Professionals*. Mill Creek, WA: CSE Group, 2005; Dietmeyer, B. *Strategic Negotiation: A Breakthrough Four-Step Process for Effective Business Negotiation*. Chicago: Dearborn Trade, 2004。

分配式谈判策略

分配式谈判（distributive negotiations）是传统的一方获利而另一方失利的输赢式谈判。这种策略经常发生在经济问题上，沟通都是谨慎的，表现出的相互信任也是有限的。威胁、曲解、苛求都是很常见的现象。简而言之，双方陷入紧张且充满敌对情绪的冲突中。强制方式和折中方式在分配式谈判中使用得最为普遍。

某些个体和群体至今仍信奉这种分配式谈判。他们认为谈判人必须随时准备在谈判中反击。认识和了解这种输赢式谈判可能是应付对手最重要的手段。作为谈判者，你可能面对的四种最普遍的输赢式策略是：

- 我全都要。先提出一个极不合理的要求，然后再吝啬地做出让步，对方希望通过这样来磨灭你的决心。碰到这样的谈判者，你就知道对方战术可能如下所述：① 对方第一个提议十分极端；② 吝啬地做出微小的让步；③ 你被迫做出重大让步；④ 对方拒绝互惠互利。
- 时间错位。时间对于输赢式的谈判者来说，可能是一种非常有力的武器。当运用以下任何一种技巧时，你必须设法拒绝被逼到一个不利的境地：① 开价只在有限的时间内有效；② 你被迫接受对方擅自决定的最后期限；③ 对方故意推诿或拖延谈判的进程；④ 对方向你施加压力要求尽快解决。

- 软硬兼施。谈判者通过交替使用具有威胁性和同情性行为的策略来使你偏向他们那边。当你遇到下列情形时就应该警惕了:① 对方变得毫不讲理,口出恶言;② 对方在谈判中退席;③ 不讲理的行为之后又是理智的、充满同情心的行为。
- 最后通牒。这种策略用来强迫你屈服于对方。当对方用以下策略时,你就得小心了:① 你被给予的是一个或接受或放弃的不容讨价还价的提议;② 对方明显想强迫你接受他们的要求;③ 对方不愿做出让步;④ 对方期待你做出所有的让步。

许多大型的航空公司,如美国航空、联合航空、大陆航空公司,由于严重的财务问题,不得不同他们的员工工会进行分配式谈判。最重要的是,管理层比代表员工的工会希望得到更多的工资和福利方面的让步。例如,大陆航空公司在每年的工资和福利方面的投入减少 5 亿美元并发出令人担忧的破产和资金短缺的警告。航空驾驶员协会通过投票表决,58% 的成员表示同意每年降低成本 2.13 亿美元,而 42% 的成员表示反对。这一表决结果表明在协会成员中存在的冲突。一些勉强同意的投票者也只是由于没有更好的选择罢了。航空驾驶员协会大陆航空公司分会主席杰伊·帕纳雷罗指出:"这个协会自始至终为我们驾驶员的利益奋斗。我们很愿意帮助我们的公司,但只能是在那些驾驶员可以接受的条款上。"作为降低工资的交换,大陆航空公司为员工提供了 1 000 万的股票期权,在三年内分期付清。每股的买入价都按照 2005 年合约签订日期的价格执行。

关键是,分配式谈判所涉及的降低工资的做法有利于大陆航空公司。如果三年后兑现股票期权时,股价下降,那么期权对于员工就没有任何价值了。如果大陆航空公司的利润不增加的话,改进的利润分享计划也就成为泡影。

整合式谈判策略

整合式谈判(integrative negotiations)是指共同探讨出令双方获益的方案。双方共同找出问题,评估各种可能的选择,开诚布公地表达各自的意见,最后确定双方都满意的解决办法。双方都接受的解决方案虽然不太可能实现绝对的平等,但是对双方都有利。尽管大陆航空公司与工会谈判的大部分内容是就工资和福利让步而进行的分配式谈判,但是双方同样也进行了一些整合式谈判。例如,管理层、员工和工会均认为大陆航空公司的成本过高,无法同西南航空公司和 JetBlue 航空公司竞争。那些参与整合式谈判的双方有强大的动力推动他们去解决问题,他们处事灵活,诚实可靠,而且勇于创新。整合式谈判主要以合作方式和折中方式来处理冲突。

采用这种具有整合性质的双赢式谈判要遵循许多原则和规定。以下描述的四个整合式谈判的关键原则成为该谈判策略的基础。

- 对事不对人。要获得双方满意的解决办法的第一条原则就是,在谈判中,把谈判的实质性问题和双方的人际关系问题区分开来。谈判者应该把自己看做为了处理大量问题而并肩工作的,而不是互相攻击的。
- 关注利益而非观点。人们倾向于把自我与谈判所持的观点等同起来。而且,只侧重于已经申明的观点会掩盖谈判者的真正需要。更有效的策略不是关注于每位谈判者的观点而是他们观点背后的需求和利益。

● 寻找双方都受益的选择。在有对手在场的压力下考虑最佳的解决方案,思维会受到限制。特别是在有重大利害关系的时候,寻找一个正确的方案会抑制创造力。这些障碍可以通过一个研讨会消除,在这个研讨会上,谈判双方在决定采取何种行动之前,将会讨论各种可能的方案。

● 坚持使用客观标准。双方谈判时应该讨论一些有关公平标准的谈判条件,如市场价值、专家意见、惯例或者法律法规。这条原则可以避免以双方意愿为标准。通过采取客观标准,任何一方都不必屈服于对方,有利于得到一个合理的解决方案。

罗恩·夏皮罗是《友善的力量:怎样使谈判创造双赢局面》一书的作者之一,也是夏皮罗谈判机构的首席执行官。他经历过无数谈判个案:有关于房地产收购的,也有关于企业合并的;有涉及大型融资方案的,也有关于家庭贷款的;有关于解决交响乐队或裁判员罢工的,也有关于职业运动员处理合约问题的。要实现整合式谈判,他建议:

> 不要以一种你认为永远再也不会与桌子对面的人打交道的方式来进行谈判……忘记征服者和失败者。谈判不是战争。谈判并不是要对方举旗投降。不要想着去伤害别人,而要想着去帮助别人,不要命令而要聆听。得到你想要的东西的最好方法是帮助对方得到他(她)想要的。……从表面上来看,谈判似乎就是要分出胜负。毕竟,只有胜利者才能享有战利品。难道只有最艰辛、最困难、最尖锐的谈判才是最成功的谈判吗?……这种谈判者无疑会在交易中获得成功,但是从长远来看是失败的。我相信如果你态度友善,你还是会得到你想要的结果的。而且事实上,通常还会获得更大的成就,实现更多的目标,与对方建立更长期的合作关系,最终将得到更大的回报。双赢意味着达到自己想要的谈判目标的最佳方式是帮助对方得到他们想要的。

下面的团队管理能力专栏介绍了辛纳吉(Cinergy)公司的经理们与四个工会的谈判报告。谈判内容是公司力图推行的在居民缴费托收程序方面的变革。辛纳吉公司为俄亥俄州、印第安纳州和肯塔基州超过150万的用户提供发电、传输电力和电力配置的服务,为超过50万的用户提供天然气服务。你会发现在这些谈判中,主要采取的是整合式谈判,也有一些是分配式谈判。

团队管理能力

辛纳吉公司的居民缴费托收谈判

格雷迪·里德是辛纳吉公司收入托收部的经理,主持了旨在改变公司居民电费托收程序的几宗谈判。由于变革涉及多方利益,达成一个令大家都很满意的协议是一项非常巨大的成就。此外,达成的协议还要有利于效率的提高。里德指出:"我知道我们处在一个岌岌可危的境地,必须做出决定来实施变革。我们知道要实现预期的变革,需要与四个不同的工会进行磋商。这不是一件容易的事,因为我们以前也曾尝试过,但是都无疾而终。"里德注意到人们基本都认同"这次会有所不同"以及实施变革是至关重要的。"我们要让参与其中的每个人都明白,大家齐心协力推行我们经过深思熟虑的变革是十分重要的。"里德说。

尽管如此,这个过程并不那么容易。来自四个工会的成员和辛纳吉公司管理层的人员都对托收问题以及如何解决有着不同的想法。里德指出:"当时大家认真讨论了关于将这个工作外包出去的办法。但是我们当中的多数人都希望找到一个双赢的方案,让这项工作在公司内部解决。"实际上,在讨论还在持续的时候,已经有外包公司开始进行投标了,希望参与托收的工作。

经过9个月的讨论、分析和协商,里德和管理层团队同意组建一个集中化管理的小组,专门负责居民托收/欠款事务,以此来解决问题。这样一来,工作还是在公司内部完成,但是在工资结构、未来工作安排等方面进行了重大变革。里德这样评述道:"这样的决定需要参与谈判的五个群体(四个工会团体,一个管理层团队)都各有取舍。没有哪个群体结束谈判时是欢呼雀跃的,但我们都认为这是一个可行的方案。"

结果是辛纳吉公司调整了多项工作职责,增设了一个集中管理的工作团队,专门负责托收和欠款问题的解决。里德说:"我们增加了一些资源、技术硬件和软件以提高工作效率,实现真正的系统更新。当我们评估总体成效时,我们很高兴地发现自己所取得的成绩,并且相信通过不断调整方案,我们还可以继续取得成效。当一切已成为定局时,我们已经赢得了高层管理者的支持,而工会也由于争取到变革的实施而赢得了其成员的支持。"

注:关于辛纳吉公司的更多信息,请访问公司主页 http://www.cinergy.com。

对于谈判策略的四种影响

在这一部分,我们着重讨论对于分配式谈判和整合式谈判策略的四种常见的影响:态度建构、组织内的谈判、谈判者困境和调解。

态度构建 态度构建(attitudinal structuring)是指谈判双方寻求建立情感和关系的过程。在任何谈判中,双方所持的态度(如敌意或善意、竞争或合作)都会影响到他们的沟通状况。回忆一下我们前面所引述的罗恩·夏皮罗关于有效谈判双方应该持有的态度方面的观点。他说:"我相信如果你态度友善,你还是会得到你想要的结果的。"

威廉·尤里是谈判方面的知名专家,也是哈佛大学法学院的一个谈判项目的子项目即全球谈判项目的主持者。我们来分享一下他关于谈判中态度构建的一些观点:

> 首先要解决人及其情绪问题。对待人要温和,这样在处理问题时你就可以比较强硬……十分重要的是,不要不经思考就草率回应,而要利用"我要去一下阳台"的方式,让自己冷静下来,让你重新回到自己的立场上,记住自己的利益是什么。关键是要明白在我们无法影响自己之前,是不可能去影响谈判的对方的……让自己设身处地地为对方着想,明白对方的利益和感受是十分重要的。谈判就是一个实施影响的过程,你要做的就是试图影响别人。如果你连别人的心思是什么都不清楚的话,怎么可能去影响别人的心思呢?要尽量做到有创意。对那些与你的观点不同的做法要敞开心扉。

在前面的团队管理能力专栏中提到的辛纳吉公司关于居民缴费托收的谈判,收入托收部的经理格雷迪·里德意识到了态度构建的重要性并表明:"我们要让参与其中的每个人都明白,大家齐心协力推行我们经过深思熟虑的变革是十分重要的。"

组织内谈判 组织通常会派出代表进行谈判,如欧佩克(OPEC)成员国的代表为卡特尔设定石油价格。但是,这些代表必须先取得所代表国家的领导的同意,然后才能与其他代表达成共识。在**组织内谈判(intraorganizational negotiations)**中,谈判者在与其他组织谈判之前,要先在各组织内部达成共识并解决内部冲突。

格雷迪·里德的一些话就反映了发生在管理层内部成员之间的组织内谈判,例如,"关于工作的外包,(经理们之间)有着严肃的讨论,但是我们(经理们)当中的多数人都想采取一种双赢的解决方式,让工作在公司内部得以解决。""当一切成为定局时,我们已经赢得了高层管理者的支持。"

谈判者困境 谈判者越来越意识到,通过整合式谈判共同创造价值的重要性。但是,他们也必须承认一个事实,就是双方可能最终会通过分配式谈判获得收益。**谈判者困境(negotiator's dilemma)**指的是自我获益的策略会阻碍创造更大的共同利益。当双方开诚布公地讨论问题,尊重对方的需要和满足各方利益的时候,就能产生最好的解决方案。但是,这种情况并不是经常发生。

寻求双赢的谈判者很容易受到输赢式谈判者的伤害。因此,谈判者经常会对于运用整合式谈判策略而焦虑不安,因为他们认为对方可能在使用分配式谈判策略。这种疑虑会让谈判者偏离共同受益的目标。而且,在遭遇过许多有经验的输赢式战略家以后,寻求双赢的谈判者也很快"学会了"成为输赢式战略家。最终,如果谈判双方都使用输赢式谈判策略的话,要达到双方共同获益的可能性几乎为零。谈判结果可能是双方只得到了最低限度的利益。

如图9.4所示,整合式谈判和分配式谈判分别位于纵轴与横轴,用来代表谈判的双方。图9.4中的个体A和个体B,得到一个由谈判过程形成的各种可能性结果的矩阵,从而说明谈判者的困境。

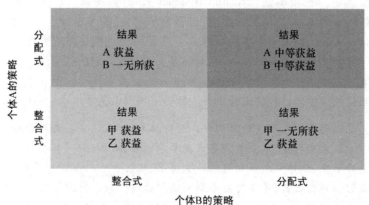

图9.4 谈判结果矩阵

资料来源:Anderson, T. Step into my parlor: A survey of strategies and techniques for effective negotiation. *Business Horizons*, May-June 1992, 75.

第9章 有效管理冲突和谈判

调解 有时,谈判双方陷入僵局,无法解决相关问题。如你所料,这种情况更多发生在分配式谈判中,而不是整合谈判中。在这种情况下,双方会选择**调解**(mediation),即第三方帮助两个或更多谈判方解决一个或更多冲突的过程。大多数的谈判都直接发生在相关的个体之间,但是如果当事方陷入输赢式的冲突,充当中立方的调解者或许可以帮助他们解决分歧。

回想一下关于 KLA-Tencor 公司的课前案例:来自公司三个事业部的采购员就与同一个供应商签订合同的问题发生争执。通过调解方的指导,他们开始考虑每个事业部的业务模式各有侧重,在这种相互理解的基础上,共同想出解决问题的办法。最后,采购员和产品经理达成了一个富有创意的解决方案,满足了各方的需求。

调解者需要具备一些特殊的能力:① 能诊断出冲突根源所在;② 善于打破僵局,以及在适当时候开展讨论;③ 认可双方的利益;④ 能安抚双方的情绪。简言之,成功的调解者必须在双方冲突中表现出自信和能被双方接受的能力和技巧。

调解者的主要任务有以下五方面:

- 确保相互激励。每一方都应该有解决冲突的动机。
- 找到双方力量的平衡点。如果双方力量不对等,那么建立信任和开放的沟通就会有困难。
- 协调对等的行为。一方的积极行动要与另一方准备做出的行动相协调。如果不能将积极的主动性和积极的回应准备协调起来的话,将削弱以后为解决分歧所做的努力。
- 促进对话的公开。调解者帮助双方建立坦诚互信的规范,消除疑虑,提供支持,并降低因坦诚而带来的风险。
- 维持适度紧张的压力。如果威胁和紧张程度太低,则寻求解决办法的意愿也会很低。但是,如果威胁和紧张程度太高,相关个体则无法处理信息和考虑创新的备选方案。他们可能会走向极端,死守自己的立场,导致调解失败。

跨文化谈判

> **学习目标** 4. 阐述跨文化谈判的独特性及建议。

国际商务谈判最显著的特点在于不同文化对于谈判过程的影响。在跨文化谈判中有两个主要视角:

- 在某个国家的谈判与在其他国家的谈判完全不同,全球性的谈判与国内的谈判大相径庭。
- 全球性的谈判在本质上同国内的谈判是一样的,它们都是基于商业交易性质的。

事实上,单独的两个视角都不够全面,文化差异是至关重要的。本章前面几个部分所讨论的冲突管理和谈判的核心概念同样适用于跨文化领域。在本节中,我们重点讨论跨文化谈判中的一些独特方面。

谈判者的差异性

如果谈判者具有不同的文化背景,谈判中所涉及的问题会增多,同时也会变得更加复杂。表9.3提供了来自不同文化的谈判者的差异的例子,这些例子基于一项对12个国家超过300名谈判者的研究。正如之前提到的,两种基本谈判方法分别是整合(双赢)式和分配(输赢)式。请注意:100%的日本受访者表示,他们在谈判中会采取双赢方法。相比之下,只有37%的西班牙谈判者会采取双赢方法。表9.3也对这些国家的谈判者在谈判过程中的正式程度进行了比较,即他们的沟通倾向于直接还是间接,以及他们注重总体达成共识还是停留在对合同的细节理解上。

表9.3 文化对谈判方式的影响

谈判态度:双赢或输赢												
	日本	中国	阿根廷	法国	印度	美国	英国	墨西哥	德国	尼日利亚	巴西	西班牙
双赢(%)	100	82	81	80	78	71	59	50	55	47	44	37
个人方式:正式或非正式												
	尼日利亚	西班牙	中国	墨西哥	英国	阿根廷	德国	日本	印度	巴西	法国	美国
正式程度(%)	53	47	46	42	35	35	27	27	22	22	20	17
沟通方式:直接或间接												
	日本	法国	中国	英国	巴西	印度	德国	美国	阿根廷	西班牙	墨西哥	尼日利亚
间接程度(%)	27	20	18	12	11	11	9	5	4	0	0	0
协议形式:总体或具体												
	日本	德国	印度	法国	中国	阿根廷	巴西	美国	尼日利亚	墨西哥	西班牙	英国
总体性(%)	46	45	44	30	27	27	22	22	20	17	16	11

资料来源:Salacuse, J. W. Ten ways that culture affects negotiating style: Some survey results. *Negotiation Journal*, July 1998, 221—240。

正式程度反映了谈判方式。例如,来自德国的谈判者会非常正式,他们坚持用头衔来称呼对方。他们会避谈自己的故事或趣事,更加避谈自己的私人或家庭生活。相反,来自美国的谈判者没有那么正式,他们以名字来称呼对方,努力与对方发展私人关系,而且衣着随便。直接和间接沟通之间的差别主要在于谈判中的沟通是否直截了当和简明扼要。间接沟通运用了很多非语言沟通方法(见第10章)和很多模糊不清的表达方式。通常人们认为德国人和美国人在沟通时非常直接,而法国人和日本人则比较间接,在沟通时依赖大量的非语言行为来帮助对方理解。

如果双方已经建立了长期和内部的关系,那么传统的假定和设想就不适用于谈判和冲突问题的处理。这一情景特别适用于日本人和那些被他们视为内部人的谈判者的谈判中。日本商人通常视西方人为外人。因此,西方人经常错误地认为日本人绝对不会用直接或对抗的方式去解决冲突和谈判。事实上,日本人在与内部人遇到意见分歧的时候,通常是以直接的方式去解决的。他们会明确地表明团队成员之间的主要分歧,同时也会直接表达需求、拒绝和讨价还价的意愿。

跨文化情商

谈判者和其他普通人一样,如果具有高情商的话,就能够更有效地进行谈判。我们将在第11章专门讨论情商。现在,我们把相关讨论拓展一下,将情商的构成要素与提高跨文化谈判能力和技巧联系起来。这些要素的相互关系如下:

- 自我意识 承认本国和东道国文化的差异性;意识到文化价值观对绩效的影响;认识到适应一种新的文化规范的困难并寻求帮助;愿意接受新的文化视角;通过寻求文化指导来应对不确定的问题;避免将自己本国的文化凌驾于东道国的文化之上;了解东道国文化与跨文化冲突之间的联系;当谈判中发生令人不悦的事情时要保持灵活和耐心。
- 自我激励 面对新的挑战时要保持乐观的情绪;有效地进行压力管理;当谈判陷入僵局时寻求新的途径;有意识地在国际谈判的优势、挑战和压力之间寻求平衡。
- 移情技巧 培养良好的倾听技能;对差异性保持敏感;询问问题并在采取行动之前充分理解问题;愿意为了表示对他人的尊重而进行改变;开诚布公地分享那些能够帮助他人更好地理解问题的信息;对不同意见表示尊重。
- 社交技能 保持随和的态度,建立友好的关系;在保持文化差异性的基础上,求同存异;保持心胸开阔,积极组织讨论而不是武断地通过决议;沟通信息,为谈判建立良好关系和把握未来的合作机会。

掌握这些情商的基本要素为成为一位有效的跨文化谈判者奠定了基础。此外,情商还可以使谈判者避免对来自其他文化背景的谈判对手产生过于简单的刻板印象,例如:

美国人缺乏耐心,直接,咄咄逼人,有创意,友善,注重物质,通常不够老练。德国人固执,勤奋,自律,很有条理。亚洲的谈判者很难理解,保守,关注地位,很有耐心,避免直接的冲突,强调私人的关系。拉美的谈判者比较浪漫,不够务实,注重享乐,没有条理,关注荣誉和原则。英国的谈判者很傲慢,以自我为中心,保守,保持公平。意大利的谈判者很热情,外向,情绪化,喜欢调侃。

▶▶▶ **成功领导者语录**

我一直以来都十分幸运,在过去26年的职业生涯中,我的工作一直是全球性的……你一定要审慎,尊重来自世界上不同文化、不同商业类型的客户……这样你就会发现:如果你的商业决策的确是一个关于文化方面的决策,那么只要你能够尊重文化差异,以诚待人,双方就容易妥协和让步,最终达成协议。

史蒂夫·沃德,联想集团前首席执行官

如果想了解情商的各种特性且与本书一直强调的各种能力保持一致,一个较好的办法是关注具体谈判者的素质和特性,欣赏对方,理解他们的文化背景,这样就可以避免刻板印象和错误的归因行为。

谈判的过程

谈判过程有许多特点,如在每个谈判阶段遇到的主要问题,在不同的文化中都是类似的。同时,我们注意到一些独特的方面,或是需要根据具体的跨文化谈判进行调整的方面,如下:

- 与人打交道　要有充足的时间把谈判对手当做谈判专家和普通人来进行了解。由于需要获取文化及个人知识,所以跨文化谈判要比国内谈判准备更长的时间。几乎每次谈判都会涉及保留面子的问题,成功的国际谈判者会避免让谈判对手感到不舒服。为了维护面子,谈判者需要避免傲慢,仔细地选择所使用的字眼以免触犯对方,尊重谈判对手,这样有利于建立相互的信任。当人与人之间彼此信任时,他们会更加开诚布公地沟通,更愿意接受他人的建议和观点。

- 时间　准备充裕的时间,特别是要有足够的思考时间,即不要对新的提议快速做出回应。在谈判中,语言交流的时间选择是很关键的,一些西方的谈判者认为对话中的间断和停顿令他们不适应,但是来自其他文化的谈判者(如日本、中国)倾向于在谈话过程中保留一些沉默的时间。耐心对于国际性的谈判而言是一种宝贵的品质,但是有时也会受到时间压力的影响。

- 议题管理　如果谈判对方不按照谈判议程进行的话,要注意保持灵活性。一旦已经获得谈判者认可的议程没有得到执行,人们通常会感到不悦。在这种情况下,谈判对方可能更倾向于总体性的谈判,而不是逐项讨论的谈判。对方或许不认为谈判是一个直线形发展的过程,不需要一个问题解决后再进入下一个环节。

- 沟通过程　国际谈判中的有效沟通主旨是准备好应对各种不同的沟通风格,在诠释沉默、情绪、威胁以及各种操控性的沟通时都要格外小心,从尽可能准确地评估跨文化障碍开始,仔细权衡语言等沟通问题。商业人士通常会低估甚至忽略这一方面,因为他们一般与谈判者的技术或商业文化一致。要注意对方明确表达出来的意思可能与其暗含的意思完全不同,需要仔细观察并核实。当风险比较大时,要用足够的时间去检查沟通的准确性和有效性。

- 发展关系　达成的协议应该有利于双方关系的发展,要灵活地处理各种预料中以及预料外的变化,其中一个主要环节是在发展关系和达成交易之间保持平衡。谈判的最终目标是建立相互信任的关系,对于许多谈判而言都是如此,但许多事情都有可能出错,跨文化谈判更是如此。有了信任,谈判双方就能够更好地解决那些不可避免的问题。

以下跨文化管理能力专栏向我们简要介绍了在中国的文化背景下进行谈判的复杂性。

第 9 章　有效管理冲突和谈判

跨文化管理能力

中国人的谈判风格

中国人在商务谈判中的风格受到许多文化因素的影响,其中主要有以下两个重要因素:

1. 关系。正如美国人十分强调网络、信息和制度一样,中国人十分看重个人在其朋友圈、亲戚圈之间的社会资本。尽管"关系"的作用有所减弱,但它仍然是十分重要的社会力量。通常,拥有各种关系的人更容易胜出。

有一个例子可以说明关系是如何起作用的。在得知中国邮政储蓄局有更新其电脑网络的计划后,霍尼韦尔-布尔大中华区总经理 C.T. 邓就开始要求他在北京的销售总监联系中国邮政局负责这个项目的管理人员。因为这位销售总监和邮政局的负责人是大学同学,他们之间存在着这种关系,使得邓有机会邀请这位负责人参加霍尼韦尔-布尔公司在波士顿总部举行的合作伙伴论坛。他还邀请了中国台湾地区信息工业研究所的负责人参加此次论坛。在会谈的过程中,邓建议使用一套采用霍尼韦尔-布尔公司的硬件和台湾研究所的软件的银行电脑系统,结果交易成功。

好的关系也取决于一种互利互惠的制度。这种互惠并不是那种美国式的互惠:"我做出了让步,因此在今天的谈判桌上我应该得到回报。"在中国,受到的恩惠会被长时间地铭记,并加以回报,但却不一定是立即回报。这种长期的回报是建立在持久的私人关系基础上的。在中国忽略礼尚往来不仅是没有礼貌的,而且是不道德的。如果某人被认为是忘恩负义、不知回报的,那么以后就会失去所有做生意的机会。

2. 中间人。如果美国人在中国进行商务谈判没有中间人的话,就会问题重重。在美国,除非有足够的原因,否则人们倾向于信任合作方。但是在中国,同陌生人的会谈充斥着怀疑和不信任。在商务交往中,基本上不可能通过交往来培养信任,因为如果没有信任是根本不可能建立起商业联系的。然而,信任必须通过关系来传递和建立。在中国,谈判的第一步就是找到一个能够同谈判方有关系的联络人。

即使是在首次见面之后,一个有能力的中间人也是非常重要的。让我们来看看典型的中西谈判过程中会发生什么。中国商人不会直接说"不",而是通过转移话题、陷入沉默、另提问题的方式来表示,或是用模棱两可的回答,用看似积极的语言来委婉地表示消极的意图,如"看起来没错"、"看起来不错"以及"看起来还可以"之类。

只有中国当地的中间人才能够解读中国谈判者在正式的谈判过程中的各种情绪、语气、面部表情和身体语言。一家总部位于纽约的软件公司副总裁曾经去北京与一家研究所进行经销合同的谈判。经过几轮由一位研究所的前任高级官员作为中间人安排的会谈之后,这位副总裁对于前两天取得的会谈成果非常满意。但是到了第三天,双方就知识产权问题产生了争议。中国方面觉得有损脸面,便结束了会谈。那天晚上,该副总裁和中国区经理同那位中间人单独见面。第二天,中间人致电研究所的负责人,施展了他的影响力。结果,双方最后同意共同拥有知识产权,并签订了合同。

注:关于中国文化和商务实践的更多信息,请访问网页 http://www.index-china.com 以及 http://www.chinesecultutesite.com。

本章小结

1. 描述组织冲突的四个层次。

   在组织内有四种不同层次的冲突:个体内部冲突、人际冲突、群体内冲突和群体间冲突。个体内部冲突发生在个体的内部;人际冲突是自我意愿与他人意愿的冲突;群体内冲突是群体成员之间的冲突;群体间冲突是团队或群体之间的冲突。

2. 解释人际冲突处理的五种方式及其适用条件。

   人际冲突处理的五种方式包括回避、强制、迁就、合作和折中。个体会趋向于其中一种或两种方式,但很有可能随着时间的变迁,在处理不同的人际冲突时使用所有的这些方式。在本章结尾的体验练习与案例部分有一套题目来测试你处理冲突的风格。

3. 讨论谈判过程的主要阶段、策略和影响。

   谈判是冲突管理的一个组成部分,它是有着既相同又相互冲突的目标的两个或两个以上的个体或群体在一起,对某个可能达成的协议中涉及的具体条款进行阐明和讨论的过程。谈判的四个核心阶段包括:① 评估情境;② 确立过程;③ 协议谈判;④ 协议执行。表9.2提供了解决每个阶段主要问题的列表。两种主要的谈判策略是分配式(关注输赢结果)和整合式(关注双赢结果)。四个影响谈判策略选择和执行的因素是态度构建、组织内谈判、谈判者困境,以及针对某个具体问题的谈判出现僵局时所采取的调解措施。

4. 阐述跨文化谈判的独特性及建议。

   来自不同文化背景的谈判者会在以下方面表现出不同:① 谈判态度偏重于输赢式还是双赢式;② 个人谈判风格倾向于正式还是非正式;③ 沟通风格侧重于直接还是间接;④ 协议形式倾向于总体内容还是非常具体的条款或理解。全球性的谈判者如果具备高情商的话,就更有可能成为成功的谈判者。因为情商的组成部分即自我意识、自我激励、移情技巧和社交技能,可以增加他们对国际谈判的适应力。跨文化谈判会在以下情况中体现出与一般谈判过程不同的特性:与人打交道、时间、议题管理、沟通过程以及发展关系。

第 9 章 有效管理冲突和谈判

关键术语和概念

迁就方式（accommodating style）
兴趣小组（affinity groups）
态度构建（attitudinal structuring）
回避方式（avoiding style）
达成协议的最佳方案（BATNA）
合作方式（collaborating style）
折中方式（compromising style）
冲突（conflict）
冲突管理（conflict management）
分配式谈判（distributive negotiations）
强制方式（forcing style）
整合式谈判（integrative negotiations）
群体间冲突（intergroup conflict）

人际冲突（interpersonal conflict）
群体内冲突（intragroup conflict）
组织内谈判（intraorganizational negotiations）
个体内部冲突（intrapersonal conflict）
调解（mediation）
谈判（negotiation）
谈判者困境（negotiator's dilemma）
角色（role）
角色模糊（role ambiguity）
角色冲突（role conflict）
角色集（role set）
任务的相互依赖性（task interdependency）

讨论题

1. 你遇到过使用分配式策略的谈判对手吗？请描述一下当时的情景。你是怎样面对那些策略的？你有什么感受？结果怎样？

2. 找出一位现在或以前在人际关系中比你拥有更高权力的管理者，描述他是如何使用五种人际冲突处理方式的。你对他的冲突管理有何评价？

3. 课前案例中 KLA-Tencor 出现了哪几个层次的冲突？请做出解释。

4. 课前案例中 KLA-Tencor 运用了哪几种冲突管理方式？请做出解释。

5. 你如何评估自己的情商组成要素对于你的跨文化谈判能力的影响？请使用一份 100 分的量表（100 表示很好，0 表示不存在）来评估你在每个组成要素上的得分。这个自我测试对你有什么启示？

6. 重读沟通管理能力专栏中 ATM 快通公司的案例。该案例中展示了哪些层次的冲突？请解释。案例还展示了哪些人际冲突处理的方式？请解释。

7. 重读多元化管理能力专栏中关于佐治亚电力公司的案例。你是否认为该公司采取的对策会长期有效？请解释。

8. 在你经历的冲突当中，有哪些是：① 传递者个人内部角色冲突；② 传递者之间的角色冲突；③ 角色之间的冲突；④ 个体—角色冲突。

9. 描述你经历中有关双趋冲突、双避冲突和趋避冲突的例子。

体验练习

体验练习:自我管理能力

冲突处理方式

说明

每个编了序号的项目都包含两个描述人们如何处理冲突的句子。每对句子 5 分,更准确地反映你可能的反应的那个句子应该打最高分。例如,如果反应(a)准确地描述了你的行为,那么得分就是:

<u>5</u> a.
<u>0</u> b.

但是,如果 a 与 b 都接近于你的行为,那就选出比较符合你的那一项,然后打分高一些,例如:

<u>2</u> a.
<u>3</u> b.

1. ____ a. 在解决问题时,我希望由其他人来承担责任。
   ____ b. 我更强调双方一致之处而非分歧之处。
2. ____ a. 我对于自己能找到折中的办法感到自豪。
   ____ b. 我会对所有分歧之处做仔细研究。
3. ____ a. 我通常会坚持己见。
   ____ b. 我会安抚他人的激动情绪,以维系我们之间的关系。
4. ____ a. 我对于自己能找到折中的办法感到自豪。
   ____ b. 我会为了对方的意愿而放弃自己的想法。
5. ____ a. 我在寻求解决方法时,总是寻求他人帮忙。
   ____ b. 我会做一些必要的事情来避免产生紧张的气氛。
6. ____ a. 我把避免处理任何冲突作为自己的准则。
   ____ b. 我会捍卫自己的立场并强调自己的观点。
7. ____ a. 我会延迟处理冲突,直到我有时间仔细考虑。
   ____ b. 如果对方做出某些让步,我也会愿意做出相应的让步。
8. ____ a. 我会运用我的影响力,让所有人都接受我的提议。
   ____ b. 我会直接了解所有人的想法和问题。
9. ____ a. 我认为大多数的意见分歧不值得担忧。
   ____ b. 对于我关心的事,我会尽力按照自己的方式去做。
10. ____ a. 有时候,我会运用我的权力或技术知识并按照自己的方式做事。
    ____ b. 我会用折中的办法解决问题。
11. ____ a. 我认为团队合作比独立工作能够更好地找到解决方案。
    ____ b. 我通常会顺从他人的意愿。

第9章　有效管理冲突和谈判

12. ____ a. 我通常避免提出会引起矛盾的观点。
    ____ b. 如果对方愿意让步，我也愿意让步。
13. ____ a. 我经常在中间地带寻找解决办法。
    ____ b. 我总是强调自己的观点并想让人接受。
14. ____ a. 在做决定之前，我想知道每个人的意见。
    ____ b. 我会阐明我的观点及其优势。
15. ____ a. 在琐碎的事情上，我宁可做出让步也不争执。
    ____ b. 我尽量避免处于"负责地位"。
16. ____ a. 我通常会避免伤害别人的感情。
    ____ b. 我会捍卫自己作为团队成员的权利。
17. ____ a. 我通常对自己的意见坚定不移。
    ____ b. 我会避免意见分歧而不让别人为难。
18. ____ a. 如果能令别人开心，我会赞同他们。
    ____ b. 我相信各有取舍是解决任何分歧的最好办法。
19. ____ a. 我宁愿以一场冲突换来解决方案。
    ____ b. 在团队讨论严肃问题时，我通常保持沉默。
20. ____ a. 我宁愿公开解决冲突而不愿隐瞒分歧。
    ____ b. 我会寻找公平的解决办法以平衡双方的得失。
21. ____ a. 解决问题的时候，我会聆听别人的意见。
    ____ b. 我喜欢用直接和客观的态度来表明我的不同意见。
22. ____ a. 我会想出能照顾到每个人的解决办法。
    ____ b. 我会一直争论，直到我的意见被接纳。
23. ____ a. 我会评估问题，找出一个双方都同意的解决方法。
    ____ b. 当别人质疑我的想法时，我不予理会。
24. ____ a. 如果对方态度强硬，那么即使我不认同其观点也会做出让步。
    ____ b. 我愿意采用折中的办法解决问题。
25. ____ a. 当必须在冲突中胜出时，我会表现得令人信服。
    ____ b. 我相信一句俗话："以和善来征服敌人。"
26. ____ a. 在处理冲突时，我会与对方讨价还价。
    ____ b. 在表达自己的意见之前，我会仔细聆听。
27. ____ a. 我避免说出引起冲突的观点。
    ____ b. 为了团队的利益，我愿意放弃我的立场。
28. ____ a. 我热衷于竞争的场面，并努力获胜。
    ____ b. 只要可能的话，我总想获得知识渊博的同事的帮助来解决分歧。
29. ____ a. 我可以放弃部分要求，但前提是我必须有一定的回报。
    ____ b. 我不会提出我的异议，只会把它埋于心底。
30. ____ a. 我通常会避免伤害别人的感情。
    ____ b. 如果与同事意见不合，我会公开表明以便我们进行讨论。

得分

在每句话的标号旁边记下你的分数,然后算出每一栏的总分。

第一栏	第二栏	第三栏	第四栏	第五栏
3(a)____	2(a)____	1(a)____	1(b)____	2(b)____
6(b)____	4(a)____	5(b)____	3(b)____	5(a)____
8(a)____	7(b)____	6(a)____	4(b)____	8(b)____
9(b)____	10(b)____	7(a)____	11(b)____	11(a)____
10(a)____	12(b)____	9(a)____	15(a)____	14(a)____
13(b)____	13(a)____	12(a)____	16(b)____	19(a)____
14(b)____	18(b)____	15(b)____	18(a)____	20(a)____
16(b)____	20(b)____	17(a)____	21(a)____	21(b)____
17(a)____	22(a)____	19(b)____	24(a)____	23(a)____
22(b)____	24(b)____	23(b)____	25(b)____	26(b)____
25(a)____	26(a)____	27(a)____	27(b)____	28(b)____
28(a)____	29(a)____	29(b)____	30(a)____	30(b)____
总分____	总分____	总分____	总分____	总分____

将以上总分记到相应的栏里,然后在下面写出得分。每栏总分 36—45 分意味着属于该类型;总分 0—18 分意味着不属于该类型;总分 19—35 分意味着属于中等程度。

```
         总分  0    10   20   30   40   50   60
第一栏(强制)____
第二栏(折中)____
第三栏(回避)____
第四栏(迁就)____
第五栏(合作)____
         0    10   20   30   40   50   60
```

解释

只要使用得当,每种方式都能在处理冲突的时候发挥作用。在谈判过程中可以使用任何一种方式,也可以混合使用这五种方式。你对测试结果满意吗?为什么?测试结果是否真实反映了你自身主要的冲突处理方式?

体验练习:自我管理

干预员工的分歧

设想你处于组织中的以下两种情景。

情景 A 就在一份重要合同即将在一位重要客户的工作地点执行的前两天,一家小型排放物监测(污染控制)公司的项目主管和检查员,就雇用临时工的问题产生了分歧。项目主管认为为了及时完成工作,有必要雇用临时工,而且她有权雇用临时工,甚至做任何保证项目按时完工的决定。而检查员则表示强烈反对,他指出公司的规章制度只赋予项目主管权力采购设备和原材料。在检查员看来,要增加人手并支付工资,必须得到人力资源部和财务部的一致同意才行。这一分歧被提交到公司总裁那里寻求解决方案。

情景 B　一家制造公司的市场部经理和生产部经理就一些产品设计的变化产生了巨大的分歧。生产部经理对目前的生产流程十分不满,原因是采取这种流程虽然可以方便市场部为了满足客户要求而对产品设计进行改变,但是这些产品设计的改变决定经常是在生产马上就要开始的时候才做出,结果延误了其他产品的生产。每项改变通常需要 3 天的时间来调整零部件的规格,打乱了为生产其他产品所制订的时间计划。生产部经理希望市场部能够将产品设计的改变至少在生产开始前两周交到生产部。换句话说,产品设计改变的最后期限应该定在计划生产开始日期的前两周。市场部经理对这个建议表示愤怒,并指出最后做出的产品设计的改变对于满足客户需求并保证交易非常重要。既然他们的竞争对手愿意接受最后一分钟对产品的改变,他们也必须这样来应对。市场经理指出:为了在这样的全球竞争环境下保持现有的市场份额,他们已经竭尽全力了,如果要采取一些不利于保持市场份额的举措的话,那简直就是疯了。这个冲突不断升级,导致市场部和生产部之间的合作和协调受到了影响,员工士气也非常低落。最后,总裁不得不进行干预。

问题

1. 假如你是上述两种情景下的公司总裁,你将如何干预这样的分歧?你是否会协助冲突双方进行讨论,还是将最终决定权交给他们自己?你是否会仔细聆听他们的观点,分析具体情况,然后做出让双方执行的方案?或者你对分歧表示不干预,强调要让冲突双方从中学习如何处理这样的冲突?选择一种策略来解决上述冲突。请运用本章学到的知识来解释你的决定。
2. 基于你自己的经历(工作或学习),描述一个你必须要决定是否干预其他两个人冲突的场景。你当时是怎样做的?你现在会有不同的做法吗?如果会,请说明你将怎样做。

Chapter **Ten**

第 10 章
沟通管理

学习目标

学完本章后，你应该能够：
1. 阐述人际沟通的要素。
2. 解释促进道德的人际沟通所需的能力构成。
3. 描述非语言沟通如何影响对话。
4. 说明人际沟通网络在人际沟通中的作用。

课前案例

豪格·罗宾逊有限公司的戴维·拉德克利夫

戴维·拉德克利夫是豪格·罗宾逊有限公司的首席执行官。该公司现有 7 500 名员工，总部位于英国汉普郡。这家国际性的公司在全球 20 个国家设有分公司，主要经营商务旅行服务以及体育赛事和会展管理业务。拉德克利夫最近刚刚获得国际商务沟通协会颁发的沟通领导奖项中的欧洲杰出奖。拉德克利夫经常通过正式和非正式的渠道来获得沟通管理的好办法。他每六个星期就会用两天的时间来会见全球各家公司的员工。"我不会在一个有 200 名员工的写字楼中匆匆巡视，而是邀请他们当中的 20 个人进行 1 个小时的会谈，我会说：'请问我问题吧。'"他解释说，与这 20 名员工之间的谈话将会把他与其他 200 名员工联系起来。

他也会定期会见来自公司的各个不同的工作小组，这些小组均由 12 个人构成。小组成员同他以及其他高层管理人员会谈几个小时，讨论不同的事务。参与者的信息和谈话将得到保密，他会以内部通讯的方式将反馈意见提供给这些与会者。

作为拉德克利夫公司的 CEO，刚发起这个倡议时，大家提出的许多问题都与本部门的业务有关，普遍是关注个人的具体问题，例如，"为什么我的经理从来不同我说话？""为什么我从来没有机会谈到自己的事业前景？""为什么要不公平地对待那个人？"如今，沟通已经得到了改进，许多员工关注的重点是公司的收购计划以及发展前景。"之所以会出现这样的情况，是因为与各自部门相关的问题已经得到解决。"拉德克利夫说，员工年度评估、网络反馈项目以及内部出版物等专门用于解决此类问题。

第 10 章　沟通管理

拉德克利夫的幽默感在营造开放、鼓励有效沟通的企业文化的过程中发挥了巨大的作用。他指出:"你希望别人如何对待你,那么首先你就应该这样对待别人。如果你必须在公司推行一些不太受欢迎的措施,那么你必须先解释为什么要这样做,至少让大家明白事出有因。"通过公司的许多内部沟通渠道和项目而搜集到的员工反馈建议是十分重要的,拉德克利夫指出:"如果员工不知道我们的意图是什么,那么我们所有的工作都是在浪费时间。这就是为什么花时间进行沟通是如此重要的原因。"

拉德克利夫明白"不是所有人都认为他们必须每天工作 24 小时",于是他在公司内部推行"周五无电子邮件日",旨在营造一个轻松的工作环境,改善个人沟通。每周五,员工采取传统的内部沟通方式,如打电话或走到某个办公室找同事谈话,而不再使用电子邮件。这种做法也避免了某些员工在周五下午上班时间的最后一分钟发送邮件,迫使同事在周末还要工作来回复其邮件上的要求。

注:关于豪格·罗宾逊有限公司的更多信息,请访问公司主页 http://www.hoggrobinson.co.uk。

在第 1 章,我们认为沟通是指为了准确地表达和交流信息与情感,运用各种语言、倾听、非语言行为、书面、电子等形式来传递、理解和接受观点、想法和情感的综合能力。在本章中我们着重探讨有效的人际沟通。**人际沟通(interpersonal communication)** 是指数量有限的参与者① 彼此经常接触;② 运用多种感知渠道;③ 能够提供及时的反馈。首先我们会讨论在工作中应用的语言、非语言及其他形式的沟通程序、类型和模式等。其次我们将介绍促进组织中实行道德的人际对话的方法。然后我们分析人际沟通中非语言沟通的本质及其重要性。最后,我们讨论组织沟通网络的作用。

在课前案例中,戴维·拉德克利夫已经认识到人际沟通对于豪格·罗宾逊有限公司的重要性。例如,他非常重视与小组员工进行沟通,包括与全公司不同的小组成员进行定期会谈。他所推行的"周五无电子邮件日"活动,在公司内营造了更加轻松的工作环境,促进了人际沟通。

人际沟通的要素

> **学习目标**　1. 阐述人际沟通的要素。

要实现准确的人际沟通,信息发出者想要传达的想法、事实、信仰、态度或感受,就必须完整无误地被信息接收者理解和解释。回顾课前案例,拉德克利夫曾经指出:"如果员工不知道我们的意图是什么,那么我们所有的工作都是在浪费时间。这就是为什么花时间进行沟通是如此重要的原因。"图 10.1 展示了两人之间的人际沟通要素。沟通过程并不简单,通过考察其组成部分,你就不难明白当更多的人参与沟通时,它的复杂性会随之大大增加。

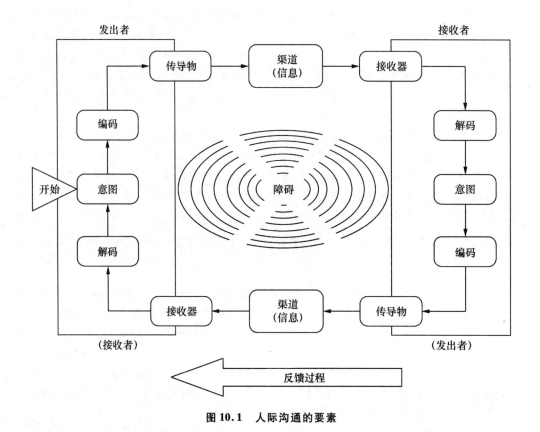

图 10.1 人际沟通的要素

信息发出者和信息接收者

人与人之间的信息交换是人际沟通的要素之一,所以,简单地把一个人称为信息发出者,另一个人称为信息接收者就显得有点武断。根据个体在沟通过程中的位置,这些角色会不断发生转换,当接收者对发出者进行反馈时,最初的接收者就变成了信息发出者,而最初的发出者就相应地转变为信息接收者了。

请看 CIBC 奥本海默公司的一位主管在处理一位犯错的股票经纪人时的想法。该经纪人在给一位客户的明细表中犯了一个错误,但没有向客户通报和说明。

> 作为一名主管,我面临一个艰难的抉择:解雇这名经纪人,还是只对他这种明知故犯的行为进行训斥。为此,我进行了一个星期的思想斗争,最后,我终于下定决心,给她的前任老板打了个电话,跟她谈了这件事。她非常善解人意,明白我正处于矛盾之中。她让我谈谈自己的决定,并向我提出了一些非常尖锐的问题。我们从我、我的老板、那位经纪人以及客户的不同角度来看待和探讨这个问题。

该主管的想法表明,信息的发出者和接收者的意图都对沟通过程有实质性的影响。例如,发出者可能有某种特定的沟通目的,如补充或改变一个想法、信念,或改变接收者的行为,或改善信息发出者和接收者的关系。这些意图可能会被公开表述(主管想要一名新经纪人),或掩饰性地表达出来。如果接收者不同意其观点,产生误解的可能性就会非常大(主管认为那位经纪人因为不够成熟,而且觉得太难为情,所以没有打电话给客户)。双方目标、态度和信念的分歧越小,沟通的准确性越高。

传导物和接收器

传导物(**transmitters**,由发出者使用)和**接收器**(**receptors**,由接收者使用)是可用来发出和接收信息的工具(媒体)。它们一般包括一种或多种感觉,如视觉、听觉、触觉、嗅觉和味觉。传递可以通过语言和非语言的方式进行。传递一旦开始,沟通程序的运行就已经超越了发出者的直接控制范围,已经传递出去的信息是不能收回的。

信息和渠道

信息(**messages**)包括传递的数据和给予数据特定含义的编码符号(语言和非语言)。通过运用语言和非语言符号,信息发出者试图确保接收者对信息的解释和发出者的原意一样。想要了解原信息和接收信息之间的差异,可以设想当你试图把自己的想法和喜悦、愤怒、恐惧的感受告诉他人时的情景:你是不是发现要传递你真实的"内心想法"很困难,或者根本不可能?被解释的信息和原信息之间的差异越大,人际间的沟通效果就越差。语言和非语言符号自身并没有任何意义,它们的意义由发出者、接收者及情景和环境所创造。在我们对人际间和文化间的潜在障碍进行讨论时,我们解释了为什么信息并不总是按其本来含义被解释。**渠道**(**channels**)是信息从发出者到接收者的传递途径。渠道就好似在面对面谈话、网络电子邮件和电话沟通时的"空气"。

媒介丰富度 一种沟通方法所能传递信号和提供反馈的能力称为**媒介丰富度**(**media richness**)。正如图 10.2 所表明的,每种媒介的丰富度都是好几种因素的混合体,其中的一个因素就是经由媒介提供的个性化反馈的速度,由图中的纵轴显示(从慢到快);另外一个因素是经由媒介提供的信号和语言的多样性,由图中的横轴显示(从单一到多元)。**信号**(**cue**)指的是会引起接收者反应的一种刺激物,是有意识或无意识感知到的。图 10.2 列出了结合这两个因素的 10 种不同媒介。由于这两个因素是连续性的,因此根据发出者和接收者的利用情况,一种媒介的丰富度可以发生不同的变化。例如,电子邮件的反馈速度可以比图 10.2 所标示的更快或更慢,其速度取决于能否得到电子邮件信息,以及接收者倾向于立即回复还是延迟回复。那些需要较长时间回复的信息或者含有无法克服的偏见的信息,通常在丰富度方面较差。在课前案例中,拉德克利夫特别有心地使用了一些丰富度较高的沟通媒介,如同小组员工进行会谈。此外,他每六个星期会利用两天的时间去拜访在不同国家的公司员工。

数据就是沟通的输出。数据的各种形式包括面对面交谈、电话、电子邮件、信件、备忘录和电脑打印输出。当它们加强或改变接收者对想法、感受、态度或信仰的了解时,就成为信息。信息设备组件的使用(各种信息技术)有利于这样的信息交换,但并不能取代面对面交谈,其原因如图10.2所示。面对面交谈是最丰富的媒介,它提供了即时的反馈以便接收者能够检查其理解的精确度,以及在需要的情况下可以要求澄清。它也能使发出者和接收者同时观察彼此的身体语言、声音语调和面部表情,这些观察补充了口头语言所表达的含义。最后,它能让发出者和接收者迅速地辨认符号,使用自然和个性化的语言。由于这些特征,在解决重大和困难问题,尤其是那些充满不确定性和模糊性的问题时,几乎都要进行面对面交谈。

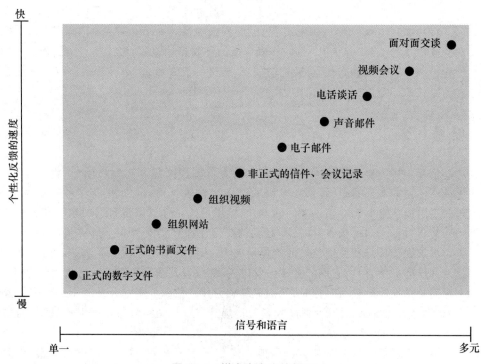

图10.2 媒介丰富度的例子

意图和反馈

在人际沟通中,发出者的信息通过渠道传递到接收者的五种感受中去。如图10.1所示,接收到的信息从其符号形式(如口头语言)转化为有意义的形式。意图(meaning)代表一个人的想法、感受、信念和态度。

编码(encoding)赋予要发送的信息以个性化含义。词汇和知识在发出者的编码能力中占重要地位。遗憾的是,一些专业工作者在与一般人沟通时存在着困难,他们常用只有在同一领域中的专业人士才能理解的形式来编码。律师编码(撰写)的合同会直接影响到消费者,但其使用的语言却只有其他律师才能解码。消费者团体已经要求律师尽量使用大家都能理解的语言来撰写这样的合同,因此,很多银行、信用卡公司和其他组织都简化了合同中的语言。

解码(decoding)赋予接收到的信息以个性化的可以解释的含义。通过共享的语言,人们能够解码许多信息,使接收到的信息能够合理地接近被传递的意义。能否准确地解码信息通常是人际沟通中的一大挑战。

人际沟通的理想状态只有在发出者的本来意义与接收者的解释意义相同时才存在,对人际沟通准确性的评价应该以其理想状态为参照。非威胁性的事实信息的传递最接近于理想状态。例如,在分享中学或大学毕业典礼的时间、地点和程序等信息时,就很容易产生准确的人际沟通;而一位经理与下属在绩效评估会谈中的沟通则更为复杂。

接收者对信息的反应就是**反馈(feedback)**。它使信息发出者可以了解信息是否按照原本意图被接收了。通过反馈,人际沟通成为一个动态的、双向的程序,而不仅仅只是一个事件。在课前案例中,戴维·拉德克利夫在同员工的会谈中获得反馈,他说:"当你所经营的业务要经历许多变革的时候,大家很容易对沟通产生误解。你必须让员工参与其中,如果他们能够提出问题,就说明他们明白正在进行的一切。这才是有效的沟通。"

人际障碍

人际沟通中存在着无数的障碍,在前面的章节中已讨论过其中的一部分。我们简要地回顾一下,重要的沟通障碍一般是由个体在人格和知觉上的差异所形成的。

个体的人格特性带来的障碍包括:低情绪稳定性(紧张、自我怀疑、喜怒无常)、低外向交往性(羞怯、不自信、退缩)、低责任意识性(冲动、粗心、无责任心)、低协调相容性(独立、冷漠、粗鲁)、低能力开放性(迟钝、没有想象力、平淡)。内向者比外向者更倾向于喜好安静,而不愿意表露情感(见第11章)。

个体知觉错误包括以下方面:知觉防御(保护自己的观念、目标、处境免受威胁)、刻板印象(仅根据一个人所归属的类别就把某种品质强加在某人身上)、晕轮效应(仅仅通过喜欢或不喜欢的印象就对某人进行评价)、投射(在他人身上看到自己特质的倾向)和高期望效应(对事件、目标和人的知觉产生偏差影响的一些预先期望)。那些在基本归因方面错误的人(当他们试图去了解为什么人们会采取某种行为时,往往过低地估计情境或行为的外在因素影响,而过高估计个人因素对行为的影响),很难进行有效的沟通。这个错误还很容易导致沟通中随意责备或轻信他人的后果。

除了这些潜在的人际沟通障碍之外,还有一些直接的障碍。

噪声(noise) 在沟通渠道中对原本信息的任何干扰都是噪声。当一个人和另一个人谈话时,收音机里播放的嘈杂音乐就是噪声。有时候,可以通过重复信息或提高信息的强度(如音量)来克服噪声。

语义学(semantics) 对词语赋予的任何特殊意义即为语义学。同样的词语对于不同的人来说可能具有不同的含义。看一位主管对下属所说的话:"生产计划的报告做得怎样了?我想他们会很快需要它!"这句话可能意味着下列几种含义中的某一种:

指示　你应该现在就把报告交给我,这是命令。
建议　我建议我们现在就把报告写出来。
要求　你现在能为我写这个报告吗?不行的话请马上告诉我。
告知　生产计划很快就需要用到这份报告。

提问　生产计划是否很快需要用到这份报告？

思考一下在美式英语和英式英语词汇中下面五个单词的语义学问题。

- pavement　美式——公路；英式——小路、人行道。
- table(动词)　美式——停止讨论；英式——开始讨论。
- tick off(动词)　美式——生气；英式——指责。
- canceled check　美式——银行兑付了的支票；英式——停止或无效的支票。
- ship　美式——通过船只、火车、飞机、货车或其他方式进行搬运；英式——只是通过船只搬运。

语言惯例　一个人所形成的习惯语言或非语言沟通模式称为**语言惯例(language routines)**，它可以通过观察人们相互问候的方式得到。在很多情况下，语言惯例非常有用，因为它缩短了产生共同信息所需的时间。由于能预见人们将说什么、怎样说出来，所以它还提供了预测性。沃尔玛的文化和形象就是通过语言，包括它的口号而得以加强的，如"天天低价，天天沃尔玛"。

然而，当语言惯例用来反对和歧视他人时，就会引起不愉快、防备和疏远感。许多对于某些群体和个人进行贬低的刻板印象就是通过语言惯例而得以流传的。例如，几年前，德士古公司(现在的雪佛龙德士古)的一位管理者把公司内的谈话录在磁带上并公之于众，这些磁带中含有董事会成员和管理者贬低公司中少数群体(包括黑人、犹太人、其他少数族裔和女性)的言论，结果引起公众的愤怒，并对德士古进行联合抵制。后来这件种族歧视案以庭外和解，德士古赔偿1.76亿美元了结。在官司结束之后，联合抵制取消了，批评也逐渐消失了，德士古的业绩得以回升。

撒谎和失真　撒谎(lying)指的是发出者为了严重误导一个或多个接收者而陈述错误的信息。发出者有欺骗的意图，就意味着他相信接收者会把谎言当成事实。相反，诚实意味着发出者一贯坚持尊重事实的理性道德原则。在日常谈话中，礼节上的奉承并不是完全诚实的，但它通常被认为是可接受的，而且很少被看做不诚实(撒谎)。**失真(distortion)**代表了在撒谎和完全诚实之间，发出者可以使用大量的信息。当然，使用暧昧的、含糊的、非直接的语言并不必然表明发出者有意误导，这种形式的语言可被看做一种可以接受的政治行为。如果沉默不是不诚实，那也至少是一种失真。由于不想被别人看做无能，或不想在部门会议上同经理对抗，下属可能会缄口不言，不发表意见或提问。

人际沟通的个人失真可能会因为**印象管理(impression management)**而产生，即信息发出者有意影响接收者知觉的形成过程(见第12章)。三种印象管理策略——讨好、自我拔高、保全面子经常会被使用。

- 讨好包括使用奉承，支持他人的观点，投其所好，对他人的笑话做出夸张的反应等。
- 自我拔高包括用非常积极和夸张的语言描述发出者的个人品质。
- 保全面子包括使用多种技巧，例如：① 以道歉的方式让他人相信，不好的结果并不是信息发出者本人意愿的反映；② 发出者就引起负面结果的行为进行解释，强烈表示本人不应该受到那么多责备(因为其结果并不是有意造成的或有情有可原的地方)；③ 通过表示对某种结果承担责任而向他人显示公正，但拒绝承认是该结果导致了问题的产生。

印象管理策略的范围可以从相对无害的轻微失真(即使你不喜欢一个人也对他很有礼

貌),到使用非常讨好和自我拔高的信息以获得比他人更好的升迁或晋升机会。发出者的个人道德、自我意识和个体所在组织的政治环境,共同影响失真技巧的使用程度。简而言之,失真策略的使用频率越高,就越接近谎言,成为人际沟通的障碍。

文化障碍

回想一下,文化是指不同人、社会或小团体用来组织生活或活动的不同方式。当来自一种文化的信息被另一种文化的成员接收并理解时,就产生了**跨文化沟通**(intercultural communication)。文化差异对人际沟通产生的障碍可大可小,这主要取决于人们在语言、宗教信仰、经济价值观、社会价值观、物质特征、对非语言行为暗示的使用等方面的差异程度和相似程度。差异越大,跨文化沟通所遇到的障碍也就越大。

文化情境 围绕和影响个体、团队或者组织生活的环境叫做**文化情境**(cultural context)。文化情境不同也就预示着不同文化间的沟通会有障碍,不同国家的文化情境从低到高各有不同,形成一个连续带,图10.3向我们展示了不同国家和地区在这个连续带中的位置。

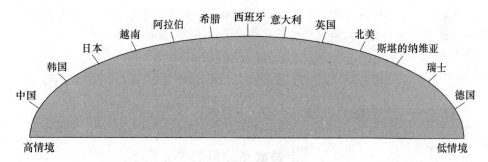

图10.3 文化情境连续带上的文化例子

资料来源:Hall, E. *Understanding Cultural Differences*. Yarmouth, ME.: Intercultural Press, 1989; Munter, M. *Guide to Managerial Communication: Effective Business Writing and Speaking*, 5th ed. Englewood Cliffs, N.J.: Prentice Hall, 1999。

在**高情境文化**(high-context culture)中,人际沟通有以下一些特征:① 在进行与工作相关的讨论之前,首先建立社会信任;② 非常重视人际关系和良好意愿;③ 交流时注重周围的环境。在高情境文化中,人们依赖解释、讲话的语调、手势、社会地位、历史和社会环境等来解释口头语言,所有这些都需要时间。信任、朋友和家庭成员间的关系、个人需要和困难、天气和假期等因素都要列入考虑范围之内。例如,当第一次与国外的同行开会时,日本的高层主管人员不会马上"切入正题",他们通常都会在开会之初,先花一些时间来建立彼此之间的信任,相互了解。其他国家的同行们即便对此举很不耐烦,也不得不适应、遵守。

相反地,**低情境文化**(low-context culture)具有以下一些特征:① 迅速、直截了当地解决手头上的任务、问题和困难;② 非常重视个人专业技能和绩效;③ 交流时注重表达的清晰、准确和速度。第14章将要讨论的行为修正技巧和其他强化方式都是建立在低情境沟通的基础上的,我们将描述一位管理者如何通过积极、恰当的反馈和目标设置来激励员工。在一个多种族国家(如美国),多种亚文化群都有其独特的特点。比较而言,单一民族国家的文化情境(如日本)则反映了其国民更一致的特征。我们稍后会讨论不同文化之间非语言沟通差异的重要意义。

民族中心主义 跨文化沟通的最大障碍是人们认为只有他们自己的文化才有意义,才是正确的"价值观",才代表"公正"和"合理"的行为方式,这种想法被称为**民族中心主义**(ethnocentrism)。民族中心主义之所以成为跨文化沟通中的最大障碍,是因为它让人们以自己文化的观点为标准来对别人做出判断,而且用自己有限的经验对别人的行为方式做出错误的假设。个人甚至感觉不到自己陷入了民族中心主义,因为他们认为"我们就是理解不了我们所不理解的"。当来自不同文化环境的两个民族中心主义者在一起交流时,他们很难达成共识。一旦涉及分歧较大的问题时,有些民族中心主义者会表现出愤怒、震惊甚至嘲笑的举动,这些人认为其他人的文化都不如自己。他们即使认可文化存在多样性,也只是把多样性看做问题的来源,他们采取的策略是尽量减少文化多样性的产生及其影响。信奉民族中心主义的行政人员和管理者都忽视或者拒绝承认文化多样性可能带来的许多益处。

下面的跨文化管理能力专栏谈到卡特彼勒公司在其位于瑞士日内瓦的欧洲总部所提出的一项关于减少文化障碍的倡议。该公司的总部位于伊利诺伊州的皮奥里亚,它是全球最大的掘土设备制造商以及领先的农业设施供应商,现有员工77 000人,工厂和办公处遍布全球。

跨文化管理能力

卡特彼勒公司的中心广场

在卡特彼勒公司位于瑞士日内瓦的欧洲总部,有来自不同国家的员工。尽管员工的多元化有利于全球性的运作,但是它却给沟通带来了麻烦:员工不仅要应付各种语言以及不同的背景,还要同来自不同文化的人交往和沟通。解决问题的关键在于,如何让这个多元化群体中的员工把自己看成团队的一分子。

员工沟通经理戈达多·邦塔纳利一直在思考欧洲村镇中位于市场中央的那些广场所扮演的角色。除了去中心广场购买日常用品,村民们还可以在那里交流新闻,听闲言碎语,传递信息以及进行社交活动。这种方式曾经是而且现在也依然是当地许多居民最有效的沟通方式。

于是邦塔纳利决定在日内瓦总部建一个"中心广场"。他们请来当地的艺术家,在顶层的餐厅墙壁上绘制了巨幅的乡村景色,用代表公司的明黄色以及分公司所在各地的风光加以点缀。图景中的"村民"实际上就是公司的员工造型,只要加上一点点想象力,员工就可以设想他们身处一个充满欧洲风情的市场中央,周围都是熟悉的脸庞和景色。

公司鼓励员工通过中心广场进行非正式的会谈和讨论。"让我们去中心广场,边喝咖啡边谈吧!"这句话已经成为卡特彼勒公司文化的一部分,因为许多人都在中心广场进行信息交流,它已经成为可以立刻分享信息的重要途径。但最有意义的结果是,外观设计与家具摆设很好地帮助员工建立了同事情谊以及树立共同目标。

注:关于卡特彼勒公司的更多信息,请访问公司主页 http://www.cat.com。

课前案例中的焦点人物戴维·拉德克利夫也在尽量减少人际沟通中的文化障碍。最近,他所在公司的一个事业部——商旅国际(BTI)在中国开办了一些控股的合资企业。BTI锦江是唯一一家获得在中国主要城市经营公司商务旅行管理资格的企业。随着外商直接投资和国内经济的不断发展,中国公司商旅市场近年来呈现出两位数的增长率,因此对于BTI而言,这是一个绝好的机遇。

拉德克利夫要求自己学习中国文化,了解其商业前景。他说:"中国文化的历史是最悠久的,它一定有其过人之处。我们要去了解一下,看看其长处究竟是什么,然后同我们想要得到东西的结合在一起……这个完全不同的国家,她既拥有最先进的科技,又具备大量的历史元素。不同的人会有不同的需求,永远不要认为你的答案是最正确的。"

促进道德的人际沟通

> **学习目标** 2. 解释促进道德的人际沟通所需的能力构成。

回顾一下第1章的内容,道德管理能力是指在做出决定和采取行动时,运用价值观和原则来明辨是非的能力。在本章中,我们要讨论的是促进道德的人际沟通所需的能力构成。个体可以通过有效的对话,在人际沟通中结合自己的价值观和原则明辨是非。当进行有效的对话时,那些有效人际沟通的障碍,如噪声、含混的语义、不恰当的语言惯例以及撒谎等都会减少。

对话(dialogue)是指人们暂时不考虑自己的防卫意识,使彼此间能够相互自由探讨自己与他人的各种想法与信仰。因此,对话包括:① 为了学习而提问;② 寻求分享的意义;③ 整合多种视角;④ 揭示和检查评估各种想法。通过对话可以建立起双方的相互信任、共同立场,提高道德的人际沟通的可能性。对话的一个必要条件是自信的沟通。**自信的沟通**(assertive communication)是指自信地表达出自己的想法、感受和信仰,但同时也尊重别人持有的不同意见。道德的对话要求相互作用的个体熟知和掌握多种能力和行为技巧。图10.4向我们阐述了这样一种观点,即对话是以一组特定的相互关联的能力和行为为特征的,它们包括沟通的开放性、建设性反馈、适当的自我表达、积极倾听和支持性非语言沟通。

道德的对话和自信的沟通会增强工作场所的诚信风气。琼·韦斯曼是谢里登出版公司的总裁和CEO,该公司是谢里登集团的一个重要的事业部,总部设在新罕布什尔州东汉诺威。谢里登出版公司为出版商和协会提供印刷和沟通服务。韦斯曼在谈到人际沟通以及其他形式的沟通时,对诚信做了如下评述:

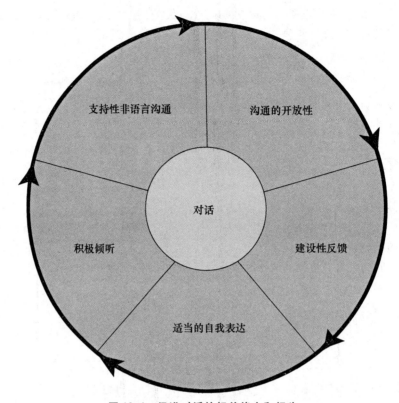

图10.4 促进对话的相关能力和行为

我要求所有员工在任何事情上都要做到诚信。在我们公司,这并不是一个要求员工们实现的虚幻目标,而是把诚实作为一种文明的利己主义,用以明确指导员工的日常行为,使其为企业的成功做出贡献。我们承诺在所有的事情上做到诚信,而不仅仅是一些容易做到的事情。这是保持我们企业本质和存在意义的生命线。保持诚信,特别是在我们受到的挑战日益严峻时,会令我们变得更加强大。

谢里登出版公司的五个核心价值观之一是"我们具有诚信",并且包括以下道德的人际沟通构成要素:

- 是否坦诚地对待每一个人;
- 尊重、公平、举止文明;
- 员工彼此建立信任,并且同客户、供应商和社区之间建立信任;
- 遵纪守法;
- 做决定要遵循原则。

沟通的开放性

沟通的开放性可以看成一个从封闭、谨慎和防御的沟通程度延续到开放、坦率和非防御的沟通程度的连续区域。图10.5表明,在连续体的最左端,信息是在一种信任度很低、沟通内容不明朗、目的不公开的情况下得以传递和诠释的。

> ▶▶▶ **成功领导者语录**
>
> 员工需要真相,而且他们能够应对真相。很多情况下,雇主们不相信员工有足够的能力来应对各种不好的消息。
>
> 雷吉·霍尔,梅隆金融公司客户关系经理

沟通分为两个层次:直接沟通和元沟通。**元沟通(meta-communication)** 是指把构成公开信息基础、组成沟通各方面的(隐藏的)设想、推论和解释表达出来。在封闭的沟通里,发送者和接收者有意识、有目的地隐藏他们真实的动机和"信息",游戏是无法控制的。在元沟通中注重这样的推论:① 我认为你是如何看待我所讲的;② 我如何看待你的真正意图;③ 我不希望你意识到我真正想表达的意思;④ 你所表达的意图不是我认为你真正想表达的意思;⑤ 我认为你试图告诉我,但因为某些原因而不能直接告诉我……(你害怕伤害到我的感情,或你认为完全坦诚有可能会损害到你提升的机会等)。

如图 10.5 所示,在连续区的右端,沟通是完全开放、坦率并具有支持性的。信息在信任度高、沟通内容明朗、目标公开的情境下得以实现和诠释。发出的语言和非语言行为传达了信息发出者在没有隐瞒动机的情况下选择的可信任的信息。沟通的目的是揭示真实意图,而不是隐瞒。个体诚实地表达出他们的真实意图,而且能够说到做到。在连续区的这一端,沟通破裂主要是由诚实的错误引起的(如人们对"不久"、"立即"这类词语有不同的理解)。沟通的开放性通常是一种相对的程度而不是绝对的。语言的本质、语言学和不同的情况(同事与同事、下属与上级、朋友与朋友,或者配偶与配偶的人际关系)创造了一种情境,即在把语言和非语言行为的使用看做意义象征的同时,允许对语言和非语言行为进行一定程度的掩盖、润色、扩大和偏差。

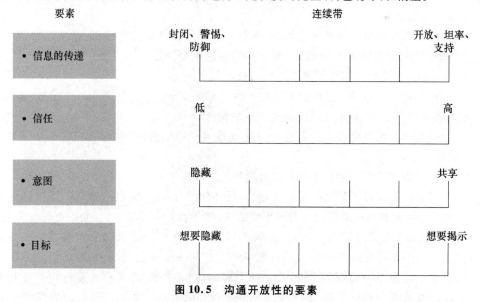

图 10.5　沟通开放性的要素

在组织中的具体应用　开放程度必须与相关的情境放在一起考虑,我们在这里简单地列出了几个因素。首先,在沟通中,交往的经历或许是影响信任和沟通风险的重要因素。过去,有人曾辜负过你和他人的信任吗?是否有人不诚实或不道德地对待过你或他人?是否有些人的行为(语言和非语言)使你产生或加强了保持开放和坦率的想法?或者是否有人提供过相反的行为?你的人际交往经历是否有过这样的愉快情形:你和他人都能够专注于直接沟通,而不仅仅是元沟通。

其次,如果沟通带来争吵,或者其他人损害或削弱你的立场,或者通过牺牲你的利益来获得好处,这时候进行防御性的沟通是理智的选择。相反地,如果沟通是友好的,其他人想取悦你,强化你的立场或者提升你的自尊,那么进行防御性沟通就是一种不理智的行为。

最后,当你同比你地位高、权力大的人物沟通时,你就是在同有能力影响你的将来的人进行沟通。他们可能是表扬你的绩效、判断你的晋升力和决定工资增加额的人。这会使你倾向于为了尽量给他们留下一个好印象,用好的修饰词来诠释你的负面信息。这种做法可以理解而且合乎情理,尤其是当你和那个人过去的交往经历证明了你修饰信息所达到的良好效果时。相反,课前案例中讨论过的戴维·拉德克利夫的行为模式则是鼓励和支持开放性的沟通。

建设性反馈

在给予反馈的时候,人们与他人共同分享他们的想法和感受。反馈包括个体的感受或对他人观点和提议的反应。反馈的情感影响会根据个体关注侧重点的不同而有所不同。当你想取得对话效果的时候,反馈应该是支持性的(强化正在进行的行为)或者是纠正性的(表示行为的变化是合适的)。以下是一些可以促进对话的建设性反馈原则。

- 建设性反馈建立在信息发送者和接收者相互信任的基础上。当一个组织内个体之间的竞争非常激烈的时候,它就会注重惩罚和控制权的使用,上下级之间的关系僵化会造成建设性反馈缺乏信任。
- 建设性反馈不是概念化的,而是很具体的。它使用清楚的、最近发生的例子。与其说"你是一个很独裁的人",不如说"刚才我们讨论这个问题的时候,你不听取别人的观点,我感到我不得不接受你的观点或者面对你的攻击"。
- 建设性反馈是在接收者准备好接收的时候发出的。当一个人处在愤怒、忐忑不安或防御性很强的状态时,就不太适合讨论其他事情。
- 发出者可以要求接收者重新叙述或重申反馈信息,以此来检查是否和发出者的本意一致。
- 建设性反馈包括接收者有能力做到的一些事情。
- 建设性反馈不能超出接收者在某一特定时间内能够完成的事情。例如,一旦反馈中包括接收者所做的一些惹恼发出者的事情的话,接收者就会惴惴不安,变得更具有防御性。

在组织中的具体应用　个人、团队和组织都依靠相关的反馈来改进他们的发展和运作方式。获得此类反馈的一种方式是搜集多人对某一个体的行为表现的看法,并且将其整理成图表。例如,**360度反馈(360-degree feedback)** 是指以问卷形式通过多种途径搜集关于个人或团队能力和行为的过程。对一位经理而言,关于行为观察的问卷调查应该由他自己、下属、同事、上司及同他有联系的顾客来完成。调查结果汇编在一份报告里,将不同来源的数据分开介绍。这些数据和结果会提供给被考察的个人,以便他们能够对如何保持优势和改进个人表现做出规划。通常来说,员工会与他们的上级共同讨论这些职业规划问题。

但是,对360度反馈问卷的使用也有争议。显然,正式的360度反馈问卷的执行过程需要一个相互信任、沟通开放的环境。它在政治氛围很浓或官僚行政组织里是无法真正运行的,而且运用这种反馈进行个人绩效评估的效果也不一定很好,除非将某些特定的能力和行为同特定的绩效目标联系起来。总的来说,360度反馈用在指导和职业发展中的效果是最好的,其他还有很多关于360度反馈过程的问题和建议不属于本书的讨论范围。

表10.1是一份问卷,员工可以使用这份问卷来检验组织内部人际沟通的反馈做法。每句话的评分从1(完全不赞同)到5(完全赞同)。因此,在15句关于反馈的描述中,越多选择"同意"和"完全同意",表明组织内人际沟通的开放程度和道德程度越高。

表10.1 反馈做法的诊断

请阅读下面的描述,记录下你对以前工作中获得的沟通反馈的感受,按照下面的程度进行选择。

1	2	3	4	5
完全不同意	不同意	中性	同意	完全同意

纠正性反馈

____1. 当你犯错的时候,你的经理会让你知道。　　　　　　　　1　2　3　4　5
____2. 公司会针对比较差的绩效发出正式的报告。　　　　　　　1　2　3　4　5
____3. 同事会提醒你哪里做得不对。　　　　　　　　　　　　　1　2　3　4　5
____4. 会有人提醒你什么时候做什么事。　　　　　　　　　　　1　2　3　4　5

从经理那里得到的积极反馈

____5. 当你完成工作后,会得到经理的感谢。　　　　　　　　　1　2　3　4　5
____6. 如果你的表现不错,你的经理会告诉你。　　　　　　　　1　2　3　4　5
____7. 你的经理会定期同你进行工作回顾。　　　　　　　　　　1　2　3　4　5
____8. 经理把你作为成熟的成年人来对待。　　　　　　　　　　1　2　3　4　5

同事间的积极反馈

____9. 同事会祝贺你取得的成绩。　　　　　　　　　　　　　　1　2　3　4　5
____10. 同事会因为你完成工作的高质量而赞扬你。　　　　　　1　2　3　4　5
____11. 你知道由于你的努力,更多的客户使用公司的产品或服务。　1　2　3　4　5
____12. 同事都非常喜欢你。　　　　　　　　　　　　　　　　1　2　3　4　5

内部反馈

____13. 你知道自己何时完成目标。　　　　　　　　　　　　　1　2　3　4　5
____14. 你能够看到运用更好的途径或方法完成工作的成果。　　1　2　3　4　5
____15. 你知道自己能在多大程度上做到不犯错误。　　　　　　1　2　3　4　5

表10.1中的前四项是关于从主管和同事那里得到的纠正性反馈。纠正性反馈对于反馈的接收者而言并不是一件坏事,它的有效性在很大程度上取决于反馈的方式。表10.1的第二部分是关于个体获得来自组织管理高层的积极反馈的程度(第5—8项)。积极反馈可以强化和鼓励某些行为,使之不断出现。第三部分(第9—12项)是关于同事给予的积极反馈的程

度。因此,前三个部分都是关于来自个体外部的积极或消极反馈。相比而言,第四部分(第13—15项)则关注内部反馈,或者个体对自身的观察以及评估程度。

这个诊断式的问卷清楚地表明组织内部个体可以获得的几种反馈方式。对于一些员工而言,如果这些反馈方式不能共存,那就表明组织的人际沟通系统可能存在严重问题。

适当的自我表达

自我表达(self-disclosure) 是指个体把关于自己的信息传达(语言的或非语言的)给其他人。人们经常不经意地通过自己所说的话以及在别人面前的展示,透露出自己的信息。拥有向他人展示自己的能力是个人成长和发展的基础。不能自我表达的个体可能会抑制他们的真实感情,因为显示出真实感情具有一定的危险性。相反地,完全自我表达的个体,碰到任何人都透露出许多关于自己的信息,事实上也不能与别人很好地沟通,因为他们太以自我为中心。适当的自我表达(比如在上级和下属或团队成员和顾客之间)可以促进对话,让彼此之间共同分享与工作相关的经验。

在组织中的具体应用 一个人在组织中的级别通常会使自我表达变得复杂,个体会尽量减少在拥有较高正式权力的人面前进行自我表达,因为这些人拥有惩戒的权力。即使某位下属能够并且乐意在工作中以适当的形式自我表达,但他对上级是否值得信任的判断,即他觉得上级是否会拿他们表达的信息惩罚、胁迫或者嘲笑自己,也会影响到自我表达的数量和形式。

积极倾听

> ▶▶▶ **成功领导者语录**
>
> 我不介意你有多忙,对于领导者而言,竖起耳朵聆听所发生的一切是至关重要的。否则,当人们踌躇不前、环顾四周时,将找不到能够为他们提供指导的人。
>
> 琳达·皮滕杰,People3公司总裁兼CEO

倾听(listening) 是指把身体、情感和智力融合在一起,寻找信息的意义和理解的过程。当接收者理解发出者的本来意图时,倾听就是有效的。

对于很多员工来说,他们8小时的工作时间中有40%是用来倾听的。但是,对倾听理解力的测试表明,人们的倾听效能通常只有25%。倾听技巧会影响同事之间、管理者与下属之间、员工与顾客之间的关系。一位讨厌某经理的员工会发现,他在绩效评价会谈中很难集中精力听这位经理的评论。下面的指南可以提高积极倾听技巧,通过对话来促进道德的人际沟通。

- 为积极倾听寻找一个理由或目的。优秀的倾听者倾向于从正在讨论的话题中寻找价值和意义,即使他们事先并不对某个具体的问题或话题感兴趣。拙劣的倾听者倾向于把他们所有无法集中注意力的行为归因为缺乏兴趣。
- 积极倾听包括延迟判断(至少在刚开始倾听时)。好的倾听要求关注信息发出者所发出的整体信息,而不是在其刚刚表达了几个想法时就做出判断。

- 积极倾听包括抵制各种干扰因素,如噪声、周边景色和其他人的影响等,从而把注意力集中在发出者身上。
- 积极倾听包括在对信息发出者做出回应之前的停顿。
- 积极倾听包括能够用你自己的话转述信息发出者所说的内容和表达的感受,尤其是当信息带有个人情绪或不清楚时。
- 积极倾听包括根据信息的全部内容和感受理解发出者的重要主题或意图。
- 积极倾听包括利用思考速度(每分钟 400—500 字)和讲话速度(每分钟 100—150 字)的时间差来反思听到的内容,寻找倾听的意义。

在组织中的具体应用　大多数积极倾听的技能都是相互关联的,也就是说,如果只想提高其中某项技能,而不对倾听技能进行全面改进,这样的努力通常是徒劳无功的。遗憾的是,如同改进反馈的指导原则一样,改进积极倾听技能的各种指导原则读起来很容易,但真正实践起来却困难得多。在积极倾听技能方面实践得越多,进行有效对话的可能性就越大。

以下的沟通管理能力专栏讲述了理财规划协会(FPA)的领导层最近提出的一项促进组织内对话的倡议。在财务规划行业,FPA 目前大约有 27 000 位成员,协会总部设在华盛顿。

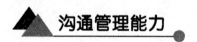
沟通管理能力

FPA 的谈话文化

珍妮特·麦卡伦在理财规划协会(FPA)总公司担任总裁。她指出:

我非常引以为荣的一件事就是帮助 FPA 形成了一种谈话文化。这种文化注重的是对话而不是争论。对话是合作性的、多样性的,趋向于共同理解。而争论是对立的,双方要极力证明对方是错误的。在对话的过程中,一方聆听的目的是为了理解,为了获取意义,为了寻求共同点。对话能够开拓或者改变其他人的观点,它所揭示的是重新审视的新设想。对话构建的是一种开放的态度,一种对待错误和变革的开放态度。在对话中,大家提出最佳的想法,并期望通过其他人的评估和反思来改进这种想法,而不是简单地破坏或否定它。

FPA 推行了一系列的做法来创建一种谈话文化,具体如下:

- **交谈圈**　在董事会议及其他的管理层会议上,公司推行一种交谈圈的做法。除了大家开会时没有桌子,而是围坐一圈以外,交谈圈的做法还包括展示真实的自我,表达自己的意图,气氛开放而尊重。这种做法鼓励大家在谈话中不断发现和实现创新。交谈圈使得员工沟通的速度放慢,聆听是为了寻求那些没有被表述出来的内容,即寻求问题背后所隐藏的问题。交谈圈实质上意味着对群体智慧的充分信任。

- **知识咖啡馆** 在地区分会和全国性会议中,公司就某些关于规划和专业的重要事件和问题,将员工组织在一起讨论。参与者分享他们彼此的问题以及思路,讨论其他人的观点。知识咖啡馆这种做法的奇妙之处在于,无论大家用什么问题展开讨论,谈话始终围绕公众的需求和财务规划的价值。
- **会话空间** FPA的全国大会以及网络会议为希望参加会话的人员提供了空间。这种空间既适用于规划好的集会,也适用于随机的集会,它确保成员按照自己的意愿同他人建立联系。
- **季度分会成员大会** 每个季度,分会的领导们应邀参加成员大会,与董事会及管理人员进行交谈,讨论FPA所发生的事情。他们聆听各种新建议,并提供反馈,了解FPA各项举措背后的原因。

注:关于理财规划协会的更多信息,请访问组织主页 http://www.fpnat.com。

非语言沟通

学习目标 3. 描述非语言沟通如何影响对话。

非语言沟通(nonverbal communication)是指通过面部表情、手势、体态、音调、整洁的外表、衣着、色彩和空间使用等形式,表达一些"无语言"信息的过程。非语言提示包含很多暗含的信息,能够影响面对面沟通的过程和结果。即使在其他人面前表现出沉默或被动也可能有意无意地传递了某种信息(如厌烦、恐惧、生气和沮丧等)。非语言信号包含着丰富的信息,某人的非语言行为在对别人进行回应、同他人建立更密切的关系、传达自我形象等方面用途较广泛。通过非语言信号来表达的情绪反应在沟通中超过90%。

非语言行为暗示的种类

非语言行为暗示的种类可以用"PERCEIVE"这个词来总结。PERCEIVE是以下英文单词的首字母缩写词:① 接近性(proximity);② 表情(expressions);③ 面对倾向(relative orientation);④ 接触(contact);⑤ 目光(eyes);⑥ 个人手势(individual gestures);⑦ 声音(voice);⑧ 微调行为的存在(existence of adapters)。对每个种类的简述如下:

- 接近性是指个体之间的距离。通常来说,个体无论坐着还是站着,都倾向于靠近他们所喜爱的人或物。在北美国家,不断增加的接近性通常表明一种喜爱和感兴趣的情感。
- 表情是从面部观察得到的,仅仅可以维持1/15秒。这些非常短暂的表情通常发生在当人们试图掩饰某种情感的时候。有趣的是,当人们开始体会到某种情绪的时候,他们的面部肌肉就会被牵动。如果他们刻意压抑这种表情的话,该表情仅会显露1/15秒。如果不压抑,则该表情就会显露出来。大多数文化都认可的六种常见表情包括高兴、悲伤、愤怒、害怕、吃惊和厌恶。微笑可以是真实的也可以是假装的,按照微笑的力度、持续时间的不同、眼睛张开的大小以及表情的对称性可以对其真实性进行判断。

- 面对倾向是指个体彼此面对的程度。如果人们并排坐着,通常表明他们对彼此感兴趣并关注对方。当人们对与对方交谈不感兴趣的时候,他们通常会侧着身子。解读这种倾向的一种比较好的方法是观察某人的脚是如何摆放的。通常人们的脚朝向他们真正想去的方向。
- 接触在这里是指身体接触。总的来说,身体接触的次数和频率表示亲密、熟悉和喜好的程度。频繁的触摸通常表示对他人强烈的喜爱之情。
- 目光能够显示出人们最感兴趣或者最喜欢的人或物。人们可以根据观看的频率、每次的持续性和总体时间来推测喜爱和感兴趣的程度。在北美国家,几乎没有其他动作比注视对方的眼睛或脸庞更为有力。注视眼睛或脸庞表明你愿意聆听,承认对方的价值。尽管目光交流并不能代表真实或诚实(但有人认为如此),但它至少表示对其他人的想法或观点感兴趣。不过,时间过长、过于强烈的目光却不常用,除非是为了表达敌意、防御或爱慕之意。眼睛瞳孔的收缩或者目光的游离是缺乏兴趣的表现。
- 个人手势可以用来表达人们心中无法用语言表述的某种意愿。一些典型的手势可以表示人们对他人的理解,或者他人对其的理解(如双手贴近身体或推开),人们还可以用手势来描述情感或经历(如抽泣的手势或发狂地挥舞双手),或者用手势来辨别物体之间的关联度。手势还可以揭示人们的情绪,表达人们的心情。当人们很热情、兴奋、充满活力时,倾向于使用更多的手势;当人们情绪低落、紧张或担心自己给别人留下的印象时,则会比较少地使用手势。
- 声音或讲话可以提供说话者的人口学特征(如性别、年龄、出生地、社会阶层)。声音可以通过音调、词语的重读、语速、讲话发生错误的次数等来透露情感。通常而言,讲话发生错误表明说话者的不自在和焦虑的状态。如果一个人的讲话中出现许多错误,就表明他可能很紧张、焦虑。
- 微调行为的存在是 PERCEIVE 模式的最后一个要素。微调行为是指当人们感到压力或无聊的时候,做出的一些细微举动,如玩弄戒指、转笔或摸弄头发。随着会议的进行,会议室里会出现越来越多的微调行为。

当然,除了上述这些非语言暗示种类之外,还有一些对人际沟通而言不是那么具体的其他暗示行为,如以下两种暗示:

- 时间　迟到或早到、让别人等候、对时间观念的文化差异以及时间与地位之间关系的理解。
- 物质环境　建筑外形、风格和房间设计、家具摆设、室内装修、卫生条件、光线及噪声等。

一些组织试图通过**风水(feng shui)** 改变物质环境的方式来影响人际沟通。风水是中国对建筑物、家具以及其他细小物件进行设计和摆放的一种艺术。从字面上讲,汉语中的"风水"表示风和水,以此来代表能量的流动及和谐。这种艺术包括一整套复杂而又彼此相关的概念和原则。基于风水理论而对办公室设计的一些常见建议如下:

1. 从办公桌上抬头就能看到整个房间的入口。
2. 坐在办公桌旁就可以看到外面的景观。如果办公室没有窗户,就要有充足的照明光线,或者一幅室外风景图。
3. 办公桌不应该安排在靠大门的一侧。如果一定要这样,则应该在桌子和大门之间摆放一个屏风。
4. 当你坐下时,背后应该有一面墙,这意味着你处于"下达命令"的位置。

尽管有人质疑风水对于"和谐与能量"的影响力,但它的一些与建筑和办公室设计相关的理论却在西方社会得到日益广泛的应用。

非语言沟通对于语言沟通十分重要,对于有效对话而言,两者缺一不可。语言暗示与非语言暗示之间存在的一些关联可以归纳如下:

- 重复　一边说着某个地方一边用手指着。
- 矛盾　例如,有人在考试前说:"什么,我会紧张?"但同时却坐立不安、烦躁。这就是一个很好的例子,说明当语言信号与非语言信号不一致时,非语言信息更加可信。
- 用非语言暗示代替语言暗示　例如,一位员工神情紧张地回到办公室,虽然一言不发,但是已经表露出:"我同经理的会谈糟糕透了。"
- 通过非语言的"隐含之意"来补充语言暗示　例如,某人用拍桌子、把手放在同事肩来表示信息的重要性,或者用送礼的方式来表明感谢或尊重之情。

文化差异

我们之所以要在书中讨论文化对沟通的影响,是因为在不同的文化背景中,由于非语言行为表达的意思不同而常常造成人们的误解。这是跨文化沟通的重要阻碍。在本章的前面部分,我们已经阐述了文化情境和民族中心主义对跨文化沟通可能产生的影响,现在我们来阐述三种非语言类的跨文化沟通形式:色彩学、时间学及身体语言。

色彩学　色彩学(chromatics)是指运用颜色进行沟通的方法。在跨文化交际中,衣着、产品、包装或礼物的颜色都有意无意地传达着某种信息。例如,红色在中国代表吉利或喜庆,传统的婚礼中新人都要穿红色衣服,新年的压岁钱也叫红包。中国男士忌讳绿色,因为有句俗语叫"戴绿帽",是指某人的妻子红杏出墙。在智利,送黄玫瑰代表你不喜欢那个人,而在捷克,送红玫瑰则表示爱慕。

时间学　时间学(chronemics)是指时间在一种文化中是如何使用的。在我们继续讨论之前,先来完成表10.2,看看你是怎样利用私人时间的。在**单一时间表(monochronic time schedule)**里,人们做事通常按部就班,先完成一件事,然后再做另一件事。这样,时间看上去就像是可以被人们控制,也可以被人们浪费的一种东西。单一时间表通常出现在个人主义盛行的文化里,如北欧、德国和美国。在这些国家里,在商务约会中迟到几分钟被视为一种不尊重,所以守时非常重要。联合第一资本公司前首席执行官基思·休斯在开会过程中会把门锁上,直到散会才开门。

第10章 沟通管理

表10.2 多元时间态度指数

请在下列描述中圈出你认为能代表你的时间观念的程度编号：完全同意、同意、中立、反对以及完全反对。

	完全同意	同意	中立	反对	完全反对
我不喜欢同时处理几件事情。	5	4	3	2	1
人不应该同时处理几件事情。	5	4	3	2	1
我坐在书桌前一次只做一件事。	5	4	3	2	1
同时处理几件事情让我感到很充实。	5	4	3	2	1

把分数加起来再除以4，然后在下面找到你的得分。

1.0	1.5	2.0	2.5	3.0	3.5	4.0	4.5	5.0
单一时间模式								多元时间模式

资料来源：Bluedorn, A.C., Kaufman, C.F., and Lane, P.M. How many things do you like to do at once? An introduction to monochronic and polychronic time. *Academy of Management Executive*, 1992, 6(4), 17—26. Used with permission of Bluedorn, A.C., 1999。

有**多元时间表(polychronic time schedule)**的人倾向于在同一时间内做几件事情，许多人可能喜欢边开车边打电话处理商务上的事情，或在看电视时不断切换新闻和球赛的画面。时间安排并不是那么重要，更重要的是完成任务以及个人的参与程度。在拉丁美洲和中东地区，人们的时间观念并不太强，而更侧重于个人的参与。在厄瓜多尔，人们在出席一些商务会议时迟到15—20分钟，还是会被认为准时到达。

身体语言 在不同文化中，体态、手势、目光交流、面部表情、身体接触、音调和音量以及语速都会不相同。举一个简单但是很有代表性的例子，点头在保加利亚表示"不"而不是"是"。你必须避免使用任何粗鲁或有侮辱性的手势，如在佛教国家里，头部被认为是神圣的，所以要避免触碰到别人的头部。在伊斯兰文化中，左手被认为是不洁净的，所以不能用左手来触碰、传递或接受任何物品。在许多国家如苏丹、委内瑞拉及斯里兰卡，用食指指点点被视为很粗鲁的行为。在美国表示"OK"的手势，在巴西、巴拉圭、新加坡和俄罗斯则是一种不雅的举动。跷二郎腿在印度尼西亚、泰国和叙利亚被视为粗俗。在德国、荷兰和瑞士，如果你用食指指向自己，则是对对方的不敬。在法国要避免抱拳，在肯尼亚要避免发出"啧啧"的声音（表示不满），而在印度要避免吹口哨。

我们要做好充分的准备来了解某种文化特有的手势的含义。中国人喜欢在表示惊讶的时候伸舌头，高兴的时候挠挠耳朵或者摸摸脸颊。日本人会用在齿间吸入空气来表示尴尬或不同意。希腊人受到表扬时喜欢呼气。洪都拉斯人会用手指触碰眼睛以下的脸部来表示提醒或不信任。

最后，不要对其他文化的人使用你自己文化中的对非语言行为的理解。越南人的低头垂目表示尊重，而不是一种"狡诈"的表现。俄罗斯人的面部表情比较少，北欧国家的人也比美国人更少使用手势，但这并不表示他们没有热情。英国人倾向于保持较远的人际和社交距离，太过接近对方会被认为不礼貌。与此类似的还有触摸，盎格鲁人通常避免彼此间太多的身体接触。学者们在研究身体接触行为时，选择了四个国家来观察人们在户外咖啡店的行为，记录他们在一小时的谈话时间里身体接触的次数。结果是：在波多黎各的圣胡安，观察到每小时

180次身体接触;在巴黎,观察到每小时110次;在佛罗里达的盖恩斯维尔,观察到1次;而在伦敦则是0次。

地位差异

非语言行为与员工在组织中所处的地位有许多联系,以下列出最主要的三种联系。
- 地位较高的员工所使用的办公室比地位较低的员工好。例如,公司的行政办公室会设在大厦的顶层,比较宽敞,所用的地毯和家具也比基层经理的好。大部分高级经理的办公室位于拐角,那样就可以在两面墙上都有窗户。
- 地位较高的员工的办公室得到更好的"保护"。这里的保护是指其他人要经层层批准才可见到高级管理者。你想见州长可比州长见你要困难多了。高级行政管理人员的办公区域通常是最不容易去的,要经过几扇门、几个秘书才能到达。有大门的办公室和接电话的秘书还能"保护"一些层次较低的管理者和许多员工。
- 地位越高的员工越容易进入地位低的员工的工作区域。上级可以自由自在地走到下级那里去,但下级要见上级就必须获得批准或提前预约。

过分强调地位高低会阻碍人际沟通,尤其是对那些地位不高的员工。被视为高效率的经理通常会在与下属会面时使用非语言行为,例如:① 在下属来到会议室时轻轻拍一下他们的手臂,然后握手;② 适当的笑容;③ 点头表示听懂了别人的发言;④ 稍微将椅子靠近下属,保持开放的姿势;⑤ 通过目光交流来表示有兴趣进一步了解和聆听。

在组织中的具体应用

理解某种非语言行为时必须小心谨慎,不要以为这是帮助你快速理解的固定法则。下面我们举例说明用固定思维来简单诠释非语言行为的三种常见情形。
- 假设你是一位销售代表,正向一位高层客户推广公司最新的策划软件。在介绍产品的过程中,这位潜在客户靠着椅子,目光涣散,把双手交叉放在胸前。这时你以为她对你的报价和产品用途的介绍不感兴趣,因而转换话题。但事实上,她对你的软件有兴趣,只不过会议室冷得让她发抖。
- 在一场演讲中,主讲人一直站在讲台后面演讲,没有使用多少身体语言。他讲述了许多真实的故事和案例,还运用了很多视觉辅助工具,他也会不时地讲一些自嘲的笑话。但是除了坚定的目光交流和不时地动一动头以外,他简直就是一座人体模型。毫无生气的演讲无异于给听众服了安眠药。事实上,听众却对主讲人可靠、实在的内容做出了高度评价。
- 下星期你会有一场很重要的演讲,有人正把你介绍给这场演讲的赞助商认识。为了给客户留下良好的第一印象,你表现得精力充沛,活力四射,说话的语速很快,握手的时候又很用力,走路的步调也力求让赞助商感觉到你的热情与踏实。但事实上,要建立一种让人觉得可靠的第一印象,最好的方法是言行举止不要太夸张,少用手势,语速要慢。人们在潜意识中认为,能控制好自己的身体语言才能表现出自信。你的赞助商大概在想,你要么想竭力讨好他,要么就是咖啡喝得太多才如此兴奋。

人际沟通网络

> **学习目标** 4. 说明人际沟通网络在人际沟通中的作用。

人际沟通网络（interpersonal communication network）是随着时间发展起来的人与人之间的沟通流程、关系和理解模式,它不仅仅关注个体沟通和某个具体的信息是否按照发出者的意愿被接收。网络包括在两个人之间,或者一个人与所有其他网络成员之间进行的口头、书面和非语言信息的沟通。沟通网络可以影响发出的信息和实际收到并理解的信息相互匹配的程度。信息以越准确的方式通过渠道进行传播,接收者就越能清楚地理解它。

个体网络

图 10.1 中的人际沟通要素是建立在两个人的人际网络基础上的。显然,沟通经常会在很多个体和较大群体之间发生。克劳迪娅·冈萨雷斯是墨西哥阿巴科金融集团的电信部经理,她与组织内外的人都保持着密切联系。她的沟通网络扩展为横向、纵向和外延沟通。典型的纵向网络主要包括她的顶头上司和下属、上司的上司、下属的下属;横向网络包括在同部门同一级别的同事,以及在其他部门同一级的其他同事;外延网络主要包括顾客、供应商、管理机构、压力集团、同行和朋友。像克劳迪娅·冈萨雷斯这样,一个人的沟通网络可以涉及许多方面。

团队或非正式团队的规模会影响潜在的沟通网络。原则上说,当团队的人数规模增加时,可能产生的相互沟通关系就会成倍递增。根据这一原则,在一个 12 人的团队中沟通网络的多样性和复杂程度要远远高于一个 5 人的团队。从理论上说,尽管每位团队成员都可以与其他成员沟通,但沟通方向和渠道却经常有所限制。例如,召开委员会的时候,会议正式程度的不同会影响到谁该讲话,要讨论什么问题以及讨论问题的顺序。团队成员的相对地位及级别也有所不同,在沟通中,地位较高的成员可能会比地位较低的成员更占主导地位。即使在一个鼓励开放的沟通网络中,团队成员能够实际运用的网络联系也还是有限的。

对于个人,尤其是那些刚刚参加工作的大学毕业生而言,常用的对策就是不断培养个人的沟通网络。在目前或未来,你如何明确自己已经建立起一个强大的个人网络呢?如果你对下列问题的回答多数为"是",那么你所做的将有利于建立个人沟通网络。

1. 你是否认识组织中不同层次的人?他们知道你的名字以及你的工作吗?
2. 你是否认识许多与你的工作相关,但是属于其他部门的人?
3. 你是否参与一些部门之间的活动(临时任务、委员会、任务小组、特别项目、志愿者活动)?
4. 你听到过小道消息吗?你是否能够很快知道发生了什么事情?
5. 你是否利用每次面对面谈话的机会来确定和讨论一些复杂的问题,或变换责任的主次地位和范围?

6. 你是否会同其他人谈论对于工作产生影响的一些未来趋势,以及目前完成工作的一些方法?

7. 当你意识到所面对的问题需要涉及不同领域的人时,你是否会主动表示参与解决问题的意愿?

8. 如果时间允许,你是否会顺便看望某人,即使你并不需要从他那里得到任何东西?

有效的个人沟通网络侧重于为客户提供服务、精简内部流程、解决问题以及实现组织和部门目标。如果个人沟通网络只是注重短期和自身的利益,那么这样的网络往往是低效的,如果以伤害和利用他人的利益为前提,则会产生更大的副作用。为了提高个人沟通网络的效能,个人需要运用一些**政治技能(political skill)**——一种能够有效理解同事意图,并通过影响他人的行为来促进个人的长期目标或组织目标实现的能力。政治技能既是我们所描述的沟通管理能力的构成部分,也是自我管理能力的构成部分,其具体特征如下:

> 政治技能强的人个人安全感强,具有沉着冷静的性格,而且自信心强,能够吸引他人,给别人一种舒服的感觉。这种自信不会过于强烈以至于成为一种傲慢,而是保持适当的程度,成为一种积极的特性。因此,尽管很有自信心,但是那些政治技能很高的人并不会表现为自我关注(虽然他们的自我意识也很强),因为他们的重点是对外关注别人,而不是对内以自我为中心。这就使得政治技能高的人能够保持适度的平衡和视角,同时,由于做事认真,他们能够对人对己保持一种正常的责任心。

非正式的群体网络

非正式的群体网络是一种包括多种个人网络的沟通方式。之所以被称为"非正式",是因为这些沟通渠道和信息并不是严格按照组织规定的路径来进行的,如总裁接见员工或给所有员工发送电子邮件,或经理每周召开员工会议。

最常见的非正式群体网络就是**小道消息(grapevine)**,一种非官方的、有时涉及保密信息的、人与人或人与群体之间的语言链或电子邮件沟通方式。小道消息中最常见的信息就是传言——一些出处不明确、未经证实的信息,通常以口头流传或电子邮件的方式进行传播。组织内部信息通过小道消息的方式进行传播的四种主要途径如下:

- **单向传言链** 指一个人将传言讲给另一个人听,这个人再讲给下一个人,然后依次传递。因此,传言每次传递给一个人,然后再传递给他人。相对于其他的沟通方式,这种沟通方式的准确度比较低,因为信息会随着每次传递而不断失真。
- **传言链** 指只有一个人将信息传递给其所能接触到的几乎每一个人。这种方式的传播速度是最慢的。
- **概率链** 指一个人随意地接触一些人,并传递信息。这些得到信息的人以同样随意的方式,遇到谁就向谁传递信息。这种方式并不是一种明确的沟通渠道,因为信息被传递给不同的人,而有些人则被忽略了。
- **簇式沟通链** 指一个人将信息传递给一些关系亲密的人,然后这些人再将信息传递给与他们关系密切的人。人们会按照自己的主观意志来理解、接受和传递信息,因此尽管信息的主旨会被保留,但是一些细节有可能被改变了。这种方式通常被用做传播组织内的谣言或其他新闻。

管理者无法清除非正式的群体沟通网络,如小道消息。实际上,管理者也常常参与其中。对于管理者而言,最佳的做法就是理解小道消息的合理性,然后制定策略来预防和应对组织内外各种虚假和错误的谣言与传闻。在一个沟通开放程度比较低的组织中,有可能出现非正式沟通网络与高层管理者建立的正式沟通网络发生冲突的情况。如图10.5所示,沟通开放程度较低主要具有以下特点:① 信息传递是封闭和防御式的;② 信任度低;③ 议程保密;④ 目的隐晦。在这种情景下,不同的非正式沟通网络会彼此产生冲突,卷入不断的权力争斗中。相反,当沟通开放程度比较高,并具有道德的人际沟通特点时,个人沟通网络、非正式群体网络以及正式的员工网络更多地相互支持,表现出合理的一致性,因此可以减少组织沟通的障碍、困惑和不和谐等现象。

正式员工网络

所谓正式员工网络,是指与员工相关的纵向(不同管理层之间)和横向(个体、团队、部门与事业部之间)的沟通形式与流程。在课前案例中,我们讨论了豪格·罗宾逊有限公司的戴维·拉德克利夫所采取的组建、发展和运用正式员工沟通网络的许多行动。我们对卡特彼勒公司中心广场的讨论,也展示了该公司日内瓦总部的员工沟通经理戈达多·邦塔纳利是如何创建组织内的非正式会议与讨论,建立同事情谊,培养员工的共同愿景的。邦塔纳利试图通过倡议并发展非正式的群体网络以及跨文化沟通来提高正式员工网络的效能。

在沟通管理能力专栏中,我们对理财规划协会(FPA)的谈话文化进行了讨论。我们探讨了珍妮特·麦卡伦的领导力,探讨了她是如何通过发展正式与非正式群体网络来促进员工对话的,如交谈圈、知识咖啡馆、会话空间以及季度分会成员大会。本书的许多章节都谈到了管理者如何促进或阻碍有效的员工正式沟通网络的建立。我们在第8章讨论过六种正式团队,如自我管理团队、虚拟团队和全球团队,它们都是高层管理者如何促成并影响各种横向、纵向的员工沟通网络的很好例子。在第3章组织设计中,我们也把网络设计作为当代组织设计的方式之一,并进行了讨论。

下面的沟通管理能力专栏向我们展示了Sensis公司的一项重要举措——评估和改变正式员工沟通网络。Sensis公司是澳大利亚广告与搜索行业的领军企业。该公司通过印刷品、网络、语音以及无线的方式,为人们提供整合的搜索途径。Sensis拥有超过2 600名员工,年收入超过10亿美元。

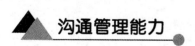
沟通管理能力

Sensis公司的员工沟通策略

几年前,Sensis公司推出了一个名为"讨论小组"的项目,目的是让员工参与讨论公司下一步的发展策略。全公司2 600名员工被邀请参加一个历时3个小时的会谈。该会议由公司高级行政领导班子中的一名成员主持,每次会议有20名员工和一名高级管理人员参加。保持较小的规模,是为了鼓励大家进行公开、充分、有意义的讨论和沟通。由于员工们利用这样的机会来尽情表达自己的不满,所以讨论会上的反馈意见之多、程度之激烈令高级管理人员瞠目结舌,员工共提出了1000多个具体的事项。

这次讨论经历让管理层十分沮丧,他们根本没有料到员工的不满情绪如此之大,以及存在如此之多阻碍员工有效工作的事情,管理层与员工的沟通就是其中一个主要的问题。于是,CEO决定推迟一些战略发展方案的实施,而着重解决运作与沟通中存在的问题。公司成立了一个内部沟通团队,对公司沟通环境进行大刀阔斧的改革,以便让员工完全参与其中。

一系列与领导者沟通相关的具体项目逐一被推行,公司组建了一个有知识、有技能的领导小组,负责宣传和组织公司内部业务和领导力的变革。这一做法具有双重效力:在公司领导层中提出和树立了业务能力要求标准,同时通过一个发展和训练项目,使他们具备向员工传达这些相关信息的能力。以一个讨论小组为例,他们建立了一个持续性的项目,帮助领导和员工建立定期的双向沟通渠道,包括安排管理者定期为员工召开信息沟通会。这种沟通有助于员工了解业务绩效的最新信息,增加员工提出问题和建议的机会。

每年上半年组建的讨论小组已经成为该公司的主要沟通亮点。讨论小组初期主要解决公司短期内要解决的问题,随后的会谈会越来越热烈,不再关注那些需要马上解决的战术性问题,而是逐步关注一些更有建设性的建议和解决方案。除了这些常规的沟通渠道以外,公司还逐渐形成了一种内部观点,即领导者与员工就重要的业务信息进行沟通的同时,针对规划中的操作变革采取协商的方式。一些沟通手段继续被使用,如内部通讯录和内部网络,但多数是用于重申一些重要信息,而不是用来首次发布重要的业务信息。

为了监督员工的参与程度,Sensis公司运用员工参与指数来衡量员工所感受到的同公司的联系程度。根据这个指数,Sensis公司的员工参与度为81%,比澳大利亚的行业标准高出8%。内部沟通在促进领导层与员工之间的定期对话中发挥了重要作用:75%的被调查员工认为Sensis公司在为员工提供与其相关的信息方面做得非常出色,而两年前只有52%的人有这样的感觉;81%的员工说他们清楚公司未来的发展方向。总体而言,Sensis公司在所有沟通要素指标方面,比澳大利亚行业标准高出17个百分点。现在该公司所面临的挑战是如何保持这种员工参与的势头,以及公司内部沟通项目运作的有效性。

注:关于Sensis公司的更多信息,请访问公司主页http://www.sensis.com。

在组织中的具体应用

所有类型的网络对于组织的日常沟通都是非常重要的。首先,对于一个有多重任务和目标的团队来说,没有哪一种网络能够在任何情况下都行之有效。上司指导下属的方法看起来有效率、成本低,而且简单,但是如果在任何情况下都一律照搬,这种方法也会失效,造成成员的不满情绪,最终选择离开团队或者失去为团队做贡献的动力。其次,面对复杂问题的个人和团队需要大量的合作,但是由于信息分享的不充分或者备选方案不完备,可能造成低效的结果。管理者必须权衡利弊或考虑机会成本,如果一个团队运用一种要求大家完全投入的正式员工网络来解决不需要太多合作的简单问题和任务,效果就不会很好。团队成员也会因为这样的低效会议而感到烦闷和不满,觉得自己的时间被浪费了。要求大家完全投入的另一个影响就是劳动力成本的提高,即原本利用一个简单的沟通网络就可以解决的问题却要求所有员工花费许多时间来处理。因此,管理者应该选择最适合任务和目标的沟通网络类型。

本章小结

1. 阐述人际沟通的要素。	沟通过程中的基本要素相互联系和作用,包括发送者、接收者、传导物、接收器、信息、渠道、噪声、意义、编码、解码以及反馈。 面对面的人际沟通可以获得最丰富的信息,这对于执行复杂的任务、解决社会问题和情感问题尤为重要,因为这些问题都牵涉到大量的不确定因素。重要的问题一般都具有不确定性、模糊性以及与人的相关性(特别是社会性与情感性)。 有效的人际沟通存在很多潜在的挑战与障碍,我们简要地回顾了前几章讨论过的人际障碍。直接的障碍包括挑衅性的交流方式、噪声、词语的含义、低俗用语、谎言以及意思的曲解。由于文化差异而导致的沟通障碍是一直存在的,当来自高情境文化的人和来自低情境文化的人进行沟通时,障碍就会特别大。
2. 解释促进道德的人际沟通所需的能力构成。	掌握对话的相关能力和技巧,进行道德的人际沟通成功的可能性就会增大。对话包括沟通的开放性、建设性反馈、积极倾听、适当的自我表达以及支持性非语言行为。这都需要发送者与接收者在沟通过程中的积极配合。在开放的沟通过程中,发送者与接收者可以在避免人身攻击的情况下相互讨论、寻求共识。人们从别人那里得到反馈,了解到自身的不足,从而可以改善自身的行为。接收者通过积极倾听可以不用猜测别人的意思就获得完整的信息。个人愿意与别人共享信息的程度取决于个人表达信息的能力。
3. 描述非语言沟通如何影响对话。	非语言行为对促进对话起着非常重要的作用。我们在本章通过缩略词 PERCEIVE 讨论了多种个人的非语言暗示行为,包括接近性、表情、面对倾向、接触、目光、个人手势、声音以及微调行为的存在。通过本章的学习,我们还了解了文化差异怎样阻碍有效沟通的实现,详细阐述了手势、颜色及时间运用这些非语言信息对跨文化沟通的影响,还有办公室大小、办公室所处位置的楼层高度、窗户的数量、秘书的位置及员工接近的难易程度这些地位象征对沟通方式的影响。总的来说,在运用非语言沟通时必须非常谨慎,避免过分简单地套用刻板印象来诠释某人的非语言行为。

4. 说明人际沟通网络在人际沟通中的作用。

个人的沟通网络由横向、纵向和外部网络组成。构建强大的个人网络的能力可以通过对八个问题的肯定回答来判断,如"你是否认识许多与你的工作相关,但是属于其他部门的人"。要增强个人网络的有效性,个人需要运用政治技能。政治技能是我们所谈及的沟通管理能力和自我管理能力的构成部分。非正式群体网络包括多种个人网络类型,最常见的非正式群体网络是小道消息,有单向传言链、传言链、概率链和簇式沟通链四种传播模式。正式员工网络侧重于员工按照管理者的意图进行纵向和横向的沟通。管理者需要积极地创建开放而道德的沟通方式,以确保个人网络与非正式群体网络不会同正式员工网络发生冲突,而是相辅相成的。

关键术语和概念

自信的沟通(assertive communication)
渠道(channels)
色彩学(chromatics)
时间学(chronemics)
信号(cue)
文化情境(cultural context)
解码(decoding)
对话(dialogue)
曲解(distortion)
编码(encoding)
民族中心主义(ethnocentrism)
反馈(feedback)
风水(feng shui)
小道消息(grapevine)
高情境文化(high-context culture)
印象管理(impression management)
跨文化沟通(intercultural communication)
人际沟通(interpersonal communication)
人际沟通网络(interpersonal communication network)

语言惯例(language routines)
倾听(listening)
低情境文化(low-context culture)
说谎(lying)
意图(meaning)
媒介丰富度(media richness)
信息(messages)
元沟通(meta-communication)
单一时间表(monochronic time schedule)
噪音(noise)
非语言沟通(nonverbal communication)
政治技能(political skill)
多元时间表(polychronic time schedule)
接收器(receptors)
自我表达(self-disclosure)
语义学(semantics)
360度反馈(360-degree feedback)
传导物(transmitters)

讨论题

1. 基于你过去或者目前工作中得到的反馈,参照表10.1,诊断哪些反馈最没有效果?应该如何改进这些做法?

2. "因特网、电子邮件让来自不同文化背景的人更容易沟通。"你同意这句话吗?为什么?

3. 描述你在工作或学习中的沟通网络。你认为该网络有效吗?你是否想对此做出改变?为什么?

4. 如果公司把你调去一个具有不同文化类型的区域,要适应文化的差异你必须注意哪些非语言沟通技巧?

5. 描述你的上级惯用的非语言行为,这些非语言行为与他本人说的话通常是不是一致的?请解释。

6. 你怎样评估自己目前或以前所在组织的人际沟通程度?请给出具体的例子来说明。

7. 请你参照图10.5中沟通开放性的四个维度来评估课前案例中的戴维·拉德克利夫。请举例说明他的行动和沟通方式,以此证明你对每个维度的评估。

8. 卡特彼勒公司的中心广场做法似乎对其日内瓦的欧洲总部的跨文化和人际沟通产生了积极的影响。人际沟通和跨文化障碍中的哪三个方面不太可能受到中心广场的影响?请解释。

9. 在人际沟通中,媒介丰富度为什么如此重要?是否要改变你所在组织的管理者所使用的媒介形式和频率?请解释。

10. 回想一个你曾经参与过的团队,你如何评估团队成员的自我意识程度?

体验练习和案例

体验练习:自我管理能力

人际沟通实践

说明

本调查的目的在于测试你在人际沟通中的表现。每道题有两个选项,请指出这些情景中哪一项更符合你的个性特征。有些选项可能同时符合或同时不符合你的个性特征,但还是请你给两个选项打分,两项总分为5。5分表示最符合你的个性特征,0分表示最不符合,举例如下:

	A	B
1.	5	0
2.	4	1
3.	3	2
4.	2	3
5.	1	4
6.	0	5

每道题的两个选项都有六种可能的分数组合,两项分数加起来一定要等于5。为了增强可信度,请结合个人经历完成本次调查。在此项调查中,表示两性差异的"他"和"她"的使用

频率是均等的。

1. 如果我有个朋友与另一个我们都认识的人发生个人冲突,我会
   ____ A. 告诉我的朋友,我认为她应该负部分责任,同时让她了解与之发生冲突的那个人是怎样一个人。
   ____ B. 尽量不牵涉进去,否则就不能与她们继续相处。

2. 如果我与一个朋友因某事激烈争论,我感觉自那以后他一见到我就很别扭,我会
   ____ A. 尽量避免讨论他现在的行为而导致事情恶化,让时间冲淡一切。
   ____ B. 直接指出他的行为有些别扭,问他对影响了我们关系的争论有什么看法。

3. 如果有个朋友处处避开我,我会
   ____ A. 跟她谈谈她最近的行为,建议她告诉我她是怎样看待我的。
   ____ B. 既然她想这样做,那我就跟她一样也保持距离。

4. 如果我和两个朋友在聊天,其中一个说漏嘴,提及我和另一个朋友的私人问题,而那个朋友还没意识到这个情况,我会
   ____ A. 转移话题,并暗示说话的朋友也这样做。
   ____ B. 告诉那个还没明白过来的朋友另一个朋友说的是什么意思,并提议稍后再谈那个问题。

5. 如果有个朋友告诉我,她觉得我最近做事没效率,我会
   ____ A. 请她指出问题所在,并建议我需要做出什么改变。
   ____ B. 反感她对我的批评,并告诉她我为什么要那样做。

6. 我有个朋友很渴望得到学生会的一个职位,而我认为他不能胜任,如果他被学生会主席任命了,我
   ____ A. 不会对我的朋友或学生会主席说出我的担心,随便他们怎么做。
   ____ B. 会把我的担心告诉朋友和学生会主席,让他们做最后的决定。

7. 如果我的一个朋友对我和她的其他朋友不公平,而那些人又不提出来,我会
   ____ A. 问她的其他几个朋友,看他们是否也察觉到。
   ____ B. 不跟别人说起这件事,等他们主动提出来。

8. 如果我正被个人问题缠身,而有个朋友说我变得很急躁,为一点小事就对他和其他朋友发火,我会
   ____ A. 告诉他我正被烦事困扰,不想别人打扰我。
   ____ B. 聆听他的抱怨,但不向他解释我所处的困境。

9. 如果我听到别人散布谣言中伤我的朋友,而她又问我知道些什么,我会
   ____ A. 说我什么也不知道,告诉她没人会相信那些谣言。
   ____ B. 把我知道的都告诉她,我听到了什么、什么时候、从哪里听到的。

10. 如果有个朋友指出我跟另一个需要与之好好相处的朋友产生了个人冲突,我会
    ____ A. 听不进他的话,并告诉他我不想再讨论这件事。
    ____ B. 跟他开诚布公地讨论这件事,看看这件事对我的行为会产生什么影响。

11. 如果我和一个朋友反复争论一个对我们都很重要的问题,伤害了我们之间的友谊,我会
    ____ A. 跟她讲话的时候小心谨慎,避免又提及那个问题而让我们的关系恶化。

____ B. 告诉她这个争论影响了我们的关系,建议我们继续讨论这个问题,直到事情解决为止。

12. 如果我与一个朋友谈论起他的言行和存在的问题,他突然提议也讨论一下我个人的言行和存在的问题,我会
____ A. 尽量把话题扯远,解释说其他跟我很熟的人经常谈到这些事。
____ B. 欢迎并鼓励他说出自己的看法,可以知道我在他心目中是怎样的。

13. 如果有个朋友告诉我她讨厌我的另外一个朋友,说那个人很无情,而我也认为是这样的,我会
____ A. 听她讲,并告诉她我也是这样想的,好让她知道我站在她那边。
____ B. 只是听她讲,不发表任何意见,因为我怕她会把我说的话告诉别人。

14. 如果我听说有人散布谣言恶意中伤我,而我怀疑有个朋友很有可能知道这件事,我会
____ A. 避免提起这件事,如果他愿意,他会主动告诉我的。
____ B. 冒个险,直接问他知道什么。

15. 如果我在社交场合见到一个朋友在做一些伤害到她与别人关系的事,我会
____ A. 尽管她有可能会认为我是个多管闲事的人,但我还是会告诉她我看到的一切以及我的反应。
____ B. 不跟任何人说,免得别人以为我多管闲事。

16. 如果我和两个朋友正在聊天,其中一个提到与我有关的事,而我又完全不知情,我会
____ A. 追问这件事是什么,他们有什么看法。
____ B. 他们愿意就告诉我,不愿意的话也可以转移话题。

17. 如果有个朋友最近很忙,在一些小事上无端对我发脾气,我会
____ A. 猜想他暂时有些与我无关的烦心事,小心应付他。
____ B. 尝试跟他聊聊,告诉他这样做会影响他的人际关系。

18. 如果我开始讨厌一个朋友的某些习惯,我不再喜欢与她共处,我会
____ A. 不跟她明说,但在她表现出那些让人厌恶的习惯时我不理她,好让她知道我的感受。
____ B. 清楚地告诉她我的感受,那样我们才能轻松愉快地相处下去。

19. 与一位比较敏感的朋友谈论社交上的言行举止时,我会
____ A. 为了不伤害他的感情,避免指出他的缺陷与不足。
____ B. 专门讨论他的缺陷与不足,好帮助他改正。

20. 如果我知道我可能要在团队中接任某职,而我的朋友对我的态度越来越差,我会
____ A. 跟朋友讨论我的缺点,看有什么地方可以改进。
____ B. 自己找缺点,并加以改正。

计分

这份调查有 10 道题目是检验你对反馈信息的接受能力,另外 10 道题目是检验你自我表达信息的意愿。把你的分数转移到下表中,把每列的分数加起来。按图 10.6 上显示的分数,把你的两个总分标出来,横轴表示对反馈信息的接受能力,纵轴表示自我表达信息的意愿。

对反馈信息的接受能力	自我表达信息的意愿
2. B ____	1. A ____
3. A ____	4. B ____
5. A ____	6. B ____
7. A ____	9. B ____
8. B ____	11. B ____
10. B ____	13. A ____
12. B ____	15. A ____
14. B ____	17. B ____
16. A ____	18. B ____
20. A ____	19. B ____
总分：____	总分：____

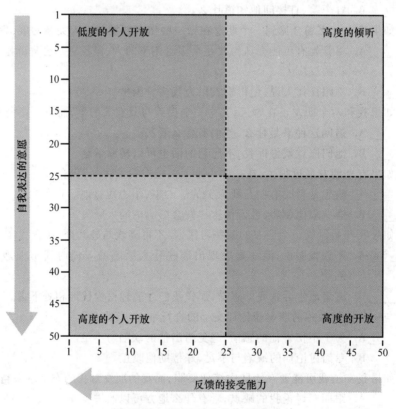

图 10.6　人际沟通中的开放程度

如图 10.6 所示，对反馈信息的接受能力和自我表达信息的意愿的分数越高，表示你越愿意参与开放的人际沟通活动。当然，你必须注意一些情境因素可能会影响你在人际沟通中偏向开放性或是封闭性。

问题
1. 根据你所得的分数,你需要进一步培养哪些沟通能力?
2. 在培养这些沟通能力的时候,可能会遇到哪些障碍?

案例:跨文化管理能力

胡安·佩里罗和琼·穆尔

场景 1　2 月 15 日,波多黎各的圣胡安市

胡安:欢迎回到波多黎各,琼。很高兴你回到圣胡安。希望你此次从代顿来的路上一切顺利。

琼:谢谢,胡安。很高兴回来,回到日出的地方。弗雷德让我转达他对你的问候,也让我告诉你,我们所做的未来三个月的生产计划非常重要。但是首先问候一下,你家人都好吗?我希望一切都好。

胡安:我太太很好,但是我的女儿玛丽安娜的胳膊摔断了,需要做手术修复断骨。我们很担忧,因为医生说她可能需要做好几次手术。一想起我那可怜的小女儿在手术室的情形,我心里就很难过。她当时正同几个伙伴一起玩耍,你知道,有时候孩子们疯起来也很粗鲁的。没有导致更多人受伤已经很令人欣慰了。还有,上周,我儿子……

琼:哦,我对小玛丽安娜的事感到很难过。但我相信手术会顺利的。那么,我们现在可以谈谈生产计划的事吗?

胡安:哦,当然。我们必须着手讨论生产计划了。

琼:弗雷德和我都认为 6 月 1 日作为第一期生产结束的日子是个不错的选择。而且我们也认为,对于第一期的生产而言,100 台 A 型电脑应该是个比较合理的目标。我们知道你现在有几个组装工人正在接受培训,而且在过去的几个月里,你的供应商提供的零部件似乎存在一些问题。但是,我们相信现在你已经解决了所有问题,可以完全恢复生产了。你觉得怎样?你觉得截至 6 月 1 日,生产出 100 台 A 型电脑的目标可行吗?

胡安:(犹豫了几秒钟)你希望我们到 6 月 1 日为止,生产 100 台最新设计出的 A 型电脑吗?那么,我们是否还需要按照往常的数量生产 Z 型电脑呢?

琼:哦,是的。你日常的生产计划保持不变。唯一的改变是,你还需要同时生产新型的 A 型电脑。我是想,你毕竟添了一些新的人手嘛,而且你的生产和组装设备同代顿那边的工厂一样,都是新的。所以,你们应该做好了准备,能够像我们一样生产新产品了。

胡安:是的,的确如此。我们有新的设备,还刚刚招聘了一些新的组装工人,可以安排他们生产 A 型电脑。我想,应该不会有其他原因影响我们按照你和弗雷德决定的工期进行生产吧。

琼:太好了,太好了。我会告诉弗雷德,你已经同意了我们的决定,在 6 月 1 日前生产 100 台 A 型电脑。他如果知道你能够如期完成他的意愿的话,会十分高兴的。那么,当然了,胡安,这也意味着你需要按照代顿那边工厂的做法来进行生产。

胡安:你同弗雷德沟通之后,发个电子邮件给我,告诉我最终结果。

场景2 5月1日,波多黎各的圣胡安市

琼:你好,胡安。波多黎各那边的情况怎样?我很高兴有机会回来看看进展如何。

胡安:欢迎你,琼。很高兴你能来。去年冬天你那里的天气怎样?你的家人都好吗?

琼:天气糟糕透了!俄亥俄州典型的气候。我的家人都好。你知道,我们最近接到国防部的一笔50台A型电脑的大订单,弗雷德对此高兴极了。他们想让我们在6月10日交货,我们将直接从圣胡安发货,将其运到华盛顿,因为这50台电脑将从你们的生产线上产出。我们当初把你的生产计划定为6月1日生产100台A型电脑,实在太明智了,是吧?

胡安:嗯,是的。显然是个好主意。

琼:那么,告诉我,新型号产品的生产过程中有没有什么问题?你的新组装工人进展如何?对于具体生产要求的改变,你有没有什么建议?为这一型号而进行的新的质检项目如何?我们一直在寻求改进,对你提出的任何建议都很感谢。

胡安:嗯,琼,有一件事……

琼:哦,是什么?

胡安:是这样的,琼。我们的新组装工人存在一些问题。他们当中三个人的家人得了重病,不得不请几天假来照顾生病的孩子或老人。另外一个出了车祸,在医院住了几天了。你还记得我女儿的手术吗?她的手臂愈合得不好,所以我们带她去休斯敦看医生,做进一步的治疗。当然了,你和弗雷德应该都知道这些了,我在4月份的邮件中已经提到这些情况了。

琼:是的,我们知道你遇到了一些人手方面的问题,而且你和太太还要带着玛丽安娜去休斯敦。但是这同国防部的50台A型电脑订单有什么关系呢?

胡安:是这样的,琼。由于这些问题,我们的生产进程有一些延误,虽然并不是很严重,但是有些落后于计划的生产进度。

琼:"有些落后"是指多落后?你想告诉我什么,胡安?你是否能在6月1日将50台A型电脑发到华盛顿,完成国防部的订单?

胡安:嗯,我当然希望能有足够的数量发货。但是你知道,琼,要预计一个精确的生产数量真的很难。你在代顿的工厂那边可能也遇到过许多类似的问题,不是吗?

问题

- 根据沟通模型(参看图10.1),在胡安和琼之间存在哪些有效沟通的障碍?
- 在美国本土和波多黎各之间存在哪些文化差异可能影响沟通的效果?
- 你可以做出哪些建议来改善胡安和琼之间的沟通?

第4部分
组织中的个体

- 第11章　理解个体差异
- 第12章　知觉与归因
- 第13章　学习与强化
- 第14章　激励的基本理论及应用
- 第15章　运用目标设置和奖励制度进行激励
- 第16章　压力与攻击行为的管理

Chapter Eleven

第 11 章
理解个体差异

学习目标

学完本章后,你应该能够:
1. 解释人格决定因素的基本来源。
2. 识别影响行为的人格特质。
3. 指出工作态度的作用与重要性。
4. 描述情感对绩效的影响。

课前案例

扬-鲁比卡姆公司的 CEO 安·富奇

2001 年,安·富奇做了一件在美国商界不同寻常的事,她辞去了卡夫食品公司总裁的职务。她这样做并不是因为对公司不满意,而是想让生活变得更加充实。她写了一本书,名叫《工作中的艺术》。在这本书中,她描述了在美国商界所经历的许多问题,而这些问题的产生仅仅因为她是一位黑人女性。

几年之后,她经不起商界的诱惑,重返商界,担任扬-鲁比卡姆公司的董事会主席和 CEO。当时这家主营广告与沟通业务的公司已经被英国广告业巨头 WPP 集团收购,但是经营状况一直不好。WPP 集团 CEO 马丁·索雷尔后来说,他认为凭借安的营销和人际能力,她可以做到前两任 CEO 都无法做到的事情:提高公司的利润率。他之所以选择安还因为"女性管理者比男性更为出色"。在同安以往的许多下属交谈之后,马丁得知安是一个十分强调以人为本的人,从来不会夸大自己工作的重要性。在卡夫食品的麦斯威尔咖啡事业部,她一直致力于在不断降低成本的压力下,依然保持产品质量。

上任后,富奇立即开始了每天 15 个小时的工作,并在工作的第一年里拜访了分布在全球 80 个国家的 540 家分公司中的大部分公司。她重组了公司的高层,削减成本,使公司瞄准科技、保健和直销市场,为它们提供广告。她制定了四项措施,并以此作为经营公司的基础,有些措施甚至得罪了她的一些同事。第一,她鼓励并奖励合作。当有客户找到公司希望做广告时,富奇认为广告公司应该能够找到并为客户提供最佳的服务组合。为了让大家深入了解这一点，富奇面向集团公司旗下的所有公司推出了扬-鲁比卡姆这一品牌。对于许多以前习惯独立工作甚至相互抢夺客户的员工而言，这是一种很困难的思维转换。有些员工认为这种做法是对他们领地的入侵，而富奇认为这样才能反映出客户的需求。这项措施终于为扬-鲁比卡姆公司赢得了微软公司价值2.5亿美元的广告。第二，以客户为中心。富奇的报告对每个客户的所有方面都要负责。第三，简化所有程序，通过一个行之有效的质量控制项目来提高效率。这个项目是她从GE那里学来的，她对其进行了改进，目的是让员工有更多的时间发挥创造性。她培训员工采取全面质量管理的手段，这样员工可以主动处理从采购供应到创意策略等问题。第四，她传播快乐。安喜欢周游世界，并认为这种过于亲密的风格正是客户和员工所需要的。公司里有许多快乐的聚会，员工们聚到一起就是闲聊，而不一定谈论具体的工作。富奇几乎能记住公司所有人的名字和面孔。这一点是以前的CEO无法做到的，他们甚至连员工的名字都拼读不准。

注：关于扬-鲁比卡姆公司的更多信息，请访问公司主页 http://www.yr.com。

正如课前案例指出的那样，人们习惯于"以其人之道，还治其人之身"。你也许问过自己是否愿意为富奇工作。综合考虑自己的个性、喜好和目标后，你会给出自己的答案。作为一名员工和未来的管理者，你必须能够识别并欣赏个体差异才能理解公司成员的行为，并恰如其分地做出反应。

本书的第4部分介绍组织中的个体。我们关注的重点首先是个体行为，以此来帮助你提高对组织行为的理解。**个体差异**(individual differences)指的是构成人与人不同之处的各种属性。个体差异可以是生理、心理和情感方面的。正是由于个体差异，令每个人都显得独特。或许你具有非常活泼的性格，喜欢成为关注的焦点，而你认识的其他人却不喜欢热闹，精力也没有你那么充沛。管理者要理解个体差异，就必须分析行为产生的环境。培养这种理解力的一个比较好的着手点就是理解组织中不同的人格角色。本章我们会讨论人格、态度和情感方面的个体差异。我们从人格这个概念开始，然后阐述态度和情感在组织行为中的作用。

人格的决定因素

> **学习目标**　1. 解释人格决定因素的基本来源。

行为总是牵涉到个体与情境的复杂互动。周围发生的事情（包括其他人的出现和行为）会影响人们在某个特定时间的行为方式，而人们常常会把自身的一些"东西"传递给当时的情境，这就是个人品质独特的一面，叫做"人格"。没有哪种人格的定义是放之四海皆准的，关键在于人格代表着个体的特性，使其行为体现出一致性。因此，人们需要理解这些在与别人互动中出现的行为模式。

第 11 章 理解个体差异

人格(personality) 也称为个性,是指能够体现个人独特本性的各种稳定的心理属性的总体或组合。因此,人格是人的一整套生理和精神特质的综合体,它反映了一个人如何观察、思考、行动和感受。这一概念包含两个重要观点。

第一,人格理论常常描述了人们的共性与分歧。理解一个人的人格特点,就是理解他与别人的相同之处和独特之处。因此,公司里的每位员工都是独一无二的,在相似的情况下,他们的行为有可能一样,也有可能不一样。这种独特性使得人员管理以及与人共事具有巨大的挑战性。

> ▶▶▶ **成功领导者语录**
>
> 人格特点中的细微差别,对有些人而言是无法察觉的,有些人避而不谈,而对于成功的管理者而言则是一目了然,而且价值巨大。
>
> 马库斯·白金汉,One Thing 公司顾问

第二,我们对人格的定义中包含"稳定"和"一段时间内的连续性"。很多人本能地表现出人格的稳定性。因此,如果你的人格突然发生了彻底改变,家人和朋友会觉得你好像变成了一个陌生人。尽管人格的重大改变一般不会突如其来,但人的个性还是有可能随着时间的推移而渐渐改变的。在人的一生中,人格特点会在某种程度上不断发展,但最大的改变往往发生在童年。

一个人的人格是怎样决定的呢?个性是由基因决定的还是后天形成的?这个问题的答案很复杂,因为有相当多的因素会影响每个人的人格发展。正如图 11.1 所示,两大主要因素——遗传和环境塑造了不同的人格。对这些因素的研究有助于解释为什么每个个体都不相同。

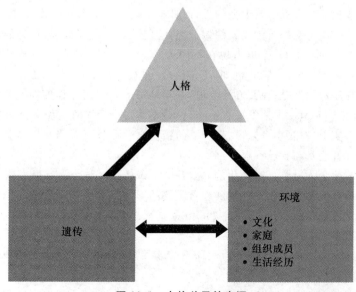

图 11.1 人格差异的来源

遗传

基因的影响深深根植于人们对人格的认识中。"她跟她爸爸一个样!""亲爱的,他的坏脾气就是从你们家那边来的。"这些话都表达了这种观念。有些人相信人格特点是遗传所得,而另一些人则相信一个人的经历才是决定他个性的关键因素。而我们的观点是平衡的,即尽管一些人格特征可能是由更多的遗传或环境因素所决定的,但是我们认为,遗传(基因)与环境(经历)都是至关重要的。有些人格的特点更像是由基因造成的,而其他的特点则似乎是后天获得的。

有些人认为遗传在人格的发展中起到了制约的作用。在这些由遗传限定的范围中,环境因素决定了各种人格特点。然而,最近对异地长大的双胞胎人格特征的研究结果表明:基因对人格的决定作用远比专家设想的要大。其他对双胞胎的研究还显示:50%—55%的个性可能是遗传得来的。进一步的研究表明,约50%的职业选择差异可以用遗传获得的人格特点理论来解释,也就是说,你很可能遗传了一些影响到职业选择的人格特质。

环境

另外,许多人相信环境在塑造人格方面起到了重大的作用。实际上,环境因素对人格的影响作用似乎比遗传因素要大得多。环境的方方面面,包括文化、家庭、所在群体的成员以及生活经历都会影响人格。

文化 我们在第1章就给文化下了定义。文化指的是身处不同社会的人们组织和生活的不同方式。人类学家已经明确证实文化在人格发展中的重要作用。人生来就处于某个社会里,受到家庭、社会价值观念和行为规范的影响,而这些组成了社会的文化。例如,美国文化通常奖励那些独立的和竞争意识强的人,而日本文化则奖励那些比较合作和重视集体的人。

文化往往决定人们行为模式的相似之处,但是我们也观察到:行为的差异(有时会是很极端的)常常会在同一个社会里出现在不同人身上。绝大多数社会都不是一致性的(尽管有些社会更多地体现出同质性)。例如,工作伦理(重视辛勤工作,不愿工作是可耻的)常常同西方文化联系在一起。但是,在西方社会里,并不是每个人都同样程度地受到这种价值观的影响。因此,尽管文化对员工人格发展有影响,但并不是每个个体对这种文化影响的反应和接受程度都一样。事实上,对管理者来说,最严重的错误之一莫过于想当然地认为下属的社会价值观、个性或其他性格都与自己一样。

家庭 使个人融入某种文化的主要社会化载体就是与个人有最直接关系的家庭。父母和兄弟姐妹都对大多数人的个性发展起着重要的影响作用。而家庭,从一个更大的范围上来说,还包括祖父母(外祖父母)、姑姨、叔舅和表亲等。父母(或单亲)对孩子发展的影响主要体现在以下三个方面:

- 通过自身的行为,他们培养了孩子的某些行为。
- 他们成为孩子效仿的榜样。
- 他们会有选择地奖励和惩罚孩子的某些行为。

家庭环境也是人格差异的重要来源,包括家庭的大小、社会经济水平、种族、宗教和地理位置、在家中的排行、父母的教育水平等。例如,一个人如果生活在贫穷的家庭里,他的经历和机会就会与富裕家庭中成长起来的人迥然不同。而独生子女在某些不可忽视的方面,也会与非独生子女的表现不同。

群体成员 对于大多数人来说,家庭是他们最早归属的群体。人们在一生中还会加入各种各样的群体,从童年的玩伴、少年的同学、体育团队,到成年人工作和社交的社会群体。这些数不清的角色和经验,是人格差异的另一重要来源。尽管玩伴和学校群体出现在生命的早期,似乎对人格的形成有更大的影响;但是,在接下来的时光中,社会和群体经验仍然会影响和塑造人格。要充分理解一个人的个性,就必须理解他现在或曾经所属的群体,正所谓"物以类聚,人以群分"。

生活经历 从具体事件和人生经历的角度来讲,每个人的生活都是独一无二的,对人格也起到重要的决定作用。例如,自尊(人格的一个方面,我们马上就会进行简短介绍)的培养有赖于一系列的经历。这些经历包括实现目标和达到自我期望值的机会,证明具有能影响他人的能力和充分被他人尊重的感觉等。所以,一系列复杂的事件以及与他人的交往有助于塑造自尊。

当我们不断将对人格和其他个体差异的理解融入组织行为的各个主题的讨论时,我们希望读者能够逐渐明白人格在对行为的解释中所起的重要作用。人们会对与他们一起工作的同事所具备的人格特征极为关注。下面的自我管理能力专栏展示了 JetBlue 航空公司的 CEO 戴维·尼尔曼的人格特点,是如何受到各种力量的影响而形成的。

自我管理能力

JetBlue 航空公司的戴维·尼尔曼

如果你想了解一家公司的文化,那么可以先了解一下该公司 CEO 的人格特点。尼尔曼 5 岁之前一直在巴西,他的父亲是那里的一名记者。后来他家离开了巴西,但是他每年暑假都会回去看看。巴西这个国家可以明显分为穷人和富人两个阶层,贫富悬殊极大。而他们家属于富裕阶层,从小家里就有很大的房子,有乡村俱乐部的会员资格等。当他在犹他州读大学低年级的时候,就决定重返巴西,为教会传教,结果沦落到巴西的贫民窟中生活。那些居住在贫民窟里的人们像笼中动物一样被圈在栅栏里生活。

在贫民窟生活的一些经历令戴维十分震惊。首先,大多数的有钱人都有一种特权感。他们认为自己比那些生活在贫民窟的人优越,这让他十分困扰。其次,多数的穷人都比富人更加快乐,而且能够慷慨地与其他人分享自己少得可怜的东西。作为一个离家万里的大学生,他只被获准每周写一封家信,每年打两次电话回家。他本应该觉得自己已经非常凄惨了,但是他却没有这种感觉,因为他在与这些穷人一起工作中获得了无穷的乐趣和满足。

这些经历对于戴维人格的形成起到了非常重要的作用,构成了他日后对 JetBlue 航空公司进行独特管理的动力。当他出差的时候,他会选择经济舱。到机场也没有林肯加长车来接他。

在JetBlue，没有为管理人员预留车位的做法。他的办公楼餐厅里的咖啡与肯尼迪机场中员工休息大厅中的咖啡是一样的。JetBlue公司的航班只有一种等级的舱位，腿部空间比较宽敞的座位都是后排的座位，因此最后下飞机的人在整个飞行中能享有更宽敞的空间。他办公室中的桌子和其他家具与其他员工一样。他告诉飞机驾驶员："在这个公司，有些人比另一些人赚更多的钱，但是这并没有什么好炫耀的。"

人们经常看到他乘坐从佛罗里达飞往纽约的航班。有一次在飞机进入稳定的飞行高度后，尼尔曼走到机舱前部，拿过话筒，介绍他自己。他解释说他会同机组人员一起，为大家提供饮料和小吃。当航行结束时，他还拿着垃圾袋收垃圾。他认为这是一种直接同公司客户对话的机会。JetBlue公司还设有机组人员危机基金，每位员工都要捐款，为有需要的员工准备应急之用。如果公司有人得了癌症，他们除了有医疗保险外，还可以使用这笔基金来支付化疗时的保姆和护工费等。

员工和客户都喜欢JetBlue公司的这种风格。"当你的领导特别友好的时候，会让每个人觉得无论自己做什么都很带劲儿。"负责圣胡安机场的总经理吉姆·斯莫尔说。在为不方便的旅客提供旅行优惠时，JetBlue公司也十分慷慨。有一次，尼尔曼亲自将一对老夫妇从肯尼迪机场送到他家附近的目的地，这样为他们省掉了200美元的出租车费。

注：关于JetBlue公司的更多信息，请访问公司主页http://www.jetblue.com。

人格和行为

学习目标 2. 识别影响行为的人格特质。

大量的人格特质多得令人费解，而**人格特质**（personality trait）是人格的基本组成部分。在过去许多年里，研究人员已经发现千余种特质，而这些特质的名称是人们用来描述他人的各种词语。然而，这样一份列有千百个专有名词的清单使用起来并不方便，既无助于从科学的角度理解人格结构，也难以从实用的角度描述个体差异。因此，我们需要把这些名词编成一组规模较小的概念或描述清单。近期的研究已经识别出能够概括描述人格特质的几个基本要素。

大五人格因素

大五人格因素（"big five" personality factors）常被用来描述个人的情绪稳定性、亲和性、外向性、尽责性和开放性。如图11.2所示，每个因素都包含许多的具体特征，即每个因素都是相关特质的集合体，具有连续统一性。

我们在组织行为的研究中，对个体人格产生兴趣的主要原因是人格与行为之间的联系。研究人员已经发现大五人格因素与绩效之间是有紧密联系的。他们的发现表明：有责任感、独

第11章 理解个体差异

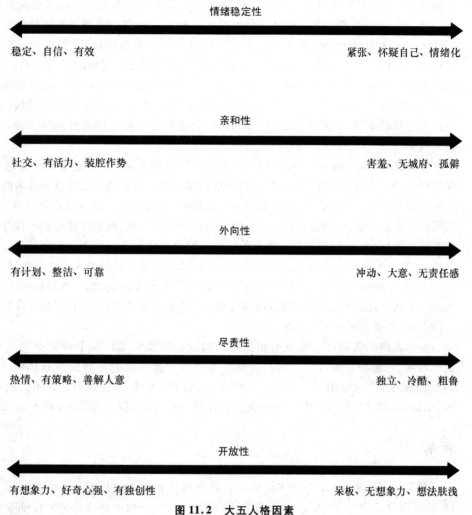

图11.2 大五人格因素

立、坚持不懈和事业心强的员工的绩效比那些缺乏这些特质(参看图11.2中尽责性的两个极端)的员工要好得多。当在亲和性这个特质因素中处于较强的一端时,这个人所表现出来的性格就是热情和善解人意。但是,如果在较弱的那一端,这个人就会变得冷酷和粗鲁。本章结尾处的第一个体验练习有一份自测问卷,你可以以此来了解自己在大五人格因素方面的状况。现在就请你完成问卷,以便更好地了解自己的个性及其对别人的影响。我们现在对这五个因素进行定义。

情绪稳定性(emotional stability)指的是一个人处于放松、踏实、安全和无忧无虑状态的程度。情绪稳定的人在人际交往中比较泰然自若、冷静、踏实;而情绪不太稳定的人同别人交往时则表现为更加冲动、不够牢靠、被动和受到比较极端的情绪影响。情绪稳定的人比不稳定的人能够更好地应对压力。你如何评估戴维·尼尔曼的情绪稳定性?

亲和性(agreeableness)是指一个人与他人相处的能力。亲和性好的人与人交往时能够更加合作、友善、善解人意、脾气好,而亲和性差的人则脾气暴躁、合作性差、易怒。亲和性好的人

321

更能够在工作中发展并保持良好的关系,而亲和性差的人则不太容易同其他人保持良好的关系,包括客户和供应商。你觉得从亲和性的角度考虑,安·富奇能够得多少分呢?

外向性(extraversion)是指一个人处理不同人际关系时的舒适程度。社交型的人具有外向性。外向性的人喜欢与人交谈,他们自信、健谈,愿意建立新的人际关系。不善社交的人被称为内向者。他们不喜欢与人建立新的关系,被视为缺乏自信。研究表明,社交能力强的人更容易成为绩效高的管理者,与社交能力差的人相比,他们更容易担任需要较好人际关系的管理职位,如营销部、销售部和高级管理职位。你觉得在外向性方面,戴维·尼尔曼表现如何?

尽责性(conscientiousness)是指一个人关注的目标数量。那些能够关注关键目标的人更有条理、仔细、周到、负责任以及自律,因为他们能够集中精力做好几件重要的事情。不尽责的人倾向于关注许多不同目标,结果他们缺乏条理性,不够细致。研究者已经发现,更尽责的人比较容易成为高绩效的人,特别是在销售方面。在这一方面,你如何评价安·富奇?

开放性(openness)指的是一个人的好奇心以及兴趣范围。开放性高的人更愿意聆听新的想法,在接受新的信息后,会改变自己的想法、信念和假设。开放的人有广泛的兴趣和创造性。另一方面,开放性低的人不太容易接受新思维,不容易改变想法,他们的兴趣比较狭窄,好奇心不强。开放性高的人更能适应新的环境,愿意聆听不同意见,因此更容易成为高绩效者。在开放性方面,你如何评价安·富奇?

每个人格因素都由一系列的相关特质构成。当我们关注某个特质而不是所有五个因素的时候,人格和具体行为之间的关联更加明确。这里我们考察几种具体的人格特质,它们对理解组织行为有着重要作用。纵观全书,我们还会解释其他与主题相关的一些人格特质,如知觉(第12章)、工作压力与攻击性行为(第16章)以及领导力(第6章和第7章)。

自尊

自尊(self-esteem)是指个体认为自己具有价值和意义的程度。换言之,人们会建立、维持、改变对自己的行为、能力、外表和价值的看法。这些一般的评价是对人们和环境、成功或失败,以及他人意见的反馈。而这样的评价,由于其准确性和稳定性,可看做基本人格特质或维度。在大五人格因素方面,自尊属于"情绪稳定性"中的一部分(详见图11.2)。

自尊在许多方面都影响着个人在组织中和其他场合的行为,它与职业选择也有关系。例如,自尊心强的人愿意承担一定的风险,选择一些地位较高的职业(如医药行业和法律行业)。他们也更倾向于选择与众不同的或是非传统型的工作(如护林员和飞行员)。根据一份对大学生找工作的研究报告表明,那些自尊心强的学生:① 会从招聘人员那里得到更多好评;② 对找工作过程更满意;③ 有更多的工作可供选择;④ 比那些自尊心弱的学生更易于在毕业前就接受工作。

自尊与许多行为相关。自尊心弱的员工更易于受旁人的影响而改变想法,他们为自己设定的目标也较低;而自尊心强的员工会更多地关注要达到的目标。在面对不利的工作条件时,如压力、冲突、情况不明朗、缺乏监督等,自尊心弱的员工更容易发生动摇。通常,自尊与绩效和付出努力完成任务的意愿是正相关的。显然,自尊是工作行为中的一个重要的个体差异。

安·富奇和戴维·尼尔曼都是具有高自尊的个体。

控制点

控制点(locus of control)是个体相信能够控制那些影响自己的事情的程度,即自己认为能够决定自身命运的程度。一方面,有高**内控制点**(internal locus of control)的个人坚信自己的行为基本能够决定自己生活中的许多事情。另一方面,有高**外控制点**(external locus of control)的个人也相信偶然机会、命运或是其他人能够基本决定发生在自己身上的事。控制点通常被视为尽责性因素的构成部分(详见图11.2)。你的控制点是怎样的?表11.1包含了自测工具,可以帮助你了解自己的控制点。

表 11.1 测量控制点

以下有 10 个问题,请使用下面的分数来表明你赞同或反对的程度。
1 = 强烈反对   5 = 轻微赞同
2 = 反对   6 = 赞同
3 = 轻微反对   7 = 非常赞同
4 = 既不反对,也不赞同

____ 1. 通常我会通过努力工作来得到自己想要的东西。
____ 2. 只要做了计划,我基本上能够执行。
____ 3. 我更愿意选择有运气成分的游戏,而非那些纯技术性的游戏。
____ 4. 只要我下定决心,什么都能学会。
____ 5. 我的主要成就都是靠努力工作和自己能力获得的。
____ 6. 我一般不会设定目标,因为要实现目标太辛苦了。
____ 7. 竞争会阻碍卓越的实现。
____ 8. 人们获得成功通常是因为运气好。
____ 9. 无论参加什么样的考试或竞争,我都希望知道与其他人相比,我的水平如何。
____ 10. 总是在一些对我而言太困难的事情上浪费时间是没有意义的。

在计算得分的时候,注意第3、6、7、8和10题的分数是反过来算的(1 = 7,2 = 6,3 = 5,4 = 4,5 = 3,6 = 2,7 = 1)。例如,如果你非常不赞同第3题的说法,就是量表里的第1项,那么把分数记为7分,第6、7、8和10题也这么做。现在把这10道题的分数加起来。

你的得分是:____

根据一项对大学在校生的研究表明:男生的平均得分是51.8,女生是52.2。得分越高,内部控制点也就越强。低分则与外部控制点相联系。

资料来源:Burger, J. M. *Personality: Theory and Research.* Belmont, Calif.: Wadsworth, 1986, pp. 400—401。

内部控制点和外部控制点的许多差异都对人们在组织或其他社会场合的行为有巨大的影响力。内部控制点的人能够很好地控制自己的行为,并且在社会政治方面更加活跃,会比较积极地搜寻与他们处境相关的信息。与外部控制点的人相比,具有内部控制点的人更希望影响或说服他人,自己却不太容易被他人影响,这种人比较看重个人成就。相反,具有外部控制点的人似乎倾向于有条理的、指令性的监督方式。正如我们在第 1 章所指出的,能够有效地在全球化的环境中进行管理是相当重要的一种能力。因此,相比之下,属于内部控制点类型的管理人员能够更好地调整自己来适应并接受国际性的工作。你认为戴维·尼尔曼的控制点分值会是多少?

因此,人格特质与具体行为之间的紧密关系再次成为我们关注的焦点。图 11.3 展示了控制点与绩效之间的一些密切关系。

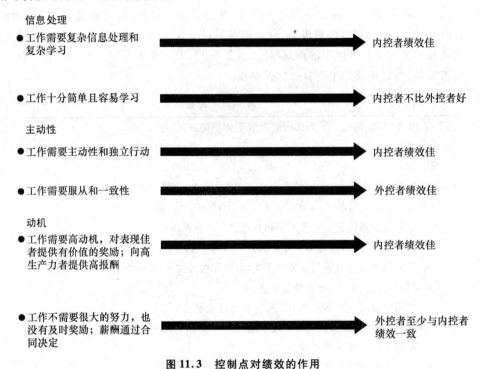

图 11.3 控制点对绩效的作用

资料来源:Miner, J. B. *Industrial-Organizational Psychology*. New York: McGraw-Hill, 1992, 151. Reprinted with permission of McGraw-Hill。

内向与外向

内向与外向是生活中常用的词语,描述的是人们的志趣和精力的指向。**内向(introversion)** 是向内的趋势,内向的人往往安静、内省和不轻易流露自己的感情,对个人感受很敏感。与此相对的是**外向(extraversion)**,趋向旁人、周围的事物和事情。外向的人爱社交、活跃、冲动且容易流露感情。内向和外向是组成"社交性"这一人格特质的部分(详见图 11.2)。许多专家都认为内向与外向是人格构成要素,很大程度上受到遗传的影响。

尽管有些人表现出极端的内向性格或外向性格,但我们中的大部分人都只是中度的内向或外向,甚至是平衡的。在所有的教育、性别和职业群体中,都是既有外向的人也有内向的人。可以设想的是,在管理者岗位上,更多表现为外向者,因为管理者常常需要与其他人一起工作以及通过影响他人来实现组织目标。有些人甚至认为,外向的个性可能是管理成功的必要条件之一。然而,不论极端内向还是极端外向,都会妨碍个人在组织里的效能。

对内向—外向这种人格倾向最突出的应用是观察他们在不同工作条件下的绩效。有研究表明,当内向者独自在一个安静的环境中工作时,绩效较好;而外向者则是在有更多感官刺激的环境里绩效更好,如嘈杂的办公室和热闹的活动中。

情商

心理学家丹尼尔·戈尔曼指出,从职业成功的角度来讲,情商(emotional intelligence,EQ)比一般的智商(IQ)更为关键。正如我们在第1章所谈到的,情商指的是个人了解自己和他人的情绪的能力程度,如何应对自己和别人的情绪能力的程度,而不是指某人有多么聪明,技能有多么高超。要衡量你的情商水平,请翻到本章最后,完成问卷。情商包括自我意识、社会移情、自我激励以及社会技能。

- **自我意识(self-awareness)** 是指一个人是否了解自己的情绪、情感、长处、弱点、能力及其对他人的影响。自我意识高的人能够清楚地知道他们的情感状态,认识自己的感受与想法之间的关联,愿意从别人那里了解如何进行不断改进的反馈意见,能够在不确定性和压力下做出较好的决策,他们的幽默感很强。在这一点上,你如何评价戴维·尼尔曼?
- **社会移情(social empathy)** 是指感觉到其他人的需求并尽力发展与他人关系的能力。社会意识比较强的人有很强的敏感性,擅长了解别人的需求和感受,挑战偏见,是一个值得信任的顾问。他们善于承认人们的长处、成就和发展。作为导师,他们提供及时的指导,提出能够挑战自我能力的任务。
- **自我激励(self-motivation)** 是指以结果为导向,追求超越要求的目标的能力。高度自我激励的人能够为自己和他人设立具有挑战性的目标,寻求改进绩效的途径,为了实现组织目标而牺牲自己的利益。他们做事基于成功的希望,而不是基于失望的恐惧。在这一方面,你如何评价戴维·尼尔曼?
- **社会技能(social skills)** 是指一个人影响他人的能力。社会技能高的人擅长说服他人,来分享他们的愿景。无论在组织中的职位如何,他们都能够作为领导带领大家前进。他们通过典范来领导大家,以直截了当的方式解决复杂的人际关系。在这个方面,你如何评价安·富奇?

我们可以把EQ看做IQ的社会对应值。在经历快速变革的组织中,情商的高低会决定谁能够得到提升,谁将被解雇,谁能够留任等。戈尔曼的持续研究表明:在决定职业成功与否的各个重要因素中,与情商相关的能力(如说服别人的能力、理解别人的能力等)在重要性方面,是智商或技能的两倍。

在组织中的具体应用

迄今为止,我们发现,人格构成对于研究和理解人类的行为是相当重要的。然而,管理者和团队都不应试图改变甚至控制员工的个性和人格,因为这几乎是不可能的。就算这种做法是可行的,但这样的行为也是相当不道德的。对于管理者和员工而言,更重要的是他们需要懂得,人格在解释工作中人类行为的方方面面所起的关键作用。了解个体差异的知识为管理者、员工和学习组织行为学的学生提供了宝贵的启示和工具,帮助他们对各种情境和事件做出判断。下面的团队管理能力专栏描述了Thrive Networks公司所面临的状况。该公司位于马萨诸塞州的康科德,经营信息技术的外包业务。

团队管理能力

Thrive Networks

Thrive Networks公司有员工35人,其销售人员的收入完全依靠提取佣金。公司在2000年成立时共有9名员工,其中只有1名员工在公司工作时间超过6个月。在繁忙、无休止的网络工作中,员工们麻木地进行电话预约、会见潜在客户、完成交易,销售人员大都精疲力竭。不同的人有不同的人格特点,由于销售工作的重点在于完成交易,所以人们没有什么动力带领其他销售人员一起共同工作,公司由此损失了50%的佣金。

业务发展部的主任吉姆·里皮是一位领导力很强的网络公关专才,他每周都能开发十几位潜在客户。他的人格特点使他可以轻松自如地与客户打交道,并能够提出让人难以拒绝的建议。奈特·沃尔夫森是一位能够顺利结束谈判的人,能够在最后一分钟打消客户的顾虑,确保合同的签订。他们两个都约见了Thrive Networks的CEO约翰·巴罗斯,并提出了一个新的想法。这两个人建议,取消原有的个人薪酬制度,取而代之的是将销售人员佣金汇集在一起,采取团队薪酬制度。最初,巴罗斯对此事持有怀疑的态度,但是觉得值得一试。现在,每个销售团队的成员都有一个底薪,然后根据每月完成的团队目标情况分享团队佣金。如果达到或超过目标的话,他们还会有额外奖金。

结果如何呢?在头三个月里,与客户的销售会议增加了67%,成交时间节省了30%。为了使这样的系统发挥作用,所有的销售人员必须理解团队其他人的长处(人格特点)。每位销售人员都是团队的一部分,面对市场,公司出现你争我赶的气氛,这就需要销售人员具有非常外向的个性;大家要就交易的细节进行详尽的讨论,这就需要销售人员具有更多内向的特质;大家还要促成交易的完成,这就需要销售人员具备较高的情商。

注:关于Thrive Networks公司的更多信息,请访问公司主页http://www.thrivenetworks.com。

人格与情境

尽管理解个体差异很重要,但行为通常还涉及人与情境的互动。有时候,由于情境的推动力量很强大,个体差异就表现得不是那么明显了。例如,如果一栋写字楼着火了,里面的每个人都会拼命逃生。然而,大家实际行为的一致与他们每个人的人格没有直接关系。在其他情境中,个体差异对行为还是相当有影响的。

情境和人格对行为的决定性作用究竟有多大,关于这个问题,人们一直争论不休。但是,已经有证据证明它们的作用都是不可忽视的。我们认为:把这两个决定性因素都考虑进去有助于理解组织中的行为。因此,我们的这一观点始终贯穿全书,涵盖了许多主题,包括领导、政治行为、权力差异、压力和变革阻力,我们从人格和情境因素两个方面探讨组织行为,这两个方面共同决定行为。

态度和行为

> **学习目标** 3. 指出工作态度的作用与重要性。

态度是另一种个体差异,对组织行为也会产生影响。**态度(attitudes)** 是一种较为持久的感觉、信念和行为倾向,针对的是具体的人、群体、观点、事件或事物。态度能反映出一个人的背景和经历,并且受到许多力量的影响,包括个人价值观、经历和人格。态度非常重要,因为这是多数人表达感受的途径。一名员工表明组织给他的工资少了,这就反映了他对工资的感觉。

态度的组成

人们通常认为态度是一种稳定的个体差异。员工出于各种各样的原因决定加入某个组织,一旦加入组织之后,我们就会期望这位员工对组织保持始终如一的积极态度,告诉别人他加入组织的原因,该组织有哪些出色的产品和服务,组织为他的成长提供了哪些机遇。人们认为态度是一个简单的概念,但在现实中,态度及其对行为的影响是相当复杂的。态度是由以下因素组成的:

- 情感因素——对某人、某件事、观点或物品的感觉、情绪和感情;
- 认知因素——个人所持的想法、意见、知识或信息;
- 行为因素——根据对某些事物有利或不利的评价来做事的倾向。

这些因素并不是单独起作用的。一种态度集合了一个人对某些事物(他人、群体、事件或问题)的情感、认知和行为倾向的相互影响。例如,假设一位大学生对抽烟很反感,而她在接受来自"四季宝"花生酱公司员工的面试时,得知"四季宝"是卡夫食品公司的产品,而后者又是大烟草公司菲利普·莫里斯公司的一个主要事业部时,她可能会对这家公司的面试官顿生厌恶(情感因素)。她之所以对面试官产生负面印象是基于她自己对于那些受雇于这些公司的人的观点而形成的(认知因素)。甚至,她还可能试图做出某些不友好的举动或突然终止面试(行为因素)。然而事实上,一个人的实际行为确实难以捉摸,我们将会在下面进行简单讨论。

与工作相关的主要态度

人们对许多事情形成自己的态度,员工对他们的老板、工资、工作环境、晋升机会、停车位置、公司餐厅的食物等都会形成相同或不同的态度。有些态度比其他态度更为重要,因为它们与绩效的关系更紧密。特别重要的一些态度包括愿望、工作满意度和组织承诺。

愿望 愿望(hope)是指一个人的意志力(决心)和引导自己如何达到目的的力量(路线图)。仅仅简单地想要得到某物是不够的,一个人必须有实现目标的工具。同时,即使拥有解决问题的知识和技术,但如果没有强大的意愿,也是不能成功的。因此,愿望的一个简单定义是:

$$愿望 = 心理意志力量 + 实现目标的引导力量$$

回答表 11.2 中的问题将有助于你理解这一定义。这一概念的价值在于:它能应用在多种与工作相关的态度上。高愿望度的人喜欢追求具有挑战性的目标,并且用积极的态度去追求。高愿望度的人喜欢自言自语,如"这会是一件有趣的工作"或"我已经准备好迎接这个挑战"。高愿望度的人专心致志,致力于适应情境的行为,更加追求积极的工作结果(如好的绩效)而避免不利的工作结果。与低愿望度的员工相比,高愿望度的人有明确的目标及达到目标的路径,激励自己朝着这样的路径前进。低愿望度的人容易对即将发生的事情产生焦虑,注意力很容易从与工作相关的行为转移到"我做得不够好"之类的想法上。很快,低愿望度的人就会受到负面情绪的影响。低愿望度的人特别容易在压力大的时候变得脆弱,受到其他事情影响而分散注意力,因此越发感到自己无法实现预期的目标。他们自然的反应是退出朋友圈,变成"孤独的人"。然而对于高愿望度的人而言,压力就是挑战,是需要解决的。如果高愿望度的人真的无法实现目标的时候,他们并不会像低愿望度的人那样表现出生气、顾影自怜以及产生负面情绪,而是找到另外一个能够满足类似需求的目标。这是因为高愿望度的人会有许多给他们带来快乐的目标。满怀希望的管理者都爱花更多的时间与员工相处,与他人进行积极开放的沟通,帮助员工设定难度大但是可以实现的目标。对未来充满希望的人也会对自己设定的目标更为坚定,珍惜实现目标的过程,充分享受与别人交往的过程,随时适应新的工作关系,并且在有压力的情况下也不易感到焦虑。

第11章　理解个体差异

表11.2　愿望量表

阅读下面每道题,想一想,哪一项最符合你的情况?
1 = 完全不符合　　　　　　　　　　　　3 = 基本上符合
2 = 基本上不符合　　　　　　　　　　　4 = 完全符合

____ 1. 我对实现工作目标充满干劲。
____ 2. 我能够想出很多办法来清除工作中的拦路石。
____ 3. 过去的经历使我准备好迎接未来的挑战。
____ 4. 任何问题都会有很多的解决办法。
____ 5. 在生活中,我是一个相当成功的人。
____ 6. 我能够想到许多方法来获得生活中对我最重要的东西。
____ 7. 我能够实现自己设定的目标(包括工作上和学习上的)。
____ 8. 即使其他人不支持,我知道自己还是能想方设法解决困难。

记分

把这8道题目的分数相加,如果高于24,你就是一个充满愿望的人;如果低于24分,你还需努力。第1、3、5、7题是关于意志力的,其他题是关于引导力的。

资料来源:Snyder, C. R. Managing for high hope. *R&D Innovator*, 1995, 4(6), 6—7; Snyder, C. R., LaPointe, A. B., Crowson, J. J., and Early, S. Preferences of high-and low-hope people for self-referential input. *Cognition and Emotion*, 1998, 12, 807—823。

管理者至少有三种方法可以帮助员工提高他们的愿望水平。第一,设定一个个明确的阶段性目标,由此组成一个总的工作目标。应该避免内容含糊的目标,因为那样会使追求的目标不明确,实现目标的路径会变得很困难。当员工设定了比以往绩效水平略高的目标时,他们就会试着提高自己的愿望水平,以及明白怎样的目标是最适合自己的。第二,管理者能帮助员工将长期目标分解为数个子目标,或是几个步骤。还记得你是怎样学会骑自行车的吗?不停地跌倒,摇摇晃晃,克服了一个接一个的困难,从学踩脚蹬子、平衡车把到穿过一个个街区而不摔倒。你会发现实现每个小目标都有一个过程,一步步使你在心里勾画出一幅达到终点并最终学会骑自行车的路线图。第三,管理者应该帮助员工找到激励自己达到目的的方法。三菱公司在美国最大的经销商唐·赫林就是这么做的:他们在休息室的墙上贴着一张表,上面有所有销售人员的名字。一般的销售人员能卖出8—12辆新车,而唐·赫林的新车销售员每个月都能卖出20—25辆轿车。赫林是怎么做到这一点的呢?每当一位销售人员卖出一辆轿车,他的名字旁边就会加上一颗金星。这么做的目的就是要推动员工来完成切实可行的销售目标。这种激励对于愿望而言十分重要。

工作满意度　工作满意度是与组织的管理者和团队的领导者息息相关的。人们喜欢自己的工作吗?尽管新闻经常报道工人罢工并且出现暴力行为,然而事实上,大部分人还是对自己的工作相当满意的。而这些感觉反映出的就是人们对工作的态度之一,叫做**工作满意度(job satisfaction)**。工作满意度是指人们在工作中获得充实、满足感的程度。工作满意度低会导致员工流失、旷工、效率降低,甚至产生心理疾病。正是因为工作满意度对于组织如此重要,我们才需要关注与之相关的各种因素。

表11.3是一份许多组织用来测量工作满意度的问卷,主要用来衡量工作满意度的五个方面:工资、保障、社交、监督以及发展的满意度。请你现在完成问卷。当然,有可能出现这样的

情况：你也许对工作的某些方面较为满意，同时对其他方面不太满意。

表 11.3　衡量工作满意度

回想你现在或者以前的工作，请用下面的量表说明你在每个方面的满意程度。

1 = 非常不满意
2 = 不满意
3 = 轻微不满意
4 = 中度
5 = 轻微满意
6 = 满意
7 = 非常满意

____ 1. 我的工作保障感。
____ 2. 我获得的工资以及福利。
____ 3. 我在工作中获得的成长和发展机会。
____ 4. 我在工作中需要交谈和共事的同事。
____ 5. 我从老板那里得到的尊重和平等对待。
____ 6. 我从工作中得到的有价值的成就感。
____ 7. 在工作中结识其他人的机会。
____ 8. 我从主管那里得到的支持和指导。
____ 9. 我为公司做出的贡献及得到公平回报的程度。
____ 10. 我在工作中进行独立思考和行动的自由度。
____ 11. 我在组织中的未来是否有保障。
____ 12. 工作时为其他人提供帮助的机会。
____ 13. 工作的挑战性。
____ 14. 对我的工作的所有监督的整体质量。

现在，计算你在工作满意度各方面的得分。

工资满意度
Q2 + Q9 = ____ 除以 2：

保障满意度
Q1 + Q11 = ____ 除以 2：

社交满意度
Q4 + Q7 + Q12 = ____ 除以 3：

监督满意度
Q5 + Q8 + Q14 = ____ 除以 3：

发展满意度
Q3 + Q6 + Q10 + Q13 = ____ 除以 4：

各个方面的得分从 1 至 7（得分低于 4，表明需要进行改进）。这个问卷是一份被普遍用来评估个人对待工作态度的工作诊断调查表。

资料来源：J. Richard Hackman & Greg R. Oldham, WORK REDESIGN, ⓒ 1980. Reprinted by permission of Pearson Education, Inc., Upper Saddle River, NJ。

工作满意和不满意产生的根源因人而异。对员工而言，重要的来源包括职业的挑战性、对工作的兴趣、所需的体力活动、工作条件、组织奖励和同事性格等。表 11.4 列出了与员工工作满意度有关的工作因素。通常认为，工作满意度是个人工作经历的产物——这是很重要的，因为对于管理者来说,员工的不满情绪就预示着问题的存在,如工作条件、奖励制度或员工在组织中的角色等。

表 11.4　多种工作因素对工作满意度的影响

工作因素	影响
工作本身	
挑战性	个人能胜任的、在智力方面有挑战性的工作能令人满意。
体力要求	使人疲劳的工作不能令人满意。
个人兴趣	个人感兴趣的工作能令人满意。
奖励制度	公平的、准确反映出绩效的奖励令人满意。
工作条件	
体力方面	工作条件如果与体能条件一致,则能令人满意。
实现目标	有助于实现目标的工作条件是令人满意的。
自我	自尊心得到满足,满意度才会提高。
组织中的其他人	人们会对愿意伸出援手的上司、同事以及下属感到满意;如果发现同事与自己观点一致,那就更满意了。
组织和管理	如果组织有鼓励员工争取奖励的规定或程序,人们会比较满意;如果组织对个人的职责界定不清甚至自相矛盾,人们会很不满意。
额外福利	小恩小惠不会对工作满意度产生很大的影响。

资料来源:Landy, F. J. Psychology of Work Behavior, 4th ed. Pacific Grove, Calif.: Brooks/Cole, 1989, 470。

　　工作满意度与各种工作行为以及其他工作因素之间的密切联系,特别值得管理者与员工关注。人们普遍认为,工作满意度高就能直接带来很好的绩效(快乐的员工是好员工)。然而,大量研究结果表明:工作满意度与工作绩效之间并不是一种简单、直接的联系。在行为与态度之间建立关联的难度很大。总体态度可以用来很好地预测总体行为,而具体态度则与某种具体行为密切相关。这些原则至少部分解释了,为什么我们所预期的关系通常是不存在的。工作满意度集合了人们对工作各个方面的态度,代表的是总体态度。而绩效通常只是一些具体任务,如提交月结报告,因此不能在总体态度的基础上进行估计。但是,研究也表明:员工的总体工作满意度和组织绩效还是相关的,即拥有较高满意度员工的组织会比拥有较低满意度员工的组织更为有效。此外,许多管理者都已经认识到顾客满意度与员工满意度之间的互动关系。在接下来的沟通管理能力专栏中,我们会提供一个实例来证明这种联系。

容 器 商 店

　　大部分零售商店的人员流动率高达100%,然而,在容器商店,这一数字仅为15%—25%。它的管理者是如何吸引并留住员工的呢?

最近，容器商店获得《财富》杂志和最佳雇主协会的提名，被评为"全美最佳雇主"之一。容器商店33家商店的销售总额已经超过4.6亿美元。这样的评选有什么指标呢？最佳雇主协会通过五个标准来评判一家公司：① 信誉——公开的沟通，诚信；② 尊重——将员工视为拥有自己生活的个体；③ 公平——在雇用和提升时杜绝偏心；④ 自豪——组织在社区的声誉；⑤ 同事情谊——家庭或团队归属感。

容器商店的情况如何？首先，言行一致。每年，容器商店的正式员工都会获得241个小时的培训。这些培训，包括正式的和非正式的，都是由管理人员负责提供的。为了让员工把工作做好，他们不但要了解员工的需要，还要定期评估怎样为员工提供更好的帮助。每家分店都配有库房，储藏那些送去陈列之前的新产品。通过训练，员工们懂得如何展示这些新产品，以及怎样宣传它们的优点。容器商店的总裁加勒特·布恩和基普·廷德尔说："新产品是不会草率地摆放出来卖的，除非员工已经准备好了。"除此以外，这个项目还有其他的培训计划作为配套，内容分别是提高个人技能和培养团队激励机制方面的。另外，每家分店都有"超级销售培训者"。这些培训者都是最顶尖的销售人员，他们懂得如何推销最难卖的产品，同时具备担任领导者的才能，并且拥有一流的沟通演说技巧。他们能够当场为员工解答疑难问题。当然，公司更多地鼓励员工对自己将来的发展负责。

容器商店为员工支付的薪水也超过业内平均水平。员工的收入比在其他零售店如Gap、Sample House和Borders高50%—100%。员工不是按照佣金制进行销售的。公司的诱人之处就在于提供灵活的工作时间，允许大学生课间来打工，母亲们利用孩子上学的时间来工作（早上9点至下午2点）。

在布恩和廷德尔所倡导的"平等对待其他人"原则的指导下，容器商店雇用了2 500多名员工，其中27%来自少数族裔，60%是女性，他们共同在一个沟通自由的环境里工作。公司会组织定期讨论，内容包括销售情况、公司目标和扩张计划等。另外一个指导原则是：为顾客提供最好的选择、最好的服务加上最好的价格。公司鼓励员工像对待自己家来访的客人那样对待顾客，布恩和廷德尔特别强调要善待那些要求多、需要多花精力来对付的顾客。因此，容器商店主要的顾客群就是那些想要在工作与母亲之间保持平衡的女性——90%的顾客是职业女性，她们年收入都在4.2万美元以上。

注：关于容器商店的更多信息，请访问公司主页 http://www.containerstore.com。

工作满意度是相当重要的，原因很多。首先因为满意是工作经历的产物，不满意程度高有助于发现组织的问题；其次，对工作不满很可能会造成旷工、人员流失以及一系列生理和心理问题。旷工和人员流失达到一定水平就会给组织带来严重的损失。TNS合伙有限公司总经理约翰·森姆彦认为，员工离职后，招聘一名新员工需要支付的费用相当于一名员工20%的薪水。因此，在德勤（全球四大会计师事务所之一），流失一名年薪5万美元的会计师就意味着要付出1万美元来招聘一名新的水平相当的继任者。许多管理专家都认为，由于不满意度与旷工、人员流动之间存在密切关系，公司应该更多地关注员工的工作满意度。

▶▶▶ 成功领导者语录

目前的挑战在于让我们的员工投入到业务中来,管理者必须亲自同员工进行这方面的沟通。

克里斯蒂娜·兰伯特,波多黎各电信公司 CEO

组织承诺　另一项对组织行为有影响的重要工作态度就是对组织的承诺。**组织承诺**(organizational commitment)反映了员工参与组织的倾向以及对组织认同感的强度。较强的组织承诺具有以下特征:

- 支持和接受组织的目标和价值观;
- 愿意为组织投入大量的精力;
- 对组织的强烈归属感。

组织承诺感强的人把自己视为组织忠诚的一员,会结合个人的角度来看待个人与组织的关系,如"我们生产高质量的产品"。他们会忽略细微的工作不满意之处,在组织内的任期相对较长。相反,组织承诺感弱的员工不会结合个人的角度来看待个人与组织的关系("他们没有提供优质服务"),甚至公开地表达自己的不满,在组织内的任期相对较短。

组织承诺不仅仅指对待组织忠诚,还包括积极地帮助组织完成目标。组织承诺代表了一系列工作态度(不仅是工作满意度),因为它是针对整个组织的,而不仅仅是针对工作的。此外,承诺通常比满意度要稳定,因为每天发生的事情不那么容易改变一个人的承诺。

与工作满意度的来源一样,组织承诺的来源也因人而异。员工对某个组织的承诺最初是由个人特征(如个性和态度),以及他们早期的工作经验与期望值的匹配程度决定的。随后将由工作经验和许多影响工作满意度的因素决定,如收入、与上司和同事的关系、工作条件、升迁的机会等。随着时间的推移,组织承诺会不断加强,这是因为:① 由于经常在一起,个人与组织和同事之间的关系变得密切起来;② 资历也能促进积极的工作态度;③ 由于年龄增大,在劳动力市场找到工作的机会也逐渐减少,因此员工也会更看重目前的职位。

管理者关注对组织承诺与工作行为之间的关系,因为缺乏承诺会导致人员流动。而员工对组织的承诺越强,辞职的机会就越小。较强的承诺还常常与低旷工率及高生产率相关。承诺强的员工也有更高的出勤率。此外,对组织有承诺的个人会以实现工作目标为先,较少浪费工作时间,这无疑也会提高生产效率。因此,有效的管理可以培养员工对组织的忠诚及承诺。

情感和绩效

> **学习目标**　4. 描述情感对绩效的影响。

愤怒、嫉妒、内疚、羞耻、快乐和放松都是我们可能在组织中体验到的不同感受。这些感受构成了我们的情感。**情感**(emotions)是指一种复杂的感情模式。员工和管理者如何在工作中处理情感问题对他们的工作效率有着很大的影响。积极的情感如高兴、喜爱和开心能起到许多意想不到的作用。当人们经历这些积极的情感时,他们会进行创造性的思维,探索新信息和经验,更加灵活,对自己的能力更加自信,也更加持之以恒。积极的情感可以帮助人们在逆境中振奋精神,过着健康长寿的愉快生活。保持积极情感的人,更能够忍受痛苦,对抗病魔,较快地得到康复,不容易得抑郁症。相反,持消极情感的人,如愤怒、厌恶和悲伤,会导致心胸狭隘。例如,愤怒的情绪会导致人们选择逃避、攻击或报复行为,而内疚、羞耻会导致人们逃避现实而不是积极地解决问题。

图11.4显示了积极情感与消极情感的差异。消极情感与你希望实现的目标不一致,如果你期末考试不及格或者被解雇的话,你会体验到六种消极情感中的哪一种呢?考试不及格或者被解雇都与你自己希望毕业或成为成功人士的目标不一致。另一方面,图11.4中的四种积极情感中,如果你能够以优异的成绩毕业或者得到升职的话,你又能体验到哪一种呢?你所体验到的情感是积极的,因为它们与你的目标一致。因此,情感是以目标为导向的。

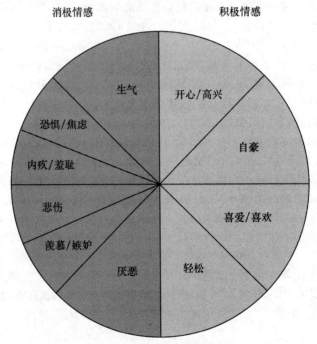

图11.4 积极的和消极的情感

积极的情感与组织效能相关。表现出积极情感的领导能够鼓励员工也体会到积极的情感。当人们感受到积极的情感时,他们会制定更高的目标,发现并解决问题,感觉更加自信,而且更有能力和信心解决问题。在最近裁员的组织中,如果领导者在艰难的时候依然表现出积极的情感,那么组织会有更高的效率、更好的质量以及较低的员工流失率。2001年9月11日,美国世贸中心被炸之后,在附近的一家星巴克咖啡店的员工听到经理说他们可以自行离开以保证自身的安全时,员工和经理们却都选择留下来,将惊魂未定的路人请进店内,为他们准备食物、饮料,提供庇护的场所,以及情感上的支持。正如当时在场的一名员工所说:"陷入危机之中对于管理者而言也是一个树立忠诚、表现出积极情感的良好机会。"

情感的模型

图 11.5 解释了情感是如何影响行为的。整个过程从目标开始。**目标(goal)** 是指某个人试图完成的事情,即目标就是你的目的或意图。某位牙医的目标可能是一周内看 25 个病人。**预期情感(anticipatory emotions)** 是指你认为自己在目标实现或落空时应该感受到的情感。例如,休厄尔汽车销售公司销售人员的目标是每个月销售 9 辆汽车。如果他们能够卖出 9—19 辆车,就会得到老板特别的奖励(如鲜花、免费高尔夫球、挑选下个月驾驶的汽车)。如果他们在某个月的销量超过 20 辆,就会收到老板卡尔·休厄尔的特殊来信,送给他们在当地酒店的周末度假的奖励,包括一切免费消遣、鲜花和高尔夫等。如果他们每个月的销量不足 9 辆的话,就要接受销售技能的培训。如果 3 个月累计销售不足 27 辆,就会被解雇。该公司的主要激励手段是让每位销售人员想象自己实现目标时的感受。实现目标的奖励越是令人期盼,从中获得的预期情感就越强烈。还有一个例子,慧俪轻体公司的珍妮·克雷格和其他减肥保健品公司都会要求人们写下预期自己达到减肥目标时的心情。那些预期产生积极情感的人(如我觉得兴奋、高兴等)比没有积极预期情感的人能够减掉更多的体重。

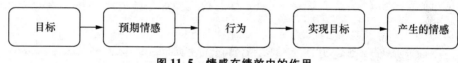

图 11.5 情感在绩效中的作用

如果预期情感强烈到足以激励某人时,人们就会采取某些行为来实现目标。这就好比,某人需要先制订一项计划,列出实现计划所需的行为,然后付出努力来实施这些行为。回到我们关于减肥保健品的例子上,如果你想象自己在实现减肥目标后会感受到强烈的积极情感,你就需要采取某种行动来使自己得到那种积极的情感,也就是说,你需要开始锻炼并且节食。这些行为都与减肥相关。如图 11.5 所示,下一步就是实现目标。你是否实现了自己的目标?如果实现了,你就会感受到积极的情感;如果没有实现,你就会感受到消极的情感。在我们的节食计划中,研究者发现,那些能够从实现节食目标中预期到积极情感的人比那些没有积极的预期情感的人更有可能实现节食目标。

下面的变革管理能力专栏讲述了美国运通公司 CEO 肯尼斯·切诺尔特,是如何确保公司员工在经历"9·11"事件后感受到来自公司的关爱和照顾的。在顺境和逆境中,积极的情感和行为能够在组织中营造良好的感受,因为情绪是会相互传染的。此外,当员工对他们得到的善意表示感谢时,他们会用更多的忠诚和努力来进行回报。因此,组织中的积极情感可以成为一种不易被竞争者模仿的竞争优势。

变革管理能力

美国运通公司的肯尼斯·切诺尔特

"9·11"事件后,美国运通公司为了帮助 56 万名运通卡用户顺利回家,甚至不惜租用飞机、汽车。公司还取消了数百万美元的延迟还款罚金,为缺少现金的用户增加了信贷额度。最值得一提的是,9 月 20 日,切诺尔特在纽约的派拉蒙剧院召集了 5 000 名员工召开了一次群情激昂的"市政厅会议"。在会上,切诺尔特表现出的镇定、同情和果断,提高了他在大家心目中的地位。他告诉大家他曾经感到极度失望、悲伤以及愤怒,以至于不得不去看心理医生。他两次情不自禁地冲过去拥抱伤心欲绝的员工。切诺尔特说他愿意从公司利润中捐献 100 万美元给美国运通公司遭受不幸的家庭。"我代表世界上最好的公司和员工在发言。"他说,"实际上,你们是我力量的源泉。我爱你们!"这是辛酸的一刻,是大家真情的流露。美国运通公司董事成员查伦·巴尔舍夫斯基,也是 Wilmer Cutler & Pickering 的合伙人,在看完现场录像后说:"他表述的方式,给予那些受到极度震惊的人宽慰与指引,表现出一种罕见而过人的领导才干。"

注:关于美国运通公司的更多信息,请访问公司主页 http://www.americanexpress.com。

组织中的具体应用 我们列出了管理者可以用来在组织中营造积极情感的六种方式:
- 在工作中经常表达积极情感,如感谢、慷慨、乐观和信任。开会时要用衷心的感谢作为开场白。记住,积极的情感是可以传染的,特别是由直接上司和组织领导表达出来的积极情感。
- 给予人们出乎意料的关心和帮助。当你打破常规地采取一些积极情感和行为时,这种掺杂着惊异和勇气的举动对他人而言,会很有震撼力和影响力,既能加强人们对你的信任,也能为他人树立行为榜样。
- 帮助人们找到日常工作和生活的积极意义。让员工明白他们的工作是对组织的贡献,对他人的帮助。
- 为员工提供互相帮助的机会,以及对帮助过他们的人表示感谢的机会。
- 庆祝所取得的成就,哪怕只是一点点的成绩。因为这样员工可以持续地感受成功的快乐及随之产生的积极情感。
- 当危机出现时,让员工去体验并表达自己的感受,挖掘他们从未意识到的自身拥有的力量和资源。

第 11 章　理解个体差异

本章小结

1. 解释人格决定因素的基本来源。

   人格是人的一系列相对稳定的性格特征,它会影响人们在各种情境下采取的行为模式。每个人都有与别人一样的共性及自己的独特之处。个人的人格是由遗传特质或倾向和生活经历决定的。经历包括生理方面、心理方面和社会环境方面的影响,包括个人所属的文化、家庭和其他群体。

2. 识别影响行为的人格特质。

   一个人的人格特点可以用大五人格因素来描述。大五人格因素常被用来描述个人的情绪稳定性、外向性、开放性、亲和性和尽责性。请记住,如果你之前没有测试过的话,现在可以用章末的问卷进行自测。许多具体的人格因素,包括自尊、控制点、内向、外向和情商都对工作行为和绩效起着重要的作用。此外,了解个性与情境的互动关系对于理解组织行为也是相当重要的。

3. 指出工作态度的作用与重要性。

   态度是一种感觉、信念和行为倾向,针对的是具体人群、观点、事件或事物。态度是由情感因素(感觉、情感)、认知因素(信仰、知识)和行为因素(以某种方式行事的倾向)组成的。态度与行为之间的关系并不总是清晰的,尽管它们之间关系密切。我们学习了在许多组织中,愿望、工作满意度和组织承诺这些态度是如何影响行为的。

4. 描述情感对绩效的影响。

   员工每天都会表现出许多情感,其中一些情感是积极的,有助于提高绩效;还有一些情感是消极的,会降低员工的绩效。我们介绍了情感是如何影响员工的效率的。

关键术语和概念

亲和性(agreeableness)
预期情感(anticipatory emotions)
态度(attitudes)
大五人格因素("Big Five" personality factors)
尽责性(conscientiousness)
情绪智商(emotional intelligence)
情绪稳定性(emotional stability)
情感(emotions)
外控制点(external locus of control)
外向(extraversion)
目标(goal)
愿望(hope)
个体差异(individual differences)

内控制点(internal locus of control)
内向(introversion)
工作满意度(job satisfaction)
控制点(locus of control)
开放性(openness)
组织承诺(organizational commitment)
人格(personality)
人格特质(personality trait)
自我意识(self-awareness)
自尊(self-esteem)
自我激励(self-motivation)
社会移情(social empathy)
社交技能(social skills)

讨论题

1. 请列出一个你特别感兴趣的具体人格因素,并在你的工作或其他经历中找出一个与之相关的例子加以解释。
2. 选择你所持的一种强烈的态度,并描述态度组成的三个部分。
3. 你将如何运用情感的模型来提高自己的绩效?
4. 描述一个你观察到的某位员工的组织承诺比较低的事件。
5. 对你而言,影响人格发展的最重要因素是什么?
6. 找到一个人格模型,并利用这个模型来描述安·富奇的人格特点,以及她的人格是如何影响其下属的。
7. 描述你和你熟悉的一个人之间的个性差异的基本来源。
8. 参照大五人格因素,分别描述一位亲密的家庭成员和一位你曾为其工作的管理者的个性。这些因素是如何影响你对他们的行为表现的?
9. 为什么对员工进行情感管理对于管理者而言非常重要?
10. 请描述你是如何形成和发展自己的愿望、态度从而提高绩效的。
11. 为什么管理者非常关注工作满意度?

体验练习

体验练习:自我管理能力

自测大五人格因素

大五人格因素定位问卷

说明:在以下的量表中圈出与你最接近的一点,如果无法确定,就选出中间点。

1.	热情	5	4	3	2	1	冷静
2.	喜欢与别人一起	5	4	3	2	1	喜欢自己独处
3.	梦想家	5	4	3	2	1	比较实际
4.	有礼貌	5	4	3	2	1	粗鲁、唐突
5.	整洁	5	4	3	2	1	凌乱
6.	谨慎	5	4	3	2	1	自信
7.	乐观	5	4	3	2	1	悲观
8.	注重理论	5	4	3	2	1	注重实践
9.	大方	5	4	3	2	1	自私
10.	有决断力	5	4	3	2	1	犹豫不决
11.	泄气	5	4	3	2	1	振奋
12.	喜欢自我宣传	5	4	3	2	1	低调

13.	追随想象	5	4	3	2	1	遵从权威
14.	温暖	5	4	3	2	1	冷漠
15.	精神集中	5	4	3	2	1	容易分心
16.	容易难为情	5	4	3	2	1	毫不在意
17.	友好	5	4	3	2	1	冷酷
18.	追求新鲜事物	5	4	3	2	1	遵循常规
19.	乐于团队合作	5	4	3	2	1	喜欢个人独立
20.	偏爱秩序	5	4	3	2	1	对混乱习以为常
21.	慌乱	5	4	3	2	1	镇定
22.	爱交谈	5	4	3	2	1	爱思考
23.	能够忍受含糊	5	4	3	2	1	喜欢干净利落
24.	信任	5	4	3	2	1	怀疑
25.	准时	5	4	3	2	1	拖延

大五人格因素分数分布转化表

标准得分	情绪稳定性	外向性	开放性	亲和性	尽责性	标准得分
80						80
79			25			79
78						78
77	22					77
76			24			76
75						75
74						74
73	21		23			73
72		25				72
71				25		71
70	20	24	22			70
69					25	69
68				24		68
67		23	21		24	67
66	19					66
65		22		23	23	65
64			20			64
63					22	63
62	18	21	19	22		62
61					21	61
60		20				60
59	17		18	21	20	59
58						58
57		19				57
56			17			56

(续表)

标准得分	情绪稳定性	外向性	开放性	亲和性	尽责性	标准得分
55	16	18		20	19	55
54			16	19		54
53						53
52		17			18	52
51	15					51
50		16	15	18	17	50
49						49
48	14	15			16	48
47			14	17		47
46		14			15	46
45			13			45
44	13			16	14	44
43		13				43
42			12			42
41				15	13	41
40	12	12	11			40
39						39
38				14	12	38
37		11	10			37
36	11					36
35		10		13	11	35
34			9			34
33	10	9			10	33
32				12		32
31			8			31
30		8			9	30
29	9			11		29
28		7	7		8	28
27				10		27
26		6			7	26
25	8		6			25
24				9	6	24
23						23
22			5		22	22
21	7	5				21
20				8		20
写下你的得分	Es =	Ex =	O =	A =	C =	

说明

1. 算出你第一列的得分之和(即第1题 + 第6题 + 第11题 + 第16题 + 第21题 = ____),这就是你在"情绪稳定性"方面的得分。在分数转化表的"情绪稳定性"一栏圈出你的这一得分。

2. 算出你第二列的得分之和(即第2题 + 第7题 + 第12题 + 第17题 + 第22题 = ____),这就是你在"外向性"方面的得分。在分数转化表的"外向性"一栏圈出你的这一得分。

3. 算出你第三列的得分之和(即第 3 题 + 第 8 题 + 第 13 题 + 第 18 题 + 第 23 题 = ____),这就是你在"开放性"方面的得分。在分数转化表的"开放性"一栏圈出你的这一得分。

4. 算出你第四列的得分之和(即第 4 题 + 第 9 题 + 第 14 题 + 第 19 题 + 第 24 题 = ____),这就是你在"亲和性"方面的得分。在分数转化表的"亲和性"一栏圈出你的这一得分。

5. 算出你第五列的得分之和(即第 5 题 + 第 10 题 + 第 15 题 + 第 20 题 + 第 25 题 = ____),这就是你在"尽责性"方面的得分。在分数转化表的"尽责性"一栏圈出你的这一得分。

6. 在分数转化表的左侧或右侧找出与你所圈的分数相平行的数字,将这个数字写在表格底部"标准得分"处。

7. 在分数解读表中将你的标准得分转化为恰当的等级。

大五人格因素分数解读表

情绪稳定性强 安全,不易兴奋,理性,反应迟钝,无负罪感	适应能力强　反应快　　被动反应 35　　　45　　　55　　　65	情绪稳定性弱 易兴奋,焦虑,反应灵敏,高度紧张,警惕
内向性 低调,独自工作,保守,难以揣摩	内向性格　中间性格　外向性格 35　　　45　　　55　　　65	外向性 活跃,爱社交,热情,乐观,健谈
开放性低 务实,保守,知识丰富,有效率,专业	保守　　　中庸　　　开放 35　　　45　　　55　　　65	开放性高 爱好广泛,求知欲强,自由,不切实际,热爱新奇事物
亲和性低 多疑,好问,强硬,好斗,利己主义	挑战者　　调解人　　适应者 35　　　45　　　55　　　65	亲和性高 谦虚,容易相信别人,利他主义,倾向团队合作,反对冲突,坦率
尽责性低 自发性强,爱玩,注重体验,没条理	灵活　　　平衡　　　集中 35　　　45　　　55　　　65	尽责性高 可以信赖,有条理,自我约束,谨慎,固执

注:大五人格因素分数分布表仅供课堂自测用。

体验练习:自我管理能力

情商

最近,人们十分感兴趣的一种个体差异是情商。心理学家丹尼尔·戈尔曼指出从职业成功的角度来说,情商(EQ)比一般的智商(IQ)更为关键。情商指的是个人了解自己和他人的情绪能力的程度,如何应对自己和别人的情绪能力的程度,而不是指某人有多么聪明,技能有多么高超。情商包括自我意识、社会移情、自我激励以及社会技能。我们可以把 EQ 看做 IQ 的社会对应值。在经历快速变革的组织中,情商的高低将决定谁能够得到提升,谁被解雇,谁能够留任等。戈尔曼的持续研究表明:在决定职业成功与否的各个重要因素中,与情商相关的能力(如说服别人的能力、理解别人的能力等)在重要性方面,是智商或技能的两倍。你可以使用以下问卷进行自测。

说明:用1—4的分值为下面10句话打分。1 = 强烈反对;2 = 反对;3 = 赞同;4 = 强烈赞同。

　　____ 1. 我总能保持镇静、积极、从容不迫的心态,哪怕只是在尝试。
　　____ 2. 我能够承认自己的错误。
　　____ 3. 我要求自己对自己设立的目标负责。
　　____ 4. 我经常想方设法发掘新思路。
　　____ 5. 我擅长提出新的想法。
　　____ 6. 我能够照顾到多方需求,调整工作主次。
　　____ 7. 我追求一些超越目前工作要求的目标。
　　____ 8. 障碍和挫折会延缓我的进程,但是不会令我停滞不前。
　　____ 9. 冲动或者忧虑的情感使我有时不能在工作中发挥出最佳状态。
　　____ 10. 我是带着成功的预期来做事的,而不是出于对失败的恐惧。
　　____ 总分(把每句话的得分相加。)

得分低于70%(40分中得到28分)可能表示你在情商方面存在问题。但是,如果你的分数低于预期,也不要灰心,情商是可以通过学习来培养的。事实上,戈尔曼曾经说过:"我们毕生都在培养自己的情商,有时我们把这个过程称之为成熟。"

Chapter Twelve

第12章
知觉与归因

学习目标

学完本章后,你应该能够:
1. 描述知觉过程中的主要元素。
2. 认识影响人际知觉的主要因素。
3. 认识决定人们相互知觉的因素。
4. 描述人们主要的知觉偏差。
5. 解释归因是如何影响行为的。

课前案例

QuikTrip 公司 CEO 切特·卡迪厄

切特·卡迪厄是 QuikTrip 公司首席执行官。该公司位于美国俄克拉何马州的塔尔萨,是一家总资产 40 亿美元的私营公司,在全美 9 个州拥有 460 家便利店,年销售额超过 28 亿美元。这家公司已经多次被《财富》杂志评为全美 100 家最佳雇主企业之一,员工的流失率不到 15%,远远低于该行业高达 100% 的平均流动率。最近,QuikTrip 公司在招聘 300 个空缺的职位时,居然收到了超过 118 000 份求职申请。在过去的几年中,公司的股价平均每年上涨 17%。那么,QuikTrip 公司是如何取得这些令人瞩目的成绩的呢?

首先,卡迪厄对于他的员工应该具备何种能力有非常清楚的认识。基本的能力包括团队工作能力、向他人学习的能力、对多样性的理解和欣赏的能力。QuikTrip 公司要求所有的应聘者参加人格测试,了解他们的忍耐力和性格的外向程度。如果员工有良好的个性,那么顾客一进入商场就可以感觉到这一点。员工不仅乐于为 QuikTrip 公司工作,也喜欢与同事相处。其次,一旦招聘了新员工,公司会给新员工安排一名以前曾在这个职位工作过的员工,作为新员工的伙伴,同时上班,做同样的事情。卡迪厄认为这样一来,可以促进新员工同其他员工的交往,特别是了解和把握繁忙时候的工作节奏。再次,从内部员工中提拔管理人员。超过 400 家商场经理和高层管理人员都是从摆货架、问候顾客、冲泡咖啡等普通工作岗位干起来的。卡迪厄认为这样可以培养团队合作精神,加深经理对员工的理解和爱护,同时基层的经理们也有自己学习的榜样。最后，卡迪厄创立了一整套的员工福利制度，按照员工的需求提供福利。例如，按照某位员工的任期长短，员工可以享受10—25天的假期，加上10天的病假，并且他们还可以购买两周额外的假期。

卡迪厄建立了一个客户服务评估体系，关注团队在满足和迎合客户需求方面的表现。他还雇用和安排了一些神秘客户，去商场考察，回来汇报商场的服务状况。如果这些神秘客户对某位员工的印象特别深刻，那么所有当班的员工都可以获得奖金，因为他认为客户的体验和感受来自当时所有员工的努力。他会亲自给那位员工写一封信，感谢他或她的突出表现。他也会告诉员工，如果他们是出于善意而犯了错误的话，不用担心会被炒掉。他鼓励员工创新，敢于冒险。他不希望因为害怕犯错的心理而阻碍了员工的创新精神，因为员工的建议通常是新产品、新服务设想产生的重要源泉。

注：关于QuikTrip公司的更多信息，请访问公司主页http://www.quiktrip.com。

课前案例表明，管理者对员工的知觉会影响员工的行为。人们认为他们的行为是基于自己的知觉，而不必是基于客观现实的。人们选择在QuikTrip购物是因为他们喜欢购物时的感觉。卡迪厄充分认识到客户所知觉到的世界与行业的竞争本质有所不同。

在本章里，我们探讨的是知觉与归因的重要性。首先，让我们来描述知觉的过程。然后，我们会分析影响知觉的内在与外在因素，人们组织知觉的方法，对某个个体产生知觉的过程，以及知觉过程中出现的各种偏差。最后，我们会对解释人们行为的归因理论进行探讨。

知觉的过程

学习目标 1. 描述知觉过程中的主要元素。

知觉（perception）是人们对来自周围世界的信息进行选择、组织、理解和反应的过程。这些信息来自五种感官——视觉、听觉、触觉、味觉和嗅觉。它代表了这样一个心理过程：人们从环境中获得信息，然后理解它的含义。

在这一定义中，关键词是选择和组织。不同的人常常会对同样的情境产生不同的知觉，表现在人们选择哪些事物进行知觉和如何组织理解这些知觉。图12.1列出了知觉过程的基本元素，从观察阶段开始到反应阶段结束。

每个人都会有选择地将注意力集中在环境的某个方面，而忽略其他方面。例如，当客户在QuikTrip公司的停车场停车时，周围哪些事物会引起他们的注意，哪些事物会被忽略呢？他们会观察到什么？一个光线良好的便利店，干净的加油区，用来清洁挡风玻璃的自动纸巾机和清洁液，这些都是人们在QuikTrip停车场里可以发现的。一个人的选择过程包括内在和外在因素。换言之，一系列复杂的因素，有些是属于人们内心的，有些则是外界的，结合起来共同决

第 12 章 知觉与归因

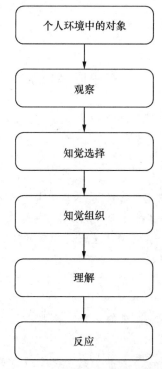

图 12.1 知觉过程中的基本元素

定人们的知觉,知觉是对事物多种属性的综合反映。我们将会详细讨论这一重要过程。

人们对外界的刺激进行选择,组成有意义的形式,至于人们怎样理解他们所察觉到的东西就见仁见智了。本章最后的体验练习中有一个关于知觉过程的练习,你可以测量一下自己目前的知觉能力水平。例如,挥手可被理解为友好的手势,也可被理解为威胁性的手势,主要取决于周围环境和心理状态。当然,在公司里,管理者与员工也应该意识到,对事件和行为的感知因人而异,有时并不准确。

如图 12.1 所示,人们对环境的理解会影响他们的反应。每个人对信息的选择和组织都会不同,这也解释了为什么在同一情境下,人们的行为仍有差异。换言之,人们用不同的方式来知觉同一事物,而他们的行为又依赖于(至少是部分依赖于)各自的知觉。

因此,管理者不应忽略个人选择、组织和理解知觉的差异。接下来的跨文化管理专栏讨论了弗里托-莱公司是如何在中国销售薯片的。美国是全球最大的零食市场,年销售额达到 60 亿美元,然而国际市场却增长缓慢。中国的零食市场只有 2 亿美元的销售额,但却以 10% 的速度增长。读完这个专栏后,你应该意识到弗里托-莱公司所做的沟通基于对人的知觉的深刻理解,而且做法非常巧妙。

跨文化管理能力

在中国销售乐事薯片

戴维·王20世纪70年代出生在中国南方,当时他根本不知道什么叫薯片,他的零食就只有在街上买的麦芽糖。如今,他是弗里托-莱公司驻中国的高级经理,试图让中国人改变吃零食的习惯,从吃麦芽糖转变为吃弗里托-莱的薯片。在汉语中,该品牌的发音为"乐事",可以翻译为"快乐的事情"。

弗里托-莱于1994年带着"奇多"这个品牌来到中国。遗憾的是,中国的消费者不喜欢奶酪,因此公司不得不把奶酪口味改为玉米口味。乐事薯片直到1997年才上市,因为中国政府禁止马铃薯的进口,弗里托-莱不得不自己在中国种植马铃薯。在种植了第一批马铃薯三年之后,乐事推出了"咸味薯片",并马上在市场上热销。

戴维意识到中国不同区域的消费者有着不同的口味。例如在上海,人们喜欢比较甜的口味;在香港,人们喜欢咸味;在西部地区,人们喜欢辣味;在北京,人们喜欢肉味的薯片。乐事最近推出了"清新柠檬"口味的薯片。这些柠檬味儿很浓的薯片上撒有绿色的青柠和薄荷粉,人们似乎可以感觉到蓝天下清风拂面的清爽和嗅到随风波动的绿草的清香。为什么叫"清新柠檬"呢?这是因为中国人认为油炸的食品很热气,因此不会在夏天食用,而清新在夏天是一种很好的感觉。弗里托还推出了由马来西亚明星安杰莉卡·李出演的电视广告,广告词是"我打赌,你不会只吃一片"。更吸引消费者的是公司还请来休斯敦火箭队的姚明做广告。

戴维也知道,中国消费者喜欢在户外,一大群人一起尝试新东西,希望向朋友展示自己的聪明和勇气,而且中国人对国外产品有崇拜情结,因而存在很大需求空间。因此,乐事的广告就选择一个登山者坐在岩石上小憩,咀嚼着薯片;而另一个登山者拉着绳索,从高处飞来,抢过一片薯片,然后又飞回来,抢走整盒薯片。为了进一步利用消费者对新产品的好奇心理,乐事推出了最新的技术:最近,薯片的包装中有赠券,购买者可以用赠券在公司网站上积攒电子货币,购买手机或数码相机。在上海,已经有超过50万人开通了游戏货币账户。

注:关于弗里托-莱公司的更多信息,请访问公司主页 http://www.fritolay.com。

知觉的选择

> **学习目标** 2. 认识影响人际知觉的主要因素。

电话铃响了,电视里有刺耳的尖叫,狗儿在门外狂吠,计算机发出奇怪的声音,你闻到咖啡煮沸的香味……在所有这些事情中你会忽略什么?又会关注什么?你能够判断和解释为什么有的事情能够一下抓住你的注意力而其他的却不能吗?

选择性筛选(selective screening) 是指人们甄选出最重要信息的过程。知觉的筛选或选择取决于几个因素,有些属于外在环境因素,另一些则属于内在知觉因素。

外在因素

外在因素是指一些影响事物是否被注意到的特征因素。卡迪厄希望顾客在便利店的停车场逗留时注意到什么?以下的外在因素可以看做知觉的优先法则,每项法则我们都会举例说明。

- **大小法则** 物体越大,就越容易被发现。上海90层的君悦大酒店比只有一层楼的酒店更加惹人注意。
- **强度法则** 外在强度越大(如明亮的光线、大声的吵闹等),就越容易被注意到。因此,管理者发给员工的电子邮件中就可以运用这一强度法则。例如,"请在方便的时候到我的办公室来一趟"这样的话给员工造成的紧迫感远远比不上"立即到我的办公室来汇报"。
- **对比法则** 从背景中凸显出来的外在因素,或是出乎人们意料的,都很容易被发现。此外,一件物体与其他物体的对比或与背景的对比,都可能影响人们对它的认识。图12.2说明的就是对比法则。哪一个实心圆更大呢?右边的那个看起来比较大,但实际上两个圆是完全一样的。右边的实心圆看起来大是因为背景的缘故,或者说是因为有许多小圆作为参照物;而左边的那个圆看起来较小,是因为环绕着它的是几个更大的圆。

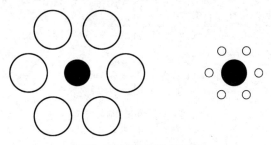

图12.2 知觉的对比原理

- **动感法则** 运动中的物体比静止的物体更容易引起人们的注意。电子游戏就是利用这个法则来吸引人们的。

- **重复法则** 重复的事物比单个的事物更容易被发现。市场部经理就是运用这个法则来抓住潜在客户的注意力的。一则广告可以将其中的关键意思重复多次，广告本身又能重复不断地播出，从而更大地发挥其效用。耐克公司的市场部经理设计了耐克专有的标志，用于全球所有的产品。同样，弗里托-莱的广告词"你不会只吃一片"在全球范围内使用不同语言不断地重复，以强化人们的知觉印象。
- **新颖和熟悉法则** 环境中新颖或熟悉的因素都可以吸引人的注意，关键取决于当时的具体情况。一头行走在城市街道上的大象是相当引人注目的（因为大象庞大的身躯及事件的新颖性都增加了人们对此事的知觉）。在一群迎面走来的人群中，人们一般首先发现的是自己好友熟悉的脸庞。

以上种种因素结合起来，可以在任何时候影响人们的知觉。加上内在因素的影响，这些因素决定了某个刺激物是否容易吸引人们的注意力。

公司的营销资料所使用的视觉效果能够增加吸引力。品牌的字体设计可以影响其广告的可读性与便于记忆性。下面的沟通管理能力专栏说明了我们所使用的字体向别人传达着某种信息。通常情况下，这些信息是隐含的，但却影响别人对我们自身以及我们所表达信息的知觉。

就是我的风格

"一幅画胜过千言字"这个说法来自古老的寓言故事，现在已被广泛用于营销与广告行业，因为人们更容易记住图形而不是文字。同样，组织需要令人愉悦又放心、可爱又与众不同的设计风格。字体可以帮助组织向客户传递适当的形象。

我们在这里向大家展示五种不同的字体。请选择能够代表你想表达意思的字体，圈出前面的字母。

如果你选择 A，这些字体表示讨人喜欢、温馨、有吸引力、有趣、感性、阴柔以及优雅。它们不代表力量，但是令人放心、愉悦。

如果你选择 B，这些字体代表兴趣、情感、兴奋和创新。对于大多数人而言，它们是令人不安、不熟悉的。

如果你选择 C，这些字体通常被认为冷淡、不吸引人、无趣、没有情感。公司使用这样的字体来展示自己的独特个性，或者表现出对文化的反叛。

如果你选择 D，这些字体代表力量和阳刚。粗重的线条表示信心十足和坚定不移。

A Informal Roman
   AncientScript
   Enviro
   Pepita MT

B Baphomet
   Edda
   Stonehenge
   Paintbrush

C Playbill
   Logan
   Industria Inline
   StencilSet

D NewYorkDeco
   Bandstand
   SunSplash
   Middle Ages

E AluminumShred
   BigDaddy
   Ransom
   Amazon

如果你选择 E，这些字体具有很浓的趣味性、细致、感性、令人兴奋，而且带给人非正式和休闲的感觉。这些字体也可能被认为表示不诚实、冷淡以及不够吸引人。

内在因素

内在因素也会影响人们对信息的筛选，它的重要作用表现在很多方面。比较重要的内在因素包括个体差异（第 11 章）、学习（第 13 章）和动机（第 14 章和第 15 章）。

> ▶▶▶ **成功领导者语录**
>
> 要关注人格特征，而不是具体的工作经历，要录用那些能够将自身素质很好地融入工作中的人。
>
> 切特·克迪厄，QuikTrip 公司 CEO

人格 人格对人们知觉的内容与方式的影响是十分有趣的。我们在第 11 章讲到的几种人格方面以及其他特质，都可能对知觉的过程有影响。人格特征在很大程度上影响人们相互的知觉。QuikTrip 公司的卡迪厄认为，了解应聘者的人格将显著影响人员招聘的效果。

在第 11 章里，我们介绍了大五人格因素。为了说明人格是怎样影响知觉的，让我们来回顾一下大五人格因素之一——尽责性。一个责任心强的人更容易注意到外在环境的种种暗示。一方面，责任心不够强的人比较冲动、粗心和不负责任。在他们看来，环境是混乱而不稳定的，这当然会影响他们在知觉事物时的信息筛选。另一方面，尽责的人会对他们的知觉进行组织、整理，以便在需要的时候，能够快捷而有条理地调出来使用。换言之，在知觉筛选的过程中，尽责的人是小心谨慎、有条不紊和循规蹈矩的。

学习 影响知觉筛选的另一个内在因素是学习，它能够决定知觉定式的发展。**知觉定式**

(perceptual set)是指根据对过去相同或相似事物的经历,来理解某种事物产生某种结果的期望。你在图 12.3 里看到的是什么?如果你看到一位衣着高雅的迷人女士,那么你的知觉如同大部分第一次看这幅图的人一样。但是,你也许会赞同少数人的意见,认为这是一位丑陋年迈的女士。你第一眼看到的究竟是哪种女士取决于你的知觉定式。

图 12.3　知觉定式测试

在组织中,管理者和员工以往的经历和学习会强烈影响他们的知觉。在做出决定的时候,管理者受到他们相关背景的影响(如会计、工程、市场营销或生产)。因此,在某些情况下,他们会用自己的经历和价值观来解释问题。莎莱恩·乔特是 Sun Roller 公司的生产部副总裁,她认为公司存在现金流动的问题。公司的财务经理认为问题的主要原因是公司允许客户延迟付款,而营销部经理认为问题在于公司的新客户,有些客户过去习惯的付款期限是 60 天,而不是 30 天。因此,杰出的管理者需要学会"跳出"自己的经历与局限,纵观全局,从自己不熟悉的领域入手,准确地分析问题,找到解决问题的方法。事实上,重要的决策技能包括面对某一问题的时候,能够确认所需的专业知识,并且避免仅仅考虑自己擅长的专业领域。

动机　动机也在很大程度上决定着人的知觉。在任何时候,一个人最紧迫的需要和愿望都会影响到知觉。例如,想象一下,当你正在洗澡时,隐约听到电话铃响了,你会跳出水来,浑身湿漉漉地听电话吗?或许你会认为铃声只是你的想象?你此时的行为可能取决于其他一些因素,而不是铃声的大小。如果你在等一个很重要的电话,就会马上出来;如果你当时没在等电话,你可能认为自己误将水声听成了铃声。因此,你所做的决定就会受到自己的期望和动机的影响。

总的来说,人们的知觉倾向于那些能够满足他们需要以及根据以往经验能够带来一定回报的事物。他们会在一定程度上忽略其他一些轻度的干扰(狗吠等),而对一些真正危险的事情(房子着火了)做出反应。我们可以用**乐观原则(pollyanna principle)**来表示动机与知觉之间的紧密关系,即人们对那些令人愉快的事情的知觉会更准确和有效,而对那些令人烦恼的事情就完全相反。例如,在工作绩效评估会议上,在同时面对肯定和否定的评价时,员工一般会倾向更积极地接受肯定意见,并且清楚地将它记在心里。

人际知觉

> **学习目标** 3. 认识决定人们相互知觉的因素。

人际知觉（person perception）是人们辨认其他人的个性或特质的过程。它与我们本章即将讨论的归因过程有着密切的关系。

与图 12.1 相似，人际知觉的过程同样包括观察、选择、组织、理解和反应。不同的是，知觉对象不是物体，而是另一个人。对情境、事件和物体的知觉当然是重要的，但是人际知觉所涉及的个体差异性在工作中更为重要。例如，假设你在会见一名新员工，为了更好地了解他并让他放松，你请他一起吃午餐。其间，他开始告诉你他的人生经历，并且将重点放在他的成绩上。但是，由于他只谈到他自己（他没有问过关于你的任何问题），因此可能给你留下"以自我为中心"的第一印象。

总的来说，影响人际知觉的因素与影响知觉筛选的因素是一样的，都有内在与外在之分。然而，我们常常将这些因素归类为：

- 知觉对象的特征；
- 知觉者本身的特征；
- 知觉发生时的情境或背景。

知觉对象

当你知觉其他人的时候，你会留心他们的各种特征，如面部表情、容貌、肤色、姿态、年龄、性别、声音、个性特点、行为等。这些都为了解一个人提供了重要的信息。人们似乎有一套内隐人格理论，以此来理解身体特征、人格特质和具体行为之间的关系。**内隐人格理论**（implicit personality theory）是指人们认为他人的外部特征与其人格之间存在某种关联，表 12.1 展示了这一理论的实践。人们总是相信嗓音暗示着某种性格特征，然而表 12.1 所展示的关系并没有科学根据。试想你第一次在网上聊天室与某人交谈的情形，如果不久后你们见了面，那人的模样和行为如你所期待的那样吗？

表 12.1 根据嗓音进行人格判断

嗓音	男性嗓音	女性嗓音
高		
带呼吸声	年轻、艺术家	女性化、漂亮、纤细、肤浅
平稳	男女都差不多	有力、冷酷、内向、孤僻
带鼻音	男女都差不多	有许多不适合社交的性格
紧张急促	任性（年老、固执）	年轻、情绪化、容易兴奋、智商不高

资料来源：Hinton, P. R. *The Psychology of Interpersonal Perception*, London：Routledge, 1993, 16。

知觉者

倾听一名员工描述同事的性格能够让你同时了解这名员工和他所描述的那个人的人格特点。这并不奇怪,你应该还记得影响知觉的内在因素包括人格、学习和动机。一个人本身的人格特质、价值观、态度、现在的情绪、过去的经历等都能决定,至少是部分决定他对其他人的知觉。

准确地感知来自其他文化类型的人具有什么样的人格特质是很困难的。例如,无论日本的管理者在美国,还是美国的管理者在日本,他们在试图学习怎样应付当地的贸易伙伴时,都可能遇到令其迷惑不解的情形。原因之一就是,知觉者按照本国的文化经历、态度和价值观来理解其他人的性格和行为,通常这些因素是不足以用来对其他文化中的个体性格和行为做出正确判断的。跨文化谈判是每位国际管理者工作的重要组成部分,不断变化的谈判局势也反映出每种文化背后的价值观和信仰。在墨西哥,个人素质和社会关系影响着谈判代表的选择;而在美国,许多公司选择谈判代表的依据是能力与地位。在美国与日本的谈判中,美国公司常常只派出一小队人员甚至一个人来代表整个公司,而日本公司则会派遣一大群人。

情境

情境或背景,也能影响一个人对他人的知觉,特别是在解释第一印象时,情境尤其重要。例如,如果你第一次遇到某人,而她正好与一个你所景仰的人在一起,那么你会将他们俩联系起来,对这位新结识的朋友做出正面评价。但是,如果她与你很讨厌的人在一起,你也许就会对她产生负面的第一印象。当然,这些第一印象也可能随着时间的推移,以及你与她接触的增多、了解的加深而改变。然而,在大多数情况下,第一印象可能会持续影响你以后对此人的看法。

印象管理

印象管理(impression management)是指个人试图操纵或控制自己给别人留下的印象。在公司里,人们会运用几种策略来进行印象管理,从而影响别人对自己的认识。特别是在与那些地位更高的人或能决定他们加薪、升迁和工作任务的人进行谈话时,人们会更加注意运用这些策略。公司任何一个阶层的人在与供应商、同事、经理和其他人谈话时,都会进行印象管理,反之亦然。表12.2描述了五种基本的印象管理策略:行为匹配、自我提升、遵守规范、奉承他人和表里如一。

表 12.2　印象管理策略

策略	描述	例子
行为匹配	会将自己的行为与别人的看法相匹配。	员工试图通过表现得有冲劲和快节奏来模仿经理行为。
自我提升	总是努力让自己表现得尽量积极些。	员工会提醒上司记得自己过去的成就,并经常与绩效好的同事在一起。
遵守规范	在公司中,遵守约定俗成的行为规范。	即使已经做完了所有的工作,员工还是会待到很晚才走,因为晚下班是该公司的规范之一。
奉承他人	尽量赞美他人。只要说得不过分,又是别人看重的东西,那么效果颇佳。	一名员工奉承经理能够很好地处理那些不断投诉的客户。
表里如一	信仰和行为要始终如一。	对多样性有明确看法的下属,为上司很好地化解了两名不同宗教背景的员工的冲突而极尽赞誉之辞。在与上司谈及此事时,脸上写满了真诚。

　　印象管理为我们提供了个体差异的例子。有些人将全部心思都放在印象管理上,而另一些人则对别人怎么看待自己漠不关心,但大多数人还是关心自己留给别人的印象的,至少在部分时间里如此。当然,在公司里,给其他人留下的印象好坏会极大地影响到员工的职业生涯发展。

知觉偏差

> **学习目标**　4. 描述人们主要的知觉偏差。

　　知觉的过程可能会造成理解或判断的偏差。理解知觉的个体差异,重在了解这些偏差产生的原因。首先,我们来分析一下准确判断这一概念在人际知觉中的意义,然后深入研究五种最常见的知觉偏差:知觉防御、刻板印象、光环效应、投射效应和文化角色。

判断的准确性

　　人们对别人的判断有多准确呢?在组织行为学中,判断的准确性是一个相当重要的问题。例如,在进行工作绩效评估时,对员工性格、能力或行为的错误判断,将导致错误地评价该员工现在及将来对公司的价值。另一个例子同样证明对他人进行正确判断的重要性,那就是招聘面试。相当多的证据表明,如果仅凭面试,面试官常常会犯一些知觉和评价方面的错误,从而做出错误的决定,雇用了不合适的人选。接下来介绍几种常见的面试误区。

- **相似性偏差**　对于那些与面试官有相似之处的候选人(如背景、兴趣、爱好等),面试官会产生一种先入为主的看法,忽略他们之间的差异;而对于与自己不同类型的人就会产生负面偏见。

- **对比性偏差** 面试官倾向于将差不多同时间面试的候选人进行比较,而不会完全按照标准进行挑选。例如,将一名中等水平的候选人与之前数名表现平平的候选人相比,就容易给这名候选人过高的评价;反之,如果这名候选人之前的竞争者都很出色,那么给他的评价又可能过低。
- **过于看重负面信息** 面试官常常会对候选人的一些负面信息小题大做,似乎在寻求否定该候选人的理由。
- **种族、性别和年龄偏见** 面试官可能会对某些种族、性别和年龄的面试者有成见。
- **第一印象偏差** 第一印象效应又称首因效应,在面试中发挥着举足轻重的作用,因为有些面试官会很快对候选人形成第一印象,而且这种印象难以改变。

三言两语很难说明白如何避免这些失误,以确保判断的准确性。有些人能够准确地判断和评价他人,而有些人则不擅长这么做。如果遵守一些基本的原则,人们就能做出更加准确的判断:① 避免将对某一特征产生的印象(如老练)推广到其他方面(如稳定、自信、有活力、可靠);② 避免想当然地认为某种行为会在所有场合得到重复;③ 避免过于依赖对身材、相貌的判断。当人们理解了这些潜在的偏差时,人际知觉的准确性就会有所提高。

知觉防御

知觉防御(perceptual defense)就是人们对自己的一种保护倾向,避免一些观念、事物或情境对自己带来威胁。一首著名的民歌唱道,人们"听到自己想听的,而不把其他的放在心上"。一个人看待世界的方式一旦形成,就很难改变了。有时候,知觉防御可能会造成不好的后果,这种知觉偏差导致管理者无法意识到用创造性思维来解决问题的重要性。结果,有人会因循守旧,甚至认为"一切和往常没有什么不同",从而一事无成。

刻板印象

刻板印象(stereotyping)指的是认为某一群体的所有成员都具有相同特征和行为,从而对这个群体形成一种固定的看法。刻板印象对管理者的决策起着举足轻重的作用,又称为定型效应。在最近一次对《财富》500强企业 CEO 的调查中,人们发现这些 CEO 几乎都是男性白人。该项研究还发现,这些男性 CEO 平均身高为 6 英尺,这反映出人们对于 CEO 身高的刻板印象。如果说美国男性的平均身高是 5 英尺 9 英寸的话,那意味着 CEO 们的身高超出平均水平 1 英寸。在美国,14.5% 的男性身高为 6 英尺或以上,3.9% 的男性白人身高为 6 英尺 2 英寸或以上。而在 CEO 的采样中,几乎 1/3 的人身高为 6 英尺 2 英寸或以上。此外,该研究还计算出每英寸身高可以折换成每年 789 美元的工资,这就意味着一个身高 6 英尺的人与一个身高 5 英尺 5 英寸的人,除了身高以外其余都一样,但是前者的年均收入比后者高 5 525 美元。在职场上,这种收入的差异往往高达上万美元。

组织面临的一个有趣的挑战是:确定它的女性管理者是否与男性管理者一样出色。如果答案是肯定的,那么性别差异将不会成为大问题。然而,无论在科学界还是管理界,关于两性在思维、感情和信息处理方面是否存在差异的争论仍然在继续。研究显示,女性在许多组织承担的角色方面比男性优秀。这些角色包括:与客户或顾客之间的交往、组织讨论会、平息冲突。关于后两种角色,一项研究证明:平均而言,在团队运作中,女性项目领导人的效率更高,特别是在带领为培养创新精神而组建的跨职能团队时。

家得宝公司努力避免让思维刻板的人从事选拔聘用员工的工作。作为世界上最大的家居建材连锁店,该公司在全美有超过 1 200 家分店,除此以外,在加拿大、阿根廷、智利和波多黎各也有许多分公司。尽管有超过 227 000 名员工,家得宝公司还是在不断地招聘新员工。接下来的多元化管理能力专栏就是关于该公司是如何运用计算机系统来避免刻板印象在招聘过程中的消极影响的。

多元化管理能力

家得宝公司

家得宝公司最近官司缠身,起因是几名妇女状告该公司不让她们担任其能够胜任的、薪水较高的职位,而仅让她们做薪水较低的收银员,而且此后,公司也没有提拔她们,这被认为是性别歧视。与公司协商后达成的协议之一是,公司安装一套计算机系统来监督员工的聘用和升迁。这一系统叫做职位优先计划(JPP),规定如下:如果有职位空缺,经理就要将该职位描述输入计算机,随后 JPP 会提供一张筛选过的名单,上面是所有胜任者的名字,以及怎样进行面试的建议。经理们喜欢使用 JPP 的原因是:他们不用再亲自寻找合适的人选,因为 JPP 已经代劳了。希望得到提升的员工可以在 JPP 登记,并且获得 JPP 对其职业规划管理的建议。如果员工获得了更多知识和经验,他们就能够不断更新自己的档案资料。只有在 JPP 登记过的员工,才能得到升迁的机会。

JPP 似乎能够帮助公司克服刻板印象的影响,从而避免经理对女性管理能力的错误认识,也避免某些职位长期为男性所专有(如建筑材料销售员)。在家得宝公司启用 JPP 计划以后,女性管理者的数量增加了 30%,少数族裔管理者的数量也增加了 28%。

注:关于家得宝公司的更多信息,请访问公司主页 http://www.homedepot.com。

光环效应

光环效应(halo effect),又称为晕轮效应,是指仅仅基于一个人的某一特性形成好或坏的印象之后,据此就推断其他方面的特性,并对其做出倾向性的评价。换言之,光环使人变得盲目,看不见受评者的其他特征,所谓一好遮百丑,从而不能对他人得出完整而准确的印象。在判断员工的工作绩效时,管理者尤其要防止光环效应的影响。工作中,管理者可能会偏重于某人的一个特征,把它作为判定此人所有绩效的衡量标准。在学校,学生对某个教师的总体评价基本上在第一次课的两秒钟内就已经产生了。他们在这两秒钟做出的评价几乎同那些上了一学期课的学生做出的评价是一致的。这就是光环效应的威力。

光环效应的另一个重要作用是**自我实现预言(self-fulfilling prophecy)**,它是指一个人对另一个人的期望,致使后者按照这一期望行事。期望某件事的发生能够塑造一个人的行为,从而使这一期望更有可能成为现实。自我实现预言所起的作用既有积极的也有消极的。积极的例子,即对一个人的高期望能促进这个人改进表现,也叫做**皮格马利翁效应(Pygmalion effect)**。肩负着上司期望的下属会表现得更好,如在戴尔公司,一名程序员每周可能需要工作60个小时,特别是在团队赶新产品的发货期时。因为戴尔在业内享有保证按时交货的美誉,这种积极的群体期望形成并强化了戴尔的企业文化,那就是对成功有很高的期望值。反之亦然,被上司冷眼相对的下属则会表现得比自己原来的能力还要差。很明显,后一种情形无疑是毁灭性的。

为了增强皮格马利翁的积极效应,管理者需要记住以下三点:

1. 人们对待他人的态度与对他人的期望是一致的。如果管理者对员工期望值高,他就会为员工提供更多的支持,给予更多的培训以及挑战性工作的机会。相反,对员工期望值低的管理者则不会这样做。

2. 一个人的行为会影响其他人。那些得到积极对待的人不仅从特殊的机遇中受益,而且这些机遇也会增强他们的自尊和自豪感。

3. 人们的行为方式恰好反映出别人对待他们的方式。从特殊待遇中受益的人和对自己能力有信心的人都会表现得很出色。

投射效应

投射(projection)是指当人们在别人身上看到自己的特质时,他们就想象别人也有着与自己同样的感觉、人格特征、态度或动机,即由于自己具有某种特性,因而判断他人也一定会有与自己相同的特性。投射有两种既典型又对立的表现形式:一好都好,一坏都坏。例如,IBM做出在纽约裁员的决定可能会导致得克萨斯州的员工感到惶恐不安,担心自己的职位面临威胁。投射表现最强烈的就是人们自身的弱点,人们不愿意承认这些弱点,于是就投射到别人身上。吝啬、固执和没有条理的人在评价别人在这几方面的特质时,会比那些没有这些特质的人给出更高的分数,即认为别人也吝啬、固执和没有条理。

文化角色

诠释是指人们对他们观察到的事物及其关系赋予意义并加以解释。诠释将我们的经历、经验组织起来,并指导我们的行为。请阅读下面的句子,快速数出有几个字母"F":

FINISHED FILES ARE THE RESULT OF YEARS OF SCIENTIFIC
STUDY COMBINED WITH THE EXPERIENCE OF YEARS.

第 12 章　知觉与归因

多数不懂英语的人会数出 6 个"F",而许多懂英语的人只看见 3 个。他们看不到单词"OF"当中的"F"。为什么呢？因为懂英语的人认为 OF 这个词对于他们理解句子的意思并不重要。我们会按照自己的文化素养和背景,有选择地挑选那些对我们重要的词语。

由于文化差异所造成的误解经常是在潜意识的情况下发生的,所以我们常常无法察觉自己的设想以及对其他文化的偏见。许多男性管理者仍然认为女性对海外工作没有兴趣,或者说她们做不好。在有些国家,男性管理者通常会用性骚扰和性别歧视来解释女性员工为什么得不到重用,也不会被派往海外。与此形成鲜明对比的是,一份最近的调查显示,被派往海外工作的女性和她们的管理者都表示,女性基本上对海外工作充满兴趣,也能很好地完成任务。确实,一些海外工作的成功要素,如懂得怎样守口如瓶、在解决问题时能够综合各种不同意见等,更像是属于女性管理者的特质,而非男性管理者。

尽管我们认为全球商务活动的最大障碍是如何理解其他人,但实际上更大的障碍是能否意识到自己所处的文化的局限性。我们几乎不知道自己文化的特征,直到外国朋友指出这些特征时,我们才会惊讶地发现。了解一种文化的规范和价值观的方法是留意该社会鼓励哪些行为。下面的自我管理能力专栏介绍了一些在阿拉伯国家经商时,应该注意的某些重要行为的例子。

自我管理能力

在阿拉伯国家做生意

以下是在阿拉伯国家经商需要注意的风俗和习惯：

- 问候女性。当你被介绍给一位女性员工时,在任何情况下,你都不能对她行吻礼。如果这位员工伸出手来,你可以和她握手;否则用言语问候就可以了。不要赞美主人妻子、姐妹或女儿的容貌。阿拉伯人不认为这是一种称赞。
- 赠送礼物。当阿拉伯人接受礼物时,一般不习惯当着客人的面打开礼物。永远不要赠送酒类或者由猪肉做成的礼品。
- 面子概念。阿拉伯文化是一种不容挑战的文化。保存面子是指控制自己的反应,在不使对方感到尴尬的情况下,给对方一个台阶下。具体包括妥协、容忍以及寻找其他途径让事态回归正常的做法。施加压力型的销售方法不适用于阿拉伯国家,因为阿拉伯国家的经理们会因此把你和不愉快的经历联系在一起。
- 穿着。大部分的男性会穿着长袖整件长衫,罩住整个身体。这种衣服在夏天能够通风透气。女性衣着则相对保守,是一种黑色长衫,从肩膀到脚把女性整个身体遮住。
- 社会责任。管理者们承担各种各样的社会职责,包括问候度假返回的员工,探望生病的员工,向新婚员工赠送礼物,拜访刚刚生完孩子的员工。
- 隐私。隐私观念在阿拉伯国家非常重要。因此,房子和办公室的布局都能够很好地保护隐私。人们不可以随意进入他人的房间或办公室,除非经理或主人伸出右手,手掌向上,说"请进",方可入内。

- 社交聚会。男性和女性分别在不同的房间里聚会。男人聚会的房间在大门外面,离其他房间较远;女人们则在住宅靠里的房间聚会,而且要经由专门为女性安排的入口进房间。

归因:为什么人们会有如此举动

> **学习目标** 5. 解释归因是如何影响行为的。

人们经常问的一个问题是"为什么"。"为什么这位工程师在汇报中使用这些数据?""为什么星巴克的创始人和总裁舒尔茨要创建星巴克?"这些问题都是为了弄明白为什么人们会有某种举动。**归因过程(attribution process)**指的是人们理解自己和别人行为产生的原因的过程。需要注意的是,从归因过程我们可以看出:人们更倾向于将别人的行为当成有意的,而非偶然无心的。为了维持控制意识,人们会为各种事件的发生设定原因,即归因。在知觉的过程中,归因也起着举足轻重的作用。为解释某人行为所进行的归因可能会影响到对这个人基本性格的判断(即这个人到底是怎样的)。

> ▶▶▶ **成功领导者语录**
>
> 领导者不是由上面指定的。人们之所以被称为领导者,是因为他们能够吸引其他有能力的人才及其同事,员工被他们对成就的激情所感染和吸引。
>
> 威廉·L. 戈尔,Gore-Tex 纺织公司 CEO

行为的归因往往对理解行为起着重要作用。例如,与那些将不佳的绩效归咎于环境的管理者相比,归咎于下属的管理者,其行为往往更带有惩罚性。如果一位管理者将员工的不称职归咎于缺乏适合的培训,那么他也会比较体谅人,并且会为该员工提供更好的指导和培训。当然,如果这位管理者认为其下属因为没有尽力才造成这种失误的话,他有可能因此大发雷霆。

因此,对同样的后果做出的反应可能是截然不同的,依据就是对相同的结果做出的不同归因。表12.3列出了当管理者对员工进行正面知觉和负面知觉时,其管理行为可能出现的一些差异。通过我们对归因过程的研究,归因与行为之间的紧密关系将更为清晰。

第 12 章　知觉与归因

表 12.3　对绩效的知觉差异可能造成的结果

上司对待绩效优秀者的行为	上司对待绩效不佳者的行为
讨论项目的目标时,让下属自由选择解决问题的方法或是达到目标的途径。	当讨论工作任务和目标时,会直接提供具体的命令或指示。
将其失误或不正确的判断当做学习的机会。	密切关注下属的失误和不正确的判断,急于指出下属的错误,并严加指责。
乐意接受下属的建议,同时也希望下属提出自己的见解。	很少倾听下属的意见,也很少询问他们的意见或建议。
给下属布置有趣、富有挑战性的任务。	给下属布置常规性的任务。
出现意见分歧时,通常也会采纳下属的意见。	在意见出现分歧时,坚持自己的意见。

归因过程

人们归因的目的就是理解他人行为产生的原因。人们不会总是有意地进行归因(多数情况下,他们都是无意识的)。但是,在某些情况下,人们还是会有意识地进行归因,如以下几种情况:

- 人们被问到关于某种行为的具体问题。(为什么她会这样做?)
- 发生了意料之外的事情。(我从来没见过他这样做。我想知道发生了什么事情。)
- 当知觉者需要依靠另一个人来获得他想要的结果时。(我想知道为什么我的上司对我的报销单会有这种评价。)
- 当知觉者体验到失败或失控的感觉时。(难以置信,这次期中考试我居然没及格!)

图 12.4 提供了一个归因过程的示范模式。人们根据他们观察到的别人的行为来推断原因,这些诠释在很大程度上决定着他们对这些行为的相关反应。行为的知觉归因能够反映出以下几个前提:① 人们所知觉到的信息数量、当时的具体情形和这些信息是怎样被组织起来的;② 知觉者的观念(内隐人格理论、其他人在相同情况下的做法,等等);③ 知觉者的动机(如知觉者做出正确评价的重要性)。我们曾经讨论过影响知觉的内在因素——学习、人格和动机,这些内在因素同样也会影响归因的过程。一般来说,知觉者的观念和得到的信息建立在过去经验的基础上,同时也会受到人格特征的影响。

行为的内在与外在原因

在运用归因理论时,你应该特别注意某人的行为是否由内在或外在原因所造成。内在原因是在个人控制之下的,如你认为你们公司的网页设计师工作绩效不佳,因为她常常上班迟到;而外在原因常被认为是超出个人控制范围的,如你认为,她绩效不佳的原因是她使用的 Windows 系统已经过时了。根据归因理论,在判断内在或外在原因时,有三个因素会起到一定的影响作用。

- **一致性**,是指一个人在不同场合面对同样情形时,采取相同行为的程度。如果网页设

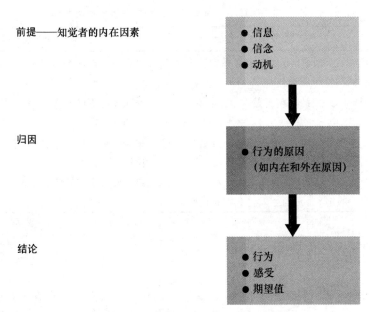

图 12.4　归因过程

计师不佳的工作绩效已经持续了好几个月,你就可能将它归为内因在起作用;如果她不佳的绩效只是一次单独事件,你就可能将它归为外因作用。

- 独特性,是指在不同的情况下,一个人采取相同行为的程度。如果不论用什么计算机系统,网页设计师的绩效都不佳,你会认为这是她的内因在起作用;如果她的不佳绩效是偶然事件,你就会归为外因。
- 普遍性,是指在面对同样的情况时,其他人采取相同行为的程度。如果你们公司网络设计小组的所有成员都绩效平平,你也许会认为这是外因造成的;而如果其他组员都绩效不错,只有这名网页设计师不行,你就会转而认为是她的内因造成的。

如图 12.5 所示,在高一致性、高独特性和高普遍性的情况下,知觉者易将行为归于外因。在独特性和普遍性均低而一致性高的情况下,知觉者会将行为归为内因。例如,所有员工的表现都不好(高普遍性),几项任务中只有一项做得不好(高独特性),而且绩效只在每个月的最后一周变差(高一致性),那么主管可能会把这种差绩效归因为外部因素导致。相反,如果只有某个员工表现差(低普遍性),几项任务都出现糟糕的表现(低独特性)以及这种差绩效已经持续了一段时间(高一致性),差绩效会被归因到员工自身(内部原因)。一致性、独特性和普遍性程度的高低可能有各种组合情况,有些组合也许会令知觉者在分辨内外因方面产生混乱,从而难以判断。

在分析行为是由内在还是外在原因造成的时候,人们常常会犯所谓的**基本归因错误(fundamental attribution error)**,即在评价他人的行为时,人们倾向于低估环境因素的影响,而高估个人因素的影响。这种错误使得知觉者忽略了那些对人们的行为有重要影响的环境因素。在公司里,员工往往会将怨气发泄在其他部门或其他人身上,而忽略情境或环境的影响。例如,总裁也许会将副总裁之间的政治行为归咎于他们的个性,而认识不到其实是对有限资源的过度竞争导致了政治行为的出现。

第12章 知觉与归因

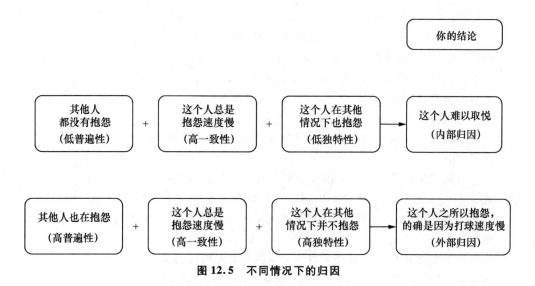

图12.5 不同情况下的归因

有些文化差异也存在于基本归因错误之中。例如,在北美洲,这种类型的错误就像刚才所描述的那样(低估了环境因素的影响,而高估了个人因素的影响)。在印度,人们所犯的更普遍的归因错误是:在对行为的观察中,高估环境或外在的原因。这些归因的差异可能反映了人们看待个人责任的习惯,或是在不同的社会中,人们对控制点有不同的观念和理解。比如,认为个人面对不断变化的环境时无能为力,甚至无法控制自己的命运。

基本归因错误不是唯一影响内外因判断的偏差原因,对企业主管的研究表明:他们更倾向于将良好绩效归结为高层员工的内因,而较少将良好绩效归结为地位低的员工的内因。同样,主管倾向于将不良绩效归咎于地位低的员工的内因,而较少将它归咎为高层员工的内因。

成功与失败的归因

对于员工与管理者来说,对成功与失败的归因也是相当重要的。管理者可能会根据这一归因的结论来制订赏罚方案。总的来说,个人常常会将自己或别人的成功或失败归结为四个因素:能力、努力、任务难度和运气。

- 能力归因。我成功(或失败)是因为我有能力去做好这份工作(或因为我没有能力去做好这份工作)。
- 努力归因。我成功(或失败)是因为我下了很大的工夫(或因为我没有努力)。
- 难度归因。我成功(或失败)是因为这个任务难度不大(或因为这个任务太难了)。
- 运气归因。我成功(或失败)是因为我的运气好(或不好),又称境遇归因。

能力和努力归因是内部的,另外两个是外部的。这些关于成败的归因反映了个体自尊和控制点(这些人格特征在第11章中讨论过)的差异。相应地,**自我服务偏差(self-serving bias)** 就是指人们将自己的成功归结为内因(能力或努力),而将自己的挫折归结为外因(任务难度或缺乏运气)。例如,自尊心强的人和内控制点高的人往往对自己的绩效有正面评价,并且将自己的良好绩效归结为内因。

因此,绩效好时,员工认为是理所应当的结果;而出现不良绩效时,却不愿承担应该负有的责任,这种倾向给管理者的绩效评估工作带来重大挑战。自我服务偏差还可能制造其他麻烦,如它会阻碍个人准确地评价自己的表现和能力,从而更难以真正找到行动失败的原因。为自己的过失而责怪他人的人通常被视做表现平庸,或者无法在工作和社交中建立良好的人际关系。总而言之,在工作场合,当人们需要将自己与其他人相比时,自我服务偏差就会出现。因此,员工与管理者往往会认为自己比其他"普通人"更有道德、更有能力、绩效更好。

可能发生在任何人身上的具有打击性的事件就是被解雇。如今,失去一份工作已不像过去那么可怕了,但还是会令人痛心!特别是发生在席卷全球的金融海啸的今天,人们自然会问自己:我做错了什么?我应该怎样做才对?或许还有更重要的问题:我现在该怎么办?

对于大部分人来说,找工作在任何时候都是充满压力的。这一过程被形象地描述为糟糕的相亲与糟糕的匆忙聚会加在一起。在经历了被解雇的挫折之后,找工作对于任何人来说都是极具挑战性的。假设你刚被解雇,你应该采取一些建设性的措施来增加自己成功的机会,以期最终找到一份更满意的工作。

1. 闯过遭受解雇的心理关。从情感上讲,你就像躲起来了或正在休假。但是,专家建议马上开始找工作才是上策。前一两次的求职尝试也许是很困难的,但是很快,你就会走上正轨,你与越多人交谈,你找到另一份工作的速度就越快。当然,重振精神所需的时间可长可短,这取决于你的复原能力。保持幽默感能起到很大作用。哈尔·兰开斯特在《华尔街日报》工作,他说:"被炒鱿鱼就是上帝在告诉你,你原来找的这一份工作是错误的。"树挪死,人挪活。

2. 找出哪方面出了问题。这一步骤对于重新建立自己能够掌控局势的心理暗示是相当重要的。专家建议,如果你不明白为什么会被解雇,那么你很有可能在将来重复这个错误。他们还建议,你需要与你过去的雇主、同事和朋友谈一次,从他们那里寻求中肯的反馈意见,从而帮助分析自己的优点和缺点。这样做可能相当困难,因为许多公司的人力资源专业人员在解雇员工时,都宁可说得少一些,以避免法律诉讼。因此,如果你不能从前雇主那里得到任何有益的启示的话,专家建议你求助于专业咨询人士,让他们帮你做个评估。

3. 与前任雇主一起写一份离职信。专家始终会建议你请前雇主帮你写一份书面说明文件,包括离职或推荐信等,这对你找下一份工作会有帮助。具体的建议包括:在这份文件中,先要描述自己在以前职位上取得的成就,然后再解释为什么你不再为该公司工作了。可以列出许多具体的"社会普遍接受"的理由,如管理风格的转变、战略方面的转变、自己的追求与前雇主的要求不一致,等等。令人惊奇的是,许多前雇主都愿意在这样的一份文件上签字。人们也希望能够为他人提供帮助,因此,如果这样一个请求是建设性的,能够解决问题,而且不会在言辞间责备公司或老板的话,许多前雇主还是愿意写的。这个办法还有一个优点,就是能够让你未来的雇主从前任雇主那里听到一些与你自己的说法相同的意见。

4. 避免解释时提到消极的原因。专家指出你不应该说前任雇主的任何坏话,不要找任何借口,不要贬低过去的同事,也不要把所有责任推到别人身上。要把重点放在积极的方面,承认自己成功或失败的责任,然后很快地将话题转移到未来,强调你从以前的工作中学到了什么,能为新雇主做什么。

本章小结

1. 描述知觉过程中的主要元素。

   知觉是人们从环境中选择相关的信息,并且将这些信息组织成或赋予有意义的形式的心理过程。对环境的刺激做出观察、选择、组织、理解和反应也是知觉过程的结果。理解该过程的两个关键组成部分——选择和组织尤为重要。

2. 认识影响人际知觉的主要因素。

   人们运用知觉的选择来剔除不重要的信息,目的在于能够将重点放在更重要的环境因素上。同时,环境的外部因素和知觉者内心的内部因素都能影响知觉选择。外部因素被看做某件事的特征,会影响该事件是否受到关注,内部因素则包括人格、学习和动机。

3. 认识决定人们相互知觉的因素。

   人们怎样互相知觉对于研究组织行为来说是相当重要的。对人的知觉受到三个因素影响:被知觉者的特征、知觉者自己的特征以及知觉发生的环境。人们会努力控制自己给别人留下的印象。理解印象管理的作用对于理解工作中人的行为很有帮助。

4. 描述人们主要的知觉偏差。

   知觉的过程也许会带来判断或理解的多种错误。一些重要并且普遍发生的错误包括知觉防御、刻板印象、光环效应、投射和文化角色。然而,通过培训和总结经验,人们能够学会更准确地判断和知觉他人。

5. 解释归因是如何影响行为的。

   归因是指人们认识到的行为产生的原因。除了推断他人行为产生的原因以外,人们还会推断为什么某些行为会出现,从而影响自己今后的行为和感觉。行为究竟是由人的天性等内因所控制的,还是由环境主导的外因所控制的,这个问题相当重要,关系到人们对他人的行为做出怎样的归因。人们也会为自己工作的成败总结原因,这对研究组织行为也有重要意义。

关键术语和概念

归因过程(attribution process)
基本归因错误(fundamental attribution error)
光环效应(halo effect)
内隐人格理论(implicit personality theory)
印象管理(impression management)
知觉(perception)
知觉防御(perceptual defense)
知觉定式(perceptual set)

人际知觉(person perception)
乐观原则(pollyanna principle)
投射(projection)
皮格马利翁效应(Pygmalion effect)
选择性筛选(selective screening)
自我实现预言(self-fulfilling prophecy)
自我服务偏差(self-serving bias)
刻板印象(stereotyping)

讨论题

1. 请提供两个关于皮格马利翁效应的真实例子。
2. 假设你在某个阿拉伯国家工作,你需要注意哪些事项?这些对你在那个国家的行为会产生什么影响?
3. 那些被解雇的人是否是基本归因错误的牺牲品呢?
4. 回想在你对别人的知觉过程中,有哪一次是当时的情境起到了关键性作用?如果当时的情境发生了变化,你对那人的知觉也会随之改变吗?
5. 你在计算机上使用哪种字体?你所使用的字体向别人传达了关于你自己的哪些潜在信息?
6. 请列出三个你自己观察到的光环效应的例子。
7. 切特·卡迪厄是如何运用印象管理策略来影响他人的?
8. 请提供两个你自己运用印象管理影响别人的例子。
9. 描述你没能完成的一项重要工作任务,再描述一项你完成了的重要工作任务,你是如何分析自己成功和失败的原因的?
10. 你认为哪种刻板印象在组织中最具有说服力?为什么?

体验练习和案例

体验练习:多元化管理能力

测量对女性管理者的知觉

在许多公司里,对性别角色的传统定位限制了女性在管理职位上的发展机会。尽管这些传统观念正在慢慢改变,但是,认为女性管理者能力不足的观念还是较为普遍,依然是许多女性在职业生涯发展中存在的巨大障碍。

具体态度和刻板印象深入人心,并且对行为产生了深远的影响。无论男女,他们如何对待女性管理者的态度都是十分重要的。他们对女性管理能力的态度也会影响到管理者或行政人员对女性管理者绩效的判断。此外,这样的态度还会影响女性的发展机会。接下来的问卷就是测试你对女性管理者的态度。

说明:从每组(3个)选项中,选出你最赞同的一项,在右边的空白处写下"M"(代表"最赞同");再选出你最不赞同的一项,在右边的空白处写下"L"(代表"最不赞同")。注意每组选项只能选一项。

1. A. 男人关心自己开的车胜过关心妻子身上穿的衣服。 ____
   B. 任何称职的男人都应该把事业看得比家庭重,这种观念不应该被谴责。 ____
   C. 一个人的职业最能说明他是什么样的人。 ____

2. A. 父母管教孩子的责任和权力应该由丈夫和妻子共同承担。 ____
   B. 对女性职业责任心的要求不应该像男性那么高。 ____
   C. 男士不应该再对女士表现得那么礼貌,如进门时扶住门和帮她们穿上和脱下外套大衣。 ____

3. A. 女性与男性一样能担任领导职务,这是可以接受的。 ____
   B. 在压力大的情形下,女性管理者也应该像男性管理者一样坚持住。 ____
   C. 有些专业人员和某些类型的商业人士更适合男性来担任,而非女性。 ____

4. A. 获得他人对自己工作的认可对男性来说更为重要。 ____
   B. 女性有权获得维持家庭和个人需要的收入,而不是一种施舍。 ____
   C. 女性只是在某些时候适合担任领导。 ____

5. A. 与男性相比,女性更倾向于用自己的情感影响管理行为。 ____
   B. 夫妻应该像伙伴一样平均分担家庭财政开支。 ____
   C. 如果夫妻双方都同意,对性的忠诚并不重要,双方都有理由婚外恋。 ____

6. A. 男人对妻子的责任是首要的,而不是对母亲的。 ____
   B. 男人如果能够并且愿意付出努力,那么无论他做什么,都有很大的成功机会。 ____
   C. 一个男人只有获得了他想要得到的东西,他才会考虑改正自己不正义的行为。 ____

7. A. 妻子应该尽最大的努力让丈夫感到高兴舒适,因为他是一家之主。 ____
   B. 女人能够与男人一样出色地应对充满压力的环境。 ____
   C. 女人在结婚之前不应该与包括她们的未婚夫在内的任何人发生亲密的性关系。 ____

8. A. 在婚姻中,"服从"一词对女性来说是一种侮辱。 ____
   B. 离婚的男人应该帮助前妻抚养他们的孩子,但是如果前妻有工作能力,就不应要求他付给对方赡养费。 ____
   C. 女性有能力获得成为优秀管理者的必要技能。 ____

9. A. 女性能够按照商业工作的要求那样具有闯劲。 ____
   B. 女人有责任对丈夫忠诚。 ____
   C. 女人在结婚以后还保留娘家的姓氏是一种孩子气的做法。 ____

10. A. 男士应该谦恭有礼地对待女士,如进门时扶住门和帮她们穿上和脱下外套大衣。 ____
    B. 在工作面试和升职的时候,女性应该被给予公平的待遇。 ____
    C. 女人偶尔出现不认真的婚外恋,也没什么大不了的。 ____

11. A. 满足丈夫的性需要是每位妻子的基本责任。 ____
    B. 大多数女性不应该期望得到传统意义上男性应该给予的支持。 ____
    C. 女性有能力成为一位出色的领导人。 ____

12. A. 大多数女性都希望得到传统意义上男性应该给予她们的支持。
    B. 女人有能力将情感与观点分开。
    C. 丈夫没有义务将他的财务计划告诉妻子。

用下面的表格和说明来计算你的得分。你的总分显示了你对女性管理者的感受。分数越高,你就越有可能对管理层中的女性持传统的偏见。分值范围是10—70分,中间分数(既没有偏见也没有积极的态度)是30—40分。

说明

1. 在空白处记录下每个项目的选择答案。
2. 根据提供的信息,决定每项得分,并且将这些分数填入右边的空白处。例如,如果第3题你选了A作为你最赞同的,又选了B作为你最不赞同的,那么本题得分就是3。注意第1题和第6题是缓冲题,不记分。
3. 在将所有10项的分数算好后,将总分填入表底部的空格内,这就是你的总分了。

你的答案	题目号	1	3	5	7	分数
	1	不计分				
M ___ L ___	2	C(M) B(L)	A(M) B(L)	C(M) A(L)	A(M) C(L)	B(M) A(L)	B(M) C(L)
M ___ L ___	3	A(M) C(L)	A(M) B(L)	B(M) C(L)	C(M) B(L)	B(M) A(L)	C(M) A(L)
M ___ L ___	4	C(M) B(L)	C(M) A(L)	A(M) B(L)	B(M) A(L)	A(M) C(L)	B(M) C(L)
M ___ L ___	5	C(M) A(L)	C(M) B(L)	B(M) A(L)	A(M) B(L)	A(M) C(L)	
M ___ L ___	6	不计分				
M ___ L ___	7	B(M) A(L)	B(M) C(L)	C(M) A(L)	A(M) C(L)	A(M) B(L)	
M ___ L ___	8	C(M) B(L)	C(M) A(L)	A(M) B(L)	B(M) A(L)	A(M) C(L)	B(M) C(L)
M ___ L ___	9	A(M) B(L)	A(M) C(L)	C(M) B(L)	B(M) C(L)	C(M) A(L)	B(M) A(L)
M ___ L ___	10	B(M) A(L)	B(M) C(L)	C(M) A(L)	A(M) C(L)	A(M) B(L)	
M ___ L ___	11	C(M) A(L)	C(M) B(L)	B(M) A(L)	A(M) B(L)	B(M) A(L)	A(M) C(L)
M ___ L ___	12	B(M) A(L)	B(M) C(L)	C(M) A(L)	A(M) C(L)	C(M) B(L)	A(M) B(L)
						总分:___

*M代表选择的是最赞同,L代表选择的是最不赞同。

案例:道德管理能力

新纪元慈善基金的印象管理

在印象管理的实践中,如果你能够让他人看到你想让他们看到的形象的话,是十分有利的。下面来自新纪元慈善基金的故事为我们提供了一个经典的印象管理的例子。

小约翰·G.贝内特是慈善基金的创始人。新纪元慈善基金建议多家慈善机构及富人捐款集资,通过精明的投资、筹款和资金管理,充分利用大家慷慨解囊的这些基金,增加慈善机构和富人们做善事的能力和效率。贝内特特别提出了以下几点承诺:

1. 被选中的慈善团体或个人捐赠给基金的款项会在6个月内翻一番,将总额返还给原来的慈善团体进行分配。据称,新纪元慈善基金拥有一群富裕的"匿名捐赠者",他们非常繁忙以至于没有时间寻找慈善团体进行捐赠,因此基金就用这笔钱来为捐款翻番。

2. 慈善团体和个人允诺筹集的新款项会在6个月内翻一番,将总额返还给原来的慈善团体进行分配。

这一切听起来不像是真的,然而实际上的确如此。

这一切在培基证券(Prudential Securities)开始对新纪元所持的价值6 000万美元债券进行例行审查的时候终于结束了。他们发现该基金以这些债券为抵押,借款5 200万美元,但是仅仅返还了700万美元。培基证券要求新纪元慈善基金在24小时内交出缺失的款项,这显然是不可能的。最终事件曝光,根本没有什么"匿名捐赠人",新纪元慈善基金的净债务高达1亿美元。从根本上来讲,新纪元慈善基金是在玩弄伎俩,利用新的投资者的钱来支付之前投资者的利息。显然,许多善意的、见多识广的、精明的投资者和慈善团体纷纷上了新纪元慈善基金的当。为什么会发生这样的事呢?

答案是印象管理的影响力——良好的印象,加上贝内特本人的历史。贝内特是一个豪爽、讨人喜欢的人,被人们称为"无可救药的乐观主义者"。人们都愿意相信他及他所建议的事情。他曾经为非营利性基金经理和筹款人提供培训。因此,他本人在慈善机构的管理和捐赠圈内颇有名气。

贝内特给人良好、积极印象的原因是:许多贝内特集资活动的早期受益人是教会和其他宗教组织。贝内特自己还担任过几个基督教组织的负责人,定期参加费城地区的祷告者早餐会。他的许多忠实拥趸都是非常有钱的人,与政府高层、知名学府、投资公司等有着密切关系。骗术并不高明,为什么这么多精明的成功人士都会上当呢?

运用印象管理的相关理论,就可以得到解释:"有钱和有关系的人喜欢证明他们是有钱有关系的,因为他们认为这是他们聪明并且有胆识的结果。正中贝内特下怀的恰恰是这些聪明而有胆识的人愿意把他们的信任交给另外一些同样聪明而有胆识的人。一旦贝内特成功地把自己塑造成这种聪明而有胆识的形象,他也就成为他们当中的一员——聪明而有胆识的社会精英。他精心策划了这一切,并一度使得这个拆东墙补西墙的经典故事演绎得非常成功。"

问题

1. 请运用本章中印象管理的概念,描述贝内特的印象激励的作用。

2. 请运用印象管理的观点来总结贝内特的印象是如何构建的。
3. 请找出并解释在这个情境中可能发生的知觉偏差。
4. 假设你是一家慈善机构的执行董事,在新纪元慈善基金一案中亏了一大笔钱。请描述一下你会如何为自己的判断失误进行归因。

Chapter **Thirteen**

第 13 章
学习与强化

学习目标

学完本章后,你应该能够:
1. 解释古典条件反射与操作性条件反射对学习的作用。
2. 描述影响行为的强化权变理论。
3. 列出四种强化程序并分别解释每种程序的适用情况。
4. 描述如何运用社会学习理论来解释新行为的形成。

课前案例

迷你家政服务公司

迷你家政服务(Mini Maids)是一家由汤姆·纳文特经营了12年的家居清洁公司。每天,公司所有的女性清洁工分成三组乘坐公司的专车,为达拉斯地区的客户提供家居清洁服务。每个小组都有一个组长,负责将组员送到客户家,检查所有的清洁工作完成情况,并同客户进行沟通。

汤姆现在面临的问题是如何选拔一些女工担任组长助理。所有经验丰富的小组都设有组长和组长助理。组长需要有得克萨斯州的驾驶执照,能够辨认导航地图,找到客户的住址。但是许多女工从来没有使用过导航地图,她们只是乘坐公交车上下班,没有得州的驾照,而且英语并不是她们的母语。这些情况导致大家不得不用手机打电话到公司询问行驶方向、地点等,而且经常迟到。如果客户预约清洁时间是下午2—3点,而已经派出的小组由于迷路而耽误了时间,这时为了确保在预约的时间内准时到达,公司只好再派出一支有经验的小组。这就意味着有经验的小组不得不为没有经验的小组中途救火——接下他们的活,而影响本组计划安排,结果导致两组之间的矛盾经常发生。

于是,公司颁布了一项货币奖励政策,鼓励员工通过学习,掌握和达到组长助理的职责要求。组长助理的佣金是每笔家居清洁收费(平均为104美元)的14.5%,而普通女工的佣金是13%。

为了解决迟到的问题,那些自愿担任组长助理的员工需要在上班时间参加一个培训。在培训中,女工们学习如何识读地图。要成为合格的组长助理,女工必须在地图上找到10个地址。每找对一个地址,女工得到5美元的奖励。为了准备考试,许多女工每天利用两个小时的业余时间来练习阅读,并带地图册回家,帮助同伴阅读和练习。有一次,汤姆听到一名员工开玩笑地说:"她居然看着地图睡着了。"

通过这些培训,7月份高达1477分钟的手机通话时间在11月份降到927分钟。在培训之前,家政服务中心平均每天接到3个电话。培训之后,整整6周,仅仅接到3个电话。这样,每人每月为汤姆节省电话费75元。女工们也比以往更加准时到达客户家。同时,她们的跳槽现象减少了,离职率下降了14.3%,因为她们能按时到达客户家里就可以增加每天的工作时间,获得更多的收入。

各个小组之间也为每周的奖金展开了竞赛,因为每周的奖金是按照客户的表扬和投诉来计算的。有经验的小组成员能够阅读导航地图,尽快到达,工作自然较顺利,因此每周都可以赢得奖金,而没有经验的小组总是没有机会获得奖金。自豪、炫耀、善意的玩笑都属于赢得奖金小组的专利。于是,努力学习,进而得到奖金,就成为其他小组的目标。这种你追我赶的局面,正是汤姆最愿意看到的。

汤姆·纳文特的激励性策略是建立在心理学关于学习的相关原理和理论的基础之上的。**学习(learning)** 是指知识和经验对人的行为产生的相对持久的影响,而知识和经验的获取来自实践和理论。恰当的工作行为能促进组织目标的实现;相反,不恰当的工作行为则会阻碍这些目标的实现。确认行为是否恰当或多或少带有主观性,并且取决于一个组织本身的价值观系统(通常通过管理者自身体现出来)和员工的行为。例如,如果迷你家政服务公司的一名女工在午餐休息后上班迟到了,这在组长看来,就是不恰当的行为;可是对于与这名员工在午休时间聊天的朋友们来说,这却是恰当的行为。对于女工本人而言,这也是恰当的行为,因为满足了她的社会交往的需要。员工们很快就会发现经理对这种行为的看法与他们不同,并且知道如何将某种不恰当的行为转化为恰当的行为(站在经理或公司的立场上)。

一般来说,工作环境和组织规范通常能提供一些客观的依据,以此来判断行为是否恰当。行为越是偏离组织的期望,就越是不恰当的。在西南航空公司,任何可能导致行李丢失和飞行延误的行为都是不恰当的。每个组织对员工的期望都有很大的不同。例如,在微软公司的研发实验室里,工程师和科学家们崇尚怀疑精神,哪怕是对于来自微软高层领导的指令,因为创新和专业判断对于任何组织的成功都是相当重要的。

有效的管理者不会试图改变员工的人格或基本信仰。正如我们在第11章和第12章中所说的那样,个体的人格、情感和知觉过程会影响行为,然而想要直接影响这些特质却很难,即使有可能,也要付出巨大的代价,而且需要适合的情境配合。因此,有效的管理者会集中观察员工的行为及影响这些行为的环境条件。然后,他们会改变一些外部因素,从而引导员工的行为,帮助员工学习并使其表现出恰当的行为。在本章里,我们会讨论三个主要的学习理论:古典条件反射、操作性条件反射和社会学习理论。每个理论都提出了一种不同的学习方法,但它们的共同点是强调和关注员工可观察到的行为,因为员工行为决定企业绩效。

在奖惩中学习

> **学习目标** 1. 解释古典条件反射与操作性条件反射对学习的作用。

在一个组织里,员工需要学习和实践一些有成效的工作行为。适应新工作往往依赖于许多因素,因此管理者的任务就是在这样一种环境里提供学习的经验,从而简化员工学习的过程,促进有利于公司的恰当行为的产生。为了进行有效的学习,一些行为上的改变是必要的。正如学生在教室里学习基本技能一样,当迷你家政服务公司想要改变员工行为时,它运用地图进行培训。这样的培训不仅使员工能够有效运用地图找到客户的住址,还激励他们去学习并实践这些新学习到的行为。

古典条件反射

古典条件反射(classical conditioning)是指个体学会将中性刺激信息(条件刺激信息)与产生反应的刺激联系起来的过程。以上所说的反应可能并不受个体意识的控制。在古典条件反射中,无条件刺激(环境事件)能带来自然的反应,然后,中性环境事件(即条件刺激)与无条件刺激同时出现,引起某些反应行为。最终,条件刺激自身就能单独引起或造成这些行为反应,这就叫做条件反射。

伊万·巴甫洛夫是俄罗斯著名的生理学家,他的名字常常与古典条件反射联系在一起。他在狗身上做的实验开创了早期的古典条件反射理论。在他的著名实验中,节拍器的声音(条件刺激)与食物(无条件刺激)同时出现。最后,狗一听到节拍器的声音,就会流口水(条件反射)。图 13.1 展示的就是古典条件反射的过程。

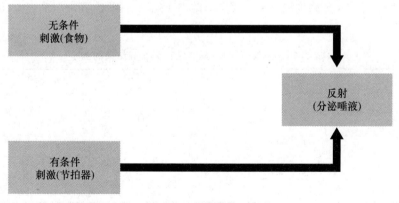

图 13.1　古典条件反射

古典条件反射过程有助于解释组织日常的各种员工行为。在教会医院的急诊室里,走廊里亮起特别的灯光就代表需要救治的病人来了。因此,医护人员都说,当那些灯亮起来的时候,他们就会感到紧张。相反,在一间乡村酒吧的餐厅里,德勤公司的合伙人之一拉尔夫·索伦蒂诺,接受了朋友 Centex Homes 公司副总裁乔恩·惠勒的宴请,因为拉尔夫引进了一套新的工作系统,乔恩为此表示感谢。现在,每当索伦蒂诺看见那个餐厅,他就感觉良好。

在广告方面,企业投入了数百万美元的资金将一种刺激的信息价值与客户消费行为联系起来。在电视广告中,AFLAC 公司成功地在鸭子与追加保险之间建立了联系。鸭子就是无条件刺激,保险则是条件刺激。购买者对鸭子的正面感觉会让他们想起保险来,这样就会有更多的顾客来购买 AFLAC 公司的产品。同样,Blue Bell 公司也在一段获奖的电视广告中通过一头名叫贝尔的母牛达到了宣传目的。每当人们看到贝尔(无条件刺激)在开满紫色花朵的牧场里引吭高歌的时候,他们就会联想起 Blue Bell 冰淇淋(条件刺激)。将欢乐的情绪、奶制品的新鲜口感与公司产品联系起来,Blue Bell 公司希望以此来引导消费者购买其雪糕产品。以上两家公司都成功运用了古典条件反射理论来增加公司的销售额。

古典条件反射在工作情境中没有被广泛运用,其原因是:恰当的员工行为通常不包括那些可以采用古典条件反射手段改变的反应行为。人们更关注的是员工的自愿行为和如何通过操作性条件反射来改变的一些行为。

操作性条件反射

对这种学习理论贡献最大的人当数 B.F.斯金纳,他创造了操作性条件反射这个名词。**操作性条件反射(operant conditioning)** 指的是个体学习中自愿行为的过程。自愿行为也叫做"操作",因为它们可以影响环境。学习就是行为的结果,许多员工的工作行为也是操作性行为。事实上,日常生活中的大多数行为(如说话、走路、阅读或工作)都是形式不同的操作性行为。表 13.1 展示了操作性行为及其结果的例子。管理者对操作性行为感兴趣,因为他们能够影响这些行为的结果。例如,对于员工的某种行为,管理者可以通过改变该行为的结果来增加或减少该行为出现的频率。操作性条件反射的关键是:什么样的行为会产生什么结果。操作性条件反射行为的强度和频率主要是由结果决定的。因此,管理者和所有团队成员都必须明白,工作行为会带来哪些不同的结果。

表 13.1 操作性行为及其结果的例子

行为	结果
个体	
• 工作	领取工资
• 工作迟到	被扣工资
• 去餐馆	吃东西
• 去足球场	看足球比赛
• 去杂货店	购买食物

在理解操作性条件反射的时候,我们必须清楚,一种反应行为被学会是因为这种行为导致了一个特别的结果(强化),这个结果每被强化一次,行为就会被加强。迷你家政服务公司成

功的培训方案就是建立在操作性条件反射的原理上的。员工通过实施某些具体行为而学会了在环境中操作(如学习识读地图的技能而成为一名组长助理),目的是实现某些结果(金钱)。学校生活让你知道:只要努力学习,就会获得好成绩。如果整个学期你都认真读书,最后一周就不必紧张。

强化权变

学习目标 2. 描述影响行为的强化权变理论。

强化权变(contingency of reinforcement) 指的是行为发生之前和行为发生之后的环境事件与行为之间的关系,它是由前因、行为和结果三部分组成的。

前因(antecedent) 发生在行为之前,是一种对行为的刺激。前因是指能够帮助人们了解哪些行为是可以接受的,哪些行为是无法接受的,而且让人们知道这些行为的结果的说明、规定、目标和别人的暗示。在迷你家政服务公司,前因就是汤姆·纳文特给所有员工识读地图的指示,告诉他们要按时到达客户家。通过让员工预先知道不同行为(是否学会识读导航地图)会带来的结果(有无额外奖金),前因起着重要的教育引导作用。

结果(consequence) 是行为的结果,就完成目标而言,它可以是积极的,也可以是消极的。管理者对员工所做出的反应取决于行为的结果(有时候则取决于行为本身,而不考虑结果)。在迷你家政服务公司,结果就是实现个体目标和公司目标,赢得奖金。

图13.2 提供了一个强化权变的例子。首先,员工和经理共同确定一个目标(如下个月的销售额要达到10万美元),接着员工开始工作,以期实现这一目标(如每周拜访四名新客户,定期与现在的买家共进午餐,以及参加一个为期两天的培训项目来学习新的销售方法)。如果员工达到了销售目标,管理者就会称赞他们。这就是一种基于目标的行为权变管理。如果员工没有达到目标,管理者也不会说什么,更不会斥责他们。

强化权变概念包含三种主要权变。首先,一个事件可以按照员工行为的权变情况发生或撤销。事件既可以是积极的,也可以是消极的。**积极事件(positive events)** 指的是员工期望发生的、令人振奋的事件。**消极事件(aversive events)** 对员工来说,是不希望发生的或令人沮丧的事件。图13.3 说明了这些事件如何结合在一起,形成四种类型的强化权变。它显示的是某种特别的强化权变是否会增加或减少行为的发生,从而为下文对强化权变的讨论打下了基础。**强化(reinforcement)** 是一种行为权变,能够增加某种行为持续发生的频率,包括积极强化和消极强化。积极强化即给予令个体愉快或个体希望发生的事件,使得个体的某种行为变得更加可能发生;消极强化即取消令个体不愉快或个体不希望发生的事件,使得个体的某种行为变得更加可能发生。如果你想让某个行为持续下去,你必须确保这个行为得到强化。另一方面,忽略和惩罚都会减少员工某种行为发生的频率。

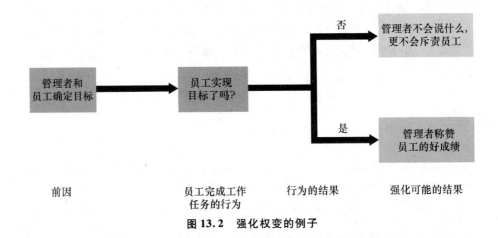

前因　　　　　员工完成工作　　　行为的结果　　　强化可能的结果
　　　　　　　任务的行为

图 13.2　强化权变的例子

积极强化

积极强化（positive reinforcement）是指恰当的行为发生以后所带来的令人高兴的结果（参看图 13.3），即管理者奖励员工完成组织目标的恰当行为。比如，在一起讨论如何提高工作质量时，罗伯特·古奇经理冲了一杯咖啡给约翰·麦克尔哈尼，随后我们看到的是，约翰的工作不断取得进步（积极强化）。

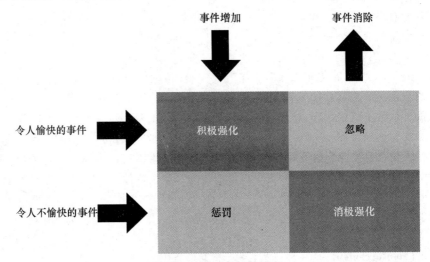

图 13.3　强化权变的类型

奖励与强化　在日常使用中，强化与奖励这两个名词经常被混淆。**奖励**（reward）是一件令人期待和高兴的事情，而它是否起到强化作用，则是由不同文化决定的。例如，在家庭占主导的文化里（如希腊、意大利、新加坡和韩国），赞扬和欣赏对于员工而言，可能与金钱的意义一样重大。某些物质奖励能产生出乎意料的结果。在中国，每逢节假日，组织会为员工发放食品等，职位高的员工会比职位低的员工得到更多更好的物品。非物质奖励也可能会出现意外的反应:一位管理者因为一名日本员工在团队报告中找出了一个差错,而当着许多人的面表扬了她。这位管理者认为自己强化了恰当的行为,可是不久,她就发现这名员工受到了其他人的冷漠对待,而且不再继续查找差错了。

因此,只有增加了行为频率的奖励才能被称做强化。在迷你家政服务公司的案例中,员工只有在成为组长助理的时候才能获得更多佣金。只有在恰当的行为(在本案例中即良好的绩效)发生频率增加之后,金钱才可以被看做一种积极强化。如果行为频率下降或不变,这种奖励就不是一种强化。

初级和中级强化 初级强化(primary reinforcer)是指一些人们已经知道其价值的事物,如食品、住所和水都算是初级强化。然而,初级强化不一定都能达到强化目的,如对于一个已经吃了五道主菜的人来说,食品就起不到什么强化作用。

> ▶▶▶ **成功领导者语录**
>
> 我希望我们的客户都能成为更好的伴侣、更出色的家长,更有个性地实现自我。我们所从事的不仅仅是服装生意,更是关于人的生意。
>
> 乔治·齐默,Men's Wearhouse 创始人

在组织中,**中级强化(secondary reinforcer)**能够影响很多行为,它是指原本具有中性价值的事物,但是基于个体以往的经验或感知而增加了另一些(积极的或消极的)价值。金钱就是一个典型的中级强化例子。尽管它不能直接满足人类的基本需要,但金钱是有价值的,人们能够用它去购买必需品和非必需品。马里兰州贝塞斯达的 Calvert 是一家财务公司,该公司将中级强化分为三类:① 核心福利,如人寿保险、病假、带薪假期和退休储蓄计划;② 选择性福利,如牙科护理和眼睛保健护理,以及支付健康和陪护费用;③ 其他福利,如学费报销、汽车共享和职业规划。同样,泰森食品公司、Prilgrim's Pride 以及 Old Dominion Freight Lines 都聘用兼职牧师,帮助员工解决个人问题。因为这些牧师不是组织的员工,因此较容易与员工建立友好关系,在员工需要的时候提供帮助。组织会按照这些牧师辅助的员工人数,支付他们每月250—100 000 美元不等的报酬。

州际农业保险公司发现,当人们可以做选择的时候,无论他们选择什么都可以用来强化没有选择的行为。在工作中,这意味着如果经理能够观察员工是怎样度过业余时间的话,他们就可以找到对员工的强化方式。如果一位助理花了大量的时间阅读凶杀小说,而不做其他的事情,我们就可以假设阅读凶杀小说对于这位助理而言是一种强化。实际上,你可以列出所有想做的事情,把它们按照最想做、最喜欢做到最不想做的顺序进行排列。然后从最下面一项开始,你很快就会发现,如果从列表的末端开始的话,你每完成一项任务,单子上的下一项任务就会变得很吸引人。但是,如果你从列表的顶端开始的话,每当你按照顺序完成一项任务之后,下一项任务将变得很不吸引人,而且越来越困难、无聊。按照这种方法做下去,你最终会选择放弃。如果从列表的末端开始,逐一向上完成任务的话,你不会选择放弃,而且会完成所有的任务。这就是善于运用强化的魅力所在!

加里·洛根是柯达公司的部门经理,他把这种强化理论付诸实践。下面的沟通管理能力

专栏描述了他如何运用强化来提高工作效率。

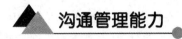

柯达公司的加里·洛根

洛根发现他们部门的操作员喜欢一些与工作相关的特殊项目,这些项目通常是关于提高生产质量和效率的团队活动,而这些方面的改进对柯达公司无疑是有益的。洛根和他的生产主任凯伦·约翰逊决定利用团队活动来提高操作员的生产效率,实现公司的质量目标。

当操作员制作的每种光圈都能达到每周的生产要求时,洛根就让约翰逊关闭生产线,让工人参与其他项目。在员工自发的倡议下,团队提出了许多改进操作的想法,并组成了两个临时小组来实施这些建议。

约翰逊发现这些团队完成了10—15项的改进项目。洛根说,柯达的生产目标本来是不易达到的,但是在这些团队里,即使生产目标在周四很晚的时候才完成,团队在周五就能够投入其他的新项目了。同时他也注意到:在某些时候,团队也会面临达标很困难或在换班前勉强达标的情况。虽然没有保证团队每次必定按期实现公司的生产目标,但是一旦团队达到目标,洛根和约翰逊就会让团队选择他们感兴趣的项目。

约翰逊发现压力能够激发操作员们的干劲:他们利用一张 6 英尺 × 10 英尺的柱状图来监督自己的进度。每个团队都用一种颜色来表示该团队对生产的贡献,这样每个团队取得的效果一目了然。用这种办法,团队可以及时得到工作的反馈,了解各团队每周完成生产目标的情况。每天列出完成目标情况的反馈指标极大地激励了操作员,他们积极寻求办法减少不必要的工作。

有好几次,约翰逊发现,人们在投入他们的特殊项目时都获得了极大的激励,表现出高涨的工作热情。比如,一些操作员很早就完成了工作,然后自愿选择继续工作,以完成与其他团队上一周尚未完成的工作(特殊项目)。因此,他们可以在完成团队活动之际,享受你追我赶的挑战乐趣。当然,质量要求并不亚于数量的要求,操作员每天还会进行随机的质量检查,并把结果做成图表。

积极强化原则 是指存在能够影响积极强化的有效性的若干个因素,这些因素有助于解释什么是最恰当的强化条件,并被总结为一些原则。

权变强化原则(principle of contingent reinforcement)表明:只有在恰当行为得到实施时,强化作用才会开始;当预期行为没有发生时,强化将无法产生作用。在迷你家政服务公司案例中,女工只要通过识读地图测试就能成为组长助理,从而增加工资收入。

立即强化原则(principle of immediate reinforcement)是指一旦出现恰当的行为,就应该马上予以奖励。这就是加里·洛根在柯达的做法。当恰当的行为发生后,耽误的时间越长,强化作用的有效性就越低。

强化大小原则(principle of reinforcement size)是指在恰当的行为出现后,强化的数量或强度越大,则强化效果越佳,并会增加恰当行为的出现频率。强化的数量或大小都是相对的。某项强化,对于某一个体可能是重要的,但对另一个体却可能并不重要。因此,强化的大小必须由个体和行为来决定。ARAMARK 是一家为大学提供食品服务的供应商,该公司每个月保持全勤的工人可得到一件 T 恤衫;整学期都全勤的工人将获得公司赠送的一张 50 美元的礼券。

强化缺乏原则(principle of reinforcement deprivation)是指某一个体越是无法得到某种强化,该强化就越会激励其恰当的行为。然而,如果某一个体最近得到了足够的强化且感到很满足,那么这种强化的作用就会降低。

组织奖励

薪水、奖金、额外福利等都是组织常用的物质奖励,除此之外,许多组织还会提供其他的奖励,有一些也许不会立竿见影,如口头赞许、分配给员工他们想要的工作任务、改善工作条件和额外的休假时间等。位于肯塔基州的丰田公司装配厂就是这样做的。他们对员工提出**改善**(kaizen)的行为进行奖励。改善是指一种能够提高安全性、降低成本和改进质量的建议。给予员工的奖励平均分配给团队的所有成员,它不是现金,而是礼券,可以在各零售点兑换成礼品。因为丰田知道,能够与家人分享的奖励比个人工资单上增加的一些额外薪酬更有价值。这些奖励也将荣誉和鼓励逐渐灌输给其他员工,使他们努力为公司贡献新点子、新产品和新服务。这样,有朝一日,他们也有希望获得类似的奖励。除此之外,自我奖励也很重要。例如,庆祝自己完成了一项艰巨的任务,这也是一种重要的自我强化。表 13.2 列出了一些范围较广的组织奖励,但是请记住:只有当获奖个体希望得到这个奖励,或者因为获奖而满心欢喜时,奖励才能成为有效的强化。

表 13.2 组织运用的奖励

物质奖励	额外福利	地位象征
工资	公司配车	专有办公室
增加工资	健康保险计划	带窗的办公室
股票期权	养老金	地毯
分红	休假和病假	落地窗帘
延期报酬补偿	娱乐设施	绘画
奖金/奖金计划	儿童看护帮助	手表
激励计划	俱乐部特权	戒指
消费账户	父母探亲假	私人休息室

（续表）

社会/人际奖励	任务奖励	自我奖励
赞扬	成就感	自我庆祝
建设性反馈	承担更多的责任	自我认可
微笑,轻拍背部和其他非语言信号	工作的自主权或自我指导	自我称赞
请求得到建议	承担更重要的任务	通过增加知识或技能,实现自我发展
共进午餐或咖啡		
墙壁挂饰		对自我价值的更多认同

消极强化

消极强化(negative reinforcement)（见图13.3）是指消除员工行为发生之前的不愉快事件,以鼓励恰当行为的发生。消极强化与惩罚有时会被混淆起来,因为它们都是运用令人不快的事情来影响人的行为。然而,消极强化的目的在于增加恰当行为的频率,而惩罚则刚好相反,是用来减少不恰当行为的出现频率。你周一晚上熬夜,为了准备周二早上的演讲,因为你知道如果做得不好,你的经理就会批评你(消极强化)。

当一名员工表现出不好或不必要的行为时,管理者和组员就会采取消极强化。例如,当两架飞机靠得太近时,空中调度员就需要打开信号灯和蜂鸣器来警告一下机师,调度员会一直开着这些设备,直到飞机之间的距离拉开。这一程序叫做**逃避学习**(escape learning),是指只有正确地实施或终止某种行为,才能阻止令人不快的事情发生。在许多例子中,都可以看到运用消极强化来促使行为的发生以逃避或避免惩罚。"通过足够的经历来应对"是典型的消极强化。

忽略

忽略(omission)是指消除所有的强化活动,即取消或忽视令个体愉快或所希望发生的事件,使个体的某种行为变得更不可能发生。强化能使恰当的行为频繁出现,而忽略则会起到反作用,降低行为频率,最终使该行为绝迹(见图13.3)。管理者通过忽略来减少员工的不良行为,以免妨碍组织目标的实现。忽略的程序包括以下三个步骤：

1. 确定想要减少或消除的行为；
2. 确认维持某些行为的强化因素；
3. 终止强化。

忽略是一种很实用的方法,可以减少并最终消除某些干扰正常工作的行为。例如,嘲笑团队成员的破坏性行为反而会强化该行为,而只有当这些嘲笑(即强化)终止后,这种破坏性行为才会减少,并最终停止。

忽略还被看做是无法积极有效地强化某种行为的做法,因此,对行为的忽略也许是偶然性的。如果管理者不能有效强化某种组织需要的行为,他们也许就会干脆对此忽略不提。结果,在无意之间,恰当的行为也减少了。

多数管理者认为,无所事事对于绩效不会产生任何作用。事实上,当员工的某种行为发生后,而管理者不采取任何措施,听之任之,他们就已经改变了员工的绩效表现。如果人们主动做出一些超越工作要求的行为,却没有得到进一步强化,它们就会终止;如果人们在安全或质量方面谋求捷径,投机取巧,而没有人对此进行干预的话,那么这种忽略就会使这些不恰当的行为继续发生。

惩罚

惩罚(punishment)(见图13.3)是指消除员工行为发生之后的不愉快事件,以减少该行为发生的频率。或者说,给予个体令人不快或不希望发生的事件,使个体的某种行为变得更不可能发生。还记得你第一次使用电脑时的情形吗?你可能无意中删除了一个你花了几个小时的时间才完成的文件,现在,你已经学会定时保存文件。与积极强化一样,惩罚也有具体的前提来暗示员工,如果出现某种行为,结果(惩罚)将会随之而来。不同的是,积极强化是为了鼓励增加恰当的行为,而惩罚则是为了减少不恰当的行为。

只有当某事件确实减少了不恰当的行为时,我们才把它叫做惩罚,如果该事件仅仅被看做是令人不悦的,那还不能算是惩罚。换句话说,只有当某个事件减少或阻止了不恰当行为的发生时,才能被视做惩罚。

组织经常使用以下几种令人不快的做法来惩罚个体。表现不佳所导致的物质惩罚包括减少薪水、停薪留职、降级、或是将其调到一个毫无前途的职位上去。对于不能有效工作的最终惩罚就是开除员工。总的来说,只有在出现严重的不当行为时,组织才会采取物质惩罚。

人际惩罚也被广泛运用,包括管理者对员工的差劲表现进行口头训斥和非语言行为的惩罚,如皱眉头、轻蔑和敌对性的身体语言。某些工作本身就是令人不快的,如繁重的体力劳动以及由此带来的劳累也可以算是一种惩罚,或是艰苦、肮脏的工作环境。然而,应该区别各种惩罚。在某些领域里,对某些员工而言,艰苦或肮脏的工作条件也许只是工作中不可缺少的一部分。

前面讨论过的积极强化的原则在惩罚方面也有对等的内容。为了获得最佳的效果,惩罚应该直接与不恰当的行为挂钩(惩罚运用原则);惩罚应该马上实施(立即惩罚原则);总的来说,惩罚的强度越大,对不恰当行为的影响也就越大(惩罚大小原则)。

惩罚的消极影响 反对使用惩罚措施的观点认为:惩罚会带来一些消极影响,特别是在持续时间过长的情况下。惩罚的确能够阻止一些不恰当行为的发生,但其潜在的消极结果可能比原来要阻止的行为更为严重。图13.4展示了惩罚导致的潜在消极结果。

惩罚也许会带来一些不良的情绪反应,如果一名员工因为中间休息时间过长而被训斥的话,他可能会对管理者和组织产生愤怒和怨恨的情绪,这样的反应可能导致对组织有害的行为。例如,破坏活动通常就是一种由惩罚制度所导致的行为。第16章将更加具体地讨论发生在职场中的攻击行为。

惩罚往往只会使不恰当行为暂时消失,而不能完全根除。因此,为了让暂时消失的行为不再出现,就只能不断采取惩罚措施或者采取更为严厉的惩罚措施。另一个问题是,只有当管理者出现的时候,惩罚才有效,一旦管理者离开了,不恰当行为又会重新出现。

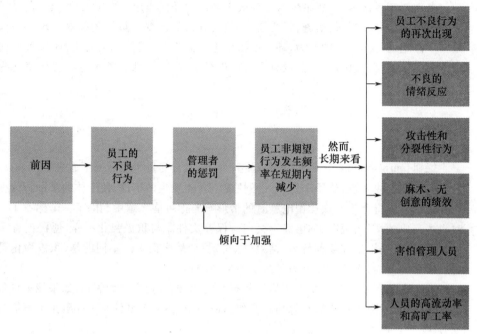

图 13.4 惩罚的潜在消极影响

此外,受罚的个体可能会想方设法避免或逃避惩罚。从组织的角度来说,员工逃避某个重要工作的行为是不可接受的。高旷工率也是一种逃避的方式,在惩罚频繁发生的时候,旷工率就会升高,而辞职则是员工选择逃避的最终方式。因此,依靠惩罚来管理的组织,人员流动率往往很高。一定的人员流动率对组织来说是件好事,有利于优胜劣汰和新陈代谢,但是过高的人员流动率也会造成组织的损失。例如,快餐店招聘和培训一名员工的平均费用是 600 美元,过高的流动率则意味着招聘和培训成本不断增加。

惩罚还会压制员工工作的主动性和灵活性。作为对惩罚的反应,许多员工都会这样说:"我就按照指令去做好了,多余的一点儿也不做。"这样的态度是不恰当的,因为组织依靠的就是员工在工作中表现出的个体主动性和创造性。惩罚使用过多会使员工变得冷漠或过于谨慎,墨守成规,从而失去在组织中应有的作用和价值。持续的惩罚还会挫伤员工的自尊心,以至于造成员工自信心不足,这些都不利于工作的完成(见第 11 章)。

惩罚还会造成员工对管理层的条件反射性恐惧,即员工对倾向于使用惩罚手段的管理者产生普遍的恐惧心理。这些管理者就成为一种环境诱因,提示员工可能出现不利情况。如果某项业务需要员工与管理人员进行频繁、正常而积极的互动,那么情况就会变得很糟糕。因为害怕,员工会逃避与管理者进行交流,或者交流变得很勉强、敷衍,从而影响员工的绩效。

因为惩罚见效快,所以管理者还是有可能运用惩罚手段的。因为惩罚是一种能马上见效并能迅速改变员工行为的方法,所以管理者选用惩罚的做法也得到强化。但是,他们有可能忽略了这种手段长期使用会带来不利的影响,并且这种影响也是累加的。尽管少量的惩罚不一定会马上带来消极影响,但如果长期、持续地实施惩罚,往往会给组织带来损害。

惩罚的有效运用 从长期来看,积极强化比惩罚更有效。然而,只要运用得当,惩罚也应该在管理方法中占有一席之地。最常用的惩罚就是口头训斥,它的目的在于减少或阻止员工的不当行为。古语有云:当众表扬,私下惩罚。私下惩罚能带来与当众惩罚完全不同的强化效果。总之,私底下的批评是富于建设性和启发性的;而当众的批评则更容易带来负面的影响,因为在同事面前被批评会让人感到尴尬和丢面子。

口头的训斥不应针对人的总体行为,尤其不能针对所谓的"态度差"。要实施行之有效的批评,就应该有针对性,具体说明什么样的行为是不受欢迎的,以及应该在未来如何避免。批评要有具体针对的行为,避免威胁到员工的自我形象。有效的批评应该是对事不对人的,因为行为比人容易改变。

惩罚(根据定义)教会个体不应该做什么,而不是应该做什么。因此,管理者必须为员工提供一个具体的改正不恰当行为的方案。当员工按照这个方案实施以后,管理者必须积极地强化这一行为。

> ▶▶▶ **成功领导者语录**
>
> 告诉我不把你们全都炒掉的理由,我们需要变革,否则我们将会一败涂地。
>
> 卡罗尔·巴茨,Autodesk 公司 CEO

最后,在运用令人愉快的事件和令人不愉快的事件方面,管理者应该保持一个恰当的平衡。两种事件的绝对总数并不重要,重要的是两者之间的比例。如果管理者经常采取积极的强化行动,那么偶尔运用一下惩罚就会很有效。然而,如果管理者从未运用过积极的强化手段,而仅仅依靠惩罚,那么长期的消极影响会抵消所有的短期利益。在一个运行良好的组织里,积极的管理政策、制度和相关程序必须占主导地位。

加拿大心理学家约翰·休伯曼早在20世纪60年代就开始推广"积极的惩罚"这一理念,但是直到70年代,当理查德·格罗特在弗里托-莱公司引进这一理念之后,它才开始逐渐为人所知。当时有一名顾客在该品牌的玉米片包装上发现了某个不满的员工留下的低俗信息。自此以后,格罗特就开始寻找更好的管理技巧。他给了那位员工一天的带薪假期,并将这种做法称为"积极的惩罚"。**积极的惩罚(positive discipline)** 强调的是,通过说理而非不断地加重惩罚来改变员工的行为。管理的首要任务就是帮助员工明白,组织需要符合哪种标准的行为和绩效来实现目标。管理人员的任务就是指导员工,只有在员工没能维持行为和绩效的标准时才下达先口头、后书面的指令。为了达到组织的标准,自我约束也是员工的责任之一。许多组织都运用积极的惩罚来处理问题员工,改变员工的不当行为。从字面上看,这种方法有点自相矛盾。然而,以下变革管理能力专栏中有关通用电气公司的例子,将讲述他们是如何通过积极的惩罚,让员工承担改变自己行为的责任,成为改变自己行为的最佳人选。

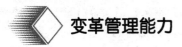 **变革管理能力**

无须惩罚的约束

这是通用电气在佛蒙特州工厂推行的一个特殊项目。一名员工如果迟到了、工作马虎或者不公正地对待同事,其行为就会招致上司口头而非书面的斥责。如果不良行为仍然继续,员工就会被书面批评。如果仍不改正,员工就会被停职一天,但薪水照付,其目的就是让员工决定是否服从规定。公司照常支付这一天的薪水,表明它也在努力帮助员工改过。这种做法能够实现两个重要的目标:首先,让公司有机会告诉员工问题的严重性,并且希望该员工能用这段时间好好考虑一下,通用电气是否适合其本人的发展。一位上司说:"但是,如果你仍旧决定留下来,其他方面的纪律问题还是可能会让你走人。"其次,如果员工最后还是被辞退了,薪水照付能平息员工心中的怒气。可见,这一天带薪停职的目的就是为员工敲响警钟。

这种没有惩罚的约束还能达到以下几个目的:① 通过沟通,向员工传递这样一个信息,即公司认为你的问题很严重,你的实际绩效与公司的预期要求差得很远。它提醒员工:达到公司的标准是每个员工的职责,从而令员工同意合作,解决问题。② 向其他企图挑战组织规章制度的员工明确传递这样的信息:公司不能容忍不合格的绩效,这也是通用电气的价值观和标准,在这一点上,公司永远不会让步。③ 停职能让员工真正明白,自己的职位已经岌岌可危了。

通用电气的做法取得了成功,接受积极惩罚的员工中有85%改变了他们的行为,继续留在公司。自从该项目实施以来,书面批评报告的数量在两年内由39件下降到23件,然后又降到12件。那些不思悔改的员工则毫不犹豫被开除了。

注:关于通用电气公司的更多信息,请访问公司主页 http://www.ge.com。

运用强化的权变指导原则

积极强化的目的在于使恰当的行为不断地重复,它对于员工必须是有价值的。如果一名员工一贯按时上班,管理者或团队的领导可以通过赞扬该员工来强化这一行为。但是,如果一名员工过去因为上班迟到受到训斥,后来又准时上班了,管理者或团队的领导就应该运用消极强化的方法,避免说一些让他难堪的话。

如果这名员工还是迟到,管理者或团队领导就可以采用忽略或惩罚,试着制止这种不恰当行为。如果团队领导选择忽略,就不应再表扬这名拖沓的员工的任何改进,而要对他视而不见。惩罚的运用包括训斥、罚款或停薪留职——最终是开除,如果不恰当行为仍然继续的话。

接下来是在工作中正确运用强化权变的几个原则:
- 不要用同样的方法奖励所有的员工;

- 仔细考虑采取行动和不采取行动的结果；
- 让员工知道，什么样的行为是受到鼓励强化的；
- 让员工知道他们的错误所在；
- 不要当着其他人的面处罚员工；
- 不要欺骗员工，剥夺他们应得的奖励，对他们行为的反应要尽可能公正。

强化的程序

> **学习目标** 3. 列出四种强化程序并分别解释每种程序的适用情况。

管理者运用强化来鼓励学习，鼓励恰当行为时，必须选择一种运用强化的程序。尽管强化的程序往往基于某种现实的考虑（如个体职位的性质和运用什么样的薪酬政策），但它总是会根据某一程序来进行。

连续性强化与间歇性强化

连续性强化（continuous reinforcement）指的是某种行为每次出现都要进行强化，这也是最简单的强化程序。向软饮料售卖机里投放硬币就是一个例子：投入硬币的行为被强化了（根据连续性强化的程序），机器每次都会供应一罐软饮料（几乎每次都是）。基本上，组织中的口头认可和物质奖励都不是按照连续的程序运作的，而是有些变化的。有些公司，如玫琳凯化妆品公司、特百惠、安利等，销售人员都是从每笔销售额中提取佣金，比例约为销售额的25%—50%。尽管强化（金钱）不像迷你家政服务公司那样马上支付，人们还是会马上根据自己的销售额按一定比例将公司的收入转化为自己的佣金。然而，监管其他非销售人员的管理者并没有机会在员工每次做出恰当行为的时候，都对此行为进行强化。因此，对行为的强化基本上是间歇性的。

间歇性强化（intermittent reinforcement）指的是不是每次恰当的行为出现时，都会被强化。间歇性强化有以下两种情形：① 时距程序和比率程序；② 固定程序和可变程序。**时距程序**（interval schedule）指的是在恰当行为出现一定时间后，强化就会发生。而**比率程序**（ratio schedule）则是指在一定数量的恰当行为出现后，强化就会发生。这两个程序还能被进一步细分为固定（不变）或可变（总在变化）类型。图 13.5 展示了这四种基本的间歇性强化类型：固定时距、可变时距、固定比率和可变比率。

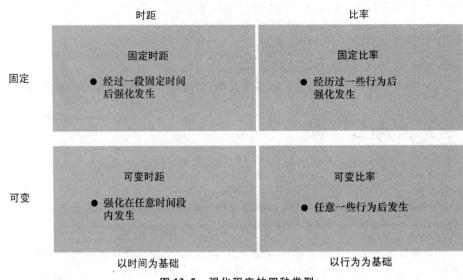

图 13.5 强化程序的四种类型

固定时距程序

在一个**固定时距程序**(fixed interval schedule)中,每个强化发生之前所经过的时间都是固定不变的。例如,在一个固定时距 1 小时的程序中,第一个恰当行为出现 1 小时以后,行为就会被强化。

按照这种程序实施的奖励容易造成不一致(有差异)的行为模式。强化实施以前,员工的行为可能是经常的、有活力的。可是强化以后,他们的行为就没那么频繁和有活力了。为什么呢?因为个体很快就会发现,另一次强化不会马上到来,即必须再等一定的时间。常见的例子就是,员工的每周、双周和每月薪水的发放,即金钱的强化有规律地在一段时间快要结束时出现。然而,这样的时间间隔对于刚刚培养起来的工作行为而言实在是太长了,不能达到有效强化新行为的目的。

可变时距程序

可变时距程序(variable interval schedule)指的是发生在两次强化之间的时间间隔是变动的。杰克·古斯廷是克利夫兰大学医院运营总监,他运用可变时距程序来观察和强化负责物业管理的服务人员的行为。如果一名服务员不缺勤,并且在 23 项绩效考核工作中(如清洁地板、倒垃圾、吸尘等)的表现都得到 92 分以上,他就能获得 100 美元。为了观察他们的行为,古斯廷对所有的物业服务员宣布,一个月之内,他将会在任何时间来巡查 7 次。第一周,他在周二下午 3:00—4:00 和周三下午 6:00—7:30 进行了巡查,并记录下了员工的绩效。第二周他没有去巡查。第三周,巡查是在周一早上 10:00—11:00 和周五晚上 12:00—凌晨 1:45。第四周,在周一晚上 8:00—9:00,晚上 11:00—12:00,以及周四下午 2:00—3:30 进行了巡查。如果他不改变时间表,员工就能预测他要来的时间,并调整行为以期获得奖励。

固定比率程序

固定比率程序(fixed ratio schedule)指的是只有恰当行为的发生累加到一定数量时,才会被奖励强化。按照固定比率实施奖励的好处是,越接近强化时间,员工的表现会越积极。因为他们会发现,强化是建立在反应数量上的,所以他们会尽快地表现出反应行为以赢得下一次的奖励。许多工厂实施的个人计件工作系统就是典型的例子。下面的跨文化管理能力专栏展示了中国北方造船厂是如何运用强化理论来激励员工的。

跨文化管理能力

中国北方造船厂

生产工人是按照计件工资的方式领取工资的。公司将每份工作分成多个工时,并且给每份完成的工作制定一个单价。按照生产的进度,不断监督、检查分给每份工作的工时是否合理。每完成一件的酬金是9元6角(约合1.17美元)。工人每小时可以完成好几件。如果整个工作按时完成且保证质量,工人就会得到全额酬金。一般而言,工人每个月工作176个小时,但是也有许多人会工作250个小时。平均每个工人的月收入是2 500—3 000元人民币。

可变比率程序

可变比率程序(variable ratio schedule)指的是只有恰当行为的发生累加到一定数量时,强化才会进行,但是这个数量会在平均水平上下波动。管理者在赞扬和认可时常常使用这种程序。例如,阿尔卡特公司的团队领导就是如此,他们在对员工的恰当行为进行口头表扬时,经常改变强化的频率。赌场、六合彩等也采用这种方法来诱使顾客掷骰子、玩扑克、玩老虎机和购买彩票。顾客会赢,但是没有规律。这一程序有效的原因就在于,它制造了不确定性,让人们不知道结果什么时候会出现。因此,在赞扬或监督人们的行为时,这种程序会很有效。人们知道结果会发生,但不知道具体的时间。为了避免被惩罚或忽略,他们会一直保持恰当的行为。

表13.3总结了四种类型的间歇性强化程序。比率程序(固定或可变)的效果往往比时距程序更好。原因在于,比率程序与恰当行为的发生有着更为紧密的关系,而时距程序则建立在时间段的基础上。强化是为了使恰当的行为出现,而这一理念比具体的强化程序更为重要。

表 13.3　强化程序的比较

程序	对绩效的影响	例子
固定时距	绩效水平中等	每月支付薪水
固定比率	绩效水平高且稳定	计件工资
可变时距	绩效水平中等偏高且稳定	团队同事偶尔给予赞扬
可变比率	绩效水平相当高	不定期的质量检查，没有次品就能得到表扬

社会学习理论

> **学习目标**　4. 描述如何运用社会学习理论来解释新行为的形成。

尽管操作性条件反射能够准确地描述一些影响学习的重要因素，但它同时也忽略了某些方面，如个体的感受和想法。艾伯特·班杜拉和其他研究人员对斯金纳的理论进行了扩展。他们认为，人们通过在社会条件下观察和模仿他人的行为，学会新的行为。根据**社会学习理论**（social learning theory），学习被看做是通过对信息处理的心理过程来获取知识。换言之，个体通过身处社会而进行学习，这就是该理论的社会部分；开动脑筋处理信息，做出决定则是该理论的学习部分。当人们在学习的时候，能够积极地处理信息。通过留意他人完成工作的情况，人们会在脑海里形成一幅图画，指导自己完成工作。班杜拉还认为：在学习他人的行为方面，善于观察的人往往比不善于观察的人学得快，因为善于观察的人无须摆脱已有行为的束缚，也能够避免那些不必要且代价高昂的错误。

如图 13.6 所示，社会学习理论有五个方面——象征、预见、替代学习、自我控制和自我效能感。这五个方面有助于你理解为什么不同的员工在相同的情境下会有不同的行为。

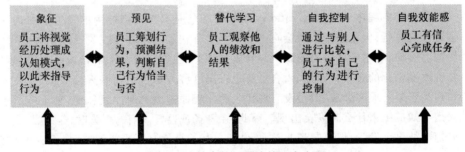

图 13.6　社会认知理论的五个方面

资料来源：Stajkovic, A. D., and Luthans, F. Social cognitive theory and self-efficacy. *Organizational Dynamics*, Spring 1998, 65. Reprinted with permission。

象征

人们有能力运用象征来对环境做出反应。通过运用象征，人们会在头脑里处理视觉经历，并且通过记忆来指导行为。人们模仿父母、朋友、老师、英雄和其他人物的行为,因为他们对这些人物有认同感。象征过程对行为有指导作用。如果一位打高尔夫球的人在网页上观察到泰格·伍兹或阿尼卡·索伦斯坦的击球动作,就会在脑海里描绘出一幅绝妙的击球动作图画(象征),这样的图画或象征有助于他提升在下一次打高尔夫球时的击球动作。在正式的宴会中,当坐在餐桌主位的人开始用餐时,就意味着其他人现在可以开始进餐了。

预见

人们运用预见能力来预测、计划和指导个体行为。例如,如果一位打高尔夫球的人在视频上看到过像伍兹或索伦斯坦那样的职业选手是如何对付沙坑障碍的,那么在他自己打球的时候,就会回想起职业选手的动作,从而调整自己的手、脚和身体位置来正确击球。他还会预测球飞到什么地方,然后在脑子里策划下一次的击球动作要领。

替代学习

替代学习(vicarious learning) 是指人们通过观察别人的行为及其结果来进行学习。员工通过观察来学习的能力可以帮助他们获得准确的信息,而不用自己亲自尝试和体验失败。所有的自助学习视频都是根据人的替代学习能力来设计的,但是只有在以下几个条件都成立的时候,替代学习才会生效:
- 学习者必须观察其他人(示范者)的行为;
- 学习者必须准确地感知示范者的行为;
- 学习者必须记住这一行为;
- 学习者必须有实施该行为所需的能力和技巧;
- 学习者必须注意到,示范者会从该行为中获得奖励。

自我控制

并不是每个人都会从事空中乘务员、推销员或建筑工人的工作,也不是每个人都会成为管理人员。许多人从来都没想过要从事某种工作,因为觉得那不是自己想要从事的工作。**自我控制(self-control)** 是指人们按照自己选择的目标和实现目标的方式来学习新的行为的方式。蒂娜·波特是一所大学的行政助理,她在一个月前买了一套新的画图软件。她知道自己需要学会怎样使用它,尽管主管并没有给她任何压力。她每周六都会自学这个新工具,目的就是要学会使用它,然后用它为本书画图。最终,她成功了。从她身上,我们看到了自我控制。

大多数人不论在工作中还是生活中都能够自我控制,努力学习新事物。看似平凡的任务(如学习怎样使用电子邮件)和较复杂的任务(如撰写下属的绩效评价报告),都能通过学习来掌握。当一名员工通过自我控制来努力学习的时候,管理者就不需要再管他,因为员工已经自觉地将学习恰当行为当成自己的责任了。事实上,如果管理者还要加以控制,那就是多余的,甚至可能产生反作用。

近些年来,团队的概念,特别是自我领导团队,已经像风暴一般席卷了整个商界。可是在许多案例里,我们不难发现管理人员还是管得太多,而他们的下属就没有机会来进行自我管理了。若要团队变得有效,管理者必须授予团队成员决策权。**授权(empowerment)** 就意味着将职权和技能交给员工,让他们通过自我控制来完成任务。接下来的团队管理能力专栏介绍了 Rowe 家具公司是如何授权团队来提升生产效率的。Rowe 家具公司位于弗吉尼亚州,为超过 1 500 家零售店提供中档家具。Rowe 专营坐式的家具,如沙发、矮柜等。Rowe 家具公司 CEO 布鲁斯·伯恩巴赫认为,他的企业之所以能够在竞争中脱颖而出,能够提供更新颖、更优质的产品,是因为他们 10 天之内就能生产出新款的沙发,而他们的竞争对手却要用整整 6 周的时间。

团队管理能力

Rowe 家具公司的专营式工厂

Rowe 家具公司负责裁剪、缝制、框架定型和坐垫等任务的各专业团队分布在工厂各处,这些团队各自独立、互不联系。这样做的目的是确保各个团队生产最多的产品,为其他部门准备好成批待用的产品。但是,这个运作系统却存在配套的问题,如为了赶制一批产品,原本到期的订单将被延误,并且造成原材料的供应紧张。通常,一个坐垫只需要 10 分钟就可以缝制好,然后转入下一个填充的生产环节,而 Rowe 家具公司在这个环节上却要花费 27.5 个小时。

Rowe 家具公司的管理层在市政礼堂召开全公司 1 400 名员工参加的大会。在其中的小组讨论环节中,伯恩巴赫指出必须进行变革,让 Rowe 家具公司更具竞争力。会议讨论决定组建专营式工厂。在更大的厂房里,每个专营式工厂都是自主经营的,这样避免了厂房空间的浪费,极大地减少了不必要的人员走动和材料的运送。裁剪工、缝纫工、框架定型工和坐垫工基本按照生产流程,全部呈 U 字围坐在一起,便于相互传递材料。这些工人都接受过交叉培训,能够在生产线需要的时候相互帮助。一名缝纫工可以去提取原材料,在一个岗位上承担不同的任务,而不像过去那样,在不同的机器间进行操作。

一旦生产线开始运行,工人们就要提高生产效率。不同的员工会轮流在每周得到的一沓稿纸上进行记录,以便向管理者汇报他们认为管理层做得好的五件事情,以及管理层需要改进的五个方面。每天早上,团队成员都会收到每日需要完成的额定工作量。如果工作能够提前完成,大家就能提早回家,并且仍然领取一整天的工资。

这样做的结果如何?Rowe 家具公司在员工人数减小 10% 的情况下,产量增加了 5%。由于每个专营式工厂都是独立自主经营的,人员方面节省的开支在所有团队成员间平分。每个专营式工厂自行检查生产质量,发现问题立即自行处理。与行业 3% 的生产不合格率相比,专营式工厂的不合格率只有 0.1%。生产质量得到大幅提升的一个主要原因是,以前只负责缝制扶手部分的员工现在也明白了坐垫工序是如何将扶手连到外框上的。他们现在意识到接口处的缝制需要非常精确,才能够确保产品贴身而舒适。Rowe家具公司现在的缺勤率比以前下降了将近一半。

自我效能感

自我效能感(self-efficacy)是指在某种具体情况下,个体对自己具有的完成某项具体工作的能力的认识和评价。员工认为自己完成工作的能力越强,他的自我效能感也就越高。自我效能感高的员工认为:① 他们具有完成工作所需的能力;② 他们能够付出足够的工作努力;③ 没有任何外界因素能阻挡他们高质量地完成工作。如果员工的自我效能感较低,他们会认为:无论自己怎样努力,总会有些事情阻止他们达到自己想要的工作结果或效果。自我效能感会影响人们对工作的选择,还会决定他们将用多少时间来达到目标。例如,只学了几节高尔夫球课的初学者可能在某一局打得很好。在这种情况下,他可能会认为自己的得分是"运气好",而非自己的能力。但是,上了多次课后,再加上大量的练习,一个自我效能感低的人如果还是不能突破100点,就会认为这项运动太难,要求太高,不值得再继续付出努力了。然而,自我效能感高的人会更努力地改进技巧,包括多上课,多看自己击球的视频,并且更加刻苦地练习。

自我效能感对学习有以下三个方面的影响:

- 它会影响个体选择的活动和目标。在俄克拉何马州先锋电话公司的销售比赛中,自我效能感低的员工不会定下太具挑战性或压力太大的目标。这些人并不懒惰,他们只是觉得自己实现不了如此高的目标。自我效能感高的员工则认为他们有能力完成较高的目标,而他们也确实做到了。
- 它会影响个体对工作付出的努力程度。自我效能感高的人努力学习怎样做好新的工作,他们相信自己的努力一定会有回报。相反,自我效能感低的人对自己的能力缺乏信心,并且认为自己的额外付出是无用的,因为不管怎样,自己都会失败。
- 它还会决定个体对复杂工作能否坚持不懈。因为自我效能感高的人始终相信自己能够表现出色,所以不论是面对困难还是遭遇眼前挫折,他们都会坚持不懈。在IBM,绩效不佳的员工更容易在困难面前止步,这就妨碍了他们能力的进一步发挥。当人们认为自己无法达到工作的要求时,动力就会大大降低。

在组织中的具体应用

管理者(包括团队成员)可以运用社会学习理论来帮助员工树立相信自己的信念。过去的经历是影响行为的最有力因素。在工作方面,管理者面对的一大挑战是,为员工营造一个良好的环境,使他们能够成功地完成工作。管理者对下属绩效的期望和同事的期望,都会影响到个体的自我效能感。如果管理者对员工的期望值很高,并且还为员工提供了恰当的培训和建议,个体的自我效能感就会增强。小小的成功会增强自我效能感,从而在将来获得更大成就。如果管理者对员工的期望值很低,而且很少提出建设性的意见,员工就会形成消极印象,认为自己不能达到目标,结果绩效自然就欠佳了。

运用社会学习理论改进组织中的行为时,必须遵守以下几项原则:
- 识别出哪些员工行为能够改进绩效;
- 为员工选择合适的范例,供其观察和学习;
- 保证员工有能力获得新的行为所需的技能;
- 营造一个积极的学习环境,使员工能够学习新的行为,并有机会实施;
- 对绩效表现达标的员工进行鼓励(赞扬、提升或发奖金);
- 开展组织实践活动以维持新学到的行为。

满足以下条件有助于有效地运用自我控制。第一,个体所实施的行为必须是自己平时不愿意做出的行为,这就可以将员工喜爱参加的活动与需要自我控制来参与的活动区别开。在迷你家政服务公司,并不是所有的员工都愿意成为组长助理。他们必须主动学习和识读地图,并完成其他额外的任务。第二,个体必须能够运用自我强化的手段,这也是个体给自己的奖励,包括给自己买礼物、在高档的饭店进餐、去一个好的高尔夫球场打球等。这样做的目的是强化自己的成就感。第三,个体必须设定一些目标,并决定如何恰当地运用自我强化。自我控制力强的人不会随意奖励自己,但是会设定一些小目标,每达到一个,就给自己一份奖励。制定目标的依据主要是自己过去的工作情况,他人完成相似工作的情况,或者他人设定的目标。例如,本书的作者之一就是这么做的,他是一位经常击球接近于标准杆数的高尔夫球业余高手。在打高尔夫球时,只要在70杆内打完一局,他就会给自己买一件高尔夫球衣,以此作为自我强化。第四,当目标达到后,个体必须执行自我强化。以该作者为例,只有在70杆内打完一局时,他才会奖励自己一件球衣。

本章小结

1. 解释古典条件反射与操作性条件反射对学习的作用。	巴甫洛夫是最早提出古典条件反射的学者,他在狗身上做的实验总结出了早期的古典条件反射理论。在他的著名实验中,节拍器的声音(条件刺激)与食物(无条件刺激)同时出现。最终,狗一听到节拍器的声音,就会分泌唾液。操作条件反射强调的是强化恰当的行为,减少不恰当的行为。过去同类行为造成的结果能导致行为的变化。人们会重复带来好结果的行为,而不会重复带来坏结果的行为。简言之,当某一行为被强化以后,该行为就会重复出现;如果员工因为某一行为而受罚,该行为一般就不会重复出现了。
2. 描述影响行为的强化权变理论。	强化有两种:① 积极强化,会增加恰当的行为,因为人们发现该行为能够带来令人高兴的结果;② 消极强化,是指通过在行为发生前,展示令人不快的事件,而在行为发生时,结束令人不快的事件,以此来鼓励恰当的行为发生。这两种强化的目的都是为了增加恰当行为发生的频率。相反,忽略和惩罚就是为了减少不恰当行为发生的频率。忽略就是消除所有的强化活动。惩罚是指在某个行为发生之后所产生的令人不愉快的事情,它能够减少某一行为重复发生的可能性。

3. 列出四种强化程序并分别解释每种程序的适用情况。

强化程序有四种。在固定时距程序中,每次奖励之间的时间间隔都是固定的(如每周或每月的工资),它能够有效地将行为保持在某一水平上。在可变时距程序中,某一段具体时间内,每次奖励会间隔一定时间,但间隔时间的长短不确定(如工厂经理每周大约到厂里来五次,但每隔多长时间不确定)。这一程序能够保持高水平的绩效,因为员工不知道什么时候会出现强化。固定比率程序是指奖励与一定的产出挂钩(如计件工资系统)。只要强化得以执行,这一程序可以将行为维持在稳定的水平上。在可变比率程序中,奖励是根据中位数或平均数而定的,但是行为出现的次数不同(如赢老虎机的概率)。因为恰当行为出现的次数和频率都在改变,所以这一程序是最有影响力的。

4. 描述如何运用社会学习理论来解释新行为的形成。

这一理论关注的是人们通过观察他人来学习新行为,从而改变自己的行为。社会学习理论有五个方面——象征、预见、替代学习、自我控制和自我效能感。

关键术语和概念

前因(antecedent)
消极事件(aversive events)
古典条件反射(classical conditioning)
结果(consequence)
强化权变
　　(contingency of reinforcement)
连续性强化(continuous reinforcement)
授权(empowerment)
逃避学习(escape learning)
固定时距程序(fixed interval schedule)
固定比率程序(fixed ratio schedule)
间歇性强化(intermittent reinforcement)
时距程序(interval schedule)
改善(kaizen)
学习(learning)
消极强化(negative reinforcement)
忽略(omission)
操作性条件反射(operant conditioning)
积极的惩罚(positive discipline)
积极事件(positive events)

积极强化(positive reinforcement)
初级强化(primary reinforcer)
权变强化原则(principle of contingent reinforcement)
立即强化原则
　　(principle of immediate reinforcement)
强化大小原则
　　(principle of reinforcement size)
强化缺乏原则
　　(principle of reinforcement deprivation)
惩罚(punishment)
比率程序(ratio schedule)
强化(reinforcement)
奖励(reward)
中级强化(secondary reinforcer)
自我控制(self-control)
自我效能感(self-efficacy)
社会学习理论(social learning theory)
可变时距程序(variable interval schedule)
可变比率程序(variable ratio schedule)
替代学习(vicarious learning)

讨论题

1. 描述古典条件反射与操作性条件反射的差别。对于管理者来说,哪一种更重要?为什么?
2. 迷你家政服务公司运用了什么强化原则?
3. 管理者可以用哪些强化程序来提高生产效率?柯达公司的洛根运用了哪些强化程序?
4. 团队领导怎样才能有效地运用惩罚这一手段呢?
5. Rowe 家具公司是如何运用社会学习理论来提高员工绩效的?
6. 什么时候员工才会进行自我控制?
7. 史蒂夫·克尔写了一篇文章,题目是《奖励 A 却期望 B 的荒唐》,说的是一些企业往往不知不觉地奖励了一些它们并不想看到的行为。请给出这种行为的几个例子。
8. 走访一家当地的健康俱乐部或减肥中心,并与那里的经理谈一谈。他们会为达到目标的成员提供什么样的奖励?他们会被惩罚吗?
9. 自助学习视频生产商是如何利用社会学习理论改变人们行为的?
10. 管理者或团队怎样才能提升个体的自我效能感?

体验练习和案例

体验练习:自我管理能力

你的自我效能感如何

下面的问卷让你有机会了解自己在学习方面的自我效能感情况。请回答接下来的问题,每道题的分值范围是 1—5 分,将分数写在题目旁边的空白处,稍后会对你的得分进行解释。

5 = 非常赞同
4 = 赞同
3 = 中立
2 = 反对
1 = 非常反对

1. 我是一个好学生。		5 4 3 2 1
2. 遵守学习时间表是一件难事。		5 4 3 2 1
3. 我知道该如何做正确的事来改进我的学习。		5 4 3 2 1
4. 我发现说服在学习上有不同观点的朋友很困难。		5 4 3 2 1
5. 我是一个急躁的人,不太适合学习。		5 4 3 2 1
6. 我现在很清楚老师们对学习的要求。		5 4 3 2 1
7. 让别人理解我的观点是很容易的。		5 4 3 2 1

将 1、3、6 和 7 题的分数相加,得分是( )。再将 2、4、5 题的分数相加,计算时将分数反过来记,即如果你对第 2 题的答案是"非常赞同",就记 1 分,赞同则是 2 分,依此类推。将 2、4、5

题的分数相加,得分是( )。再将所有分数相加,得分是( )。这就是你在学习方面的自我效能感的得分。如果你的分数在28—35分之间,那么你认为你能够学得相当出色。18分以下说明你认为不论怎样努力,总有阻力让你无法达到自己想要的学习成绩。19—27分说明你的自我效能感处于中等水平。你的自我效能感可能在不同的科目上存在差别。在你的主修科目上,你的自我效能感水平会较高,而其他课程就不一定了。

案例:道德管理能力

医疗激励

哈里斯卫理健康机构(简称哈里斯)位于得克萨斯州的达拉斯,是一个由310 000名成员组成的健康维护组织(HMO),最近其成员起诉HMO,因为该组织对一些基础护理医生(综合科医生、儿科医生、实习医师)超出合约允许范围开具药方的行为进行了罚款。得克萨斯州的官员发现哈里斯的大多数薪酬制度是违反法律规定的。在哈里斯的合约中,保险方支付给机构和医生固定比例(从10%到12.8%不等)。在这个范围内,那些能够基本保证自己负责的病人健康的医生,如果获得额外出诊的机会就可以赚钱。如同其他HMO一样,哈里斯也会给那些符合预定住院率和转诊预算的医生们发放奖金。哈里斯还规定,那些超出合约允许范围多开了处方药的医生将被开除。1997年,医生们超支450万美元,导致HMO损失150万美元。结果,医生们不再将病人转诊给专科医院,并减少开具需要到哈里斯药店取药的药方,以避免被该组织罚款或开除。

一位基础护理医师理查德·哈布纳控告HMO,由于他的药店预算存在赤字,该组织拒付给他8 000美元。他声称自己的病人需要药品来恢复健康,而他不应该因为帮助病人而被罚款。肯特·克莱担任病人的辩护律师,也对HMO提出诉讼,指责该组织出于经济利益考虑而不将病人转给专科医院。HMO被指控没有提供优质的医疗护理服务,因为优质的服务会影响组织的利润,而其利润是由所有医生一起分享的。

问题

1. 哈里斯健康维护组织在支付基础护理医生薪酬时采取了哪些强化权变措施?这些手段是如何影响医生对病人的护理的?
2. 哈里斯健康维护组织面临哪些道德困境?
3. 如果你是哈里斯组织的主要负责人,你将如何处理这一问题?
4. 在这个案例中展示了哪些道德管理能力的要素(参看第1章)?

案例:变革管理能力

威斯汀豪斯

在位于得克萨斯州的威斯汀豪斯工厂里,管理层承诺创建一种具有高度奉献精神的组织文化,激励员工对自己生产的电子元器件负责。由8—12人组成的工作团队对自己的绩效进行记录和监督,所有员工的薪酬和提升都与绩效挂钩。因此,在各方面都表现出杰出能力的员工将获得更多的薪水。

工厂刚开始运营时,管理层制定的出勤率目标为98%。运作大约18个月后,实际情况很不理想。管理者判断出勤率大约为93%,而行业平均水平为93%—97%。威斯汀豪斯的管理者估计出勤率每下降1%,就会导致公司额外产生8万美元的成本。管理者认为出勤率低主要是每日雇用大量临时工造成的,因此还是比较保守,不能解释团队效率低下、废品成本增加、客户订单流失等问题。

因此,公司组建了一支由管理者和员工组成的特别任务小组,专门负责监督出勤率,并提出改进意见。该小组设计了一个项目,其成员希望能够以此来激励员工,实现97%的出勤率。具体绩效档次如下:

第一档次　最佳(100%),无补工加班时间。
第二档次　优良(97%—100%),包括补工加班时间。
第三档次　需要改进(95%—96.9%),包括补工加班时间。
第四档次　不接受(低于95%)。

对于第一和第二档次的员工,主要使用积极强化。保持一个月最佳出勤率的员工将在公司简报上得到公开点名表扬;整体出勤率最高的团队将被刊登在当地的报纸上。保持6个月最佳出勤率的员工将得到工厂经理的一封表扬信、一份免费午餐、享受预留停车位等特权。如果全年都保持最佳出勤率的话,将得到100美元的礼品券、总部颁发的表扬信、将员工的名字刻入牌匾、在厂内展示以及享受预留停车位等待遇。对于第二档次出勤率的员工,则需要考察更长的时间来获得奖励。通常需要3个月的一贯表现才能在公司简报上列出员工名字,需要6个月的一贯表现才能获得免费午餐,一年的时间才能得到部门经理的表扬信并收到一张面值50美元的礼品券。

第三档次的员工将受到经理的口头警告,要求他们提高出勤率,并与团队和部门领导讨论应该采取哪些措施来帮助自己提高出勤率。处于第三档次的员工需要制订一个行动计划来提高出勤率。实施计划两个月后,则安排一个跟进会议以评估员工的表现,或根据实际情况修改他们的行动计划。

对于第四档次的员工,将被给予特别的口头警告;团队和部门领导会准备一份书面说明文件,递交给工厂经理;员工的工资将被扣减;除非出勤率在下个月达到97%,否则该员工将会被考虑开除。

问题

1. 这个特别任务小组推荐实施哪些强化权变措施来改善出勤率?该小组推荐了哪些强化程序?
2. 文中提及的奖励措施是否可以改进你的出勤率?如果可以,为什么?如果不可以,又是为什么?
3. 你认为该工厂会发生什么情况?出勤率会得到提高吗?
4. 请使用本章涉及的相关概念来支持你的回答。

Chapter **Fourteen**

第 14 章
激励的基本理论及应用

学习目标

学完本章后,你应该能够:
1. 解释激励的过程。
2. 描述研究激励的两种基本需要理论。
3. 解释工作设计是怎样影响激励的。
4. 描述激励的期望模型。
5. 解释公平与不公平对激励的影响。

课前案例

关注员工的需要——星巴克

星巴克是《财富》杂志评出的"全美 100 家最适合工作的企业"之一,也是全球发展速度最快的咖啡连锁店之一,星巴克的支持中心位于西雅图的星巴克公司总部。星巴克自从 1971 年创建以来,一直注重善待员工。"为员工提供优良的工作环境,互相尊重,维护彼此的尊严"这个理念已经作为公司目标之一被写入公司宣言。除此以外,星巴克究竟通过什么手段来激励公司 74 000 名员工,并不断鼓舞其团队精神,从而实现如此快速的增长?

星巴克的回答是:"将员工的利益以一种独特的方式融入公司的发展。"为员工制定工作与生活规划,关注每位员工的身体、精神、情感和创造力。星巴克制定出一套充满创新意识的、具有星巴克独特风格的工作与生活规划制度,以此来推动星巴克咖啡文化和员工长期的合作伙伴关系。

琼·莫法特是星巴克的合作关系部经理,也是工作与生活规划项目的负责人。该规划项目的内容包括健身服务、员工推荐和教育支持,以满足员工抚育孩子、照顾老人等需要。除此以外,还设有信息热线以方便员工获得新的信息。同时,伙伴联盟活动将拥有共同兴趣爱好的员工聚集在一起开展活动。相对而言,星巴克在卫生保健服务方面的花费较少,旷工率也很低,并在业内一直保持着最高的员工留职率。"我们的人员流动率是 60%,与酒店餐饮业和其他零售企业相比已经很不错了。"莫法特如是说。而且,员工还能分享公司不断成长的成功和收益。

　　星巴克致力于营造一个良好的工作环境和氛围,倡导员工之间相互尊重,关注员工每天对公司的价值贡献。所有每周工作20小时以上的合伙人(即员工)都能享受完全的医疗和牙科福利、休假和股票期权,这也是星巴克股权计划的一部分。符合条件的合伙人可以在两个健康服务项目和一个应急方案中,根据自己的需要进行选择。此外,还可以从两个牙科服务或者一项视力检查中进行选择。由于员工年龄普遍年轻,星巴克在健康福利方面的成本是比较低的。人力资源部负责员工福利的经理安妮特·金介绍说,公司在健康福利方面的成本比全国平均水平要低20%。

　　根据合伙人对公司的贡献,公司还提供残疾保险和人寿保险、优惠入股项目,以及退休金储蓄计划。这些福利项目对于合伙人具有很强的吸引力,特别是那些兼职工作者,鼓励他们愿意继续留在公司工作,从而降低了星巴克的招聘培训成本。莫法特总结说:"我们的人员流动率一直以来都是相当低的,这在很大程度上得益于我们的企业文化和集体凝聚力。"

　　几年前,人力资源部的专员就开始思考如何更好地满足员工的需要。例如,一些从大学时代就在公司工作的员工现在要面对购买房子、照顾老人和抚养孩子的现实压力。为此,星巴克为他们提供了灵活的工作时间,这也是公司的工作与生活规划项目的一部分。"我们会尽量满足员工多种的生活需要。由于销售强劲而且增长加快,灵活的工作时间并不会妨碍公司的利益。"莫法特还说,"灵活是我们的一项传统,这也是因为我们有延长的营业时间和多元化的劳动力,包括学生和父母,他们都需要可供选择的弹性工作时间。"

　　近来的研究表明,60%的美国工人都要照顾孩子或者老人。星巴克和其他许多公司都认识到:不被个人压力和家庭责任牵绊的员工更富有创新意识和更高的工作效率。因此,星巴克实施了几个特别项目,专门满足员工不同人生阶段的个人需要。为了帮助员工适应星巴克快速变化和高绩效要求的工作环境,他们还提供员工推荐服务项目,帮助员工申请医疗保险,为员工提供相关信息,使员工们的生活困难得到更快、更好的解决。莫法特近来在推行老人赡养项目,而她本人也正需要得到有关护理老人的建议,从而照顾自己的祖母。在另一个案例中,一名合伙人则需要人手帮助照顾他生病的儿子。星巴克的工作解决方案项目旨在帮助员工安排家政服务人员,使他们不会因此而影响工作,而且星巴克还会支付其中一半的费用。

　　注:关于星巴克的更多信息,请访问公司主页 http://www.starbucks.com。

　　霍华德·舒尔茨是星巴克的董事会主席兼CEO。他认为公司最大的挑战来自于如何吸引、培养、管理来自世界各地的人才。在他看来,星巴克必须建立良好的激励体制,在降低成本的同时,保持公司运营的高质量。在课前案例里,我们看到,星巴克允许员工参与激励计划的好处之一就是生产率提高了。无论在酒店、宾馆、办公楼还是机场,你都能找到星巴克咖啡。在澳大利亚、德国、日本、中国、美国和英国等30多个国家,星巴克连锁店已超过8 800家,甚至在中国的紫禁城中都有了一家星巴克咖啡店。

激励的基本过程

> **学习目标** 1. 解释激励的过程。

关于如何激励员工,使他们更好地工作,这一问题现在备受关注。为了解决这个问题,我们提出四种主要对策:① 满足人们基本的需要;② 进行工作设计以激励员工;③ 不断强化员工可以获得所需奖励的信念;④ 公平待人。图14.1展示了这几种方法之间的相互关系,在研究此图以前,我们先给激励下定义。

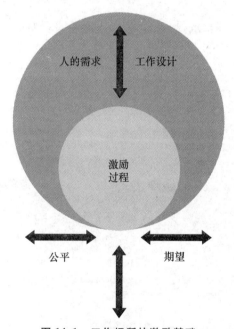

图14.1 工作场所的激励基础

激励(motivation)是指作用在人生理或心理上的力量,使人表现出具体的、以目标为主导的行为。对企业而言,激励更强调激发员工的工作动机,调动其工作积极性,以促使个体有效地完成组织目标。因为对员工的激励关系到他们的生产效率,因此,管理人员的工作之一就是引导有效激励,使员工朝着组织目标努力。然而,激励不等于绩效,即使受到高度激励的员工也不一定就有好的绩效,特别是当工作条件欠佳或者员工力不从心的时候。尽管如此,激励还是提高员工绩效的重要因素之一。

对于激励的影响,研究人员意见不一,但都认为组织必须做到以下几点:
- 吸引人们到组织中来,并鼓励他们留在组织中;
- 让人们从事符合工作职位要求的任务;

- 鼓励人们不局限于常规的工作,要在工作中表现得有创意和创新精神。

因此,有效的组织必须正确对待激励方面的挑战,唤起员工的工作热情。

激励过程中的核心阶段

核心的激励原理表明,员工的绩效是能力和激励水平综合作用的结果。可用下面的公式来表达:

$$绩效 = f(能力 \times 激励)$$

根据这一原理,除非一个人有能力,否则他是不可能做好某项工作的。**能力(ability)**指的是一个人完成工作目标的才能。然而,仅有能力是不够的,他还要有做好工作的愿望,个人必须希望自己达到高水平的绩效。因此,对激励的讨论通常是关于:① 是什么推动行为;② 行为的方向是什么;③ 怎样保持这种行为。

如图 14.2 所示,激励过程是从认识个人的需要开始的。当人们在某一阶段(第一阶段)时,会感觉到**需要(needs)**的不足。这种需要的不足既包括心理方面(如需要被认可)和生理方面(如需要水、空气或食物)的需要,也包括社会方面(如需要友谊)的需要。需要会起到令人兴奋的作用,即需要激起人体内的紧张感,使人感觉不自在,因此想努力改变现状(第二阶段),满足某些需要来减少或消除这种感觉。

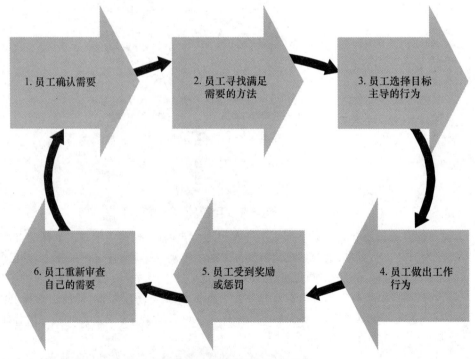

图 14.2　激励过程的核心阶段

激励是以目标为主导的(第三阶段)。**目标(goal)**是个人想要获得的某一种结果。员工的目标往往就是他的推动力,完成这些目标就能减少需要(需要部分或全部得到满足)。

例如，一些员工在职位晋升方面有很强的内在驱动力，他们期望花时间致力于一些表现频率较高的工作，从而获得升职、加薪和更大的个人影响力。这样的需要和期望往往会造成令人不自在的紧张。有一些人认为，某些具体的行为能够克服这些紧张感，于是这些员工就会采取行动，努力减少紧张感，包括通过努力解决组织面临的重大问题来赢得众人的瞩目以及高级管理者的青睐（第四阶段）。晋升和加薪是组织常常用来奖励和维持员工恰当行为的两种手段。这也是对员工发出的信号（反馈），告诉他们对待升职和认可的需要和行为是否恰当（第五阶段）。一旦员工受到奖励或惩罚，他们就会重新审视自己的需要（第六阶段）。

激励的挑战

从理论上讲，基本的激励过程是简单且直接的。然而，在现实世界中，这一过程并不是那么简单明了的。第一个挑战是激励是看不见的，只存在于人的头脑中。莱斯莉·兰瑟尔是美国电脑系统公司的项目与系统部经理，她发现本部门中有两位从事调试软件项目工作的员工，这两个人都负责同一种工作，接受过相似的培训，能力也差不多，在公司待了五年。其中一名员工比另一名更善于找出问题。因此，他们的工作效果差异是很明显的，这也显示出他们受到不同水平的激励。兰瑟尔意识到她应该进一步调查了解他们各自会受到哪些因素的激励。

第二个挑战主要集中在需要的多样性和易变性上。在课前案例里，我们已经指出，星巴克已经开展了许多项目来满足员工的需要。这其实是非常困难的，因为人们的需要是多种多样的，期望值也各不相同。此外，这些需要因素经常改变，可能还会产生冲突。员工如果将很多休息时间用来工作以满足工作的需要，就会与家庭需要发生冲突，即他们牺牲了与家人共享天伦之乐的宝贵时间。

第三个挑战在于人们所需的激励不尽相同，而且他们对激励的反应也是各异的。正如不同的组织生产不同的产品、提供不同的服务一样，不同的人也有各种不同的激励。克丽丝·科斯基是塞拉尼斯公司在美国的销售经理，她曾经在瑞典分公司工作过三年。在那里，她很快加入了一个美国管理者团体，目的是满足归属的需要，同时也可以更快地了解瑞典的管理方式。她发现瑞典人经常忽略正式的沟通渠道，直接找到掌握某些信息和能力的人，而不必通过他们的上司。如果在意大利分公司工作的瑞典员工表现出这种行为，就代表着一种不尊重。为什么呢？意大利的管理者认为经常性地越级行事就表示组织管理混乱。

所有这些挑战都是管理者必须面对的，它们决定了哪些因素可以激励员工以及如何运用这些知识来激发员工的活力，从而更好地实现组织目标。接下来，我们将介绍管理者可以运用的不同激励方法。

通过满足人的需要来激励员工

> **学习目标** 2. 描述研究激励的两种基本需要理论。

需要层次模型

受到最广泛认同的激励模型就是**需要层次模型**(needs hierarchy model)。亚伯拉罕·H. 马斯洛认为,人们的需要是复杂而强烈的,可以用不同的层次来表达。需要层次模型就是基于以下几个基本设想的:

- 一旦需要得到满足,它的激励作用就会下降。然而,一个需要被满足之后,又会慢慢出现另一个需要取代原来那个。因此,人们总是努力去满足某种需要。
- 大多数人的需要是相当复杂的,有时某一行为会同时受到几种需要的影响。显然,当人们面临紧急情况时,如口渴难忍,这一需要就会上升至主导地位,直至需要得到满足。
- 在高层次需要开始影响行为之前,必须先满足低层次的需要。
- 满足高层次需要的方法比满足低层次需要的方法多。

该模型说明:一个人有五种类型的基本需要,即生理、安全、归属、自尊和自我实现。图14.3 按照马斯洛提出的需要层次排列,展示了这五大需要的排列顺序。

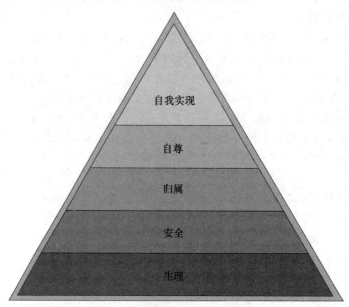

图14.3 马斯洛的需要层次模型

生理需要 需要食物、水、空气及栖身之所都属于**生理需要**(physiological needs),它在需要层次中处于最低层。人们会首先集中力量满足低层次需要,然后再满足高层次需要。管理者应该清楚,在某种程度上,员工是受生理需要激励的,他们的注意力并不在工作上。只要能满足生理需要,他们就会接受任何工作。那些通过满足下属的生理需要来进行激励的管理者认为,员工工作首先是为了金钱。例如,好时食品(Hershey Foods)公司就给那些生活方式健康的员工(如身体健康的不吸烟者)提供保险折扣优惠,而给那些健康状况不佳的员工提高保险费。这样,他们就通过激励来鼓励良好的行为。

安全需要 **安全需要**(security needs)是人们对安全、稳定和远离痛苦、威胁或疾病的需要。就像生理需要一样,如果安全需要没有得到满足,人们会首先想着满足它们。被安全需要激励的人看重的是如何保住工作,从而保证基本需要得到满足。认为安全需要重要的管理者会为那些在危险环境中工作的员工提供一些设备,如坚硬的防护帽、护目镜和防护键盘(防止腕骨综合病症)。心理安全也是很重要的,通过提供健康、生活和残疾保险,组织能够促进员工的保障和幸福感。

归属需要 **归属需要**(affiliation needs)是对友谊、爱和归属的需要。生理需要和安全需要得到满足之后,归属需要就出现了。管理者应该认识到这一点,即当归属需要成为激励的主要来源时,人们就会将工作看成寻求和建立温暖、友爱人际关系的机会。那些认为员工通过努力以满足这些需要的管理者和团队领导者会表现出支持的态度。他们强调员工彼此认可和接受,组织各种业余活动(如各种体育运动、文化活动以及公司庆典),建立团队规范。

自尊需要 赢得个人的成就感和自我价值的实现和认可,还有来自他人的尊重都属于**自尊需要**(esteem needs)的范围。有自尊需要的人需要他人对自己完全接纳,认同自己的能力。注重自尊需要的管理者会尝试着用公开奖励和对工作成绩的认可来激励员工。这样的管理者可能会用佩戴徽章、在公司刊物上发表文章、在布告栏中列出员工成绩等方法来培养员工对工作的自豪感。玫琳凯化妆品公司给予绩效最好员工的奖励就是一辆粉红色的凯迪拉克跑车。公司已故创始人玫琳凯·阿什认为:人们对认同和赞扬的需要远远大于对金钱的需要。

自我实现需要 当**自我实现需要**(self-actualization needs)得到满足时,一个人就会觉得自己的潜力得到充分发挥,完全体现出自身的价值,如挑战性的工作、工作的成就感和创造性、职务晋升等。为了满足这一需要,人们会努力提高解决问题的能力。强调这一需要的管理者会让员工参与工作设计,布置一些特别的工作来培养员工的独特技能,或在员工制订和实施工作计划时,给予他们一些灵活空间。特别是那些倾向于自主经营的人通常有很强烈的自我实现需要。当玫琳凯·阿什在1963年创立公司的时候,她按照自己的信念工作,即如果一个女人能把自己的目标按照主次排好顺序,那么她就能实现所有目标。

对组织的指导 马斯洛的需要层次模型也提出了满足这些需要的行为类型。最低三个层次的需要——生理、安全和归属,也被称为**不完整需要**(deficiency needs)。马斯洛认为:除非这三个需要得到满足,否则是不可能成为一个身心健康的人的。相反,自尊和自我实现需要也被称为**成长需要**(growth needs),满足这些需要有助于一个人的成长和发展。

这个模型所提供的关于需要本质的信息并不完全,然而它却意味着,许多人都会面对高层次的需要,尽管他们自己可能并没有意识到。只要没有障碍阻止这些高层次需要的出现,那么这些需要会激励大多数的人。

需要指出的是,这个需要层次模型是基于美国的文化价值观而建立的,在不同的文化背景下,情况可能有所不同。例如,在日本和希腊那些看重不确定性规避的国家里,工作安全和长期雇用的激励效果比自我实现更强;在丹麦、瑞典和挪威,高质量生活的意义与价值也比生产率重要得多,因此,归属需要就比自我实现需要以及自尊需要更重要。在中国、日本和韩国,集体的利益和团体惯例被看做高于个人成就,所以,满足归属感或安全感需要比成长需要更重要。因此,尽管马斯洛的需要层次模型被认为是可以广泛应用的,但是该理论的逻辑或者层次的次序还是会随着文化的不同而有所改变。

马斯洛的理论引起了管理者和心理学家的关注。研究表明:高层管理者比职位低的管理者更能满足自尊需要和自我实现需要。部分原因在于他们要面对更富有挑战性的工作和机会来实现自我价值。在团队里工作的员工可以通过制定影响团队和组织的决定来满足高层次的需要。在密勒公司位于俄亥俄州的工厂里,一些员工通过接受培训来承担多种任务,包括招聘和培训团队成员,甚至解雇其中一些不能完成工作的人。由于团队成员学习了新的任务,他们逐渐开始满足高层次需要,但对于那些无法或较少控制自己工作的员工(如装配流水线的工人)而言,在日常工作中甚至体会不到高层次的需要。研究还表明:对需要的满足也会因为工作、人的年龄和背景以及公司规模的不同而有所不同。"不能用同一种方法激励所有人,你不能认为这是一条适用于所有人的规则,你必须理解不同人的需要。"苏珊·达拉丝说,她是圣迭戈一家信息技术咨询公司——Gartner公司的商业发展部经理。

成就激励模型

戴维·麦克莱兰提出了一个根植于文化的、建立在学习基础上的需要激励模型。他认为,每个人都有三种特别重要的需要:成就、归属和权力。权力欲强(动机)的人能够影响他人的行为,具有强大的感召力,并为追随者带来地位或职位的奖励。而归属感强的人会建立、保持和恢复与他人的紧密关系。成就感强的人愿意接受挑战,以此来证明自己的行为和成就。

麦克莱兰认真研究了成就激励模型,特别是其中的创业精神。他的**成就激励模型(achievement motivation model)** 表明:人们受激励的程度是由个人对达到优秀标准的愿望强烈程度或者个人在竞争中对成功的渴望程度决定的。麦克莱兰认为:几乎所有人都相信自己具有"成就动机",但是在美国,只有10%的人受到激励取得成就。人们的成就激励水平取决于童年、个人和职业经历,以及工作组织的类型。表14.1列出了麦克莱兰对美国历届总统所做的需要模型。总统们的动机可以由他们任期内的立法内容、制定的政策体现出来。请看此表,你是否得出与学者一致的观点呢?

表 14.1 总统们对权力、成就和归属的需要

总统	需要		
	权力	成就	归属
布什	中等	高	低
克林顿	中等	高	高
里根	高	中等	低
肯尼迪	高	低	高
罗斯福	高	中等	低
林肯	中等	低	中等
华盛顿	低	低	中等

根据麦克莱兰的模型,激励是"储存"在潜意识里的。在有意识与无意识之间,一个充满想象的范围之内,人们往往意识不到自己对自己曾说过的话。该模型的一个基本假设是:这些想象的模式是能够被测试出来的,通过改变这些想象,人们能够学会改变自己的激励水平。

测试成就激励　麦克莱兰通过**主题统觉测试**(thematic apperception test,TAT)来测量一个人的成就激励。TAT用杂乱、无系统的一组图画或图像来引起被测试者心中的许多反应及联想,如人们可以想象成许多不同的事物的墨迹,或者可以产生多种解释的图画或图像。这些答案不分对错,被测试者也不用从许多固定答案中挑选。TAT的主要目的是了解一个人对世界的知觉。TAT采用的是一种投射方法,因为它注重个体对刺激的知觉,每个人对图像意义的解释和个人如何组织和理解它们,从而反映其内心世界(第12章对知觉有过讨论)。

观察图14.4中的画面10—15秒钟,然后写一小段与此相关的故事来回答以下几个问题:

- 画面里发生了什么事情?
- 这个女人在想什么?
- 这种情境是由什么造成的?

写下你自己的看图故事,然后将它与下面一位成就激励感强的管理者,即麦克莱兰所说的高成就者所写的一段话进行对比。

> 一位在某家小公司里做职员的人想要为她的公司赢得一份合约。她知道竞争很激烈,因为所有的大公司都在为获得该合约而投标。她在想,如果她的公司能够获得这份大合约,她该有多高兴。因为这将意味着公司的稳定发展和她个人薪资的提升。她现在感到很愉快,因为她刚刚想到一个办法来使公司的报价更低,而且有足够的时间完成这项工作。

你从中发现哪些激励因素?与这位管理者的分析相符吗?

高成就者的特征　善于自我激励的高成就者有三大特征。首先,他们喜欢设立自己的目标,而不是随波逐流,消极对待生活,他们总是尽力去达到自己的目标。高成就者乐于接受挑战,做出艰难的抉择,致力于自己选择目标,而不是被动地接受其他人包括主管在内为他们设定的目标。他们控制自我的行为,特别是在完成目标方面的行为,并且只接受知识技能方面的专家意见和帮助。高成就者希望尽可能地通过自己的力量达到目标,如果成功了,他们乐于接受荣誉;如果失败了,也情愿被责备。例如,假设你面临这样一个选择:要么玩掷骰子,赢的机会是1/3;要么解决一个问题,成功的几率也是1/3。你会选择哪一个呢?高成就者往往会选择

图 14.4　投射测试中使用的样图

解决问题。尽管玩掷骰子不用费那么多劲儿，而且赢的机会是均等的，但是高成就者宁可致力于解决问题，也不会听凭机会或别人来决定结果。

其次，高成就者会避免选择太难的目标，他们倾向于选择中等难度的目标，如果目标太容易达到，就不能带来满足感；而太难的话，即使达到了，也只是运气使然，而非能力所为。经过权衡可能性，他们会转而选择一个能够达到的较难目标。投环游戏就证明了这一点。许多狂欢节都有投环游戏，参加者要将圈圈套进桩子里，从最短的距离开始，但没有最长距离的限制。想象一下在这个游戏中，人们可以站在离桩子任何距离的点上。有些人在参加的时候或多或少地会有些随意性，站得很近或很远。而高成就者则会仔细计算出他们应该站在哪儿既能使胜出几率最大，同时又有挑战性。这些人既不会选择很近的地方，让任务索然无味，也不会选择难以企及的位置。他们设定的位置通常是能够发挥潜在能力的适度距离。这样，就能实现自我挑战，享受各种展现其能力的任务。

最后，高成就者还会选择能够马上获得反馈的任务。因为目标的重要性使然，他们想要知道自己究竟做得如何。这也是为什么高成就者往往会选择专业性职业、销售性职业或创业活动的原因之一。许多高成就者都喜欢高尔夫球，因为高尔夫球手可以将自己的分数与标准杆数相比，与过去的成绩相比，以及与对手相比，其绩效同反馈（分数）和目标（标准杆数）都相关。

货币激励　金钱对高成就者而言，作用复杂易变。他们常常自视清高，要价也高。高成就者通常都很自信，能够清醒地认识到自己的能力和局限，因此在选择某一工作的时候，总是充满自信。他们不会在一家收入很低的公司待很久。而激励计划是否能提高他们的绩效也尚无定论，他们的工作效率总是很高，因为他们认为金钱是成就的象征；但如果他们觉得获得的金钱回报不足以体现他们的贡献的话,那么货币激励就会失效。

成就激励能够带来在高难度项目上的出色绩效,却不能保证高成就者的绩效在日常或枯燥、缺乏竞争的工作中也有提高。例如,一家大型比萨连锁店棒约翰的创建人和CEO约翰·施纳特努力使公司成为比萨行业的第一。在这种动机的驱动下,该公司已经成为这个年产值280亿美元行业中的主要竞争者。

自我管理能力

棒约翰比萨店的约翰·施纳特

早在1980年,还在当地比萨店里打工的学生施纳特就看到当时尚未出现全国连锁的比萨店的发展前景。于是1984年,他把父亲的酒吧后院一个杂物间清理出来,卖掉了自己宝贵的Z28相机,购买了价值1 600元的二手餐厅设备,开始向酒吧顾客出售比萨。生意增长得很快,于是他决定搬到隔壁去,最后终于在1985年成立了第一家棒约翰餐厅。

如今,棒约翰继必胜客和多米诺之后,在外卖比萨市场中排行第三,在全球共有超过3 000家比萨店。当该连锁店只占有27%的市场份额时,他的目标是:要从必胜客(约占38%)和多米诺(约占30%)那里夺取一部分市场份额。其主要手段就是通过改进配料,做出更好的比萨。结果,由于他特别执著地强调高质量和绩效,取得了很好的效果。他充满激情地向员工灌输所谓的"比萨意识",还要求员工记住公司的六大核心价值观,包括工作专注、顾客满意度至上、永远以人为本等,他要求员工在集会时站起来,大声表达自己的想法。他还创立了完美比萨的十点要求,用来检查比萨的质量。例如,不能碰到比萨的顶层、比萨的边缘不能凹凸不平、所有的蘑菇都要切成0.25英寸厚、外壳不能出现杂色污点等。员工简报上常会刊登《棒约翰的黑色橄榄故事》、《棒约翰的土豆故事》这样的文章,让员工知道本店制作的比萨使用了什么特殊材料。

在路易丝维尔的总部,大部分的员工(包括施纳特自己)都会穿着棒约翰的水蓝色衬衫,上面绣有比萨大战的字样。员工们还会在自己的衣服上绣上棒约翰的商标。到2007年,施纳特希望棒约翰成为世界比萨第一品牌,而到2008年,其销售额将跃居世界第一。

注:关于棒约翰的更多信息,请访问公司主页 http://www.papajohns.com。

对组织的指导　麦克莱兰和助手在公司里开展了大量的工作来研究成就激励模型。基于研究,他们推荐了以下激励方法:

- 安排工作任务。这样员工就能定期地获得关于绩效的反馈意见,反馈意见使员工能够对工作行为做出必要的修正。
- 提供良好的成就榜样,鼓励员工模仿和学习典范。
- 帮助员工改变自我形象。高成就者能够接受自己,接受工作的挑战并承担责任。
- 引导员工的期望。员工应该考虑制定现实的目标和达到目标的方法。

- 让大家知道,取得成功的管理者是因为有较强的领导权力动机而不是靠关系取胜。

成就激励模型的主要问题之一也是它的最大长处。TAT方法非常有价值,因为它帮助研究人员探索人的潜意识和动机,这一方法与问卷相比具有一些优点,但是对故事进行解读的方法更偏重于一种艺术而非科学手段,因此,该方法的可信度也值得商榷。该模型中的三种需要的持久性也受到人们的质疑,或许还需要更多的研究来验证该模型的有效性。

通过工作设计来激励员工

> **学习目标** 3. 解释工作设计是怎样影响激励的。

激励—保健模型

弗雷德里克·赫茨伯格及其助手采用了另一种方法来研究究竟是什么因素在激励人们。他和助手让人们说出他们的工作在什么时候感觉很好,什么时候感觉很差。如表14.2所示,让人们对工作感觉好或不好的事物存在差异性。基于这一研究,他们提出了双因素理论,即著名的**激励—保健模型**(motivator-hygiene model)。该理论指出存在两种因素——激励因素和保健因素,它们是造成工作满意与工作不满意的主要原因。

表14.2 工作满意与不满意的来源

造成工作满意的激励因素	造成工作不满意的保健因素
成就	组织规定和政策
晋升	与同事的关系
自主权	与主管的关系
挑战性	薪水
反馈	安全
责任	工作条件

激励因素 激励因素(motivator factors)包括工作本身、认可、晋升和责任。这些因素既与个人对工作的积极感受有关,也与工作的内容有关。这些积极的感受反过来又会影响个人对成就、认可及责任的体验。它们反映了相对持久而非临时的工作成就。换言之,激励因素也是**内部因素**(intrinsic factors),与工作直接相关,也与个人内心直接相关,组织的政策对它们仅有间接的影响。但是,组织会通过一些做法,如为出色绩效下定义的方式,让人们感觉到他们的工作完成得相当出色。你能说出星巴克运用了哪些激励因素来激励员工吗(见课前案例)?

保健因素 保健因素(hygiene factors)包括公司的政策和管理、技术监督、薪水、额外福利、工作条件和人际关系。这些因素都与个人对工作的消极感受有关,也与工作环境有关。保健因素是**外部因素**(extrinsic factors)或工作之外的因素。你能够说出星巴克用来吸引新员工的保健因素吗？

工作特征模型

工作特征模型是工作设计中最著名的方法之一。工作特征模型采纳了赫茨伯格关于加强工作中的激励因素、减少保健因素的建议。

理论框架 工作特征模型(job characteristics enrichment model)是指在工作中增加技能多样性、任务完整性、任务重要性、自主性和反馈。该模型指出这些工作特征的程度会影响三种重要的心理状态：① 对于实施的任务体会到的意义；② 对于任务结果体会到的个人责任；③ 对于任务实施结果的了解程度。如果所有三种心理状态都是积极的，那么一个基于自我奖励的、对工作有强大激励作用的强化循环过程就被激活了。图14.5展示了工作特征模型中的基本要素及其关系。

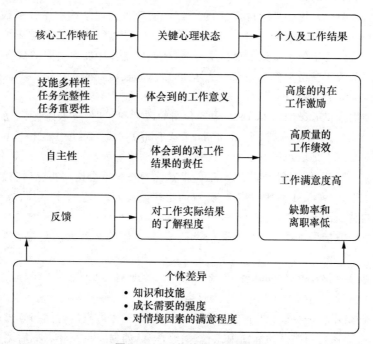

图14.5　工作特征充实模型

资料来源：J. Richard Hackman & Greg R. Oldman, WORK REDESIGN, © 1980. Reprinted by permission of Pearson Education, Inc., Upper Saddle River, NJ.

工作特征　五个工作特征构成了该模型的主要内容，具体如下：

1. **技能多样性**(skill variety)，是指工作所需员工完成任务的能力的多样性程度。

2. **任务完整性**(task identity)，是指工作所需员工完成明确的整个工作的程度，即自始至终地完成某项任务，并取得明显的成果。

3. **任务重要性**(task significance)，是指员工认为工作能够给组织内外其他人的工作、生活造成影响的程度。

4. **自主性**(autonomy),是指工作赋予个人在制定任务及决定任务流程方面的权力大小。

5. **工作反馈**(job feedback),是指执行与工作相关任务所能提供的关于员工绩效信息的直接与清晰的程度。

个体差异 在这个模型中指出的个体差异性(参见图14.5)影响了员工对增加工作丰富性的反应,它们包括知识和技能、成长需要的强度和对情境因素的满意程度。这些个体差异对工作特征和个人或工作结果的关系有着重要影响,因此管理者在设计或重新设计工作时,应该重点考虑这些因素。

拥有完成工作所需的知识和技能的员工,对于承担的任务会产生积极的感受,而那些无法完成任务的员工则会感到沮丧、有压力和工作不满意。这些情感和态度对于那些希望做好工作却又意识到自己表现很差的员工而言尤为强烈。因为他们缺乏必要的技能和知识,因此,认真评估员工的能力是十分重要的。在进行工作丰富化的同时,必须提供培训和发展项目,帮助员工获得所需的能力。

人们希望获得机会进行自我指导、学习和实现工作成就的程度高低被称为**成长需要的强度**(growth-need strength)。这一概念同马斯洛的自尊和自我实现需要概念相同。具有高成长需要的人会对工作丰富化表现得很积极,他们从工作中获得更多的满意,因此将比那些成长需要强度低的人获得更多的激励。总体而言,高成长需要的人在工作丰富化之后,缺勤和旷工行为会减少,工作质量也较高。

情境因素(contextual factors)包括公司的政策和管理、技术监督、薪水、福利计划、人际关系、出差要求以及工作条件(照明、温度、安全性等)。员工对于工作情境因素的满意程度通常会影响他们是否采取积极态度应对工作丰富化。情境因素同保健因素非常类似,那些对上司、薪水、安全措施非常不满的员工,对工作丰富化的态度不会比那些感到满意的员工更积极。其他的情景因素(如员工对于组织文化、权力与政治行为、出差要求、团队规范等方面的满意度)也会影响员工的工作行为。

对组织的指导 在工作丰富化的设计中,最常用的两种方法是垂直分权和自然工作团队的形成。

垂直分权(vertical ioading)是指将原本由管理层或专职人员承担的任务和责任下放给员工。垂直分权包括向员工授权,让他们能够:

- 制定工作进度表,决定工作方法,决定检查工作质量的时间和方式;
- 自主决定何时开始和结束工作,何时休息,如何安排工作的先后顺次;
- 自主寻求解决问题的方法,仅仅在必要时咨询他人,而不是在问题一出现时就马上找管理者。

自然工作团队的形成将个人的工作纳入了一个被正式认可的组织(如科室、团队或部门)。团队形成的标准,对于员工而言是合乎逻辑且有意义的。具体如下:

- **地域性** 销售人员或信息技术顾问会在同一个国家内有一个特定的活动领域。
- **业务类型** 保险理赔员会被分配到负责具体业务部门的团队,如公用事业部门、制造商或零售商。
- **组织性** 文字处理员被安排的工作可能来自某个具体部门。
- **字母或数字顺序** 档案文员要对按照某些字母顺序归类的资料负责(从 A 到 D、从 E

到 H 等);图书馆书架阅览者会按照图书馆的归类系统,在一定范围内查找书籍。
- 客户群 公用事业部门或者咨询公司的员工会被分配负责某些企业客户或商业客户。

为了说明工作丰富化的好处,下面的团队管理能力专栏介绍了 SEI 投资公司是如何运用图 14.5 中的概念的。阅读完下面的专栏后,你应该能够辨别五种主要的工作特征以及 SEI 所采用的员工工作丰富化的方法。

团队管理能力

SEI 投资公司

SEI 投资公司是一家市值 1.69 亿美元的金融公司。它第一个与众不同的地方,就是其位于宾夕法尼亚州公司总部大楼的独特设计。从外面看,它像是一个农场;从里面看,它像是一个蜂巢。所有的家具都是带有轮子的,这样员工可以按照自己的意愿来创建工作区域。五颜六色的电缆从天花板上垂下,包括电线、网线、电话线。许多员工经常挪动办公桌,为此 SEI 自行研制了一个软件,对每位员工进行定位。公司里没有秘书、围墙或组织架构图,所有任务分配给公司 140 个自我管理团队。有些团队是长期的,专为一些大客户提供服务,但更多的团队是临时组成的。员工聚在一起解决问题,当工作完成时,大家就各奔东西;而工作时,不同的员工负责问题的不同方面,直至该项工作完成。

所有的员工都知道最重要的目标是:每股收益水平和资产管理质量。SEI 设立了公司层面的目标,然后把目标分解到每个团队。SEI 的总裁亨利·格里尔说:"我们把目标分解到各个团队,然后让他们想办法如何达到自己的目标。一旦团队理解了自己的目标,团队中的每个人都会朝着那个目标努力。"格里尔和他的助手们并不在意员工休了多长的假期,只要他们能够完成目标就行。

为了激励员工以团队的方式一起工作,格里尔和他的手下遵循一个基本原则:自我管理团队需要领导者,那些被选为领导的员工必须表现出足够的能力。团队领导需要沟通和变革管理能力,使他们有能力运用"柔性"手段来指导和管理团队。团队领导需要用充满热情洋溢的方式来描述某个项目,从而吸引其他员工加入团队。一旦团队领导组建了团队,所有的成员都要齐心协力实现目标。

团队工作是员工工资的主要构成部分。SEI 运用以团队为基础的薪酬激励方式,员工可以赚取基本工资的 10%—100%。"每个团队都有一大笔钱。"格里尔说,"他们自己决定如何来分配这些钱。"有些团队采取投票的方式来决定每个人的奖金数额,还有的团队则听从团队领导的决定。

注:关于 SEI 投资公司的更多信息,请访问公司主页 http://www.SEI.com。

文化影响

本书的重要主题之一就是认识并解决劳动力的文化多元性问题。在美国公司不断扩展海外业务,外国公司也不断在加拿大、墨西哥和美国本土开设工厂的情况下,管理者必须注意到文化差异及其对员工激励的影响。根据北美自由贸易协定(NAFTA),北美地区的管理者和员工需要与其他采取不同工作激励方式的人们建立更为紧密的工作关系。美国的管理者不久就发现,墨西哥的员工对待工作有着不同的态度。在美国,工人们普遍喜欢掌握工作主动性,承担个人责任,并且会为失败负责。他们有竞争性,有较高的目标,为未来而生活。工人们还乐于在团队中工作,共同分享成功与失败。同时,他们都很有合作精神、工作灵活、富有弹性,并且注重享受当前的生活。

然而在墨西哥,员工关注的重心往往是家庭、宗教,然后才是工作。工厂管理者每年都会举行家庭庆贺晚宴,对在厂里工作了5年、10年、15年和20年的员工表示祝贺。员工们还可以使用公司的俱乐部举行婚礼、洗礼、周年聚会和其他家庭庆典。公司也会在方便的时候组织家庭日,邀请员工家庭成员到厂里进行娱乐活动、体育活动和享受美食。

在墨西哥,工作时间一般为早上8点到下午5点半,员工由公司的班车接送。他们喜欢在中午吃主餐,而这一餐的大部分费用(约70%)可以得到公司的补贴。有趣的是,这顿午餐是由管理者为员工提供服务。

> ▶▶▶ **成功领导者语录**
>
> 在墨西哥,人们对家庭有着非常强烈的依赖感和忠诚度。如果让人们在家庭和工作之间进行选择的话,人们一定会选择家庭。
>
> 亨伯托·古铁雷斯-奥尔维拉,CompUSA公司电子商务部总监

通过绩效期望激励员工

> **学习目标** 4. 描述激励的期望模型。

除了创造能带给人们挑战和奖励的工作以外,人们还会被一种通过努力工作就可以获得某些奖励的信念所激励。例如,你相信能够通过努力学习获得"A"的成绩,于是这一信念就会成为有效的激励因素。如果你能够看到自己的学习行为(努力)和成绩有着明确的联系,你就会受到激励而勤奋学习。可是如果你看不到这一联系的话,那么我们为什么要学习呢?为了更好地理解这一激励方法,让我们了解一下什么是期望模型。

期望模型

期望模型(expectancy model)表述的是如果人们相信可以从工作中获得想要的东西的话,就会受到激励而努力工作。这些东西包括对安全需要的满足、完成挑战性工作的兴奋感或

设定和完成高难度目标的能力。期望模型的基本前提是：员工必须是理性的人。在工作开始前，他们会想清楚怎样做才能获得奖励，以及这些奖励对他们来说意味着什么。本模型对组织中行为的动因提出了四个假设，构成了该模型的基础。

首先，个人和环境的力量共同决定了员工的行为。无论个人还是环境，都无法单独决定行为。人们总是怀着对工作的期望而为组织工作，这一期望又基于各自的需要、动机和过往的经历。这些因素影响着人们对组织工作的反应和态度，也会随着时间而改变。

其次，个人会就他们在组织中的行为进行决策，即使他们的行为受到各种约束（如规则、技术和工作群体的规范）。大多数人会自觉地做出两种决策：① 决定工作，是留在原来的组织，还是去其他的组织（成员关系的决定）；② 决定生产多少，花多少精力在工作，以及技术和工艺的质量上（工作—绩效的决定）。

再次，不同的人有不同的需要和目标。员工希望从工作中得到不同的奖励，这是由他们的性别、种族、年龄和其他特质决定的。在星巴克为员工提供的众多奖励中，最吸引你的是什么？为什么？五年以后，这样的奖励还能吸引你吗？

最后，人们的选择基于对某种具体行为是否会导致预期结果的知觉。他们所做的都是自己认为会达到预期结果的事情，相反，人们也会尽量避免那些他们认为将导致不当后果的行为。

总之，期望模型认为：人们对于从工作中期望获得的东西（奖励），有自己的需要和想法。基于这些需要和想法，他们决定是否加入某组织及工作的努力程度。该模型还认为：激励并不是天生的，而是由个人所处的情境及对情境的反应将会如何满足其需要所决定的。

为了帮助你理解期望模型，我们必须对其中最重要的变量进行定义，并且解释它们是怎样起作用的。这些就是一级和二级结果、期望、工具性和效价。

一级和二级结果 与工作行为本身有关联的结果叫做**一级结果**（first-level outcomes），包括绩效水平、旷工率（缺勤率）和工作质量。**二级结果**（second-level outcomes）是由一级结果带来的（消极的和积极的）报偿，包括工资的增加、职位的晋升、来自同事的认可、接受、工作安全、申斥和解雇。

期望值 期望值（expectancy）是指努力到某一水平会达到相应水准的绩效程度。两者之间存在很大差别，从认为努力与绩效之间没有任何关系到确信某种程度的努力可以导致相应的绩效水平，程度各不相同。期望值最低为0，代表的是行为之后不可能出现任何一级结果；+1的期望值代表的是某种一级结果会伴随着行为而出现。例如，如果你认为学习本章的内容并不能帮助你在下一次考试中得到好成绩，你的期望值就为0，这样你就不会学习这一章。好的教师应该努力帮助学生树立勤奋学习就会带来好成绩的信念。

工具性 一级结果与二级结果的关系叫做**工具性**（instrumentality），其值的变化范围是 −1—+1。工具性为 −1 表示二级结果与一级结果呈负相关。例如，AT&T 的人事主管沙龙·库恩希望自己被工作团队接受，但是要被团队接受，就要在绩效方面达到团队规范的要求。如果她违反了规定，团队就不会接受她。因此，为了不违反规定，她只有限制自己的行为。工具性为 +1 指的是一级结果与二级结果呈正相关。例如，如果你在所有考试中都拿到 A 的成绩，那么你想得到的二级结果（这门课程合格）的可能性就趋向 +1。如果你考试的成绩与考试及格与否没有关系，那么工具性就为 0。

效价　个人对某种二级结果的偏好叫做**效价**(valence)。具有积极效价的结果包括被朋友和同事尊重,工作有保障、有意义,挣到足够的钱来养家糊口。效价不是指所获得奖励的数量,而是该奖励对接受者自身的意义有多大。具有消极效价的结果是指你要尽力避免的事情,如被裁员、无法升迁或是由于性骚扰而被迫离职。希望得到的结果就是积极的,不希望得到的结果就是消极的。如果效价值为0,则说明个人对该结果漠不关心。

以上几个变量整合即为期望模型　简而言之,期望模型认为:工作激励是由个人如何看待努力与工作绩效的关系以及对不同绩效水平所带来的工作结果的期望决定的。你可以用下面这句话来记住该模型的重要特征:

> 人们努力工作以达到某种绩效,这种绩效将获得有价值的工作成果或奖励,而这种成果或奖励是你所期望的。

实际运用中的期望模型　图14.6对激励期望模型的五种主要变量进行了定义和讨论。激励是一种力量,能让个人的努力成倍增加,但光有努力是不够的。除非一个人相信自己的努力可以带来想要的绩效水平(一级结果),否则他是不会付出太多努力的。而努力与绩效的关系是建立在对达到某一目标的难度和概率的认知基础上的(如在这门课程上取得A的成绩)。一方面,你有较高的期望值,认为只要去上过课,看过书,做了笔记,并且为考试做了准备,你就能拿到A。这种期望可以转化为取得A而付出的努力。而另一方面,你又认为即使上过课,看过书,做了笔记,并且为考试做了准备,但你拿到A的可能性也只有20%,此刻,这一期望值就会阻止你投入更多努力去争取拿A。

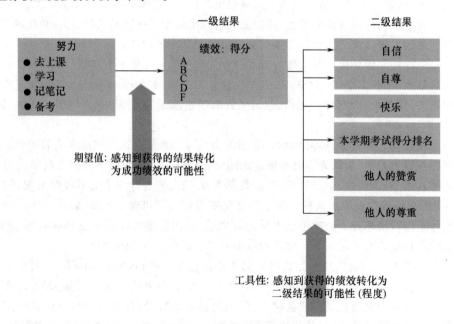

图14.6　实际运用中的期望模型

资料来源:VandeWalle, D., Cron, W. L., and Slocum, J. W. The rule of goal orientation following performance feedback. *Journal of Applied Psychology*, 2001, 86, 629—640。

在获得所期望的二级结果的过程中,绩效水平是相当重要的。图14.6展示了六个期望得到的二级结果:自信、自尊、快乐、本学期考试得分排名(GPA)、他人的认同和尊重。总的来说,如果你相信某个绩效水平(A、B、C、D或F)会让你得到想要的结果,你就会尽力达到该绩效水平。如果你确实需要这六个二级结果,而你又只能在本门课程得到A之后才能实现这些二级结果的话,那么得到A与这六个结果之间的工具性就是积极的。但是,如果你认为获得A就意味着不能得到快乐以及他人的认同和尊重,那么这两者之间的工具性就是消极的。换句话说,如果你得到的分数越高,获得的快乐却越少,你就不会去争取拿A了。一旦你做出这个选择,你就会减少努力,开始逃课,也不学习备考了。

研究者仍然在检测这一模型,因为它还存在以下几个问题:

- 这个模型试图预测个人将要在一个或多个任务上做出的选择和付出的努力。然而,对于不同人的选择或努力过程是由哪些因素决定的,研究者们还未能就这一问题达成共识。因此,这个重要的变量是难以被准确测量的。

- 这个模型没有具体指明哪些二级结果对特定环境中的具体个体而言是重要的。尽管研究者们正在试图解决这个问题,但对有限的研究结果进行比较还是有困难的,因为每项研究都是独特的。观察图14.6中的二级结果,你会选择它们吗?你还会选择其他的结果吗?

- 这个模型包含一个内在假设,即激励是一种有意识的选择过程,个体会有意识地计算所做的选择可能带来的痛苦或快乐。但是,模型却忽略了激励的无意识性及人格特性。事实上,人们对结果做出的选择经常是无意识的。你还记得为了拿高分而选择本课程的过程吗?

- 这个模型在强调内部归因的文化里比较有效。处在某些文化中的人们,如生活在美国、加拿大、英国的人们认为工作环境和本人行为都在自己的掌控之下,在这种情况下,期望模型就能够很好地解释行为。但是,在另外一些文化里,如巴西、沙特阿拉伯、日本和中国,人们认为工作环境和自身的行为都不能完全由自己控制,这一模型就可能失效了。例如,一名在日本的加拿大管理者决定提升一名年轻的日本女销售代表为经理(一种地位和货币奖励)。令她惊奇的是,这名新提升经理的绩效反而下降了。为什么?因为日本人非常讲究关系融洽,与同事关系也是如此。升职这种个人化的奖励会把这位经理与她的同事隔离开,使她感到尴尬,所以工作激励也就下降了。

在组织中的具体应用 期望模型对于激励员工有着重要意义。这些意义可以归纳为七点行动建议:

1. 管理者应该清楚每位员工各自所注重的结果。这里有两种办法可以使用:观察员工对不同奖励的反应,以及询问员工都从工作中得到什么。然而,管理者必须明白,员工的想法是会不断改变的。

2. 管理者应该清楚地界定好的绩效表现、合格的绩效表现和欠佳的绩效表现三种具体情形,让这些绩效行为既清晰可见又可以进行测量。员工需要明白组织对他们的期望和这些期望是怎样影响绩效的。当Baxter医药公司公布了一份新的医生测试表时,销售人员都想知道,什么样的行为能帮助销售:马上电话联络新客户,还是试着将新的测试表卖给旧客户?因此,可以说,通过销售新产品,Baxter公司达到了训练销售人员的目的,将销售人员的努力与绩效联系起来。

3. 管理者应该清楚,为员工设立的绩效目标应该是能够达到的。如果员工觉得为了得到某种奖励而需要达到的绩效目标高于他们能够做到的水平,就达不到激励的效果。例如,诺德斯特龙(Nordstrom)公司告诉员工:"对不合理的客户要求也要做出反应。"公司要求员工保留一个空白记事簿,里面记录下自己的各种"英雄"事迹,如在顾客乘飞机离开的最后一分钟将电话订购的产品亲自送到机场;帮顾客换轮胎;因为店内产品包装时间过长而替顾客支付停车费。了解了这些情况,就不会奇怪为什么诺德斯特龙公司员工的薪水会比对手公司高很多。对于那些热爱销售,也能够满足客户苛刻要求的员工来说,诺德斯特龙公司简直就是天堂。

▶▶▶ **成功领导者语录**

高绩效并非一种偶然,而是一种选择的必然;它不能靠守株待兔,而应该积极争取。

南希·史密斯,7-11区域采购副总裁

---

4. 管理者应该直接将他们期望的具体绩效与员工期望的结果联系起来。第13章所说的操作性条件反射原理可以用来提高绩效。如果一名员工已经达到了足以获得升迁的绩效水平,他就应该尽快得到提拔。建立和维持高激励的重要方法就是,让员工马上清楚地看到工作中的奖励过程及结果。只有言出必行,才能让员工将绩效与奖励联系在一起。

5. 管理者应该永远铭记:知觉,而非现实,才是决定激励的首要因素。管理者往往误解员工的行为,因为他们依靠的是自己对情境的知觉,而忘记了员工的知觉很可能是不同的。

6. 管理者应该分析冲突发生的原因。对员工建立起积极的期望后,管理者必须通过纵观全局来决定是否存在其他因素与期望的行为有冲突(如非正式的工作群体或公司的正式奖励体系)。只有当员工认为奖励很充分,好的绩效与消极结果几乎无关时,激励水平才会提高。

7. 管理者应该肯定的是:结果或奖励的差距或变化幅度要足够大,这样才能起到明显的激励作用。小的奖励只会产生少量的努力,零碎的奖励对绩效作用甚微。因此,奖励额度必须足够大,这样才能达到激励个人、改善绩效的目标。

拉金德拉·帕瓦尔创立了一个全球连锁的电脑学校,为呼叫中心和软件公司提供低成本的技术人员。帕瓦尔是国家信息技术学院(NIIT)的董事长和创始人之一。国家信息技术学院创建于1981年,目前业务遍布42个国家和地区,在校学生超过50万名,全球超过300万人毕业于NIIT。正如下面的跨文化管理能力专栏所述,帕瓦尔运用了期望模型的相关理论来管理公司。

跨文化管理能力

超级程序员

在新德里一个购物中心附近,20名帕瓦尔的学生挤在一个狭小的教室里进行键盘操作练习,不时停下来看看写满公式和文字的白板。这些学生都是十几岁,多数来自年平均收入低于2 000美元的家庭。他们期望自己有朝一日能够赚很多钱,这也解释了为什么他们会如此全神贯注地学习那些专门为微软和甲骨文等公司的高端数据库而设计的各种复杂的应用程序。

哪些人会加入国家信息技术学院呢?纳维恩·潘沙利是一名典型的NIIT学生。他来自印度一个叫做萨格尔的小镇,父亲是一名年薪约2 000美元的警察,家里共有四个孩子。高中毕业后,潘沙利找不到工作,于是就自己来到新德里报读NIIT培训班。四年之后,他已经成为一家电子公司的培训生,每月收入120美元,而且在他毕业后成为全职员工时,预计每月工资会达到800美元。

NIIT的发展令人瞩目。看到麦当劳是如何成长为全球著名的快餐连锁店之后,帕瓦尔也产生了一个独特的想法。NIIT的课程大纲就像是一份麦当劳的菜单(一元菜单、配餐、色拉),每项中都列出学生可以选择的课程、完成课程需要的学时以及费用。每门课的教学大纲非常具体,每节课都有明确的学习目标。学生通过内部网络了解自己的学习进度。NIIT还通过网络提供所有课件,仅售17美元。它也向微软和Sun公司出售培训手册。

通过模仿麦当劳的特许经营理念,帕瓦尔想到了一个印度式的管理方法。他邀请一些在小型社区中最受人尊重的家庭成员签约成为他的加盟商。印度人十分看重自豪感和自尊心,失去自豪感和自尊心就等于失去了一切。帕瓦尔十分清楚,如果他能够邀请到某些受人尊重的家庭成员成为他的加盟商的话,他们一定会有很强的动力来好好管理学校,以此维护他们的尊严和自豪感,从而维护了NIIT的品牌。加盟商支付市场营销费用、租用场地费、坐椅以及电脑,而NIIT提供所有的课程资料,选拔和培训所有的师资。作为回报,NIIT收取学生学费的20%作为加盟费;加盟商如果经营得当,可以获得超过投资额30%的利润。

通过公平激励员工

> **学习目标** 5. 解释公平与不公平对激励的影响。

根据赫茨伯格及其助手的研究,感觉受到不公平待遇是造成工作不满意的常见来源之一。有些研究人员将对公平、公正的期望作为他们理论模型的核心。想象一下,你的工资刚刚增长了5%,这样的工资上涨幅度会带来更高的绩效、更低的绩效,还是没有变化?你对此满意吗?

你对收入提高的满意程度是否会由于物价指数、个人期望以及公司里与你职位相同、绩效相近的同事所得到的报酬不同而有所变化呢？

公平模型：平衡投入与产出

公平模型(equity model)关注的是个人在与别人比较之后，对自己是否受到公平对待的一种感受。理论上，人们愿意主动维护自己与他人之间公平、公正的关系，从而避免不公平、不公正的关系。它包含两个设想：第一，人们会以买卖房子、股票或汽车时的评价方式来评价自己的人际关系。这一模型认为：关系是一个交易的过程，人们做出贡献，以期得到某种回报。第二，人不是生活在真空之中，他们会将自身的情况与组织中的其他人相比，以此来决定公平与否。换言之，当人们将自己与其他同自己情形相似的人（如同事、亲戚和邻居）进行比较时，才能显示出哪些事情对其更重要。

一般公平模型 公平模型建立在两个变量比较的基础上，这两个变量就是投入与产出。**投入**(inputs)代表的是个人在交易中的付出，**产出**(outcomes)指的是个人在交易中的所得。表14.3列举了一些典型的投入与产出。注意：表14.3中的两列事物并不是成对出现的，也不代表具体的交易。

表14.3 组织中的投入与产出

投入	产出
年龄	挑战性的工作任务
出勤	额外利润
人际关系、沟通技巧	工作的额外补贴（停车位或办公室位置）
工作努力（长时间）	工作安全性
教育程度	一成不变
过往经历	晋升
绩效	认可
外貌	责任
级别	月薪
社会地位	级别待遇
技术技能	地位象征
培训	工作条件

根据公平模型，个体按照自己对情境的知觉，给不同的投入和产出分配权重。由于大多数情境都包含几种投入与产出，因此对权重的分配并不准确。然而，人们通常能够分辨出重要和不重要的投入与产出。所以，在他们计算出自己的投入与产出的比率时，就会将这一比率与他们所感知到的其他处境相似者的比率进行比较。而这些相似者就成为他们用来判断自己是否得到公平待遇的参照物。

只要个体发现，自己的投入与产出比率与其他相似者的投入与产出比率相当，就会感觉到公平。例如，在比较了自己对工作的付出和别人从工作中得到的回报后，个人也许就觉得自己的收入是合理的了。当人们发现自己的投入与产出比率与别人的不同时,特别是投入—产出比较低时,就会觉得不公平。杰伊·洛尔是洛克希德·马丁公司的项目工程指导,他比别人工作更努力,工作时间也更长,别人的工作还未完成,他就已经按时完成了。可是,他的加薪幅度却和别人一样。为什么呢?洛尔认为,他的投入比同事多,因此应该增加更多的工资。收入过高也会造成不公平,因为收入过高的员工会产生内疚感或社会压力,使他不得不更努力工作,以此来减少投入与产出之间、自己与同事之间的不平衡。

不公平的后果　不公平(inequity)会导致人们之间关系紧张。紧张会令人不愉快,因此,人们会有意将它降低至可以忍受的水平,如图 14.7 所示。人们会选择以下的办法来减少感知到的不公平以及由此产生的紧张情绪。

图 14.7　激励过程的不公平

- 人们会将投入增加或减少到自己觉得公平的水平。例如,收入过低的人会减少他们的产量、缩短工作时间、经常缺勤或旷工等。
- 人们会改变产出来重建公平。许多工会组织者都会保证在不增加员工努力的情况下,改善工作条件,减少工作时间和增加工资,以此来吸引非会员的加入。
- 人们会曲解自己的投入与产出。人们不会实际改变投入和产出,相反,会在脑子里扭曲事实,制造出一种更有利的平衡。例如,感觉到不公平的人会扭曲自己对工作付出的努力(这份工作容易极了),或者试着增加工作对组织的重要性(这真是一份举足轻重的工作)。
- 人们会离开这个组织,或要求调到别的部门去,希望以此得到更公平的对待。
- 人们会更换参照的人群,以减少不公平的来源。一位重点高中的体育尖子如果没能拿到重点大学的奖学金,也许会认为规模小一点的大学对其而言有更多的优势,因此就为自己找到了退而求其次的借口。
- 人们也会曲解他人的投入与产出。他们宁可相信其他的参照者实际上工作得更加辛苦,因此,他们也理应获得更多的收入。

请记住以上六种做法,现在让我们来看一下,对不公平待遇的一种回应行为——员工偷窃。这也是组织面临的最严重的问题之一。在美国,每位员工平均每天会丢失 9 美元。员工偷窃和商场失窃一直是库存缺失的两大主要原因。发生员工偷窃最多的是家具店(85%),最少的是照相机店(5%)。商场失窃最频繁的是发生在服饰店(38%),最少的是在家具店(不足1%)。据美国零售安全协会的估计,员工偷窃使美国公司每年损失超过 336 亿美元。价值上亿美元的物品被员工从零售店或因特网上偷走,窃贼人数在过去的五年里上升了 25%。读了以下道德管理能力专栏后,你会怎样解释这些行为呢?

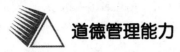

道德管理能力

员 工 偷 窃

案例一

一名员工在外地工作了一段时间。一天晚上,吃完晚饭后,他回到酒店的房间,换了几个电视频道后,发现了一部早就想看的电影,于是就看了起来。结果第二天,在酒店账单上,他发现多了5美元,原来电影是需要付费的。这名员工将一个星期的账单,一共500美元拿回公司报销。而公司只愿意报销495美元,因为那5美元被视为个人开销,不在公司报销的范围之内。

案例二

一对年轻夫妇在达拉斯的高档住宅区购买了一套房子,并且申请成为斯通布莱尔乡村俱乐部的成员,共需支付入会费38 500美元。在申请表上,妻子表明自己是本地一家银行的职员,丈夫是本地高中的数学教师。于是,该乡村俱乐部的经理就分别打电话给银行经理和学校领导以确认他们的雇佣关系。银行经理发现该乡村俱乐部的入会费用昂贵,再加上这对夫妻是在高档住宅区购买的房子,他的直觉告诉自己,他们的经济状况可疑。于是,银行经理进行了内部调查,发现这对年轻夫妇中的妻子挪用了180万美元。

解读

案例一中的员工为自己辩解说,他离开家里,每天工作10—12小时。他的年薪是65 000美元,而他为公司赚的钱是这个数字的三倍。他想参加孩子的足球赛和家长会,又因忙于工作不能参加。因此,他认为向公司报销这么一点钱来放松一下无可厚非。

案例二中的妻子从银行偷钱是因为她和丈夫急需这些钱来过上朋友们那样的生活。她认为,银行欠她钱,因为她的素质比同职位的同事都高:她大学毕业,年纪较大,在该银行工作超过15年,却得不到提拔,而其他人只是高中毕业,才19岁,刚参加工作而已。

程序公平性:公平地决策

公平理论关注的是人们在付出努力、时间等之后所得到的结果,而不是导致结果的决定是怎样做出来的。程序公平性考察的是过程对决策的影响。**程序公平性(procedural justice)** 是指感知到规则和决策过程是公平的。如果员工认为制定结果分配决策的过程是公平的,他们就会受到激励,从而达到更高的绩效。在公司里,程序公平性对于大多数员工来讲都是相当重要的,因此员工不仅要求决策本身体现公平,也要求决策过程体现公平。

例如,员工对工资上调的反应在很大程度上受到员工对上调过程公平性的知觉的影响。如果在员工心里,工资上调过程是公平的,他们就会对这一事件感到满意。相反,如果员工判定工资上调的程序有失公平,他们的满意程度就会大大下降。分配工资上涨幅度的程序公平与否比实际得到的工资额更能决定员工的满意度。同样地,学生认为老师对自己的评价是根据公平的评分系统得出来的。

在工资和绩效评估方面,个人不能直接控制决策,但能够对决策的程序做出反应。即使某一决定给某人带来消极后果,公平的程序还是有助于让其觉得自己的权益得到了保护。

员工对程序公平性的评价也与其对管理层的信赖程度、是否有想要离开公司的打算、对主管的评价、是否存在员工偷窃行为和工作满意度等有关。我们考虑一些相对琐碎的日常事务:决定谁在午餐时间接听电话、选择公司野餐的地点、决定谁会得到最新的电脑软件等,这些都会受到程序公平性的影响。

程序公平性还会影响裁员后的员工态度。当有些员工被裁减以后,幸存者(仍然留在原来职位的员工)往往会根据这次裁员是如何进行的来判断裁员是否公平。当裁员被认为是公平的时候,这些留下的员工就会对公司更有责任心。

超越职责的要求　　在许多组织里,员工会从事一些并不属于正式要求的任务。**组织公民行为(organizational citizenship behavior)** 就超越了正式工作职责的要求,但对于组织的生存是必要的,因为它是影响组织形象和被认可程度的重要因素。例如,帮助同事解决困难,提出建设性意见,自愿参加社区服务工作(如献血、志愿者和慈善工作)。尽管雇主没有明文规定,然而这些行为对组织来说很重要。帮助同事解决电脑问题便是一个例子。尽管每个组织都有一些电脑工程师,但通常我们遇到的一些电脑问题都是那些秘书们利用午餐时间便能解决的问题,经理们常常低估了组织内这种非正式帮助行为发生的数量和作用。

员工有能力判断是否要做出组织公民行为。那些受到公平对待,并且对工作满意的员工更愿意这么做,因为他们想要为组织做一些事情作为回报。大多数人都希望能与同事及组织内其他成员进行公平的交流和交换。

霍华德·约翰逊是一家五金连锁店公司负责内部监审的副总裁。他创造性地运用了一种简单的方法来了解他所在的北卡罗来纳州办公室里的组织公民行为实施情况。每年年初,他发给10个员工每人一个广口瓶,里面有12颗弹珠。在这一年里,员工们将弹珠送给那些曾经帮助过自己或为自己提供过额外服务的人。虽然约翰逊没有给他们任何物质奖励,但员工们在这一年里都会不断地争取获得他人的认可,并且为自己积累的弹珠数量而骄傲。

在组织中的具体应用　　管理者经常运用公平模型来做各种决策,如给员工纪律处分、涨工资、分配办公室和停车场位置,以及发放额外津贴。从公平模型中,我们得出以下两个结论:

第一,员工应该得到公平待遇。当个人认为自己没有得到公平待遇时,就会采取前面讲过的做法来试图改变情况,减少由此带来的紧张情绪。不公平的事情越多,个人就会采取越多的行动来减少它。例如,个人可能会更频繁地采取旷工、迟到、不按时完成工作或偷窃的行为。为了减少这些员工的投入,组织可能将他们调到工作内容比较单调的职位,减少额外津贴,或只给他们增加少量的工资等。

第二,只有将自己的投入与产出与别人的相比较之后,人们才会认定自己是否受到了公平待遇。用来参照的人可以是同一公司或不同公司的员工。而选用后者作为参照标准,会给管理者带来很大的问题,因为他不能控制其他公司付给员工的薪水。例如,德勤咨询公司的合伙人之一拉尔夫·索伦蒂诺以47 500美元的年薪雇用了一名刚从商学院毕业的大学生,这是该公司为这一职位支付的最高薪水。这名新员工原本认为这一报酬不错,直到她得知有些同学在波士顿咨询公司、麦肯锡、贝恩咨询公司获得了 55 250 美元的薪水。经过比较,她认为自己得到的薪水过低,于是导致了不公平问题。

组织中的公平不仅仅是由金钱决定的,这一观念越来越受到管理者的关注。组织的公平性受到规则和程序运用方式的影响,以及关注员工意见程度的影响,尤其是制定影响员工利益的决策时所征求到的意见。

本章小结

1. 解释激励的过程。	激励的六个阶段指出了个体通过某种行为来满足自己的需要。对于激励,管理者面临三个挑战:激励是看不见的,只存在于人的头脑中;人的需要是不断变化的;人们所需的激励不尽相同。
2. 描述研究激励的两种基本需要理论。	两种需要模型都得到了广泛认可。马斯洛认为,人类有五种需要:生理、安全、归属、自尊和自我实现。一种需要一旦得到满足,就不再有激励效应了。麦克莱兰认为,人们有三种后天通过学习产生的需要(成就、归属和权力),深深根植于社会文化中。我们主要讨论的是成就需要的角色和高成就者的特征,包括他们喜欢设定中等难度的目标,并且乐于完成那些能够马上获得反馈的任务。
3. 解释工作设计是怎样影响激励的。	赫茨伯格指出有两种因素影响激励:激励因素和保健因素。激励因素如工作挑战,能带来工作满足感。保健因素如工作条件,能阻止工作不满意感的形成,但不能带来工作满意度。管理者需要设计工作,将重点放在激励因素上,因为它们能带来高度的工作满意度和工作绩效。工作特征模型集中讨论工作的五种激励要素(技能多样性、任务完整性、任务重要性、自主性和工作反馈)。员工对工作丰富化是否采取积极的态度取决于他(她)的知识和技能、成长需要的强度以及情境因素。
4. 描述激励的期望模型。	期望模型认为:个体知道他们想从工作中得到什么,只有在判断某一行动有利于满足需要之后,他们才会采取这一行动。这一模型是由一级和二级结果、期望值、工具性和效价组成的。个体必须相信,通过努力能够达到(期望)某一绩效水平(一级结果),而该绩效水平又会带来(工具性)想要的回报(二级结果和效价),否则,个体不会受到激励而付出必要的努力去争取达到绩效目标。

5. 解释公平与不公平对激励的影响。

公平模型关注的是:在与条件相似的其他人比较后,个人感知到的公平感。做出这一判断需要将自己的投入(经验、年龄)和产出(报酬)与相关者进行比较。如果公平,个人就不会采取行动;如果不公平,个人就会采取六种行为中的一种或几种来减少不公平现象。程序公平性和组织公民行为都是建立在公平模型的基础之上的,它们对员工的公平感有着重大影响。程序公平性用于考察过程(规则和程序)对决策的影响。组织公民行为是指高于并超出工作要求范围的员工行为。

关键术语和概念

能力(ability)
成就激励模型(achievement motivation model)
归属需要(affiliation needs)
自主性(autonomy)
情境因素(contextual factors)
不完整需要(deficiency needs)
公平模型(equity model)
自尊需要(esteem needs)
期望值(expectancy)
期望模型(expectancy model)
外部因素(extrinsic factors)
一级结果(first-level outcomes)
目标(goal)
成长需要的强度(growth-need strength)
成长需要(growth needs)
保健因素(hygiene factors)
不公平(inequity)
投入(inputs)
工具性(instrumentality)
内部因素(intrinsic factors)

工作特征模型(job characteristics model)
工作反馈(job feedback)
激励(motivation)
激励因素(motivator factors)
激励—保健模型(motivator-hygiene model)
需要(needs)
需要层次模型(needs hierarchy model)
组织公民行为(organizational citizenship behavior)
产出(outcomes)
生理需要(physiological needs)
程序公平性(procedural justice)
二级结果(second-level outcomes)
安全需要(security needs)
自我实现需要(self-actualization needs)
技能多样性(skill variety)
任务完整性(task identity)
任务重要性(task significance)
主题统觉测试(thematic apperception test,TAT)
效价(valence)
垂直分权(vertical loading)

讨论题

1. 为什么会出现员工偷窃行为和雇主失窃现象?
2. 组织可以采取哪些步骤来鼓励管理者做到程序公平?

3. 为什么帕瓦尔能够成功激励 NIIT 的员工？
4. 假设你刚被任命为戴尔公司驻墨西哥分公司的销售经理,你会怎样激励员工使他们成为高效率的员工呢？
5. 阿姆纳·柯马尼是劳氏公司的员工,她抱怨自己的工作太无趣:"我快闷死了。"你有什么办法让她的工作变得有趣起来吗？
6. 在课前的星巴克案例里找出保健因素。根据赫茨伯格的理论,这些因素有什么作用？保健因素能吸引人们工作吗？为什么？
7. 想想你做过的最糟糕的工作。那个组织使用了什么激励手段？再想想你做过的最好的工作,那个组织又使用了什么激励手段？
8. 你如何看待激励？你的这些看法如何反映出你所受文化的影响？
9. 为什么工作满意度与绩效的联系并不紧密？
10. SEI 投资公司有哪些激励理念？
11. 为什么像棒约翰首席执行官约翰·施纳特这样的人会采用麦克莱兰的激励理论呢？

体验练习和案例

体验练习:自我管理能力

你想从工作中得到什么

我们已经列出了员工最期待的 16 项工作特征(不分先后),按照它们对你的重要性,请将它们重新排列。排在第一的最重要,排在第二的次重要,依此类推。然后,按照它们对你的满意度的影响,再排一次。最后,将你的答案与各行业管理人员的答案相比(后面有他们的答案,仅供比较)。

工作特征	重要性排名	满意度排名
1. 独立工作	___	___
2. 晋升的机会	___	___
3. 与人相处	___	___
4. 灵活的工作时间	___	___
5. 健康保险及其他福利	___	___
6. 有趣的工作	___	___
7. 工作对社会的意义	___	___
8. 工作安全	___	___
9. 学习新技能的机会	___	___
10. 高收入	___	___
11. 团队成员的认同	___	___
12. 休假时间	___	___
13. 有规律的工作时间	___	___

14. 工作地点离家近
15. 工作压力小
16. 一份能够帮助别人的工作

答案

按重要性排列:1—6,2—14,3—15,4—16,5—1,6—2,7—13,8—3,9—4,10—11,12—5,13—8,14—12,15—10,16—9。

按工作满意度排列:1—3,2—14,3—2,4—6,5—13,6—4,7—9,8—7,9—11,10—12,11—15,12—8,13—5,14—1,15—16,16—10。

问题

1. 选出任何一种激励模型,考虑你的以上答案。请问:哪些环境因素(如在学校里、找工作时、希望承担更大的责任、希望为外国公司工作等)会影响你对重要性的排列?
2. 哪些工作特征会带给你最大的工作满意度?哪种激励模型可以帮助你理解这些排序?

案例:团队管理能力

SAS 软件研究所

1976年,吉姆·古德奈特在北卡罗来纳州成立了SAS软件研究所,在当时并不起眼。简单地说,SAS编写的软件用于组织和处理数据,对大量的信息进行过滤,从中发现其模式和意义。SAS的含义是"数据分析软件",最初的目的是为统计员提供工具。古德奈特起初开发这个软件是为了分析北卡罗来纳州的农业研究数据。如今,万豪酒店使用该软件来管理重要客户系统;默克和辉瑞公司用它来开发新药品;美国政府运用SAS软件来计算消费者物价指数。这个软件价格不菲,50名用户一年的费用通常高达5万美元。全美100家最大的公共事业公司,除了2家以外,全部使用它的软件。该公司的销售额超过13亿美元,目前在全球雇用了9 300名员工,而5年前这个数字只有5 400名。

真正令SAS不同凡响的并不是它的软件,而是它独特的经营和管理方式。伴随着新经济而来的自由和活力也带来不好的一面:工作要求太高,令人筋疲力尽,难以令人满意。在这种情况下,SAS可能是全球工作最理想的公司了。这是为什么呢?

首先,是工作场所的氛围。SAS身处一个充满竞争的领域,到处充斥着各种专业流行词:数据挖掘、知识管理……公司生产的是最先进的行业标准产品。然而,公司员工常用来描述工作环境的一个词却是"放松"。

其次,公司相对稳定。在软件行业,唯一能保证员工对公司忠诚的手段就是股票期权和高薪。但SAS这家私营企业却不提供股票期权,员工的薪酬也不见得高过竞争对手。SAS的手段是善待员工:员工可以无限期地休假,甚至可以留在家里照料家属。因此,员工用行动体现出对公司完全的忠诚。去年,公司的员工流动率只有3.7%,而公司历史上也从来没出现过高于5%的流动率。

最后,SAS倡导工作与生活的平衡。当许多公司都在试图将工作与家庭融合在一起时,

SAS已经拥有北卡罗来纳州最大的全日制托儿所。为了鼓励员工与家人共进午餐，SAS的餐厅专门准备了婴儿座位和儿童餐椅。为了鼓励员工同家人共进晚餐，公司实行7小时工作日制度。的确，SAS大部分员工的工作时间实在是同新经济时代的步调格格不入，他们下午5点就下班了。

早上六点刚过，拉内尔·伦农已经同几个伙伴在SAS健身中心里舒展筋骨了。尽管时间很早，但是健身中心里的人已经不少了。SAS的体育馆面积36 000平方英尺，包括一个宽敞的硬木地板的健身区域，两个标准的篮球场，一个僻静的、带玻璃天窗的瑜伽练功房。体育锻炼场所分为男女区域，因为大家觉得不好意思在异性同事面前骑单车和锻炼身体。户外有一个足球场和垒球场。一周内提供若干次保健按摩服务，同时还开设各种学习班，如高尔夫球、非洲舞蹈、网球和太极拳。

伦农是展示产品组的一名软件测试员，他至今还记得第一次看到体育馆的情形。13年前，当时它只是体育锻炼场的一部分，只有现在的2/3大。"我当时只是听到了公司的名字，其他的一无所知。"伦农说，"我当时有一个朋友在SAS工作，他邀请我在午餐时间去公司的体育馆。我一下子就被那个体育馆深深地吸引了。我看到了人与人之间的不同。"那时的伦农刚毕业一年，在北电做程序员。"那里的专业水平很高，"他说，"但是你早上钻进自己的工作隔间后，一直要干到晚上才能出来，气氛非常紧张。"他第一次参观SAS的体育馆是在1991年2月份，两个月后，伦农就来参加SAS的开发测试员的职位面试。那年6月，他被录用了。"我又回来了，见过那些经理们，那种友好的气氛不仅仅停留在体育馆。我喜欢自己听到的那些话。"他究竟有多么喜欢这一切呢？为了加入SAS，他的收入比以前减少了10%，"开心比多赚那一点钱要重要得多。"

伦农还有许多意外的惊喜。SAS为员工提供的各项健康福利堪称顶级水准。SAS会为他（当然还有其他员工）清洗汗水浸透过的运动衣衫，第二天再将清新松软的衣服送还给他，这种服务甚至连许多员工的配偶都无法想象到。"在这种设施面前，你没有理由拒绝锻炼。"作为健康协调员的凯莉·达特罗说。在SAS，你没办法以运动衣无法清洗为借口而不参加锻炼。人力资源战略的核心就是让员工没有任何理由不工作。如果你需要为居住在纽约的年迈母亲寻找家居护理中心，可以直接给公司的老人护理协调员打电话，他会为你安排一切。如果你需要注射抗过敏药品，你可以在SAS的卫生所接受注射。戴维·拉索说："吉姆的想法就是，如果你雇用的是成年人，你就应该像对待成年人那样对待他们，然后他们就会像成年人那样做事了。"

公司福利的创立历史给人以启示。1976年，SAS还只是一家刚起步的创业公司，有许多女职工。"我们的女职工都是工作了大约2—3年后，正处于能力曲线的顶峰阶段，而那时她们却要考虑回家生孩子。"拉索说，"我们彼此都知道，如果她们离去的话，一切都要从头开始。吉姆当时说：'我们不能失去这些人。我们的公司太小。'于是我们开始在地下室提供日间托儿服务。刚开始时有4—5个孩子，现在有528个（包括附近一些私立公司、机构的加入者）。"SAS当然没有义务提供日托服务，但是它同样无法失去那些女性员工。如今，51%的SAS管理者为女性。公司有专门的小组每月集中讨论，提出新的福利建议，将这些建议按照三个部分进行审查：这项福利与公司的文化一致吗？该项福利是否服务于大多数员工？成本上公司是否可以负担？每项福利建议都要经过这三个部分的审查。

SAS 的老板有两个人：吉姆·古德奈特拥有 2/3 的股份；约翰·索尔是高级副总裁，拥有余下的股份。他们两个都是亿万富翁，可以随心所欲地做事。比如说，如果古德奈特需要一个雕像，他会打开钱包，立即买下。实际上，SAS 有一个全日制的 4 人艺术小组提供相关服务和帮助，这个艺术小组由一名原打算聘来为公司画画的艺术家来负责。

这些福利为忠诚奠定了基础，而忠诚支撑着公司的命脉。收益首先体现在流动率上。像 SAS 这样规模的软件公司，每年流失的员工约为 1 000 名。然而在 SAS，却仅有 130 名。这就意味着，每年 SAS 几乎有 900 名员工不需要替换。这一结果导致招聘费用大大降低，节省了面试及将新员工调到其他地区的费用，同时还减少了职位空缺而导致的误工。根据翰威特咨询公司和 Saratoga 公司的估算，替换一名员工的成本为工作薪酬的 1—2.5 倍。工作难度越大，成本越高。假设系数为 1.5，SAS 的平均工资为 5 万美元，那么与对手公司招聘新员工的费用相比，SAS 每年可节省大约 6 750 万美元。因此，SAS 每年可以为每位员工提供 12 500 元的额外福利。拉索的部门负责支付许多工作和生活方面的福利。"我的预算是 6 700 万美元吗？不可能！"拉索说，"这就是它的妙处了。建筑费用、体育馆运作费用，这些都不贵。我是不可能花完我们省下的所有钱的。"

也有人对 SAS 的企业文化颇有微词，认为这样的文化会滋生不必要的管理问题：可能使工作氛围过于宽松、娱乐化，紧急任务和质量都会让步于体育锻炼。拉索对此毫不担忧："如果你病了 6 个月，你会收到鲜花和卡片，有人帮你做晚餐，但如果你连续 6 周，每周一都生病，那么你就会被炒鱿鱼了。我们期望的是成年人的行为。"

约翰·索尔不仅是 SAS 的老板之一，也在公司管理着自己的小组，负责开发台式电脑的统计分析软件。他除了曾经在一家玻璃熔制厂的熔化车间做过暑期工以外，没有在其他公司工作过。SAS 是如何防止员工利用它的政策而偷懒的呢？如果员工整天都想打桌球或乒乓球，公司该怎样做呢？这个问题对于索尔而言从来没有出现过。"我无法想象打乒乓球会比工作更有趣。"

一个仲夏的下午，凯西·帕萨雷拉正坐在 SAS 的主餐厅里。与此同时，在工作间里，大家都在忙碌着，许多员工看上去都很年轻，衣着随意；现场演奏着美妙的钢琴曲，整个情景看起来像是大学校园而不是公司。帕萨雷拉加入 SAS 一年半了，负责培训新的研发人员电脑技能。在她以前的几份工作中，她曾经为贝尔实验室做过程序员。她把 SAS 提供福利的方式与员工的绩效联系在一起。"公司给你自由、灵活性以及工作的各种资源，因为你得到公司的善待，你也会善待公司的。"当她加入 SAS 的时候，她发现在这家公司，当你在大厅走过时，很少听到人们谈论工作以外的事情。

SAS 公司这种非正式的氛围经常被人误解，公司的运作更多是基于员工的自我责任感。SAS 是一个分权管理的公司，但是也会密切关注员工的主要绩效指标。古德奈特从他的电脑上可以查到详细的销售和绩效信息；他可以追查技术支持电话的数据，这些数据是按照产品类型和提供解决方案的时间来分类的；他可以监督新软件的故障报告进展，发现测试员和程序开发员能够在多长时间内解决马上要上市的产品缺陷。责任心也包括对文件的处理，每份 SAS 产品的使用说明书上都有负责软件编写或更新的开发员和测试员的名字。责任感在员工心目中是如此根深蒂固，报告的文字是如此简洁，以至于公司不需要正式的组织架构图。随着公司的成长，SAS 的规模越来越大，不断增加新的部门，但是却没有增加管理层。相反，公司的结构是扁平化的,以至于在凯里厂区,几千名基层员工,从物业管理人员到编程人员,只需经过2—3个管理层就到吉姆·古德奈特那里了。

拉内尔·伦农说最令他吃惊的是到了SAS之后,除了得到属于自己的办公室以外,上司的工作方式也令他很吃惊。"我的经理和我做的事情一样,"伦农说,"她居然也工作在前线,在编写程序。还有一次,古德奈特博士居然也和我分在一个工作组里。而我前一份工作的经理只需要确保一切按部就班、有人做事就可以了。而在这里,我们一起并肩作战。"赞·格雷格在约翰·索尔那个小组工作。索尔总是会讲许多"编写程序的细节。"格雷格说,"这对于一名副总裁而言,实在是很少见。通常管理者们都不太擅长技术。"索尔是一名非常羞涩、不爱出风头的亿万富翁。他说他认为自己就是"一名统计员、软件开发员,而不是一名商人或管理者"。那些懂得自己所监管业务的管理者有能力确保不放过任何一个细节。在SAS,团队成员共同决定最后任务期限,管理者知道自己的团队在做什么。在时间安排和完工期限方面,SAS的管理者们很少会给出不切实际的乐观许诺。

鲍勃·斯奈德是一名应用软件开发员,他曾经在德州仪器公司工作,负责路面爆破的定向系统项目。他说:"在这里,我知道自己所做的每件事对于最终产品的影响是什么。这就让你有一种责任感,按时把事情做好。"

SAS是一个典型的组织,也会出现新产品延期推出、销售指标没有完成、团队人手不足、员工之间发生冲突等问题。一名新员工就曾抱怨SAS过于家庭化了:"吃午餐的时候想不踩到小孩子都难。"

有人甚至觉得SAS这种欢欣满足的氛围会令人不舒服。这样的工作场所过于完美,以致在这里工作时间久了,会慢慢放弃自己的一些个性。局外人有时把SAS称为"Stepford公司"——出自一部美国小说中描述的高度智能庄园,那里的老板(就像古德奈特一样)居住的大厦连接着公司园区,在那里,你的午餐费用会被自动从工资中扣除。在这里,似乎你和公司互不拖欠,但是,你的个性和灵魂呢?

问题

1. 吉姆·古德奈特是如何运用需要层次模型来激励员工的?
2. 是什么在激励吉姆·古德奈特?
3. 你是否愿意为SAS工作?

Chapter Fifteen

第 15 章
运用目标设置和奖励制度进行激励

学习目标

学完本章后,你应该能够:
1. 解释目标设置是如何影响绩效的。
2. 阐述目标设置对工作满意度和绩效的作用。
3. 阐述奖励制度对高绩效的促进作用。

课前案例

UPS 快递公司

史蒂夫·门考斯是 UPS 俄亥俄州分公司的一名快递车司机,虽然他也参与销售工作,可是他并不认为自己是一名销售员。自从 1993 年 UPS 开始推行销售线索奖励制度以来,超过 10 万名司机提供了 50 多万条销售线索。司机发现一条业务线索之后,就由 UPS 的业务代表跟进,通常在一天之内,就能准备好所需的资料和合约。在这些新的销售线索中,43% 转化成公司新的订单和新的客户,为公司创造了上百万美元的收入。门考斯在销售线索奖励项目中的贡献,不仅为公司增加了业务量,而且为他自己增加了积分以换取商品或获得旅行机会。门考斯所做的事情看起来很简单,但它却代表了 UPS 在员工激励方面的重大变革措施。

竞争的日益加剧促进了组织的变革。美国邮政总局、Emery 和 DHL 等公司都扩大了服务范围以抢夺 UPS 的客户。通过提供便捷及量身定制的服务,每个竞争对手都在开发自己的利基市场,并从 UPS 那里挖走了不少客户。为了应对竞争,UPS 通过实施管理者提前退休的项目来降低劳动力成本。这个项目使公司管理者的人数减少,而对一线员工如门考斯这样的司机,则提出了更高的要求。

UPS 的激励计划要求每个员工参与开创新的业务。从根本上讲,UPS 是在委托那些非管理岗位的员工找到吸引和服务客户的最好方式。大多数的司机都拥护这种增加个人自主性的业务创新,而且认为这是获得奖励的大好机会。在 UPS 将司机转型为销售员之前,公司先为每位司机提供了销售技巧方面的培训。

UPS 的司机获准每周利用 30 分钟的时间来进行销售工作(请记住,这可是一家将司机的工作时间严格限定到分钟,而且连如何携带记录本(右手)和货物(左手)的姿势都有严格规定的公司)。这样一来,司机可以有更多的时间同客户沟通,聆听客户意见,提出解决建议。每周30分钟听起来并不多,但这已经是一项实实在在的财务投入了:UPS公司每小时支付给司机29美元,是全美最高的。因此,对于UPS而言,给司机每周30分钟的自由支配时间,就意味着公司一年投入大约3 600万美元。

这样做的结果如何呢?公司的收入超过了350亿美元,利润得到大幅提升。UPS一天处理的包裹量达到1 370万个,创造了公司历史最高水平。最近,UPS已经制定了新的目标,要成为世界上最大的供应链物流公司。

为了实现这个目标,UPS雄心勃勃地收购了其他的一些物流公司,并开始为客户公司建立公司内部的供应链运作。例如,耐克公司委托UPS负责公司的整个供应链管理。每隔几个小时,耐克就会通过电子网络向UPS位于肯塔基州路易丝维尔的公司发出几批订单。几分钟后,UPS的员工使用条形码识读器找到所需的货品(这些货品通常在亚洲生产制造后,直接运送到位于主要机场附近的UPS仓库内),将货品从货架上取出,然后由另外一名UPS员工进行核对、包装,最后在24小时内送抵目的地。

注:关于UPS公司的更多信息,请访问公司主页 http://www.UPS.com。

为了适应今天竞争全球化的市场环境,从时间、质量方面给员工设置挑战性的目标,并提供一定的反馈,已经不是一件可有可无的事情,而是一种必然的选择!

从UPS公司取得成功的例子可以看出:激励行为就是设置目标,开发反馈系统并提供奖励制度,从而促使员工努力实现目标。目标在激励个人努力取得高绩效方面扮演着重要角色,目标设置的基本理论仍然是员工激励的重要来源。

在本章中,我们首先提出一个目标设置与员工个人绩效之间的关系模型,然后集中讨论四种常用的奖励制度。这些奖励制度用于强化员工的恰当行为。

目标设置与绩效的关系模型

学习目标 1. 解释目标设置是如何影响绩效的。

目标(goals)是指个体和群体期望通过一定的努力而获得的产出(结果)。例如,某人的目标是"我计划在2009年春季学期末,以平均分3.2分毕业"。**目标设置**(goal setting)是指通过把个体、团队、部门和组织所期望达到的结果具体化,从而提高组织经营效率和效果的过程。

目标设置的重要性

目标设置不是一件容易的工作,然而为这件工作付出努力不仅是值得的,而且在当今竞争激烈的全球商业与组织环境中也是必不可少的。设置目标的重要意义包括:

- 目标引导并指导行为。通过把努力和注意力集中到特定的方向,可以提高任务的明确性,减少日常决策的不确定性。
- 目标可以提供挑战,以及对个体、团体、部门和组织的绩效进行评估的标准。
- 目标可以用来对进行的各项任务及资源的利用情况做出合理解释。
- 目标是组织设计的基础,在某种程度上决定了组织的沟通方式、职权关系、权力关系以及劳动分工。
- 目标通过个人工作为组织功能服务。
- 目标所反映的是员工和管理者认为很重要的事情,因此它可以为计划和控制活动提供框架。

正如组织要努力达到一定的目标一样,个体也在激励的作用下努力实现自我目标。实际上,设置目标的过程是组织用来影响和提升员工绩效的一种重要激励工具。在这一部分中,我们将讨论一个广为人知的目标设置理论,并阐述目标设置技术如何应用于个体和团队激励中。

埃德·洛克和加里·莱瑟姆设计了一种基于个体目标设置与绩效关系的复杂模型。图15.1是这一模型的简化形式,从该模型可以看出导致个体高绩效水平的变量及其关系。我们已经在前面的章节中对模型中的一些变量进行了讨论。该模型的基本观点是把目标看做一种激励因素,因为它可以让人们将目前的绩效与达到目标所需的绩效进行比较。从某种程度上说,人们一般会认为如果自己达不到目标的话,就会感到不满;而如果他们相信只要经过努力就可以达到目标的话,他们就会努力实现目标。

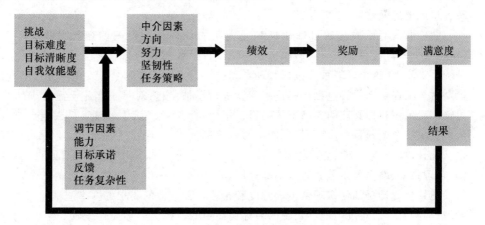

图 15.1　目标设置模型

资料来源:Locke, E. A., and Latham, G. P. *A Theory of Goal Setting and Task Performance*. Englewood Cliffs, N. J.: Prentice Hall, 1990, 253。

通过制定目标可以提高自己的绩效水平,因为目标可以使所期望的绩效类型和水平变得更加明确和清晰。在总部位于美国匹兹堡的涂料与玻璃生产商 PPG 公司,员工目标被称为"SMART"目标。人力资源规划部经理乔治·科克说,SMART 目标是"具体的"(specific)、"可衡量的"(measurable)、"员工和管理者认可的"(agreed-upon by the employee and manager)、"现实的"(realistic)、"有时间限制的"(time-bound)几个词的缩写。在 SMART 目标系统实施之前,一名销售经理的上级告诉她要在下一年内提高销售业绩,而现在,她会被要求在 9 月 30 日之前在东南部地区发展三个客户,对每个客户的年销售额要达到 25 万美元。在 SMART 目标系统指导下,员工的绩效普遍提高了 25% 以上。

挑 战

从另一方面说,目标设置是指开发、协商和创建对个体具有挑战性的目标的过程。无目标或目标不清晰的员工在工作时节奏较慢、表现较差、缺乏兴趣,完成的任务也没有那些具有清晰、富有挑战性目标的员工多。另外,有明确目标的员工显得既能干又有活力,他们能按时完成任务,然后转向别的事情(目标)。

目标可能是隐含的或外显的、模糊的或清晰的、自我强加的或外部强加的。无论何种形式的目标,都有助于个体对自己的时间和努力程度做出合理安排。目标具有挑战性的两个重要特征是目标难度和目标清晰度。

- **目标难度**(goal difficulty) 目标应当具有挑战性,但又不是遥不可及。如果目标太容易,个体可能会推迟实现目标或懒洋洋地接近目标;如果目标太难,个体可能不会真正接受这个目标,因此也就不会尽力去实现它。

- **目标清晰度**(goal clarity) 要使目标能够引导个体的努力,它必须清晰而具体。这样个体就知道他需要做什么,而用不着去猜。比如,联邦快递要求客户服务代表在 140 秒之内回答客户提出的问题。

明确而具有挑战性的目标比模糊或笼统的目标更能促进较高的绩效水平。**目标管理**(management by objectives, MBO)是一个以目标难度和目标清晰度为基础的员工激励管理系统。本质上,这个管理系统包括管理者和员工为工作绩效和个人发展两方面共同设置目标,定期对员工在实现目标过程中的进步程度进行评估,然后对员工实施奖励。卡迪纳尔健康公司是广泛采用目标管理的典型例子。每年年初,所有的 55 000 名员工每人至少要清楚和了解公司其中一个绩效目标,该公司的四个绩效目标分别是:成长、运作卓越、领导力开发和关注客户。此外,在年度末,经理们需要按照一套领导胜任力体系来考核员工,如自我管理、团队工作、合理判断、建立关系等。通过对经理层和其他员工的综合评估,卡迪纳尔公司就可以清楚地知道目标管理是如何实现员工满意度和企业经营效益的要求的。卡迪纳尔公司的管理者还发现:那些有一定难度但能够实现的目标比简单的目标更能够提高绩效。但是,与现实相差太远的过高目标可能不被员工接受,或只能在短期内产生高绩效。正如期望理论(第 14 章)预测的那样,对于过高的目标,个体最终会变得灰心丧气,从而停止努力。

> ▶▶▶ **成功领导者语录**
>
> 我们用金钱来激励员工实现目标。我们认为目标设置并不是生搬硬套教科书的理论,而是基于对我们公司运作的现实指导。
>
> 戴维·迪西雷,Deep South 公司 CEO

与目标难度和清晰度同时出现的还有第三个因素——自我效能感,它对挑战性目标的建立也会产生一定的影响。在第 13 章中,我们把自我效能感定义为个体在特定情境中,对自己能完成某项具体任务的能力的估计程度。如同我们所预期的那样,当一个人的自我效能感强的时候,就会为自己设定高目标,并表现出高绩效。一个人的自我效能感是由所要完成的任务决定的。例如,一个得分接近标准杆数的高尔夫球手在球场上可能有较高的自我效能感,但是当同一个人在完成公司新开发的一种新设备的销售额指标时,她的自我效能感可能又会比较低。

有了清晰而富有挑战性的目标后,员工更有可能把注意力集中到与工作有关的任务、高水平的绩效和目标的实现上。表 15.1 指出了目标设置与个体绩效之间的关系。

表 15.1 目标对绩效的影响

目标	绩效
具体而清晰	较高
模糊	较低
困难而富有挑战性	较高
容易而无趣	较低
由员工参与设置	较高
由管理层自上而下设置	较低
员工能够接受	较高
员工拒绝接受	较低
附带奖励条件	较高
与奖励无关	较低

在下面的团队管理能力专栏中,我们可以看到团队成员是如何利用目标的挑战性、清晰度和自我效能感等基本概念来培养协同的工作精神的。在美国汽车比赛协会(NASCAR)比赛中,维修队的表现通常决定了车手能否赢得这场比赛。

▶▶ 团队管理能力

美国汽车比赛协会竞赛

许多美国汽车比赛协会的成员正考虑让雷·埃弗纳姆出任该协会的主席。在过去五年间,他和杰夫·戈登在竞赛中获胜的次数比协会中其他任何一个队都多。埃弗纳姆和戈登把很多的荣誉都归功于他们的维修队。由于其成员都穿着彩虹条形的连衣裤,因而该维修队被人们称为"彩虹斗士队"。

五年前,当彩虹斗士队组建时,他们决定标新立异,按与众不同的方式行事。过去,工作了一整周的机械师,即使在星期天也要穿戴整齐地参加维修队工作。赛车是最优先考虑的,因为彩虹斗士队要凭借赛车和车手的表现来赢得比赛。起初,维修队的员工没有经过专门训练,也没有设置目标。埃弗纳姆和戈登知道:所有的车手实质上都配备了同样的装备,在这种情况下,决定车手胜负的就是装备背后的团队能力。于是,他们决定组成两个团队:第一个团队负责赛车的机械部分(如发动机和悬挂部件);第二个团队即维修队,负责比赛过程中的车辆检修。

在埃弗纳姆和戈登的领导下,彩虹斗士队雇用了一名教练,专门训练该队的团队工作能力。训练项目包括攀登绳索、攀岩、变速跑、互相用背背对方等。同时,所有的维修队员接受训练,学会操作全部维修项目,这样就能根据比赛状况在他们中间轮换任务。通过对协会其他车手的分析,埃弗纳姆确信,如果戈登的赛车比竞争对手早1秒钟离开维修站,他就能超出竞争对手300英尺(车速每小时200千米的赛车,1秒钟大约能行驶300英尺)。维修队于是制定了一个目标——使赛车在17秒左右离开维修站。在比赛中,所有的队员都能通过天线听到彼此的声音。当戈登把赛车开进维修站时,他们使用特殊的代码来表示他们正在更换两个或是四个轮胎。队员会决定是给汽车加满油,还是加仅能跑完赛程的油量就可以了。同时,埃弗纳姆和他的队员也会决定戈登应该在何时把赛车开进维修站。赛前,所有的彩虹斗士队队员都会围坐在一起讨论比赛策略。大家围坐在一起象征着团队的智慧胜过个人智慧。当戈登获胜后,他要签订一份个人服务合同,或以亲笔签名的方式来确认所获收入,而两个团队的所有成员都能分享到一定份额的收入。

注:关于美国汽车比赛协会的更多信息,请访问协会主页http://www.nascar.com。

调节因素

从图15.1中可以看出,影响目标与绩效之间关系强度的四个因素是能力、目标承诺、反馈和任务复杂性。我们首先来讨论能力,因为它制约着个体对挑战做出反应的能力。

能力 目标难度与绩效之间呈非线性相关关系,也就是说,当一个人的能力接近极限时,他的绩效水平就会趋向保持平稳。我们在第14章中介绍过,激励是个人表现能力的重要构成部分,有些人认为他们有能力获得新技能、了解新环境,他们寻求一些具有挑战性的任务,这些任务能使他们开阔眼界,并学到一些完成任务的新方法。其他人则认为他们完成任务的能力是相对稳定的,并避免让自己处于那种会带来消极评价的环境中。

目标承诺 第二个因素是目标承诺,它是指个体实现目标的决心,而不管该目标是由本人制定的,还是由他人制定的。你在班级中的目标承诺是什么?花几分钟时间完成表15.2中的问卷。如果你公开承诺要达到某个目标,如果你有强烈的成就需要,如果你认为你能控制那些有助于你达到目标的活动,那么你对实现目标的承诺水平可能就比较高。

表 15.2　目标承诺问卷

项目	反应类别				
	非常同意	同意	不清楚	不同意	坚决不同意
1. 我有很强烈的决心达到____分。	___	___	___	___	___
2. 我愿意为实现这一目标付出所需的努力。	___	___	___	___	___
3. 我真的很关心能否达到这一分数。	___	___	___	___	___
4. 如果我达到这一分数，就能获得个人的满足感。	___	___	___	___	___
5. 我不可能按照其他课程的情况来修改我的目标。	___	___	___	___	___
6. 可能会发生很多事情而使我放弃原先确定的目标。	___	___	___	___	___
7. 在本门课程上能获得这个成绩，对我来说是比较现实的。	___	___	___	___	___

得分：选择非常同意得 5 分，选择同意得 4 分，选择不清楚得 3 分，选择不同意得 2 分，选择坚决不同意得 1 分。得分越高，说明你对实现目标的承诺水平越高。

资料来源：Cron, Wm. L., Slocum, J. W., Jr VandeWalle, D., and Fu, F. The role of goal orientation on negative emotions and goal setting when initial performance falls short of one's performance goal. *Human Performance*, 2005, 18(1), 55—80; Hollenbeck, J. R., Williams, C. R., and Klein, H. J. An empirical examination of the antecedents of commitment to goals. *Journal of Applied Psychology*, 1989, 74, 18—23.

参与对目标承诺的影响很复杂。如果员工参与目标的设置，会使他们产生主人翁的感觉，那么员工就可能做出积极的目标承诺。企业领导力研究会曾经针对 5 万名员工做过一次调查，发现承诺的增加会导致员工的积极主动程度提高 57%，即员工愿意付出超过正常工作职责的努力。这一结果使员工的绩效水平平均提高 20%，而离职意愿降低 87%。如果员工不愿意参与目标的设置，就会降低员工对目标承诺的水平。即使在没有员工参与的情况下，管理者也必须设置目标，这样做比完全不设置目标或仅仅告诉员工"做到最好"更能提高绩效水平。

人们实现目标后所期望得到的奖励对目标承诺的程度也起着重要作用。员工认为目标实现与奖励（提高工资和奖金、晋升、承担自己感兴趣的任务的机会等）之间的关系越紧密，他们对目标的承诺水平也就越高。这种观点与激励期望理论的观点很相似。同样，如果员工预期他们没有达到目标要受罚，那么目标承诺的可能性就比较高。然而，如果把惩罚作为一种指导行为的基本工具，那么员工对惩罚的回忆及由此带来的恐惧心理会产生一些长期的问题（见第 13 章）。

员工一般会把实际得到的奖励与期望得到的奖励进行比较。如果实际得到的奖励与期望得到的奖励一致，那么奖励制度就会继续支持目标承诺。如果员工认为他们得到的奖励比期望得到的少得多，他们就会感到不公平。如果感到不公平或实际存在不公平的话，员工最终会降低他们的目标承诺。

团队工作和同事的压力是影响个体目标承诺的另一个因素。位于佛罗里达州的非营利性连锁医院 Health First 成功地将组织目标与员工目标结合在一起。医院的管理者定下了五项目标计划，包括病人护理和成本管理。为什么是五个目标呢？因为组织希望让其管理者们关注一些可以衡量成果的当务之急的目标。在每年的年初，部门主管与员工进行座谈，沟通这五项目标。他们讨论员工应该如何来规划以实现目标。如果负责 OB-GYN 部门的经理需要将运作成本降低 5%，他可以登录医院的内部网，查看该部门一年以来的成本状况。个人工资增长的一半来自个人和团队的绩效。如果经理实现不了目标，人力资源经理就会指导他如何实现目标。医院的人力资源副总监鲍勃·萨特尔说:"我们的监督机制让管理者们负责激励员工,帮他们实现最高绩效。"

反馈 反馈(feedback)令目标设置与个体对目标成就(绩效)的反应成为一种动力过程,它向员工提供有关该员工绩效水平的信息。由于反馈的作用,个体能够把自己实际得到的奖励与根据实际成绩所期望得到的奖励联系起来,这种对比会影响到目标承诺水平的变化。

任务复杂性 任务复杂性(task complexity)是目标与绩效之间关系强度的最后一个影响因素。对于一项简单任务(如在万豪酒店的预订中心接电话)来说,由挑战性目标引发的努力能直接导致较高的任务绩效。对于更多的复杂任务(如学习成绩上一个台阶)来说,努力不会直接产生明显的效果,但个体也必须决定如何努力以及努力的方向。

中介因素

我们假设每个人都有挑战性的目标,而且调节因素有利于这些目标的达成。那么,这四个中介因素——方向、努力、坚韧性和任务策略是如何对绩效产生影响的呢?注意力的方向使行为集中在那些期望能带来目标成就的活动,而避开与目标无关的活动。一个人的努力程度通常根据目标的难度而定,也就是说,假设一个人承诺要达到一定的目标,那么任务的挑战性越大,个体的努力程度也就越高。坚韧性是指一个人愿意在一段时间里持续负责某项任务,直到目标达成。绝大多数体育运动都需要参与者进行长期而艰苦的训练,不断磨炼运动能力,并使其保持在某一高水平上。最后,任务策略是指个体在亲身经历和接受指导后,决定完成某一任务的方式,即首先做什么。

绩效

当具备下列条件时,一个人就有可能获得较高的绩效水平:① 具有挑战性的目标;② 具有调节因素(能力、目标承诺、反馈和任务复杂性);③ 中介因素(方向、努力、坚韧性和任务策略)发挥作用。总部设在伊利诺伊州 Destiny Health 公司专门为小企业提供健康规划,他们为员工设计了一个名为活力计划的项目。该项目鼓励员工寻求预防疾病的健康护理计划,对能够照顾自己健康的员工奖励积分。例如,被纳入戒烟计划的员工可以获得 3 000 点积分的奖励,这些积分可以换成家用电器、电影票、杂志订阅和旅游,还可以换成指定航空公司的飞行里程数。对于那些每人每年赢取积分超过 45 000 点的员工,公司还可以提供优惠折扣的健康保险。

可以用以下三条标准对绩效进行量化评估:生产或质量单位(产量或误差数)、金额(利润、成本、收入或销售量)以及时间(出勤率和达到最后期限的及时性)。当一些目标不容易量化或不适合进行量化的时候,就可以运用定性的目标(客户满意度、团队合作)和指标进行评估。此外,许多组织制定了道德规范,以支持员工制定道德目标,做出合乎道德规范的决策。建立道德准则有许多好处,盖普(Gap)、通用电气和强生等公司把这些看得非常重要。设置道德标准有以下几个有益的作用:

- 让员工清楚哪些行为是组织可以接受的;

第15章 运用目标设置和奖励制度进行激励

- 把道德规范作为决策的构成部分;
- 避免员工在区分对与错时产生不确定性;
- 避免组织的奖励机制对不符合道德的行为进行奖赏,从而导致决策的不一致性。

盖普公司最近发表了一份42页的社会责任报告,详细解释了这个价值65亿美元的服装零售巨头在与其3 000多家签约工厂中发现的问题。这些工厂为公司生产包括Gap、Old Navy和Banana Republic在内的知名品牌服装。该公司发现:许多与公司有业务往来的国家和地区,如非洲、印度和中南美洲,不断出现违反工资、健康和安全标准的做法。这些违规行为包括没有提供适当的劳保设施、体罚以及威逼压制。盖普公司从136家工厂撤回了订单,并拒绝了另外100多家无法达到盖普公司劳动标准的工厂的报价。下面的道德管理能力专栏介绍了盖普公司是如何改善员工的工作条件的。

道德管理能力

盖 普 公 司

盖普公司是如何改善那些遍及全球、为其生产服装的工厂的工作条件的呢?第一,它指定安妮·古斯特担任公司的首席行政与规范管理官,并发布了一份报告,这份42页的报告透露了盖普公司对其股东和融资机构所履行的社会责任。这份报告坦诚地指出公司范围内的一些违法的劳工使用现象,并承认盖普公司并没有完全找出所有解决问题的办法。许多非法使用劳工的问题是行业中存在的普遍现象。

第二,盖普公司建立了一套严密的监督体系,每年由93位成员负责监督8 500家工厂。在这些工厂中,75%的工厂通过了检查,成为盖普公司认可的供应商。在一次跟踪调查中,136家被发现有违规行为的工厂,被盖普公司从供应商的名单中剔除出去。现在,所有的生产设施和员工工作情况都受到监督,违规行为将上报给古斯特。

第三,为每个供应商设定了目标。盖普公司已经同意重新思考服装行业的一些惯例,其中包括使用童工或被强迫的劳动力(囚犯),不合理的生产周期,要求员工每周工作超过60个小时,以及让员工加班却不支付加班费。

第四,古斯特和她的助手会见了一些支持劳工的组织,期望让盖普公司的劳工政策更加明确。盖普公司表示愿意向公众透露对这些组织的回应内容。

第五,支持埃尔·萨尔瓦多服装业工人为当地服装厂组建工会的努力。

第六,许多在印度的工厂增加了一些员工福利,如儿童护理、健康保健、免费用餐等,这些政策的实施降低了员工的流动率,提高了工作效率。

注:关于盖普公司的更多信息,请访问公司主页 http://www.Gap.com。

奖励

当员工达到高绩效水平时,奖励就成为使其继续保持高绩效的重要诱因。奖励可以是外部的(如奖金、带薪假期等),也可以是内部的(成就感、以成就为荣等)。UPS、PPG 和美国汽车比赛协会的杰夫·戈登都对表现优秀的员工进行奖励。然而,在一种文化中被视为奖励的东西,在另一种文化中却未必如此。例如,在越南经商,需要在商务洽谈的第一天交换礼物。尽管礼物很小,但人们却对那些带有公司徽标的礼物看得很重。礼物应当包装起来,但不能使用白色和黑色这些与死亡相关的颜色。与之相反,在美国进行商务洽谈时,人们一般不准备交换礼物。在越南,如果在公众场合表扬一个取得成就的人,反而会使他感到很窘迫,一般也不在公众场合发放奖金。在美国正好相反,人们往往把对自己成就的公开赞许看得很重。

满意度

许多因素(挑战性的工作、有趣的同事、薪水、学习的机会和良好的工作环境)都会影响一个人对工作的满意度(参见第 11 章)。然而,在洛克-莱瑟姆模型中,他们把研究的重心放在员工对绩效的满意度上。目标设置得太高、太难的员工所体验到的工作满意度可能比那些目标设置得较低、较容易的员工要低。难度较大的目标一般很少能够达到,而对绩效的满意度则与成功相联系。因此,为了使绩效和满意度都达到最大化,就必须适当降低目标的难度。然而,某些满意度的水平却仅仅与努力实现困难目标的过程相关,而与结果无关。

目标设置对激励与绩效的作用

> **学习目标**　2. 阐述目标设置对工作满意度和绩效的作用。

哪些情境因素会增加或减少目标设置的益处呢?要获得目标设置的益处,管理者必须综合考虑以下五个关键方面:

1. 个人必须具备实现目标的知识和能力。如果目标是在未来 12 个月内将销售额提高 15%,而且员工缺乏实现这一目标的销售能力的话,仅仅催促他们"拓展目标"的做法通常不奏效。这样做反而会使员工感到焦虑,于是会不择手段地寻找方法(道德的和不道德的)来达到目标,但是却没有学会增加自己效能的行为。

2. 个人必须全身心地投入目标的完成中,特别是当目标较难的时候。实现一个较难的目标需要投入更多的努力。

3. 人们需要了解目标实现进度的反馈。反馈使员工可以调整自己的努力和行为,从而更好地实现目标。当员工发现他们还没有实现目标时,通常会对自己已取得的绩效感到自豪而加大努力程度。

4. 复杂的任务需要被分解,这样员工可以设立一些能够实现的分目标。这些分目标为员工提供必要的信息,让他们了解自己的进度是否与要求他们实现目标的进度一致。

5. 情境的制约因素会增加目标实现的难度。领导者的一个主要角色就是确保员工具备实现他们目标所需的愿望,同时也要为这些目标的实现清除障碍。

对绩效的影响

目标设置的作用之一就是激励员工取得高绩效,原因如下:第一,有难度但又可能实现的目标促使人们把注意力集中到目标的实现上。在汽车租赁公司,业务代理注重顾客满意度的目标是因为他们知道公司每月都会检查结果并排名,而这些排名会影响他们升迁的机会。第二,有难度的目标激励人们花大量的时间和精力去找出实现的方法。在汽车租赁公司,业务代理与顾客进行交流,有时是十分详细的,这样业务代理就可以了解顾客的需要,无论私家车、敞篷车、皮卡还是运动型多功能车(SUV),都能给客户提供最合适的车型。顾客的满意度和忠诚度对于企业经营的成功至关重要。第三,有难度的目标增加了人们实现目标的毅力。如果人们感到目标是通过运气或少许努力就可以实现的话,他们就会觉得这样的目标不相关,而且不会按照应有的步骤去实现它。

总的来说,明确而有难度的目标从以下几方面影响激励和绩效:

- 鼓励人们为实现目标而制订行动计划;
- 使得人们的注意力集中在与目标相关的行动上;
- 使得人们竭尽所能去完成目标;
- 促使人们面对困难也坚持不懈。

下面的沟通管理能力专栏介绍了丽嘉酒店的价值观和目标是如何在入职培训中传递给员工的。

 沟通管理能力

丽 嘉 酒 店

在丽嘉酒店工作的员工都会为该公司曾两度获得国家鲍德里奇质量奖而感到自豪。丽嘉酒店获得这一代表优秀客户服务质量的奖项并不是偶然的,从公司的招聘环节开始,就在为提供优质服务做准备:公司知道对于每项工作,什么样的人能够做得最好,因此它只会选择那些注重感情、团队合作及举止谦恭的人。

接下来就是员工入职培训环节,这是建立一个有着共同目标的员工团队的第一步。在培训期间,按照前任总裁霍斯特·舒尔茨的说法,公司与员工间进行"灵魂"的沟通,让员工明白公司的"灵魂"所在。期间,舒尔茨会解释并强调每位员工对实现组织目标都是至关重要的。如果他们无法令客户的登记入住成为一种快乐,无法恰当满足客户的每个要求,公司将无法实现优质服务目标。优质服务包括24小时客房服务、一天两次清理服务、赠送鞋油、俱乐部配备私人休息间和护理服务。

经过公司总体的入职培训项目之后，丽嘉酒店会按照员工的具体工作，为他们提供具体的培训项目。培训都是专门设计的，由五个表现最佳的员工演示每项工作是如何完成的。这些员工被称为"五星获奖者"，他们是由同事、客人和经理共同评选出来的最佳表现者。作为每项工作的最佳表现者团队，他们总结并建立了一套其他员工需要了解并执行的行为规范，公司会不断地结合这套规范与员工进行沟通。每天工作的最初15分钟，所有员工都要排列整齐，这是为了提醒大家必须通过一天的努力工作来体现公司的价值观。在列队的时候，部门主管会告诉大家这一天安排了哪些特殊活动，让大家提出相关问题，如食物、语言、汇率、交通等。通过与员工不断沟通公司希望实现的目标，让员工养成良好的习惯，为客户提供优质服务。为了奖励员工的良好行为，经理会为那些达到酒店质量标准的员工颁发"黄金标准奖券"，这些奖券可以享受周末在酒店住宿或换取酒店礼品店中的商品。

注：关于丽嘉酒店的更多信息，请访问公司的主页http://www.RitzCarlton.com。

目标设置的局限性

虽然我们已经说明了目标设置在不同情境中能够提高绩效，但也要意识到它存在的三个局限。第一，当员工缺乏相关技能和足够的能力时，目标设置无法奏效。如果某员工不懂如何编写程序，为他制定一个编写电脑程序的目标并不能导致他的绩效提高。为了克服这个局限性，丽嘉酒店要求新员工参加一个培训课程，教他们如何处理顾客请求和投诉，培养顾客的忠诚度，并与餐厅、出租车公司、高尔夫球场等业务联系较多的服务机构建立良好关系。

第二，在给员工安排一个需要进行大量学习的复杂任务时，成功的目标设置往往需要更长的时间。面对复杂的任务，要想获得很好的业绩，就要求员工把他们的注意力集中到任务上，而不被无关或次要的问题所干扰。雷·埃弗纳姆的彩虹斗士队有能力迅速完成复杂任务，是因为当汽车驶入维修站时，他们都会全力关注唯一的任务。

第三，当目标设置系统奖励了错误行为时，会引发重大的问题。马歇尔工业公司是洛杉矶一家销售额达10亿美元的电子产品经销商，每月有3万名顾客订购超过70万套部件。罗德·罗丁作为公司的首席执行官，很快就意识到公司的奖励制度正在鼓励那些导致服务不良、顾客不满、最终利润微薄的行为。他发现，居然有超过20%的销售产品是在每月的最后3天发送给顾客的。管理人员仅仅为了完成月度销售目标而把顾客的退货藏起来或者设立呆账、坏账户头。各部门相互隐瞒货物，或者在手头缺货的情况下诈称货物已经付运。一位客户由于在波士顿从事设计而在克利夫兰进行采购，销售人员竟然为了如何瓜分佣金而争吵不休。过去，公司只是根据销售数据（如应收账款和销售总金额）来审核和计算员工和团队的工作绩效。罗丁的解决方法是废除这种激励性的薪酬制度，他声明：以后不再有针对个人绩效的竞赛、奖项和个人成就奖金。马歇尔工业公司的每位员工都领取工资，而只有公司实现了整体赢利目标，员工才可以分享公司奖金。

第 15 章 运用目标设置和奖励制度进行激励

> ▶▶▶ **成功领导者语录**
>
> 经营一家公司就像参加田径比赛,你要决定跳高时横杆的高度。我的工作就是鼓励大家将横杆放在既现实又尽可能高的地方,然后鼓励他们想出跳过去的方法。
>
> 库尔特,威登豪普特,美国精密工业公司 CEO

在组织中的具体应用

与对组织不太满意和很少做出承诺的个体相比,那些对组织既满意又有承诺的个体更有可能与组织同甘共苦,并勇于面对组织面临的挑战。对感到满意的个体来说,其离职率和缺勤率也比较低。这种联系使我们对洛克-莱瑟姆目标设置模型有了一个更完整的理解。如果事情变得糟糕,原来一直感到很满意的个体后来变得不满意了,将会发生什么情况呢?这些人的反应至少可以归纳为六种情形:① 不愿意工作(辞职);② 不想干活(缺勤、迟到、早退);③ 心理防御(滥用酒精或毒品);④ 建设性抗拒(抱怨);⑤ 违抗指令(拒绝做所要求的工作);⑥ 侵犯倾向(偷窃或攻击)。辞职是极度不满意的常见表现。

目标设置模型对员工、管理者和团队都有重要的意义。第一,它为管理者或团队提供了一个极好的理论框架,用以诊断那些绩效一般或较低的员工可能存在的问题。管理者进行诊断的问题包括:① 目标是如何设置的;② 目标是否具有挑战性;③ 影响目标承诺的因素是什么;④ 当员工表现出色时,他是否能够得到反馈。第二,它可以为管理者提供具体建议,如何为员工营造一个取得高绩效的工作环境。第三,它对影响高绩效的一些关键因素(如目标难度、目标承诺、反馈和奖励)之间的关系及其相互作用进行了清晰的描述。

高绩效的奖励制度

> **学习目标** 3. 阐述奖励制度对高绩效的促进作用。

在第 13 章和第 14 章中,我们讨论了组织为员工提供奖励的类型。从这两章所讨论的概念以及本章到目前为止所提出的概念中,你应该认识到,所有管理者的一个基本目标就是激励员工竭尽所能地工作。**高绩效工作系统**(high-performance work system)这一术语经常被用来描述不同激励方式的有效整合,这些激励方式使用了一些将报酬与绩效挂钩的新手段。管理者认为:将报酬与工作绩效联系在一起是必要的,然而在实际工作中,要建立这样的联系通常是很困难的。引发的问题包括:报酬的提高应当与个体绩效还是团队绩效相联系?我们不妨回忆一下,马歇尔工业公司首席执行官罗丁发现:对个体进行奖励会加剧员工之间不健康的竞争,从而影响员工的士气。然而,决定对组织中的全体员工进行奖励又会导致另一个问题:对员工的奖励是根据节省成本的原则还是根据利润分配原则,是选择按照年度发放还是选择员工退休或离开组织时发放。成本节省原则所需的财务程序相当复杂,而且工作量巨大,但是如果效率高的话,奖励的发放相对较快。有时,许多员工也把额外福利、薪资、从事挑战性工作的机会和实现有难度的目标看做一种奖励。

相当多的研究是关于奖励如何影响个人和团队绩效的。从这些研究中我们看到:奖励依赖六个因素来激励个人或团队实现高绩效。

1. 可行性。通过奖励提高绩效,其前提是,奖励必须是可以获得的。奖励太少相当于完全没有,如员工渴望增加薪资却难以实现。此外,如果薪资增加的幅度低于员工最低可接受的标准,实际上会产生负面的结果,如盗窃、伪造文件等。

2. 及时性。像绩效反馈一样,奖励应该及时兑现。如果奖励与其强化的行为时间相隔太久,其激励潜能就会下降。

3. 权变性。奖励应该与某个特定的绩效紧密相关,即强调激励的权变性,只要实现了目标就发放奖励。绩效与奖励的联系越清晰,奖励就越能激励出所期望的行为。在美国,40%的员工不相信他们的绩效和薪酬之间存在任何联系。

4. 持久性。一些奖励的效果比其他奖励能够持续更长的时间。内在的奖励,如增加工作的自主权、增加挑战、增加责任等,比外在的奖励,如增加薪酬等,能够持续更长的时间。

5. 公平性。当员工相信组织的薪酬政策公平、公正时,他们提高绩效的动机就会增强。

6. 预见性。要推广一项奖励制度,管理层必须保证奖励政策在组织中是明确的。例如,被指派到重要的委员会任职或被提拔到一个新的职位等,都是明确的奖励。这样的奖励能够向员工发出这样的信息:奖励是可以得到的、及时的、基于绩效的。

接下来,我们将讨论四种常用的奖励制度:收益分享计划、利润分享计划、技能工资和弹性福利计划。表15.3概括了它们的激励效果和局限性。

表15.3 高绩效工作环境中的奖励制度

奖励制度	激励效果	局限性
收益分享计划	对能够达到特定的产品质量水平和成本控制要求的员工进行奖赏。	方案可能比较复杂,员工必须信任管理层。
利润分享计划	对组织的绩效进行奖赏。	个人和团体很难对组织的整体绩效产生影响。
技能工资	在员工获得新的技能后,为其加薪。	由于员工掌握了更多的技能,劳动力成本将会提高。员工达到最高工资标准后就不思进取了。
弹性福利计划	能满足不同个体的需要。	管理成本高,对团队不适用。

收益分享计划

收益分享计划(gain-sharing programs)是公司和员工分享改进企业生产率后所节约的资源的一种方式。该计划的潜在前提是:员工与雇主有共同的目标,因而应当共同分享经济收益。在生产率提高、生产成本降低或产品质量提高的条件下,公司可以通过收益分享计划向员工定期提供现金奖励。根据翰威特咨询公司薪酬顾问迈克尔·墨菲的调查:超过25%的美国公司都制订了某种形式的员工收益分享计划,向员工支付的比例从几年前的5.9%上升到现

第 15 章　运用目标设置和奖励制度进行激励

在的 7.6%。包括佐治亚—太平洋公司(Georgia-Pacific)、Huffy 自行车公司、TRW、内陆集装箱公司以及通用电气公司在内的许多公司发现：设计良好的收益分享计划有助于激发员工的工作热情和工作参与度。每个组织会有专门制订的收益分享方案，用来对绩效贡献和收益分享回报进行计算。许多收益分享计划鼓励员工积极参与决策，因为这关系到他们所能得到的报酬。收益分享计划也与工厂及各部门的发展联系在一起。

斯坎伦计划(Scanlon plan) 是一种被广泛采用的收益分享形式，它是以 20 世纪 30 年代一位名叫乔·斯坎伦(Joe Scanlon)的工会领导人的名字来命名的。斯坎伦计划是一种为促进生产率的提高而制定的奖励制度。制订该计划的目的是节约劳动力成本，奖励按照劳动成本和产品销售额的函数关系计算出来。员工和管理者共同制订一个方案，即按照劳动力的总成本与销售总额的比率来分配奖金。如果实际的劳动力成本比预期低，那么节省部分就转为奖金。例如，巴尔的摩县的工作人员经过计算得出，为给该县的居民带来价值 50 万美元的服务，他们需要价值 10 万美元的劳动力。第二年，提供同样价值的服务却只使用了 8 万美元的劳动力。在保持县里财政预算平衡的同时，他们把节约下的劳动力成本(2 万美元)中的 40% 发放给了员工。员工的奖金根据他们薪酬的比例来发放。在许多情况下，奖金是在组织和员工之间平均分配的。

收益分享计划更适合于某些特定的情况。表 15.4 列出了有利于实施这个计划的一些情形。总的来说，收益分享计划似乎适合那些拥有良好市场、绩效评估较为简单以及员工可以控制生产成本的小型组织。管理层支持这个计划，员工也有兴趣了解收益分享计划。

表 15.4　有利于收益分享计划的情形

组织特征	有利情况
组织规模	通常少于 500 人
生产成本	员工可以控制
组织氛围	开放、高度信任
管理风格	员工参与管理
工会地位	没有工会，或者倾向于合作的工会
沟通政策	开放，愿意分享公司的经营成果(包括货币形式)
工厂经理	可信赖，严格执行计划，能制订清晰的目标和计划
管理人员	拥有技术能力和良好的沟通技巧，支持员工参与管理决策，有能力处理建议和新想法
员工	了解技术，对参与管理和高薪酬感兴趣，了解企业财务状况并对其感兴趣

资料来源：Cummings, T. G., and Worley, C. G. *Organization Development and Change*, 7th ed. Cincinnati: South-Western, 2001, 403。

虽然收益分享计划听起来不错，但它也存在一些显而易见的缺陷。最近，弗利特金融集团放弃了它的利益分享计划就证明了这一点。该集团曾经用了两年的时间来降低成本，其中一个做法就是采取收益分享计划。公司管理层将公司的利润与公司股票价格的比率作为收益分享计划的基础。在成本不断降低和股票价格不断上涨的情况下，员工们都支持这个计划。但是，当弗利特金融集团削减了成本之后，公司的股票价格依旧持续低迷时，每个员工就只能拿到最低的收益，平均 615 美元。员工们开始抱怨他们本应得到的奖金都因股价走低而化为乌有，而公司股价并不是他们能够控制的，收益分享计划也就变得毫无意义。而更让员工感到愤怒的是，高层管理者却因为他们的奖金采取另外一种发放标准，而获得大笔的奖金。另一个失败的例子是美国钢铁公司。在实施了7年的收益分享计划之后，由于全球钢铁生产开工不足，而且钢材价格下降，公司高层决定取消该计划。美国钢铁公司的收益分享计划原本主要是按照生产率的增加来计算的，后来换成了按照员工运作效率的提高来计算，而这种效率主要是通过降低成本与废品、减少返工的方式来实现的。

利润分享计划

与收益分享计划相比，**利润分享计划（profit-sharing programs）**是把公司利润的一部分拿出来分配给员工。顾名思义，利润分享计划是把部分利润分发给全体员工。利润分享的平均数额一般很难计算，但根据一些专家的看法，这一比例通常要占到员工工资的4%—6%。不过，根据斯坦顿·蔡斯人才顾问公司的执行总裁史蒂夫·沃森的说法，利润分享的作用可能比较有限，因为员工认为他们几乎无法对组织的总体利润率产生任何影响。也就是说，公司的利润受多方面因素的影响，如竞争对手的产品、经济状况和通货膨胀率，这些都是员工无法控制的因素。然而，利润分享计划在日本却很流行，如在日本精工株式会社，许多管理者和员工一年能拿到两次奖金，相当于4—5个月的薪水。这些奖金主要是根据公司的总体绩效，特别是利润额来决定的。

成功的利润分享计划有哪些特征呢？根据翰威特咨询公司的说法，在使用利润分享计划的公司中，有超过1/3的公司会对计划实施的结果进行跟进和评估，而28%的公司表示利润分享计划没有达到预期的目标。为了避免失败，翰威特咨询公司提出以下建议：

- 要让业务经理和员工共同参与制订计划，以确保得到他们的支持。
- 为计划设置清晰的目标。
- 确保员工明白衡量计划的标准。
- 将计划与公司战略联系在一起。
- 给予计划充分的时间来发挥其效果。通常需要2—3年的时间才能改善公司的整体绩效。
- 为员工提供最新的信息，让他们了解自己追求目标的进展情况。

技能工资

根据一个人在劳动力市场上的价值来确定其报酬具有重要的意义。毕竟，那些具有高水平能力，尤其是具有多种能力的员工对组织来说是一种有价值的资产。正如我们之前强调的，管理沟通、团队建设以及变革管理能力是基于对某些个体技能的掌握，如口头、书面和公众表达能力。确定**技能工资（skill-based pay）**的依据是员工所学到的与工作相关的技能数量和水平。技能工资按照员工在组织内使用的各项技能来支付薪酬，而不是按照他们具体从事的工作。工作发生变化不一定导致工资的变化，而且并不注重工作的资历。其潜在的假设是：技能工资这种奖励制度关注个体而不是工作，因此它认可学习和成长。员工根据他们能够掌握不同技能的数量来领取工资。

在《财富》1 000 强企业中,有超过 16% 的企业是利用技能工资系统来激励员工的。在英国,诺里奇和彼得伯勒建筑协会是一家提供按揭和货币业务的公司。该协会以前的奖励制度共有 12 个等级,却只涉及部分员工,不但没有有效地减少员工的流失,反而让员工感到十分困惑。新的计划以 5 个等级的技能为核心,如客户服务和关系管理,工资的变动幅度与这些技能挂钩。现在,67% 的员工的工资增长取决于是否获得了五个等级的工作技能。结果,员工的流动率从 25% 下降到 17%,生产效率提高了,客户满意度也提高了。员工们认为新的工资制度简单而透明,他们十分清楚需要具备哪些技能来提高工资。对于管理者而言,他们也就不用再回答这样的问题:"为什么那个人比我挣得多?"

当然,技能工资计划也有一些局限性,其中一个重要的缺陷就是"封顶"的倾向。当员工们已经学完所有要学的技能后,达到工资顶级水平,而没有更高的级别时,就会发生封顶效应。通用电气、联合技术等公司在大部分员工都掌握了所有要学的技能之后,通过制订收益分享计划来解决封顶效应问题;其他公司则通过废除陈旧的技能、增添新的技能来提升员工的能力标准,从而解决这个问题。该计划的其他缺点还包括:管理层对计划的投入不够,纳入技能工资计划的员工与没有纳入计划的员工可能产生冲突,管理者的培训不足,计划制订不周全,劳动力成本增加的同时却无法带给组织相应的收益。技能工资制度也需要在培训方面大量投入,并建立一个有效的评估机制,从而判断员工是否掌握了新的技能。

弹性福利计划

弹性福利计划(flexible benefit plans) 允许员工选择他们想要的报酬收益,而不是让管理层替他们选择。弹性福利计划通常被称为**自助餐式福利计划(cafeteria-style benefit plans)**。根据 TNS 咨询公司合伙人约翰·塞姆扬的估计,一个典型的公司福利计划所需资金大概占公司员工薪酬总量的 36%。这可是一笔巨大的开支,因为大多数组织用于对员工业绩进行奖励的资金仅占 3% 或更低。根据弹性福利计划,由员工自己决定他们需要哪些基本福利计划以外的额外福利。一些员工把所有的福利兑换成现金,其他一些人则选择额外的人寿保险、儿童或老人护理、牙齿保险或退休计划。广泛的福利选择对那些有配偶和家庭的员工来说可能很有吸引力,然而许多福利对年轻人或单身员工来说,吸引力可能就很小。与年轻员工相比,年龄大一些的员工对退休计划看得更重,他们也愿意向退休计划投入更多的资金。家中有年迈父母的员工可能更希望公司在对老人的照料上提供经济援助。在旅行者保险公司,员工每年可以为照料年迈的父母而选择最高达到 5 000 美元的福利。

现在已有数千家公司向其员工提供弹性福利计划。由于这种计划具有以下三大优点,因此目前比较流行。第一,它允许员工对个人的资金做出重要的决策,允许员工通过他们的福利计划满足自身需要。第二,这个计划帮助组织控制成本,尤其是医疗保健开支。雇主可以设定他们需要投资在员工福利中的最高数额,从而避免负担成本的增加。第三,这种计划突出了员工福利的经济价值。大多数员工几乎没有福利的成本概念,因为即使他们对计划中的一些项目不感兴趣或更愿意做出其他选择,组织仍会向他们支付这些福利。

而且,不断变化的劳动力也使雇主把这种弹性福利看做一种招募和保留员工的重要手段。星巴克公司相信,弹性福利计划已经使员工的流动率从 150% 降低到 60%(参见第 14 章)。星巴克做过计算,雇用一名员工得花费550美元,照这样计算,如果竞争对手的员工流动率为300%,那么它将不得不在每个岗位上每年花费1 650美元(3×550)来雇用三个员工,而星巴克公司每个岗位每年只需花费330美元(0.6×550)。

当然,弹性福利计划也有一些局限性。第一,由于不同的员工选择不同的福利组合,因此员工档案的保存是一项十分复杂的工作。要保存员工档案的详细情况,一套精密的计算机系统是必不可少的。第二,精确地预测出选择每种福利方案的员工人数也是相当困难的。这可能会影响公司在人寿保险和医疗保险方面以团体投保而获得的优惠价格,因为这些险种的费用主要是根据投保员工的数量来计算的。

在组织中的具体应用

当管理层在这四种奖励制度中进行选择的时候,他们必须权衡各自的利弊。图15.2为组织选择一种合适的奖励制度提供了一些指导。从图中可以看出,你必须了解个体或团队计划对环境的要求,特定的个体或团队计划在什么环境下最有效,然后才能做出选择。如果你对前五个诊断性问题做出肯定回答,那么允许个人计算自己报酬的奖励制度就是最有价值的;如果你对这五个问题做出否定回答,那么以团队、部门或组织为单位的奖励制度可能更合适;如果你想对个体的绩效进行奖励,那么应当再问自己三个问题;如果对所有这些问题都做出肯定回答,那么选择技能工资或收益分享计划就比较合适;同样,如果觉得小组或团队奖励计划比较合适,那么你应当再问自己三个问题;如果对所有这些问题都做出肯定回答,那么选择利润分

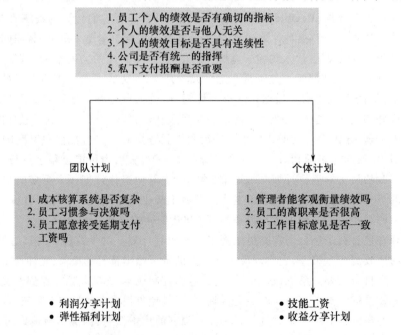

图15.2　在可供选择的奖励制度中做决策

资料来源:Wagner, J. A., and Hollenbeck, J. R. *Organizational Behavior*, 3rd ed. Englewood Cliffs, N. J.: Simon and Schuster, 1998, 100。

享或弹性福利计划就比较合适。

世界各国的不同组织采取的是不同的奖励制度。孩提时期学到的文化价值观会一代一代地传下去,从而使国与国之间有所区别。表15.5的信息来自于几次大型的国际研讨会的研究结果。研究者对全球五十多个不同文化的公司奖励制度进行了考察。在第1章中,我们提出了考察区别不同文化中的思维、情感、想法和价值观的一套理论框架,讨论了文化差异的四个维度,包括不确定性规避、权力距离、个人—集体主义和性别角色倾向。

表15.5 文化与奖励制度

文化	奖励制度
权力距离	按照个人绩效支付薪酬,地位象征很重要,工资与在组织内的等级挂钩,从股票期权到目标管理都适用
个人主义—集体主义	按照团队的绩效支付薪酬,利润分享,不强调外部奖励
性别角色倾向	主要运用额外福利、收益分享计划,按照团队成就的参与度设立目标,强调工资平等
不确定性规避	报酬工资注重长期目标的导向,资历很重要

资料来源:Tosi, J. L., and Greckhamer, T. Culture & CEO compensation. *Organization Science*, 2004, 15, 657—670; and Hofstede, G. *Cultures Consequences*, 2nd ed. Thousand Oaks, CA:Sage,2001。

下面的跨文化管理能力专栏通过文化差异的四个方面来描述对奖励制度的影响。

跨文化管理能力

不同文化中的奖励实践

在不确定性规避程度高的文化里,以资历为基础支付报酬的现象比较普遍。对公司强烈的忠诚会产生长期的雇佣关系。基于资历的奖励制度很容易实施和理解,这些制度不会带给员工任何风险,因为制度是按照公司的绩效,而不是个人或团队绩效来执行的。在日本和其他亚洲国家,每年在员工加入公司周年纪念日当天,他们的工资会增加。管理者不会因为员工的表现差而开除某人,而是把员工调到其他部门,或给他一个"闲置的职位",即一个没有什么权力和职责的工作。这样做是为了顾全员工的面子。

在高权力距离的文化中,奖励是根据个人在组织中的级别来支付的。处于高层和基层的员工工资差距很大。特权和地位的象征随处可见,而且人们习以为常。公司依靠利润分享和其他不同的薪酬制度来激励员工,通常也会以惩罚相威胁来激励下属。

在个人主义盛行的文化里,人们最关心的是自身利益。雇佣关系是一种基于劳动力市场价格的交易,以激励个人为主,因此奖励个人成绩的技能工资和目标管理制度是比较普遍的做法。在集体主义文化中,通常使用团队收益分享来强化团队或群体的成就。在日本滚珠轴承制造商NSK和卫浴生产商Toto公司,当业务不景气时,公司允许员工缩短工作时间,减少工资收入。在没有很强的性别角色倾向的文化中,强调成员之间的平等,不会因为性别不同而导致工资的不同。通常采取弹性福利计划,为员工提供许多与工作无关的福利,从而激励员工。例如在瑞典,女性管理者认为照顾家庭是理所应当的,因此希望管理者能够想出一些有创意的方法来帮助她们度过育儿期。

本章小结

1. 解释目标设置是如何影响绩效的。

目标设置是指通过把个体、团队、部门和组织所期望达到的产出具体化,从而提高其工作效率的过程。

由洛克-莱瑟姆提出的目标设置模型强调了目标为个体提供的挑战性:目标难度、目标清晰度和自我效能感。为那些认为他们有能力完成目标的个体设置有难度而又清晰的目标能够提高其绩效。四种调节因素——能力、目标承诺、反馈和任务复杂性会影响挑战性目标与绩效之间关系的强度。如果个体有能力,对目标有承诺,在实现目标的过程中提供反馈,同时目标又是复杂的,那么其绩效将会提高。这四个因素必须都具备,才能提高一个人实现其目标的积极性。四个中介因素——目标方向、努力、坚韧性和任务策略能促进目标的达成。也就是说,这四个特征有助于使个体的积极主动性得到引导和集中。这一模型是绩效、奖励、满意度和结果循序渐进的过程。

2. 阐述目标设置对工作满意度和绩效的作用。

目标设置是提高工作满意度和绩效的主要机制,因为它使得员工能进行自我激励。要使目标设置有利于员工所在的组织,就必须满足五个要求:个人必须具备实现目标的知识和能力,个人对目标做出承诺,人们需要了解目标实现进度的反馈,为复杂的任务建立分目标,以及领导者为员工清除实现目标过程中的障碍。

3. 阐述奖励制度对高绩效的促进作用。

奖励制度为激发个体和团队高水平绩效提供了一种强有力的工具。有四种奖励制度可用于提高绩效:收益分享计划、利润分享计划、技能工资和弹性福利计划。收益分享计划是对员工提高生产率、降低成本、提高产品或服务质量的一种常规性现金奖励;与此类似的是利润分享计划,它把组织利润的一部分分配给员工;技能工资是根据员工掌握的技能数量和水平来支付报酬的一种形式,技能的价值是由组织决定的;弹性福利计划允许员工选择他们认为重要的福利项目。

第15章 运用目标设置和奖励制度进行激励

关键术语和概念

自助餐式福利计划（cafeteria-style benefit plans）
反馈（feedback）
弹性福利计划（flexible benefit plans）
收益分享计划（gain-sharing programs）
目标清晰度（goal clarity）
目标承诺（goal commitment）
目标难度（goal difficulty）
目标设置（goal setting）

目标（goals）
高绩效工作系统（high-performance work system）
目标管理（management by objectives，MBO）
利润分享计划（profit-sharing programs）
斯坎伦计划（scanlon plan）
技能工资（skill-based pay）
任务复杂性（task complexity）

讨论题

1. 万豪酒店的一位财务经理辛迪·贝克谈到，在很多情况下，管理者由于过度强调准确，反而导致对错误行为的错误衡量。这句话对于运用目标管理方法的管理者而言，有什么启示？

2. 收益分享计划和利润分享计划之间有什么异同？哪个计划能使你获得更高的绩效？为什么？

3. 如果CompUSA达拉斯分公司的一位经理调到日本工作，在奖励员工时，她会遇到哪些文化因素的影响？

4. 运用目标设置理论对UPS公司的项目进行分析。为什么这个项目是成功的？

5. 你认为是什么因素影响了你对这门课程的目标承诺水平？当得到作业反馈或考试成绩后，你的目标承诺是否发生了变化？

6. 弹性福利计划可以同员工的绩效挂钩吗？如果可以，这样做的优点是什么？缺点是什么？

7. 在实行技能工资计划的组织中，员工可能会遇到哪些问题？

8. 美国航空公司食品与饮料服务经理马克·奥克查蒂说："如果不能对目标进行定义和测量，那么你就不能实现这一目标。"从目标设置和测量的角度来看，这句话有什么含义？

9. 运用目标设置理论来分析雷·埃弗纳姆的彩虹斗士队。为什么这个团队的工作如此有效？

10. 列出五个你认为最重要的个人目标，并对每个目标的难度和清晰度做出评价。这些目标可以被衡量吗？如果这种评价对你将来的发展是有意义的，那么意义是什么？

体验练习和案例

体验练习:自我管理能力

目标设置问卷

说明

下面每道题涉及你目前正在做或曾经做过的工作。看完题后,请从下列量表中选择最能反映你个人观点的等级分数。你可以用另外一张纸记录下你的选择,再与其他人的选择进行比较。

数值范围

几乎从不　　　1　　　2　　　3　　　4　　　5　　　几乎总是

___ 1. 我很清楚自己在工作中应该怎么做。
___ 2. 在工作中我有具体而明确的目标。
___ 3. 我的工作目标具有挑战性。
___ 4. 我知道我的工作绩效是如何被测量的。
___ 5. 我有完成工作目标的最后期限。
___ 6. 如果我有几个目标要去完成,我知道哪个最重要,哪个其次。
___ 7. 我的目标需要我全力以赴去实现。
___ 8. 我的上司会告诉我为我制定这一目标的原因。
___ 9. 我的上司支持、鼓励我达到目标。
___ 10. 我的上司让我参与目标的设置。
___ 11. 我的上司允许我在决定如何实现目标上有一定的自主权。
___ 12. 如果我实现了目标,我知道上司一定会很高兴。
___ 13. 当我达到目标时,我会得到别人的赞扬和认可。
___ 14. 为达到目标而努力使我的工作更有趣,而没有目标时则不会有这种感觉。
___ 15. 当我得到反馈,证明自己已经达到目标的时候,我会感到很自豪。
___ 16. 我的同事鼓励我达到自己的目标。
___ 17. 在实现团队目标时,我有时会与同事竞争,看谁的工作做得最好。
___ 18. 如果我达到了自己的目标,就能增强工作的安全感。
___ 19. 如果我达到了自己的目标,就能增加加薪的机会。
___ 20. 如果我达到了自己的目标,就能增加升迁的机会。
___ 21. 我常常感到自己有一个(些)合适的行动计划去实现目标。
___ 22. 我会定期得到一些有关目标进展情况的反馈。
___ 23. 我感到培训使我有能力达到自己的目标。
___ 24. 组织的政策有助于而不是阻碍目标的实现。
___ 25. 在实现组织目标时,我们采取的是团队合作的形式。
___ 26. 组织能提供丰富的资源(如时间、资金和设备)以保证目标设置的有效性。

第15章 运用目标设置和奖励制度进行激励

_____ 27. 在绩效评估会议上,我的上司主要强调的是解决问题而不是批评。
_____ 28. 在这个组织中,制定目标是为了帮助你把工作做好,而不是为了惩罚你。
_____ 29. 实现目标的压力会促使人们更加诚实,而不会造成欺骗和不诚实。
_____ 30. 如果我的上司所犯的错误影响了实现目标,他(她)会予以承认。

得分与解释

把30道题的得分相加,算出总分。120—50分表明你处于一个高绩效、高满意度的工作环境中,你的目标具有挑战性,你对目标的实现有承诺。而在你实现目标的时候,会为所取得的成就得到一定的奖励。80—119分表明你可能处于一个高度变化的工作环境中,这种环境在一定程度上能使人受到激励、感到满意,但同时也会使人受到挫折而感到不满意。30—79分表明你处于一种低绩效、低满意度的工作环境中。

问题

1. 运用洛克-莱瑟姆模型中的概念说明你将如何提高绩效?
2. 什么样的高绩效奖励制度能够支持你在问题1中提出的那些变革建议?

案例:变革管理能力

改善安全措施

安全事务对于员工和管理者而言,一直都是非常重要的。自从1970年美国通过了《职业安全与健康法案》(OSHA)之后,管理者对于减少工伤事故的必要性和方法一直十分关注。在某家农用机械公司,有三个部门的安全记录非常糟糕。这三个部门是总装部、配件部和备料部。尽管公司管理层已经三令五申,发出安全警告,但还是经常发生违反安全要求的操作。

于是,公司聘请了四位顾问,根据公司的安全手册整理出一份核对表。然后,顾问们在三个部门随机观察员工,判断他们是否执行了公司的安全规则,如员工在设备下方作业时,是否佩戴两侧有防护罩的安全眼镜,是否佩戴皮手套。这种对所有员工的观察每周会进行2—4次,整个调查一共进行了167次观察。每次观察结束后,会对每个部门的安全表现进行统计,用实行安全操作的员工人数除以部门被观察的所有人数,再乘以100,每个部门每周的安全表现就是那一周所有观察结果的平均分。之后,结果会被公布出来,所有的员工都知道他们部门的安全表现分数。备料部的平均安全得分为72%,总装部为53%,配件部为48%。

顾问们随后设计了一个培训项目,以此来改进三个部门的安全绩效。所有的员工都参加了一个30分钟的会议。在会议上,管理人员告诉他们,安全目标将与他们所在部门每周的安全表现挂钩。管理者还说达到100%的安全绩效是不现实的目标,这样的目标过高且难以实现。但是,如果90%的员工能够做到安全操作,不仅能够实现公司目标,还可以减少工伤事故的发生。

问题

1. 请你为这三个部门制订一个目标设置计划,帮助它们实现90%的无事故工作环境。你可以先回顾一下本章的目标设置理论。
2. 你会设计哪种奖励制度来实现高绩效工作系统?请阐述理由。

Chapter **Sixteen**

第16章
压力与攻击行为的管理

学习目标

学完本章后,你应该能够:
1. 解释压力的概念及员工对压力的反应。
2. 描述压力反应中的人格差异。
3. 描述组织内部主要的压力来源。
4. 列出压力对健康、绩效、工作劳累过度的潜在影响。
5. 掌握个体和组织处理压力的几种方法。
6. 讨论四种主要的职场攻击行为:欺凌、性骚扰、暴力以及对组织的攻击行为。

课前案例

不能承受之重——埃丽卡·本森的个人压力管理

"当时,我的生命似乎已经被掏空。对我的期望就是给予、给予、给予、产出、产出、产出,而我现在已经被完全掏空,无法再给予和付出了,感觉完全处在崩溃的边缘。"埃丽卡·本森说。如今,她已成为A项目的独立经营者,可以在家里办公。这家公司位于特拉华州贝尔市,提供工作培训和其他专业服务。在此之前,她是First USA公司的政策执行经理。在本森看来,这个职位相当于三个人的工作量。除了工作上的压力外,本森还要在家里作为太太和母亲承担对丈夫和两个女儿的职责。如何平衡工作和生活,给本森在精神和体力上都带来了沉重的压力。

"当我晚上回家时,已经筋疲力尽,根本无法享受家庭的天伦之乐。我匆忙地给孩子们洗澡,让她们睡觉,这样我才有时间完成手头的项目。我曾许诺为孩子们做一些事情,但结果总是无法兑现。我也发现自己变得很另类,为了一点儿小事就对家人大发脾气。"

本森原以为自己装出快乐的样子就会熬过去,尽管她的丈夫建议她寻求帮助,可是本森却不愿意寻求专业的心理辅导。她说:"我当时本能地否认一切疑虑和担心,像我这样一个坚强的黑人女性怎么可能患上抑郁症呢?而且,就算万一真的如此,我也不停地告诉自己我可以独自处理好这一切。我想我无所不能。"然而,试图将每件事情都做好的想法终于带来了严重后果。本森同时感到很气愤,觉得自己的超负荷工作没有得到应有的回报,她也因为忽略了对女儿的照顾而感到内疚。她开始变得非常易怒和疲惫,所有这些压力导致她胸痛得越来越厉害。

"我的身体当时发出了各种信号(生理的和心理的),预示着我的崩溃。我经历了一次这种崩溃的体验,一天早上醒来,我的左侧身体足足有三分钟完全动弹不得,完全没有知觉。我在精神上一直不断地折磨自己,因为我有一种扭曲的想法,认为自己没有成为公司的副总,就是个失败者。"当本森被诊断出患有焦虑和抑郁症之后,她选择了辞去这个压力过大的工作。

"一旦我知道自己去意已决,我就开始慢慢感觉良好了。大家对于我的决定也显得较为平静。我离开公司后的每一天都让我感觉到更加坚强、健康和快乐。"本森利用她过去的工作经验和客户资源,在自己的住所开办了一家公司。这样,她有更多的时间与家人在一起。

埃丽卡·本森的例子并不罕见。工作压力是职场上的一个常见而又代价沉重的问题,是几乎每个员工都会遇到的问题。关于职场压力的研究请看以下几个统计数据:
- 1/4 的员工认为自己工作一天之后,身心皆已疲惫不堪了。
- 40%的员工认为他们所承受的工作压力非常大。
- 35%的员工认为他们的工作正在损害自己的身体或情感的健康。
- 几乎50%的员工认为自己需要学习如何管理压力,42%的员工认为他们的同事需要这样的帮助。
- 对于压力所带来的经济损失,各种口径的统计差别不大。一份由美国劳工统计局所做的评估显示:由于与压力相关的疾病、旷工、离职、劣质工作和职场攻击行为,导致企业在每个员工身上每年损失的费用约为1万美元。

忽视或不重视压力管理的组织更容易受到工作效率下降、员工士气低落和法律费用增加等问题的困扰。由于压力带来的负面影响很大,因此管理者必须做到:① 努力减少职场中的额外压力;② 帮助员工掌握适应压力的技能。埃丽卡·本森在生理和精神上所承受的正是高强度压力带来的负面影响。

在本章中,我们将会:① 解释压力的本质;② 讨论个性差异在压力处理上所承担的不同角色;③ 指出压力的来源;④ 讨论压力的作用;⑤ 列出有助于减压的措施;⑥ 讨论四种职场攻击行为。

压力的概念

> **学习目标** 1. 解释压力的概念及员工对压力的反应。

压力(stress)是指当个体的需求超过其自身的能力时所产生的一种焦虑的激动情绪,以及随之而来的生理上的紧张、压抑感等消极的心理体验。这种广为人接受的观点通常被称为忧虑或负面压力。环境中引起压力的生理或心理的需求被称为**压力源**(stressors)。压力源以很多不同的形式出现,不过它们都有一个共同点:当个体认为它们代表着一种超出自身能力的需求时，就会产生压力或潜在压力。

对抗或逃避反应

在对压力产生反应时，人体内会产生许多生理和心理上的变化：呼吸和心跳的改变使得身体发挥出最大潜能；脑电波活动增多，从而促进大脑功能保持最佳状态；听觉和视觉瞬间变得更敏锐，肌肉也做出反应，准备随时行动。在野外，当动物被捕食者攻击的时候，基本上只有两个选择：对抗或者逃避。动物对压力源（捕食者）产生的身体反应增加了它生存的机会。**对抗或逃避反应(fight-or-flight response)** 是指对于环境的压力源做出自然反应的心理和生理变化。我们在岩洞穴居的祖先们同样受益于这种生物反应机能。离开洞穴觅食的人们对这种压力一定深有体会，如遇见一头有犬齿的老虎。在对付老虎的时候，他们可能会选择逃避或留下来搏斗。他们身体中产生的生物化学反应为他们做好了进行选择的准备，增加了生存能力和概率。

人类的神经系统对环境中的压力源有着同样的反应，在十万火急的情况下，这种反应具有生死存亡的意义。然而，在绝大多数时候，对于大部分人来说，这只"老虎"只是想象中的，而不是真实存在的。比如在工作的情况下，这种对抗或逃避反应通常是不恰当的。假设一个员工由于从上司那里接到一份不喜欢的工作，就对上司进行人身攻击或者在办公室大吵大闹，然后愤怒地离开办公室，显然这种行为是不恰当的。相反，作为员工应该冷静地接受工作，并尽可能地把工作做好。对于那些把工作视为威胁并且在身体上已经做出相应反应的员工来说，保持冷静并且有效地完成工作是特别困难的。

医学研究者汉斯·萨耶首先使用"压力"一词来描述身体的生理反应系统。萨耶认为压力是一种不确定的人体反应，这种反应可能是由人们的某种需求引起的。然而，人体对压力源的反应能力是有限的，职场竞争激烈，对人们要求各不相同，人们往往由于承受的压力太大、时间太长，让他们耗尽应付压力源的能力和能量，从而面临崩溃的边缘。

压力体验

不同的因素会影响人们的压力体验。图16.1指出了四种主要的因素：① 人对情境的知觉；② 人的过往经历和经验；③ 是否有社会支持；④ 对压力反应的个体差异。

知觉 我们在第12章曾经为知觉下过定义，即个体对环境信息进行选择和组织后，对现实产生的一种认知。员工对情境的理解会影响他们如何（或是否）体验压力。比如，两位公司员工盖尔和约翰的工作职责因工作调整发生了很大变化，这种状况对很多人来说都是有压力的。盖尔认为新的职责是一次提升竞争力的机会，并且认为这个变动是管理层对自己应变能力的信任，于是愉快地接受了这个新的挑战。而约翰则认为这个变化是对自己的威胁，并且把原因归结为管理层对自己工作表现的不满。

过往经验 约翰可能会或多或少地认为这种情境具有压力，这主要取决于他对该情境的熟悉程度及以前对某个压力源的经历体验。过往的经验或培训有助于约翰从容地对压力源做出反应，而对于那些缺乏经验或训练不当的员工来说，这些压力源就是极具威胁的。经验与压

第 16 章 压力与攻击行为的管理

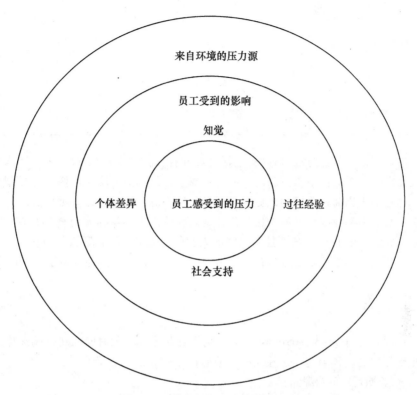

图 16.1 压力源和压力体验的关系

力的关系是以强化作用（见第 13 章）为基础的。积极的强化作用或以前在相似情境中的成功经历可以降低一个人在某种情形中的压力等级，而在同样情境中遭遇惩罚或挫败的经历则会使这种压力程度增加。

社会支持 其他人在场与否也会影响个人在职场中面对压力和对压力源如何做出反应。有同事在场能够增强约翰的自信心，让他更有效地适应压力。比如，在有压力的情况下，与一个自信能干的人一同工作，就能帮助约翰采取相似行为。相反地，同伴的出现也可能使盖尔变得急躁不安，降低其适应压力的能力，导致其表现失常。

个体差异 个体在动机、态度、个性和能力上的差异也会影响员工是否感受到工作压力，以及如果感受到压力，个体将如何做出反应。简单地说，如我们在第 11 章和第 12 章指出的那样，人是各不相同的，一个人认为某事是压力的来源，而另一个人也许根本不会注意到它的存在。个人性格尤其能解释为什么员工对压力体验和反应的方式存在差异。例如，我们在第 11 章介绍情绪稳定性的时候提到的大五性格因素就对个人在职场上的不同压力反应有着重要的意义。处于情绪稳定性一端（即平稳、放松、坚韧、自信）的人对不同职业压力源的适应性非常强，而处于另一端（即被动、焦虑、缺乏自信）的人就特别不能适应这些压力源。我们会在接下来的章节中进一步探讨个性与压力的关系。

个性与压力

> **学习目标** 2. 描述压力反应中的人格差异。

许多人格特质都与压力有关,包括自尊和控制点等(第 11 章讨论过的人格特质)。人格特质会影响个人对作为压力源的某一情境或事件的感知和反应。例如,在紧张的工作环境中,低自尊感的人比高自尊感的人更容易感受到压力。高自尊感的人对自己满足工作要求的能力更有信心。内部控制点强的人比外部控制点强的人更能够做出有效的反应,更快地应对突发的紧急状况(压力源)。内部控制点强的人相信他们能够缓解紧张的情绪。

在我们继续学习之前,请对表 16.1 进行回答。这份自测题与将要讨论的内容有关。

A 型个性

A 型个性(type A personality)是指为了在越来越少的时间内获得越来越多的成绩而永无休止地努力的一种倾向。这种人格类型的特点如下:

- 长期对时间有紧迫感;
- 强烈的竞争意识,甚至是带有敌意的;
- 与别人谈话时,心里却想着别的事情。
- 对完成任务过程中的障碍感到不耐烦。
- 对于休闲或度假,心存内疚。

两位医学研究者在他们早期心脏病患者的诊断中,首先指出 A 型个性的存在。除了以上所列的特征,极端的 A 型个性者通常语速较快,只关注自己,而且对生活表现出不满,他们总是喜欢不做任何思考就对问题做出快速的回答。A 型个性通常会给出尖酸、无礼和充满敌意的回应。尽管他们会试图表现得幽默一点,但隐含的意图却往往会伤害别人。

表 16.1 中的问卷主要衡量 A 型个性的四种行为和倾向,它们是:① 时间紧迫感;② 竞争意识和敌意倾向;③ 多相型行为(尝试在同一时间做几件事);④ 缺乏计划性。医学研究者发现:这些行为和倾向多与生活和工作压力有关。具有 A 型个性的人会导致压力过大,或者令本来就已经十分紧张的状况更糟糕。

有研究表明,由于对 A 型个性特征的描述过于广泛而不利于准确预测其对健康的负面影响。相反,现在的研究指出,只有具备典型的 A 型个性如易怒、充满敌意和攻击性,才与严重的压力和健康反应有关。拥有这些个性特征的 A 型个性者对健康产生负面影响的几率是 B 型个性者的 2—3 倍。**B 型个性**(type B personality)是指随和、放松,有耐心,善于倾听,能从不同角度看待事物的一种倾向。

第 16 章 压力与攻击行为的管理

表 16.1　A 型个性的自我测试题

从下列选项中选出最适合的反应特征：
A. 完全同意　　　B. 通常是这样的　　　C. 很少会这样　　　D. 完全不符

____ 1. 我不喜欢等到别人完成他们的工作才开始我的工作。
____ 2. 我讨厌排队。
____ 3. 人们总是说我太容易发怒了。
____ 4. 只要条件允许，我总是想把事情变得具有竞争性。
____ 5. 在了解应遵循的程序之前，我总是迫不及待地扎进工作里。
____ 6. 即使是度假，我也会带上点儿工作。
____ 7. 即使我犯错了，也是因为我太急于开展工作而没有仔细做好事前规划。
____ 8. 我对有时间而不工作的行为会感到内疚。
____ 9. 当遇到竞争性的情形时，人们总是说我脾气暴躁。
____ 10. 当工作压力很大的时候，我就会发脾气。
____ 11. 我总是尽可能地一次完成两项以上的任务。
____ 12. 我总是与时间赛跑。
____ 13. 我对别人的迟到没有耐性。
____ 14. 即使无必要，我也会让自己忙碌起来。

请按以下标准对你的回答进行评分：

- 对时间的紧迫感使你与时间赛跑，即使那是毫无必要的。这种人只是因为匆忙而匆忙，这种倾向被称为"匆忙症"更恰当。对时间的紧迫感是以第 1、2、8、12、13 和 14 题作为衡量标准的。如果在这六道题中，你的答案是 A 或者 B 的话，请为自己加上一分。

　　你的得分 = ____

- 不恰当的攻击性和敌意倾向源自过分的竞争意识，这样的人除了竞争就什么有趣的事都不会干了。这种不恰当的好斗行为会招惹敌意的行为，通常表现为轻微的挑衅倾向和挫败感。竞争意识和敌意倾向是以第 3、4、9 和 10 题作为衡量标准的。如果在这四道题中，你的答案是 A 或者 B 的话，请为自己加上一分。

　　你的得分 = ____

- 多相型行为是指在不恰当的环境下接受多于两项工作任务的倾向。这通常会因为没有能力完成全部工作而导致时间的浪费。这种行为是以第 6、11 题作为衡量标准的。如果在这两道题中，你的答案是 A 或者 B 的话，请为自己加上一分。

　　你的得分 = ____

- 缺乏计划的目标指向性是指个人在真正了解如何完成任务和所需达到的效果之前就迫不及待地开展工作的倾向。这常常以不能完成任务或工作中频频出错而告终，从而导致时间、精力和资金的浪费。缺乏计划是以第 5、7 题作为衡量标准的。如果在这两道题中，你的答案是 A 或者 B 的话，请为自己加上一分。

　　你的得分 = ____

如果你的得分是 5 分或以上，你就具有基本的 A 型个性特征。　　　　　　　　　总分 = ____

资料来源：Reproduced with permission of the Robert J. Brady Co., Bowie, Maryland, 20715, from its copyrighted work *The Stress Mess Solution: The Causes and Cures of Stress on the Job*, by G. S. Everly and D. A. Girdano, 1980, 55。

顽强个性

人格的哪些方面能够防止压力对人体健康造成负面的影响呢？对压力产生对抗反应的人格特质被统称为**顽强个性（hardy personality）**。顽强作为一种人格类型，被定义为"一系列相关的性格特征，包括较强的承诺感，对每种代表挑战与机遇的困难的积极反应，以及感觉自己能够主导自己生活的坚定信念"。顽强个性有以下的特征：

- 感觉自己能够操控生活中的各种事件；
- 喜欢把自己的行为进行内部归因（回顾第12章关于归因的讨论）；
- 对工作和个人关系有强烈的承诺感；
- 有能力把压力和改变视为发展的挑战和机遇，而不是威胁。

一个人越**顽强（hardiness）**，就越有能力降低压力事件所带来的负面影响。顽强个性似乎是通过改变人对压力源的知觉来降低压力的程度的。顽强个性的概念让我们更好地了解个体差异所导致的对压力源的不同反应。不太顽强的人会感觉很多事情都是有压力的；而对于较顽强的人而言，有压力的事情较少，他们不会被挑战和困难压倒。相反，当面对压力源时，具有顽强个性的人会对困难做出积极的反应，并尝试着找出解决的方法，从而控制或影响事件的发展。这种行为上的反应通常会减少人们对压力的反应，调节和防止血压的升高，降低罹患疾病的机会。

在自我管理能力的形成过程中，我们认为不同的个体会影响顽强个性的特性。回顾第1章，我们知道自我管理能力包括评估自身优缺点的能力，制定和实现职业及个人目标的能力，平衡工作和个人生活的能力，还有学习新事物的能力，包括新的或改善的技能、行为和态度。

压力的主要来源

> **学习目标** 3. 描述组织内部主要的压力来源。

员工常常感受到来自他们工作和生活中的压力。理解这些压力的来源，并且了解它们可能产生的后果非常重要。如果仅从孤立的角度来分析这些压力，就不能全面了解员工面临的压力。

组织压力源

正如本章课前案例中的埃丽卡·本森，职场压力对于她和组织来说是一个很重要的问题。组织中的压力源有很多不同的形式，因此管理者和员工需要一个理论框架来思考如何诊断出这些压力。图16.2就是这样一个理论框架，它指出了七种主要的工作压力源，并且说明内在因素是如何影响员工对这些压力源的感受的。

第 16 章 压力与攻击行为的管理

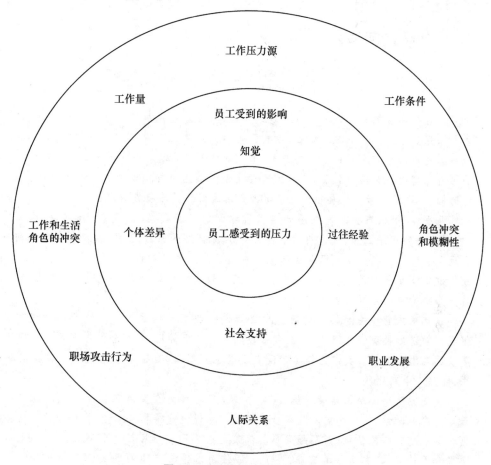

图 16.2 职场压力源和压力体验

工作量 对许多员工来说,太多的工作和紧迫的时间或资源不足都会给他们造成很大的压力。当工作的要求超过管理者或员工完成工作的能力时,就会产生**角色超负荷**(role overload)。许多压力大的工作都处于持续超负荷状态,调查报告普遍把超负荷工作和"工作太努力"作为压力的一个主要来源。在课前案例中,埃丽卡·本森感到工作令她疲于奔命,来自工作的要求令她体验到自己完全没有喘息的时间,没有调整和维护家庭关系的空间。

无事可做也会造成压力。你是否有过工作上无所事事,却觉得这一天似乎没有尽头的感觉?如果有的话,你就能理解为什么很多人说工作太少也有压力。当管理者的工作没有挑战性时,他们会因为做了原本属于下属的工作或者进行了所谓的"精细化管理"而感到内疚。精细化管理虽然可以减轻管理者因为无所事事而带来的压力,但却会增加下属的压力,因为他们认为上司在时刻紧盯着自己或揣测他们的决策是否别有用意。

布鲁斯·古德是工艺品网络公司的创始人和 CEO。这是一家位于爱达荷州博伊西的户外园艺和家居用品网络零售公司。下面的团队管理能力专栏介绍了他和妻子乔迪曾经经历过的超负荷工作,以及如何在新的业务中学会运用团队来应对工作压力。

457

团队管理能力

工艺品网络公司的布鲁斯·古德

布鲁斯·古德曾经每天长时间地工作,而且周末也要加班。他和妻子乔迪在爱达荷州经营着一家小型的园艺中心。随后,古德开始建立网站,试图在冬季向其他地区的顾客销售园艺产品。他不断地扩大网络产品的业务,增加新的网站内容。终于有一天,布鲁斯意识到他和乔迪再也不需要这家实体店了。"我们有时会避开商店里那些询问 9 元钱商品的顾客,只需几分钟时间,在网站上就可以售出价值 1 000 美元的商品。"布鲁斯说。

几乎在同时,布鲁斯和乔迪开始反思他们的经营模式。"我们像狗一样地工作,"他说,"有时我会整夜地工作,建设网站。我开始觉得有些劳累过度了,整天坐在电脑前吃饭,弄得自己不成模样。我开始意识到我就像生意的囚徒。我们对自己说'生活的意义不仅仅在于赚钱',我们真正需要的是自由。于是,我们完全转变了思维方式——从把生意看做生活的一切转变为维持我们想要的生活水平的手段。"

这就意味着要关闭园艺商店。布鲁斯说:"我们已经找到了一个很有前途的市场机会。但我们知道如果我们关闭商店,全身心投入网络业务的话,我们会做得更好。这样还可以获得更多的自由去度假。我们已经 7 年没有度假了。"然而,布鲁斯首先决定他们应该雇用一些人手,组建一个新团队。

这支团队由一个网站管理员、一名办公室经理和六名深得布鲁斯信任的员工组成。当布鲁斯不在的时候,就由这支团队来负责经营。他说他觉得非常幸运,找到了这些好搭档。布鲁斯把他们视为合作伙伴,而不是雇员。他禁止在公司使用雇员这个词。例如,每个人(包括布鲁斯和乔迪在内)都有基本工资,再加上每月超出销售定额的提成就是每月的收入。每月的销售定额是 175 000 美元,每位员工得到的提成比例会按照工作年限的增加而提高。如果某个月的收入少于 175 000 美元的话,大家就没有提成可分了。此外,如果公司某个月的销售额超过去年同期的数额,大家就会得到奖金。

注:关于工艺品网络公司的更多信息,请访问公司主页 http://www.workscorp.com。

工作条件 工作条件差是另一种重要的职场压力。过冷过热的温度、吵闹的噪声、过强或过弱的光线、辐射还有空气污染都是工作条件差的典型例子,员工在这些环境中工作会感到压力。员工同样也会对经常性、沉重的出差任务和长途奔波感到有压力和厌烦。恶劣的工作环境、过多的出差和长时间的工作都会累积,以致压力累加造成负荷过重并降低工作绩效。课前案例中埃丽卡·本森的压力来自她长时间的工作,"当我晚上回家时,已经筋疲力尽,根本无法享受家庭的天伦之乐。"此外,先进的技术带给社会大众和某些人许多便利,但是却造成有压力的工作环境。许多职员不得不面对大量的电子邮件和语音信息的困扰。许多的技术性工作在带来灵活性的同时,也带来了巨大的压力。从会计到程序设计,电脑降低了许多压力大的工作的难度,因为人们可以随时随地使用电脑。但对于某些员工而言,在脑海中划清工作和家

庭之间的界限是很难的,最终会把办公室和家混为一体,就像埃丽卡·本森那样,即使在家里也摆脱不了工作的影子。

角色冲突和模糊性　对个人的工作期望或要求表现出很大的差异时,就会产生**角色冲突(role conflict)**（我们在第9章具体讨论过角色冲突）。当员工不清楚分配的工作任务和责任时,就会产生**角色模糊性(role ambiguity)**。角色冲突和角色模糊性是与工作相关的重要压力源。有些员工的角色要求他们对他人的行为负责,但是他们又缺少参与影响他们工作的重要决策的机会,这样的员工角色也会带给他们压力。回顾课前案例中,埃丽卡·本森经常因为家庭角色与公司对她的期望"给予、给予、给予、产出、产出、产出……我曾许诺为孩子们做一些事情,但结果总是无法兑现"之间的矛盾,承受了巨大的压力。

职业发展　主要的压力源与职业规划和员工开发有关,包括工作安全感、晋升和发展的机会。员工在不能晋升（不能像期待中那样进步）或过度晋升（工作晋升超出个人能力）的状况下会感到压力。现在的企业热衷于重组并购和精简规模,这可能严重威胁到工作机会,并引发员工的压力。宝洁收购了吉列之后,为了节省成本和提高效率,有超过3 000名经理和专业人士被解雇。当工作、团队、部门或整个组织需要重组时,员工会有很多工作上的顾虑:我能在新的工作环境中展现能力吗?我能晋升吗?我的新工作有保障吗?基本上,员工会觉得这些顾虑带给他们很大的压力。

人际关系　团队和小组对员工的行为有很大影响（我们在第8章曾探讨过这些关系）。良好的工作关系以及与同事、下属和上级的人际关系在组织生活中至关重要,有助于员工达到个人和组织的目标。当这些关系很差时,就有可能成为压力源。在最近的一次民意测验中,90%的被调查者认为,在工作或其他场合的粗野行为已经成为企业面临的一个主要问题。**粗野行为(incivility)**暗示态度粗鲁以及对其他人的不尊敬,也包括为了彼此尊重而违反职业操守的行为。以下是两位匿名员工对工作环境中遇到的粗野行为和他们所受困扰的描述。

> 女性员工:"当我面对全公司的海外经理和副总裁发言时,部门经理站起来对我吼道:'没人对这些东西感兴趣。'他的斥责让我感到很不安,以至于我的发言不能继续进行。我已经在这家公司工作了许多年,单凭这一点,他多少也应该对我表现得尊重一些。"

> 男性员工:"我花了一个月时间做了一份薪酬表,但不小心把'6'（财政月）错写成'12'（日历月）,这份表就变成了垃圾。会计师随即当着新老板的面训斥我,这是一件十分丢脸的事情。这是我帮公司做的第一份薪酬表,我是一个新人,这绝对只是一个失误而已。"

公司高层的政治行为或"办公室行为",也可能给管理者和员工带来压力。人际关系实际上可以影响员工对其他压力源的反应。换言之,人际关系要么成为压力源,要么成为帮助员工应对压力的一种社会支持。

职场攻击行为　一个令人不安的压力源来自工作环境中过度的攻击行为,我们将在本章最后一个部分讨论四种职场攻击行为,包括欺凌、性骚扰、暴力和对组织的攻击行为。

工作和生活角色的冲突　一个人在生活中会扮演很多角色（如家庭经济支柱、家庭成员、联赛教练、教会义工等）,但基本上只有一个是与工作有关的（虽然有的人可能同时有多份工作）。这些角色的需求之间可能存在矛盾,从而成为压力源。此外,工作通常只能实现个人的部分目标和需求。回顾课前案例中埃丽卡·本森所表达的相互矛盾的各种压力,以及她作为经理、母亲和妻子之间的压力。

由于其他的目标和需求可能与工作目标产生冲突,因此形成一种特殊的压力源。例如,员工需要有更多的时间陪他们的家人或休闲度假,但这可能与他们为了升职而加班的时间有冲突。这种压力源在关于布鲁斯和乔迪的专栏中表达得非常清楚。布鲁斯还说:"我们达到了一定的目标,既能赚钱,让我们生活得舒适,又能四处旅行,令每个人都开心。生意做得太多反而会毁掉这一切。"同时,人口统计资料表明,双职工家庭的数量在激增,使工作和家庭的矛盾更加尖锐。

生活压力源

工作和非工作压力源的差别并不总是非常清晰的,虽然对很多人来说,工作和家庭的需求是一个主要的压力源。如图16.3所示,来自工作的压力和来自家庭的压力都可能导致工作和家庭之间的矛盾,因为在某一领域的压力会降低个人处理另一领域压力的能力。这些相互矛盾的压力导致工作和家庭的冲突,进而引发不满、挫折甚至意志消沉等不良后果。

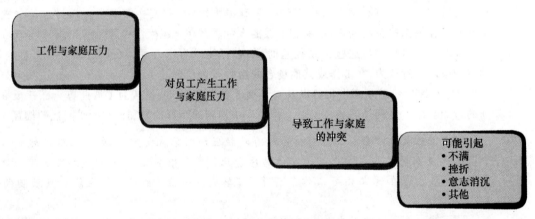

图16.3 工作、家庭压力与冲突

由压力和个人生活的各种要求所引发的紧张、焦虑和冲突就是**生活压力源(life stressors)**。人们必须处理各种各样的生活压力源,但由于个性、年龄、性别、经历和其他特征不同,人们处理这些压力源的方法也各不相同。能够引发某人压力的事件并不一定对其他人起作用。但是,那些几乎影响所有人的生活压力源都是由人生某些重大变故引起的,如离婚、结婚、家庭成员的死亡等。人体对压力源的承受能力是有限的,太大、太快的变化会迅速消耗一个人的反应能力,降低其对环境的应对能力,对个人的生理和心理产生负面影响。

表16.2介绍了一些大学生特别要面对的压力事件。我们按照100分的量表来评估这些事件,1代表压力最小的事件,100代表压力最大的事件。71—100分代表"高压力",31—70分代表"中等压力",1—30分代表"低压力"。在一年的时间里,如果学生面对总分为150分以上的事件,他们就有50%的可能性会因为压力过大而患病。

表 16.2　大学生的压力事件

高压力事件	低压力事件
• 父亲（或母亲）的死亡	• 改变用餐习惯
• 配偶的死亡	• 改变休息习惯
• 离婚	• 改变社交活动
• 退学	• 与导师之间的冲突
• 未婚先孕	• 得到低于期望的分数
中等压力事件	
• 专业见习期	• 失去经济保障
• 改变主修课	• 严重的疾病或受伤
• 好朋友的死亡	• 父母离婚
• 重要的课程不及格	• 恋人间严重的争吵
• 找到新的心仪对象	• 突出的成就

资料来源：Baron, R. A., and Byrne, D. *Social Psychology*: *Understanding Human Interaction*, 6th ed. Boston: Allyn & Bacon, 1991, 573.

回顾一下，压力是身体对需要的基本反应。注意，在表 16.2 列出的压力事件中，同时包含了令人不愉快的事如考试不及格和令人开心的事如找到新的心仪对象。生活压力源的这种双重本质说明它同时包含正面和负面的经历。例如，节假日可能对某些人有很大的压力，但对另一些人来说却很放松。此外，把不开心的生活事件看成只有负面影响是不正确的。通常人们既能应付令人不快的事件，也能够从中获得成长。人们可以享受到愉快生活的正面影响和激励，如重要的成就、假期，或者增添新的家庭成员。

压力的影响

学习目标　4. 列出压力对健康、绩效、工作劳累过度的潜在影响。

所有的压力既有正面的影响，也有负面的影响。在本章中，我们主要关注工作压力的负面影响，因为它对组织和个人效率及健康都有潜在的影响。

工作压力大的影响主要体现在三个领域：生理、情感和行为。举例如下：

• 压力的生理影响包括血压上升、心跳加快、多汗、忽冷忽热、呼吸困难、肌肉紧绷、肠胃功能失调以及情绪恐慌。

• 压力的情感影响包括生气、焦虑、抑郁、低自尊、智力活动能力低下（包括无法集中精神和做决定）、紧张、易激动、不喜欢被人监督和工作不满意。

• 压力的行为影响包括绩效表现差、旷工、高事故率、高员工流动率、容易酗酒和过度服用药物、冲动行为和难以沟通。

工作压力的影响对组织行为和组织效率来说具有很重要的意义，我们从以下三个方面来看压力的影响：健康、绩效和工作劳累过度。

对健康的影响

与压力相关的健康问题包括背痛、头痛、胃痛、肠道问题、上呼吸道感染和各种精神问题。虽然很难确定压力对个人健康的具体影响，但是许多疾病都与压力过大有关。

压力引起的疾病给人们和组织增添了许多负担，个人为此付出的代价要比组织大得多。然而，某些压力引起的疾病给组织造成的影响或代价是很明显的。首先，雇主的代价包括增加健康保险金，以及因严重的疾病（溃疡）和较轻的疾病（头疼）而损失的工作时间。估计每个由于压力导致疾病的员工平均每年要损失16天的工作时间。其次，超过3/4的行业事故是由于工人无法处理情感问题导致的压力过大而引发的。最后，与雇主的纠纷也正在增加，压力过大导致工人索赔率上升。职场的压力大小与工人索赔之间的关系是很明显的，当员工承受巨大压力时，更多的赔偿要求就会出现。研究显示，在很多不同行业中都存在类似的情况。

创伤后应激障碍（post-traumatic stress disorder） 通常被认为是因心理失调而引发的，如在战争中近身搏斗的恐怖经历、恐怖主义和暴力行为等。法庭现在认定，创伤后应激障碍可以作为向雇主提出索赔的一种合理情况。已经有过一些员工由于经受过这种失调，而成功地对组织提出索赔的案例。这种失调通常是由性骚扰、暴力和其他伤害性工作环境所导致的，法院曾就职场创伤后应激障碍的申诉做出了数百万美元的赔偿裁决。

对绩效的影响

在压力和绩效的关系中，压力的正面和负面影响都很显著。图16.4以弧形曲线表示压力与绩效的关系。对于较小的压力，员工不会太警惕和关注，以致无法进入工作状态或者表现不佳。从曲线中可以看出，增加一定程度的压力可能会提高绩效，但只会上升到某一程度。对大多数工作而言都存在一个最佳的压力水平。超过那一点之后，绩效开始下降。当压力过大时，员工开始动摇、受刺激，或者感到威胁以至于无法正常工作。

管理者最关注的是，对于自己和下属来说最佳的压力点在哪里。然而，这个信息很难确定。例如，一位员工经常旷工，可能是由于厌倦（压力太小），也可能是由于过度操劳（压力太大）。同样，图16.4显示的曲线会随着情境而改变，也就是说，对于不同的人和不同的工作而言，都有不同的压力曲线。在同一项工作上，对一个员工而言太小的压力可能对另一个员工来说刚刚合适。类似地，某人在某项任务上的最佳压力水平可能在他做其他工作的时候会变得太大或太小。

从现实来讲，管理者更应该关心压力过大的情况，而不是如何施加压力。激励个人固然十分重要，但试图通过加压的手段达到这一目的则未免目光短浅。

有关组织内压力与绩效关系的研究表明，组织或部门的压力水平与其总体绩效之间存在较强的负相关关系。也就是说，员工面临的压力越大，他们的产量就越低。这种消极的关系表明，工作情境位于图16.4中曲线的右边（压力太大）。面对这种情况，管理者和员工需要寻求方法以减少压力源的数量。

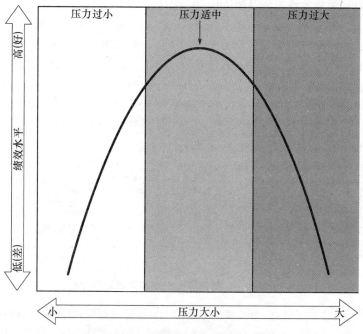

图 16.4 绩效与压力之间的典型关系

对工作劳累过度的过程

工作劳累过度（job burnout）是对工作状况的负面影响，在这种工作状况下，压力源不可避免，但却无法获得工作满足感，也无法缓解压力。劳累过度的情况基本上包含以下三个方面：

- 情感衰竭；
- 非人格化；
- 缺乏成就感。

非人格化（depersonalization）是指将人当做物体来对待。例如，一个护士可能用"碎膝盖"代表 306 号病房里膝盖受伤的病人，而不是那个病人的名字。这样做使得护士不把病人视为正常的人，而按照相关病情的规定，应给予病人相关的照顾和看护。

大多数对工作劳累过度的研究主要关注人性服务领域，有时称为"职业援助"。劳累过度在很多必须长期与需要帮助的人直接接触的职业中尤为常见，它最有可能发生在那些交际频繁的人身上，这种人际交往可能导致情感衰竭，这是工作劳累过度的表现之一。容易劳累过度的人包括工人、警察和教师。工作劳累过度也可能影响管理者和商店老板，他们面临降低支出、增加利润和更好地为客户提供服务的压力。

容易导致工作劳累过度的人具有相同的特征，以下三个特征与工作劳累过度尤其相关：

- 承受与工作有关的压力源所产生的巨大压力；
- 属于理想主义者以及自我激励型的成就追求者；

- 经常追求不可能实现的目标。

因此,过度劳累的症状是个人特性和工作情境两方面因素的综合反映。劳累过度的人在某个特定的情境中,经常对他们的工作和达到目标的能力有着不切实际的期望。劳累过度不是发生在一朝一夕,因为整个过程通常要经历很长时间。图 16.5 展示了劳累过度的过程。一个或多个不同的工作状况,加上个人不切实际的期望和雄心,可能引发身体上、精神上和情感上的衰竭。在劳累过度的状态下,他们无法再达到工作的要求,甚至明显地表现出放弃工作的意愿。

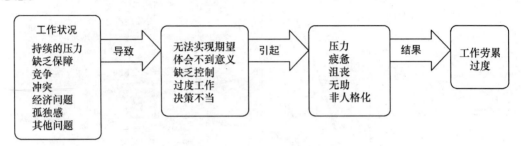

图 16.5　工作劳累过度的过程

约翰·霍姆是 PeaceHealth 公司负责护理保健的高级副总裁,同时担任公司的首席信息官。该公司位于西雅图附近,在华盛顿、俄勒冈和阿拉斯加经营着六家急症医院和许多家健康诊所,还有其他门诊服务机构。在下面的自我管理能力专栏中,让我们分享他从劳累过度到身心复原的历程。

自我管理能力

约翰·霍姆工作劳累过度的经历

25 年来,我一直认为任何专业方面的事情都难不倒我,而且我的确也经常获得成功。从医学院毕业之后,我从事了 15 年的医务工作,之后成为 PeaceHealth 公司的一位高级管理人员。这是一家非营利性医疗护理机构,我的工作量迅速增加,最终负责整个组织的门诊质量控制和所有的信息技术变革。PeaceHealth 当时推出了一项雄心勃勃的计划,要搭建一个先进的信息技术平台,用于支持提升手术和门诊护理水平。这项工作的核心是公司的社区健康记录项目,这是一个在社区范围内推行的医疗记录网络,用来支持我们所服务的每个社区的病人护理工作。

当时,我丝毫没有意识到这项工作的难度,我们遭遇到来自组织方方面面的阻力,包括疑心重重的董事成员和管理人员,以及怀有敌意的医生们。我每天的工作从早上 6 点开始,我会收发电子邮件,回复有关语音信息;大约 7:30 左右,我会到达办公室。我这一天会收到各种各样的邀请,参加紧张的会议和处理数不清的电子邮件。在晚上 7 点左右,我会离开办公室,与妻子匆忙地吃顿晚饭。回家后,我还得工作到晚上 10、11 点或更晚。我的四个儿子已经习惯了甚至在周末也见不到父亲一面。

尽管面临阻力,但在公司 CEO 的大力支持下,我们还是一点点地取得成功。大约四年后,PeaceHealth 从几乎没有任何自动化设施发展到拥有非常先进的基础设施,包括一套完善的电子病例系统,为所有的医院和诊所提供完善的网络服务。

然而,管理这个项目是我有史以来担任过的最有压力的工作,我几乎接近崩溃边缘。每天晚上我都会躺在床上,回顾一天的工作,只能睡几个小时。在办公室,我会一反常态地冲其他人发火。我的同事们开始猜测:平常一向温和亲善、坚韧不拔的老约翰是怎么了?有一天早上,我意识到自己不能再这样继续下去了。我的能量不够了,甚至觉得起床都是一件很难的事,更不要提承担工作上的责任了。让我自己承认这一点是我做过的最艰难的事情,但也是最重要的事情之一。

我的老板,公司的 CEO 非常慷慨地给了我三个月的学术假。其中的几天,我去了职业康复中心,寻求专业辅导。该中心专门为压力过大而产生问题的人士提供专业咨询服务。事实证明,我这样做是完全正确的。经过休息、咨询和反省,我重新发现了自己及自己对生活的热忱。同样重要的是,我学会了许多应对和管理压力的重要方法,这使得我可以重返工作,恢复到同以前一样的高效,同时却对职业和生活产生了更为健康的平衡心态,我突然感觉自己似乎悟到了许多道理。重返工作后,对于如何运用领导力也产生了新的想法:有效领导力的关键在于你如何应对职位、内部冲突和人际纠纷等带来的需求和挑战。通过更好地了解自己和对周围环境的深入了解,我能洞察到自己角色的复杂性以及找到更好的解决问题的方案。

身边的人都察觉到我明显的变化。同事赞扬我,哪怕发生再难的事情,我都能处乱不惊,保持镇定,他们不断地说看到老约翰回来真好。许多人私底下告诉我,他门非常欣赏我现在能够主动寻求帮助和公开分享个人经验的做法,这使我更加轻松和更具亲和力。

注:关于 PeaceHealth 的更多信息,请访问公司主页 http://www.peacehealth.org。

管理压力

学习目标 5. 掌握个体和组织处理压力的几种方法。

个人和组织在应对压力方面的实践正变得越来越普遍,因为管理压力已经被广泛认为是一个难题。有许多建议旨在帮助个人和组织管理压力,减少其危害程度。**压力管理(stress management)** 是指帮助人们了解压力反应,找到压力源,并且运用各种技巧将压力的负面影响降至最低的各种措施和方法。

个人实践

个人管理压力的行为分为:① 消除或控制压力的来源;② 让个人更善于抵抗或更好地处

理压力。个人压力管理的第一步包括识别影响个人生活的压力源。第二步,个人需要决定如何应对它们。个人的目标和价值观,以及实用的压力管理技能可以帮助他们处理压力源和减少负面的压力反应。

个人管理压力的主要做法包括:
- 提前做计划和良好的时间管理;
- 经常锻炼,均衡饮食,睡眠充足,关注个人健康;
- 培养正确的人生观,保持积极的生活态度与幽默感;
- 平衡工作和生活,保留必要的休闲时间;
- 学习放松的技巧。

个人可以在日常工作中运用放松技巧。例如,应对压力的一个常见的"放松练习"是:① 选择一个身心舒适的地方;② 闭上双眼;③ 放松肌肉;④ 开始注意你的呼吸;⑤ 不去理会浮现在脑海中的各种思绪;⑥ 持续一段时间(如20分钟)。

一项对公司高管的深入研究表明,他们运用相似的方式来对待压力。这些高管来自各行各业,包括石油公司总裁、房地产公司创始人、大型商业银行首席执行官和美国海军上将。首先,他们努力平衡工作和家庭的矛盾和冲突。工作是他们生活的重心,但不是全部。这些高管有效地利用空余时间减轻压力。其次,他们很擅长进行时间管理和目标设定。他们高效地利用时间,确定重要的目标并积极规划如何实现目标。最后,他们都认为社会支持是缓解工作压力的必要环节,他们并不是孤军奋战,而是从家庭、朋友、工作伙伴、同事那里得到情感和信息的支持。此外,高管们致力于在这些关系中保持公平的交换,也就是说,他们在得到支持的同时,也给予他人同样的支持。

组织实践

如图16.6所示,组织压力管理计划通常利用以下几个方面来缓解压力:① 识别并减少或消除工作压力源;② 协助员工改变他们对压力源和工作压力的理解;③ 帮助员工有效地应对工作压力。

减少工作压力源 旨在消除或改变工作压力源的措施包括:
- 改善物理工作环境;
- 重新设计工作;
- 改变工作负荷和最终完成限期;
- 调整工作时间计划,增加更多弹性时间和休息时间;
- 让更多层次的员工参与组织变革,特别是计划中的变革影响到员工时。

能够明确工作的角色和进行工作任务分析的做法,对消除或减少任务混淆和任务矛盾(两个主要的压力源)特别有用。在诊断压力源时,管理者应该意识到:不确定性和监督的缺失会导致压力的增加。当面对众多压力源而控制能力很弱时,巨大的压力就会产生。此时,可以通过让员工参与组织变革规划,重新设计工作,减少不确定性,增强对工作进程的控制力,同时明确工作任务和角色,最终缓解工作压力。一种能够缓解压力、增强控制力的方法就是给个人更多的时间支配权。

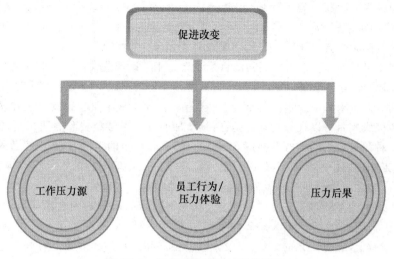

图 16.6　组织压力管理计划的目标

美国达拉斯价值管理集团的保健分析师山姆·诺布尔代表了重视时间的一类员工。诺布尔说:"当我拥有的可支配收入达到一定水平后,钱就不再重要了。更重要的是,拥有一种没有压力、轻松的工作形式,并且有时间陪孩子和家人。"他之所以加盟价值管理集团,主要是被公司的宗旨——"确保你出色地完成工作,然后,你可以任意支配你的时间,只要不把它荒废掉"打动了。

行为修正　针对压力的行为、体验和后果,可选的应对措施包括:

- 团队建设;
- 职业规划咨询和员工援助计划;
- 时间管理的培训;
- 应对工作劳累过度的培训,帮助员工了解压力的性质和表现;
- 放松技巧的训练。

不同的压力管理措施并不表示它们在实践中没有必然的联系,事实上,这些计划在上述三个目标领域中存在交叉。例如,在车间,通过工作分析、梳理工作任务、角色分配等问题,可以明确工作描述的规范和职责,从而减少大量潜在的压力源。同时,通过积累更多的知识和经验,深入了解角色分工的问题,员工们能够更有效地处理压力源。同样,在提高员工处理职业发展问题能力的同时,提供职业规划咨询服务可以减少与工作相关的压力源。

> ▶▶▶ **成功领导者语录**
>
> 　　工作健康计划的价值是毋庸置疑的。唯一的疑问是你计划今天做还是明天做。如果你一直说明天就会做,那么你永远都不会去做。你必须今天就行动起来。
>
> 　　　　　　　　　　　　　　　　　　伯克希尔·哈撒韦公司总裁沃伦·巴菲特

制订健康计划 健康计划（wellness program）是一种综合提升个人缓解压力能力的方法，它集预防疾病、医疗保健、自我保健和身心健康为一体，是一种主动的健康管理计划。

美国健康协会（WELCOA）是一家致力于倡导健康生活的非营利性会员制组织，位于内布拉斯加州奥马哈市。该组织最初的目标是致力于帮助那些关注员工健康的公司建立一个良好的工作环境。该协会提供了一幅蓝图，帮助相关公司创建一些项目，使员工更好地生活并在公司赢利方面带来积极影响。时至今日，已有超过600家企业获得良好工作环境奖。WELCOA和其他健康项目得以推行的动力是：持续增加的健康保健经费和表明疾病的主要诱因可以预防的各种研究成果的支持。抽烟、酗酒、滥用药物、久坐的生活习惯、缺乏营养及不均衡的饮食习惯、工作环境中过多和不必要的压力源，以及员工处理压力的不当行为等，都属于健康计划的内容，公司健康计划的覆盖范围十分广泛。

下面的变革管理能力专栏描述了多法斯科（Dofasco）公司的健康计划是如何逐渐形成的。该公司总部位于加拿大安大略省的哈密尔顿，拥有近7 000名员工。公司主要制造热卷板、冷卷板、镀锌、镀锡等工艺的钢件，以及管状钢件产品。它的大多数顾客来自包装、物流、建筑和汽车行业。

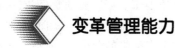

变革管理能力

多法斯科的健康计划

多法斯科公司人力资源总监布赖恩·马伦指出：由于多法斯科已经加强了对员工健康项目的关注，公司的旷工率、短期残疾索赔、工伤赔偿和员工的工资成本等指标都下降了。马伦说："这是一项关于员工健康、生活方式、安全和工作环境的全面规划，现在我们已经看到了预期的积极效果。"

F.H.舍曼休闲与学习中心就是体现多法斯科公司长期致力于员工健康的最好证明。该中心有两个大小一样的区域，两个体育馆和运动场。从工厂出发，只需15分钟的车程就可以到达该中心。最近，公司在厂内增设了第三个健身中心。三个体育活动场馆每个月共有4 000人使用。马伦说："……这种对员工的投资反映了公司的价值观。"

多法斯科的医疗服务部门同生活服务小组合作密切，该小组是由35名成员组成的一个代表基层员工的志愿者委员会。他们每年组织一次为期两天的健康与安全展示会，包括许多的主题发言和展览，圣约翰救护车中心、加拿大精神健康协会和糖尿病协会等都会在这个展示会上设立摊位。大约4 000名员工参加这个展示会，医疗服务小组会免费提供胆固醇、血压、血糖健康指标的检测，让人们关注自己的健康状况。在这个平台上，让员工与公司或家庭医生讨论健康问题，各个部门还可以举办自己的健康和安全日活动。

公司还提供太极、瑜伽、健美操和戒烟等项目。一些容易发生员工肌肉拉伤的工厂还会在换班的时候安排员工进行一些伸展活动。

马伦评述道："压力、抑郁和心理健康对于某些组织而言还是新鲜事物，但是它们在社区乃至全国都普遍存在，我们必须面对这些问题。压力就像是海绵中的水，不是所有的压力都来自工作,但是人们对压力只能承受那么多。因此,如果员工在组织外遭遇的压力过大,那么他们在工作中能够承担的压力就会减少;如果外部的压力少,或许他们在工作中克服压力的能力就会比较强。"

多法斯科公司最近完成了一项由来自多伦多市工作与健康研究所的医学专家对公司内部员工进行的一对一访谈调查。对收集的数据进行分析,从而找出可能影响压力程度的各种因素。公司可以将自己的数据同全国的行业标准进行对照。这些调查结果"让我们可以从各个方面了解员工,如年龄、性别、职责"。既可以单独考察这些因素,也可以综合考察,这有助于多法斯科公司了解哪些部门或人群最需要提供压力缓解项目。

注:关于多法斯科公司的更多信息,请访问公司主页 http://www.dofsco.ca。

职场攻击

学习目标 6. 讨论四种主要的职场攻击行为:欺凌、性骚扰、暴力以及对组织的攻击行为。

职场攻击(workplace aggression)包括各种心理活动,从大声喊叫到身体攻击行为。带有攻击性的职场行为可以大致分成三大类:① 表达敌意——充满敌意的语言或象征性行为,如"以沉默对待";② 蓄意阻碍——故意阻挠他人绩效的行为,如拒绝提供所需资源;③ 公然攻击——各种攻击性行为或对财产的破坏行为。人们发现存在一些防御性机制,并用来解释职场攻击行为。这些基于个体行为的防御性机制如下:

- **敌意归因偏见**(hostile attribution bias)——人们都有伤害他人的倾向。人们有时利用这个偏见来解释别人的行为。具有强烈攻击倾向的个体甚至会把他人的友好行为视为别有用心或居心叵测。具有攻击倾向的人也会用这种归因来解释他们的敌意行为是一种自我防御,为了应对别人的身体或语言攻击。

- **影响力偏见**(potency bias)——具有攻击倾向的个体认为,与他人的交往就是构建一种主导与服从关系的竞争。这种偏见会导致人们认为使用攻击行为来控制他人的行为可以表现出力量、勇气、控制和无畏的精神;而没有表现出攻击倾向的人则被视为软弱、畏惧和懦弱。因此,具有攻击倾向的个体把自己的行为看做赢得他人尊重的手段,如果显示出软弱,就会使自己受制于其他强势的人。

- **报复性偏见**(retribution bias)——有攻击倾向的个体认为采取报复行为比维护关系更为重要,因此倾向于认为报复比和解更为合理。例如,如果攻击行为可以用来重塑尊重或者对认为是错误的行为进行报复时,就更具有合理性。对于有攻击倾向的人而言,报复比谅解更加合理,明辨是非比和解退让更加合理,报复比保持关系更为合理。这种偏见通常用来解释由于自尊心受到伤害,感到不被尊重而引起的攻击行为。

- **诋毁目标偏见**(derogation of target bias)——有攻击倾向的个体把他们希望或者已经设立为攻击对象的人看做邪恶的、不道德的或者不值得信任的。这种影响令他们把攻击目标受到攻击看做自作自受。
- **社会轻视偏见**(social discounting bias)——具有攻击倾向的个体认为社会习俗应该反映出自由的意愿以及满足自身需求的机会。他们蔑视传统的理想和信念,对社会事件持愤世嫉俗和批判的观点。他们缺乏敏感性、同情心以及对社会习俗的关注。因此,脱离社会常规、意图伤害他人的行为常常被解释为那些具有攻击倾向的人是为了拥有言论自由,摆脱世俗的禁锢,从社会关系中解脱出来。这些解释攻击行为的隐性机制可能在欺侮弱势群体、性骚扰和职场暴力中体现出来。

在本章的以下部分,我们将集中探讨四种职场攻击行为:欺凌、性骚扰、暴力和对组织的攻击行为。如图16.7所示,在这几种职场攻击行为中存在潜在交叉和关联。例如,某位员工可能遭遇到各种欺凌的行为,其中一些会升级到职场暴力和对组织财产进行破坏或盗窃的程度。

图16.7 四种职场攻击行为的潜在交叉

职场欺凌

职场欺凌(workplace bullying)是指对某个个体或某个群体员工重复施行的、危及其健康和安全的无理行为。如果一个理性的人,在考虑了所有情况之后,认为某些行为会令他人或其他群体受到伤害、侮辱、迫害或威胁,那么这些行为就被视做无理行为。欺凌通常涉及对权力的误用或滥用。对于受到欺凌的员工而言,他们会感到保护自己的艰难和无助。欺凌行为的发生超越了种族、宗教和性别,它是指在一个理性的人看来,可能导致工作环境变得充满威胁、敌意或虐待的一些冒犯性行为。通常而言,欺凌行为一定是反复发生的,具有一定的行为模式。

工作中的欺凌涉及许多行为,包括从傲慢轻视到勃然大怒和愤怒等情绪。职场十大欺凌行为如下:

1. 在背后议论他人;
2. 不断地打断别人的说话或工作;
3. 用傲慢的方式炫耀地位或职权;

4. 在他人面前贬低某人;
5. 一直不回复电话或备忘录;
6. 以沉默对待他人;
7. 辱骂、叫嚷和大喊大叫;
8. 语言的性骚扰;
9. 紧盯不放、猥亵的目光或其他负面意味的眼神交流;
10. 佯赞实贬,冷嘲热讽。

女性和男性一样会在工作中欺凌他人。84%的女性欺凌的对象是其他女性;男性欺凌案例中,69%针对的是女性;女性更容易成为被欺凌的对象。

职场欺凌的一个重要特点是它会影响被欺凌者的身心健康。欺凌所导致的健康问题与日常的办公室政治、相互取笑、粗鲁无礼所导致的健康问题有所区别,所有前面讨论过的压力的各个方面都有可能是欺凌的后果。此外,曾经受到严重欺凌的员工会有以下症状:

- **综合焦虑失调**(general anxiety disorder)——表现为焦虑、过度担忧、睡眠紊乱、压力性头痛、心跳加速。
- **临床抑郁症**(clinical depression)——表现为注意力不集中,睡眠紊乱,为工作中的细节所困扰,倦怠(导致无法发挥能力),被诊断为抑郁症。
- **创伤后应激障碍**——表现为心神不宁,易怒,时刻保持紧张情绪;噩梦反复出现,往事不断闪现,需要避免提及相关的创伤。

除了欺凌对个体的潜在影响之外,组织在预防或直接应对和管理欺凌行为时,也需要注意其他风险。组织的许多绩效表现都同欺凌行为相关,包括:① 受欺凌员工休息后,旷工率会上升;② 受欺凌员工的工作效率下降;③ 与压力相关的疾病增加组织的医疗保健费用;④ 受欺凌的员工会因为没有得到组织的保护而减少对组织的忠诚度,从而影响产品质量和客户服务水平;⑤ 员工的离职率增加,82%受到欺凌的员工选择辞职。

解决欺凌行为的措施 有许多方法可以解决职场欺凌行为,我们在这里列举几种。首先,组织应该制定反欺凌或反职场攻击行为的政策,明确指出组织对良好人际关系的期望。员工应该明白职场中哪些行为是可以接受的,哪些是不能接受的。这也有助于创建相互尊重、以礼相待的组织文化,组织应通过纠正欺凌行为的方式来鼓励创建相互尊重的文化。很快,员工就不会把欺凌行为看做社会所接受的一种办公室政治的副产品。除了严禁性骚扰政策外,许多公司开始制定解决欺凌行为的政策,其中包括美国运通、汉堡王、杰西潘尼等。如果组织不能有效解决职场欺凌行为,就容易在相关法律诉讼中败下阵来。

解决职场欺凌行为的五种方法:

1. 直接斥责欺凌行为。直接告诉实施欺凌行为的人,该行为不为组织所接受,要立即停止。通常只需要做到这一点就可以了。

2. 如果欺凌行为还没有被其他人发现,要尽快将此事告诉朋友或同事。同时,你很快会发现,受到欺凌的人不止你一个,组织也将尽快处理。

3. 对每次发生的具体欺凌行为和事件进行记录。许多分散的事件看起来微不足道,但是将它们放在一起,就会发现该行为对组织的重要性,如严重的负面影响。

4. 与经理讨论受到欺凌的经历。如果你的经理就是实施欺凌行为的人,你可以和人力资源部的人谈,或者依照组织政策找到相关人员会谈和报告。

5. 如果上述步骤都没有效果,那就有必要写一份符合组织政策的正式投诉,因为没有人可以保证以上这些步骤一定有效。

遗憾的是,大多数情况下,员工会选择辞职,或者选择调到其他部门,以摆脱欺凌行为。

排挤(mobbing) 是职场欺凌行为中的一种特殊类型,是指同事、下属或上司通过迁就、威胁、羞辱、诽谤和孤立等手段,强迫某人离开职场。正如传统意义上的欺凌一样,排挤也会导致高离职率、低士气,生产率降低,旷工率上升,骨干员工流失。最终可能导致团队信任的消失,形成有害的职场文化。

研究表明,排挤的首选目标是那些高绩效、热情、诚信、道德标准高的员工,以及那些不属于"圈内"的人,甚至是宗教信仰和文化背景不同的员工。排挤比一般的欺凌行为更难以对付,员工需要应付的不仅是另一个人的行为,而是许多的同事或上司的做法。乔治·盖茨在培训员工组建工作团队时,提到他所目睹的拉帮结派现象:"我发现一个刚来公司不久的年轻人一个人坐在一边。每当他讲话的时候,就会有人抛出几句俏皮话。如果他进出房间,马上有人对他进行嘲笑。一次休息的时候,我问他这种骚扰是否普遍。'哦,'他说,'从我来到这儿就是这样了。并不是所有的人,只是那么4—5个家伙。我想我必须忍受这些,谁让我是新人呢。'我提出帮他解决这些令人讨厌的行为,或让他找自己的经理谈谈,但是他拒绝了,'不用,'他解释道,'这样只能让事情变得更糟。我尽量忍受好了。'"

受到排挤影响的员工会觉得同事不再和她打招呼;管理层也不会提供沟通的可能;员工可能会被孤立在某个区域,也可能会被安排没有什么意义的工作;或者员工始终无法获得关于工作的重要信息。一旦周围的人都采取这些行动,而且每天、每周重复上演的话,会对员工个人产生非常不好的负面影响。更多的情况下,只有一种解决方法,那就是组织内部调动或者辞职。

性骚扰

性骚扰是职场中发生的各种骚扰中的一种。**骚扰(harassment)** 是指针对某人的种族、肤色、宗教、性别、国籍、年龄或残疾等情况,对其进行语言或身体上的诋毁或表现出敌意或厌恶。如果这样的行为是针对某人的亲属、朋友或其他人际关系对象的话,也构成骚扰。骚扰包括以下一种或多种情形:

- 骚扰会形成威胁、敌对或冒犯性的工作环境;
- 骚扰会导致无理地干扰个人工作绩效;
- 骚扰会对个人的职业发展机会产生负面影响。

性骚扰(sexual harassment) 是一种不受欢迎的性别交流和沟通,以及其他与性相关的语言或身体行为。任何关于骚扰的政策,包括性骚扰的政策在内,都应该包括:① 对骚扰进行定义;② 禁止骚扰行为的陈述书;③ 组织投诉程序规定;④ 对骚扰实施惩处的措施规定;⑤ 反报复的保护规定。

下面的多元化管理能力专栏提供了一个很好的关于性骚扰政策的案例,它包括加利福尼亚州和美国联邦政府关于性骚扰的核心规定和禁止条例。许多内容选自OfficeWorks公司的实践,这是一家总部位于加利福尼亚州的提供专业医护人员的组织。公司专门培养和提供专业医疗辅助和医务管理人员,目前有 300 名员工,分布在 5 个州的 13 家分公司里。除了培养和提供医务人员之外,该公司还通过建立私人诊所或医疗室来提供从人力资源到财务管理的一整套服务。该公司在保健咨询公司的名义下进行运作。

多元化管理能力

OfficeWorks 公司的性骚扰政策

OfficeWorks 致力于营造一个没有歧视的工作环境。为了实现这个承诺,我们严格执行禁止非法骚扰行为的政策,包括禁止性骚扰的规章制度。公司禁止性骚扰,认为这是违法的行为。每个员工都应该知道:① 什么是性骚扰;② 如果发生性骚扰,该采取什么措施;③ 实施性骚扰的个人应负责任;④ 禁止对举报性骚扰者实施报复。

什么是性骚扰

女性对男性或其他女性,以及男性对其他男性或女性实施性骚扰,都是违反法律的。

加利福尼亚州法律　加利福尼亚州法律规定,出于对性方面的骚扰即为性骚扰,包括性别骚扰,由于怀孕、生孩子引发的骚扰,或某些医疗过程中的不当行为。具体如下:

- 语言骚扰——贬低性的评述,侮辱性的语言。例如,骂人、诋毁,用贬低或明显有关性的语言来描述某人,露骨的性笑话,评论某人的身体或衣着,发出与性相关的声音或评论,询问他人有关性行为的事情,使用居高临下的口吻或表达方式,讲脏话,对身体进行绘声绘色的描述。
- 身体骚扰——对某人进行攻击,妨碍或阻止其举动,或干预正常的工作或行为。例如,对其他员工的身体进行触摸、拍打、抓握、擦拭或戳指,要求他人身穿易产生性联想的衣服或服饰。
- 视觉骚扰——贬低性的海报、漫画或图画。例如,在电脑或墙壁上展示性图片,与性相关的文字、物品,淫秽信件或邀请函,紧盯对方的身体,挑逗性眼神,与性相关的手势,一厢情愿地求爱。
- 性交换——让员工用不情愿的性关系来换取利益。例如,不断邀请约会,如果所需的与性相关的好处没有得到,便做出降级或解聘的威胁。与性相关的要求受挫之后进行打击报复,对某人提出非分的要求。

联邦政府法律　在联邦政府法律中,令人厌恶的性挑逗,要求性交换,以及其他与性相关的语言或身体行为,在以下情况构成性骚扰:

- 在雇佣关系中明示或暗示员工要屈从于上述行为;
- 将员工对上述行为的屈从或反抗作为雇佣关系中各种决策的依据;
- 上述行为对员工的工作表现会产生非理性的负面影响,导致令人恐慌、充满敌意或冒犯意图的工作环境。

制止性骚扰行为的措施

1. 如果可能的话,你可以直接告诉骚扰者停止骚扰。骚扰者或许不知道某些挑逗或行为具有冒犯性。在恰当的时候,理智地告诉对方这样的行为令人厌恶,必须停止。

2. 强烈建议员工对性骚扰事件进行汇报。联系你的上司、其他的经理或工会协调员。遇到性骚扰或报复行为要以书面或口头的形式进行汇报。即使你并不是受到骚扰的直接对象,你也可以对此进行汇报。

3. 需要实施调查。OfficeWorks 将会以谨慎的态度调查所有上报的性骚扰和报复行为。

4. 采取适当的行动。一旦发现有关性骚扰和报复的证据,公司将采取从纪律约束到终止雇用合同的不同程度的惩罚措施。

避免报复行为

公司政策及加利福尼亚州法律禁止对反对性骚扰、对性骚扰进行举报、参与案件调查和举证过程的员工进行报复。禁止报复行为的措施包括(但不仅限于)以下方面:① 降级;② 停职;③ 不录用或不考虑录用;④ 在做决策时不予以平等的待遇;⑤ 对其工作环境施加不利影响或解除雇用。

注:关于 OfficeWorks 公司的更多信息,请访问公司主页 http://www.pharmacystaffing.com。

从法律角度来讲,对性骚扰进行申诉有两种不同的法律依据。一种是以雇用条件为前提的性骚扰,权威方(通常是主管或经理)要求下属进行性交换,并以此作为雇用或享有福利的前提。通常来说,作为雇用条件的性骚扰并不存在。许多遭受性骚扰的员工并没有受到解聘或不得升职的威胁,而是不得不忍受充满敌意的工作环境,这就是对性骚扰进行法律诉讼的另一个依据。**敌意的工作环境(hostile work environment)** 是指同事或上司实施一些不受欢迎的、不恰当的、与性相关的行为,使得工作环境变得令人不安、充满敌意和冒犯的气氛。如今,法院更多地发现许多案例涉及职场中敌意的工作环境,包括性方面的非分要求、下流的语言、与性相关的触摸、贬低性的评论,或者令人尴尬的问题或玩笑。

在前面的多元化管理能力专栏中,OfficeWorks 公司制定了规章制度,禁止以雇用条件为前提的性骚扰和防止出现敌意的工作环境,每种情形都有明确的行为准则。阻止这些行为的做法和措施被清楚地写入公司政策中,也指出了骚扰者所面临和承担的各种后果,并列出了避免报复行为的一系列措施。像 OfficeWorks 这样具有明文规定且切实执行这些政策的公司,就会减少性骚扰事件的发生频率。

性骚扰一直是美国社会存在的严重问题。在美国,有关专家对性骚扰案例进行了许多研究。一项对这些研究进行的综述发现,58% 的女性曾经经历过骚扰,24% 的人表示在工作中经历过性骚扰。性骚扰依然是各种职场攻击行为中比较严重的问题,因为它有可能导致前面讨论过的对欺凌行为的各种反应。如同对付欺凌行为一样,管理层应该竭尽全力避免性骚扰的发生。在不幸发生了性骚扰之后,要迅速而果断地进行处理。出色、适用的公司政策和章程,加上有效的执行,就是多元化管理能力专栏中 OfficeWorks 公司应对性骚扰的办法。

职场暴力

职场暴力（workplace violence）包括从人身威胁、粗言秽语，到身体攻击、谋杀等所有的攻击行为。在美国，估计每年会发生 200 万起职场暴力事件。一般来说，这些事件中的大部分（75%）被视为普通攻击，另外 19% 被视为恶性攻击。每年发生在美国的职场谋杀案大约 800 起。语言暴力（普通攻击）是身体暴力的 3 倍。此外，大多数的身体攻击以及严重的语言攻击都来自陌生人（如抢劫），而且据估计，职场暴力导致美国公司每年损失 360 亿美元。这些损失来自生产率的损失、赔偿和相关服务支出、法律费用和法庭裁定的损害赔偿。此外，还包括受到的伤害、死亡，以及管理者处理危机花费的时间。总成本中还包括 170 万天无法工作的时间。

许多行为都被视为职场暴力，包括谋杀、强奸、抢劫、伤害、斗殴、身体攻击、踢踏、口咬、拳打、吐口水、抓伤、挤压或捏拧、暗地跟踪、威胁、恐吓、留下冒犯性信息、粗鲁手势、诅咒、骚扰（包括性、种族及其他骚扰）、欺凌和排挤。不同的职场暴力分类中都包括具体的行为类型。

伤害模式 前面章节及图 16.7 已经提及，构成职场欺凌、性骚扰和职场暴力的各种攻击性行为之间存在相交重叠。这些关系及重叠现象可以用**攻击的伤害模型**（harm model of aggression）来表示，即从骚扰、攻击、愤怒到致人伤残是一个连续体。每种程度的攻击性或威胁性行为是逐渐加强的。具体如下：

- **骚扰** 暴力行为连续体的第一个程度是骚扰。这种行为有可能导致个体伤害或不适，但通常被认为是职场中的不当做法。骚扰的例子包括对客户采取居高临下的态度，摔办公室的门，盯看某位同事，频繁地开一些现实而残酷的玩笑（特别是对单身员工），或对同事撒谎。
- **攻击** 导致对组织或他人的伤害，或者引起组织或他人不适的攻击行为，包括向客户叫嚷、当着他人面摔门、散布对他人不利的谣言或损坏他人的个人财产。所有这些行为对于职场中的正常行为而言明显是不恰当的。
- **愤怒** 连续体的第三个程度是愤怒。愤怒通过一些引起他人惧怕的强烈行为表现出来，通常会导致对他人的身体或情感伤害或财产的损失。愤怒通常导致显而易见的不当行为，愤怒的例子包括推搡客户、破坏同事的讲话或在某人的桌子上留下仇恨的话语等。
- **致人伤残** 最后一个程度是致人伤残。这个阶段代表了对抗某人的暴力行为，或者对财产的粗暴破坏。这一类型的行为包括殴打客户或强行搜身，殴打同事或上司，破坏设施，甚至枪杀同事或上司。

▶▶▶ **成功领导者语录**

当对峙的情形越来越紧张时，就应该退后一步，说："让我们彼此冷静一下。"如果对方在发泄情绪，你必须清楚此时该如何做。

罗伯特·卡特赖特，普利司通公司风险管理部经理

警示信号 在职场暴力中处于愤怒和致人伤残阶段的人通常表现出一些明显的警示信号或迹象,这些迹象通常是出现一些新的行为,包括:

1. 暴力和威胁性行为,包括对敌意和使用暴力的默许和认可。
2. "怪异"的行为,变得孤独、蓬头垢面、形象大变。
3. 绩效问题,包括出勤率低和拖沓问题。
4. 人际交往问题,包括许多人际冲突,过于敏感,憎恨他人。
5. 穷途末路,出现一些危险信号,包括声称即将自杀、声明找到一个能够"解决所有问题"却不具体的方案、表明可以获得武器、声称了解某些武器等行为。

突发事件 有许多突发事件是可以事先察觉、辨别出来的。对于有暴力倾向的个体而言,突发事件通常是他们的"救命稻草",让他们形成"无路可走"或别无选择的思维定式。导致愤怒和致残的突发事件包括:

1. 被解雇、下岗、待岗或未能得到晋升;
2. 被纪律处分、绩效评估差、上司或同事的激烈批评;
3. 银行或法庭实施的行动,如取消赎回权、禁止令、监护权听证会;
4. 重要日期,如员工的工作周年、实际年龄、重大事件的日期(如2001年9月11日)等;
5. 失恋或其他个人危机事件,如分居、离婚或家庭成员死亡。

这些不同类型的突发事件事前都会有一些预兆,让员工能够提前预感到那些表现出警示信号或举止异常的人,可能表现出愤怒的情绪或做出致人伤残的行为。

预防措施 组织可以采取不同的方法来预防职场暴力行为的发生。在招聘录用阶段,认真地面试和进行背景审查非常重要。对于现有的员工,管理者要通过学习本书的相关理论,掌握和提高各种管理技能来减少引发职场暴力的行为。当早期的警示信号表明有人会采取暴力行为时,适当的心理咨询服务、完善的保安措施和预防性的纪律约束都有助于减少暴力行为的发生。要不断地与员工沟通并强调公司政策不容许暴力!这是减少暴力行为、采取矫正措施的基础。

Aviza Technology公司的总部位于加利福尼亚州的斯科茨湾,在全球雇用了约400名员工。公司为英特尔这样的企业提供生产芯片的设备。Aviza Technology公司的职场暴力预防政策列出了预防暴力行为的一些关键要素,值得所有组织在制定自己的政策时考虑。下面将介绍Aviza Technology公司的暴力预防政策。

Aviza致力于预防职场暴力,并维护一个安全的工作环境。考虑到社会上日益增多的暴力现象,Aviza采取了下列指导方针来应对可能发生在工作期间和工作场所的恐吓、骚扰或其他暴力行为。

所有的员工包括主管和临时工,必须时刻受到尊重,以礼相待。员工不得涉及斗殴或其他可能对他人造成危险的行为。除非有特别授权,否则任何烟花、武器或其他的危险设施或有害物质不允许带入Aviza的工作区域。

公司禁止在任何时候,包括下班时间,对员工、客户或其他人员实施威胁、恐吓或强制行为。这一禁令也包括各种骚扰,如针对某人性别、种族、年龄或其他受到联邦政府、州或地方法律保护的个人隐私或权利进行的骚扰或破坏。所有的威胁或暴力行为,无论直接的还是间接的,都应该被迅速地上报给上司或其他管理人员。这既包括向员工发出的威

胁,也包括向客户、供应商、律师或其他公众人物发出的威胁。当上报暴力威胁时,应该尽量给出详细的信息,所有值得怀疑的个人或活动都应该尽快上报给上级,不要让自己身陷险境。如果看到或听到工作场所附近发生骚乱,不要试图干预或前往看个究竟。

Aviza将会迅速调查所有对威胁或暴力行为的汇报,以及所有可能的个人或活动。汇报者的信息将会得到保护。为了维护职场的安全以及调查的公正,Aviza会在调查期间安排涉嫌员工以带薪或停薪的方式暂停工作。如果发现任何人应该对威胁、暴力行动,或其他本指导中涉及的暴力行为负责的话,就会马上受到纪律处分,甚至被终止雇佣关系。

Aviza鼓励员工将自己同其他员工之间的分歧意见交给经理或人力资源部来处理,以防事态升级成潜在的暴力行为。Aviza会热忱地帮组员工解决各种分歧,不会为此而处罚员工。

对组织的攻击

我们的讨论一直关注影响员工或员工群体的三种职场攻击行为。如果有员工觉得自己受到不公平的对待,无论有充分的理由还是自我归因,都可能会对组织实施攻击行为。有时,对组织的攻击被视做对某个经理或高层管理者的报复。对管理层的直接攻击可能导致报复行为,如纪律处分或解雇。员工可能会忽略客户以及他们的要求,或者粗暴地对待客户,但是还不至于达到导致客户投诉的程度。员工还可能表达一些负面想法,把客户问题归咎到管理者身上。

对组织进行攻击的其他形式还包括:① 盗窃设备、货物或财物;② 损坏或毁掉设备和设施;③ 想方设法偷懒,并拒绝改进。

本章小结

1. 解释压力的概念及员工对压力的反应。	压力是指当外界施加给个人超出其自身应对能力的要求时,所引发的激动、焦虑、紧张的感觉。这种压力常常被称为负面压力。人体对压力源的反应让人们选择对抗或逃避,这些行为通常在工作环境中是不合适的。许多因素决定了员工如何感受工作压力,其中包括他们对现有环境的知觉、过去的经验、社会支持的存在或不足,以及个体差异。
2. 描述压力反应中的人格差异。	许多人格特性与个人处理压力的不同方式有关。A型个性的人很可能产生压力,并且更容易得病。A型个性的一些特点如带有敌意,是影响与压力相关疾病的重要因素。相比之下,人格的某些特质如顽强,能够减少压力所带来的影响。

3. 指出组织内部主要的压力来源。	在工作中由组织内部引发的压力包括：① 工作量；② 工作条件；③ 角色冲突和模糊性；④ 职业发展；⑤ 人际关系；⑥ 职场攻击行为，特别是欺凌、性骚扰和暴力行为；⑦ 工作与其他角色之间的冲突。此外，个人生活中的重大改变和其他重要事件都有可能变成压力源。
4. 列出压力对健康、绩效、工作劳累过度的潜在影响。	压力影响个人的生理、情感和行为。巨大的压力与严重的健康问题挂钩。压力和绩效存在着一种拱形曲线的关系。换言之，某份工作中可能存在一些合理的压力，压力过小或压力过大都会影响绩效的正常发挥。工作劳累过度就是不能减轻工作压力的主要表现。
5. 掌握个体和组织处理压力的几种方法。	压力对于个体和组织来说都是一个现实的问题。不论来自组织还是个人的各种建议，都能够帮助管理者和员工在工作环境中控制压力。健康计划在解决员工压力方面很有发展前景。本章最后讨论了职场攻击行为，需要组织进行特殊的管理。
6. 讨论四种主要的职场攻击行为：欺凌、性骚扰、暴力以及对组织的攻击行为。	职场攻击包括叫嚷或发出威胁性言论在内的心理行为、人身攻击、破坏或盗窃财产。四种常见的职场攻击行为包括欺凌、性骚扰、职场暴力和对组织的攻击行为。每种攻击行为之间可能存在交叉重叠，如伤害模型所示。该模型表示从骚扰、攻击、愤怒到致残、暴力行为存在一个连续体。致残包括谋杀或破坏组织财产。本节还谈到许多减轻这些职场攻击行为的做法，以及矫正的措施。

关键术语和概念

临床抑郁症（clinical depression）
非人格化（depersonalization）
诋毁目标偏见（derogation of target bias）
对抗或逃避反应（fight-or-flight response）
综合焦虑失调（general anxiety disorder）
骚扰（harassment）
顽强（hardiness）
顽强个性（hardy personality）
攻击的伤害模型（harm model of aggression）
敌意归因偏见（hostile attribution bias）
敌意的工作环境（hostile work environment）
工作劳累过度（job burnout）
粗野行为（incivility）

影响力偏见（potency bias）
报复性偏见（retribution bias）
角色模糊性（role ambiguity）
角色冲突（role conflict）
角色超负荷（role overload）
性骚扰（sexual harassment）
社会轻视偏见（social discounting bias）
压力（stress）
压力管理（stress management）
压力源（stressors）
A型个性（type A personality）
B型个性（type B personality）
健康计划（wellness program）

生活压力源(life stressors)
排挤(mobbing)
创伤后应激障碍(post-traumatic stress disorder)
职场攻击(workplace aggression)
职场欺凌(workplace bullying)
职场暴力(workplace violence)

讨论题

1. 举例说明你是怎样运用对抗或逃避反应的。在当时的情境下,你的反应是有效的还是无效的?
2. 列出一些你工作中的压力源,哪些最难处理?为什么?
3. 从你自己的经历里,或者从你所读过、见过的商业事例中,描述一个现实世界中工作劳累过度的例子。它可能是由什么引起的?
4. 描述一个你处理得很好的压力情境。再描述一个你没有处理好的压力情境。你认为这两种情境有什么不同?
5. 你是否经历或目睹过职场欺凌现象?如果有的话,当时管理者的解决方式是否有效?请解释。
6. 你是否经历或目睹过职场暴力现象?如果有的话,当时管理者的解决方式是否有效?请解释。
7. 如果你没有经历或目睹过职场欺凌现象,你认为是哪些组织因素导致不存在欺凌现象?
8. 你会用什么技巧、方法和能力处理压力?哪种方法对你来说最有效?
9. 与A型个性、B型个性和顽强个性相比,你是如何描述自己的?
10. 用你自己的经历来描述一下压力与绩效之间的拱形曲线关系。
11. 个体的差异(如年龄、性别、过往经历和个性)是如何成为你的压力的?举例说明。
12. 根据自己的工作经历,描述一个让你感到有压力的工作情境。根据图16.1和图16.2指出导致压力的因素并解释它们的影响。

体验练习和案例

体验练习:自我管理能力

测试自己的压力等级

下面的调查问卷广泛地应用于测试压力等级。回答时,只需考虑过去一个月的情况。完成所有问题后,将得分相加。

____1. 你会因为意外发生的事情感到失落吗?

0 = 从不
1 = 几乎没有
2 = 有时

3 = 经常

4 = 大部分的时间

____ 2. 你会感到不能控制生活中的重要事情吗？

0 = 从不

1 = 几乎没有

2 = 有时

3 = 经常

4 = 大部分的时间

____ 3. 你会感到不安和有压力吗？

0 = 从不

1 = 几乎没有

2 = 有时

3 = 经常

4 = 大部分的时间

____ 4. 你对自己处理个人问题的能力有信心吗？

4 = 从不

3 = 几乎没有

2 = 有时

1 = 经常

0 = 大部分的时间

____ 5. 你会觉得事情一切如你所愿吗？

4 = 从不

3 = 几乎没有

2 = 有时

1 = 经常

0 = 大部分的时间

____ 6. 在生活中，你能控制愤怒吗？

4 = 从不

3 = 几乎没有

2 = 有时

1 = 经常

0 = 大部分的时间

____ 7. 你会感到处理不了所有要做的事情吗？

0 = 从不

1 = 几乎没有

2 = 有时

3 = 经常

4 = 大部分的时间

_____ 8. 你会感到你可以轻松地驾驭事情吗?

4 = 从不

3 = 几乎没有

2 = 有时

1 = 经常

0 = 大部分的时间

_____ 9. 你会因为事情不受自己控制而发火吗?

0 = 从不

1 = 几乎没有

2 = 有时

3 = 经常

4 = 大部分的时间

_____ 10. 你会感到困难积累得太多以致无法克服吗?

0 = 从不

1 = 几乎没有

2 = 有时

3 = 经常

4 = 大部分的时间

_____ 总分

每个人的压力等级都不同。将你的总分与下面的平均值比较。

平均年龄

分数	平均分数
18—29 岁……14.2	男性……12.1
30—44 岁……13.0	女性……13.7
45—54 岁……12.6	
55—64 岁……11.9	
65 岁以上……12.0	

问题

1. 如果你的分数超过相同年龄或性别组的平均分,是否意味着你需要采取行动降低压力等级?如果是的话,你会采取什么行动降低你的压力等级?

2. 对你来说,哪三种能力可能是管理压力等级最有效和最重要的?

案例:变革管理能力

大都会医院的压力管理

这项压力管理计划在大都会医院实行了两年。该项目最初的推动力来自医院中层管理者普遍的抱怨,他们觉得压力过大、工作超负荷,以及受制于政策和程序,无法预料将来的变化。高层管理者从组织外部寻求帮助,从那些压力管理经验丰富的组织发展顾问那里寻求解决问题的方法。

项目的初始阶段涉及诊断压力的原因和所造成的后果。了解压力源是开发出有效的压力管理方案的前提。顾问们开发出一份问卷,派发给45名负责医院各方面运作的中层管理者。问卷的设计理念与图16.2所示的压力模型类似。问卷包括各种组织压力源,包括持续存在的、经常发生的压力源,以及同最近的变革相关的各种因素。此外,还包括一些关于管理者使用压力管理手段的问题,如锻炼、营养意识、创建支持系统等。问卷的最后是关于压力导致的一些直接后果(如愤怒、失眠、饮食习惯的改变等)以及长期后果(如健康状况恶化、工作不满意以及工作绩效差)。

对数据的分析显示:许多组织变革的事件以及目前的工作条件与管理者感受到的压力密切相关。在各种组织变革事件中,还有一些关于指令、政策和程序方面的经常性变革,无法预料的突发事件与最后期限,以及各种活动的突然增加或工作节奏的加快。现有的工作条件所导致的压力包括工作超负荷,绩效下滑时才做出反馈,对管理层缺乏信心,以及角色冲突。管理者没有运用压力管理的技巧来应对压力,只有20%的人进行规律的体育锻炼,令人吃惊的是,60%的人饮食不均衡。常见的疾病包括紧张性头痛、腹泻或便秘、普通感冒和背痛。

基于这些数据,高层管理者在顾问的帮助下,开始实施几项组织改进计划。为了减轻工作负荷、避免角色模糊,每个管理职位都按照工作分配、工作要求及绩效标准重新进行了工作分析。在这些分析的基础上,采取一些行动,在不同工作之间协调工作量,工作描述也更加清晰。随后,医院的行政管理者开始会同部门经理制定工作描述和工作规范,并提供持续的绩效反馈。管理者们接受时间管理培训,学习如何更好地组织自己的工作,如何将工作更有效地分派给下属。

医院"救火式"的氛围导致许多经理只关注自己的部门,而忽略与其他单位的横向联系。因此,每月安排一些跨职能部门的会议有助于推动部门负责人之间的联系。医院还努力营造一种鼓励组建同事互助小组的组织文化。

为了减少组织变革的不确定性,高层管理者花了大量的时间与中层管理者沟通即将进行的变革。他们还召开面向基层主管的季度信息交流大会,帮助消除误解和谣言。

除了这些旨在减少组织压力源的变革之外,医院还采取措施帮助管理者更有效地发现并应对压力。医院每年组织体检,发现与压力相关的问题;同时,成立了一个健身俱乐部,组织各种体育活动,包括每周的瑜伽学习班。此外,医院还创立了一个培训项目,将均衡营养意识与解决紧张性头痛和背痛的技巧结合起来。在所有的会议和培训中,除了提供甜面圈之外,还提供新鲜水果。

对这项压力管理项目的最初反应是非常积极的,而现在医院的管理者正在衡量项目的长期效果。每隔12—18个月进行一次对压力源和压力体验的测量,目的是监控项目的实施效果,以便在将来做出适当的调整。

问题

1. 从本章内容中找出体现在这个案例中的一些主要观点和概念。
2. 运用图16.2来诊断大都会医院的工作压力源。
3. 运用图16.6来分析和评价大都会医院的压力管理项目。

教 学 支 持 服 务

圣智学习出版集团（Cengage Learning）作为为终身教育提供全方位信息服务的全球知名教育出版集团，为秉承其在全球对教材产品的一贯教学支持服务，将为采用其教材图书的每位老师提供教学辅助资料。任何一位通过Cengage Learning北京代表处注册的老师都可直接下载所有在线提供的、全球最为丰富的教学辅助资料，包括教师用书、PPT、习题库等。

鉴于部分资源仅适用于老师教学使用，烦请索取的老师配合填写如下情况说明表。

教学辅助资料索取证明

兹证明_____大学_____系/院_____学年(学期)开设的_____名学生 □主修 □选修的_____课程，采用如下教材作为 □主要教材 或 □参考教材：

书名：_____
作者：_____ □英文影印版 □中文翻译版
出版社：_____
学生类型： □本科1/2年级 □本科3/4年级 □研究生 □MBA □EMBA □在职培训
任课教师姓名：_____
职称/职务：_____
电话：_____
E-mail：_____
通信地址：_____
邮编：_____
对本教材的建议：_____
_____

系/院主任：_____（签字）
（系/院办公室章）
_____年_____月_____日

----

*相关教辅资源事宜敬请联络圣智学习出版集团北京代表处。

北京大学出版社
PEKING UNIVERSITY PRESS

经济与管理图书事业部
北京市海淀区成府路205号 100871
联系人：石会敏 张燕
电　　话：010-62767312 / 62767348
传　　真：010-62556201
电子邮件：shm@pup.pku.edu.cn
　　　　　em@pup.pku.edu.cn
网　　址：http://www.pup.cn

CENGAGE Learning

Cengage Learning Beijing Office
圣智学习出版集团北京代表处
北京市海淀区科学院南路2号融科资讯中心C座南楼1201室
Tel: (8610) 8286 2095 / 96 / 97   Fax: (8610) 8286 2089
E-mail: asia.infochina@cengage.com
www.cengageasia.com